灌云县财政志

灌云县财政局 编

方志出版社

《灌云县财政志》编纂委员会

主　任：孙　超

副主任：徐开军　陈松才　顾　祥　陈金绪　孙发新

委　员：（以姓氏笔划为序）

田同军　邓　辉　孙永才　陈良勤　房以占　高　健

贾永虎　董　燕　魏　东

编纂人员

主　　编：周克定

总　　纂：耿学贵

副 主 编：李松龙　吴士礼

参加编写：（以姓氏笔划为序）

王东升　毛　华　刘　健　刘月军

田同军　冯荣寿　邓　辉　邓兆军

郑素乐　成树楼　孙永才　孙召华

吴立国　陈良勤　武广军　房以占

金永斌　金立富　高　健　贾永虎

曹　坚　黄德锁　董　燕　潘加化

魏　东

编　　务：贾　娟

评审人员

主　　审：陆瑞萍

副 主 审：孟昭友　何洪斌　江尧运　王爱民　杨启宏

图书在版编目（CIP）数据

灌云县财政志 / 灌云县财政局编. -- 北京 ：方志出版社，2015.10
ISBN 978-7-5144-1765-4

Ⅰ. ①灌… Ⅱ. ①灌… Ⅲ. ①地方财政-财政史-灌云县 Ⅳ. ①F812.9

中国版本图书馆CIP数据核字(2015)第252876号

灌云县财政志

编　　者：灌云县财政局
责任编辑：王笃银
出 版 人：冀祥德
出 版 者：方志出版社
地址　北京市朝阳区潘家园东里9号（国家方志馆4层）
邮编　100021
网址　http://www.fzph.org
发　　行：方志出版社发行中心
电话（010）67110500
经　　销：各地新华书店
印　　刷：连云港报业印务有限公司
开　　本：787×1092　1/16
印　　张：40.25
字　　数：681千字
版　　次：2015年10月第1版　2015年10月第1次印刷
印　　数：0001～1000册
ISBN 978-7-5144-1765-4　定价：190.00元

序

灌云县建县以来的第一部财政专志——《灌云县财政志》的付梓出版，是全县财政工作中的一件大事，也是我县地方志工作取得的又一丰硕成果，可喜可贺！

财政是“庶政之母”。财政是国家政权治理的基础和重要支柱，是经济社会发展的有力保障。历朝历代，政权巩固、经济发展、社会进步，无一不与财政工作息息相关，正所谓“财政裕，政权固；财政绌，政权促；财政溃，政权颓”。

灌云财政始于建县（1912年）之初，彼时的财政管理沿袭清制，大部分财政收入上解到省，地方财政仅靠税收附加和杂捐、杂税等维持。民国中期，日军侵略大肆掠夺，国民政府强征暴敛，加之战争经费日趋增大，财政更是入不敷出，人民生活困苦不堪。中华人民共和国成立后，国家贯彻执行“取之于民，用之于民”的财政政策，财政大权才真正属于人民，财政收入才真正惠及民生。

县境解放以后的较长时期内，全县工业经济相对比较落后，财政经济一直依赖于农业，财政收入亦在艰难中徘徊发展。改革开放后的30余年，是灌云经济社会事业快速发展并取得辉煌成就的新时期，财政实现了由“吃饭财政”向建设型财政和惠民财政的重大转变。工业经济加快发展。工业企业规模逐年增大，运行质量不断提升，形成了精细化工、船舶制造、装备制造以及清洁能源等一大批支柱产业；园区建设已具规模，承载能力继续增强，沿海开发纵深推进，集疏运体系日趋完善。农业经济稳步增长。农业基础地位更加巩固，粮食产量稳定增长，多次荣获全国粮食生产先进县；农业转型升级步伐加快，培育了花卉苗木、浅水藕、食用菌、西瓜、紫苏、芦蒿等一大批特色高效农业产业，有力促进了农业增产增效、农民持续增收。财政实力不断壮大。

全县干部群众解放思想，锐意进取，努力发展经济，积极培植和开辟财源，不断实现财政收入新突破。1949年，全县工农业总产值8014万元，财政收入129.5万元；1978年，全县工农业总产值3.56亿元，财政收入2976.3万元，分别是1949年的4.4倍和23倍；1995年，全县财政总收入1.04亿元，首次突破亿元大关；2014年，全县实现地区生产总值274.98亿元，完成公共财政预算收入35.59亿元。灌云财政在不断发展壮大过程中，竭力履行“发展经济，保障供给”的职能任务，为支持全县经济社会快速发展作出了巨大贡献。

盛世修志，志载盛世。《灌云县财政志》比较完整系统地记述了灌云财政的发展历程，全志观点正确、分类科学、结构严谨、内容翔实，是一部具有地方性、专业性和实用性的工具书。本志书的出版发行，既可为财政工作者提供史料，服务现实工作；又可使全县人民了解灌云财政发展历程，更加关心和支持财政事业；还可以让全县党政干部从财政发展历程中总结经验教训，更好地把握财政发展规律。当前，灌云正处于全面建成高水平小康社会、实现灌云跨越崛起的关键时期，全县人民要在县委、县政府的领导下，始终突出“巩固小康成果，推动跨越提升”的工作主题，进一步增强机遇意识、创新意识和责任意识，与时俱进，埋头苦干，为灌云经济社会跨越发展作出新贡献，书写灌云历史新辉煌。

灌云县人民政府县长

2015年6月

中共江苏省委书记罗志军（前右三）到灌云考察

中共江苏省委原书记梁保华(前右二)到灌云县经济开发区调研

中共江苏省委副书记石泰峰（前左二）到灌云调研

江苏省财政厅副厅长黄晓平（中）到灌云调研基层财政工作

江苏省灌云高级中学（新校区）

灌云影剧院

灌云体育馆

县体育场

灌云县人民医院（新院址）

灌云县老年公寓

灌云博物馆

灌云规划馆

县经济开发区

中小企业园

县财政局领导在开发区企业调研

县临港产业区船舶工业园

万吨远洋货轮振洋顺号下水试航

灌云现代农业产业园

紫苏生产与加工

灵芝生产与产品

夏粮丰收

高产水稻万亩片

燕尾港港1号码头

小伊乡境内的长深、沈海高速公路交汇处

县城新城区一隅

县城区主要道路-西苑路

县城区主干道、盐河主航道大桥——向阳大桥

新城区市民广场

民生小区（经济适用房、廉租房）

燕尾港海滨新城安置小区

王圩新村

县财政局办公楼

局机关开展廉政警示教育

法治财政标准化建设推进会

财政支农政策培训班

财政宣传月惠民政策咨询

《灌云县财政志》评审会

获得的省市级部分荣誉

奖给二〇〇四年度财政收入上台阶
先进单位
江苏省人民政府
二〇〇五年一月

2010年度
财政收入增收表彰单位
江苏省人民政府
二〇一一年元月

"八五"前三年粮专资金管理
先进单位
连云港市人民政府
1994年8月

1997-1998 年度
文明单位
中共连云港市委
连云港市人民政府

2009年度
财政收入考核先进单位
连云港市人民政府
二〇一〇年二月

二〇〇九年度财政工作目标考核
先进单位
连云港市财政局
二〇一〇年一月

灌云县境流通的部分证券

裕和号兑换券

兑换券

购粮券2.5公斤

购粮券5公斤

购粮券10公斤

购粮券25公斤

购油券0.25公斤

购油券0.5公斤

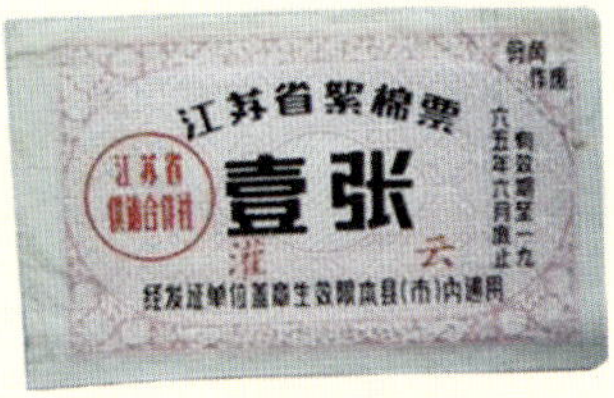

絮棉票

云台农场合作社股票

凡 例

一、本志以马克思列宁主义、毛泽东思想、邓小平理论、“三个代表”重要思想和科学发展观为指导，用辩证唯物主义和历史唯物主义的观点和方法，立足当代，尊重史实，系统、客观地记述灌云县财政的历史与现状。

二、本志遵循贯通古今、详今略古的原则，上限基本以1912年建县为起点，个别内容尽可能追溯至事物发端加以简述；下限迄至2010年，个别内容延伸至2013年。

三、本志采用述、记、志、传、图、表、录体裁，以志为主体，正文采用章、节、目、子目结构，以节或目、子目为单元横排纵述。

四、本志纪年，中华人民共和国成立前分别采用朝代纪年或民国纪年，加注公元纪年，正文中有的公元纪年省略，可进行类推；中华人民共和国成立后采用公元纪年。大事记中同一时间以“△”表示。

五、本志政区、机构、地名，一般采用当时名称，现用地名以1983年灌云县人民政府公布的灌云县地名录为准。

六、本志的数字、计量单位、简化字、标点符号等均按国家有关出版物的规定执行。为与国家财政政策表述相一致，土地面积分别按亩或平方米记述，1955年以前旧人民币币值除注明外，均按折算后的人民币新币值记述。

七、本志表中缺失的数字以空格表示。

八、本志统计数据的口径，中华人民共和国成立前以相关志书、档案资料和其他史料为依据，中华人民共和国成立后则以县财政历年的总决算、账簿或县统计部门公布的统计资料及县财政部门的统计资料为准，引用的史料一般不注明出处。

目 录

第三章 财政支出

第四章 预算管理

第五章 经济建设类财务管理

第六章 行政事业财务管理

第七章 农业税收征收管理

第八章 国有资产管理

第九章 会计事务管理

第十章 综合财务管理

第十一章　财政监督

第十二章　县财政机构建设

第十三章　乡镇财政

第十四章 人 物

附 录

概　述

灌云县位于江苏省东北部，原为海州属地。民国元年（1912年）初废州立县，改海州为东海县。4月，析东海县为东海、灌云二县，灌云因南有灌河、北有云台山而得名，隶属于江苏省徐海道。灌云县境东濒黄海，西接沭阳、东海两县，南与灌南、响水交界，北与连云港市区毗邻。位于北纬34° 11′ 45″至34° 38′ 50″、东经119° 2′ 50″至119° 52′ 9″之间，南北最大距离30公里，东西最大距离73公里，总面积1548.2平方公里，其中耕地面积10.53万公顷。有海岸线39公里、滩涂2万公顷。灌云县区划几经调整，新中国成立后属淮阴地区专员公署，1983年3月划归连云港市管辖。时灌云辖21个乡、4个镇、6个县属农林场圃、3个省属农盐场，总人口83万。至2010年，灌云县辖7个镇、12个乡、4个场圃（园）、2个省市属农盐场，总人口100.26万人。

灌云建县后，县政府即设置财政机构。民国29年8月，灌云县抗日民主政府成立，同时设立财经科，开辟了灌云财政工作新纪元。1948年11月，灌云县解放，人民财政应运而生。新中国成立后，灌云历届县委、县政府高度重视财政工作，稳步推进农业发展，大力发展工业经济，积极培植财源，增加财政收入，努力改善人民生产生活条件，充分发挥了财政在社会主义革命和社会主义建设中的积极作用。

（一）

灌云县地处暖温季风气候带，气候温和湿润，四季分明，阳光充足，生态环境优越。县境地处沿海，除西部有条狭长的岗岭地带及少数山地外，其余均为平原，平原地区占总面积的92%。灌云县是农业县，全县主要粮食作物有水稻、小麦、玉米、山芋等，经济作物有大豆、棉花、蔬菜等。新中国成立前，广大农民深受封建土地私有制的束缚，且水、旱、蝗等自然灾害频发，加之土地贫瘠、耕作粗放等诸多因素的困扰，粮食亩产不足百斤，全县年总产仅一亿斤左右。工业几乎是空白，只是城镇有一些手工作坊，且生产力十分低下。财政收入主要靠农业。

灌云建县之初，财政沿袭清制。财政收入以征收田赋为主，另有盐税、屠宰税、契税、营业税等，皆为省收入，县财政收入只有田赋附加、杂税附加、杂捐等，其中田赋附加是主要收入。地方为办学校等事业，中央及省不给经费，只能靠增加田赋附加、各种杂税及杂捐，致使百姓负担日益加重。民国 23 年，灌云县附税 13 种，其中田赋附税超过正税 20 倍以上，各种杂捐杂税和临时摊派更多。

民国 28 年 3 月，灌云县被日本侵略军占领后，日伪军大肆掠夺财物，民不聊生。灌云的盐业资源尽数为侵华日军掠夺，财政更是陷入困境。

民国 29 年 8 月，灌云县抗日民主政府成立。为适应抗战需要，实行战时财政，军政所需随地筹集，积极发动群众与日伪军展开争夺盐税斗争，有力地支援了抗日战争。

抗日战争胜利后，灌云县各解放区人民民主政府废除国民党政府的各种苛捐杂税。

民国 35 年，国民党发动全面内战，军费开支浩大，县境田赋粮食大部分被国民党政府低价收购，扩充军粮，财政入不敷出。同时，国民党政府滥发纸币，横征暴敛，致使通货恶性膨胀，物价飞涨，人民生活在水深火热之中。国民党政府为维护统治，又豢养了大批保安队和武装警察，开支庞大，更增加了地方财政的负担。当年，灌云县保安费支出占财政总支出的 21.82%，文化教育费支出仅占 1.19%。解放区的广大人民群众积极缴纳公粮公草及工商各税，有力地支援解放战争，为夺取解放战争的胜利作出了重大贡献。

1948 年 11 月，灌云县全境解放，县政府财经局更名为灌云县财粮局。从此，灌云县建立起了真正的人民财政。

(二)

解放后，灌云县满目疮痍，百废待兴，在建立巩固人民政权的同时，灌云县财政积极开创为国聚财、为民理财的财政工作新局面。农村全面实行土地改革，扎实开展农业合作化运动，广大农民生产积极性空前高涨。在党和政府领导下，灌云人民扒河治水，先后开挖新沂河、修复沿海大堤、疏浚整治境内多条河道，根治水患，改善生产条件，农业生产快速发展。全县农业税收入稳定增长，成了灌云财政收入的主要来源。1954 年，全县农业税收入 83.3 万元，占当年财政收入的 64.3%。

农业生产的发展及丰富的海洋资源，为灌云工业的发展打下了基础。清末明初，灌云的板浦便成了有名的淮北“盐都”。但当时全国的盐课为北洋政府所攫取，灌云的盐课又被江苏督军所截，导致灌云财政叠绌、不堪重负。国民政府时期，盐课依然被国民党中央政府所管控。抗战爆发，县境生产的原盐被日本侵略军大肆掠夺，灌云人民更是生活在水深火热之中。新中国成立后，盐业生产及其收益支配权回归人民，盐业发展成了灌云县财政的重要收入来源；其次，化肥、印刷、农机、食品、建材、酿酒等工业相继出现，集体和国营工业企业亦得到发展。1953 年，国家开始实施第一个五年计划，灌云县开始建立国（公）营工商业。1954 年工商税收 39 万元，占当年财政收入的 30.1%。1958 年进入实施第二个五年计划时期，“大跃进”运动中，县属工业、商品流动业发展较快，加之中央企业下放给县管理，致使当年的工商税收及企业收入达到 194.2 万元，占当年财政收入的 49.2%。1959 年，境内盐税划入县级预算管理，是年县财政收入增加到 3725.4 万元，其中盐税收入 2755 万元，占当年财政收入的 74%；工商税收收入 209.8 万元，占当年财政收入的 5.6%；企业收入 524 万元，占当年财政收入的 14.1%；农业税收入 192.8 万元，占当年财政收入的 5.2%。县财政收入的结构发生改变，盐税收入跃居全县财政收入的首位，企业收入占第二位，工商税收占第三位，农业税退居第四位。1958 年后，由于“大跃进”“浮夸风”及三年自然灾害造成经济发展的严重困难，工商税停止了增长势头。从 1961 年起，灌云县坚决贯彻中央国民经济“调整、巩固、充实、提高”的八字方针，纠正了“大跃进”左倾的影响，企业通过关、停、并、转，加强经济核算，努力增产节约，减亏增盈，增加财政收入。对机关事业单位严格控制支出，压缩社会集团购买力，对企业实行全面清产合资，清理“小钱柜”，强化财政监督，力保财政收支平衡，全县财政经济逐渐恢复发展。1963 年，中央又收回企业管理权，给地方财政带来了一定的影响。1967 年，由于“文化大革命”极左思潮的影响，引起了社会内乱，全县工农业生产遭到严重破坏，加之盐税划归省管，财政收入大幅减少，当年财政收入 482 万元，比 1960 年财政收入 4606.9 万元下降 89.5%。1971 年起实施第四个五年计划期间，盐税重新划回县级预算管理，县财政收入又有回升。1977 年，粉碎江青反革命集团后，经济开始好转，工农业产值有所增长，当年县财政收入 2718 万元，其中盐税收入为 1716.4 万元，但仍没有恢复到历史最好水平。1978 年，全县工农业总产值 3.56 亿元，是 1949 年工农业总产值 8014 万元的 4.4 倍。其中农业总产值 2.69 亿元，是 1949 年 7709 万元的 3.5 倍；财政收入2976.3 万元，是 1954 年 129.5 万元的 23 倍。

（三）

中共十一届三中全会后，全党工作重点开始转移到经济建设上来，改革开放的春风劲吹灌云大地，全县经济建设及社会事业进入了新的发展时期。20 世纪 80 年代，全县大力发展商品生产，私营经济、乡镇企业、合资企业、“三资”企业等多种经济成分并行发展。全县工业经济基本形成了以食品、纺织、机械、化工、建材、服装为骨干的 20 多个产业门类 400 多家企业，拥有国家、部、省优产品 30 多个，出口创汇产品多达 6 大类 40 多个品种。旋耕机、毛绒、鞋业、大糕、滴醋等产品享誉国内外。随着改革开放不断深入，国家对国有企业“简政放权”，县级实行“分灶吃饭”“放权让利”的财政政策，特别是 1983 ~ 1984 年对企业实行“利改税”，激励并增强了企业的活力，调动了企业生产积极性，增添了企业的发展后劲，全县企业经济效益明显提高，经济总量逐年增加。至 1997 年，全县实现工业总产值 41.15 亿元，比 1978 年增长 47 倍，是 1949 年 199 万元的 2000 多倍，工业增加值达 68693 万元，为全县经济总量的 16.3%。

改革开放的前 20 年，灌云县委、县政府全面落实中央关于发展农村经济的方针政策，积极发展农村商品经济，推行各种形式的家庭联产承包责任制，调动广大农民的生产积极性，全县农村经济稳步发展。优化种植业结构，实施科学种田，在提高三麦生产水平的基础上，扩大水稻、棉花及其他经济作物的种植面积。特别是通过黄淮海开发，实施中低产田改造等农业综合开发项目，改善了农业生产条件，提高了农业综合生产能力。1997 年，全县三麦亩产 858 斤，20 万亩夏玉米亩产 1008 斤，棉花皮棉单产 194 斤，位居全省各县（市）前列。40 万亩水稻单产达 1126 斤，创灌云历史新纪录。灌云先后被评为全国粮食、棉花生产先进县和全国优质棉基地，跻居全国粮食生产百强县、棉花生产百强县、全国农业生产百强县行列。全县实现农业总产值 18.31 亿元，比 1978 年的 2.69 亿元增长 5.8 倍，是 1949 年 7709 万元的 23.8 倍。

全县工农业生产的发展和经济总量的提升，财政收入保持了快速增长。

1997年，全县财政收入17318万元，是1978年财政收入2976.3万元的5.8倍。改革开放的前20年，全县财政总收入为100914万元，是新中国成立后近30年财政总收入45356万元的2.2倍。特别是1995年，财政收入实现高速增长，全年财政收入1.04亿元，提前两年实现了省政府确定的财政收入亿元县的目标。实行分税制改革后，地方财政收入虽有较快增长，但因人员工资不断增加、各项补贴津贴标准提高等因素，财政支出亦呈刚性增长，导致全县财政出现了赤字。灌云县政府采取切实可行的措施，不断完善分税制财政体制，健全乡级财政管理体制,采取收入递增包干等办法,调动全县各级领导增收节支的积极性,全县财政收入逐步稳定增长,于1997年全部消化了财政赤字,提前一年完成了省政府确定的"保平消赤"的工作目标,为建立良性循环的财政运行机制打下了基础。

(四)

进入21世纪，全县人民在县委县政府领导下，坚持以科学发展观为指导，抢抓国家实施沿海开发战略的大好机遇，乘势而上，奋力拼搏，灌云县进入经济发展最快、社会各项事业发展最好的历史时期。2001年，在实施"十一五"规划的开局之年，全县实现地区生产总值49.53亿元，完成工农业总产值112.11亿元，比"十五"期间增长0.6%。2006年后，灌云县经济建设和城乡面貌发生了巨大的变化。经济增长向跨越式迈进，产业扩张向高层次提升，运行质量向效益型转变，城镇建设全方位拓展，高效农业向规模化推进，招商引资取得了显著成效。2010年，全县实现地区生产总值150.13亿元，比2001年增长203.1%；实现工农业总产值255.72亿元，比2001年增长128.1%。。

新世纪的前10年，灌云全面实施"工业兴县"战略，大力推进招商引资，耀中轮毂厂、鑫宇塑钢型材有限公司、江苏远征化工、明盛化工、五洲船舶等一批重大工业项目相继竣工投产，并取得了较好经济效益。县经济开发区和临港产业区建设初具规模。2010年，县经济开发区规模以上工业产值已达77.35亿元，涌现了一批自主创新品牌和市场竞争力较强的新型企业，形成金属制品、机械加工、鞋帽服装业三大支柱产业和现代服务业等四大主导产业。2010年底，进区项目187个，其中过亿元的项目32个，超10亿元项目2个。临港产业区竣工投产企业达125个，其中总投入过10亿元的项目8个，基本形成了具有百万载重吨造船、百万吨精细化工、50万吨精制盐、100兆瓦新能源发电的生产能力。其中国土染料产业园 K 酸产能居亚洲第一，H 酸市场占有率列全国第一；下水船舶 42 艘、48 万载重吨；五洲船舶进入全市规模以上十强企业。园区的建设和发展，已成灌云经济发展的重要增长极。

灌云的传统工业也再现辉煌。创建于 1958 年旋耕机企业，改制后已成为灌云工业的重要支柱产业，旋耕机的产量和质量均大幅提升。2010 年，灌云获得了“中国旋耕机之都”称号。

在发展农业经济方面，灌云县围绕农业增效、农民增收这个核心，加快农业结构调整，以构建农业增长机制为中心，发展设施农业，促进农业产业结构优化升级，推进全县农业和农村经济平稳发展。2000 年，全县粮食总产 43.57 万吨，2010 年粮食总产量达到 84.63 万吨，10 年增长 94.24%。2000 年，全县农业总产值 30.41 亿元，2010 年增加到 75.22 亿，增长 147.35%。通过 10 年的努力，现代农业发展势头强劲，实现了从传统农业大县向现代农业强县跨越。2006 年到 2008 年，新扩设施栽培面积 10 万亩、花卉苗木 2.1 万亩，建成设施栽培规模连片示范基地 19 个。2009 年，全县新扩设施栽培近 10 万亩，花卉苗木 1.2 万亩，新建、扩建千亩以上连片示范园区 14 个，新发展规模养殖小区 10 个，规模养殖场 110 个，并建起了兴云现代农业科技示范园，被省评为设施农业先进县。2010 年，全县新建设施栽培 8.8 万亩、花卉苗木 1.2 万亩，建成千亩连片高效设施农业基地 25 个。灌云县连续多年获全国粮食生产先进县、绿化造林模范县、国家级生态示范区、江苏省设施栽培先进县。

经济的快速增长，带来了财政收入的大幅提升。2010 年，全县实现财政总收入 40.5 亿元，是 2000 年财政总收入 1.75 亿元的 23 倍。其中一般预算收入 16.47 亿元，是 2000 年一般预算收入 1.41 亿的 11.7 倍。财政支出规模也相应扩大。全县财政支出 49.03 亿元，其中一般预算支出 28.86 亿元，是 2000 年一般预算支出 1.93 亿元的 15 倍。财政支出的增长，为全县城乡经济的发展注入了活力，社会保障能力得到了增强，惠及民生的农村政策得到了落实，有力地推动了全县经济和各项社会事业快速协调发展。

建县一百多年来，灌云财政历经沧桑，并逐步发展壮大。民国初期经济低迷，财政叠绌；民国中期日本侵略军侵略掠夺，国民政府强征暴敛，金银耗竭，政费不赡。新中国成立后，在中国共产党的领导下，灌云经济建设和各项社会事业得以不断发展，财政也从小到大、由弱到强，呈现出了欣欣向荣的新局面。财政工作为推动改革开放不断深化，维护社会和谐稳定，为建设繁荣昌盛、富裕文明新灌云作出了重大的贡献。

大事记

商·周

约公元前17世纪初～前256年 境内盐业经营已初具规模，并设有“盐官”。

秦

始皇二十六年（前221年） 置郡县，今灌云县境属朐县。

汉

成帝元延年间（前12年～前9年） 东海郡设有三盐官，伊芦为盐官驻地。北蒲（今板浦）和郁州（今云台）为盐官别治（即派出机构）。

宋

北宋天禧元年（1017年） 淮北盐业生产、运销已具一定规模，板浦、惠泽（今灌南县张店）、洛要（今赣榆县沙河、罗阳,东海县黄川一带）3个盐场运销食盐47.7万余担（1担为50公斤）。

北宋熙宁十年（1077年） 疏通官河，以通盐运。

南宋绍熙五年（1194年） 黄河夺淮入海，泥沙骤增，滩涂日扩，淮北盐场井灶东移。

元

世祖至元二十一年（1284 年） 世祖在涟、海等地实行“屯田法”，“以江淮间自襄阳至于东海多荒田，命司农司立屯田法，募人开垦，免其六年租税并一切杂役”。

世祖至元三十年（1293 年） 板浦场扩建。

成宗元贞二年（1296 年） 境内设莞渎盐场（今属海州区）。

顺帝至元六年（1340 年） 黄河夺淮后，淮南暂不宜产盐，县境内盐场大规模兴起，并设立运盐使司。

明

太祖洪武元年（1368 年） 设立莞渎、板浦、临兴、中正盐场盐课司；板浦成为淮北盐集散地。

太祖洪武六年（1373 年） 境内板浦、徐渎、莞渎 3 个盐场，年产海盐 7.5 万引（每引 200 公斤）。

太祖洪武二十五年（1392 年） 朝廷始设“盐课司大使衙门”于板浦，首任大使丁乙，副使贾清。

世宗嘉靖年间（1522~1566 年） 盐业生产由蒸煮法改为滩晒法，滩晒法又从砖池向泥地“八卦滩”过渡，盐产量和质量都显著提高。

世宗嘉靖四十三年（1564 年） 拓宽挖深板浦至大伊山段官河航道，全长 6400 多丈，出动 1.88 万人，耗银万两。

神宗万历四十五年（1617 年） 淮北盐商捐银万余两，疏浚官河，入海处筑板浦堰 10 余丈，外捍海潮，内蓄清水，以济盐运。

清

圣祖康熙二十四年（1685 年） 朝廷为充裕国库，在全国设立四个海关（澳门、漳州、宁波、南城）。境内南城海关名“江海关”，后迁上海。板浦、新坝便成为江海关的口岸监督。

世宗雍正五年（1727年） 经雍正皇帝特旨，在板浦场盐课司大使衙门西侧“敕建盐义仓”。

高宗乾隆元年（1736年） 新设中正场，莞渎盐场并入，归属板浦盐运公司所辖。

高宗乾隆二十三年（1758年） 9月，每天通过板浦的运盐船600余艘，最大船舶载盐量达2000担以上。

仁宗嘉庆二十五年（1820年） 中正、板浦、青口、临兴4大盐场，计81个小盐场、5000份盐滩，所产之盐，均由板浦集散。

宣宗道光十一年（1831年） 原盐运销改纲盐法为票盐法，任何人只要完税即准运销原盐，既保证了盐税收入，又促进了原盐外运。

宣宗道光二十一年（1841年） 淮北各盐场为抗英战争提供军需白银30万两。

宣宗道光二十四年（1844年） 江苏巡抚陶澍奏请，明确鹰游门和灌河口（即今连云港和燕尾港）为隘处，两口岸每年转售海盐达银200余万两。

德宗光绪二十七年（1901年） 八国联军攻占北京后，强迫清政府签订丧权辱国的《辛丑条约》，乘机插手中国的盐政，在板浦设淮北稽核所，各盐场设放盐处，由日、德两国轮流派驻监督人员，直接监督各盐场对外放运盐斤数量，以便核实税款金额，保证赔款的落实。

德宗光绪二十八年（1902年） 两江总督兼盐政大臣端方奏请朝廷批准，在境内丰乐镇（今洋桥）西筑盐滩40份，因产盐接济淮南销售缺额，故命名为“济南盐场”。

德宗光绪三十年（1904年） 上海、扬州的一些商人，来燕尾港海滩集股投资，先后成立了大源、大德、大阜、大有晋、裕道、庆日新、公济等7个制盐股份有限公司。

△ 灌云一带榨油业兴起，大油坊有7家，年产豆油10.08万担。

宣统三年（1911年） 公济制盐公司在天生港（今燕尾港）设立海运处，建立盐坨。

中华民国

民国元年（1912年）

4 月，江苏省临时议会于 1 月份决定废州立县，并于 4 月将东海县划分为东海、灌云二县。灌云县治在板浦，隶属江苏省徐海道。县内 11 镇派丁漕额 7267 银两。

9 月，比利时铁路公司与中国政府签订合同，建设西起甘肃省，东到灌云境内入海口的陇海铁路，并开辟老窑海港（今连云港）。

民国 2 年（1913 年）

△　县知事公署设财政科，并设厘金局主管征税，属江苏财政公所所辖。

△　民国政府财政部颁布《国家税和地方税的税法草案》和《国家费用和地方费用规定》，第二年修订为国家税 19 种、地方税 20 种。

民国 3 年（1914 年）

12 月，中国银行在板浦设立征收处，代理国民政府国库业务。

是年，灌云县龙沟厘捐总局下设大伊山分卡、大柴市分卡，负责全县税款征收和对过往车辆征税。

民国 4 年（1915 年）

△　北京政府财政部在灌云县设立江北苇荡营垦务局。

民国 5 年（1916 年）

△　公济制盐公司首用起重机装卸盐包。其在燕尾港筑盐坨，当年建成坨地 2880 平方米，可储盐 100 万担（5 万吨）。

民国 8 年（1919 年）

△　县政府行政署设第二科，掌管田赋税务。

民国 9 年（1920 年）

△　县境济南盐场首次向日本国出口优质原盐 100 万担。

民国 11 年（1922 年）

△　两淮盐务稽核所出资，将板浦穿心河填平，建成街道（今新民路）。

民国 14 年（1925 年）

△ 济南盐场轮运扬州十二圩的盐斤由散装改用麻袋装运，盐务总署训令在盐区推广。

民国 17 年（1928 年）

△ 县政府设一、二两科，由第二科掌管财政。

△ 省政府按其所辖 61 个县的面积、人口、富力分别划分为一、二、三等级，灌云本应列为三等，但因属未来重要商港，故改为二等。

△ 国民政府正式颁布划分国家收入和地方收入标准，其中县财政收入为 9 项、县财政支出为 13 项。

民国 18 年（1929 年）

△ 燕尾港成为淮北盐区原盐河海联运的集散和出口口岸。

△ 两淮盐运使署从扬州移驻板浦。

民国 20 年（1931 年）

△ 大源、裕通、庆日新 3 个制盐公司集资 30 万元，从美国引进动力机械，在陈家港成立“源裕庆”吸水机厂，率先在淮北盐区采用吸水机纳潮。

民国 22 年（1933 年）

△ 根据江苏省政府委员会第五六〇次会议通过《江苏省县政府组织通则》，调整县政府内部机构设置，裁撤县政府各局，规定县政府列第一、第二、第三科和技术室，仍以第二科为财政科。

△ 灌云等 30 个县列为江苏省三等县。三等县月支行政经费为 1581 元。

△ 国民党灌云县三区实行累进税制度，大地主杜养和不接受新税制，诬告区长孙笃生收大烟税，省政府被买通，孙遭撤职。

△ 灌云县第七区东窑乡的老窑港开始筑港。

民国 24 年（1935 年）

1 月，中央银行在灌云县板浦设立国库机构。

是年，国民政府颁布财政收支系统法，确立中央、省、县（市）三级制，实际执行的是国家与地方（省）两级制。△ 规定地方财政收入经常门 7 项，临时门 2 项。

△ 省公布普查人口，灌云县为 699106 人，可耕地 680273 亩。

△ 国民政府农商部主事、灌云板浦人江问渔等人，集资开办兴灌垦植公司，在陈家港、堆沟一带开垦海滩 5 万亩植棉。

民国 27 年（1938 年）

5 月，灌云县政府财政科为避日本侵略军轰炸，随县政府迁至第三区颜马庄。

民国 28 年（1939 年）

3 月，日军侵占灌云，汪伪灌云县政府成立，设民政、财政、建设、教育四科。财政科设立赋捐征税处及 5 个赋捐征税分处，征收田赋及一切杂税。

民国 29 年（1940 年）

8 月，共产党领导的灌云县抗日民主政府在汤圩成立。朱南方（朱薰池）任财经科科长，吴公美（吴立焕）任税检局局长。

民国 30 年（1941 年）

5 月 16 日，沭阳五区、十区及东海二区与灌云合并，成立东灌沭办事处，夏雨任财政科科长。

12 月，中共滨海大队击溃灌一区的条河、公兴、李集一带土匪后，各乡保政权纷纷恢复，东灌沭粮食处征粮队当即开赴各乡，进行边区征粮工作。

民国 31 年（1942 年）

1 月，“东灌沭赈济委员会”的吴月波、汤慕庐等人及地方农会组织人员，奔走有关地区借粮数万斤，争取民主政府拨款 3000 余元，救济抗属和灾民。

4 月，东灌沭办事处组织清丈地亩突击队，赴海二、灌一、灌二等区突击清丈，明文宣布隐瞒地亩者须限期补报，逾期不报者罚。

6 月，东灌沭办事处财政科改为灌云县抗日民主政府财经科，周伯萍任财经科科长。

民国 32 年（1943 年）

2 月，张以鉴任抗日民主政府财经科科长。

3 月，淮海行署拨出 7 万斤粮食救济灌云春荒。

6 月，封培乾任抗日民主政府财经科科长。

民国 33 年（1944 年）

2 月，抗日民主政府财经科改为财粮局，下设税务股、赋捐征收处、粮政股、仓储股、会计股。徐肇元任局长。

6 月，县解放区减租减息工作全面展开，规定每打百斤粮食，佃户应分 62.5 斤，地主应分 37.5 斤，籽种由地主负担。

民国 34 年（1945 年）

8 月，抗日战争胜利，国民党灌云县政府进城（板浦）办公，县政府设民政、财政、建设、教育四科。

△　灌云县抗日民主政府根据各区要求组建盐警队。

10 月，财粮局随灌云解放区民主政府移至杨集。

11 月，淮海区民主政府发给灌云县救济粮 30 万斤，农贷粮 15 万斤。

民国 35 年（1946 年）

1 月，国民党灌云县政府设置民政、财政、教育、建设、军事、社会 6 科及承审、人事、会计、合作指导 4 室。

3 月，灌云解放区民主政府有关部门补贷玉米种 17 万斤、棉花种 1 万斤，支持灾情严重地区开展春播。

5 月，国民党灌云县政府重新调整机关科室，设民政、财政、教育、建设 4 科，职员 27 人，另设会计主任室，职员 3 人。

△　县解放区各区乡进行土地改革。

9 月，国民政府公布《修正财政收入系统法》，恢复中央、省、县（市）三级财政管理。县财政有 6 种地方税，收入全额归县，田赋及营业税 5%留存；支出共 16 项。

10 月，魏国辅任县解放区民主政府财粮局局长。

民国 36 年（1947 年）

2 月，县解放区民主政府的粮食、财政、税务、银行等部门合署办公。

3 月，武永佐任县解放区民主政府财粮局局长。

5 月，成立财经局，下设财务课、税务课、粮政课、银行课和粮库。

8 月，徐振东任县解放区民主政府财经局局长。

民国 37 年（1948 年）

3 月，中共灌云县委积极贯彻华东局关于“精减、节约、清理资财”三大方案，执行新的供给标准，每人每天减粮 2 两，取消待遇费、津贴费和不必要的开支。每天订节支计划，除战斗外，两里内运粮草一律自己动手。

6 月，县财经局随县政府迁至大伊山，徐振东任局长。

11 月，国民党灌云县政府逃离板浦，灌云全境解放。县财经局重新更名为财粮局。

△ 两淮贸易公司大伊山办事处成立，此为灌云县第一家国营商业单位。

民国 38 年（1949 年）

3 月，县财粮局改为财政局，孙希科任局长。

△ 中国人民银行大伊山办事处设立经收处，开始代理金库业务。

中华人民共和国

1949 年

10 月 1 日，中华人民共和国成立。

是月，灌云县财政局改为财粮局。

11 月，第一期导沂（沂河）工程开工；大伊山至新浦的土面公路开建。

1950 年

1 月，灌云县根据政务院规定，执行《全国税政实施要则》，开征税种 10 个。

△ 灌云县开始推销“人民胜利折实公债”，全县推销 360 分（公债单位），金额 4096.77 万元。

2月，赵廷松任县财粮局局长。

3月，灌云县开展公有企业与机关事业单位清理资产工作，历时6个月。

△ 全县建立两级三层的财政管理体制。

4月，全县开始执行全国财政统一管理制度，统一经费开支标准，一切收入归库，一切支出从库。

10月，全县共征收农业税和附加粮646.28万公斤，其中夏粮384.92万公斤，秋粮261.36万公斤，超过任务（577.5万公斤）68.78万公斤，超额11.2%。

△ 根据苏北行署和行署编制委员会规定，灌云县核定各乡人员编制3人，含乡长、指导员、文书兼财粮办事员，各镇人员编制4~6人，含镇长、指导员、文书兼财粮办事员、工会干部（人口多的增设副镇长、副指导员）。乡、镇政府公杂费，乡每月大米7.5公斤，相当于乡的区辖镇每月大米20公斤。

△ 全县政教人员计1130人。其中粮贴人员：乡镇干部496人，公产管理人员1人，医务人员15人，农林人员8人，共计519人；粮薪人员：国民教育人员599人，社会教育人员12人，共计611人。

是年，全年地方经费总收入784798万元（旧人民币，下同），支出1631900万元，透支847102万元。其中县政府支出办公费2320.74万元。

1951年

1月，确定全年县财政方针：抗美援朝、稳定物价、重点建设。财政政策：不加重人民负担，又要达到现实要求，量入为出和量出为入相结合。

△ 财粮局分设为财政科、农税科。

4月，根据苏北第二届农税会议精神，全县开展土地证地籍整理工作，至6月结束。全县对农民发放土地证15万余份。

8月，灌云社会各界开展支援抗美援朝爱国捐献活动，全县认捐购买1架飞机和高射炮（折价旧币8亿元）。

9月，根据淮阴专区部署开展清理资财工作，清理本着“有资必清，清则彻底”原则，清理后逐级出具保证书，以杜今后。全县共清理出额外资财计粮349449.5斤，人民币（旧人民币）68574279元。

10月，苏北人民行政公署、行署编制委员会，核实灌云县行政编制：县政府、公安局、法院共206人，县委机关编制47人，群众团体12人，总计265人。

11 月，全县累计捐献用于购买飞机大炮款 85126.15 万元（旧币），超额完成上级下达的认捐任务。

△　收入概算为大米 1508779 斤，实收大米 1750594 斤，超额完成大米 241815 斤（内包括公粮加公产、政教事业费等收入）；支出方面，计支出大米 2592300 斤，人民币（旧币）1706510306 元，占原支出概算 99.5%。

1952 年

5 月，苏北人民政府公署批准，灌云县人民政府接管淮北盐场税收工作。

8 月，全县开展查田定产工作，查出黑田 25532 亩。确定常年应产量比 1951 年提高 22%以上。

9 月，县三届二次各界人民代表会议召开，会议中心议题：关于“查田定产”和举办城乡物资交流大会问题。

11 月，县开展机关财产登记工作。

△　上级下达灌云县税收收入任务 776200 万元（旧人民币）。至 12 月上旬征收入库 739718.3 万元，完成 95.2%。其中完成货物税 74.1%，工商税 99%，所得税 112.4%，印花税 80.22%。

△　县政府财政科与农税科合并为县政府财粮科，下设农税股 2 人，监察员 1 人，会计股 5 人，统计 1 人，册籍室 18 人，公产股 2 人，契税股 3 人；每区设财粮干事 2 人，会计干事 1 人。

△　东辛农场农机修理厂建成，此为灌云县第一家国有工业企业。

1953 年

1 月，灌云县按照政务院规定，实施修正后的税制。

△　根据《江苏省财政实施方案》规定，实行中央、省（市）、县（市）三级财政体制，灌云县建立县一级财政。省对县实行“划分固定收入”预算方法。

4 月，原属县管辖的盐区税收机构划归新海连市接管。

△　全县开展查田定产，确定平均每亩粮食常年产量为 61 公斤，比查田定产前的 49 公斤提高 12 公斤。确定总田亩为 246.1 万亩。

10 月，韩绍愈任县财粮科科长。

1954 年

1 月，省对县实行“分类分成”办法，将预算收入划分为固定收入和固定比例分成收入两类。

△ 国家经济建设公债开始在灌云发行，当年发行额为 2.52 亿元（旧人民币）。

5 月，全县有 58 名干部首批改供给制为工资制。

8 月，县成立“对私改造委员会”，部署对私营工商业的社会主义改造。

△ 县召开区长和财粮干事会议，布置中秋作物查勘工作。

9 月，根据《江苏省粮食计划供应暂行规定》，驻城镇的机关、团体伙食单位及住城镇居民所需口粮，经当地粮食部门核准后，凭证至指定供应点购买。

10 月，县委在伊山区剑北乡进行粮食统购统销试点。

1955 年

3 月，中国人民银行灌云县分行在县内开始发行第二套人民币，记账本位货币也于同时改为新人民币。新币 1 元相当于旧币 1 万元。

5 月，县财政局派员巡查各单位收支情况和进行财务工作摸底，布置查勘印制农业税造串表格，检修公产房屋。

7 月 26 日，全县基本完成夏粮征收任务，入库粮（包括代金）为 16703272.5 斤，占计划应征数 97.24%，占省核定数 99.54%。

是月，全县国家机关工作人员凡实行包干制待遇的，从本月起，均按国家规定改为工资制，实行货币工资。

10 月，全县“三定”（定产、定购、定销）工作基本结束，粮食统购统销制度基本建立起来。

11 月，灌云县第一届人民委员会产生，县政府财粮科更名为县人民委员会财政科。

12 月，财政部规定，财政机关从现金收付记账法改为借贷记账法。

△ 灌云国营企业首次上缴财政利润 0.7 万元。

1956 年

3 月，县将国家经济建设公债推销任务分配至全县各区，并在职工和工商界中发动认购。

△　县召开各区镇粮管所长、乡财粮员会议，贯彻农业税新税法精神。

5 月，县财政部门配合各集镇做好城市公有地基的丈量登记工作，6 月份开始收租赁费。

9 月，灌云县开展建立乡财政试点，至月底，90%以上的乡基本上完成了乡镇财政建立工作。

12 月，财政局组织开展对全县国家机关、国营企业、事业拨款单位基本建设全面检查，对因天气寒、动工迟以及年底突击花钱而赶工、抢工，造成工程质量低劣现象进行了处理，对备料没有动工的 128 间房屋工程（造价 22998 元）全部停工兴建，已经竣工的房屋装修附属工程均作停缓处理。

△　灌云县国家机关、国营企事业单位的国家工作人员在册总数为 7014 人，工资总额 273115 元，人均工资 39.2 元 / 月。

是年，因农业合作化高度发展，农村的生产关系改变，农业税也由按户累进征税改为按差额比例征税，仅有少数个体户仍按累进税计算征收。

1957 年

2 月，灌云县对私改造基本完成，手工业者中 93.2%参加合作社，私营商业及小商贩中，安排在国营商业、公私合营和合作商店的占 86%。

7 月，在整编机构和精简编制中，县纺织、百货、医药、煤建、木材、药材 6 个公司，调整为纺织品、百货、煤建、医药 4 个公司，撤销县盐管科。

10～11 月，抽调财政科、工业科、税务局等部门 4 人组成检查组，对国营灌云县印刷厂、公私合营县伊山植物油厂进行了财务检查。

11 月，县人委根据整顿机构、精减编制的精神，县财政科与税务局合并成立财政局，核定财政局总人数为 50 人（包括各所），外配公产干部 2 人，交通银行 1 人，共 53 人。

1958 年

1 月，省对县实行“以收定支、五年不变”的财政管理体制，县对乡镇也实行财政任务包干制度。

2 月，反“右派”运动于 2 月 1 日结束，县财政部门被划“右派分子”4 人。

4 月，赵廷松任县财政局局长。

5 月，灌云县根据省七次财政会议精神，全面建立乡镇一级财政。

△ 灌云县根据财政部和省人委的规定，对棉纺织印染、日用化学、制革、热水瓶等四类工业产品试行征收工商统一税。

8月，全县实现了人民公社化，368个农业社合并为21个人民公社。

9月13日，国务院公布《工商统一税条例（草案)》，灌云县据此开征四税合一的“工商统一税”。

△ 全县各级财政在党委统一领导下，大力组织预算外资金并动员群众投资办工业，县直各机关交入财政的共59万元资金、150间房屋。

1959年

1月，灌西盐场划属灌云县管辖，以东辛、五图河、沂河3个农场为中心，建立3个盐场，畦滩面积为7000公顷。

5月，全县普遍建立了税收稽征管理制度，共设立代征单位287个，在集镇和交通要道建立护税组织，发展协税、护税员1384个，到年底全县约护税2000件，增收税款4000余元。

8月，财政局将原来的4个股调整为税政、基建预算、企业管理、秘书等4股，人员亦由17人增加到23人；基层税务机构也进行了相应调整，将原来5个所15个组，调整为7个所13个组，税务干部由24人增加到41人（其中15人为雇用)。

9月，县财政局与计委等部门研究制定了《灌云县基本建设管理办法》，明确了基建预算制度与审批程序、拨款办法和决算制度。

12月，国家投资灌云160万元新建东滩、利民、友谊、云台4个盐场，共建97.5份盐滩。

△ 因盐税从中央收入划归县级收入，致全县财政收入猛增，盐税收入占全县财政收入的74%。

△ 全县县属国营企业继续推行“三自办税”，实行有税自核；并全面推行班组核算和定额管理，以降低产品成本。

1960年

1月，县政府批转下发县财政局《关于规定人民公社公共积累具体使用范围和批准权限的意见》，规定人民公社的公积金和社办企业收入，主要应用于扩大再生产的基本建设，不得用于非生产支出。公益金应当用于社会福利事业，不得用作增加人员工资和其他行政支出。

3月，全县国营企业基本实现核算群众化。

7月，徐秀岐任县财政局局长。

10月，县财政局制定下发《灌云县农村人民公社财务管理办法》，完善公社的财务管理制度。

11月，为克服大吃大喝和铺张浪费现象，经县委批准，将公社所有的29万元资金全部上解县支行，公社动支须由财政部门监督、批准。此举大大降低了非生产性开支，11、12月共开支8000余元，较以前下降60.4%。

12月，下半年开展的两次全县大检查，共清理出欠缴税利款1万元，虚列成本应补缴财政收入款2.95万元，小金库及其他结余上缴款15万元。在物资方面共清理出供专区调拨平衡的有124种，县平衡的有76种，共计价款24.7万元。

1961年

1月，全县年度财政工作贯彻“调整、巩固、充实、提高”的方针。

△ 部分中央和省属企业收归中央和省管理。

12月，自上年12月底开展冻结存款以来，灌云县共上缴财政存款额18.8万元。

是年，县财政支持电力部门31.4万元修建输电线路。

1962年

1月，实行“全国一盘棋，上下一本账”财政管理办法，省对县财政收入划分为固定收入和调剂分成收入两类。

△ 税务从财政局分设出去，单独组建县税务局。

4月，全县启动清产核资工作。

10月，清产核资工作结束。全县清查企业、事业、机关、团体、学校等全民所有制单位51个，核实流动资产“三差”损失616735元。

1963年

3月，根据财政部规定，全县对农村集市贸易行为开征集市贸易税。

12月，灌西盐场划归省淮北盐务管理局统一领导，盐场行政区域及原盐税分成不变。

△ 由于盐业生产旺季天气多雨造成严重减产，加之销售不畅，形成短产滞销局面，全县财政收入仅完成1688.94万元，占全年任务的50.85%。

1964年

1月，省对灌云县恢复“总额分成”财政收支管理办法。

7月，县财政局内设财监员1人，在企事业单位选聘财监通讯员14人，建立了财监通讯联系制度。

11月，县农机厂发生火灾，生产中断，经请示上级部门批准，县财政暂借8160元，帮助该厂恢复生产。

是年，县财政局以板浦镇为重点开展公产房屋清理工作。

1965年

5月，大豆原种场和良种场撤并，精简农干校和企业职工20余人。

10月，针对原盐运销工作中存在的船只紧、干部少，难以完成任务的问题，临时抽调干部，用3个月时间狠抓原盐销售和税款回笼等环节，实现超销盐1.4万吨，盐款全部入库，超额完成财政任务。

11月，下发修订后《灌云县公社财务管理试行办法（草案）》，从1966年1月1日起试行。

是年，扎实抓好清理职工欠款、清理“小钱柜和小仓库”、改进公费医疗管理等三项工作，全年共收回职工借款30300元，占年初借款总额的67.7%，清理入库小钱柜资金17500元，节约公费医疗经费支出3700元。

1966年

1月，中央对地方恢复实行统收统支财政管理体制。

6月，县直党政群机构调整，县财政局撤销，其业务与税务局、商业局一起并入县人民委员会财贸办公室。

1967年

1月，根据上级规定，灌云县企业将借贷记账法统一改为增减记账法。

△ 李胜祥任县人委财政科科长。

3 月，县人武部成立生产办公室，财政职能划归其生产组。

11 月，国家财政投资 200 万元筹建的县化肥厂建成投产，可年产 3000 吨合成氨。

△ 伊山镇建成日供水量 5000 立方米的自来水厂。

是年，盐税收入上划省级收入。

1968 年

9 月，县财政职能划归县革命委员会生产指挥组。

11 月，县在宁海公社海河大队进行农村合作医疗试点。

△ 受“文化大革命”影响，全县工业企业收入亏损 36 万元，新中国成立后首次出现负数。

1969 年

△ 兴建县电机厂（后改为县精密铸造厂）、县制面厂和县鲁保一号菌种厂（后改为县化工厂）。

1970 年

1 月，省对灌云县实行“定收定支，超收分成”预算管理体制，超收部分县留 15%。

12 月，灌云县湖里煤矿建成（位于徐州市铜山县境内）。

1971 年

1 月，省确定县财政收入超收部分留成比例提高到 40%。盐税收入再次划入灌云县预算管理，确定灌云县留存比例为 81%，上解为 19%。

10 月，灌云县革命委员会财政科调整计征农业税常年产量。为纠正畸轻畸重的不合理现象，在全县不增加负担的原则下，对各单位的农业税额作了调整。计征的平均单价仍按每斤 0.3 元计算征收。

△ 粮食企业从省下放到县管理。

1972 年

3 月，全县投入 2 万民工新开挖河道五灌河，7 月竣工。

是年，税收工作并入县革委会财政科，内设相应部门，主管全县税收工作。

△ 灌云县水产公司500吨容量冷库在燕尾镇建成投产。

1973年

1月，江苏省对灌云县实行“收入按固定比例分成，超收另定分成比例”的预算体制，即所谓“旱涝保收”的办法，灌云县固定留成比例为2%，超收分成比例为20%。

△ 根据《中华人民共和国工商税条例（草案）》，灌云县将原“工商统一税”及其附加等5个税种合并为单一的“工商税”。

是年，粮食企业又上划省管理。

1974年

4月，县革委会财政科组织历时22天的财经纪律和税收政策大检查，查补部分国营、大集体和镇社企业偷漏国家税款23万余元。

12月，淮阴地区革委会转发灌云县“关于灌云冷库工程筹建处用公款请客送礼违反财经纪律的通报”。

△ 按照淮阴地委的指示，淮阴地区财政局对灌云县1971～1974年占用国家资金和动用当年财政分成250万元等违反财政制度行为作出3条处理意见。

1975年

1月，县革委会财政科改为县革委会财政局，饶海桥任局长。

7月，县化肥厂经省批准扩建，由年产3000吨合成氨提高到年产1万吨合成氨。

1976年

1月，盐税再次划归省，灌云县每销售1吨原盐提成2元盐税。

△ 灌云县开始执行地方预算收支旬、月报制度。

6月，淮阴地区财政局决定，社会集团购买力比上年压缩20%~30%。

8月，全县有10个社（镇）先后办起盐场，计有盐滩39份，年产盐2.3万吨左右。

11月，五灌河第二次疏浚工程开工，县投资147万元，于1977年春节前竣工。

1977 年

2 月，县革委会财政局转发财政部《社会集团购买力管理办法》和两个附件。

12 月，县革命委员会制定下发《灌云县公费医疗管理办法》。

是年，省对灌云等县试行“收入按固定比例和增长分成”预算管理体制，增长分成上解比例为：增长额 50 万元以上的为 15%，50 万元以下的为 10%。

△ 县城主干道大庆路跨山前河双桥建成。

1978 年

1 月，省对县实行“收入按固定比例留成，增长分成”办法，增长分成比例为40%。盐税每吨提成额从 2 元提高到 3 元。

3 月，全县调整部分职工工资工作结束。1977 年 9 月底，303 个全民单位固定职工 9930 人，调资人数 8981 人，实际增资 7192 人，占调资人数 86.8%，平均每人增资 5.01 元。

5 月，全县财经纪律和税收政策执行情况大检查结束，共抽查 108 个国营、大集体和社、镇企业（约占企业总数的三分之一）。据统计，偷漏税面在 90%以上，其中漏报应纳税营业额 42.22 万元，应补缴工商税 1.97 万元；被挤掉利润 58 万元，应补缴所得税款 21.18 万元。

7 月，县化肥厂年产 5000 吨合成氨新系统建成投产，和原 3000 吨合成氨系统并列生产。

12 月，县委对财政局某些领导人擅自动用支贫款 11 万余元给局蹲点大队，随意扩大局办公大楼土建工程超支 2.6 万余元，乱支局内外个人卖树苗款 1.6 万余元等违反财经纪律的问题发出批评通报。

是年，县在沿海六圩二湾兴建向阳、陡沟等 15 个公社盐场，建滩 34 份，盐畦地 664 公顷。

1979 年

7 月，县革委会财政局更名为县人民政府财政局。

10 月，针对企业普遍存在滥发奖金和加班工资问题，县财政局选择问题突出的县磷肥厂、水利机械厂进行解剖，并将情况以书面材料上报县委。县委发出通报，及时刹住了这股歪风。

11月，按国务院规定，从本月起，全县全民所有制企事业单位及国家机关工作人员每人每月增发5元副食品补贴，40%的职工升级增加工资。

是年，县财政局先后举办财会培训班5期，共培训300多人，其中税务干部47人。

△ 在全县范围内进行两次税务检查和一次财经纪律检查，深入企业181户次，共查补税款35万元，清理欠缴利润6.8万元。

1980年

9月，全民所有制单位职工调资升级工作结束，全县全民职工为11690人，在调10251人，升级4753人，实际升级面46.4%，受益面55.5%。

是年，省确定县办工业企业利润留成办法：上缴省财政60%，其余40%留县财政作为预算外资金。对亏损企业实行“二八分担制”，即省财政弥补80%亏损，县财政弥补20%亏损。

1981年

1月，省对县实行“财政收入包干”办法，超包干基数部分收入实行超收分成，分成比例为40%。

△ 灌云县首次发行中华人民共和国国库券。

11月，骆秉瑞任县财政局局长。

12月，灌云县人民政府批转县财政局关于建立公社财政的请示报告。各公社、镇建立财政管理所，一般配3~4人，其中所长1名为行政编制，会计1人为事业编制，经费由省财政解决；另由财政局会同有关部门选配1~2名集体编制财务人员，经费从公社、镇自有资金中开支。从1982年1月1日起建立新账。

1982年

1月，省对县实行“全额比例包干”办法，或称“分灶吃饭”。灌云县包干基数支大于收，由省实行定补。

4月，县直机关党委批准，饶海桥任局党支部书记，杨启宏、邓玉琪任支部委员。

5月，县委、县政府转发财政局《关于1981年公费医疗经费报销情况的检查报告》。1981年，全县共支出公费医疗经费39万元，比预算指标22万元超支17万元，加上1980年超支未予弥补的3.1万元，累计超支20.1万元。全年公费医疗人均支出50元，超过定额20元。

6月，从6月1日起，全县办理纳税、验税手续一律使用新的“灌云县人民政府契税专用章。”

是年，云县对政策性亏损企业实行亏损包干办法，财政定额补助，超亏不补，减亏分成或全留。

△　依据国家政策规定，灌云县对文教行政事业人员、机关工作人员工资进行一次普调。

1983年

1月，省实行市管县新体制，灌云县从淮阴地区划归连云港市管辖。财政亦改为市对县结算。

△　全县放开粮油市场，允许多渠道经营。部分粮食企业财务从省下放给县管理。

4月，根据财政部部署，灌云县在13户国营企业中试行第一步“利改税”，即国营企业改上缴利润为缴纳所得税。

7月，从本月1日起，国家对企业实行“拨改贷”政策，国营企业所需的流动资金原则上由银行贷给，不再由预算增拨 。

8 月，税务职能从财政局划出，重新单独成立“灌云县税务局”。

△　全县21个公社实行政社分设，建立了乡党委、乡人民政府、乡经济联合委员会。根据省委、省政府办公厅《关于在农村体制改革中保留和加强乡财政所的通知》，将公社、镇财政管理所改为乡、镇财政所。

1984年

8月，县财政局制订《灌云县乡一级财政改革试点方案》。在图河等10个乡镇试行“定收定支、收支挂钩、超收分成、减收减支、结余留用、一年一定”的财政管理体制。

9月，县编委核定县财政局行政人员编制17人，乡镇财政所编制35人。

10月，全县国营企业试行第二步“利改税”。

12月，灌云县工商银行受托代理县金库业务。

1985年

1月，省对县财政包干范围作较大变动，大部分省属工商企业下放县管理，盐税列县收入包干基数；灌云县留成比例为59.5%；取消原定补477万元。

△ 全县取消粮食统购，实行合同定购。

△ 各乡（镇）财政所在农业银行各乡镇营业所和人民银行各乡镇办事处分别开设预算存款和预算外存款两个账户。

4月，江希涌任县财政局局长。

5月，《中华人民共和国会计法》颁布实施。

△ 县政府批转县财政局《关于在全县建立乡（镇）一级财政的报告》。至9月，全县25个乡（镇）都建立了乡镇级财政。

7月，县政府转发国务院发布的《国营企业固定资产折旧试行条例》，规定从7月1日起，全县所有国营企业均实行固定资产分类折旧法。

9月，根据国务院部署，灌云县组织首次税收、财务、物价大检查。当年共查出违法违纪金额137万元，入库107万元。

是年，县农机修造厂通过技术改造，第一次实现利润超百万元。

△ 灌云县被省、市民政部门列为重点扶贫县，拨给扶贫专款40万元。

△ 灌云县按照上级统一部署，实行国家机关和事业单位工作人员工资改革。

1986年

5月，县财政局进行企业财务核算工作改革，选择县农机厂作为试点单位，帮助该厂实行厂部、车间两级核算，达到“产值增加，质量提高，效益良好”的要求。该厂后被省评为1986年度企业财务会计工作先进单位。

9月，国务院发出《关于加强预算外资金管理的通知》，要求从12月1日起，对县属各行政、事业单位的部分预算外资金实行财政专户储存管理，以保证专款专用。

11月，全县开展税收、财务、物价大检查，共查出违纪金额18万元。

12月，县属行政事业单位的部分预算外资金开始实行财政专户存储、财政审批、银行监督管理办法。

是年，县财政局举办两期 130 余人基层财政干部学习班，并根据省财政厅的要求，从乡镇企业事业单位财务人员中招用了 37 名合同制干部，充实了各乡镇财政所的干部队伍。

△　县财政局公产管理股撤销，成立综合股，负责预算外资金管理等工作。

1987 年

1 月，县财政局等部门联合制订《灌云县公费医疗管理办法改革方案》。

3 月，县财政局设立“行政事业财务管理股”。

4 月，县财政局根据市人行、财政局有关规定，要求全县事业行政单位预算外资金尚未实行财政专户储存的一律以 4 月 30 的账面余额储存，不论以前是否已专户储存，从 5 月 1 日起新发生的预算外资金收入，即按通知规定按期转存财政专户。

5 月，灌云县公费医疗经费管理，实行“两定、三挂钩”办法，有效遏制公费医疗经费快速增长，财政部、卫生部发给奖励 10 万元。

10 月，县政府下发《灌云县农林特产农业税征收管理办法》，明确征收的农林特产税全部留给县、乡（镇）两级财政，实行四、六分成。用于发展农林特产和弥补农林支出，不得挪作他用。

是年，推行国营企业经营承包责任制，全县 35 家国营企业全部同主管部门签订了承包合同。

△　中华会计函授学校灌云函授站建立，首批招生 50 人。

1988 年

2 月，县财政局成立“国债服务部”，属副股级全民事业单位。

3 月，灌云县被国务院确定为沿海经济开放县。

△　县财政局下发《灌云县财政支农周转金管理试行办法》。

5 月，县财政局撤销企业财务股，成立商贸股、工交股。

6 月，灌云县控制社会集团购买力办公室成立。

7 月，市财政局在灌云召开财政体制会。

8 月，县财政局转发市财政局《关于预算内工业企业推行“厂内银行”试行意见的通知》，要求全县各国营工业企业包括其他国营企业和集体单位抓紧试行“厂内银行”制度，并进行工效挂钩试点。

10月，县财政局转发江苏省财政厅《关于在全省乡镇财政所内部开展财务工作检查的通知》，要求各乡镇按照财政厅通知的检查内容对本所的所有账、款、物、收支执行情况进行一次彻底自查。

11月，县人民银行重新组建后，从县工商银行接管国库业务。

是年，省对灌云县实行“收入递增包干”的预算管理新体制，收入留成比例由59.5%调整为100%，支大于收，实行定补。盐税收入从财政包干基数中退出，实行单项承包，新体制从1988年开始，一定三年。

△ 根据县财政局、物价局联合发文规定，全县行政事业单位非商事收费必须统一使用加盖县财政局监制章的“灌云县行政事业单位收费凭证”。否则，付费单位和个人有权拒绝付款，财会人员不予报销。

1989年

3月，县财政局、计经委等七部门转发市财政局等部门《关于自筹基本建设资金管理补充规定》，进一步控制固定资产投资规模。

4月，全国首届会计知识大赛启动，县财政局、县会计学会组织全县会计人员参赛。

6月，县财政局增设秘书股、商贸股、控办、会计师事务所等内设及直属机构，增加人员编制11名。

是年，县财政局首批聘请70名兼职财监员和财监通讯员，形成群众性财监网络。

△ 县财政局制订下发《灌云县机关事业单位会议费开支管理试行办法》，规定对会议费实行综合定额包干；并改革行政事业单位公务费的包干办法，按人头分到各单位包干使用，超支不补，结余留用。

△ 薄留生被授予省财政系统劳动模范。

1990年

1月，县对乡镇实行“核定收支、收支挂钩、比例分成、减收减支、超收固定分成”的财政体制。

△ 灌云县改革预算管理办法，按“零基预算法”编制预算。

4月，县财政局制定下发《乡镇财政所目标管理考核记分办法》和《财政所人员岗位职责》。

9月，市财政局下发关于进行乡镇国库试点工作的通知。

10月，县人行、农行、工行、税务、财政等部门联合发文，决定从11月起设立乡镇金库，并制定出台《灌云县乡镇国库暂行办法》。

△　县财政局转发《连云港市国营企业、事业单位、国家机关会计达标升级实施办法（暂行）》和《会计工作达标升级验收规则》，部署全县会计工作达标升级。

12月，县政府批转县财政局《关于进一步明确乡镇财政体制的请示》，决定从下年度起，实行“核定收支、收支挂钩、定交定补、超收分成、一年一定”新的财政体制。

是年，同兴镇财政所被授予省级文明财政所称号。

1991年

3月，县财政局组织开展清理“三乱”（乱收费、乱罚款、乱集资）工作，共清理1989年、1990年度不正当罚款566.8万元；同时对粮食系统的38家基层企业以及19家商业企业、23家预算内工交企业的1990年会计决算情况进行了全面审查，查出违纪金额250万元。结合“三项大检查”开展清理职工欠款，累计清欠663万元。

11月，根据国务院《国有资产评估管理办法》，县工商行政管理局和县财政局联合下发《国有资产产权登记管理办法（试行）》。

1992年

2月，县政府印发《灌云县农村社会养老保险暂行办法》。

4月，县财政局重点抽查7个乡镇“农四税”情况，抽查面达28%，查出违纪金额应入库19699.45元，已入库18500元，入库率93.9%。

△　灌云县在宁海乡进行农村养老保险工作试点。

7月，县财政局对凡占有使用国有资产的县属全民企业、实行企业化管理的全民事业单位开展产权登记工作，有91家企业完成产权登记，国有资产总量达11547万元。

11月，县五灌河第三期扩建工程正式开工，土方和建筑物配套总投入达1.2亿元。

1993 年

1 月，县对乡镇实行“核定收支、定额补助、超收全留、增支不补”的财政体制。

2 月，县人民政府副县长黎镇鑫兼任县财政局局长。

3 月，全县开展行政事业单位财产清查登记工作，清查登记时点为 1992 年 12 月 31 日。

6 月，县财政局转发市财政局《关于行政事业单位会计人员实施会计证管理的通知》，并印发《灌云县预算外资金管理暂行办法》。

7 月，灌云县企业全面施行《企业会计准则》《企业财务通则》《企业财务制度》《企业会计制度》（以下简称“两则两制”）。

8 月 4 日，全县发生历史罕见的特大暴风雨灾害，直接经济损失 3.4 亿元，全县下拨救灾款 80 万元，救济粮 50 万公斤，建房款 40 万元，并拨款 5 万元赶做救灾寒衣。

10 月，灌云县实行新一轮机关和事业单位工资制度改革。

11 月，县财政局公布县属行政、事业单位预算外资金支出账户。

12 月，县财政局会同县档案局经过历时 5 个月的全面检查验收，全县 25 乡镇有 98%的乡镇财政所完成了建档工作任务。

是年，全县 18 个乡镇成立了会计管理站。

△ 全县经济工作遇到严重的困难和挫折。全县国内生产总值同比下降 2.1%，财政收入下降 10%。

1994 年

1 月，按照国务院的规定，全国实行分税制财政管理体制，对工商类税收的税制进行了全面改革。灌云县对乡镇实行“核定交补，乡级收入全额留乡，共享收入分档返还，短收赔补”的预算管理体制。

△ 灌云县被省委确定为扶贫县。

△ 结合学习贯彻“两则两制”，灌云县财政局大力宣传贯彻新修订的《中华人民共和国会计法》。

5 月，李明友任县财政局局长。

9 月，县税务局实行国税、地税机构分设，李明友兼任县地税局局长、党组书记。

11 月，县财政局增设国资管理办公室和会计事务管理股，均为股级。

是年，县财政局获市财政局 1994 年度目标任务考核一等奖。全县农业二期开发顺利通过市、省、国家验收，并获省二等奖。

1995 年

3 月，灌云县部署开展国有企业清产核资工作，历时 10 个月。138 家企业参加，资产总额 79858 万元，负债总额 77756 万元，所有者权益 2102 万元，损亏额达 12364 万元。

4 月，全县财政工作会议召开，县委书记周同余出席会议并讲话。

5 月，根据全国统一部署，灌云县开展“小金库”清理专项检查。

7 月，县财政局组织开展“为灌云争光、为单位添彩、为人民作贡献、为自己树形象”主题教育活动。

10 月，灌云县首度进行会计证年检，参检人数 1624 人，其中 98.8%的会计人员会计证年检通过，在全市考核评比中获得一等奖。

11 月，县政府召开全县税收财务物价大检查工作会议。

12 月，《灌云县机关事业单位工作人员养老保险暂行办法》出台，实施机关事业单位养老保险制度改革，单位按职工个人工资总额 20%缴费，个人按工资总额 2%缴费。

是年，县财政局、地税局建立健全协税护税网络，在全县乡镇和行政村、居民委员会中联合聘请协税员 900 余名。

△　灌云县财政收入首次突破亿元大关，实现财政收入 10422 万元。

△　灌云县在 15 家企业中开始现代企业制度试点，并完成县制面厂由国企向股份制企业的转化。

△　板浦镇财政所被授予省级文明财政所称号。

1996 年

3 月，灌云县首次开展行政事业单位产权登记，全县 275 个行政事业单位和社会团体进行了产权登记，并领取了登记证。经登记，全县行政事业单位国有资产总额达 4.21 亿元，负债总额为 1.66 亿元，国有净资产为 2.55 亿元，资产负债率为39.4%。

6 月 5 日，县政府召开全县清理检查预算外资金工作会议。

8月，全县对预算外资金开展清理检查，重点清理320个单位，共查出违纪金额526万元，缴存专户416万元，缴存预算内44万元。

是年，县财政局获省厅农业税收征收工作先进单位及农业特产税、契税收入上台阶单位奖；农财股获省财政厅1996年帮助国有农业企业扭亏增盈先进单位称号。

△ 县财政局选择10家效益较好的国有企业进行国有资产保值增值试点。

1997年

3月，县新沂河深泓疏浚工程开工，共投入资金1856万元。

4月，灌云县部署开展城镇集体企业清产核资工作。参加企业125家。

△ 李明友被授予连云港市劳动模范称号。

5月，县财政局成立党组，李明友任党组书记，王爱民、孙超、周法林、许相如任党组成员。

11月，县召开企业改制动员大会，会议决定用一年时间基本完成企业改制任务。改制将以股份合作制和出售、拍卖为主要形式，最终使企业真正成为市场竞争主体和法人实体。

是年，县财政局与16家国有企业签订保值增值责任书。据统计，年末平均保值增值率为116.61%。

△ 灌云县城乡居民最低生活保障制度正式建立。

△ 县财政局获省财政厅1997年度农业税征管工作先进单位、帮助国有农口企业扭亏增盈先进单位、财政信息工作先进集体。

△ 灌云县实现财政收入17319万元，收支相抵，除结转到1998年继续使用的专项资金外，当年实现收支平衡，并消化老赤字1227万元，提前一年完成了省政府下达的消化全部老赤字的目标任务。

1998年

1月，全县自筹基本建设项目实行资本金管理制度，自筹基建资金纳入财政专户管理。

△ 灌云县执行财政部新制定的《财政总预算会计制度》。

7月，县财政局成立灌云县预算外资金管理处，为股级全民事业单位，定编5人，设主任1名，稽查人员4名。

△ 县委、县政府召开全县财政工作会议。

11 月，叮当河疏浚工程破土动工，共投入资金 1300 万元。

△ 县财政局共为局包村南岗乡大杨村投入扶贫资金 39.63 万元，兴建教学楼 1 幢、砂石路面 2766 平方米、延伸修建防渗渠 500 米、建百头保温猪圈 20 间 300 平方米、配齐进排水水泥筒 275 个。

△ 刘兰彬被评为省财政系统先进工作者。

△ 县财政局被评为全省财政信息工作先进集体，全县 13 个财政所档案管理工作分别达市一、二级标准。

1999 年

3 月，全县财政工作会议召开，县长顾绍平、县委副书记袁洪宝出席会议并讲话。县政府与财税三局、各乡镇及经济主管部门签订了财税工作目标责任状。

4 月，县财政局组织开展“讲学习、讲政治、讲正气”和“创机关作风、创满意岗位、创一流实绩”为内容的“三讲三创”主题教育活动。

5 月，灌云县政府采购中心成立，为股级全民事业单位，隶属于财政局，定编 5 人。

6 月，县国资办出台《关于灌云县国有产权转让管理办法》。

△ 县政府出台《行政事业性收费、基金和罚没收入实行收支两条线管理实施办法》。

△ 县财政局预算股增挂“基建财务股”，行财股增挂“社会保障股”。

7 月，县政府召开全县落实行政事业性收费和罚没收入“收支两条线”规定和政府采购工作会议。

8 月，县政府发文确认县财政局行政执法主体资格。

9 月，220 千伏邓庄变电所正式投入运行。一期总投资 7000 多万元。

11 月，对全县 25 个乡镇的行政事业单位实行会计委派制，实现会计业务的集中核算。

是年，全县新建安居房 5 万平方米。

△ 全县有 3 个财政所档案工作升级达市一级标准， 9 个财政所升级达市二级标准。至此，全县 25 个财政所档案管理工作全部达标，共有 6 个所达市一级标准。

2000 年

5 月，县政府下发《关于改制企业资产评估立项、确认工作实施办法》，明确所有改制企业都必须申请资产评估立项，由财政国资部门对评估结果进行确认。

6 月，灌云县实行撤乡并镇（圩丰乡改为圩丰镇，东辛乡改为中正镇），县财政局抽调人员参与有关工作，并对部分财政所人员岗位重新调整。

7 月，新修订的《中华人民共和国会计法》施行。

9 月，灌云县财政局获连云港市赛区会计知识大赛亚军。

12 月，县政府召开全县农村小学教师工资县级管理工作会议。会议主要任务是贯彻落实省市会议精神，全面部署农村中小学教师工资县级管理工作，解决好农村中小学教师工资拖欠问题。

△ 全县城镇职工基本医疗保险制度建立，单位缴费标准为职工工资总额的 7%，个人缴费标准为 2%。首批参保人员 7516 人。

2001 年

2 月，省政府发出《关于调整分税制财政管理体制的通知》，重新确定全省财政管理体制。

3 月，县召开农村税费改革动员大会，传达省、市有关税费改革文件精神，部署落实当前税费改革的各项工作。

4 月，根据国家统计局公布的排序资料，1999 年灌云农业增加值 20.24 亿元，在全国 2200 个县（市）中名列第 69 位，进入农业百强行列。

5 月，县政府下发《灌云县农村税费改革实施方案》。改革后全县农民负担为 7851.01 万元，比改革前农民税收和合同内负担减收 2453.84 万元；人均负担从 129.99 元减至 99.03 元，减负率为 23.81%；亩均负担从 105.85 元减至 80.64 元，减负率为 23.82%；与改革前农民税收和合同内及合同外负担合计相比，则减收 5632.45 万元，人均负担减负率达到 41.77%，亩均负担减负率达到 41.78%。

8 月，县政府下发《关于改革和完善县对乡镇财政管理体制的通知》，从 2001 年 1 月起执行。

9 月，孙超任县财政局局长。

11 月，《灌云县离休干部医疗保障管理办法》正式施行。

2002 年

1 月，县会计核算中心成立，全县行政事业单位实行会计统一核算。

5 月，全县乡镇公教人员国标工资从本月起实行县级统一发放。

6 月，县政府出资 500 万元，整体收购中国东方资产管理公司南京办事处拥有的县 45 家企业 7627 万元总债权。以政府“打包”购买企业债权，处置不良资产，实现企业、政府、银行“三赢”，这在县内尚属首次。

7 月，投资 700 万美元的连云港圣达科技开发有限责任公司在宁海工业园举行奠基仪式。

是年，地方企业所得税和个人所得税调整为中央和地方共享收入，分成比例为中央和地方各 50%。

2003 年

1 月，根据省政府下发的《关于农业特产税改征农业税的通知》，灌云县农业特产税改征农业税。

4 月，孙超被授予连云港市劳动模范。

6 月，县政府下发《关于调整县乡财政体制完善农村义务教育管理体制的通知》，将全县乡镇义务教育阶段教职工及其离退休人员工资上划县级管理。

9 月，全县新型农村合作医疗试点工作动员大会在沂北乡召开。

2004 年

1 月，江苏省粮食直补政策开始实施，灌云县水稻种植农户每年每亩获得财政部门直补资金 20 元。

5 月，根据省政府办公厅《关于调整农业税税率的通知》，从 2004 年起，农业税税率由 7%调减为 4%。

6 月，省财政厅印发《促进苏北地区加快发展若干政策实施细则》，2004~2006 年，省级财政每年将对灌云经济开发区给予 500 万元基础设施建设贷款贴息。

10 月，县政府在圩丰镇召开新型农村合作医疗规范化管理工作现场会。

11 月，县政府召开企业养老保险征缴扩面工作会议。

△ 省长助理陈保田到灌云调研农民增收及乡村债务化解工作。

△ 为防范国库资金风险，从本月 1 日起，全县乡镇国库由县支库进行集

中管理，所有收入一律上解县支库，由县支库统一办理核算业务。

是年，全县发放粮食直补资金920万元。

2005年

1月，灌云县按统一标准发放机关事业单位人员省标津补贴。

3月，根据《省政府关于全面取消农业税的通知》，从2005年起，灌云县全县免征农业税。

6月，灌云县宁海乡整建制划归连云港市新浦区管辖。

7月31日~8月7日，灌云县遭受特大暴雨袭击，全县累计平均降雨量484.2毫米。

9月，全县开展“小金库”清理专项检查。

10月，根据国家统计局发布的“全国百强县最新名单”显示，灌云棉花生产以总产3.26万吨，位居全国第43位；粮食总产64.3万吨，位居全国第89位。

11月，县政府印发《灌云县乡镇财政管理方式改革工作实施意见》，明确从2006年1月1日起，实行“乡财县管”改革，并调整县与乡镇财政管理体制。

2006年

1月，灌云县启动部门预算改革试点，彻底改变以往“基数+增长”的预算编制方法，全面实行零基预算，切实做到统筹预算内外财力，合理确定定额标准，增强政府调控能力，集中财力办大事。

△ 灌云县对乡镇财政管理体制进行调整，乡镇新增财力上解县30%。

5月，孙超被评为江苏省先进工作者。

7月，全县实施公务员和事业单位人员工资制度改革。

12月，金永斌被评为省财政系统先进工作者。

2007年

1月，县财政部门启用新的政府收支分类科目。

△　省财政厅、劳保厅、地税局成立检查组，对灌云县养老保险“六项任务”情况进行检查。

2 月，徐开军任县财政局党组书记，孙超任党组副书记。

3 月，省政府印发《关于实行省直管县财政管理体制改革的通知》，从 2007 年起，实行省直管县财政管理体制，取消市与县（市）之间的财政结算、预决算、往来拨款等制度。范围包括 13 个省辖市和 52 个县（市）。

4 月，省税改办、农林厅来灌云检查农村税改政策落实情况。

5 月，省农村义务教育经费保障机制改革领导小组办公室来灌云检查化解农村义务教育债务工作情况。

7 月，全县实施规范公务员津贴补贴制度改革。

8 月，县财政局组织全县 4485 名会计人员参加全国第三届会计知识大赛，获连云港市赛区优秀组织奖。

9 月，市审计局对灌云县 2004~2006 年县本级及部分乡镇财政预算收支情况进行审计。

10 月，灌云县城区城镇居民基本医疗保险体系正式启动。

12 月，县财政局党总支成立，下设 4 个党支部，选举陈守东为党总支书记，顾祥为副书记，霍永高、茆素芹为委员。

是年，根据省市关于县级财政国库集中支付制度改革意见，灌云县建立国库单一账户体系。

2008 年

1 月，江苏省再次调整分税制财政管理体制，降低省收入集中度，加大对县财政返还力度。

△　灌云县实施国库集中支付改革。将县本级 157 个单位所有财政资金全部纳入国库集中支付改革范围，撤销原预算单位所有账户，全面实行国库集中支付。

△　省农村义务教育经费保障机制改革领导小组对灌云县义务教育债务偿还工作进行验收。

6 月，省开发局、省财政厅对灌云县世行三期项目进行检查验收。

8月，省人大常委会财经委主任、预算工委主任朱尧平一行到灌云，调研省直管县财政管理体制改革情况。

10月，财政部驻江苏省专员办对灌云财政收支状况进行检查。

11月，陈金绪任财政局副局长、基层财政管理局局长。

△ 县政府成立连云港市灌云县资产经营有限公司，授权其从事全县国有资产经营管理，承担筹融资、资本运作等职能。

2009年

1月，灌云县全额拨款的行政事业单位医疗保险中单位缴费部分全部由财政负担，纳入年初财政预算。

2月，家电下乡补贴、摩托车下乡补贴工作从本月1日起启动。并从3月1日起，开展汽车下乡补贴工作，三轮汽车或低速货车报废并换购轻型载货车和购买1.3升及以下排量微型客车纳入补贴范围。

6月，板浦镇划归连云港市海州区管辖。

8月，从本月20日起，开展家电以旧换新补贴工作。

△ 县政府召开全县村级公益事业建设一事一议财政奖补工作会议。

是年，全县组织开展小金库专项治理活动，查出小金库4个，涉及金额144万元。

2010年

2月，县财政局党总支换届选举，顾祥任党总支书记、霍永高任副书记、董燕任组织委员、田同军任纪检委员、郑通任宣传委员。

3月，燕尾港3万吨码头开工建设。

4月，根据省政府统一部署，契税和耕地占用税征管职能和人员由财政部门划转至地税部门。

△ 灌云县一事一议财政奖补项目通过省市验收。

6月，中财办秘书组副组长王韩民一行到灌云调研。

9月，东辛农场划归连云港市管辖。

△ 灌云县被评为全国生猪调出大县，年可获得中央财政扶持资金420万

元。

△ 县财政局增挂县政府国有资产监督管理办公室牌子。

11 月，灌云县行政事业单位资产管理信息系统全面上线。

12 月，县直行政事业单位全面推行非税收入收缴管理制度改革，实行“单位开票、银行代收、财政统管”的新征收管理模式，各财政票据使用单位将统一使用《江苏省非税收入一般缴款书（灌云县)》电脑票据。

第一章 财政体制

民国初，灌云县财政体制基本沿用清制，民国时期在执行中有所变更。民国37年（1948年）11月灌云县解放，人民财政开始建立。1949年新中国成立后，随着全国政治经济形势的不断发展，县、乡财政从无到有，财政管理体制也随着党和国家方针政策的调整而调整，并日臻完善。在经济建设不断发展的过程中，财政管理体制充分发挥了调节经济的杠杆作用，在促进发展的同时，也相应地扩大了财政收入；财政分配格局的不断调整，又促进了灌云县经济及社会各项事业的较快发展。

第一节 民国时期财政体制

民国初期，灌云县财政管理体制沿用清制。民国2年（1913年），财政部制定《国家税和地方税的税法草案》和《国家费用和地方费用规定》。民国3年又作了修改，确定国家税19种，地方税20种，县大部分财政收入上解省，县地方财政支出仅靠各种税收附加和杂捐、杂税等维持。

民国17年，国民政府正式颁布划分国家收入及地方收入标准，规定地方收入16项，主要为省收入。县财政收入主要是田赋县税、契税县税、屠牙县税、杂税、地方财产收入、地方事业收入、补助款收入等9项，县财政支出为党务费、行政费、公安费、财务费等13项。

民国24年，国民政府颁布财政收支系统法，确立中央、省、县（市）三级制，实际执行的是国家与地方（省）两级制。是年，规定地方财政收入经常门7项（田赋县税、契税县税、屠牙县税、杂捐、地方财产收入、补助款收入、其他收入），临时门2项（田赋县税、地方行政收入）。

民国28年3月～民国34年9月，灌云县为沦陷区，日伪政权在其统治区域内采取侵略性掠夺式财政管理办法，以征收实物为主，同时大肆掠夺地方财物，以供其侵略战争和镇压广大民众斗争的需要。

抗日战争和解放战争时期，灌云县境的抗日民主根据地和解放区，因对敌斗争的需要，行政区划常有变更。1940 年 8 月，灌云县抗日民主政府在汤圩建立，并随之设立了财政科，迅速开展财经工作。一度时期，县境内出现了抗日民主政府财政机构、国民政府财政机构、伪政权财政机构并存的局面。灌云县抗日民主政府在其所管辖的区域内，就地筹集粮物，以应战争之需。征收的田赋、公粮和其他税收收入全部上缴，支出由上级按标准下拨，采用“统一政策、完全分散经营、各有货币、各管收支”的管理办法。

民国 35 年 9 月，国民政府公布《修正财政收支系统法》，恢复中央、省、县（市）三级财政管理。县地方财政有 6 种税，收入全额归县。6 种地方税是：屠宰税、契税、营业牌照税、房捐、筵席及娱乐税、使用牌照税。另留有 50%的田赋、50%的营业税和 30%的遗产税分成收入，其余上缴。财政支出主要有行政支出、教育文化支出、卫生支出、保安支出等 16 项。

民国 36 年起，解放区民主政府先后实行“统一领导、分区统筹”和“少数被敌分割封锁的游击区自收自支”的财政体制，当时县不是一级财政。

第二节　新中国成立后县财政体制

新中国成立后，随着国家政治经济形势的变化，以及国家有关政策的调整，灌云财政管理体制亦历经多次变革，在不同时期实行与之相适应的财政管理体制。

一、国民经济恢复及“一五”时期（1953～1957 年）

新中国成立初至 1952 年，国家处于经济恢复时期，财政困难，中央实行“高度集中，统收统支”的集权型财政体制。灌云县此时还未建立一级财政，其财政预算包括在省预算内，执行全国统一的财政管理制度，县政府组织的一切收入除地方附加外，都统一纳入省级预算，全部上解。县政府所需各项支出全部由省统一拨付，实行统一的经费开支标准，一切支出从库，年终结余全部缴还省财政。

1951～1952 年，国家规定了乡镇地方财政收支范围。当时灌云的财政收入项目有：农业税附加收入、市镇政教事业收入、房地产税附加、公产收入、文教事业收入、规费收入、罚没收入、契税收入、其他收入等。财政支出项目主要是：乡镇行政支出、乡镇文化教育支出、粮务支出、财务支出、优属民兵支出、市镇建设支出、卫生事业支出、农林水利支出、交通支出、干部训练支出等。乡镇的支出由县征收的上述各项收入开支。

1953 年，国家开始实施国民经济发展第一个五年计划，财政体制实行中央、省和县三级管理。灌云成立了县一级财政，并实行新的财政体制。省对县实行“划分固定收入”的方法。划入县财政收入的项目有：屠宰税、契税、车船牌照税、事业收入（小学学费及其他收入）、其他收入（规费收入、罚没收入、公产收入）等。当年灌云县财政支出的项目有：农业支出、林业支出、市政建设支出、文化支出、教育支出、干部训练支出、卫生支出、行政管理费支出、社会福利支出、民主党派及人民团体补助支出、公安及司法支出等。财政支出按省规定标准执行。乡镇的行政办公费、干部生活补助、小学教员工资及学校公杂费均列入乡镇单位预算，然后编入县级财政总预算，由县统筹安排。当年年终决算时，灌云县因收不抵支，省里安排补助 12.8 万元。

1954～1957 年，省对县实行“分类分成”的办法，将预算收入划为固定收入和固定比例分成收入。灌云县固定收入有：印花税、利息所得税、屠宰税、牲畜交易税、车船牌照税、契税及其他收入。小学学费和公房收入作为特种资金管理。固定收入不敷支出的，将工商营业税和工商所得税、农业税划出一定比例作县级预算的固定比例分成收入，当时划给灌云县分成比例分别为 30%、30%、35%。1956 年按比例分成的收入项目又增加了公债收入留成 40%。分成比例每年不同，都有变动。但总的来说，灌云县多收可以多支，少收就要少支，自求平衡。

1957 年，灌云县所属的公私合营企业收入，列入县预算，固定比例分成收入的项目有商品流通税、货物税、工商业、营业税、工商所得税、农业税和公债收入。

二、“大跃进”及国民经济调整时期（1958~1965 年）

1958 年，“大跃进”开始，中央部分企业下放地方管理，扩大地方预算管理权限，适当增加地方机动财力。省对县实行“以收定支，五年不变”的财政管理体制，收入仍按分类分成办法。根据省政府关于改进财政管理体制的规定，地方财政收入分为三种：一是固定收入。包括县事业收入及印花税、利息所得税、屠宰税、牲畜交易税、城市房地产税、文化娱乐税、车船使用牌照税等七种地方税收，以及其他零星收入等，这些收入全部留县；二是固定比例分成收入。地方工业企业、建筑企业、城市公用企业、地方文教卫生企业等收入利润由省和县四六分成，即省分60%，县分 40%。中央新下放的企业和虽未下放但地方参与分成的企业，其地方分成的 20%，由省和县对半分成；三是调剂分成收入。包括商品流通税、货物税、营业税、所得税、农业税和公债收入，这些收入的分成比例由县按照平衡正常支出的需要，分别计算确定上报。对用固定收入和固定比例分成收入不能平衡正常支出的，由省划给调剂分成收入。正常收入和支出以 1957 年县决算为基数，并根据实际情况酌加后由省核定。各项附加收入，包括工商税附加、公用事业附加、农业税附加（不超过正税的 10%），均列入县预算统一安排使用。县财政年终结余，除省拨付的自然灾害救济经费外全部留归县。

1959 年，省对灌云县实行“收支下放，计划包干，总额分成，一年一定，结余留用”的办法，将工商税收、农业税、盐税、县管的企事业收入及其他收入全部划给县，作为县级预算收入管理，并按总额分成比例进行分成。超收另定分成比例。财政支出除了中央和省的基建投资及省级以上各部门直管的企事业、行政支出外，其余全部安排给县列支出。

1961 年，省对县的分成比例作出调整，调低县超收分成比例，并规定短收按规定比例分担，超收另定分成比例。当年省确定灌云县收入的分成指标为 4098 万元，调减盐税 492 万元、农业税 13 万元后，年度收入预算数为 3593 万元，收入决算数为 3843 万元，按省确定的分成比例为 6.6%，分成收入为 16.4 万元，超收分成比例为 25%，超收分成收入为 62.4 万元。

1962 年，为克服国民经济失调状况，灌云县贯彻中央“调整、巩固、充实、提高”八字方针，实行“全国一盘棋，上下一本账”的办法，将地方税和其他收入列为固定收入，将企业收入、工商统一税、工商所得税、盐税和农业税列为调剂分成收入。盐税超收部分的 85%上解、15%留归县财政。1963 年盐税超收部分，不再另定比例。

1964 年起，恢复“总额分成”的办法，除房地产税预留给地方作固定收入外，本县的企业收入、工商统一税、工商所得税、其他工商各税、盐税、农业税及其他收入全部参与总额分成，其留解比例，按照县的正常支出需要计算确定。自然灾害救济、支援农村人民公社支出及防汛抗旱经费由省专项拨款。

三、文化大革命时期(1966～1976 年)

1966~1969 年，实行“统收统支”的财政管理体制。1966 年起，由于文化大革命造成的内乱，致使财政收入下降，只得暂时实行新中国成立初期统收统支的办法，即收支两条线。收入全部上缴，支出统一由中央拨款。

1967 年，灌云县盐税收入上划省级预算管理。

1968 年，省对县仍实行“统收统支”的办法，除将地产税全留县外，其他收入全部上缴省，支出由省按核定的指标拨款。

1970～1972 年，财政实行“定收定支，超收分成”的办法。超收部分县分成15%，超收分成的财力和支出结余归县支配使用。1971 年调整超收分成比例为县留成 40%。当年为支持企业技术改造，企业提取的折旧，企业留用 70%，上缴 30%，由地区统一使用。1971 年，省又将盐税和粮食企业收入划归县级预算，并按这两项收入实行“活包干”的办法，确定灌云县留成比例为 81%，上解省 19%。

1973～1976 年，财政实行“收入按固定分成比例，超收另定分成比例”的办法，收支脱钩，收入支出由省核定。根据苏财预〔1975〕582 号文件精神，确定灌云县超额完成国家下达收入指标的，仍执行超收分成的办法，超收分成比例为 20%。财政支出由省下达指标。1976 年盐税划出，不计算分成，改为按原盐运销量提成的办法，不分硝盐的种类，每销售 1 吨原盐县提成 2 元。

1976 年 10 月，粉碎江青反革命集团斗争的胜利，结束了“文化大革命”的十年动乱。全国各条战线、各行各业在揭发批判江青反革命集团罪行的同时，从思想政治上进行初步的拨乱反正，国民经济的发展进入了新的历史时期。

四、实施经济体制改革初期（1978～1993 年）

1978 年，省对灌云县实行“收入按固定比例留成和增长分成”的办法，其分成比例与 1973 年相同，增长分成比例为 40%。盐税按运销数量，由每吨 2 元调整为 3 元计算，不再计算固定留成和增长分成。1978 年企业折旧上缴地区比例由 30%调整为 25%。屠宰税划为地方固定收入，全额留县。

1979 年起，财政实行县办工业利润留成办法，省核定灌云留成为 50%，企业亏损，县负担20%。实行县办工业利润留成办法后，企业上缴财政部分，不再提取固定留成和增长分成。

1981年，省对县实行“财政收入包干”的办法，县财政收入以当年省下达财政收入分成指标为包干基数，包干范围内的收入仍执行“固定比例留成和增收分成”的办法，超基数部分实行超收分成，分成比例为40%。4月，省政府在《关于下达一九八一年财政预算的通知》中决定：由于中央调减江苏省财政体制分成比例和借用地方财力20%，因此对地、市、县财政分成也要相应减少，对县采取按原规定固定分成和增收分成的总和打折的办法，规定灌云打八折。

1982年，省对县级财政实行“全额比例包干”的办法，或称“分灶吃饭”体制。包干收入包括企业收入、工商税、工商所得税、税款滞纳金和补税罚款收入、农业税和其他收入。地方税中的城市房地产税、屠宰税全留县财政，不计在包干范围内。支出中除科技三项费用、流动资金、防汛抗旱经费、安置青年劳动就业经费、自然灾害救济费以及上级专项经费外，其他行政事业支出全部纳入包干范围。根据新体制，核实1981年收支包干基数，确定收入留缴比例。按包干基数支大于收，实行定补。包干范围内的当年收入超上年部分，留成比例低于1980年增收分成比例的，仍按照1980年增收分成比例计算分成。盐税不计入收入包干范围内，仍由省按照原盐运销数量给予每吨3元的定额提成。

1983年，实行市管县体制，灌云县由淮阴地区划归连云港市管辖。省对县结算办法发生变化，省不再与县直接结算，而改由市对县进行结算。市对灌云县的留成比例调整为100%，每年定补477万元，重新确定收支基数。当年确定灌云县收入基数为763万元，支出基数为1240万元，收入基数中，不包括盐税收入，盐税收入仍按原盐运销数量每吨提成3元计算。同时，确定了灌云县粮食销售新老价差包干指标为252万元。当年地方国营工交企业、商业企业、县以上供销企业和文教卫生企业实行了第一步利改税。

1984年，根据苏财预〔1983〕140号文件，确定灌云县继续执行收入留成比例为100%。当年国营企业实行了第二步利改税。

1985年，省对县财政包干范围作了变动：一是大部分省属工商企业下放县管理；二是包干支出基数中的支援农村人民公社投资收回省管理；三是盐税列入县财政收入包干基数。按省市规定，财政收入以1983年财政收入决算数为基数，支出基数按1983年财政收入包干范围内计算的分成财力为准。然后再调整收支上下划的变动因素，将盐税参与总额分成，确定财政收入包干基数，换算成新的留成比例。调整后，县财政收入留成比例为59.5%，并取消原定补477万元。调整后的财政体制执行到1987年。根据省规定，1985年对凡不交纳能源交通重点建设基金的乡镇企业和城镇街道企业，按其税后利润征收5%的地方建设基金，上缴省40%，县留用60%。1986年按省规定，灌云县征收的集体企业奖金税由县全额留用。

1987年，江苏省对县级收入中的屠宰税、契税、奖金税、以及城乡个体工商户的产品税、增值税、营业税和所得税实行“核定基数、超过基数部分全留给县”的办法。当年，中央财政向地方借款，借款计算办法是：按上年12月份财政支出快报，剔除抚恤和社会救济福利事业费、各项价差补贴支出、支援不发达地区资金、环境保护补助资金及省对县追加的支出指标等支出数后的10%，从1987年开始借至1990年。

1988年，灌云县实行“收入递增包干”财政体制。首先确定收入基数，将1987年县财政决算收入数，扣减盐税、城建税、排污费、契税、耕地占用税、集体企业奖金税等六项税额调整后，收入包干基数为2047万元，核定年递增率为5.5%。盐税退出收入包干基数，实行单项承包，单独算账，递增包干。具体以1983年收支为基数。当年以2316万元–1405万元=911万元为盐税收入基数。支出以1405万元–82万元（盐税提成）–96万元（市给盐补助）=1227万元为支出基数；大于盐税收入1227万元–911万元（盐收入基数）=316万元，为市确定的定补数316万元。收入留成比例由59.5%调为100%。市里确定，灌云县盐税退出基数后仍与县利益挂钩，即以1988年的1050万元（市下达任务数）为基数，在完成此基数的基础上，每吨盐提成3元，如果完不成此基数，县赔50%，赔足基数仍提每吨3元。完成1050万元~1400万元以内的收入，除每吨提3元以外，另提10%。超过1400万元以上部分，取消每吨3元的提成，改按收入的50%提成。对当年比上年参加分成的收入增长的部分（环比），另外增加20%的补助。1990年以前，原来返还补助143万元仍照补。该体制从1988年起一定3年实施，之前每年补助的100万元至1990年止。

1989年，省规定入地方库的印花税、城镇土地使用税，分别由省集中25%和30%。

1990年，灌云县继续实行“收入递增包干”体制。对县征收的能源、交通、重点建设基金实行分档分成的办法。是年，国家提高盐价，省对灌云县产盐区的盐税减免补助予以取消。

五、实行分税制时期（1994~2010 年）

20 世纪90 年代，随着社会主义市场经济体制的建立和逐步完善，原财政管理体制已不适应社会经济的发展。国家对此进行了大规模的税制改革，以建立统一规范的税制。1993 年 12 月 15 日，国务院下发《关于实行分税制财政管理体制的决定》。按省、市财政部门的规定，灌云县从 1994 年 1 月起实行分税制财政管理体制改革。按照事权与财权相结合的原则，首先，根据地方政府的事权，确定县财政主要承担本县机关运转所需支出及本县社会经济事业发展所需的支出，具体包括：县行政管理费及公检法司支出、部分武警经费、民兵事业费、县统筹、基本建设投资、企业挖改支出、科技三项费支出、支农支出、城市维护建设费，县文化、广电、教育、卫生、抚恤社会救济等支出，价格补贴支出和其他支出等。其次，灌云县按照相应的财权和财力，根据税制的改革，按税种将县财政收入划分为三部分：一是上划中央收入，包括消费税全额和增值税的 75%部分；二是中央与地方共享收入，主要是增值税中央分成 75%，地方分成 25%，为省市县与乡镇共享收入；三是地方固定收入，包括营业税（不含金融部门缴纳的营业税）、地方企业所得税、个人所得税、城市维护建设税、车船使用和牌照税、房产税、印花税、屠宰税、农业税、契税、遗产和赠予税、其他零星收入等。第三，确定税收返还基数，以 1993 年上划中央的消费税和增值税 75%部分为基数，基数部分每年由中央财政返还。从 1994 年起，上划中央的收入每年比上年增长部分，按全国消费税和增值税增长幅度的 1∶0.25 的系数确定，即上述两税全国平均每增长 1%，由中央财政对地方的税收返还增长 0.25%。1994 年 8 月 24 日，国务院又下发文件决定，中央财政对地方税收返还的递增率改为按本地区两税增长率的 1∶0.3 系数确定。

对于增值税 25%的分成比例，按规定，比基数增长部分，省市对半分成，即各占增值税增量的 12.5%。市考虑县的实际情况，对县增值税增量的地方分成 12.5%部分暂不集中。由于灌云县 1993 年行政事业人员人均体制内分成财力在 4000 元以下，省补足 4000 元，其增值税地方分成 25%的部分，省五年内全部返还，1998 年到期后又延期至 2000 年。

1994 年实行分税制后，对原包干体制的分配格局暂时不变。灌云收入递增包干上交基数、递增率仍按原体制办法执行，但上解数调整为以 1994 年上缴数为基数，定额上缴。市确定灌云县定额补贴316万元。

根据省政府《关于分税制财政管理体制的实施办法》，明确对盐资源税实行“基数内省七市三，超基数部分省三市七”的办法，取消了原盐税提成。按省的规定，灌云的盐税按基数内县留30%，超基数部分县留70%。后由于海盐资源税税额调整为每吨20元，税收基数作了相应的调整。由于淮盐外销受到冲击，淮盐销售滑坡，从1996年起，省决定盐资源税退出税收返还基数，并按实际完成数的70%留给县。

1995年8月，根据省政府《关于建立教师工资正常发放保障机制的通知》精神，省对1994年发放教师工资的人均财力不足5000元的县，从1995年起补到5000元，实行定额补助，一定四年不变。1998年12月，根据省财政厅《关于部分困难县有关政策问题的通知》决定，此项补贴核定灌云县补贴基数为300万元，并从1999年起进入基数。

实行新体制后，省确定对经济不发达县给予补助，其办法：凡1993年行政事业人员人均体制内分成财力不足4000元的，省补足到4000元，实行定额补贴，一定五年。经省核定，灌云县每年得到补贴1300万元。1998年12月省财政厅决定，此项补贴从1999年起进入基数。

实行分税制后，各项基数均以1993年实际数字为计算依据，经省市核定，灌云县的税收返还基数为1808万元。

2001年，省政府调整部分财政体制内容：一是取消省集中增值税12.5%部分和印花税、城镇土地使用税、资源税、土地增值税、排污费、水资源费等按比例分成以及税收返还增量省集中0.05的政策，原上交省部分，以2000年为基数，实行定额上交，核定灌云县上交基数为57万元；二是以2000年为基期年，核定各县地方财政收入基数和税收返还基数，此后比基数增长部分，省统一集中20%，核定灌云县地方财税收入基数和税收返还基数分别为6453万元和2405万元；三是建立财政转移支付制度，核定标准财力和标准财政供养人员数，将1999年标准人均财力低于1.1万元的县列入财政转移支付的范围，核定灌云县财政转移支付补助基数为1700万元；四是建立激励机制，对享受财政转移支付的县实行补助增长与财政收入增长挂钩的办法，即地方财政收入每增长1%，补助总额增长1.1%，补助最高增长幅度不超过15%；五是2001年起，调整中央财政对地方两税（增值税和消费税）增收返还基数，以当年两税上划中央收入与上年增长部分，以上一年两税返还数为基数，按1∶0.3的系数确定两税返还增幅。当年省市核定灌云县两税返还基数为 2405 万元。

2002 年，调整地方企业所得税和个人所得税为中央和地方共享收入，中央和地方各分成 50%。2003 年分享比例调整为中央分成 60%，地方分成 40%，以 2001 年为基数，基数内上划中央部分全额返还。

2003 年，根据灌云县财政收支情况，省财政厅给予灌云县经济薄弱地区财政专项困难补助 800 万元，并进入省补助基数。增加灌云县村级支出专项补助 244 万元。将农业特产税改征农业税，上级财政给予灌云县每年 90 万元补助。

2004 年，省政府将农业税率由 7%调整为 4%，2005 年全面取消农业税。为弥补免征农业税减少的县级财力，省给予灌云县最高 95%的补助，每年补助灌云县6177 万元。

2005 年，省委、省政府出台加快苏北振兴的意见，省财政对部分财政体制进行调整：一是以 2004 年为基期年，新增地方财政收入省集中部分予以全额返还。二是停止执行 2001 年体制调整中财政转移支付补助与地方财政收入增长挂钩的政策，改为以 2004 年实际补助数，实行定额补助，补助灌云县 2142 万元。上级财政对灌云县农村义务教育学校教职工和乡镇公务员发放省津补贴给予专项转移支付补助 5981 万元。至此，县乡公教人员足额发放了国标工资和省标工资。同年，灌云县宁海乡划归新浦区管辖，将相应补助基数划转新浦区，包括：过渡期转移支付 33 万元，2003 年国家增资转移支付 5 万元，农村税费改革转移支付 57 万元，免征农业税转移支付 191 万元，农村中小学及乡镇公务员发放省津补贴转移支付 159 万元。同时，根据上一年县财政与宁海乡体制结算情况，自 2006 年起，新浦区每年向灌云县划转财力 35 万元。

2006 年，实行公务员工资制度改革，自当年 7 月起执行，上级财政给予灌云县转移支付为全年补助 4784 万元。省政府决定增加对苏北省级开发区基础设施建设给予每年 500 万元补助，灌云县经济开发区获得此项补助。从 2006 年起，中央财政对产粮大县给予补助，灌云县当年获得 645 万元补助，2010 年增加至 1992 万元。

2007 年，江苏省财政体制实行“省管县”改革，灌云县与上级财政体制结算事项不再通过市财政办理，由省财政与县财政直接办理，市县间确需办理的结算事项一律通过省财政办理，并经省政府同意，将 2001 年确定的分税制财政管理体制执行期延长至 2007 年。经与市财政局确认，省管县后市财政每年应补助灌云县财力 647 万元，灌云县每年应上解 31 万元，两者相抵净补助 616 万元，每年由省财政通过结算补助灌云县。当年7月份起实施规范公务员津补贴改革，省财政给予灌云县补助690万元（半年），2008年起按每年1408万元进入省对县补助基数。

2008年，根据省委、省政府《关于调整分税制财政管理体制的通知》精神，省财政对财政体制进行调整，主要内容包括：一是改革营业税和增值税分配政策。以2007年为基期年，地方营业税增量部分省不再集中，地方增值税（25%部分）增量（灌云县基数为3191万元）部分省集中50%；二是加大对资源类主要税收的调控。除耕地占用税省仍按总额集中50%外，以2007年为基期年，对地方城镇土地使用税、土地增值税、房产税和契税等四税增量（灌云县基数为6587万元）省统一集中30%；三是调整对其他财政收入集中政策。以2007年为基期年，除对企业所得税(地方40%部分灌云县基数为2193万元）和罚没收入（基数为3360万元）增量仍由省集中20%之外，对个人所得税、城市维护建设税、印花税、资源税、车船使用和牌照税等地方其他税收收入增量和预算内非税收入增量，省均不再集中；四是提高县乡基本公共支出最低保障水平。按照“发展快不少补、发展慢不多补、增人不多补、减人不少补”原则和县乡同一支出标准要求，核定2007年标准财力和基本公共支出标准需求（包括基本运转和基本公共服务)，对标准财力低于标准需求的缺口由省补助80%，并列入补助基数，灌云县获得补助为2260万元；五是完善省集中收入全额返还奖励政策。以2007年为基期年，对省脱贫攻坚重点县新增收入省集中部分，实行全额返还奖励；对2007年前享受全额返还政策的其他市县新增收入省集中部分，若当年增值税增幅达到全省市县平均增幅的，实行全额返还奖励，反之，则仅就当年新增收入省集中部分按80%返还。灌云县作为脱贫攻坚重点县之一，当年获得省全额返还补助2632万元；六是全面小康推进奖励。根据省统计局每年小康建设进程监测结果，综合测评指标值（百分制）比上一年每提高1分，对省脱贫攻坚重点县一次性奖励200万元，对其他县（市）一次性奖励100万元，达到小康指标时，再一次性奖励1000万元，灌云县当年没有获得补助。是年，灌云县还结合财政体制调整，将各项补助进行了归类合并：（1）将历次体制调整困难补助及2007年省集中收入全额返还补助合并为一般性转移支付补助（2009年起改为均衡性转移支付补助）。灌云县基数为111333万元；（2）将历次调整工资补助合并为调整工资转移支付补助，灌云县基数为14258万元；（3）将取消农业税、农业特产税改征农业税、农村税费改革及村级组织补助合并为农村税费改革转移支付补助，灌云县基数为 9312 万元（含村级组织支出标准由 6 万元提高至 8 万元，增加对灌云县补助基数 654 万元）；（4）将固定上解、定额上交、按 2001 年调整后财政体制省集中部分合并为 2007 年前体制结算上解。

2009 年，灌云县板浦镇划归连云港市海州区管辖，相对应补助和上解基数进行了划转：调减灌云县 2007 年消费税和增值税税收返还基数 281 万元，调减灌云县 2008 年上划中央消税费和增值税 606 万元，调减灌云县 2008 年消费税和增值税税收返还收入 302 万元，调减灌云县地方所得税基数返还收入 24 万元，调减灌云县均衡性转移支付补助 150 万元，调减灌云县调整工资转移支付补助 698 万元，调减灌云县农村税费改革转移支付补助 378 万元，调减灌云县农村义务教育阶段教职工参加医疗保险补助 68 万元，调减灌云县 2007 年前体制结算上解基数 171 万元。

2010 年，原所辖东辛农场划归市区管辖，调减灌云县调整工资转移支付补助基数 138 万元，调减灌云县 1996 年后企事业单位上下划补助基数 959 万元。当年，村级组织支出标准由 10 万元调整为 12 万元，增加灌云县农村税费改革转移支付补助 684 万元。

第三节　乡镇财政体制

新中国成立后，灌云县乡镇的各项经费实行统收统支，即乡镇的各项经费由县随国家征收公粮的地方附加公粮中解决。

1953 年实行中央、省、县三级财政后，规定区、乡（镇）支出列入县总预算内，由县根据财力的可能统筹安排，并作为县的预算单位，其收入由县政府确定任务后，交各乡镇政府去完成。乡镇的各项附加停止征收。

1956 年，江苏决定试建乡（镇）财政，灌云县为试点县之一。9 月，开始了建立乡镇财政试点工作，不到 20 天的时间，全县 90%的乡镇建立了乡镇财政。根据省财政厅和省人民银行的规定，乡镇财政的财政预算资金一律存入当地的信用社或银行营业所，办理收付业务，不计利息；乡镇财政预算收入款项，由征收单位或代征单位直接缴存信用社；乡镇财政公债分成业务由县财政部门按确定比例计算，将应分给乡镇数采用拨款办法拨付。乡镇财政的建立，凸显了对支持乡镇各项事业发展所起的积极促进作用，调动了乡镇管理财政的积极性与责任心，并加强了收支管理，初步克服了乡镇财务混乱现象。

1958 年 3 月，根据省人民委员会《关于建立乡、镇一级财政的通知》要求，全县在试点的基础上，于 5 月全面建立了乡镇一级财政，并明确了乡镇一级财政必须贯彻“统一领导，分级管理”的原则，由县划给一定的收支项目，建立乡镇一级总预算。

10 月，根据省人民委员会的要求，为适应“大跃进”和人民公社化的形势，对全县各人民公社实行“两放”（下放财贸机构人员和资金）、“三统”（统一政策、统一计划、统一流动资金管理）、“一包干”（公社包干完成国家所分配的财政任务）的财贸体制，把公社财政收支全部包干给人民公社。人民公社的收入主要是：农业税及其附加，工商税及其附加，工业和商业的收入（包括粮食工业、粮食商业、新华书店和药材公司等），公债收入，公产和公房收入，中小学杂费等收入，其他各项零星收入。人民公社在组织收入方面的有关税法、税率、征收标准和征管范围，一律按照上级规定执行，由公社负责上交。原来由国家财政开支的行政事业支出，改由人民公社包干支出，主要为：国家行政机关的人员工资及公用经费，文化、教育、卫生事业的人员工资及业务费用，农林、水利事业的人员工资及业务费用，其他原来由国家开支的零星支出。支出方面的标准及定额按上级规定执行。县对人民公社实行差额包干上缴。在包干范围内的经费，公社可以自行支配。公社收入超计划完成，按照比例提取超收奖金。此项奖金和支出结余，全部留归公社自行安排，用于发展生产建设事业、文化教育等社员集体福利事业。

1959 年 1 月 1 日起，鉴于“大跃进”中出现的行政管理偏松和体制不够完善的现象，省人民委员会决定暂缓执行国家对人民公社实行财政收支包干的办法，灌云县仍然实行统收统支的财政管理体制。

“文化大革命”期间，乡镇财政体制和机构由于客观条件不成熟、不健全，基本上维持统收统支的“大锅饭”状态。

中共十一届三中全会后，灌云县和全国各地一样，随着改革开放步伐的加快，农村普遍实行了各种形式的联产承包责任制，农业生产迅速发展，建立公社（镇）一级财政势在必行。1981 年，各人民公社（镇）都建立了财政所。

1984 年 8 月，按照省、市财政部门的要求，灌云县财政局根据中央关于“随着乡政府的建立，应该建立乡一级财政和相应的预决算制度，明确收入来源和开支范围”的指示，实行农村政社分设，在全县部署开展了建立乡一级财政体制试点工作，先后在图河、同兴、小伊、龙苴、南岗、东王集、白蚬、向阳、鲁河、杨集等 10 个乡（镇）进行试点，实行“定收定支，收支挂钩，超收分成，减收减支，结余留用，一年一定”的财政管理体制。收支挂钩基数，参照 1983 年实际收入和支出执行情况，以 1984 年县财政下达的财政预算指标为依据，预算内其他收入暂不列入挂钩基数。实行收入定任务，比例分成按完成实绩的 80%留给乡（镇），20%上缴县财政。

1985 年 5 月，灌云县政府批转下发《县财政局“关于在全县建立乡（镇）一级财政的报告”》，至 9 月，全县 25 个乡（镇）都建立了财政管理体制。根据省、市财政的要求，乡镇财政按照国家“统一领导，分级管理”的原则，既是乡镇政府的职能机构，也是国家财政的基层单位。灌云县乡（镇）财政的基本任务是：（1）按照政策统一管理乡镇级预算内、外和乡镇自有资金及自筹的各项资金；（2）统一管理乡（镇）内的各项支出；（3）指导和监督乡（镇）企事业单位的财务；（4）正确处理国家与地方的关系，严格执行国家的财经法令和遵守财经纪律；（5）配合农村工作部门，合理调整农民负担，防止和纠正各部门、各单位对企业和农民乱摊派；（6）认真进行财政收支的会计核算，严格执行预算管理制度和财会制度。乡（镇）实行“定收定支、收支挂钩、超收分成、减收减支、结余留用、一年一定”的财政管理体制。确定了乡镇一级财政收支范围。收入：包括国家预算内的农业税、工商各税、产品税、营业税、工商所得税、集市交易税、个人所得税、建筑税等、其他收入、工商罚没收入、政法罚没收入、赃款赃物变价收入、开采费收入、乡（镇）有资金收入的乡（镇）企业应缴的税后利润、事业单位上交收入及乡（镇）内各项统筹款。支出：包括国家预算内的农林水事业费，支援农村合作组织支出，文化、教育、卫生事业费，村（镇）规划及维护支出，抚恤和社会救济支出，行政费和其他部门事业费。地方预算外支出，指按照国家规定拨给的属于预算外经费，如农村广播线路维护及人员经费、村镇小型公共设施及住宅、校舍维护支出、奖励福利支出、公共事业支出及其他维护支出、村干部会议费等。乡（镇）自有资金支出，指属于乡（镇）范围内的支出，原则上都划归乡（镇）一级财政管理（包括乡级经济组织中定编人员，但不属于国家发给工资的干部个人和公用经费）。

预算内收支挂钩基数确定的依据是：收入以各乡（镇）1983 年及 1984 年两年工商税收入的平均数和 1984 年农业税收入实绩之和为 1985 年收入基数。

支出以1984年末的正常经费实际支出数剔除不正常因素后为支出基数。实行收支挂钩，对收入大于支出部分，全部上交县财政，对支出大于收入的部分由县财政补贴。超收分成的办法是，以1985年下达的工商税收和1984年农业税实绩为期成指标（包括追加指标），完成期成指标超过基数的部分分成比例为15%留乡（镇）财政，85%属县财政；超过期成指标外的超收部分，其分成比例为30%留给乡（镇）财政，70%归县财政。另外屠宰税收入的一半划归乡（镇）财政，由县财政定期结算，返还给乡（镇）财政。预算内的其他收入，包括罚没收入、开采费收入、公产收入和规费收入等，暂不纳入挂钩基数，按实际收入实行比例分成，70%留乡（镇）财政，30%缴县财政。

根据测算，1985年各乡镇的挂钩基数收入为763万元，支出为669万元。25个乡（镇）有12个乡（镇）上缴县财政158万元，有13个乡（镇）由县财政补贴64万元，收支相抵，县净收入94万元。

1987年，灌云县开征耕地占用税，按国务院规定，征收的耕地占用税县乡两级财政留35%，其中县留20%，乡（镇）留15%。

1988年，乡镇仍实行“定收定支，收支挂钩，超收分成，减收减支，节余留用”的财政体制。对难以征收的税种采取加大分成比例和实行减收减支的办法。对完成耕地占用税任务的按15%留乡镇，超额完成任务部分按50%留乡镇，减收减支，从乡镇支出基数中扣65%。超额完成车船牌照税任务部分按100%留乡镇，其他收入70%留乡镇。工商税超收按和乡镇财政收入成反比的15%、20%、25%、30%四个档次留乡镇使用。减收按县乡各50%负担。农业税倒三七调增部分仍按7.5%留乡镇。按照这个分成比例计算，全县18个乡镇获得分成收入32.9万元，7个乡镇减收减支10.5万元。

1989年，灌云县县乡实行“核定收支，收支挂钩，比例分成，减收减支，超收固定分成”的财政体制。完成耕地占用税应征任务的按15%留乡，完不成任务的按减收数额扣85%。自行车牌照税和农业税的分成办法与上年相同。工商税超收按20%留乡，80%留县，减收全部由乡负担。当年有16个乡镇获得分成收入27.4万元，9个乡镇减收减支13.4万元。农林特产税县乡全留，不参与总额分成，县乡分成比例由原来的四六分成改为五五分成。

1985年灌云县各乡(镇)财政收支基数分配核定表

表1-1　　单位:万元

单位	收入基数					1985年下达任务数			1985年支出基数	支出基数占收入基数%	收大于支应上缴数	支大于收应补贴数	支出基数占收入任务数%	超基数分成数15%
	农业税	工商税			小计	农业税	工商税	小计						
		1983年实绩	1984年实绩	两年平均										
圩丰乡	17.09	10	19.9	14.95	32.04	17.09	20	37.09	25.24	78.80	6.8		68.05	7.6
四队乡	10.62	20	22.4	21.2	31.82	10.62	22	32.62	24.13	75.80	7.69		73.97	1.2
鲁河乡	10.59	4.2	9.4	6.8	17.39	10.59	9	19.59	19.46	111.90		2.07	99.34	3.3
图河乡	17.72	11.7	22	16.85	34.57	17.72	22	39.72	27.18	78.60	7.41		68.43	7.7
沂北乡	14.1	3.8	8.7	6.25	20.35	14.1	85	22.6	24.3	119.40		3.95	107.52	3.4
界圩乡	17.82	7.1	12.8	9.95	27.77	17.82	13	30.82	25.78	92.80	1.99		83.65	4.6
同兴乡	13.09	9.6	17	13.3	26.39	13.09	17	30.09	22.89	86.70	3.5		76.07	5.6
伊芦乡	13.42	6.7	10.7	8.7	22.12	13.42	11	24.42	25.36	114.60		3.24	103.85	4.1
东辛乡	12.03	9.1	14.1	11.6	23.63	12.03	14	26.03	28.58	120.95		4.95	109.80	3.6
宁海乡	9.03	9.1	11.7	10.4	19.43	9.03	12	21.03	19.67	101.20		0.24	93.53	2.4
小伊乡	17.51	14.7	17.1	15.9	33.41	17.51	17	34.51	29.29	87.70	4.12		84.87	1.7
穆圩乡	13.71	12.7	16.1	14.4	28.11	13.71	16	29.71	22.73	80.86	5.38		76.51	2.4

续表 1-1

单位	收入基数					1985 年下达任务数			1985 年支出基数	支出基数占收入基数%	收大于支应上交数	支大于收应补贴数	支出基数占收入任务数%	超基数分成数 15%
	农业税	工商税			小计	农业税	工商税	小计						
		1983 年实绩	1984 年实绩	两年平均										
龙苴乡	14.21	12.7	20.1	16.4	30.61	14.21	20	34.21	29.59	96.67	1.02		86.50	5.4
陡沟乡	15.38	6.4	17.1	11.75	27.13	15.38	16	31.38	32.56	120		5.43	103.76	6.4
南岗乡	11.46	7.6	13.1	10.35	21.81	11.46	12	23.46	30.56	140.12		8.75	130.26	2.5
侍庄乡	13.78	4.4	11.8	8.1	21.88	13.78	12	25.78	36.16	165		14.3	140.26	5.9
伊山乡	9.2	6.1	11.8	8.95	18.15	9.2	12	21.2	22.65	124.80		4.5	106.84	4.6
王集乡	18.48	5.6	7.5	6.55	25.03	18.48	7.5	25.98	32.38	129.36		7.35	124.63	1.4
白蚬乡	13	5.2	10.3	7.75	20.75	13	10.5	23.5	24.41	117.64		3.66	103.87	3.5
向阳乡	6.45	3.9	6.2	5.05	11.5	6.45	6	12.45	17.19	149.48		5.7	138.07	1.4
下车乡	15.5	7.4	12.3	9.85	25.35	15.5	12	27.5	25.67	101.26		0.32	93.35	3.2
伊山镇	0.33	84.5	95.6	90.05	90.38	0.33	98	98.33	57.57	63.70	32.83		58.55	11.9
板浦镇	0.53	66	81.7	73.85	74.38	0.53	83.5	84.03	28.03	37.68	46.35		33.36	14.5
杨集镇	0.42	40.3	54.1	47.2	47.62	0.42	55	55.42	25.16	52.83	22.46		45.40	11.7
燕尾港	0.07	28.4	34.2	31.3	31.37	0.07	34	34.07	12.74	40.61	18.63		37.39	4.1
合　计	285.54	397.2	557.7	477.45	762.99	285.54	560	845.54	669.27	87.72	158.18	64.46	79.15	124.6

1990 年 12 月，根据县政府批转《县财政局“关于进一步明确乡（镇）财政体制的请示”》，在全县 25 个乡（镇）全部建立了乡（镇）国库。出台了《灌云县乡镇国库暂行办法》。明确了乡（镇）财政收支范围。

同时，建立了乡镇一级财政预决算制度。凡属乡镇的固定收入，平时全部留乡镇国库，对县乡共享收入，除农林特产税和烤烟税外，平时全部留乡镇国库，待年终结算上解，其余的预算收入平时全额上解县库。

1991 年起，县对乡（镇）实行“核定收支，收支挂钩，定交定补，超收分成，一年一定”的新财政体制。(1)收入挂钩数的确定是以上年工商税（剔除盐税和烤烟税）、农业税（不含附加）、契税和其他收入的实绩之和为收入挂钩数。(2)支出挂钩数的确定是以当年核定预算支出数为支出挂钩数（不含追加因素）。(3)按上述核定的收支挂钩数，确定各乡镇的上交或补贴数额。对收入挂钩数大于支出挂钩数的，其差额为定额上交数；收入挂钩数小于支出挂钩数的，其差额为定额补贴数。(4)超收分成的计算：收入任务数大于收入挂钩数的乡镇，其多余部分全留乡镇，实际收入超任务的部分县乡按 4:6 分成。收入任务数小于收入挂钩数的乡镇，超任务以上部分乡镇全留。(5)耕地占用税、农林特产税、烤烟税等不进入收入挂钩数，年终单独结算，其中农林特产税年终按五五分成，完不成任务的扣乡镇财力，超额完成的，乡镇全留。分成收入的 30%可用于平衡预算，70%按规定专款专用。烤烟税按县规定比例分成结算。(6)收入挂钩数中各项税收减免、退库均不调整收入挂钩数。

1993 年，县对乡（镇）实行“核实收支，定额补助，超收全留，增支不补”的财政体制。

1994 年，根据国务院关于实行分税制财政管理体制的精神，县对乡（镇）实行“核定交补，乡级收入全额留乡，共享收入分档返还，短收赔补”的财政体制。按县政府(1994)154 号文件精神，乡镇固定收入有营业税（不含金融部门交的）、个人所得税、固定资产投资方向调节税、房产税、车船使用税、印花税、屠宰税、农业特产税、契税、遗产和赠予税、地方企业所得税（不含金融企业所交的）。农业税为省、市、县、乡分成的固定收入，1993 年基数部分全留乡镇，1994 年新增部分县集中 20%，其中 10%上交省，10%由县统筹使用。新的财政体制充分调动了乡（镇）政府的积极性，当年全县乡（镇）完成财政收入 2618 万元，比 1993 年增长 23.1%。

1994 年灌云县各乡镇财政收入调整任务表

表 1–2　　单位:万元

类别 乡镇	消费税增值税	地方税	农税及其他收入	合计	
				现任务	比原任务 ±
圩丰乡	15	14	68.2	97.2	19.7
四队乡	16	16	42.3	74.3	10.5
鲁河乡	6	13	43.5	62.5	10.1
图河乡	19	20	66.1	105.1	20.2
沂北乡	16	12	62.3	90.3	15.7
界圩乡	23	20	64.6	107.6	28.9
同兴乡	14	19	49.3	82.3	14.5
伊芦乡	6	16	51.7	73.7	12.5
东辛乡	9	22	46.6	77.6	14.8
宁海乡	12	20	35.4	67.4	10.3
小伊乡	18	19	68.3	105.3	19.4
穆圩乡	7	13	49	69	15
龙苴乡	13	17	51.1	81.1	10.3
陡沟乡	10	24	56.8	90.8	17.5
南岗乡	8	24	41.8	73.8	14.3
侍庄乡	35	22	51.7	108.7	27.6
伊山乡	15	20	37.4	72.4	10.2
东王集乡	13	25	75.5	113.5	20.9
白蚬乡	12	14	59.5	85.5	15.4
向阳乡	23	20	27.4	70.4	–2.4
下车乡	10	16	58.2	84.2	18.1
伊山镇	115	115	7.7	237.7	30.3
板浦镇	200	46	5.8	251.8	21.6
杨集镇	80	17	6.5	103.5	–15.5
燕尾港镇	20	20	18.9	58.9	–20
合计	715	584	1145.6	2444.6	339.9

1995年，全县乡（镇）完成财政收入5241万元，第一次超过了县本级财政收入规模。

1999～2000年，灌云县为进一步规范乡镇财政工作，根据省财政厅下发的《关于对乡镇财政信息系统软件进行试点和推广的通知》，经过对乡镇会计核算规范、内部管理完善的财政所进行试点，经市档案主管部门考评验收，并推及全县，至2000年底，乡镇财政所信息系统软件建设全部达到市二级以上标准。

2001年，根据《灌云县人民政府关于改革和完善县对乡镇财政管理体制的通知》精神，改革和完善了县对乡镇财政管理体制：一是划分乡镇财政收支范围。（1）乡镇财政支出范围：乡镇政权机构正常运转的支出和乡镇经济、社会事业发展支出，社会保障和社会福利支出以及其他支出等。原由乡镇统筹费开支的乡村义务教育、计划生育、优抚、民兵训练及乡镇道路修建支出等五项事业支出纳入乡镇财政预算支出范围。（2）乡镇财政收入范围：各乡镇辖区内的乡镇企业（含各种集体、私营、个体或合资、联营、乡镇属涉外企业等）、基层国营食品站、药材商店、粮管所、基层供销社等缴纳的各项税收收入（不含金融企业、信用社营业税、所得税等）和农业税收。具体项目分固定收入与共享收入两类。固定收入包括：城市维护建设税、车船使用税、房产税、资源税、城镇土地使用税、土地增值税、印花税、耕地占用税、契税及其他收入、土地使用权有偿出让收入、行政性收费收入、罚没收入等。其中城镇土地使用税、印花税等原上交省部分，从2001年起，由县本级负责上交，不再从各乡镇集中。共享收入包括：增值税，以1998～2000年各乡镇收入实绩平均数为基数，地方收入25%部分，乡镇分享50%，上划中央75%部分，返还乡镇20%，超基数部分乡镇全部留用（上划中央部分除外）；营业税（不含金融企业、信用社缴纳的营业税），乡镇分享50%；个人所得税，在中央没有出台新的政策前，乡镇分享50%；企业所得税，在中央没有出台新的政策前，乡镇分享80%；农业税，以2000年实际征收数（不含附加）为基数，乡镇分享50%。农村税费改革后新增的农业税收入全部作为乡镇固定收入；农业特产税，乡镇分享70%，其中燕尾港镇以2000年实际征收数为基数，县集中20%作为固定上交数，以后新增部分县里不再集中。二是核定乡镇财政收支基数。（1）收入基数：以1998~2000年各乡镇的财政收入实绩平均数为基数，减去农业特产税（燕尾港镇除外）、屠宰税和基金收入，加上新增农业税，对企业所得税和其他收入打七折。（2）支出基数：以2000年度的实际预算支出数为基础，剔除各项不合理以及可以节约的支出，再考虑农村税费改革后五项事业支出列入乡镇财政预算的变化情况。(3) 乡镇上交或补助基数。乡镇财政收支基数核定后，2000年12月确定的教师工资补助2023.2万元仍作为财力如数补给各乡镇。对收入基数按照新的计算财力办法形成的财力加上教师工资补助大于支出基数的乡镇，其结余部分县集中30%（总额168万元），用于对收不抵支乡镇的转移支付；收入基数形成的财力加上教师工资补助小于支出基数的乡镇，其缺口部分县补助70%（总额691万元），以保证乡镇基本支出需要。在此基础上，县财政再拿出一部分财力，作为过渡性转移支付补助乡镇（总额390万元）。

2002年，县财政对乡镇财政分配体制进行了微调：增值税取消原基数，按实绩乡镇分享40%，农业税分享政策不变，其他所有财政收入一律按实绩上解15%。

2003年，根据省政府《关于完善农村义务教育管理体制的通知》和省财政厅有关文件精神，结合灌云实际，决定对县乡财政体制作部分调整：将原属乡镇在编在职教职工及其离退休人员工资上划县本级，由县本级统一发放并列报支出。乡镇以2002年财政收入形成财力作为基数，以后年度乡镇财政收入形成财力比基数增加部分县集中30%，用于新增教职工工资及调资支出。此规定从2003年1月1日起执行，暂定时间3年。

2004年，由于上级财政体制调整，企业所得税和个人所得税乡镇由上解15%调整为除上划中央60%外全留乡镇。耕地占用税除上解上级50%外全留乡镇。

2006年，根据《灌云县乡镇财政管理方式改革工作实施意见》，县政府办公室出台《灌云县乡镇财政预算管理工作指导意见》，对乡镇财政管理体制进行调整：(1) 乡镇财政收入除上划中央收入外（增值税75%、消费税100%、企业所得税60%、个人所得税60%），县财政只集中营业税收入15%，其余全留乡镇。(2) 以2004年乡镇财政决算一般预算收入数剔除农业税收入后作为乡镇财政收入基数，从2006年起，乡镇财政一般预算收入与基数相比，其新增收入形成的财力上解县30%，用于发放乡镇公教人员工资缺口补助。(3) 调整过渡补助，按核定的乡镇财政收支基数，支出基数大于财力基数的乡镇，其缺口部分县补助60%，补助金额由390万元增加至1395万元，取消乡镇体制上解和固定补助。财力基数大于支出基数的乡镇，其结余部分全留乡镇。

2007年，根据灌云县政府文件精神，自2007年1月1日起，县经济开发区和侍庄乡实行“区乡合一”、县临港产业区和燕尾港镇实行“区镇合一”分税制财政管理体制，在原县对乡镇财政体制基础上，增加契税县集中 50%，以 2006 年为基期年，新增财政收入形成财力县集中 20%。

2008 年，为促进园区建设，县政府决定将县经济开发区和临港产业区新增财力县集中比例由 20%调整为 10%，契税县集中比例由 50%调整为 20%，营业税县集中比例由 15%调整为 10%。

第二章　财政收入

民国时期，灌云县的财政收入，初期主要是田赋及其附加，其次是杂税、地丁、漕粮，当时的盐税不在地方。财政收入分为经常的和临时的，主要包括附税、租息、代征各费、杂捐、杂项收入及滞纳罚金。民国16年（1927年），国民政府规定了国家和地方收支暂行标准，规定地方财政收入主要有田赋、契税、营业税、房捐，后增加了屠牙县税、杂捐、地方财产收入、补助款、地方行政收入等。抗日战争和解放战争时期，在抗日根据地和解放区，灌云县民主政府按一定的比例征收公粮、公草，以支援抗日战争和解放战争所需。

新中国成立后，灌云县的财政收入主要包括农业税、工商税。20世纪50年代，随着社会主义改造任务的基本完成，灌云县工商企业有了发展，1955年增加了企业收入。1959年省将盐税收入下放给县，盐税成为灌云县财政收入的第一位，并在相当长的时期内排在灌云县财政收入的首位。随着国民经济的发展，税源的扩大，工商税收入逐年增长。1988年，灌云县实现工商税收2062万元，首次超过盐税收入，上升为灌云县财政收入的主体。1994年实施“分税制”后，财政收入划分为中央固定收入、中央与地方共享收入、地方固定收入，税收的规模更加扩大，工商税收收入增长更快。2010年，灌云县工商税收收入114363万元，占当年一般预算收入的69.44%。

第一节　概　况

一、民国时期财政收入

民国2年,灌云县地丁漕银收入总计折银元24503.85元。其中地丁银6297两，漕米2319石。另有契税、牙税、屠宰税等杂项收入及附加。

民国10年，财政收入为52436元。分经常门和临时门：经常门包括附税6410元，租息2600元，代征各费57元，杂捐38934元，杂项收入10元等共5

项；临时门包括滞纳罚款 120 元，杂项收入 4305 元等 2 项。

民国 20 年,灌云县财政预算收入 825653 元。

民国 22 年,灌云县财政收入 339503 元。分为 9 项，其中田赋县税 290272 元，契税县税 6133 元，屠牙县税 3011 元，杂税 12501 元，地方财产收入 19149 元，地方事业收入 99 元，地方行政收入 718 元，其他收入 5020 元，补助款收入2600 元。

民国 24 年,灌云县财政收入 387904 元（法币），主要收入中经常门有 7 项，分别是田赋县税、契税县税、屠牙县税、杂捐、地方财产收入、补助款收入、其他收入。临时门 2 项，分别为田赋县税和地方行政收入。

民国 25 年，灌云县财政收入 379236 元。

民国 26 年后，灌云县财政收入主要有田赋县税、契税县税、屠牙县税、杂捐、地方财产收入、补助款、其他收入、地方行政收入等。

民国 35 年，国民党政府发动内战，支出浩繁，滥发货币，造成法币不断贬值，通货膨胀严重，预算收入也随之逐年加大，当年财政收入为 53025.8 万元。

民国 36 年,灌云县财政预算收入高达 42.53 亿元（法币）。

解放战争时期，解放区民主政府按一定比例征收公粮、公草，直至 1948 年 11 月全县解放。

二、新中国成立后财政收入

新中国成立后，灌云县财政预算内收入来源有工商各税、农业税、企业收入、盐税和其他收入等。1953 年，灌云县建立县一级财政收支预决算，财政预算收入 15 万元；至 2010 年一般预算收入 164685 万元，是 1953 年的 10979 倍。财政收入累计达到 1256196 万元。

(一）国民经济恢复及“一五”时期（1950 ~ 1957 年）

1951 年，由于实行统收统支的财政体制，灌云县的各项正税收入全部上解中央，县财政只是反映乡镇财政收入。收入的项目有工商税收附加、农业税附加、市镇政教事业费收入、房地产税附加、公产收入、文教事业收入、规费收入、契税收入及其他收入等。当年财政收入以大米计算，其中农业税附加收入为大米 3296039 斤，市镇政教事业费收入 142737 斤，房地产税附加收入 14 斤，公产收入 161793 斤，文教事业收入 104580 斤，规费收入 2028 斤，其他收入 27610 斤，合计收入为大米 373 万斤。

1952年，乡镇财政收入总计15.4万元，其中各项附加收入4.5万元，契税收入1.2万元，事业收入4.8万元，公产收入2.8万元，其他收入1.9万元，行政收入0.2万元。县级财政收入11.6万元，主要是其他收入。

1953年，灌云县建立县一级财政预算收支决算制度。根据当时的财政体制，确定灌云县的财政收入科目有屠宰税收入，契税收入，车船牌照税收入，事业收入及其他收入。规费收入、罚没收入、公产收入列在其他收入之中。当年财政收入为15万元，其中工商税收9万元，其他收入6万元。

1954年，财政收入科目中增加了印花税收入、利息所得税收入、牲畜交易税收入、农业税收入、工商营业税收入、工商所得税收入。当年的财政收入130万元，其中工商税收入38万元，农业税收入85万元，其他收入7万元。

1955年，财政收入归类分为各项税收类、企业及事业收入类、其他收入类等。其中税类收入项目有商品流通税、货物税、工商营业税、工商所得税、印花税、利息所得税、屠宰税、牲畜交易税、车船使用牌照税、农业税、契税等。当年财政收入135万元，其中工商税收47万元，农业税收入80万元，企业收入1万元，其他收入7万元。

1956年，灌云财政收入110万元，工商各税中，增加了文化娱乐税，其余收入项目没变。企业收入3万元，比上年增加2万元，主要是地方工业利润上交增加较多。

1957年，灌云县财政总收入637.6万元，其中：工商税收203.4万元，占31.9%；农业税收入357.2万元，占56.03%；企业收入6.8万元，占1.07%；其他收入70万元，占10.98%。当时的农业税占据财政收入的大头，是灌云财政的主要收入。

（二）“大跃进”及国民经济调整时期（1958～1965年）

1958～1965年，灌云县财政总收入21734万元，其中工商税收入1589万元，占7.32%；　农业税收入1445万元，占6.65%；企业收入1758万元，占8.09%，盐税收入16820万元，占77.39%，其他收入122万元，占0.57%。在这一时期中，由于1958年原中央管理的部分企业下放给县管，1959年盐税又由省下放给县作为县级预算收入，因此财政收入剧增，改变了县财政收入结构。盐税收入占据首位，企业收入第二位，工商税收第三位，农业税收入退居第四位。由于三年自然灾害的影响，1962年至1965年在国民经济调整中，纠正“大跃进”左倾思潮的影响，同时，1963年中央原下放给县的企业陆续收回，因此县财政收入大幅减少，特别是企业收入减少最多。此间的县财政收入累计为 9204 万元，比“大跃进“时期下降 27%。

（三）“文化大革命”时期（1966 ~ 1976 年）

“文化大革命”期间，灌云县财政总收入 22948 万元，其中工商税收入 4223 万元，占 18.42%；农业税收入 2613.2 万元，占 11.39%；企业收入 281.3 万元，占1.23%；盐税收入 15792.8 万元，占 68.74%；其他收入 38 万元，占 0.15%。此期间，财政收入时高时低，主要是受盐税划进划出的影响。1967 年盐税划归省级预算，财政收入由 1966 年的 2271.4 万元下降至 482 万元。

1971 年，盐税划回县级预算，财政收入随之增加，当年财政收入为 2270 万元。1974 年由于盐税收入猛增至 3246 万元，也使当年财政收入增至 4014 万元，盐税收入占当年财政收入的 80.86%。

（四）实施经济体制改革初期（1978 ~ 1993 年）

1978 年至 1993 年，灌云县财政总收入 53016 万元，其中：工商税收 26795 万元，占 48.21%；农业税收入 5263 万元，占 8.19%；企业收入 –4207 万元，占 –2.35%；盐税收入 23433 万元，占 44.28%；其他收入 1732 万元，占 2.54%。中共十一届三中全会后，随着经济体制改革步伐的加快，各项事业都有较大发展，财政收入也增长较快，比“文化大革命”的 10 年财政总收入增长 130.34%。实施“六五”计划期间（1981 ~ 1985 年），灌云财政总收入 12953 万元；实施“七五”计划期间（1986 ~ 1990 年），灌云财政总收入 19584 万元，比“六五”期间财政总收入增长 51.7%。

（五）实行分税制时期（1994 ~ 2010 年）

1994 年实行分税制财政体制后，极大地调动了县乡两级政府组织财政收入的积极性，当年实现财政总收入 5934 万元，比 1993 年财政总收入 4754 万元增长 25%。1995 年实现财政总收入 10422 万元，比 1994 年增长 75.6%，首次突破亿元大关，提前两年实现了省政府确定的财政收入亿元县目标。“九五”计划期间（1996 ~ 2000 年），财政总收入 88605 万元，是“八五”期间财政总收入的 3 倍。其中一般预算收入为 62147 万元，比“八五”期间增长 232.9%。1998 年起，根据中央和省市有关文件精神，将政府性基金收入逐步纳入预算管理，财政总收入统计口径演变为由一般预算收入、基金预算收入和上划中央收入三大块构成，财政收入的规模有所扩大。而非税收入的大幅增加，也是“九五”期间财政总收入快速增长的主要原因之一。

"十五"计划期间（2001～2005 年）。由于 2003 年取消农业特产税，2004 年农业税税率由 7%降为 4%，使 2004 年减少财政收入 2307 万元。2005 年全面取消农业税，当年减少财政收入 5340 万元，加之企业改制后，国有企业大幅减少，企业收入也逐步减少，财政收入快速增长势头减缓。五年中，全县累计完成财政总收入 97459 万元，仅比"九五"期间增长 9.6%，平均每年收入 19492 万元，与 1994 年至 2000 年分税制初期相比，年平均收入增长 29.6%。其中一般预算收入五年间完成64543 万元，较"九五"期间增长 3.9%。

"十一五"计划期间（2006～2010 年），随着县经济开发区和临港产业区两大工业园区基础设施建设逐步完善，园区规模迅速扩大，进区项目大量增加，灌云县财政收入迎来快速增长期。五年间，财政总收入完成 955494 万元，其中一般预算收入完成 405241 万元，年均增幅分别达 73.2%和 61.6%。财政总收入规模由 2005 年 2.6 亿元快速攀升至 2010 年的 40.5 亿元，增长 14.6 倍，一般预算收入规模由 2005 年 1.54 亿元提升至 2010 年 16.47 亿元，增长 9.7 倍。财政总收入和一般预算收入分别比"十五"期间增长 8.8 倍和 5.3 倍。预算外收入纳入预算内管理后，收入项目不断增加，特别是政府性基金收入逐步全额纳入预算管理，主要以土地出让金为主，其他包括社保基金、地方教育附加、人民教育基金等，因此财政总收入快速增长。

1951～2010 年灌云县预算内财政收入分类统计表

表 2–1　　单位:万元

年份	工商税类收入	农业"四税"收入	企业收入	盐税收入	纳入预算管理非税收入	财政总收入	财政总收入构成			
							一般预算收入	政府性基金收入	缴库社保基金收入	上划中央收入
1951		330			43	373				
1952		1			14	15	15			
1953	9	2			4	15	15			
1954	38	85			7	130	130			
1955	47	80	1		7	135	135			
1956	34	64	3		9	110	110			
1957	39	130	3		8	180	180			
1958	142	130	52		70	394	394			

续表 2–1

年份	工商税类收入	农业“四税”收入	企业收入	盐税收入	纳入预算管理非税收入	财政总收入	财政总收入构成			
							一般预算收入	政府性基金收入	缴库社保基金收入	上划中央收入
1959	179	193	524	2785	6	3687	3687			
1960	212	193	610	3570	21	4606	4606			
1961	185	208	290	3150	10	3843	3843			
1962	213	144	194	2853	1	3405	3405			
1963	216	168	52	1248	5	1689	1689			
1964	202	208	22	1579	5	2016	2016			
1965	240	201	14	1635	4	2094	2094			
1966	223	235	31	1781	2	2272	2272			
1967	242	227	13			482	482			
1968	245	235	–36		1	445	445			
1969	286	234	14		5	539	539			
1970	301	199	51			551	551			
1971	295	197	–172	1945	5	2270	2270			
1972	320	181	–268	2391	3	2627	2627			
1973	336	245	136	1095	1	1813	1813			
1974	393	215	157	3246	3	4014	4014			
1975	454	214	92	2107	6	2873	2873			
1976	517	220	90	1512	5	2344	2344			
1977	611	211	173	1716	7	2718	2718			
1978	628	198	209	1934	7	2976	2976			
1979	647	113	114	1696	4	2574	2574			
1980	676	117	34	1359	8	2194	2194			
1981	711	119	22	1321	8	2181	2181			
1982	739	119	83	1347	13	2301	2301			
1983	939	211	–381	1580	23	2372	2372			
1984	1226	223	–407	1464	28	2534	2534			
1985	1522	297	–436	2141	42	3565	3565			

续表 2–1

年份	工商税类收入	农业“四税”收入	企业收入	盐税收入	纳入预算管理非税收入	财政总收入	财政总收入构成			
							一般预算收入	政府性基金收入	缴库社保基金收入	上划中央收入
1986	1610	322	–235	1767	51	3515	3515			
1987	1867	336	–109	2032	88	4215	4215			
1988	2062	381	–106	1159	112	3608	3608			
1989	2387	503	–603	1411	228	3925	3925			
1990	2623	487	–683	1560	333	4321	4321			
1991	2646	475	–538	664	344	3590	3590			
1992	2855	842	–655	1104	245	4391	4391			
1993	3657	521	–517	895	198	4754	4754			
1994	4812	1318	–524		328	5934	3406			2528
1995	7615	1488			1319	10422	7009			3413
1996	10212	2239			1870	14321	10386			3935
1997	11354	2123			3550	17027	12610			4417
1998	12773	2249			4466	19488	14690	145		4653
1999	11535	2200			6555	20290	15100	1431		3759
2000	8288	1556			7635	17479	9361	4723		3395
2001	7026	4935			1549	13510	10517	50		2943
2002	7964	5035			2431	15430	10926	117	669	3718
2003	9979	5755			3981	19715	13284	196	1706	4529
2004	12320	3508			6932	22760	14384	395	2817	5164
2005	15607	546			9891	26044	15432	674	4043	5895
2006	25890	1628			12623	40141	23308	1797	5376	9660
2007	44809	3591			41734	90134	42133	21874	10634	15493
2008	59618	5743			104737	170098	70086	69867	13626	16519
2009	72530	19942			157632	250104	105029	113704	10382	20989
2010	114363	42457			248197	405017	164685	183529	19067	37736
合计	469468	115996	–2685	56046	617371	1256196	640629	398460	68320	148788

第二节 工商税收收入

一、概况

（一）民国时期工商税收收入

清咸丰三年（1853 年）9 月，创办厘金（厘金亦称厘金税，是旧中国的一种商业税，主要在水陆交通要道设立关卡，对米市课以百分之一捐税。百分之一为一厘，故称“厘金”，征收机构通称“厘卡”，后发展为农民、商人和手工业者等进入市场进行交易时，征收的入省税）。清末，税目逐渐增多，仅厘金就有坐厘、行厘、化厘等，统指过境畅物税、产销税等名目，遇卡抽厘，不计其数。

民国元年（1912 年），灌云县建县后设厘金局，属江苏财政公所所辖。灌云大伊山设龙钱厘局。

民国 2 年，民国政府确定工商税和杂税 35 种。划分了国家税与地方税税种。原订税率为 2%，民国 4 年税率增至 5%。

民国元年至民国 12 年，灌云县实征契税 83510 元，牙税 32398 元。当时的牙税是指民国期间灌云县历届政府向牙行或牙商征收的捐税。（“牙行”是为买卖双方说合买卖，从中取利的行业，也称“牙纪”。“牙商”是市场上为买卖双方说合交易并收取佣金的居间商人）。1912 年每贴本银百两收牙税银 5 元。

民国 16 年，国民政府将工商税简化为 18 种，明确国家税包括盐税、关税、常关税、卷烟税、煤油税、厘金、邮包税、矿税、印花税共 9 种；地方税包括契税、牙税、当税、商税、船捐、屠宰税、渔业税、其他杂税（捐）等 9 种。

民国 22 年，灌云收契税县税、屠牙县税和县地方杂捐共计 21645 元，其中牙税为 4825.5 元。

民国 24 年 1 月 1 日起，开征所得税。

民国 36 年，灌云课税预算收入 144500 万元（法币）。

1948 年，灌云县民主政府征收进出口货物税 26410.7 万元，其中进口税 20241.5 万元、出口税 6169.2 万元；征收产销税 2390.09 万元。

（二）新中国成立后的工商税收收入

新中国成立后，灌云县工商税收（盐税收入除外）随着工农业生产的发展而不断增长，占财政收入的比重也不断提高。1951年工商税收收入34万元，1993年收入为3657万元，是1951年的108倍。1994年实行分税制财政体制后，工商税收收入增加更快，2010年全县工商税收收入114363万元，比实行分税制前1993年增长31.3倍。

二、工商税制变革

工商税收是新中国成立后国家确立的主体税收制度。灌云县工商税收主要包括流转税类、所得税类和其他工商税类等三大类。随着社会经济的发展，工商税收种类亦不断变革，先后出台了新的工商税种，同时也归并或取消了一些税种。

1950年1月，灌云县根据政务院颁布的《全国税政实施要则》，对工商税收政策进行调整，主要是简化税种、降低税率。如将货物税由原来的1136目合并为358目，印花税由原来的30目合并为25目，同时调低盐税、所得税、货物税和房地产税税率。并根据政务院的规定，先后开征了包括工商营业税、利息所得税及工商所得税、货物税、印花税、交易税、屠宰税、房地产税、盐税、特种消费行为税、车船使用牌照税等11个税种。

1951年，根据财政部的规定开征了对棉纱、棉布销售的棉纱统销税，对无固定营业场所的行商及固定工商业者在外埠销售本业以外一般货品的，征收临时商业税。

1953年起，按照政务院的规定修正了税制。全县试行开征了商品流通税，把原来的货物税、工业和商业的营业税、印花税合并，只征一道商品流通税。简化货物税，货物税税目由原来的358目简并为174目，计税价格由不含税价格改为含税价格。修订了工商营业税的税率，取消了对合作社成立第一年免缴工商所得税的规定，并将印花税并入营业税内征收；取消了棉纱统销税，并入商品流通税征收；将特种消费行为税改称为文化娱乐税，但当时未列入县预算之内。

根据财政部和省人委的规定，灌云县从1958年5月1日起试行改革工商税制，对棉纺织印染、日用化学、制革、热水瓶四类工业产品征收工商统一税。当年11月起，试行税制改革：①简并税种。将货物税、商品流通税、营业税和印花税合并简化为工商统一税，共设36个品目，38个不同税率，并于1959年按新税目进行结报；②将工商业税中的工商所得税分离出来，成为独立税种；

③简化纳税环节。对工农产品实行两次课征制度，取消批发环节的一道营业税；④适当调整税率，对于因滞销而降价出售的产品，调低税率，对电力、钢铁等产品调高税率。并根据省补充规定，对小商小贩实行九级全额累进税率；对工业及个体运输业实行 14 级全额累进税率，合作社及交通运输实行八级超额累进税率，对供销社按比例税率 39%征收。

经过上述改革，工商税收只有 7 种（包括盐税），灌云县征收工商统一税、工商所得税、屠宰税、车船使用牌照税和盐税等五个主要税种。

1963 年 3 月 15 日起，全县对农村集市贸易行为开征集市贸易税。

1966 年 1 月起，全县对粮食部门所属企业实行“国营企业工商税”试点，停征工商统一税、城市房地产税、车船使用牌照税和工商统一税附加，改按企业、按产品积累的 50%设计税率，采用单一税种一次性征收的办法对粮食企业开征国营企业工商税。

1973 年 1 月，灌云县按照《中华人民共和国工商税条例》（草案），全面试行税制简并改革：一是合并税种。将原执行的工商统一税及其附加，车船使用牌照税、屠宰税、盐税、城市房地产税等 5 个税种合并为单一的工商税，并根据规定和纳税情况核定税率；二是简化税目税率。税目由原来的 108 个减为 44 个，税率由原来的 141 个减并为 82 个；三是调整了少数税率。如化肥调为 3%，手表由 35%调为 40%；四是废除一些不合理规定，如取消中间产品的征税。

1980 年 10 月起，灌云县对境内的中外合资经营企业取得的生产、经营所得和其他所得，按照《中华人民共和国中外合资经营企业所得税法》征收所得税。

1983 年 1 月 1 日起，全县对机器机械及其零配件和农机具及其配件生产行业试行征收增值税，税率分别为 10%和 6%。同年，依据国务院《关于国营企业利改税试行办法》和《关于对国营企业征收所得税的暂行规定》，全县试行第一步利改税，开征国营企业所得税。对大中型国营企业按 55%的比例税率征收，并按核定的税率征收调节税，增长的利润减征调节税 70%；对小型国营企业按 10%至 55%的八级超额累进税率征收。还根据国务院《建筑税征收暂行办法》规定，全县开征建筑税，对自筹基建项目投资额和更新改造项目中建筑工程投资额进行计征，税率为 10%。

1984 年 9 月，国务院颁布《国营企业调节税征收办法》，10 月 1 日起，灌云县试行第二步利改税，按照纳税对象的不同，将工商税划分为产品税、增值税、盐税和营业税等税种，并增加资源税、城市维护建设税、房产税、地方土地使用税和车船使用牌照税等税种。对从事工业生产、农产品收购、外贸进口的单位和个人，按其产品的销售收入、购进商品的支付金额等计征产品税；对国家规定的纺织品、机械机器、文化用品等产品分甲乙两类开征增值税；对未实行工资总额同经济效益挂钩浮动的国营企业开征国企奖金税，并对国营企业全面试行征收所得税。改革后的新税制分为五大块，灌云县开征主要税种是：(1)流转税类为产品税、营业税、增值税；(2)收益税类为国营企业所得税、集体企业所得税；(3)财产行为税类为房产税、车船使用税、印花税、屠宰税；(4)资源税类为盐税、城镇土地使用税；(5)特别目税类为建筑税、城市维护建设税、国营企业奖金税、集体企业奖金税。当年，由于企业推行了岗位责任制，促进了生产效率的提高，同时税务部门加强了管理，全年工商税收完成1226万元，比1983年增长30.57%。

1985年4月，按照国务院《集体企业所得税暂行条例》规定，灌云县对集体企业由征收工商所得税改为征收集体企业所得税。税率比照国营小型企业执行，采用八级超额累进制。同年，还开征了集体企业奖金税、事业单位奖金税、国营企业工资调节税和城市维护建设税。

1986年1月，根据国务院《城乡个体工商户所得税暂行条例》规定，全县开征城乡个体工商户所得税，采用十级超额累进税率。10月，全县对本地居民和单位使用的车船恢复按定额税率开征车船牌照使用税。同年，按国务院颁布的《房产税暂行条例》开征房产税。

1987年，根据国务院《个人收入调节税暂行条例》规定，全县开征个人收入调节税，按纳税对象收入的不同来源，分别实行超额累进税率和比例税率。

1988年，灌云县根据国务院颁布的《私营企业所得税暂行条例》，开征私营企业所得税。同年恢复开征印花税。

1989年，根据国务院《城镇土地使用税暂行条例》，全县开征土地使用税，以纳税人实际占用的土地面积为计税依据，按不同地区分别确定纳税等级和税额。

1991年4月，全国人大制定通过了《中华人民共和国外商投资企业和外国企业所得税法》，将原中外合资经营企业所得税法、外国企业所得税法进行合并，灌云县根据规定开征了外资企业所得税。同年还开征固定资产投资方向调节税。

1993年12月，国家对税制进行全面改革，重新修订颁布了《中华人民共和国营业税暂行条例》，将营业税的课税范围限定为提供应税劳务、转让无形资产和销售不动产，而且适用于内、外资企业，建立了统一规范的营业税制。同时将商品生产、流通全过程都改征增值税。在合并原国营企业、集体企业和私营企业所得税的基础上，颁布了《中华人民共和国企业所得税暂行条例》。灌云县依据此条例，分别对国营企业、集体企业和私营企业开征企业所得税。

1994 年 1 月起，灌云县实行分税制财政管理体制，对工商类税收的税制进行改革：(1)对流转税进行改革。主要是取消产品税和工商统一税，将原来征收产品税的产品全部改征增值税，扩大了增值税的征收范围，对商品的生产、批发零售和进口全面实行增值税；开征消费税，选择烟酒等11种商品，在征收增值税后，再征一道消费税；对不实行增值税的劳务交易和第三产业仍征收营业税。改革后的流转税由增值税、消费税和营业税组成，同时废止了工商统一税。(2)对所得税进行改革。统一内资企业所得税，一律实行33%的比例税率，调整和规范企业所得税的列支项目和标准，取消"国营企业调节税"和向国有企业征收的国家能源交通重点建设基金和国家预算调节基金。在个人所得税方面，将原先执行的个人所得税、个人收入调节税和工商业户所得税合并建立统一的个人所得税，扩大了所得税的适用范围，中国公民、外籍人员和个体工商户都执行统一的个人所得税法。(3)资源税改革。扩大资源税的征收范围，将盐税并入资源税。(4)其他工商税改革。取消集市交易税、牲畜交易税、烧油特别税、国企奖金税、集体企业奖金税、事业单位奖金税、国营企业工资调节税；将特别消费税并入消费税；将屠宰税、筵席税下放地方；开征土地增值税；改变城市维护建设税的征收办法，改按企业的销售收入由集镇、县城和城市三级分别征收。

2000 年，国家出台了停征固定资产投资方向调节税政策，对经济适用房免征营业税。

三、工商税收类收入

灌云县工商税收类收入主要有流转税、所得税、其他工商税收入 3 类。

(一) 流转税类收入

新中国成立初期至 2010 年，灌云县开征的流转税主要有商品流通税、工商营业税、工商统一税、工商税、增值税、产品税、消费税等税种，随着税制的变化，税种也发生不同的变化。

1. 货物税。新中国成立后，废止旧的货物税制度，政务院于 1950 年颁布

《货物税暂行条例》，规定本国产制或外国输入的货物，除另有规定者外，均应纳货物税。此税采用比例税，从价计征，凡已税商品，行销全国，不再重征货物税。当时规定的应税产品共分10大类、51个项、1136个细目。灌云开征的税目主要有棉花、烟叶、烟丝、砖瓦、植物油、竹木、糖、鞭炮、焚化品、花生、芝麻、麻、瓜籽等。货物税于1958年9月底废止，1959年并入工商统一税内。1954～1958年，灌云县共征收货物税33.6万元。

2. 商品流通税。商品流通税是将商品从生产到消费各环节所交纳的营业税及其附加、印花税及棉纱统销税合并一次课征的新税种。1955年，灌云县根据《商品流通税试行办法》，开征商品流通税。选择国家大量生产和由国家统购或大量收购的22种商品，如卷烟、麦粉、钢材等为课税对象，将原来对这些商品征收的货物税、批发和零售营业税、营业税附加和印花税合并为商品流通税。商品在出厂销售或采购环节一次征收。采购应税农林、畜牧产品者，以采购人为纳税人，于产品集中起运时纳税。采用有差别的比例税率，从价计征（个别税目从量计征），已税商品行销全国，不再征收附加和其他各税，该税种于1958年9月底停征，1959年改征工商统一税。1955～1958年，全县共征商品流通税2.4万元。

3. 营业税。营业税是国家对从事工商经营按其营业额（销售额）所征收的税。民国20年，灌云县根据省制定的《江苏省营业税征收条例》，于当年4月1日起开征营业税。营业税课税标准定为3种：以营业总收入为标准的征收2‰~10‰，以营业资本额为标准的征收4‰～20‰，以营业纯收益为标准的征收2%~10%。民国21年，根据国民政府公布的《营业税法》，将营业税课征标准改为按营业额或营业资本额一律暂收10%。全年营业额满　1000元，资金额满500元或收益额满100元的起征。

民国30年，国民政府公布修正后的《营业税法》，将以营业收入额为标准的税率调整为1%~3%，以资本数额为标准的税率调整为2%~4%。民国36年5月，又将以营业额为计税依据的税率改为1.5%，起征额为月营业额150万元（法币）；以收益额为计征依据的税率为4%，起征点为50万元（法币）。同年11月，又规定以营业收入额为课税标准者，税率3%，以营业收益额为课税标准者为6%。当年4月下旬，全县征收营业税388.5万元（法币）；5月上旬征收营业税234.1万元（法币）、5月中旬征收营业税107.27万元。

1950年，政务院颁布了《工商税暂行条例》，规定凡在国内的工商营利事业，均按营业额于营业行为所在地缴纳营业税，并分别采用不同的比例税率。以营业额计征的最低税率为1%，最高税率为15%。依营业总收入计征者，税率为1%～3%；依营业总收益额计征者，税率为1.5%～6%；依佣金收益额计征者，税率为6%～15%。1953年税制修订后，营业税依营业额计征的，工业税率为1.5%～3.5%；商业税率为2%～3.5%；依收益额计征者，税率为2%～15%，国营、合作社批发零售商品，不再缴纳营业税，只就其零售部分计算缴纳。当时的营业税称为工商营业税。从1954年起，灌云县工商营业税列入县级预算收入，当年征得工商营业税16万元。1958年工商营业税收入为37万元，1959年工商营业税撤并到工商统一税中。

1973年，工商统一税同其他几个税种合并为工商税，其营业税虽然不作单独税种存在，但按营业额课税的制度依然存在。1984年第二步利改税时，营业税又从工商税中分出，成为一个独立税种。依据国务院颁布的《中华人民共和国营业税条例（草案)》，适当扩大了营业税征收范围，对商业零售、饮食服务、宾馆、招待所、交通运输、银行、保险机关团体、学校和其他企、事单位等，凡有营业收入的单位，都课征营业税。

1984～1993年，营业税总计征收8270万元，占同期财政总收入的21.53%。

1993年工商税制改革时，保留了营业税，但在征收范围、税目税率等方面进行了改革。改革后的营业税有9个税目，实行有差别的比例税率，分别为3%、5%和20%三种税率，其中娱乐税率为5%~20%。

1994～2010年，灌云县营业税总计征收135601万元，税制改革后17年的营业税收入是1951～1993年33年营业税总收入的18倍。

进入21世纪后，灌云经济迅速发展，基础设施建设投入逐渐加大，连盐、连淮、汾灌等高速公路先后建成通车，全县公路通车里程快速增加，带来交通运输营业税较大增长。同时，随着城市建设步伐的不断加快，房地产开发项目迅速增加，销售不动产和建筑安装营业税开始快速增长。2002年，营业税收入1876万元，比2001年增长16%。

2005年，由于房地产开发和乡镇小城镇建设步伐加快，建筑安装和销售不动产营业税大幅增长，以及连盐高速等一批重点工程税收大幅度增加，全县营业税收入6695万元，同比增长39.4%。

2006年，灌云县营业税收入为10669万元，比2005年增长63%，其中交通运输营业税同比增收2134万元；建筑营业税同比增收415万元；销售不动产营业税同比增收1079万元。

2007~2010年，灌云县营业税收入继续保持逐年增长势头。2010年，营业税收入达33500万元，比上年增长45.4%。

1951~2010年，灌云县营业税收入累计为143957万元，占同期一般预算收入的22.5%。

4. 工商统一税。工商统一税是我国对从事工业品生产、农产品采购、外国货进口、商业零售、交通运输和服务性业务的单位或个人，根据其经营业务的流转额和业务收入所征收的税。1958年，灌云县根据《中华人民共和国工商统一税条例（草案）》，开征工商统一税。它是由合并简化过去的货物税、商品流通税、营业税和印花税而成。当年征收工商统一税26.4万元。1958~1972年，灌云县共征收工商统一税2474万元。1973年后，对缴纳工商税的单位和个人不再征收工商统一税。

5. 工商税。工商税是指对一切从事工商业经营的单位和个人，按其销售收入和经营业务收入征收的一种流转税。它是1973年由以工商统一税及其附加为基础，连同工商纳税单位原应负担的城市房地产税、车船使用牌照税、屠宰税合并简化而成。1984年利改税中，停征工商税，将该税种分解为产品税、增值税、营业税和盐税四种，并恢复课征原先合并简化的城市房地产税、屠宰税等地方税种。1973~1984年，全县共征工商税5852万元。

6. 增值税。增值税是对商品生产、销售或提供劳务过程中实现的增值额征收的一种税，灌云县在1984年两步利改税后开征此税。增值税采用比例税率，其基本税率为17%，另设一档低税率为13%，统一实行规范的购进扣税法，即以纳税人销售货物或者提供应税劳务从购买方所收取的全部价款，包括收取的一切价外费用，作为计算销售额和销项税款，从中准予抵扣进项税额后的余额作为增值税额（进项税额是指纳税人购进货物或接受应税劳务所支付或负担的增值税额）。对一般产品、委托加工产品和自产自用产品分别不同的计税依据，扣除外购的原材料、低值易耗品、动力、包装物等进项税金后，进行计算增值税纳税额。当年征收增值税53万元。

1984~1993年，灌云县增值税收入共计为2829万元，占同期财政总收入的7.4%。

1994年实行分税制后，增值税成为地方与中央共享收入，县分成比例为25%。分税制财政体制充分调动了地方抓财政收入的积极性，当年增值税收入为 3313 万元，比 1993 年增长 249.8%；1995 年增值税收入 4489 万元，比上年增长 35.5%。

“九五”期间（1996～2000 年），灌云县增值税收入 26649 万元，比“八五”期间增长 177%，占同期财政总收入的 30.1%。

1998 年 7 月 1 日起，商业企业小规模纳税人的增值税征收率由 6%调整为 4%，在实施细则中规定了增值税的起征点。销售货物的起征点为月销售额 600～2000 元；销售应税劳务的起征点为月销额 200～800 元；按次纳税的起征点为每次（日）销售额 50～80 元。

“十五”期间（2001～2005 年），全县招商引资项目大多处于建设期，原有企业发展未进入平稳阶段，加之 2005 年宁海乡划归新浦区，太阳雨等重点企业一并划出，从而影响了增值税的收入。五年间，增值税收入为 25061 万元，比“九五”期间下降 9.4%，占同期财政总收入 97459 万元的 25.7%。

“十一五”期间（2006～2010 年），随着招商引资项目的投产达效，全县增值税收入进入快速增长期。五年间共收入 88368 万元，比“十五”期间增长 252.6%。2006 年，经济发展加速，县经济开发区和临港产业区建设初见成效，一批企业纳税增加，如明盛化工增收 565 万元、新雅制衣增收 101 万元、九九化纤增收 120 万元、威士行复合材料公司增收 83 万元。当年累计完成增值税 9336 万元，同比增长 75%。

2007 年，随着灌云“一城一港四区”战略布局的全面实施和“项目兴县”战略的深入推进，带动了税收普遍增长，当年增值税完成 12764 万元，同比增收 3428 万元，增长 37%，首次突破亿元大关。

2010 年，增值税入库 34996 万元，比上年增收 16948 万元，增长 93.9%。增收的主要因素：一是大体量商贸企业落户灌云，其中华宝和海盛两户企业就实现增值税净增收 14400 万元，占全县增值税增收额的 85%；二是工业企业快速壮大，其中鞋帽制造业增值税比上年增长 117%。涌现出鲜禾鞋业、远征化工、明盛化工等一批纳税千万元以上的企业。

1984～2010 年，灌云县共征收增值税 150709 万元。

7. 产品税。产品税是对在中国境内从事生产、收购和进口应税工农产品的单位和个人，按其产品的流转额征收的一种税。产品税是在 1984 年由原工商税分解出的一个税种。将原工商税按行业设置的税目细分为按品种设目，并根据经济发展需要和社会经济政策调整税率，规定减免。1993 年以前，产品税一直在工商税收中占有重要位子。1993 年，灌云的产品税收入 887 万元，占当年工商税收的 19.4%。1984～1993 年灌云县共征收产品税 4953 万元。1994 年实行分税制后，产品税取消，分别改征增值税、营业税和消费税。

8. 消费税。消费税是对特定的某些消费品和消费行为的流转额征收的一种税，是 1993 年税制改革中新设的一个税种，是从原来的产品税演变而来。在对商品普遍征收增值税的基础上，选择少数消费品再征收一定的消费税。1950 年 1 月，在全国范围内统一征收特种消费税，当时只限于对电影戏剧及娱乐、舞厅、筵席、旅馆等消费行为征税。1953 年修订税制后，将其取消。1989 年为调节彩电和小轿车的供不应求而开征特别消费税，后于 1992 年 4 月取消。1993 年税制改革时，国务院又颁发了消费税暂行条例，1994 年 1 月开始对消费品有选择地征收消费税。消费税共有 11 个税目，13 个子目，税率分为比例税率和固定税额两种。其中比例税率有 10 个档次，为 30%～45%。

消费税属于中央固定收入科目，1994 年开征，灌云县当年消费税收入 43 万元。2010 年征收 520 万元，是 1994 年的 12 倍。1994～2010 年灌云县共征收消费税 2941 万元，全部上解中央。

1951～2010 年灌云县流转税类收入分类统计表

表 2-2　　单位:万元

年份	增值税	营业税	消费税	工商统一税	工商税	货物税及商品流通税	产品税	小计
1951								
1952								
1953								
1954		16						16
1955		17				1		18
1956		6				4		10
1957		10				7		17
1958		37		26		24		87
1959				152				152
1960				177				177
1961				154				154
1962				146				146
1963				138				138
1964				142				142
1965				151				151
1966				135				135

续表 2–2

年份	增值税	营业税	消费税	工商统一税	工商税	货物税及商品流通税	产品税	小计
1967				140				140
1968				141				141
1969				167				167
1970				178				178
1971				238				238
1972				228				228
1973					266			266
1974					293			293
1975					345			345
1976					398			398
1977					492			492
1978					496			496
1979					527			527
1980					550			550
1981					576			576
1982					639			639
1983					639			639
1984	53	92			631		83	859
1985	17	559					446	1022
1986	38	650					541	1229
1987	56	735					590	1381
1988	270	873					376	1519
1989	253	1014					500	1766
1990	320	976					552	1848
1991	411	1059					503	1972
1992	463	1136		46			477	2122
1993	947	1176		115			887	3125
1994	3313	333	43					3689
1995	4489	937	46					5472
1996	5183	1409	48					6640
1997	5809	1324	60					7193
1998	6172	1418	66					7656
1999	4965	1959	35					6959
2000	4520	1633	5					6158
2001	3912	1622	9					5543
2002	4260	1876	75					6211
2003	5124	3394	158					8676
2004	5613	4804	172					10589
2005	6152	6695	295					13142
2006	9336	10669	503					20508
2007	12764	16924	609					30297
2008	13224	24067	190					37481
2009	18048	23037	107					41192
2010	34996	33500	520					69016
合计	150709	143957	2941	2474	5852	36	4953	310921

（二）所得税类收入

所得税是以纳税人的所得（净收入）额为征税对象所征收的税收。

1. 工商所得税。是国家对工商营利事业按其所得额征收的一种税。1950年，政务院颁布《工商业税暂行条例》和补充规定，除向国家上缴利润的国营企业和另有规定者外，凡在中国境内的资本主义工商业、公私合营和集体所有制工商业等从事工商业经营有利润所得的单位和个人，均要按所得额在营业行为所在地缴纳所得税。就不同的纳税人，分别采用比例税率、超额累进税率和全额累进税率。1956年，基本完成了对资本主义工商业的社会主义改造，从1958年起对实行定息的公私合营企业停征此税，改为向国家上缴利润。当年税制改革时，将工商所得税主要征收对象定为集体所有制及个体经济企业，成为独立税种。1963年调整工商所得税负担办法，对个体经济包括小商小贩、个体手工业者、个体运输者、个体艺工实行全额累进税率，对合作商店实行超额累进税率。1985年4月，国务院颁布《集体企业所得税暂行条例》后，于1986年将工商所得税细分多个税种，主要有集体企业所得税、个人所得税、中外合资企业所得税、外国企业所得税等。1954～1985年，灌云县共征收工商所得税2083万元。

2. 企业所得税。中国企业所得税制度已有多年历史。最早的固定工商业应纳的所得税不分行业，均按所得额采取全额累进税率计征，共分14级，税率5%～30%。1950年12月调整为21级全额累进税率，税率仍维持5%～30%。1955年，灌云县对小型工商户实行所得税定率随营业税并征的办法。

1983年以后，按企业所有制性质先后于1984年开征了国营企业所得税，1985年开征集体企业所得税，1986年开征城乡个体工商户及私营企业所得税。三类企业的所得税率不一致。

1993年税制改革时，实行统一的内资企业所得税制度，税率实行33%的比例税率。另外，当时税收法规还设置了两档照顾性税率，即：对年应纳税所得额在3万元（含3万元）以下的企业，暂减按18%的税率征收；对年应纳所得税额在10万元（含10万元）以下至3万元的企业，暂减按27%征收，另按纳税所得额征收3%的地方所得税附加。1983～1993年，国营企业所得税调整在所得税收入类统计，共征收1746万元。1993年，国营企业所得税和集体企业所得税合并为企业所得税。1994年实行分税制后，企业所得收入逐年增长，特别自2000年以后，全县招商引资的规模越来越大，企业迅速发展，企业所得税收入不断上升。2002年，企业所得税收入调整为中央和地方共享收入，县留成50%。2003年调整为县留成40%。1994～2010年，灌云县征收企业所得税40739万元。

3. 集体企业所得税。1986年起，灌云县对从事工业（包括手工业）、商业（包括供销社、合作商店）、服务业、建筑安装、交通运输的街道及乡镇等集体企业，均按8级超额累进税率，对其经营所得额征收集体企业所得税。1994年起，该税并入企业所得税，列为企业收入。1986～1993年，全县共征收集体企业所得税1538万元。

4. 外资企业所得税。1991年6月，国务院颁布了《中华人民共和国外商投资企业和外国企业所得税法》，规定实行30%的比例税率。对设在特区的外国企业实行减免优惠：设在经济特区的外商投资企业，减按15%的税率征收所得税；设在沿海经济特区、开发区所在城市老市区的外商投资企业按24%征收所得税。1994年至1998年，灌云县共征收外资企业所得税214万元。1999年起，外资企业所得税收入并入企业所得税统计。

5. 个人所得税。个人所得税是对个人取得应税所得征收的一种税。它包括工资、薪金所得，个体工商户的生产、经营所得和对企业承包经营、承租经营所得，稿酬所得、劳务报酬所得，特许权使用费所得、利息、股息、红利所得，财产租赁、转让所得，偶然所得和其他所得等。个人所得税税率，实行比例税率，不同的所得额所确定的税率不一样：工资、薪金所得为5%～45%的超额累进税率；个体工商户的经营所得为5%～35%的超额累进税率；稿酬所得为20%，并按应纳税额减征30%；劳务报酬为20%；一次所得超过2万元～5万元的部分加征5%，超过5万元的部分加征10%；其他所得（如利息、租赁等）为20%的比例税率。1994年，灌云县征收个人所得税28万元，1996年增加至1033万元。1996～2000年，灌云县征收个人所得税5801万元；2001～2005年，征收个人所得税3446万元，较前5年下降了40.6%。2006～2010年，灌云县由于个体工商户发展迅猛，经营所得大幅上升，故个人所得税征收额亦大幅上升，征收总额达21916万元。

1994～2010年，灌云县共征收个人所得税31323万元。

1951～2010年灌云县所得税类收入分类统计表

表2-3　　单位:万元

年　份	工　商 所得税	企　业 所得税	国营企业 所得税	集体企业 所得税	外资企业 所得税	个　人 所得税	小　计
1951							
1952							
1953							
1954	10						10
1955	10						10
1956	4						4
1957	4						4
1958	12						12
1959	6						6
1960	12						12
1961	14						14
1962	38						38
1963	34						34
1964	27						27
1965	44						44
1966	48						48
1967	50						50
1968	42						42
1969	61						61
1970	55						55
1971	51						51
1972	56						56
1973	69						69
1974	99						99
1975	108						108
1976	119						119
1977	119						119
1978	132						132
1979	119						119
1980	125						125
1981	134						134
1982	98						98
1983	104		195				299
1984	133		230				364
1985	146		275				421
1986			177	103			280
1987			158	152			310
1988			151	205			356

续表 2–3

年 份	工 商 所得税	企 业 所得税	国营企业 所得税	集体企业 所得税	外资企业 所得税	个 人 所得税	小 计
1989			151	149			300
1990			158	309			467
1991			124	218			342
1992			124	237			361
1993			2	166			168
1994		123			2	28	153
1995		364			14	123	501
1996		648			131	1033	1812
1997		1569			62	1240	2871
1998		2226			5	1607	3838
1999		1842				1241	3083
2000		222				680	902
2001		244				643	887
2002		252				644	896
2003		343				538	880
2004		328				830	1158
2005		843				800	1643
2006		1980				1612	3592
2007		5483				3368	8851
2008		6093				4592	10685
2009		7150				5093	12243
2010		11030				7251	18281
合计	2083	40739	1746	1538	214	31323	77643

（三）其他工商税类收入

灌云县其他工商税收主要有资源税、屠宰税、房地产税、牲畜交易税、印花税、车船使用牌照税、文化娱乐税、城市维护建设税、城镇土地使用税、印花税、固定资产投资方向调节税、土地增值税及其他杂项收入等。

1. 资源税。是为了调节资源开发过程中的级差收入，以自然资源为课税对象的一种税。1984 年，国务院颁布了《中华人民共和国资源税暂行条例（草案）》，当时征税范围较小，灌云县未开征。1993 年税制改革后，国务院颁布了《中华人民共和国资源税暂行条例》，灌云县从 1994 年开征，并将原灌云的古老税种—盐税，作为一个税目纳入资源税的征收范围。资源税实行定额税率，从量征收。如盐资源税，其固体盐按 10 ~ 60 元 / 吨征收，当年征收资源税 535 万元。1996 年资源税征收 651 万元。此后由于大量盐田转产，盐业产量大幅下降，以盐业为主要来源的资源税收入也呈下降趋势。2005 年资源税全年收入仅为 95 万元，2007 年下降至 59 万元。

2009 年，由于加大了对石材开采资源税的征收力度，灌云县资源税猛增至 1905 万元，比 2008 年增加 1600 万元，增长 524.6%。

2010 年，资源税收入上升到 3309 万元，比 2009 年增长 73.7%，占当年工商税收收入的 3.2%。

1994 ~ 2010 年，灌云县共征收资源税 8567 万元。

2. 城市维护建设税。1985 年 2 月，国务院颁布了《中华人民共和国城市维护建设税暂行条例》，规定凡是缴纳增值税、产品税、营业税的国营企业（包括工业、商业及其他企业），都应按规定缴纳城市维护建设税。城市维护建设税实行地区差别税率，纳税人所在地在市区的按 7%征收；纳税人所在地在县城、镇的按 5%征收；纳税人所在地不在市区、县城或镇的按 1%征收。

1985 年 7 月，灌云县财政局转发了财政部《关于 1985 年国营企业交纳城市维护建设税有关财务处理的规定》，补充规定了企业缴纳的城市维护建设税应在销售收入（或营业收入）中支付。同时还规定了核定大中小型盈利企业缴纳的城市维护建设税可如数抵扣应交调节税，调节税不够抵扣的，可抵扣应交所得税。灌云县于 1985 年开征，当年征得城市维护建设税 29.8 万元。

1994 年，随着增值税、消费税、营业税的增长，城市维护建设税也不断增长：2001 年实现收入 187 万元；2005 年达 389 万元，比 2001 年增长 108%。2001 ~ 2005 年，灌云县征收城市维护建设税 1346 万元。

2006 ~ 2010 年，全县城市维护建设税增长速度较快，五年共收入 8750 万元，占同期工商税收入的 3.1%，比上个五年增长 550%。其中 2006 年收入 938 万元，比上年增长 141.1%，占当年工商税收入的 3.9%。2010 年全县城市维护建设税收入 3292 万元，占当年工商税收入的 9.4%，比上年增长 85%，比 2006 年增长251%。

1985 ~ 2010 年，灌云县城市维护建设税收入累计 11685 万元。

3. 印花税。印花税是对经济活动和经济交往中因商事、产权等行为所书立、领受的凭证征收的一种税。1950 年起，灌云县根据政务院颁发的《印花税暂行条例》征收印花税，应贴印花税的凭证，分别按照金额比例贴花和按件定额贴花。按比例贴花的税率分 1‰、3‰和 3 ‱ 三种，凭证记载金额不满 1.5 元的免贴花。按件定额贴花的税额，分为2分、5分、2角和5角四种，记载金额不满15元的一律贴2分。

1952年，灌云县执行苏北行署财务处关于农村中以田地换房屋，以田地换田地所立互换契据，皆根据印花税税率缴纳印花税并据以贴花。1953年起，一些应税项目的部分凭证，分别并入商品流通税、货物税、工商业税及屠宰税内征收。1955年修订税率、税额后，按比例贴花的税率未变，定额贴花的税额分为5分和5角两种。1956年把原有的25个税目缩减为9个。1958年，国家简化税制，将其并入工商统一税后，停征印花税。

1988年8月，国务院颁布了《中华人民共和国印花税暂行条例》，从10月1日起重新开征印花税，采用比例税率和定额税率两种。比例税率是指对一些载有金额的凭证，如各类合同、资金账簿等，分别按0.5‰、1‰、3‰、4‰、5‰五个档次征收，共有11个税目。定额税率是指对一些无法计算金额的凭证或虽有金额，但作为计税依据不合理的凭证，采用定额税率，规定单位税额为每件5元。

印花税为有价证券，其票面金额以人民币为单位，分为1角、2角、5角、1元、2元、5元、10元、50元、100元九种，由纳税人以凭证所载金额或按计税金额和规定的税率计算应纳税额，进行贴花。应纳税额不足一角的，免纳印花税，应纳税额在一角以上的，其尾数四舍五入，即满5分的按一角计算纳税额。税款的征收采取以下方式：（1）自行贴花的纳税办法；（2）委托代售印花；（3）汇贴或者汇缴的纳税办法。

灌云县自1988年恢复征收印花税，当年收入为3万元，至2010年累计征收印花税3317万元。

4. 城镇土地使用税。城镇土地使用税是国家在城市、县城、建制镇和工矿区范围内，对使用土地的单位和个人，以其实际占用的土地面积为计税依据，按照规定的税额计算征收的一种税。1988年9月，国务院发布了《中华人民共和国城镇土地使用税暂行条例》，规定城镇土地使用税采用分类分级的幅度定额税率。具体地说，它按城市大小分四个档次，每平方米的年幅度税额分别为：大城市0.5～10元；中等城市0.4～8元；小城市0.3～6元；县城、建制镇、工矿区0.2～4元。

灌云县根据国务院暂行条例及省、市文件的规定，于1989年1月1日起开征城镇土地使用税。凡在县城、建制镇范围内使用国有土地的单位和个人，均为纳税义务人，农村不征。对国家机关、人民团体、军队自用土地；由国家财政部门拨付事业经费的单位；街道、广场、绿化地带等公共用地；直接用于农、林、牧、渔业的生产用地；由财政部门另行规定免税的能源、交通、水利设施用地，免征城镇土地使用税。城镇土地使用税以纳税义务人实际占用的土地面积为计税依据。新征用土地为耕地的，自批准征用之日起满一年时开始交纳城镇土地使用税，征用非耕地的，自批准征用次月起交纳城镇土地使用税。收税标准是：县城规划区范围内的土地每平方米 0.3 元，建制镇每平方米 0.2 元。

1989 年，全县征收城镇土地使用税 10.1 万元，到 2005 年每年收入增长不快。2006 年底，国务院颁布了重新修订的《城镇土地使用税暂行条例》，修订的主要内容：一是将税额幅度提高两倍；二是将征税对象扩大到外商投资企业、外国企业、外籍个人。2007 年执行新条例后，由于城镇化及招商引资企业发展迅速，加之提高了税收额度，致使城镇土地使用税收入猛增。当年收入 2459 万元，比 2006 年增长 42 倍；2008 年完成 7503 万元，比 2007 年增长 2 倍；2009 年有所下降，完成 4918 万元；2010 年又大幅上升，全县完成 8631 万元，比 2008 年增长 15%。

1989 ~ 2010 年，灌云县共征收城镇土地使用税 23996 万元。

5. 土地增值税。土地增值税是对转让国有土地使用权、地上建筑物及其附着物并取得收入的单位和个人，就其转让房地产取得的增值额征收的一种税。根据 1993 年 12 月国务院颁布的《中华人民共和国土地增值税暂行条例》规定，土地增值税实行四级超率累进税率：(1)增值额未超过扣除项目金额 50%的部分，税率为 30%；(2)增值额超过扣除项目金额 50%，未超过扣除项目金额 100%的部分，税率为 40%；(3)增值额超过扣除项目金额 100%，未超过扣除项目金额 200%的部分，税率为 50%；(4)增值额超过扣除项目金额 200%的部分，税率为 60%。

根据暂行条例实施细则规定，灌云县于 1996 年开征土地增值税，当年收入 2 万元。2005 年前每年征收的土地增值税额数量较少，2006 年后增长较快。2006 年征收 244 万元；2007 年为 998 万元，比上年增长 309%；2008 年征收 762 万元，稍有回落；2009 年征收 9138 万元，比上年增长 11 倍；2010 年征收 8685 万元，比上年稍有下降。

1996 ~ 2010 年，灌云县征收土地增值税共计 19927 万元。

6. 车船使用牌照税。民国时期，车船使用牌照税是由地方杂捐中的车捐和船捐演变而来，因系地方税性质，各地无统一的税率。民国 24 年，国民政府颁布的《财政收支系统法》中，始确定此项税目，并规定为县市税源，成为地方财政中一项收入。民国 25 年，国民政府公布车船使用牌照税法，灌云县照此执行。由于地方车辆船舶甚少，故所征额很少。民国 37 年下半年，国民政府车船牌照税预算收入是2 亿元（金圆券）。

新中国成立后，灌云县按国家规定开征了车船使用牌照税。1953 年车船使用牌照税收入 0.4 万元；1957 年灌云县征收车船使用牌照税 1 万元，开始在决算报表中有单列反映。

1959 ~ 1973 年，按照征收车船使用牌照税的有关规定，机动船按吨位分 9 个档次，每吨每季最低税额（50 吨以上）0.3 元，最高税额（3000 吨以上）1.1 元，非机动船按吨位划分 5 个档次，每吨每半年最低税额（10 吨以下）0.3 元，最高税额（301 吨以上）0.7 元。21 座次以上汽油车，每季每辆 65 元。载货汽车每季每辆 15 元。两轮机器脚踏车每季每辆 12 元，三轮机器脚踏车每季每辆 15 元。非机动车分 10 种类型，最低税额（三轮车单座）每半年每辆 2.6 元，最高税额（马车）每半年每辆 7 元。1959 年车船牌照税收入为 2.4 万元；1963 年收入为 4.4 万元，比 1959 年增长 83%。1966 年起，由于受“文化大革命”造成的内乱影响，车船使用牌照税收入有所下降，1971 年收入 1.8 万元，仅为 1963 年收入的 41%。1973 年改革工商税制时，车船使用牌照税并入工商税。1986 年灌云县恢复征收车船使用税（对外籍人员和单位仍征收车船使用牌照税），当年征收 2 万元。

1978 年船舶税额表

表 2–4

类别	计税标准	每年税额（每吨）	备注
机动船	150 吨以下	1.20 元	按净吨位计征
	151~500 吨	1.60 元	按净吨位计征
	501~1500 吨	2.20 元	按净吨位计征
	1501~3000 吨	3.20 元	按净吨位计征
	3001~10000 吨	4.20 元	按净吨位计征
	10001 吨以下	5.00 元	按净吨位计征
非机动船	10 吨以下	0.60 元	按载重吨位计征
	11~50 吨	0.80 元	按载重吨位计征
	51~150 吨	1.00 元	按载重吨位计征
	151~300 吨	1.20 元	按载重吨位计征
	301 吨以上	1.40 元	按载重吨位计征

表 2-5

1978 年车辆税额表

类别	项目	计税标准	年税额(元)	备注
机动车	乘人汽车	10 座以下每辆	140	
		11~20 座每辆	160	
		21~30 座每辆	180	
		31 座以上每辆	200	包括电车、通道车
	载货汽车	按净吨每吨	40	包括拖拉机
	摩托车	二轮每辆	60	含摩托型三轮汽车
		三轮每辆	80	
		轻骑每辆	36	
	机动三轮车	每辆	12	
非机动车	机器脚踏车	每辆	8	
	人力驾驶 三轮车	每辆	6	
	人力驾驶 板车	大板车每辆	10	
		小板车每辆	4	
	畜力驾驶	双套以下每辆	6	
		双套以上每辆	10	
	自行车	每辆	4	

7. 屠宰税。屠宰税是按规定屠宰猪、牛、羊等几种牲畜，向牲畜所有人征收的一种税。民国 4 年 1 月，灌云县根据国民政府颁布的《屠宰税简章》，开始征收屠宰税，规定牛每头税额大洋 1 元，猪每头 3 角，羊每头 2 角。后又改为猪每头大洋 4 角，羊每头 3 角。对婚、丧、年、节自宰自食的予以免税。民国 21 年，江苏省修正《屠宰税简章》，规定凡属屠宰猪、羊，不分大小及年节自用，一律征收屠宰税。民国 35 年，屠宰税改为从价计征，税率为 5%。民国 36 年，灌云县政府对屠宰税税额定为猪每头 9 万元（法币），牛每头 15 万元（法币），羊每头 1.5 万元（法币）。

1950 年，灌云县按照政务院颁布的《中华人民共和国屠宰税暂行条例》开征此税，实行按牲畜屠宰后的实际重量或标准重量从价计税，税率 10%。对"三自"（自养、自宰、自食）牲畜免税，对外出售的则应征税。计税价格由税务机关按市场价格扣除免税部分后，随市价变动加以核定。

1953 年修订税制时，将牲畜屠宰人应纳的印花税、营业税及其附加，并入屠宰税内征收。税率由10%调为13%，农民出售的按10%计税。1955年将牛的屠宰税税率提高到15%。

1957年，国家鼓励发展牲畜和提高生猪收购价格，屠宰税税率一律调为8%，按国营公司牌价计征。但对经营屠宰业务的国营企业、合资企业外调屠宰的牲畜，由调拨起运地按收购价的10%征收屠宰税。

1959年，对凡经营屠宰业务的国营企业，收购后调拨供屠宰的猪牛羊一律改在产区，由收购部门于收购起运时，按收购总值以10%税率一次征收屠宰税，城乡居民自养自宰牲畜按肉价8%税率征收。

1965年10月起，对国营企业、供销社经营生猪、菜羊、菜牛在收购环节应纳屠宰税由10%改为5%；在屠宰环节征收的税率由8%改为4%。1967年5月起，农民宰猪到市场销售，按实际销售额4%税率征收。

1973年，灌云县试行工商税时，对国营、合作社企业应征的屠宰税并入工商税内征收，但对机关、团体、学校、企业等集体伙食单位，以及城镇居民、农民宰杀的牲畜仍按原办法征税。1978年4月，对所有企业单位和个人宰杀的（含自养自宰）生猪，一律按每头定额3元计征。

1980年，灌云县按省财政厅和商业厅的规定，对机关、团体、学校、企事业单位和城镇居民、农民宰杀的生猪免征屠宰税。1983年12月起又恢复征收，按每头3元的税额征收。

1985年10月起，对农民和集体伙食单位自养、自宰的生猪，仍按每头3元征收屠宰税；自养自宰的羊暂缓征税；对宰杀大牲畜的，仍按4%税率从价计征。

截至2001年，全县共征屠宰税2927万元。其后，取消了屠宰税。

8. 房产税。房产税是以房产为征税对象的一种税。其征收范围是城市、县城、建制镇和工矿区。1986年国务院发布《房产税暂行条例》，规定凡坐落在县城和建制镇用于生产或经营的房产为征收对象，实行从价或从租两种方式按年征收。从价计证，是依照房产原值一次减除10%~30%后的余值，按1.2%的税率计征；从租计征的按租金收入的12%计征。灌云县于1986年开征，当年收入3万元，1986~2010年共征房产税4732万元。

9. 建筑税。建筑税是以预算外资金安排的，以自筹基本建设投资、技术改造项目中的建筑工程投资、按规定不纳入国家固定资产投资计划的建筑工程投资和乡镇、街道企业、个体经济及各类经济联合体到城市、郊区、工矿区进行建设的自筹投资等四种投资对象的工程投资额为征税依据，而征收的一种税。1983 年，国务院颁布了《建筑税征收暂行办法》，规定建筑税实行差别税率，按计划内和计划外的不同情况，分别为 10%、20%、30%三种。1985 年，灌云县征收建筑税 42 万元，至 1992 年共征收 567 万元。1993 年税制改革后，停征建筑税。

10. 固定资产投资方向调节税。这是国家对单位和个人用于固定资产投资的各种资金征收的一种税。按照国务院 1991 年 4 月颁布的《中华人民共和国固定资产投资方向调节税暂行条例》及其实施细则规定，灌云县于 1992 年开征此税。

根据国家产业政策确定的产业发展序列和规模的要求，对固定资产的投资实行差别税率，分别为 0%、5%、10%、15%、30%五个档次。其中对城乡个人修建或购买住宅和职工住宅的投资实行 0%税率。为防止该税偷漏拖欠现象，灌云县采取源头控管的办法，由计划、税务、银行等部门互相配合，对固定资产投资实行投资许可证制度。1999 年 7 月 1 日起按照财政部、国家税务总局有关政策规定，对固定资产投资方向调节税减半征收。2001 年以后停征此税。1992 ~ 2001 年，灌云县共征收固定资产投资方向调节税 1616 万元。

1951 ~ 2010 年灌云县其他工商税类收入分类统计表

表 2-6　　　　单位:万元

年份	城市维护建设税	房产税	资源税	印花税	城镇土地使用税	土地增值税	车船税	屠宰税	固定资产投资方向调节税	个人收入调节税	牲畜交易税	建筑税	国营企业工商税	其他工商税	小计
1951															
1952															
1953								9							9
1954				1				11							12
1955				2				13			4				19
1956				6				12			2				20
1957				4			1	10			3				18
1958				3			1	12			2			25	43
1959							2	17			2				21
1960							4	15			1			3	23
1961							4	12			1				17
1962							4	22			3				29
1963							4	36			3			1	44
1964							5	25			2			1	33
1965							5	39						1	45

续表 2-6

年份	城市维护建设税	房产税	资源税	印花税	城镇土地使用税	土地增值税	车船税	屠宰税	固定资产投资方向调节税	个人收入调节税	牲畜交易税	建筑税	国营企业工商税	其他工商税	小计
1966							3	30					7		40
1967							1	38					13		52
1968													13	49	62
1969							1	47					10		58
1970							2				53		13		68
1971							2	2						2	6
1972		2						33						1	36
1973														1.2	1
1974								1						0.2	1
1975														0.6	1
1976														0.3	0
1977														–0	0
1978															
1979								1							1
1980								1							1
1981														1	1
1982														2	2
1983														1	1
1984								3			1				4
1985	30							3			0	42		4	79
1986	45	3					2					50		1	101
1987	52	16					31	1			0	76			177
1988	54	23		3			58	0			0	48			187
1989	65	29		12	10		55	0		5		144			320
1990	67	56		27	16		60			1	0	83			308
1991	68	64		7	17		62	0		3		109			331
1992	68	71		14	18		72		90	1		16		22	372
1993	71	79		9	12		89		94	10					364
1994	107	76	535	7	22		89	113	21						970
1995	156	71	651	72	27		131	378	156						1642
1996	211	105	401	69	19	2	153	561	239						1760
1997	159	85	211	40	19	9	148	347	272						1290
1998	177	116	268	45	20	8	133	298	214						1279
1999	140	122	291	60	80	11	143	300	346						1493
2000	120	142	57	30	35	9	132	534	169						1228
2001	187	166	–34	34	47		179	2	15						596
2002	254	148	190	49	34		182								857
2003	203	75	64	49	17	1	14								423
2004	313	91	86	56	14	10	3								573
2005	389	167	95	97	22	50	2								822
2006	938	218	163	154	57	244	16								1790
2007	1344	229	59	479	2458	998	94								5661
2008	1401	652	305	399	7503	762	430								11452
2009	1775	570	1905	401	4918	9138	388								19095
2010	3292	1356	3319	1188	8631	8685	595								27066
合计	11685	4732	8567	3317	23996	19927	3301	2927	1616	20	77	567	56	116	80904

第三节 农业税类收入

新中国成立前的农业税，主要是田赋收入。新中国成立后，农业税类收入包括农业税、农业特产税、耕地占用税和契税（简称“农四税”）。

一、田赋

田赋是旧时中国历代统治者对田地征收的税。古时赋出于地，役出于丁，地与丁分别征收。清朝雍正年间，“摊丁入地，地丁合一”，地丁成为田赋的一个税目。从此，田赋成为主要财政收入。民国初，田赋沿用清制，改银两为银元，以征收粮食为主，并折成现金。当时田赋分为地丁（也叫地丁银或地丁钱）、漕粮（指中国旧时历代由水路运往京师供应官、军的粮食，以粮（石）计征）、芦课（是中国旧时对生产芦苇的土地征收的租税）等项，及各种官田租课。

民国元年，田赋改征银元。灌云县地丁银每赋银一两折征银元2.05元，其中正税1.50元，省附税0.25元，县附税0.3元。额征漕米每石折征银元5元，其中正税3元，省、县附税各1元；灌云县芦课银与地丁银折银元办法相同。

民国2年，江苏省额定县地丁银6295两，芦课银594两，漕粮2319石，计折征银元17290元。

民国5年，征收地丁银6297两，漕米2317石，计折银元24494元。

民国11年，灌云县龙王荡一带，人烟稀少，但遍地盛产芦苇，政府组织税收时，根据芦苇密度及生长地区的不同所课税额也不相同。从建县起，至民国11年，共征芦课8544.04元。

民国13年，征收地丁银国税7500元，省税1250元，漕粮国税5471元。

民国16年，田赋划归地方，灌云有熟田2312958亩，应征忙银4812两，漕米2192石，计折银元20824元。

民国17年前，田赋附加主要有三项：省附加、县附加、征收费。民国16年，田赋划归地方后，在原3项附加的基础上，又增加了9项，如：普教亩捐、农民银行亩捐、筑路亩捐、扩充公安局捐、县预算不敷亩捐等，附加税大大超过了正税。

民国20年，国民政府取消芦课名目，改照一般农田征赋；当年灌云征收田赋正税 15165 元，县附加 81903 元。

民国 22 年，征收田赋 312837 元，其中：正税 15494 元，省专税 7071 元(教育专款，下同)，县税 29022 元。

民国 23 年，江苏省政府明令废除忙银、漕米、租课、杂办等项名目，统称田赋。所有以前的银米正税，省县附税等一并取消，改为省税和县税两种。

民国 24 年，江苏省额定灌云县田赋省正税 15691 元，省专税 50191 元，县正税 4677 元，县附税 388777 元，总计 459336 元。

民国 25 年，灌云县带征治运亩捐 4077 元。

民国 28 年 2 月，灌云县沦陷，汪伪政权在沦陷区内征收实物。民国 31 年至 33 年，征收小麦 53.58 万斤，掠夺、摊派财物不计其数。

在抗日民主政府区域内，实行战时征粮征草，根据需要，随征随用。

民国 31 年起，国民政府统治区田赋征实提高一倍，同时带征 3 成公粮。

民国 34 年 9 月，抗日战争胜利，11 月 3 日，国民政府电令各地自沦陷之日起，所欠旧赋全部豁免，不得追征，而各地依然征收。

民国 35 年，国民政府对其收复地恢复田赋征收，当年灌云县征收 115 万斤。同时，江苏省决定减免 6 月末开征的绥靖区田赋，灌云县减免 5.51 万石。

民国 36 年，灌云县解放区完成苏皖边区六专署规定的公债粮 26.31 万斤，草 12.82 万斤。同年征收公粮 106.43 万斤，公草 69.82 万斤。

民国 37 年，灌云县征收公粮 442.92 万斤，公草 754.48 万斤。另外，淮海战役结束后，人民解放军准备渡江战役，华东支前委员会决定于年底在苏北新区借粮，至民国 38 年 4 月 28 日，灌云县实借公粮 76.56 万斤。

民国 38 年，灌云县全年征收粮食 1897.65 万斤（含草折粮 75.87 万斤）。

二、农业税收入

农业税是国家对一切从事农业生产、有农业收入的单位和个人征收的一种税，长期以来以征收粮食为主，习惯上又称为“公粮”。民国 38 年，灌云县按苏北淮阴行政区专员公署 6 月发布的《38 年度征收公粮公草暂行条例》，征收公粮公草。

1950 年，农业税以户为单位，按农业人口平均收入累计征收，起征点为 60.5 公斤，税率共分 40 个级差，最低为 3%，最高为 42%。

1951 年 4 月，根据苏北第二届农税会议精神，要求常年产量每亩一般应提高15%左右，并进行评产登记，当年农业税实行没有免征点的、缓进的、统一的全额累进税制。

1952年，全县普遍开展了查田定产运动，查田定产后，农业税分两次征收实物入库，全部上解省财政。

1954年，全县征收农业税83.3万元，这是灌云县建立财政收支决算报告制度后首次反映的征收额。当时农业税实行固定分成，其分成收入占财政预算数的42.4%，对灌云财政平衡发挥了积极作用。

1956年，农业税由按户累进税改为按差额比例征税，当年完成农业税27613060.5斤，占应实征额的99.71%，折现金为64.2万元。

1959年，由于农业税制的重大调整，当年农业税收增加到193万元。

1962年，农业税收入143.9万元，完成预算的67.7%。未完成的原因主要是先旱后涝，三夏和中秋作物严重减产，根据国家征收政策，依法减免农业税6156027斤，计人民币68.8万元。

1963～1965年，灌云县农业税收入577万元，其中1963年由于受自然灾害的影响，全县19万亩三麦受涝，减产942.5万斤，农业税收入只完成168万元，为年初预算数的84.28%。1964年农业税收入208万元，超收7.8万元；1965年收入201万元，完成预算数的100.74%。

1966～1970年，灌云县农业税收入共计1130万元。其中，1970年因全县普遍遭受特大雹灾和风暴灾，三麦受灾面积10.31万亩，减产500万公斤，玉米、棉花均遭不同的灾害。农业税收入年初预算指标238万元，年终决算为199万元，仅完成预算的83.61%。

1971～1975年，灌云县完成农业税收入1052万元，其中1971年、1972年未完成预算收入。1971年6月起连续阴雨一个多月，雨量达387毫米，致使全县三麦普遍霉烂，减产超过三成，当年农业税收入只完成预算的91.2%；1972年，由于“旱改水”扩面过快，种植面积由19万亩跃增至70万亩，劳力、电力、灌既、化肥等跟不上，耽误了农时，影响了产量。农业税收入181万元，只完成预算的78.35%。

1978年起，省及淮阴地区对灌云县的农业税收入预算略有下调，当年调为199万元，1979年调为113万元。

1983年，全县农业税收入完成211万元，完成预算的104.4%，原免征农业税的社队恢复征收，增加了农业税收入。

1984 年，全县农业税以征收粮食为主，折合现金为 223 万元。

1985 年起，全县进行“折合代征金”改革，逐步由征收粮食为主转为折金代征为主。

1987 年，灌云县农业税计税价格由原来的 0.336 元 / 公斤提高到 0.34458 元 / 公斤，全县正附税合计 408.8 万元，调增为 419.2 万元。征收任务的主粮数字额没有变，除去农业税附加及农业税减免后，实征 324.1 万元。

1994 年，灌云县农业税的征收全部由征收实物改为折征代金，价格按粮食“倒三七”比例价计算，由粮食部门与农民签订粮食定购合同，所售粮食量的三成按原统购价收购，七成按超购价收购，直接征收代金。由于粮食收购价的提高，农业税的计税价格也相应提高。当年完成农业税 728 万元，占财政总收入的 12%。

2001 年农村税费改革后，灌云县农业税计征税额进行了重新调整，农业税计税的常年产量以 1998 年前 5 年的平均产量计算，计税价格也调整为 1.18 元 / 公斤。据实核定，全县平均常年产量 782 元 / 亩，比税改前常年产量大幅增加，当年征收 4705 万元，是 2000 年征收额 995 万元的 4.7 倍。2003 年农业税征收额为5340 万元，占当年一般预算收入的 40.2%。比 1984 年增加 24 倍。

2004 年，全县农业税税率由 7%调减为 4%，当年农业税征收额调降为 3033 万元，占当年财政总收入的 21.1%。

2005 年，灌云县执行国家规定，从此全面免征农业税。

1954 ~ 2004 年，灌云县总计征收农业税 33239 万元，占同期财政一般预算收入的 5.2%。

三、农业特产税收入

灌云县于 1989 年实际开征农业特产税（原叫农林特产税），当年收入 59 万元，至 1993 年累计收入 366 万元，年平均收入为 73.2 万元。

1994 年，根据国务院的规定，将原农林特产农业税与原产品税和工商税中的农林牧水产业税目合并为农业特产税。农业特产税扩大了征收范围，收入大幅增长。当年收入 195 万元，比上年增长 204.7%；1999 年增至 827 万元。

1989 ~ 2002 年，全县农业特产税总计收入 4421 万元。2003 年，农业特产税取消，改征农业税。

四、耕地占用税收入

灌云县于1988年开征耕地占用税，当年征收55万元。1992～1996年，每年征收额都在300万元以上，其中1996年达382万元。1988～2010年，全县共征耕地占用税7248万元。

2010年4月起，耕地占用税和契税改由地税部门征收。

五、契税收入

契税是指土地房屋的买卖、典当、赠与或交换，由当事人双方凭土地房屋所有权证订立契约而缴纳的一种税。

1950年4月3日，政务院颁布了《中华人民共和国契税暂行条例》，对相关税率作出规定：买契税，按买价征收6%；典契税，按典价征收3%；赠与契税，按现值价格征收6%。灌云县从1951年开征契税，当年春天，伊山、新安两区已征收契税190万元（旧币）。

1952～1958年，共征契税3.4万元；1959～1981年，基本停征，后来逐渐恢复；1987年征契税12万元。1991年，灌云县全面恢复征收契税，当年征收契税1万元。

1996年，全县契税征收工作日趋规范，当年收入131万元，较以往有大幅度增长。特别是1999年以后，全县紧紧抓住房地产的开发和小城镇建设的机遇，加大征收力度，增长幅度加快，当年征收240万元；2005年契税收入增加到531万元。1951～2005年，全县共征契税2278.4万元。

2006～2010年，契税收入大幅度增长，五年共征收契税68810万元，是之前54年总和2278万元的30.2倍。

1951～2010 年灌云县农业“四税”收入分类统计表

表 2-7 单位:万元

年份	农业税	农业特产税	耕地占用税	契税	小计
1951	330				330
1952				1	1
1953				2	2
1954	83			2	85
1955	80			0.1	80
1956	64				64
1957	130				130
1958	130				130
1959	193				193
1960	193				193
1961	208				208
1962	144				144
1963	168				168
1964	208				208
1965	201				201
1966	235				235
1967	227				227
1968	235				235
1969	234				234
1970	199				199
1971	197				197
1972	181				181
1973	245				245
1974	215				215
1975	214				214
1976	220				220
1977	211				211
1978	198				198
1979	113				113
1980	117				117
1981	119				119
1982	119				119
1983	211				211
1984	223				223
1985	297				297
1986	322				322
1987	324			12	336
1988	326		55		381

续表 2–7

年份	农业税	农业特产税	耕地占用税	契税	小计
1989	380	59	65		503
1990	370	82	36		487
1991	360	78	37	1	475
1992	441	84	309	8	842
1993	415	64	31	11	521
1994	728	195	362	33	1318
1995	731	369	330	58	1488
1996	1061	665	382	131	2239
1997	1043	671	261	148	2123
1998	1033	820	224	172	2249
1999	1035	827	98	240	2200
2000	995	276	80	205	1556
2001	4705	91	6	133	4935
2002	4786	141	10	98	5035
2003	5340		244	171	5755
2004	3033		153	322	3508
2005			15	531	546
2006			187	1441	1628
2007			689	2902	3591
2008			637	5106	5743
2009			2138	17804	19942
2010			900	41557	42457
合计	33239	4421	7248	71089	115996

说明：1951 年决算数为大米，单位为“万斤”，故未汇总在合计数中；当年统计的农业税数据实际为农税附加收入。

第四节　盐税收入

一、新中国成立前的盐税收入

灌云县境东边沿海有大片盐滩，淮盐生产历史悠久。早在周朝（公元前 770～前 256 年）境内盐业经营已初具规模，当时设有“盐官”。据《唐书·食货志》记载，唐代“海州等处以盐价市轻货，亦输司农”。县境于北宋时期开始设立盐场制盐，仅板浦、中正等盐场，年产淮盐就有 47.7 万担，盐税成了历代政府的主要财政收入之一。明末清初，灌云成了有名的淮盐生产区，境内板浦以淮北“盐都”而闻名。

据清代《嘉庆海州志》记载，嘉庆年间，境内板浦、中正两个盐场每年生产额盐(盐户缴纳的盐有固定的数额，称为“额盐”) 111609.5 并引（清代每并引盐重 848 斤)，这些盐由水路运销经过板浦盐关时，每并引征收“正课银”4 两多，年征收“正课银”446438 两，征收“灶课银”和“荡租银”8959.3 两，海州征收充公盐规银 500 两、拨漕盐规银 200 两。

民国初期，盐税分为正税、销税和附税三种。从民国 2 年（1913 年）起，灌云县依照国民政府颁布的盐税条例征收盐税。清末的各种盐课厘杂一律废除，执行统一税率，以银元为计税货币，按担计税，当场征税。民国 3 年在板浦镇设立淮北稽核分所，专门管理淮北盐税征收及盐斤称放。当时，规定每担盐盐税为 0.1 元（银元)，后有多次变动。

民国 8 年始，军阀混战，各路军阀都用加大盐税收入来充作军费，盐税制度遭到严重破坏。为扩大盐业产销，增加盐税收入，民国 10 年在燕尾港又新建钢筋水泥码头一座，以增加港口吞吐量。民国 23 年，两淮盐运使公署改为财政部两淮盐务管理局，下设板浦、中正等场，每场有盐警负责盐税征收。民国政府规定，无论中央税和附加税，每百公斤盐税额在 20 元以上者，一律减至 20 元。民国 25 年，灌云县盐区板浦盐场、中正盐场每担食盐的盐税是 0.2 元。民国 26 年，淮北盐区盐税暂行税率表中记载，淮北盐务局食盐税每百公斤 5.40 元，中央附税 2.00 元，外债附税 0.6 元，加上其他捐税 4.60 元，合计 12.60 元。

民国 28 年至 34 年，县境被日军占领，日伪政权一方面采用多种手段加紧对淮盐的掠夺，将大量原盐运往日本，对运输日本的盐每百公斤盐税只有 0.1 元，日本军用盐全部免税；另一方面对民用食盐不断加价，由原来的每百公斤 8.8 元伪币（日伪“中央储备银行”发行的“储备券”，俗称“储备票”）增加到每百公斤 234 元。

抗日战争胜利后，国民政府规定淮海盐区正税税额，食盐每百公斤 70 万元（法币)，附加税税额每百公斤 20 万元，农渔用盐每百公斤 48 万元，附加税税额每担 10 万元，盐场建设费每百公斤 1.5 万元，盐工福利费每百公斤 7000 元，还有其他各种附加税，到民国 37 年 8 月，税额高达每担 2400 万元。

二、新中国成立后的盐税收入

1950 年 1 月 20 日，中华人民共和国政务院颁布《关于全国盐务工作的决定》，省政府成立新的盐务管理机构，灌云县的盐场划归淮北盐务局管辖，盐税由灌云税务局派员征收。当时确定对盐税征收的原则是：从量核定，就场征收，税不重征。盐税实行定额税率，从量计征。

1958年以前，盐税属于中央预算收入。1959年起，盐税下放给县，作为县级财政预算收入，并参与总额分成，分成比例单独计算，调动了县政府的积极性。县财政局把促进原盐生产作为财政工作的重点，全力以赴协助盐业部门搞好原盐生产和运销工作，保证了盐税收入任务的完成。当年盐税收入2755万元，占全县财政总收入的74%，成为灌云县财政收入的重要来源。

1960年，盐税收入增加到3570.3万元，比上年增长29.6%，创灌云历史上盐税收入最高之年。

1963年，盐税收入1248.4万元，只完成省分配的任务2630万元的47.5%，比上年下降43.8%。盐税收入下降的主要原因：首先是省安排原盐销售量减少，减少后的原盐销售量也未能按计划完成，少收盐税1290万元；其次是因为销区在1962年底库存大，以及商业部门资金紧缺，致使年终前尚有65万元盐税未能入库；三是由于盐税每吨平均税额下降10元，也使盐税少收7.1万元；四是销售盐种的变化，免税的工业盐及低税率的农牧渔用盐销售数量比重增大等原因，亦使当年盐税收入大幅下降。

1964年，盐税收入1578.5万元，完成预算的108.5%，超收125万元，其主要因素是当年销售计划超额完成和平均税率的提高，当年每吨盐税150.4元，较上年136元上升14.4元。

1965年，县政府十分重视盐税收入工作，组织商业、交通、财政、税务等部门派专人狠抓原盐的运销和税款的回笼，实现税款全部入库的目标。当年盐税收入1635.9万元，完成省核定预算数的116%，超额完成盐税任务。

1967年，盐税又划回省级预算，使灌云县财政收入大幅下降。

1971年，盐税重新划回县级预算，当年盐税收入1945万元，占全县财政总收入的85.7%；1972年又增加到2391.3万元，比上年增长23%，占当年财政总收入的91%。盐税收入在灌云财政收入中占据大头。

1973年税制改革时，将盐税作为一个税目并入工商税，但仍按原来的盐税征收制度执行，财政收入中仍单列反映。

1984年全面改革工商税制时，盐税又从工商税中分离出来。同年，国务院颁布《中华人民共和国盐税条例（草案)》后，盐税又重新成为一个独立税种。当年灌云县盐税收入1464万元，比上年少收115.9万元，下降7.3%，主要是因为货款回笼迟，应交盐税未能及时入库。尽管盐税收入减少，仍占当年财政收入的 58.3%。

1985 年，盐税计入灌云县财政收入包干基数，与参加比例分成的收入数一起计算分成，取消了原定补 477 万元。为此，县政府成立了以县长为组长的销盐领导小组，组织专门人员外出销盐，狠抓盐税收入。同时订立了超收、短收奖惩合同，调动了销盐积极性，使盐税收入增长较快。当年盐税收入 2140 万元，比上年增长 46.2%，占当年财政总收入的 60.6%。

1988 年，根据连云港市财政局关于灌云县财政体制指导意见，灌云县盐税从财政包干基数中退出，实行单项递增包干。当年全县盐税收入 1159 万元，占财政总收入的 32.1%。

1991 年，盐业市场竞争激烈，盐业企业改制后，大量盐田转产，加之春季连降暴雨，海水淡化严重，盐产量大幅下降，当年盐税收入完成 664 万元。盐税的征缴难度加大，盐税收入逐年减少，至 1993 年盐税收入仅为 895 万元，比 1990 年下降 57.4%。

1993 年税制改革时，对盐产品税收体制作出重大调整，盐税仅作为资源税其中一个税目，盐税收入有所下降。2001 年后，又取消了资源税中的盐税这一明细税目，只作资源税征收反映，盐税收入不再单列。1959 ~ 1993 年，灌云县盐税收入累计为 56046 万元。其中 1967 ~ 1970 年四年的盐税收入上划省财政预算，不在统计数据内。

1949 ~ 1993 年灌云县盐税收入情况表

表 2-8　　单位:万元

年份	数额	年份	数额	年份	数额	年份	数额
1949	82.8	1961	3150.78	1973	1095.12	1985	2140.8
1950	793.8	1962	2852.50	1974	3245.93	1986	1767
1951	967.7	1963	1248.41	1975	2016.10	1987	2032
1952	1279.2	1964	1578.50	1976	1511.60	1988	1159
1953	1690	1965	1635.88	1977	1716.43	1989	1411
1954	2277.8	1966	1780.83	1978	1933.06	1990	1560
1955	1011.7	1967	2174.34	1979	1695.6	1991	664
1956	2288.8	1968	1842.12	1980	1359.2	1992	1104
1957	2339	1969	3811.70	1981	1321.4	1993	895
1958	2413.7	1970	2856.55	1982	1374		
1959	2484.96	1971	1945.05	1983	1579.6		
1960	3570.31	1972	2391.27	1984	1463		

第五节　企业收入

企业收入是指国营企业以上缴利润、上交基本折旧基金和固定资产变价收入等方式形成的一项地方财政收入。1983 年"利改税"后，国营企业除上缴利润外，还包括国营企业所得税、企业调节税、企业亏损及价格补贴等内容。1994 年财税体制改革后，国家和企业的利润分配关系是通过所得税政策进行调节的，企业不再向财政上缴利润收入。1995 年后，企业所得税、亏损补贴等内容在所得税类收入中反映。

一、企业利润

灌云解放初期，工商企业很少，当时县工业只有 3 个以手工生产为主、设备陈旧落后的小作坊，根本谈不上上缴利润。1951 年，县面粉厂建成投产，1952 年成立县马铁机械厂。企业上缴利润从 1955 年开始，当年由地方工业上缴利润 0.7 万元。

1956 ~ 1957 年，企业利润收入 6 万元，其中 1956 年地方工业上缴利润 2.6 万元，企业上缴基本折旧基金 0.06 万元，文教卫生企业上缴利润 0.1 万元。1956 年，灌云县对私营工商业的改造基本完成，成立了公私合营的伊山油厂，同时县印刷厂建成并投产。国营企业的增加，使企业收入增长较快。1957 年，工业企业上缴利润及基本折旧基金 2.3 万元，文教卫企业上缴基本折旧基金 0.6 万元，公私合营企业上缴折旧基金 0.1 万元，共计 3 万元。

1958 年大跃进运动中，全民办企业、大炼钢铁。财政对工业的投资加大，当年投资 98 万元，建成了县钢铁机械联合制造厂，县面粉厂、农机修造厂、县轧花厂等企业先后建成投产。县地方工业空前发展，全县工业产值达 780 万元，利润有了增加。同时由于中央下放部分企业归县管，使灌云当年增加了商业企业收入 8.2 万元，邮电企业收入 0.3 万元，县固定企业收入 31 万元。当年全县企业收入 52 万元，比 1957 年增长 17 倍。

1959 年，灌云企业收入又增加粮食企业收入 36.3 万元，建筑工程企业收入 8.3 万元，银行收入 64 万元，特别是省将盐业生产的税利交给县管，使灌云轻工企业收入中的盐企利润增加 278 万元。全县当年企业收入一下子增加到 524 万元，是 1958 年的 10 倍多。

1960 年，灌云企业收入增加到 610 万元，其中盐业企业上缴利润增加 33 万元。

1961 年，企业收入 290 万元，比上年减少 320 万元，其中轻工业收入比上年减收 150 万元，主要是由于灌西盐场销盐比上年减少 31%，减少收入 80 多万元。加之原盐成本由上年的每吨 15.97 元提高到每吨 18.19 元，减少收入 30 多万元，另外还冲减上年多缴利润 39 万元。

1962 年，灌云县企业收入由于受三年自然灾害影响，企业生产原材料供应紧缺，副食品的粮、油、糖生产及印刷厂的生产等都有所减少，加之建材工业企业产品销售额下降，以及部分企业的关停并转、产值下降，致使全年企业收入下降到 194 万元。

1963 年，中央对国民经济发展提出“调整、巩固、充实、提高”的八字方针，中央下放给县的企业陆续收回，使得灌云县企业收入大幅下降，当年仅收 52 万元。县企业收入中，虽然县重点企业灌西盐场受自然灾害影响，产量大大减少，但由于几次压缩费用开支，特别是对固定费用中的劳力，实行了不用临时工，不增固定工，推迟季节工上工半个月，提前下工一个月，全年节约了人工 251 个，节省工资及附加工资 15 万元。加强对成本费用的控制，对劳保用品等实行停止采购，对发放和已领未用的进行封存保管等措施，节约费用 4 万元。全县严格控制成本，扭转乱挤成本乱开支现象，全年总成本比计划压缩 30 余万元，下降 10%。县印刷厂、砖瓦厂、农机厂等原来都有亏损的可能，但通过增产节约运动的检查，及时停止了印刷厂造纸车间的生产，减少了费用及损失。砖瓦厂改善了动力设备。农机厂积极实行班组核算，加强生产成本管理等措施，实现盈利 1 万余元。

1964 年，灌云企业收入下降到 22 万元，其主要原因是农机厂、采石公司等企业处理积压物资，损失 4 万多元；供电所大修理费用增加，减少利润 1.5 万元；县酒厂、县砖瓦厂等企业因原材料短缺或设备陈旧停产，未能完成生产计划。

1965 年，由于建材工业企业亏损 3 万元、农垦企业亏损 2 万元等因素，使当年企业收入下降到 14 万元。

1966 年，建材工业企业扭亏为盈，当年上缴利润 5 万元，新增商业收入 14 万元。全县企业收入为 31 万元，比 1965 年增长 121%。

1967 年起，受文化大革命造成的内乱影响，全县企业生产处于不正常状态，企业亏损严重。当年县化肥厂就亏损 8 万多元，其他企业利润也大多减少。全年企业收入下降至 13 万元。

1968 年，县农机厂亏损 5 万元、县化肥厂亏损 25 万元、县磷肥厂亏损 1.4 万元、县印刷厂亏损 2 万元、采石公司亏损 35 万元。全年企业收入为 –36 万元，新中国成立后的灌云工业企业收入首次出现负数。

1969 年，全县工业企业亏损 19 万元、农林水企业亏损 10 万元、文教卫企业亏损 1.8 万元，只有县供销社收入 44 万元，当年企业收入仅为 14 万元。

1970 年，企业生产仍未恢复正常，工业企业亏损比上年有所扩大，11 家企业有 7 家亏损计达 66 万元，其中机械工业亏损 9 万元、化工企业亏损 52 万元、建工材料企业亏损 2 万元，只有供电行业上缴利润 5.5 万元、轻工企业上缴 2.3 万元、商业企业收入 136 万元。全年企业收入为 51 万元。

1971 年，工业生产形势稍有好转，但企业亏损状况仍未扭转，15 家企业仍有 7 户亏损。工业企业收入为 –65 万元，其中机械工业为 –3.6 万元、化学工业为 –65.8 万元、建材工业为 1.4 万元。农林企业收入为 –4.7 万元，电信企业 –1.6 万元，商业企业收入 100 万元，其他企业收入 30 万元。当年，省将粮食企业下放到县管理，当年增加粮食亏损退库 230 万元。全年企业累计收入为 –172 万元。

1972 年，工业企业由上年的亏损 65 万元降低到亏损 14 万元，农林企业扭亏为盈上缴利润 5.4 万元，其他企业收入为 12.6 万元，而粮食企业亏损增加到 313.5 万元。全年企业收入为 –268 万元。

1973 年，灌云县工业企业有 16 家，亏损企业从原来的 7 家减至 4 家，工业企业收入实现上缴利润 6 万元，商业企业收入实现 129 万元，同时由于粮食企业重新上划省管理，减少了县财政的亏损退库。全年实现企业收入 136 万元。

1974 ~ 1977 年，灌云县工农业生产形势逐步好转，工业企业除县化肥厂、磷肥厂及建材工业仍有亏损外，其他如机械工业、轻工业、农林企业都实现了利润上缴并逐年有所增长，尤其是商业企业上缴利润保持稳定，1974 年 118 万元、1975 年 183 万元、1977 年 198 万元。

1978 年，灌云县工商企业出现较好形势，工业企业除化肥厂、磷肥厂及建材工业亏损外，其他如机械、建工、轻工等实现利润上缴 79 万元，商业企业实现收入239 万元，其他企业 5.5 万元。全县实现企业收入 209 万元，比上年增长 20.8%。

1979年，全县企业收入114万元，比上年减收95万元，下降45.5%。其主要原因是化肥企业继续亏损；商业、供销企业上缴利润比上年减少52万元；国家批准的价差补贴退库26万元。

1980年，县11家工业企业上缴利润均比上年减少，供销企业也减少利润8万元，加之棉花、煤炭价差补贴比上年增加退库11万元。全年企业收入为34万元，比上年减少88万元，下降约四分之三。1981年企业收入为22万元。

1982年，县化肥厂、磷肥厂等化工企业比上年减亏53万元，全县企业收入83万元，比上年增长277%。

1983年，企业收入–381万元，剔除代省结算的粮价补贴252万元，出口棉补助14.1万元等因素，实际完成企业收入80.6万元，比上年下降2.9%。其中工业企业收入中机械工业收入41.8万元，比上年增长一倍多，供销社上缴利润101万元，比上年增长41.5%。但商业企业收入继续大幅下降，完成74万元，比上年下降42.3%。由于1983年实行企业第一步利改税，部分企业的上缴利润转为所得税收入，所以企业收入为–381万元。

1984年，城市经济体制改革全面展开，灌云县工商企业全面实行生产岗位责任制，促进了生产率提高和企业收入增长。灌云县增加了企业挖潜更新改造资金投入，投资153万元用于化肥厂、磷肥厂的技术改造，使两厂提高了产量、增加了效益，当年实现减亏30.8万元，亏损比上年下降86.7%。由于粮食企业亏损退库732万元，因此当年灌云企业收入为–407万元，扣除第二步利改税上缴所得税230万元（列所得税类），实际亏损176万元，比上年下降5.1%。

1986年，由于工业企业受原材料价格上涨，氮、磷肥价格下降和商业企业费用成本上升等因素影响，企业收入比上年增亏159.4万元。当年企业上缴利润17万元。

1987～1989年企业上缴利润有所下降，三年共上缴利润24万元。1989年已无企业上缴利润。1990～1992年，只有粮食商业企业上缴利润190万元。

1994年，国家对财税体制进行重大改革，国家和企业间的利润分配关系通过所得税政策进行调节，不再上缴利润。1995年起，企业收入全部由所得税代替。

1955～1994年，灌云县国营企业共上缴利润2667万元。

1951～1995年灌云县企业收入分类统计表

表2-9　单位:万元

年份	国营企业奖金税	国营企业工资调节税	集体企业奖金税	国营企业调节税	国营企业上缴利润	国营企业计划亏损补贴	小计
1951							
1951							
1952							
1953							
1954							
1955					1		1
1956					3		3
1957					3		3
1958					52		52
1959					524		524
1960					610		610
1961					290		290
1962					194		194
1963					52		52
1964					22		22
1965					14		14
1966					31		31
1967					13		13
1968					–36		–36
1969					14		14
1970					51		51
1971					–172		–172
1972					–268		–268
1973					136		136
1974					157		157
1975					92		92
1976					90		90
1977					173		173
1978					209		209
1979					140	–26	114
1980					71	–37	34
1981					74	–52	22
1982					135	–52	83
1983					–130	–251	–381
1984					–126	–281	–407
1985	12			4	12	–464	–436
1986	6		3	1	17	–262	–235

续表 2-9

年份	国营企业奖金税	国营企业工资调节税	集体企业奖金税	国营企业调节税	国营企业上缴利润	国营企业计划亏损补贴	小计
1987	12		3	5	8	–137	–109
1988	1		0	6	16	–129	–106
1989	2		0	5	0	–610	–603
1990	2	8			85	–778	–683
1991	8	53	0		60	–660	–539
1992	3	2	4		45	–709	–655
1993	1	1			3	–522	–517
1994					1	–525	–524
1995							
合计	47	64	11	21	2667	–5494	–2684

二、亏损及价差补贴

1979 年，财政收入中增设了国家批准的价差补贴，主要是指粮油价差补贴、肉蛋价差补贴、其他商品价差补贴。当年，灌云县主要是对煤炭价差补贴，退库 18 万元；氮、磷肥的补贴 8 万元。共 26 万元。1980 年除煤炭外，又增加棉花价差补贴，共计 37 万元。

1983 年，又增加了粮油价差补贴，三项补贴以退库形式反映在财政收入中，共 251 万元。

1985 年，财政收入中增加了弥补国营企业计划亏损补贴，其中工业部门 86 万元、农林水部门 12 万元、食品公司 5 万元、粮食企业 19 万元、物资管理企业 5 万元，加上国家批准的棉花、粮油、煤炭价差补贴，以及国家储备棉花利息费用补贴 336 万元，当年以退库形式共计补贴 464 万元。1992 年后，各项价差补贴逐步取消。

1995 年起，国家批准的国营企业计划亏损补贴并入了所得税收入内。1979 ~ 1995 年，灌云县价差补贴及国营企业计划亏损补贴共计退库 5494 万元。

三、其他企业收入

1983 年、1984 年，国家对国营企业先后实行了两步利改税，企业上缴的财政收入除少数上缴利润外，其余企业基本上实行了以税代利，即征缴所得税。为了调节企业的利润分配，在企业收入中又增加了国营企业奖金税、国营企业工资调节税、集体企业奖金税、国营企业调节税等。1985 ~ 1993 年，征收以上几种税额共143 万元。

1955 ~ 1995 年，灌云县企业收入为 –2684 万元，其中国营企业上缴利润 2667 万元，国营企业计划亏损补贴及价差补贴 –5494 万元，国营企业奖金税 47 万元，国营企业工资调节税 64 万元，集体企业奖金税 11 万元，国营企业调节税 21 万元。

第六节　非税收入

非税收入主要是指财政部门直接征收的非税收类的一些收入。它包括罚没收入、排污收入、行政性收费收入、教育附加费收入、水资源收入、国有资产经营收入、国有资源（资产）有偿使用收入、基金预算收入、其他收入。

1982 年前，预算内非税收入数额较少，收入来源是一些罚没收入及其他零星收入。1951 ~ 1982 年的 32 年中，总计收入 295 万元。

1983 年，灌云县增加了排污费收入，1990 年增加教育附加费收入，全县的非税收入有较大增长。

1993 年 10 月，根据中共中央办公厅和国务院办公厅转发的《关于行政性收费和罚没收入实行预算管理的规定》、1996 年 12 月财政部下发的《关于政府性基金纳入预算管理的办法》，灌云县逐步将行政性收费和政府性资金列入财政预算内收入。1998 年非税收入 4466 万元，占同期财政总收入的 22.9%。

2000 年，全县非税类收入跃增到 7635 万元，占当年财政总收入的 43.7%。此后，随着纳入预算内非税收入范围不断扩大，全县非税收入总量不断攀升。

2008 年，灌云县为规范非税收入征缴行为，根据省、市财政部门的规定，编印下发了“灌云县纳入预算管理收入项目汇编”，进一步明确了行政性收费、政府性基金及专项收入的具体收入项目，扩大了收入范围，非税收入迅速增长。

2010 年，非税收入 248197 万元，比 2000 年增长 32.5 倍。

1951 ~ 2010 年，灌云县非税收入总计 617371 万元。

一、罚没收入

罚没收入是指行政和司法机关收缴的罚款、没收款、赃款、没收物资及赃物的变价收入。灌云县罚没收入主要来自公检法、纪检、物价等执法执纪部门。

1951～1983 年，灌云罚没收入列在其他收入之中，而且是其他收入中的主要部分。1952 年已有收缴罚没收入，数量很少，不足 200 元；1953 年罚没收入 0.1 万元。

1961 年前，灌云县每年的罚没收入不足万元，列在其他收入之中。1961 年起，罚没收入在决算报表中单列反映，当年为 2 万元。

1983 年 5 月，灌云县按照财政部下发的《关于罚没财物管理办法》、《对“关于罚没财物管理办法”作两点原则修改的紧急通知》及江苏省财政厅的规定，县政法机关和行政执行部门因办案需要增加的办案费用，定期编造用款计划，经县财政部门核准后按季从罚没收入中退库 20%～30%，统一安排使用。各执法单位不得从罚没收入中坐支、截留和用作办案经费。罚没物资由办案单位变价后上交财政，也可由财政部门统一变价上交。

1986 年，灌云县根据江苏省财政厅有关规定，对因办案需要增加的办案补助费用由退库改为列支，经财政部门批准后，一律在支出预算中专项拨付，不准按比例提成退库。其办案补助费用控制在罚没收入的 30%以内。

1991 年，灌云县根据《江苏省罚没财物和退回赃款赃物管理暂行规定》，加强对罚没财物和退回赃款赃物的管理，组织开展罚没收入专项检查，发现问题及时处理，全年罚没收入 205 万元，比 1990 年增长 12%。

1997 年，灌云县按照国务院关于罚款决定与罚款收缴分离的规定，经中国人民银行批准，有关的商业银行或代收机构开办代收业务。罚款必须全部上缴国库。当年罚没收入 1637 万元，比 1991 年增长 698.5%。

2001 年，县财政局根据江苏省罚没财物、追回赃款赃物和无主财物管理规定，指定专人负责罚没财物的收据管理，建立健全了罚没收据领用登记制度，监督执法机关做到账、证、款、物相符。随着国家法制化建设步伐的加快，行政执法部门罚没款的范围扩大，力度加强，罚没收入迅速增加。2005 年，灌云县罚没收入增至 1716 万元。1983～2005 年，全县罚没收入累计 13091 万元，占同期一般预算收入的 7.5%。

2006～2010 年，五年的累计罚没收入达 19163 万元，占同期财政一般预算收入的 4.7%，比 1983～2005 年 23 年的累计收入增长 46.4%。

1953～2010 年，灌云县罚没收入累计 32305 万元。

二、行政性收费收入

行政性收费是指依据国家法律法规和有关政策规定，由公安、司法、民政、教育等部门所收取的工本费、手续费、登记费、管理费等行政性收费。行政性收费原属于预算外收入。1998年起，为加强预算管理和深化收支两条线管理改革，灌云县逐步将行政性收费纳入预算内管理。当年行政性收费入库数为736万元，占当年财政一般预算收入的5%。2002年，将全县公安、法院、环保、计划生育等部门的行政性收费全额纳入预算管理，全额上交国库。2005年，行政性收费收入为2929万元，占当年财政一般预算收入的19%，是1998年收入数的4倍。1998～2005年，行政性收费共计8017万元，占同期财政一般预算收入103694万元的7.7%。

2008年，灌云县进一步明确了县直行政事业单位收取的工本费、考务费、登记费、签证费、安检费、诉讼费、评审费、注册费、报名费、社会抚养费等皆列入收费之列，扩大了收费范围，行政收费收入随之增加。

2006～2010年，全县行政性收费收入35782万元，是上一个五年计划总收入5336万元的6.7倍。其中2010年行政性收费收入为11628万元，占当年财政一般预算收入的7.1%。

1998～2010年，全县行政性收费收入共计43799万元，占同期一般预算收入508935万元的8.6%。

三、教育费附加收入

是指反映税务部门以增值税、营业税、消费税为计征依据征收的教育费附加。1986年4月28日，国务院颁布《征收教育费附加的暂行规定》，从7月1日起开征教育费附加。1990年起，教育附加费收入纳入预算内管理（原为预算外收入），作为教育专项资金，用于改善中小学教育设施和办学条件。1990年8月1日起，教育费附加征收率由原来的1%调整为2%。1994年1月1日起，教育费附加征收率调整为3%。

1990年，灌云县教育费附加收入14.2万元；1991年，由于加强了专项检查，完成教育附加收入38.1万元，是上年的2.7倍；2005年，教育费附加收入已达274万元，是1990年收入数的近20倍。1990～2005年，共计征收教育费附加1820万元。

2006年教育费附加收入581万元，是上年收入的2倍多。2010年教育费附加收入2154万元，比2006年增加1573万元，增长270.7%。

1990～2010年，灌云县共征收教育费附加7646万元。

四、排污费收入

1983年6月25日，省环保局与省财政厅联合下发《关于征收排污费的几项规定》，排污费征收对象是一切排放污染物或超标排放污染物的单位。征收项目有水、气、声。排污费使用原则是专款专用，主要用于污染源的治理，按规定80%返还给被征收的排污单位治理污染，但必须制定治理方案，报经环保部门审批，然后拨款返还实施；15%用于公益性的污染源治理以及环保监测站的设备添置、更新费用；5%上交省财政集中使用。灌云县从7月1日起，将收缴的排污费纳入预算内管理交县国库。当年征收排污费收入9万元。

1987年，灌云县根据省财政厅的规定，将县环保部门对乡镇企业征收的排污费和罚款纳入预算内管理，不再作为预算外资金。当年罚没收入增至37万元。

1997年，灌云县排污费收入在基金预算收支决算中反映，当年排污费收入80万元，排污费支出68万元。2003年，灌云县依据国务院《排污费征收使用管理条例》及省政府规定，自7月1日起，排污费收入改为国家、省、县共享收入，收缴的排污费收入总额按10：10：80的比例分别缴入中央、省和县级金库。

1983～2010年，灌云县排污费收入累计3621万元。

五、国有资本经营收入

国有资本经营收入是指反映各级人民政府及其部门、机构履行出资人职责的企业（即一级企业）上缴的国有资本收益。包括利润收入、股利和股息收入、产权转让收入、清算收入、国有资本经营收入退库、国有企业计划亏损补贴和其他国有资产经营收入等。

2007年，灌云县实现收入94万元，来自于政府办公室缴库的国有资产产权转让收入。

2008年，全县进一步加强对非税收入的管理，当年完成国有资本经营收入1721万元，比上年增长17.3倍。其中主要包括机关事务局产权转让缴库1250万元、北郊粮库转让收入300万元、图河二中及农东中学部分资产转让缴库80

万元。

2009年，灌云县加大基础设施建设投入，整合有关国有资产，为增收创造条件，如临港产业区将原燕尾港镇政府办公楼转让给胜海实业有限公司等。当年，全县国有资本经营收入完成7889万元。其中经济开发区和临港产业区入库7789万元，占98.7%；县本级为板浦技术转让收入100万元。

2010年，灌云县国有资本经营收入增至19759万元，其中县本级入库3778万元，主要为企业改制出售收入2157万元，县筑富公司运作土地上缴利润1488万元，驻宁办房产出售133万元。其他缴库收入主要来自于县经济开发区和临港产业区。

2007~2010年，灌云县国有资本经营收入累计29463万元，占同期全县财政一般预算收入的7.7%。

六、国有资源（资产）有偿使用收入

国有资源(资产）有偿使用收入是指有偿转让国有资源（资产）使用费而取得的收入。包括海域使用金收入、场地和矿区使用费收入、特种矿产品出售收入、专项储备物资销售收入、利息收入、非经营性国有资产收入、出租车经营权有偿出让和转让收入、无居民海岛使用金收入和其他收入等。

2007年，灌云县完成国有资源（资产）有偿使用收入517万元，其中：海域使用金收入25万元，利息收入222万元，其他收入270万元。

2008年起，灌云县逐步将行政事业单位门面房出租收入、乡镇集体资产出租收入等纳入预算管理，当年完成1364万元，较上年增长163.8%。其中县本级入库国库存款利息收入356万元。

2009年，全县该项收入达4086万元，其中县本级利息收入522万元，其他主要来自于工业园区和乡镇缴库。

2007~2010年，灌云县国有资源（资产）有偿使用收入累计完成8525万元，占同期全县财政一般预算收入的2.24%。

七、基金预算收入

基金预算收入是各级政府及其所属部门根据法律法规规定，经国务院或财政部批准的，向公民、法人和其他组织征收的具有特定用途的财政资金。灌云县的基金预算收入主要包括工交部门基金、文教部门基金（地方教育基金和农

村教育费附加)、社会保险基金、土地有偿使用费（后改为国有土地出让金）、其他部门基金收入等。

1998 年，灌云县根据财政部发布的《政府性基金预算管理办法》，逐步将政府基金纳入财政预算管理，实行收支两条线，全额上交国库，专款专用。当年基金预算收入 145 万元，占当年财政总收入的 0.8%。

2000 年，基金预算收入范围扩大，征收力度加强，收入达 4723 万元，是 1998 年的 31.6 倍。

2002 年，社会保险基金纳入基金预算收入。当年基金预算收入 786 万元，其中社会保险基金收入 669 万元，占当年基金预算收入的 85.1%。

2005 年，基金预算收入 4717 万元，比上年增长 46.8%，社会保险基金 4043 万元，其中有 1100 万元为机关养老金纳入预算管理，为净增加数。土地有偿使用收入 464 万元，比上年增加 164 万元，增长 54.7%。

2008 年，灌云县政府性基金收入范围在原有的基础上又增加了地方所属企事业单位文化事业建设费收入、农业土地开发资金收入、公路运输发展建设基金、客货运输附加费、城市公用事业附加收入、林业基金收入、农业发展基金收入、地方水利建设基金收入等，致使基金预算收入连续大幅增长：2008 年达 83493 万元；2009 年收入 124086 万元；2010 年收入为 202596 万元，占当年财政总收入的 50%。大幅增长的主要因素是新区建设及旧城改造带来大量土地出让金收入。

1998～2010 年，全县基金预算收入累计为 466822 万元（含缴库社保基金收入），占同期财政总收入 1110210 万元的 42%。

八、其他杂项收入

其他杂项收入主要有：公产收入、规费收入、文教收入、新增粮食调拨经营费收入、水资源费收入、利息收入以及其他杂项收入。

（一）公产收入

公产收入是指国有山林、芦苇等公产的产品收入，政府部门主管的公产和其他公产的租赁收入以及公产变价等收入。

1951 年，灌云县公产收入计大米 161793 斤，1952 年公产收入 2.8 万元，1953 年收入 2.8 万元。1953 年后，该项收入不正常，有的年份收一点，如 1981 年收入 1 万元，1982 年后就未发生该项目。1951～1981 年，全县公产收入累计为 18 万元。

（二）规费收入

规费收入是指国家机关或法人提供某种特定劳动或履行专职职能而收取的手续费和工本费。如工商执照费、户口证书费、结婚证书费、企业登记费等等。

1951 年，灌云征收的规费主要有营业登记执照费、码头停泊费等，当年共计征大米 2028 斤。

1952 年，规费收入主要是行政规费和工商规费，共收 0.2 万元，1953 年收入 0.25 万元。

1951～1983 年，全县累计征收规费 12 万元。

1984～1997 年，规费收入在财政决算中没有列出，1998 年，规费收入纳入了政府行政收费收入。

（三）文教事业收入

1951 年，灌云的文教事业收入主要是中小学校的学费收入，当年收大米 104580 斤。

1952 年文教事业收入 4.8 万元；1953 年 0.4 万元，其中小学学费收入 0.3 万元。1960 年起，中小学学费收入及勤工俭学收入等纳入预算外资金管理，该项收入取消。

（四）水资源费收入

2006 年，水资源费收入纳入预算管理。2006～2010 年，全县水资源费收入累计 135 万元。

（五）其他收入

1951～2010 年，灌云县其他收入累计 22889 万元。

1951~2010年灌云县纳入预算内管理非税收入分类统计表

表2-10 单位:万元

年份	行政性收费	国有资本经营收入	国有资源有偿使用收入	罚没收入	其他收入	教育附加收入	排污费收入	水资源费收入	其他专项收入	规费收入	公产收入	税款滞纳金收入	国家预算调节基金类	缴库社保基金收入	政府性基金收入	小计
1951					3					26	14					43
1952					6					5	3					14
1953					1						3					4
1954					2					1	4					7
1955					7											7
1956					9											9
1957					8											8
1958					70											70
1959					2						4					6
1960					19						2					21
1961				2	8											10
1962					1											1
1963					5											5
1964				1	4											5
1965					4											4
1966				2												2
1967																
1968					1											1
1969					5											5
1970																

续表 2-10

年份	行政性收费	国有资本经营收入	国有资源有偿使用收入	罚没收入	其他收入	教育附加收入	排污费收入	水资源费收入	其他专项收入	规费收入	公产收入	税款滞纳金收入	国家预算调节基金类	缴库社保基金收入	政府性基金收入	小计
1971				5												5
1972				3												3
1973				1												1
1974				2	1											3
1975				2	4											6
1976				3	2											5
1977				4	2					1						7
1978				4	3											7
1979				4												7
1980				5	1					1	1					8
1981				6	1						1					8
1982				8	5											13
1983				10			9			4						23
1984				5	0		22					1				28
1985				10			32									42
1986				13	4		34									51
1987				37	3		47					2				88
1988				46	3		57					6				112
1989				110	2		46		10			12	48			228
1990				183	4	14	40					11	81			333
1991				205	6	38	44					11	41			344

续表 2–10

年份	行政性收费	国有资本经营收入	国有资源有偿使用收入	罚没收入	其他收入	教育附加收入	排污费收入	水资源费收入	其他专项收入	规费收入	公产收入	税款滞纳金收入	国家预算调节基金类	缴库社保基金收入	政府性基金收入	小计
1992				114	22	33	50						26			245
1993				45	31	31	42					22	27			198
1994				199	11	48	63					3	4			328
1995				529	580	125	72					6	7			1319
1996				1262	351	177	73					3	4			1870
1997				1637	1652	211	49					1				3550
1998				1100	2216	167	102								145	4466
1999	869			993	3010	147	105								1431	6555
2000	1076			939	686	102	109								4723	7635
2001	51			652	586	50	160								50	1549
2002	149			826	405	74	191							669	117	2431
2003	548			930	314	116	171							1706	196	3981
2004	1659			1530	147	213	171							2817	395	6932
2005	2929			1716	75	274	180							4043	674	9891
2006	2330			1597	426	581	227	30	259					5376	1797	12623
2007	3194	94	517	3360	389	941	297		434					10634	21874	41734
2008	6168	1721	1364	4828	5115	997	317	14	720					13626	69867	104737
2009	12462	7889	4086	4560	2467	1153	407	24	498					10382	113704	157632
2010	11628	19759	2558	4818	3898	2154	504	67	215					19067	183529	248197
合计	43799	29463	8525	32305	22574	7646	3621	135	2136	12	18	77	238	59085	407737	617371

说明：1951 年决算数为大米，单位为“万斤”，未汇总在合计数中

第七节　上级补助收入

灌云县财政一直得到上级财政的大力支持，特别自1985年后，上级补助项目逐年增多，补助规模越来越大。

1951～1983年，灌云县上级补助收入共计2130万元，每年的补助收入项目不多，数额不大。

1951～1972年，灌云县只有其他补助收入，没有别的补助项目，其间累计补助投入1397万元。其中冲抵1971年地区补助收入为退库1260万元，1972年为退库712万元。

1979～1984年，发生专项转移支付1167万元，其中，1983年补助收入中有代省结算的粮食新老差价补贴252万元，出口棉补贴14.1万元，还有剔除南城、云台行政区划调整收入78万元，因此，该年专项转移支付补助783万元。1984年上级补助收入306万元，其中粮食新老价差补助243万元。

1985年后，上级补助收入逐年增加。1987年起，增加了财力转移支付补助，当年上级补助收入703万元。

1988年，灌云县实行“收入递增包干”财政体制，省市确定灌云县为定补县，每年定额补助316万元，并根据国家的有关政策，给予其他的补助。当年除定额补助外，省市给县补助704.6万元，其中体制结算补助152万元，粮食价差补助231万元，棉花价差补助208万元，盐税超收分成及吨盐补助114.2万元。当年上级补助总额2077万元。

1989年，上级补助收入2733万元，比上年增长31.6%，主要是由于粮食商业财务下放，净补助876万元，以及其他补助有增有减所致。

1994年实行分税制后，灌云县上级补助收入中增加了两税返还收入1920万元。另外省市补助收入3718万元，其中粮食政策性亏损补助473万元，困难县体制补助1300万元，当年上级补助总额5638万元，比上年增长62.7%。

2002年，增加所得税基数返还补助收入439万元，专项拨款补助收入6942万元，一般性转移支付补助收入4944万元，“两税”返还2345万元，上级补助收入共计15446万元。

2004年，上级补助收入26391万元，比上年增长38.9%。新增加了降低农业税率转移支付补助收入2737万元，过渡期转移支付补助收入1891万元。

2005 年，上级补助收入 41339 万元，比上年增长 56.6%。主要包括消费税和增值税返还收入 2700 万元，所得税基数返还收入 517 万元，专项补助收入 12770 万元，一般性转移支付补助收入 11851 万元，2003 年国家调整工资转移支付补助收入 985 万元，农村税费改革转移支付补助收入 1904 万元，农业特产税改征及免征农业税转移支付补助收入 6125 万元，结算补助收入 1542 万元，企事业单位划转收入 912 万元，以及其他补助收入等。

2006 年，上级补助收入 54054 万元，比上年增长 30.8%。其中，“三税”（消费税、增值税、所得税）返还收入 3642 万元，专项补助 22262 万元，财力转移支付补助收入 23560 万元，结算补助收入 1477 万元等。

2009 年，上级补助收入 125294 万元，比上年增长 25.8%，其中返还收入 5569 万元，一般性转移支付收入 36822 万元，专项转移支付收入 69090 万元。

2010 年，上级补助收入 154546 万元，比上年增长 23.4%，其中返还性收入 7783 万元，一般性转移支付 38977 万元，专项转移支付收入 83323 万元，省集中收入返还 19722 万元。

1951～2010 年，灌云县上级补助收入累计 693325 万元，占同期财政总收入的 55.2%。

1951～2010 年灌云县上级补助收入统计表

表 2-11　　单位:万元

年份	两税返还	所得税基数返还	财力性转移支付	专项转移支付	结算补助	省集中收入返还	成品油税费改革补助	新增建设用地有偿使用费返还	其他补助	小计
1951									128	128
1952									43	43
1953									159	159
1954									59	59
1955									35	35
1956									237	237
1957									174	174
1958									112	112
1959									174	174
1960									475	475
1961									229	229
1962									132	132
1963									151	151
1964									182	182

续表 2–11

年份	两税返还	所得税基数返还	财力性转移支付	专项转移支付	结算补助	省集中收入返还	成品油税费改革补助	新增建设用地有偿使用费返还	其他补助	小计
1965									74	74
1966									224	224
1967									88	88
1968									138	138
1969									214	214
1970									341	341
1971									–1260	–1260
1972									–712	–712
1979				1						1
1980				14						14
1981				17						17
1982				46						46
1983				783						783
1984				306						306
1985				302					49	351
1986				807					22	829
1987			703	1116					42	1861
1988			1021	1024					32	2077
1989			1707	993					28	2733
1990			1846	1202					36	3076
1991			2158	1615					19	3809
1992			1581	1355					6	2955
1993			2252	1208						3466
1994	1920		2151	1579	–12					5638
1995	2144		2187	1720						6051
1996	2434		2667	1725						6826
1997	2509		2964	1971						7444
1998	2549		2453	1617						6619
1999	2432		2772	1855	257				91	7407
2000	2393		3276	2652	409				544	9274
2001	2269		4876	2968	386				1845	12344
2002	2345	439	4944	6942	421				355	15446
2003	2513	526	8136	6003	619				1198	18995
2004	2633	526	13143	8562	917				610	26391
2005	2700	517	21565	14405	954	643			555	41339
2006	3125	517	23560	22262	1477	2252			861	54054
2007	3457	517	29185	30114	2345	5631			1220	72469
2008	3450	517	31563	53106	2059	8263			637	99595
2009	3557	493	31191	69090	2059	14533	1519	606	2246	125294
2010	4578	493	33346	83323	1090	25353	2712	1224	2427	154546
合计	47008	4545	231247	320683	12981	56675	4231	1830	14125	693325

说明：1. 1951 年决算数为大米，单位为“万斤”，未汇总在合计数中；

2. 1973 ~ 1978 年档案中为收支统计表，非正式决算表，故未反映上级补助数。

第八节 上划中央收入

1993年税制改革时，按中央规定，灌云县将部分税种定为中央和地方共享税收，实行中央和地方按比例分成。税收入库时，按规定比例将应分成部分划入中央金库，作为上划中央税收，并纳入地方财政总收入统计范围。改革初期确定的共享税收为增值税（中央75%，地方25%），消费税（中央100%）。2002年，增加所得税（企业所得税和个人所得税）为共享税收，中央和地方各50%；2003年调整为中央60%，地方40%。1994年上划中央收入数为2528万元，占当年财政总收入的42.6%。2005年上划中央收入数为5895万元，是1994年的2.3倍，占当年财政总收入的22.6%。1994~2005年上划中央收入累计为48349万元。

2006年上划中央收入为9660万元，比上年增长63.9%。

2007年上划中央收入为15493万元，比上年增长60.4%。灌云经济的持续发展，消费税和所得税收入增长较快，2009年已突破2亿元，2010年达到37736万元，比上个五年计划末的2005年增长5倍多。

1994~2010年，灌云县上划中央收入共计148746万元。

第九节 预算外资金收入

预算外资金收入是指根据国家财政、财务制度规定，不纳入国家预算管理的资金收入。主要有地方财政部门管理的收入，事业行政单位管理的收入和国营企业及主管部门管理的各项专项资金。财政部门管理的预算外资金收入主要包括农业税附加、工商税附加、公用事业附加、财政集中的企业资金、上级补助等。

1959年起，财政部门的预算外资金实行单独管理，另列预算外资金收支决算表。灌云县预算外资金收入有农业税附加和电力工业、建筑工程企业、轻工业、粮食、纺织、手工业、商业企业、交通企业等企业集中的预算外资金收入，以及机关房租收入等。当年收入为72万元。

1960年，灌云县预算外资金收入项目调整了附加收入，包括工商税和农业税附加；企业基金收入包括企业利润、大修理基金、工资附加及其他；集体所有制企业部分的积累，包括手工业、合作商店、交通运输、建筑企业及其他等集体所有制企业的积累；特种资金收入包括公产房租、园林、灌溉事业、中小学杂费、勤工俭学等收入。全年预算外资金收入 178.4 万元。

1961 年，灌云县预算外资金中增加了财政集中的企业资金，主要是集中企业利润留成 1.2 万元，另外还增加了招待所收入 0.72 万元。1962 年，灌云县预算外资金收入中增加了上级补助 3.7 万元。

1979 年，灌云县预算外资金收入中增加了公用事业附加，主要是工业用电附加 10.9 万元，财政集中的企业资金中除县办企业利润留成 26.9 万元外，还增加了集中的企业更新改造资金 3 万元。全年预算外资金收入为 82.1 万元。

1959~2010 年，县预算外财政资金总收入 115359.2 万元。其中农业税附加 1514 万元，占预算外财政总收入的 1.31%；工商税附加 104.8 万元，占预算外财政总收入的 0.9%；公用事业附加 540.3 万元，占预算外财政总收入的 0.47%。财政部分集中企业的资金 240.3 万元，占预算外财政总收入的 0.21%；其他收入 112956.1 万元，占预算外财政总收入的 97.91%。

1959~2010 年灌云县预算外收入统计表

表 2–12　　单位:万元

年份	农业税附加	工商税附加	公用事业附加	财政集中的企业资金	上级补助	其他	小计
1959	18.7					53.3	72
1960	18.7	1.7				158	178.4
1961	3.9	1.7		1.2		48.8	55.6
1962	2	3.5			3.7	1.8	10
1963	25.2	1.7				1.8	28.7
1964	25.8	1.7					27.5
1965	24.2	1.7					25.9
1966	31.8	1.8					33.6
1967	27.4	1.9					29.3
1968	28.4	1.8					30.2
1969	29.1	2.3				20.4	51.8
1970	26.5	2.4		27			55.9
1971	26	2.7					28.7
1972	28	2.7		6.4		0.1	37.2
1973	30	3.1					33.1
1974	28	3.9					31.9

续表 2-12

年份	农业税附加	工商税附加	公用事业附加	财政集中的企业资金	上级补助	其他	小计
1975	30	4.5					34.5
1976	29.8	5.2					35
1977	29.7	6.2		18.8			54.7
1978	29.6	6.2		24.7		19.6	80.1
1979	17.7	6.5	10.9	29.9		17.1	82.1
1980	17.1	6.7	11.9	25.1		13.7	74.5
1981	17.8	7.1	11.7	15.4		13.3	65.3
1982	17.8	7.4	16	33.8		13.3	88.3
1983	24	8.9	12.7				45.6
1984	32.9	10	21.6	47.9		14.8	127.2
1985	44.5	1.5	22	5		20.9	93.9
1986	42			5.1		18.9	66
1987	56.7		47.5			27.1	131.3
1988	37.2					58.1	95.3
1989	47.1		57			24.4	128.5
1990	44.4		30			30.7	105.1
1991	69		30			40	139
1992	74		30			19	123
1993	82		50			13	145
1994	121					6	127
1995	95		130			5	230
1996	181		59				240
1997						206	206
1998						4216	4216
1999						8504	8504
2000						5677	5677
2001						10404	10404
2002						11876	11876
2003						6078	6078
2004						8429	8429
2005						7137	7137
2006						6991	6991
2007						9404	9404
2008						13112	13112
2009						10296	10296
2010						9988	9988
合计	1514	104.8	540.3	240.3	3.7	112956.1	115359.2

第三章　财政支出

民国时期，灌云县财政支出分经常、临时两门，具体类目包括党务费、行政费、公安费、财务费、教育费、实业费、建设费、预备费等。县财政支出由省支配，项目有增有减，支出亦逐年增加。

新中国成立后，灌云县财政支出随着国民经济和社会事业发展而不断增长，财政支出项目亦有所变化。主要支出项目有：经济建设类支出，包括基建支出、企业挖潜改造支出、流动资金支出、城市维护费支出等；支援农业支出，包括农村水气事业费支出、支援农业生产支出等；文教科卫事业支出；抚恤社会福利救济支出；行政管理费和公检法司支出；其他部门事业费及其他支出。1978年增加了简易建筑费支出，1985年后，增加价格补贴及专项支出，1989年增加了支援不发达地区支出，1995年设立农业综合开发资金支出，1997年后增加了基金支出和社会保障补助支出。2007年，根据财政部制定的改革政府收支分类体系，将财政支出按支出功能和支出经济进行分类，与县财政有关的支出项目为17类，其中增加了节能环保支出、交通运输支出、资源勘探电力信息等事务支出等。

第一节　概　况

一、民国时期财政支出

民国10年（1921年），灌云县财政支出52456元（银元）。经常门中有：内务支出36352元、教育支出9721元、实业支出1800元，合计47873元。临时门中有：内务支出4305元、财务支出221元、教育支出57元，合计4583元。当年忙漕（旧时田赋分期征收，叫分忙，征收地下银叫忙银，征收漕粮叫忙漕）征收费岁出分五项，灌云县共支出2740元，其中：催征俸给300元，员司薪津2020元，办公各费420元。

民国 20 年，灌云县地方支出分为党务费、行政费、公安费、财务费、教育费、实业费、建设费和预备费等 8 项，共支出 82565 元。

民国 22 年，灌云县财政支出分党务费、行政费、公安费、财务费、协助费、预备费、债务费、积谷费、清丈费等 13 项，支出 339553 元，其中党务费 8496 元、行政费 15000 元、公安费 68132 元、财务费 1080 元、教育文化费 119064 元、建设费 18368 元、协助费 14747 元，预备费 94666 元。

民国 25 年，灌云县财政支出 379236 元，其中经常门 310649 元，临时门 68587 元，较上年减少 8668.16 元。具体支出项目为：党务费 12840 元、行政费 32674 元、公安费 63330 元、卫生费 7292 元、财务费 23208 元、教育文化费 125676 元、建设费 15838 元、协助费 3008 元、债务费 28962 元、预备费 66408 元。

民国 35 年，财政总预算支出 53020 万元（中储券），其中经常门支出 48330 万元，临时门支出 4690 万元。从民国 33 年起，国民党统治区物价飞涨，法币贬值，财政支出数额猛增，到民国 36 年猛增到 425343 万元（中储券），实际价值无从衡量，县公务人员薪俸只能改发粮食。

民国 37 年，上半年地方预算支出 82.75 亿元（金元券），下半年预算支出为 7583.5 亿元，合计为 7666.25 亿元。当时货币严重贬值，小麦每石（约 150 市斤）价格为 45 万元。

二、新中国成立后财政支出

新中国成立后，灌云县财政工作在“发展经济，保障供给”总方针的指引下，妥善安排各项支出。随着国民经济和社会事业的发展，灌云县财政支出明显增长。

1951～2010 年，全县财政支出累计 1634750 万元。由于受财政收入及财政体制的变化和政策性增支因素的影响，各个时期财政支出增长水平不一，个别时期出现支出减少。中共十一届三中全会后，全国的工作重点转移到以经济建设为中心上来，随着全县经济的迅速发展，财政支出的增长速度也越来越快。

（一）国民经济恢复和第一个五年计划时期（1951～1957 年）。灌云县财政总支出 1571 万元，平均每年支出 224 万元。

1951～1952 年，财政实行统收统支体制，灌云县财政收支全部由省管，县财政只是对乡镇财政收支进行决算。当时的财政支出主要是乡镇的行政支出、文教支出、粮务支出、财务支出、优属支出、民兵支出、市镇建设支出、卫生事业支出、交通水利及农林支出。1952年还增加干部训练支出。

1953年，灌云县县级财政预算建立，财政支出的科目主要是农业支出、林业支出、市镇建设支出、文化支出、教育支出、干部训练支出、卫生支出、社会福利支出、行政管理费支出、民主党派及人民团体补助支出、公安及司法支出等，当年财政支出165.4万元。

1954年，财政支出中增加了体育支出、优抚支出、政治业务费支出等，当年财政支出178.6万元，比上年增长8%。

1956年，财政支出的第一类经济建设费类中增加地方工业支出，当年在地方工业支出中列支基本建设资金0.6万元。农业和牧业支出中，因自然灾害导致生产亏损，财政给予补助0.18万元。另外增加了水利支出和交通支出等款项。当年财政支出343.8万元，比1955年增长109.6%。

1957年，财政支出中增加了水产支出0.01万元，公私合营企业支出5.4万元等款项，当年支出357.5万元。

（二）"大跃进"及国民经济调整时期（1958～1965年）。全县财政总支出3847.8万元，平均每年支出481万元，比国民经济恢复及"一五"计划时期年增长157.4%。

1958年，财政支出中增加了通讯和广播支出项目，当年支出5.95万元。当年灌云县大办工业，投资98万元，用于内燃机制造厂、机电产品联合加工厂的投资及补助各公社办工厂等。

1959年，财政支出增加了科研支出0.6万元；1962年0.7万元用于科研。

（三）"文化大革命"时期（1966～1976年）。财政总支出9626.1万元，平均年支出802.18万元，比"大跃进"及经济调整时期年增长66.8%，增速下降了90.6%。

（四）改革开放初期及"六五"计划时期（1978～1985年）。财政总支出15896.2万元，平均年支出1987.03万元，比"文化大革命"期间增长147.7%，比上个五年计划时期增速提高80.9%。

（五）"七五"至"九五"计划时期（1986～2000年）。财政总支出171123万元，年平均支出11408.2万元，比改革开放初期至"六五"期间增长474.1%，增加326.4%。

（六）"十五"和"十一五"计划时期（2001～2010年）。灌云县财政总支出 1433954 万元。跨入 21 世纪后，随着财政收入的增加，灌云县财政支出规模亦不断扩大。“十五”期间累计财政支出 185949 万元，比“九五”期间财政支出累计102613 万元增长 81.2%。“十一五”期间财政累计总支出 1248005 万元，比“十五”期间增长 571.15%。

1951～2010 年灌云县预算内财政支出分类统计表

表 3-1 单位:万元

年份	公共财政预算支出							基金预算支出	合计
	经济建设类支出	农林水类支出	社会事业类支出	社会保障类支出	行政及政法类支出	其他支出	小计		
1951	0	35	119	52	83	17	306		306
1952	3	4	25	11	13	0	56		56
1953	0	6	66	37	56	0	165		165
1954	0	6	73	38	62	0	179		179
1955	0	6	64	30	64	0	164		164
1956	4	24	122	100	92	2	344		344
1957	6	36	119	102	92	2	357		357
1958	128	92	106	34	152	3	515		515
1959	24	40	172	44	164	6	450		450
1960	59	78	191	74	183	6	591		591
1961	32	27	154	83	317	4	617		617
1962	1	25	141	116	76	48	407		407
1963	3	54	127	120	67	18	389		389
1964	2	64	147	145	81	28	467		467
1965	14	56	154	87	83	17	411		411
1966	8	64	172	106	93	110	553		553
1967	29	21	179	93	73	25	420		420
1968	12	27	165	92	116	14	426		426
1969	95	19	148	92	211	10	575		575
1970	60	29	162	104	412	5	772		772
1971	25	56	202	133	180	3	599		599
1972	492	123	223	271	159	7	1275		1275
1973	55	171	255	267	233	10	991		991
1974	119	138	298	206	243	10	1014		622
1975	231	165	302	223	294	4	1219		1219
1976	70	79	313	232	365	5	1064		1064
1977	100	128	330	240	302	11	1111		1111
1978	159	466	392	294	450	4	1765		1765
1979	94	171	409	337	393	33	1437		1437

续表 3–1

年份	公共财政预算支出							基金预算支出	合计
	经济建设类支出	农林水类支出	社会事业类支出	社会保障类支出	行政及政法类支出	其他支出	小计		
1980	131	267	523	316	413	37	1687		1687
1981	58	225	532	289	445	57	1606		1606
1982	88	176	612	311	398	91	1676		1676
1983	243	315	653	351	369	81	2012		2012
1984	311	457	832	464	472	139	2674		2674
1985	352	399	1022	429	456	383	3040		3040
1986	732	421	1066	567	505	497	3788		3788
1987	659	611	1105	606	557	569	4108		4108
1988	760	571	1447	639	764	448	4629		4629
1989	1140	425	1592	772	846	637	5412		5412
1990	1233	682	1788	942	928	633	6206		6206
1991	999	1049	1945	954	929	734	6609		6609
1992	462	925	2272	959	1206	630	6454		6454
1993	732	1222	2475	1099	1448	832	7808		7808
1994	740	1756	3339	1217	1920	686	9658		9658
1995	343	1784	4580	1576	2586	1613	12482		12482
1996	308	1981	6605	1568	3657	2583	16702		16702
1997	907	2250	6243	1674	5357	2492	18923	201	19124
1998	809	2147	7079	1993	7165	1755	20948	102	21050
1999	1069	2165	7260	1809	8079	1417	21799	60	21859
2000	671	2025	5665	2079	8045	770	19255	4623	23878
2001	651	1699	8195	2383	9850	1260	24038	80	24118
2002	540	1477	9521	2430	10450	1508	25926	669	26595
2003	1098	2381	9103	4345	10787	2797	30511	1854	32365
2004	1594	1931	11152	5772	12489	5319	38257	4402	42659
2005	2538	3063	15486	10846	17369	5570	54872	5340	60212
2006	5501	4855	16781	10837	20103	9833	67910	8936	76846
2007	16414	10370	34601	14334	24722	933	101374	33806	135180
2008	28505	19003	32827	20736	31617	7946	140634	83022	223656
2009	48987	40741	42694	28359	34174	2052	197007	125009	322016
2010	100309	55794	50094	39958	38365	4057	288577	201730	490307
合计	220708	165343	294300	164325	261496	58744	1164916	469834	1634750

说明：1. 1951 年决算数为大米，单位为“万斤”，未汇总在合计数中；

2. 基金预算支出中含缴库社保基金支出。

第二节 经济建设类支出

经济建设支出是指财政用于生产性投资和经济建设方面的支出，主要包括基本建设支出、企业挖潜改造资金支出、交通支出、企业流动资金支出、科技三项费支出、工交商事业费支出、城市维护建设资金支出及价格补贴等。1953~1968年，支援农村生产及农林水事业费支出纳入经济建设类支出，1969年预算科目调整时，从经济建设类划出，设立“支援农业支出类”。

一、基本建设支出

基本建设支出是指由财政拨款用于新建、改建、扩建等基建工程项目的支出，包括农、林、水、工、交、市政设施等建设投资支出，以及科、教、文、卫、政法等社会公益设施建设投资的支出等。其支出的资金来源：县本级用当年财力安排的财政专项基建投资、年度内动用机动财力追加的基建投资、上级财政专项补助的基建投资和各项专项建设资金等。

1951年，全县用于市镇建设和大型交通、水利建设方面，投资大米12.7万斤，其中37654斤大米用于市镇建设，修建了县城伊山石子路，拓宽了繁荣街道。

1956年，基建支出7万元。主要用于工业0.6万元、农林水建设3.1万元、铺设伊山至板浦的沙石路支出3.3万元。

1957年，工业基建支出1万元、农林水基建支出18.3万元。

1958年，基建支出133.6万元，其中投资内燃机制造厂50万元、机电产品联合加工厂投资30万元、补助乡镇办厂20万元。

1959年，基建支出62万元，主要用于轻化工业（化肥厂）、交通邮电等企业基建，农林水基建4.3万元。

1960年，基建支出102万元，用于有关工业单位的基建投资55.5万元，用于农垦、农业、林业、水产、水利、粮食等部门的基建投资46.5万元。

三年自然灾害困难时期，财政支持电力部门修建输电线路31.4万元。

1964年，支持水利部门修建排灌站支出4.7万元。

1966~1976年“文化大革命”期间，基建投资共计943万元，其中1972年基建支出480万元，是“文化大革命”期间投资最多的一年，主要是用于化肥厂的改扩建，农田水利建设及农机厂的改造工程等。

1982年，基建拨款31.5万元，加上其他经费，共投入73万元，修建了县城和杨集镇中大街两条水泥路，新建南城自来水厂一个，新建县影剧院并投入使用。

1984年，灌云县基建支出67.2万元，主要用于新建县委办公楼和机关职工宿舍楼各一幢，以及新建招待所会议小楼一幢、浴室一座，新建东辛乡影剧院一座。

1985年，灌云县基建支出64.6万元，用于新建县政府机关职工宿舍楼一幢和板浦派出所办公楼、畜禽改良站的办公宿舍楼等。

1986年，基本建设支出190万元，比上年增长94.6%，主要用于建县一招宾馆楼133万元，建县医院儿科病房15万元，县城修建水泥路一条14万元，以及兴建幼儿中心的补助等。

2000~2003年，基建支出增长速度加快，累计支出达3133万元，占1978年至2003年累计支出4778万元的66%。

2004~2006年，灌云县连续三年争取省财政工业园区建设专项资金共计1500万元，用于县城工业园区基础设施建设。

1951~2006年，灌云县基建支出累计2723万元。

2007年起，预算收支科目调整，基本建设支出列入其他有关项目中。

二、企业挖潜改造及科技三项费支出

企业挖潜改造支出是由县财政安排和上级财政追加的用于企业挖掘生产潜力、革新技术和改造生产设备的资金支出。1978年开始安排企业挖潜改造支出4万元。

1983年后，加大了对企业的设备更新和技术改造的投入。如1985年挖潜改造资金支出140万元，比上年增长278.6%，主要用于化肥厂、磷肥厂的技术改造及农机修造厂的旋耕机生产线改造工程。支持县采石一厂水泥制品生产，做到当年投产。此外还用于商业粮食及县办“五小”企业技术改造补助，改善了企业生产条件，增加了生产能力。1988年，省下达灌云湖里煤矿挖改专项资金30万元，用于煤矿井巷安全设施的更新改造。

科技三项费用包括新产品试制费、中间试制费、重要科学研究补助费等。1979年起增设此类支出，当年支出6.5万元。2000年后，灌云县科技三项费用增长较快。

2004 年，灌云县安排科技三项费 135.6 万元，较上年增长 13.19%。申报科技项目 8 个，争取上级科技项目资金 180 万元，企业挖潜改造资金 65 万元，扶持杭连食品、兴云集团、润生集团等企业扩产增效。

2005 年，县财政安排科技三项费 160 万元，较上年增长 17.99%。向省争取挖潜改造资金及科技三项费计 413 万元，支持泰达纺织、同创电脑、欣森木业和海天制药等重点项目的发展。

2006 年，争取省挖潜改造资金及科技三项费用 479 万元，并争取省贷款支持泰达纺织、欣森木业、酒精厂等重点企业的发展。

1978 ~ 2006 年，灌云县企业挖潜改造资金支出累计 3879 万元。2007 年起，此类支出分列其他支出科目中。

1979 ~ 2006 年，灌云县科技三项费支出累计 1495 万元。

三、流动资金支出

流动资金支出是指财政部门按照国家对企业核定的流动资金定额，拨给国营企业使用，并成为企业的自有流动资金，用于新建企业投产或原有企业扩大再生产。1953 年，灌云县拨给县属国营农场流动资金 0.2 万元。1957 年，拨给县属工业企业流动资金 0.3 万元，当时增拨的流动资金数量有限。1958 年，拨给县属国营工业企业流动资金 53.4 万元，农林及水产企业增拨流动资金 5.7 万元。1973 ~ 1983 年，增拨县属国营工交企业流动资金累计 258 万元，拨给商业企业流动资金 4 万元，拨给农林、水产、水利企业流动资金 25 万元。

1983 年 7 月 1 日起，国家对企业实行“拨改贷”政策，国营企业定额流动资金改由人民银行统一管理，所需增加的流动资金由银行按照信贷政策供应，国家预算原则上不再增拨定额流动资金。

1956 ~ 1983 年，灌云县流动资金支出总额累计为 347 万元。

四、简易建筑费支出

简易建筑费支出是指 1978 年 1 月起，国家将原商业、粮食、供销和外贸部门从商品流通费中所列的简易建筑及购置国家分配的运输车辆等开支，改由财政拨款，纳入国家预算，主要用于购置货车、小油罐、简易货棚、货场、水池、围墙等。这些支出属于小型零星的基本建设，既不纳入国家基本建设计划，又不宜直接摊入企业费用，故从1978年起在国家预算内增设“简易建筑费”支出科目。当年灌云县安排预算支出18万元。1997年后，由于企业改制，此项支出终止。1978～1997年灌云县累计支出简易建筑费181万元。

五、城市维护费支出

城市维护费主要指用于城镇公共设施和公用事业的维护、修理和建设的专项资金，主要包括城镇道路、桥涵、下水道等市政工程，公用事业、园林绿化、公共卫生等公共设施项目。1984年前，灌云县由于财力十分紧张，每年只能安排少量资金对县城区公共设施进行维护。

1970年，安排资金在县城建起自来水厂；1975年，改造了县城中大街，建成大寨路，铺设沥青路面，并于1979年改建为混凝土路面。

1975～1976年，修建了县城南北大道—大庆路（现为伊山路），长2370米，宽50米，1984年铺成了混凝土路面。

1977年，城市维护费支出12万元，重点支持自来水厂扩建。

1978～1983年，城市维护费支出120万元，重点进行城区路灯的改造，修建伊山路、健康路、中大街、胜利路、向阳路等下水道13850米。新铺县政府至中医院和杨集中大街两条水泥路，并建成了南城自来水厂。

1984年，开征城市维护建设税，相应支出用于城镇道路、下水道、自来水管网、路灯改造等设施修建和维护及县城道路路面改造工程等。为改善并维护县城的卫生环境，先后设立了大粪厂、绿化清扫组、环境卫生管理所，财政每年从城市维护费中补助。1987年，城市维护费支出784万元，其中环境卫生支出3万元。当年城市维护费支出较多的为城市公共住宅建设及维护费657万元。

1978～2006年，灌云县城市维护费支出累计6795万元。2007年预算收支科目修订时，改为城乡社区事务支出。当年，灌云县财政部门共投入资金25000万元，支持老城区改造拆迁补偿和新城区道路等基础设施建设，西环路、水利路、国土路（即民安路）、建设路等9条道路相继竣工通车，县城三大出入口工程也全部完成。

2007～2010年，累计支出139200万元，其中包括城乡市政设施建设，县经济开发区和临港产业区的开发、建设、管理费等支出。

1977～2010年，全县城市维护费累计支出145995万元。

六、工交商等部门支出

工、交、商等部门支出包括用于地方工业特别是支农的化肥工业、电力、建材、交通等部门的生产补助，企业新产品的试制费，对县办五小企业的补助等，以及工、交、商等部门的各项事业支出。

1958～2006年，工、交、商等生产性支出总额为603万元。工、交、商等部门事业费支出总计为4713万元。

1958～2010年，灌云县工、交、商累计支出33959万元。

七、价格补贴支出

价格补贴是指政府为安定城乡人民生活，由财政向生产者和消费者给予与人民生活必需品相关的价格的政策性补贴，主要包括粮油价差补贴、城镇居民肉食品价格补贴、平抑市价肉食价差补贴等。

1985年起，国家财政对市场肉价实行补贴，灌云县当年支出82万元。1986年，灌云县价格补贴支出412万元，其中棉花价差补贴1.4万元、市民肉食价格补贴147.6万元、民用煤销售价差补贴132万元，增加粮油价差补助131万元。1989年，价格补贴支出841万元，比上年增长68%，其中粮油价差补贴由1988年的208万增加到396万元，增长90.4%；肉价补贴由121万元增加到195万元，增长61.2%；民用煤销售价差补贴由160万增加到208万元，增长30%。

1992年，价格补贴中，对市民的粮油价差补贴取消，其他各项补贴均下降，当年价格补贴支出为269万元。

1993年价格补贴支出减少到37万元，1994年减少到17万元。随着经济体制改革的逐步深入，1995年取消价格补贴支出。

1985～1994年，灌云县价格补贴累计支出4288万元。

八、其他支出

2007年，预算收支科目经过调整修订后，经济建设类支出中增加了两个支出类科目：一是节能环保支出。主要包括环境保护管理支出、环境监测与监察支出、污染治理支出、自然生态保护支出等。当年支出545万元，主要用于城镇污水处理、农村环境整治及两大园区环境保护和规划等。2007～2010年，灌云县节能环保支出累计 13339 万元。二是交通运输支出类科目。主要包括交通运输行政管理支出，公路新建、改建、养护支出等。2007 年，灌云县向上级争取农村道路建设资金 1025 万元，改造道路 912 公里，建农村客运站 2 座，农村渡口 12 座。

2007 ~ 2010 年，灌云县交通运输支出累计 13288 万元。

1952 ~ 2010 年灌云县支持经济建设财政支出统计表

表 3–2　　单位:万元

年份	基本建设支出	企业挖潜改造支出	城市维护费	交通支出	节能环保	工商业支出	财政价格补贴支出类	其他支出	小计
1952				3					3
1953									
1954									
1955									
1956	1			3					4
1957	1					5			6
1958				11		101		16	128
1959				8		16			24
1960						56		3	59
1961						32			32
1962						1			1
1963						3			3
1964						2			2
1965						14			14
1966						8			8
1967						29			29
1968	10					2			12
1969	94					1			95
1970	59					1			60
1971	19					6			25
1972	480					12			492
1973	40					15			55
1974	65					54			119
1975	143					88			231
1976	24					46			70
1977	9		12			79			100
1978	20	4	13			108		14	159
1979	27	3	10			46		8	94

续表 3-2

年份	基本建设支出	企业挖潜改造支出	城市维护费	交通支出	节能环保	工商业支出	财政价格补贴支出类	其他支出	小计
1980	37	19	10			55		10	131
1981	32		9			9		8	58
1982	32	2	30			19		5	88
1983	78	28	48			83		6	243
1984	67	153	74			9		9	311
1985	65	140	55			9	82	2	352
1986	190	53	65			11	412	1	732
1987	72	49	66			9	464		659
1988	51	78	123			7	500		760
1989	11	100	180			8	841		1140
1990	15	90	124			9	910	85	1233
1991	25	60	123			11	757	23	999
1992	40	20	120			13	269		462
1993	221	220	240			12	37	2	732
1994	128	390	185			20	17		740
1995	24	70	225			24			343
1996	17	40	219			31		1	308
1997	96	259	499			46		7	907
1998	8	433	318			50			809
1999	46	638	334			51			1069
2000	118	8	385			160			671
2001	208	5	344			94			651
2002	17	41	399			83			540
2003	461	108	385			144			1098
2004	774	114	409			297			1594
2005	970	221	579			730		38	2538
2006	928	533	1212			2828			5501
2007			10753	2078	704	2879			16414
2008			18200	3758	1442	5105			28505
2009			38530	2291	4204	3962			48987
2010			71717	5136	6989	16467			100309
合计	5723	3879	145995	13288	13339	33959	4288	238	220708

说明：1951 年决算数为大米，单位为“万斤”，未汇总在合计数中。

第三节　支援农业支出

1969 年，在财政收支决算总表中，支援农业支出为支出的一个大类，包括支援农村生产支出、支援人民公社支出、农业综合开发资金支出、农林水气等部门事业费支出、支援不发达地区支出等。1951 ~ 2010 年，灌云县支援农业支出累计 299578 万元。

一、支援农村生产支出

支援农村生产支出是指财政用于支援农村发展生产、壮大集体经济的补助费支出。1951 ~ 1954 年，此项支出列为农林事业费、林业事业费支出，1955 年改为农业支出、林业支出，1956 年增列水利支出，后又增加了气象支出、水产支出。1969 年农、林、水利、气象等事业费列入支援农业支出大类。1982 年，将支援农业支出类改为农业支出类，仍包括农、林、水、气等部门事业费及小农水、水产事业费等支出。1983 年，农、林、水、气等部门事业费单列一类，与支援农林生产支出类分开。支援农林生产支出包括小型农田水利和水土保持补助费，支援农村人民公社投资、社队草场和畜禽补助费，社队水产补助费等。

1959 年，国家为扶持农村人民公社中的贫穷社队发展生产，增加社员收入，改变农村贫困面貌，由财政拿出一定的资金用于支援农业生产，设立支援农村人民公社投资支出。1959~1982 年，灌云县支援农村人民公社支出累计 1649 万元。1983 年改称支援农村合作生产组织资金，并入支援农业生产支出类。

1959~2002 年，灌云县支援农村生产支出类累计支出 11989 万元。

二、农、林、水、气部门事业费支出

农、林、水、气等部门事业费包括农垦、农场、农业、畜牧、农机、林业、水利、水产、气象等部门的事业费。主要用于这些部门的人员经费、公用经费、人员培训、技术推广、岁修防汛、小农水及病虫害防治经费、畜牧事业和农机事业费等经常性开支。

新中国成立之初，农林事业费由省主管部门直接拨款，支出直接向省主管部门报账。1951 年，灌云县的乡镇财政支出决算报表中，列农林支出 38139 斤

(大米)。1953年，农林事业费列入县级预算，当年农林事业费支出3.8万元，林业支出2.1万元，主要用于农业病虫害的防治和农场投资补助等。1955~1967年，农林水气方面的事业费支出分别由农业支出、林业支出、水利和气象部门支出等科目列支。

1968年，预算科目变动，改为农业、林业、水利、气象部门事业费，1969年列入支援农业支出大类。1982年支援农业支出类改为农业支出类，仍包括农、林、水、气等部门事业费。1983年，将农、林、水、气部门事业费单列一类，和支援农村生产支出类分开为两个大类支出。

2003年，按新的预算科目，将农、林、水、气等事业支出改按农业支出、林业支出、水利和气象部门支出等科目列支。

1951~2002年，灌云县农、林、水、气等部门事业费支出累计148137万元。其中农业事业费支出113803万元、林业事业费支出30441万元、水利事业费支出3160万元、气象部门事业支出65万元、其他农林水气事业支出668万元。

三、农业支出

1955~1970年，农业事业费支出列入农业支出，累计支出336万元。2003年，根据新的预算科目将农、林、水、气等部门事业费类分划出农业支出、林业支出、水利和气象支出等。农业支出中主要包括了农业行政事业管理费、自然灾害救助等。

1955~2010年，灌云县农业支出累计90276万元。

四、林业支出

主要是指植树造林、绿化和林业保护等方面的支出，以及林业部门所属机构的事业费支出。1953年，灌云县支出造林建设和林业保护经费2.14万元。1953~1970年和2003~2010年，县林业支出分别单列，累计支出4816万元。1971~2002年，在农林水部门事业费中支出。

五、水利、气象支出

1956~1970年，县水利和气象支出306万元；2003~2010年，水利和气象支出16122万元。1956~2010年累计支出16428万元。

1971～2002 年，水利和气象支出分开单列，其中水利部门事业费累计支出 3160 万元，气象部门事业费累计支出 65 万元。

六、农业综合开发资金支出

农业综合开发资金支出，主要包括中央定项开发和地方定项开发的项目投资，以及地方配套资金的支出。

根据国务院和省政府关于“建立农业发展基金，增加农业投入”的文件精神，灌云县从 1989 年起，将从耕地占用税的县乡分成收入等七项资金中提取的全部或部分资金，设立农业发展专项资金，并存入农业发展基金专户，专款用于农业综合开发。按照国家规定，中央和地方投入的财政资金，70%以上用于改善农业生产基本条件，30%以下用于发展多种经营和农产品的系列开发。1995 年，农业发展专项资金支出更名为“农业综合开发资金支出”。灌云县是农业大县，随着农业综合开发事业的发展，资金的需求量日益增长。灌云县政府十分重视农发基金的筹集，除每年预算安排外，并把已回收的有偿资金再投入到农业综合开发项目中去，提高资金的利用率，促进农业生产的高效发展。1995～2010 年，灌云县农业综合开发资金累计支出 14185 万元。

七、支援不发达地区支出

支援不发达地区支出是国家财政设立的专门用于经济不发达的老（老革命根据地）、少（少数民族）、边（边远）、穷（贫困）地区改变落后面貌，加快经济和社会发展的专项补助资金。该项资金对这些地区实行无偿使用，用于这些地区改善群众生产生活条件，促进该地区经济和社会发展。灌云县于 1989 年设置了“支援不发达地区支出”，当年支出 33.5 万元。2003～2010 年，支援不发达地区支出改为扶贫支出。1989～2010 年灌云县支援不发达地区累计支出 1611 万元。

1951~2010年灌云县支援农业生产支出统计表

表3-3　　单位:万元

年度	农业事业费	林业费	水利事业费	气象部门事业费	其他农林水事业费	农业支出	林业支出	水利和气象部门支出	农村综合改革	其他农林水事务支出	支援人民公社支出	支援农村生产支出类	支援不发达地区支出	农业综合开发资金支出	小计
1951	3.81														3.81
1952	22017.80														22017.80
1953	38259.36	21404.09													59663.45
1954	47610.69	8541.56													56152.25
1955						5.61	0.06								5.67
1956						14.61	1.51	9.42							25.54
1957						27.32	2.34	6.81							36.47
1958						71.23	9.43	11.34							92.00
1959						25.37	8.15	7.62			75.00				116.14
1960						46.92	14.35	7.93			95.00				164.20
1961						14.38	9.18	6.27			98.14				127.97
1962						21.63	2.35	43.54							67.52
1963						19.81	2.85	31.74			1.00				55.40
1964						19.47	1.77	42.48			5.54				69.26
1965						15.84	1.76	38.72							56.32
1966						15.87	1.07	47.31							64.25
1967						11.51	0.84	6.99			1.50				20.84
1968						8.94	0.85	16.17			5.00				30.96
1969						6.01	0.42	12.57			7.17				26.17
1970						11.09	0.41	17.20			6.12				34.82
1971	10.35		14.45	0.81							30.00				55.61
1972	20.52		44.46	2.23							55.67				122.88
1973	26.70		142.75	1.81							70.12				241.38
1974	33.40		102.25	2.13							63.75				201.53
1975	22.57		140.73	1.49							98.37				263.16
1976	29.60	2.98	44.10	1.91							185.23				263.82
1977			128.07								91.10				219.17
1978	36.12	3.31	423.86	2.82							245.74				711.85
1979	55.40	6.50	105.90	2.60							155.10				325.50
1980	79.60	2.10	182.30	3.00							120.20				387.20

续表 3-3

年度	农业事业费	林业费	水利事业费	气象部门事业费	其他农林水事业费	农业支出	林业支出	水利和气象部门支出	农村综合改革	其他农林水事务支出	支援人民公社支出	支援农村生产支出类	支援不发达地区支出	农业综合开发资金支出	小计
1981	132.20	5.40	89.80								144.00				371.40
1982	83.50	3.50	88.20								95.30				270.50
1983	79.80	4.40	64.10		2.40							163.60			314.30
1984	79.20	5.50	51.20		2.70							318.40			457.00
1985	89.40	4.80	16.90		18.10							270.40			399.60
1986	97.10	5.70	62.60		9.20							247.20			421.80
1987	209.80	5.40	26.30		13.00							357.40			611.90
1988	253.80	9.00	23.40		8.30							276.70			571.20
1989	130.60	12.00	36.00		17.60							194.50	33.50		424.20
1990	147.90	15.30	43.50		29.10							434.90	11.00		681.70
1991	164.20	14.30	131.50		45.40							673.20	21.10		1049.70
1992	179.00	18.00	77.00		18.00							616.00	17.00		925.00
1993	157.00	20.00	81.00	3.00	31.00							865.00	65.00		1222.00
1994	214.00	26.00	107.00		38.00							1160.00	211.00		1756.00
1995	328.00	32.00	97.00		29.00							447.00	229.00	622.00	1784.00
1996	378.00	43.00	130.00	5.00	44.00							454.00	247.00	680.00	1981.00
1997	491.00	57.00	118.00	5.00	79.00							525.00	244.00	731.00	2250.00
1998	521.00	59.00	118.00	8.00	85.00							663.00	172.00	518.00	2144.00
1999	556.00	61.00	119.00	8.00	51.00							687.00	108.00	573.00	2163.00
2000	493.00	44.00	99.00	8.00	75.00							707.00	127.00	469.00	2022.00
2001	435.00	24.00	173.00		27.00							751.00	58.00	223.00	1691.00
2002	378.00	11.00	79.00	9.00	45.00							529.00	26.00	400.00	1477.00
2003						1762.00	30.00	271.00					2.00	316.00	2381.00
2004						1283.00	94.00	291.00					13.00	248.00	1929.00
2005						1980.00	54.00	928.00					1.00	100.00	3063.00
2006						2246.00	234.00	1526.00						352.00	4358.00
2007						6968.00	595.00	1985.00						1095.00	10643.00
2008						14282.00	505.00	2818.00		2.00			14.00	1595.00	19216.00
2009						29086.00	1480.00	3409.00		618.00			11.00	3200.00	37804.00
2010						32333.00	1767.00	4894.00	10618.00	898.00				3063.00	53573.00
总计	113803.42	498.63	3160.37	64.80	667.80	90275.61	4816.34	16428.11	10618.00	1518.00	1649.05	10340.30	1610.60	14185.00	299578.24

说明：1．1951 年计量单位为万斤（折合大米），1951 ~ 1954 年数字为旧币，故都未列入合计数；

2．2003 年、2008 年支出为财政扶贫资金。

第四节 科教文广事业费支出

科教文广事业费，包括科学事业费、教育事业费、文化事业费、计划生育事业费、广播电视事业费、体育事业费。

1951～2010年，灌云县预算内科教文广事业费支出294300万元，占财政一般预算支出的25.26%。其中科学事业费支出12705万元、教育事业费支出260546万元、文体广事业费支出21049万元。

一、科学事业费支出

科学事业费支出是指科学系统主管的自然科学事业费、科协事业费和社会科学事业费支出。

灌云县科学事业费包括县科委、科协的事业费，及县级科研所、计量所、技术推广部门等科技事业单位的正常业务支出。

新中国成立后，灌云县科学事业费随科技管理机构的时设时撤而时有时无。1959年，安排科学事业费6000元，此后有的年份安排的经费不足5000元，由于以万元为统计单位而被四舍五入舍去。

1979年，县科委恢复重建，财政局安排正常科学事业费2万元，并逐年有所增加，1987年增加到13万元。

1959～2010年，全县科学事业费累计支出12705万元。

二、教育事业费支出

教育事业费支出是指主要用于教育部门的经费支出。包括灌云县教育部门举办的各类学校、幼儿教育和普通业余教育，以及业余大学、电大、民办教师补助和其他教育事业费等支出。

新中国成立初期，灌云县财政收入极其有限，对教育的投入也很少。1951年，全县共有公教人员1211人，有29所完小学校，180所初级小学，15个教育班，56个农民教育班，当年教育支出以实物计算支出大米1014799斤。

1953年，教育支出65.3万元。国家拨款拨物建起灌云中学等一些中小学，发展初中5个教学班，并兴建校舍36间，教室6间，改建宿舍25间，买民房作临时宿舍43间，兴建厕所16个，全县教育事业有了一定的发展。

1954年，教育支出70.6万元，发展中等教育9个班，干部业余教育发展一个初中班，并建起了伊山师范学校，小学生数增加2200人。

1958年，教育支出90.5万元。教育事业有了很大的发展，又新建了一批初级中学和小学。在依靠群众、依靠公社的口号下，经费不仅没有突破预算，还多办了事业。上级分配灌云县增加中学教学班7个，而实际发展为17个班，基建费只增加4.5万元，其余增加的经费由教育本身的预算调剂解决。

1963年起，国民经济状况逐渐好转，教学设备亦不断完善，完全中学的理化仪器基本上可供学生分组实验，初级中学可供教师演示实验。1953~1965年，灌云县教育事业支出累计1545万元。

1966~1976年，是“文化大革命”造成内乱的10年，教育事业受到严重破坏，全县教育支出累计2550万元，每年增速不快，农村中小学基本上是“草房子、泥凳子、危房子”。

1978年后，国家重点工作转入以经济建设为中心的轨道上来，国家投资和群众集资增多，教育经费逐年增加，灌云县中小学条件得到较大改善。1981~1985年，教育事业费共支出3310万元。

1984年，灌云县人大常委会讨论通过“关于发动群众集资办教育”的决议后，财政对教育投入增加，集资办教育资金激增，当年财政支出教育事业费739万元，比上年增长24.1%。1985年，全县各乡镇集资741万元，加上省、市拨款214.5万元，县财政投资160万元，教育局调剂54.6万元，共投资1170.1万元，修建校舍144760平方米，购置双人课桌45905张，双人课凳9327条，新建围墙3052米，护校室646平方米，建农村初中实验中心3个。为全县教育实现“一无两有”（无危房，有教室、有课桌板凳）打下了良好基础。

1986~1990年，灌云县以贯彻九年制义务教育为重点，落实省委、省政府关于实施《中国教育改革和发展纲要》意见，实施“教育兴县”战略，落实“三增长一优先” 政策（即：保证义务教育财政拨款的增长高于财政经常性收入的增长比例，保证按照在校学生人数平均的义务教育经费逐步增长，保证教职工工资和学生人均公用经费逐步增长；新增教育经费优先投向农村）。五年累计支出6156万元，比1981~1985年教育支出增长86%。1986年，县财政拨款20万元，新建灌云县伊山三中2000平方米教学楼1幢。1987年，灌云县全县校舍总面积已达373896平方米，课桌71192张，课凳63375条，39所学校图书阅览室达标，343 所学校体育设施达标，405 所学校有护校围墙、圩沟等安全设施，2 所完中理化实验室达标。1989 年，灌云县的“一无两有”建设通过了省、市政府验收，被批准为“消除危害，实现一无两有”县。

1991 ~ 1995 年，灌云县财政连续赤字，并逐年加大，财力十分紧张。为贯彻《中共中央关于教育体制改革的决定》及连云港市委、市政府《关于加快教育发展和改革若干问题的决定》，坚持将教育投入放在重要位置。1991 ~ 1993 年，县财政对教育的总投入为 6068.3 万元，每年递增 13.5%，超过县财政收入增长速度 4.5 个百分点，新增教学班 122 个，新建修建校舍 15200 平方米。五年教育事业费支出累计达 13427 万元，比 1986 ~ 1990 年增长 127%。

教育经费投入的增加，改善了办学条件，提升了教育发展水平。但由于灌云县经济基础薄弱，财力不够充裕，即使收入有较大增长，也解决不了支出项目增多等因素所造成的影响。1992 年下半年起，灌云县少数贫困乡镇开始出现了拖欠教师工资的现象。

1996 ~ 2000 年，灌云县继续贯彻落实国家和地方关于教育方面的若干财政政策，在财力困难的情况下，仍优先保证教育事业费增长的支出。五年中，教育事业费累计支出 30494 万元，比 1991 ~ 1995 年教育事业费支出增长 127%。在力保教师工资发放的同时，继续加大教育基础设施建设，全县 140 所农村中小学从“一无两有”向“一无六有”的方向发展。1991 ~ 2000 年，全县累计投入教育事业费 7.4 亿元，其中财政投入 5.09 亿元、城乡教育附加投入 1.0 亿元、教育集资 1.05 亿元、学校自筹 0.26 亿元。新增校舍 3 万平方米，改造危房 24.1 万平方米，购置图书 148.4 万册，购置课桌凳 16.73 万件。

2001 ~ 2005 年，灌云县教育事业费累计支出 48498 万元，比 1996 ~ 2000 年增长 59%。2001 年起，全县教师工资实行由县统一发放。2002 年，省财政为解决灌云县以前拖欠农村中小学教师工资问题，一次性补助灌云 1454 万元。东辛农场中学划归灌云县管理，省财政给予补助 479 万元。

2001 ~ 2004 年，灌云县投入农村中小学危房改造资金及调整农村中小学布局专项资金共计 11059 万元。其中，2004 年教育支出 13500 万元，比上年增长 31.7%，当年向上级争取资金 800 余万元，专项用于中小学危房改造和教育布局调整等建设，新建改造校舍面积 21.3 万平方米，撤并中小学 110 多所。2005 年，投入农村中小学“六有”工程专项资金 5429 万元，新建改建“六有”工程建筑面积 8.7 万平方米。其中新扩建食堂 2.6 万平方米，新扩建学生宿舍 4.2 万平方米，新改建水冲式厕所 1.9 万平方米，完成绿化面积 9.3 万平方米，新铺水泥路 5.7 万平方米，新建下水道 2.5 万米，添置双人床 6266 张，购置饮水机 2786 台。

2006～2010 年，灌云县教育投入不断扩大，教育事业发展速度迅速提升。

2006 年，全县中小学免收义务教育阶段学杂费，改由财政部门安排支出，当年教育支出增加 1144 万元。2007 年，全县教育支出 32881 万元，同比增支 13196 万元，比上年增长 67%，是近年来增长最快的一年。其中拨付免收学杂费补助资金4181 万元，免除农村义务教育阶段 15.04 万人的学杂费，解决了农村孩子上学难问题。根据省化解农村义务教育债务实施意见精神，拨付农村义务教育化解债务专项资金 6270 万元，全部化解了农村义务教育债务。

2008 年，县财政足额安排教育配套资金 535 万元，缓解农村中小学公用经费不足的问题，并免除全县农村义务教育阶段 14.06 万名学生的学杂费。当年，在新城区新建灌云县高级中学校区，建设规模占地 18 万平方米，建筑面积 12 万平方米，教学楼、图书馆、体育场、学生宿舍、教职工宿舍等总投资约 2.8 亿，其中省、市、县财政投入 4300 万元，其余资金自筹。

2010 年，全县教育支出 40165 万元，首次突破 4 亿元大关。县财政在财政收支矛盾日益突出的情况下，积极调度资金 2000 万元，在全市率先按新标准发放中小学教师工资。支出中小学公用经费 7000 多万元，安排解决家庭经济困难寄宿生生活补助经费 430 万元，发放高中和职教助学金 990 万元。2006～2010 年，全县教育支出累计 153313 万元，比 2001～2005 年增长 216‰。先后建成了灌云高级中学新校区、县实验小学新校区、新区幼儿园、职教培训中心等，推进了灌云教育事业快速发展。

1951～2010 年，灌云县教育事业费累计支出 260673 万元，占同期财政一般预算支出的 22.4%。

三、文体广播事业费支出

文体广播事业费支出主要包括文化事业费、文物事业费、体育事业费、档案事业费、地震事业费、广播影视事业费、计划生育事业费、党政群干部训练事业费等。1951～2010 年灌云县文体广播事业费累计支出 21049 万元。

（一）文化事业费

文化事业费支出是指用于文化部门所属文化事业单位所需的经费。包括艺术表演团体经费、艺术表演场所经费、图书馆经费、群众文化经费、干部训练费、其他文化事业费的支出。

新中国成立后，县委、县政府十分注重文化事业的发展。1951年，为繁荣文化生活，原灌云县人民教育馆改为灌云县文化馆，12个区乡先后建立文化站，并增设了10个区乡收音站，当年支出为51230斤大米。

1954年，全县文化支出1.5万元，建图书阅览室1个、送书站3个、组建幻灯放映组4个。至1978年，全县25个乡镇都设有文化站。

灌云县文化演出场所建设日趋健全和完善，至1990年，全县有影剧院16座，其中乡镇影剧院13座。

1979年，灌云县图书馆建成使用，馆舍面积1021平方米，藏书5万多册。1980年，新建961平方米的图书馆新大楼。2008年，县图书馆迁址县城新城区，新建图书馆3000平方米，总投资2000万元，藏书达19万册。

1985年6月，灌云县建立博物馆，馆址设在县图书馆一楼。2008年，县政府筹建博物馆新馆，占地面积18亩，建筑面积6500平方米，总投资4000余万元，2010年底建成使用。

1985年，为纪念清代著名文学家李汝珍，在板浦东大街原李汝珍居住地建设了李汝珍纪念馆，总投资30余万元，占地1500平方米，记载了李汝珍在板浦创作《镜花缘》的历史。

电影放映事业不断发展。1954年7月，灌云县成立首个电影放映队，到农村巡回放映。1970年，影剧办公室改为电影管理站，下设8个放影队和1个城镇队，全县分4个片区巡回放映。1983年成立电影公司，全县放映单位增加到41个。1985年，首次放映立体电影，全县实现35毫米放映单位氙灯化。1988年电影公司自筹资金16万元，贷款10万元，职工集资2万元，兴建影视俱乐部，影厅可放映普通、遮幅、宽银幕、立体4种影片。

2009年9月，在省新闻出版局的援助下，全县推进“农家书屋”建设，先后在龙苴镇、沂北、图河、穆圩、侍庄等乡镇及星云农业生态示范园建立了60个“农家书屋”，至年底又在下车、陡沟等乡自建了150个“农家书屋”。2010年，省财政下拨专项资金86万元，资助灌云继续发展“农家书屋”，截至年底，全县已建有农家书屋302个。

1951～2010年，灌云县文化事业费累计支出7156.5万元。

（二）体育事业费支出

体育事业费支出是用于县体委组织的各种运动会、体育活动场所的体育设施维护和管理经费、运动员经费和业余训练费等。

灌云县一直重视对体育事业的投入，从1954年列支体育事业费1247元始，至1957年每年列支体育事业费2000~3000元。

1958年，列支体育事业费2万元。当年灌云县龙苴公社出席了全国农村体育经验交流会，被国家体委和团中央表彰为"全国体育十佳"。1978年后，根据淮阴地区财政局的规定，县财政每年下拨体育经费1.7万元，超支部分由省追加。1983年后，体育事业费主要由地方财政支出，县每年拨给体育经费1.7万~2.2万元。1985年始，全县开展争创"全国体育先进县"活动，为保障全县人均0.1元年体育经费，体育支出增至8万元以上。1988年，体育经费达14万元，全县人均达0.17元。当年，灌云县获全国体育先进县。

灌云县十分重视体育场馆设施建设，至1990年用于场馆建设的投资达60万元。2006年，灌云县开工建设文体中心，先后建成符合国家标准的田径场和建筑面积5640平方米的游泳馆。2008年，开工建设建筑面积9600平方米、可容纳3000观众的体育馆。2010年体育支出列入文体广播事业费内。

1951~2010年，灌云县体育事业费累计支出1704万元。

（三）广播、电视事业费支出

广播电视事业费指主要用于广播电台、电视台和原县广播站等经费。1956年春，灌云农村有线广播站成立，当时添置300瓦和500瓦TY250-1000型扩音机各1台，控制器1台，钢丝和胶带录音机各1台。在县城附近的5个乡镇架通了广播，安装喇叭300余只。1958年，又架通了部分社镇至村的广播，广播线路总长达3600杆公里，安装喇叭1万余只。1965年，架通了县站至燕尾、板浦的广播信号专线，并在板浦建立了全县第一个广播放大站。是年广播事业费支出2万元。1968年底，又架通了县站至圩丰、云台、龙苴的广播信号专线，全县发展喇叭1.2万余只。当年广播支出3万元。1971年底，全县24个社镇建立了广播放大站。1972年，全县共发展喇叭12万余只，全县喇叭入户率达80%，广播事业费逐年增加。

1983年9月，灌云县广播经费支出28万元，建立起了电视差转台。1990~1992年，筹集资金100万元（其中县财政支持32.5万元，争取上级专项资金40万元，广电局自筹一部分）实施了47频道电视差转台新建工程，建成108米高的自立式铁塔一座，并建成3.2米卫星地面接收站，1992年电视转播台正式开播，覆盖半径 25 公里。1996 年，县广电局新添置调频功率发射机，县调频广播经市批准正式开播，全县 25 个乡镇安装了调频广播接收器，全县增加高音喇叭 3631 只。2004 年，在县城三条主要街道架设了 5 公里专用线路，安装了 50 只防水音箱，开播了行风热线节目。

1965～2010 年，灌云县广播电视事业费累计支出 5380 万元。

四、计划生育事业费支出

1964 年，县财政增设计划生育事业费支出，当年安排经费 1 万元，主要用于计生手术费、避孕药具费、计生专干经费、计划生育宣传教育等。随着全县计划生育工作的不断加强，计划生育事业费支出亦不断增加。1973 年，计生经费支出 10.3 万元。1979 年，各公社（镇）成立了计划生育办公室，当年全县计划生育事业费达 15 万元。1981 年，按照县政府颁发的《关于计划生育若干问题的暂行规定》，当年计划生育经费支出 20 万元。至 2010 年，财政部门都逐年安排适当的专项经费，补助基层计划生育指导站、室购置设备和落实计划生育手术费、独生子女保健费及专干经费等。1964～2010 年，灌云县计划生育经费累计支出 15291 万元。

1951～2010 年灌云县社会事业类财政支出统计表

表 3-4　　单位:万元

年份	科技支出	教育支出	文体广支出				计划生育支出	小计
			小计	文化	体育	广播		
1951		119						119
1952		24	1.5	1.5				25.5
1953		65	1	1				66
1954		71	2	2				73
1955		62	2	2				64
1956		117	4	4				121
1957		116	2	2				118
1958		91	9	7	2			100
1959	1	157	9	7	2			167
1960		179	11	9	2			190
1961		145	6	6				151
1962		131	7	7				138
1963		121	4	3	1			125
1964	1	140	5	4	1		1	147
1965	1	146	7	4	1	2	1	155
1966	1	161	8	5	1	2	4	174

续表 3–4

年份	科技支出	教育支出	文体广支出				计划生育支出	小计
			小计	文化	体育	广播		
1967	1	173	7	5	1	1	2	183
1968	1	158	9	5	1	3	3	171
1969		136	9	6	1	2		145
1970		143	13	9	1	3		156
1971		183	12	8	1	3	6	201
1972		210	12	7	1	4	6	228
1973	1	236	17	9	2	6	10	264
1974	1	279	18	11	2	5	7	305
1975	7	277	18	10	3	5	7	309
1976	2	294	17	9	2	6	8	321
1977	2	303	23	13	3	7	11	339
1978	2	361	28	19	3	6	12	403
1979	9	380	18	8	4	6	15	422
1980	5	488	30	19	3	8	19	542
1981	6	501	24	14	2	8	20	551
1982	5	580	26	15	4	7	21	632
1983	8	596	46	16	6	24	28	678
1984	7	739	36	18	4	14	33.5	815.5
1985	20	894	44	26	5	13	25.5	983.5
1986	8	936	52	28	14	10	34.1	1030.1
1987	7	954	77	25	18	34	28.7	1066.7
1988	15	1278	62	29	14	19	28.4	1383.4
1989	10	1407	85	35	11	39	27.9	1529.9
1990	23	1590	76	39	12	25	38.8	1727.8
1991	14	1760	79	31	13	35	31.1	1884.1
1992	20	2035	111	50	34	27	40	2206
1993	11	2274	103	32	24	47	37	2425
1994	12	3118	104	50	12	42	43	3277
1995	20	4240	128	67	9	52	93	4481
1996	31	6169	181	77	20	84	112	6493
1997	161	5784	125	56	12	57	92	6162
1998	106	6542	252	60	18	174	80	6980
1999	76	6756	524	91	18	415	611	7967
2000	98	5243	327	138	25	164	200	5868
2001	188	7653	532	116	30	386	235	8608
2002	199	8959	554	50	13	491	417	10129
2003	113	8408	251	73	5	173	241	9013
2004	159	9828	668	58	5	605	822	11477
2005	179	13650	277	58	8	211	897	15003
2006	109	14784	394	50	8	336	1071	16358
2007	729	32945	836	353	28	455	1594	36104
2008	2063	29931	1168	833	26	309	2110	35272
2009	2417	35488	4005	2767	682	556	2883	44793
2010	5856	40165	2784	1699	586	499	3284	52089
合计	12705	260673	14240.5	7156.5	1704	5380	15291	302909.5

说明：1951 年决算数为大米，单位为“万斤”，未汇总在合计数中。

第五节 社会保障支出

社会保障支出是政府通过财政，为丧失劳动能力、失去就业机会，或遇到其他事故而面临经济困难的社会成员，提供基本生活保障的支出。它包括抚恤和社会福利救济事业费支出、社会保障补助支出、医疗卫生和公费医疗支出等。

一、抚恤和社会福利救济事业费支出

抚恤和社会福利救济事业费包括抚恤事业费、社会救济福利事业费、自然灾害救济事业费、复员退伍军人安置费，1985 年起增加了离退休经费、退职费、军队移交地方安置的离退休人员费用等，以及民政事业费和残疾人事业费等，此类经费是由民政部门负责支出管理，故统称民政事业费。

1950 年，灌云县对全县残老孤幼 1800 多人和家庭病灾、人多劳少的生活困难户共 6 万多人给予救济，当年支出 7.2 万元。

1952 年起，除对社会困难户救济外，国家对灌云县在革命战争中牺牲、病故、残废的人员给予一次性抚恤，当年的抚恤是发给粮食，支出折合现金为 15.9 万元，其中抚恤事业费 7.5 万元。

1953 年，国家抚恤由粮食改发现金，抚恤标准有所调整，当年支出 23.8 万元，其中抚恤事业费 15.2 万元。

1954 年，全县遭受严重水灾，据调查，全县重灾村 70 个、轻灾村 196 个，共有灾民 125503 人，占总人口的 23.3%，共发放救灾救济款 11 万元。同时，解决优抚对象房屋 217 间、土地 1058 亩，发放 2913 户优抚对象生活补助 7.3 万元。

1957 年，全县遭受雨雪、冰雹、暴雨等袭击：1 至 2 月雨雪 40 天，柴草严重断烧；5 月，冰雹灾害使三麦受灾 13377 亩；8 月，暴雨成灾，32 万亩农田积水，灾情严重。当年救灾支出达 23.5 万元，发放社会救济费 43.6 万元。

1950～1957 年，民政事业费共支出 269.3 万元。

1958 年人民公社化后，灌云县贯彻“依靠集体，依靠群众，生产自救，辅以国家救济”的方针，社会救济支出有所减少，如 1961 年社会救济仅支出 4.6 万元。

1962 年，由于遭受严重自然灾害，全县当年救灾支出 64.6 万元，增加较多。

1964 年，灌云县遭遇春天大旱、夏季风雹的袭击，灾情严重，当年救灾支出 84.8 万元。

1965 年，国家对伤残抚恤标准进行了调整，并对在乡三等伤残军人由一次性抚恤改为长期抚恤。当年抚恤事业费支出 23 万元，比上年增加 20.2%。

1971 年麦收期间，灌云县连续阴雨一个多月，三麦普遍霉烂，全县减产超三成。1971 年冬至 1972 年春，安排救灾支出 168 万元。

1977 年，调整了伤残军人抚恤标准，但增长幅度不大，抚恤事业费增长有限。

1980 年，灌云县根据省民政厅、财政厅关于改进优抚对象定期定量补助的规定，按照新补助标准进行调整。其中烈属 358 人，月增加 1069 元；病故军人家属 62 人，月增加 144 元；失业军人家属 25 人，月增加 75 元；复员军人 1296 人，月增加 5591 元；带病回乡退伍军人 26 人，月增加 108 元。

1984 年，民政经费支出 252.9 万元，比上年增加 74.29%，主要是伤残抚恤金和烈属复原退伍军人定补标准的提高，及优抚站扩建而增加了支出。

1987 ~ 1989 年，又先后两次提高定补标准。为此，国家下达抚恤补助指标 6.7 万元，县财政局一次性拨给 40 万元（包括补发），使当年民政经费支出比上年增长16%。

1988 年，根据连云港市民政局、财政局通知精神，提高了革命伤残军人抚恤标准，全县共增发抚恤经费 9.4 万元。

1990 年，对因战三等乙级伤残军人每人每年增发 60 元，全县年增加抚恤经费 1.26 万元。

1991 年，在乡伤残人员抚恤标准提高，全县共增拨抚恤经费 7.13 万元。5 月起，对城镇伤残人员增发粮油补贴，每人每年 72 元。1992 年每人每年增发 60 元，同年 8 月又增发煤电补贴 84 元，1993 年 4 月再增发粮油补贴每人每年 72 元。

1993 年，市民政、财政局下文增拨 4.3 万元，对革命烈士、因公牺牲和病故军人家属的定补每人每月增加 10 元，对在乡复员军人定补每人每月增加 5 元，由县财政增拨。

1999 年，提高了在职伤残军人的保健金，提高标准为 35 ~ 75 元。

2001 ~ 2003 年，灌云县根据连云港市民政局、财政局文件精神，连续三年对优抚对象定期补助标准进行调整。2005 年～2010 年，对定期抚恤金的标准作了三次调整，民政抚恤经费有较大增长。2001～2010 年，抚恤社会福利救济累计支出 28178 万元。

1950～2010 年，灌云县民政抚恤社会救济事业费累计支出 42518 万元，其中抚恤事业费支出 20166 万元，社会救济福利事业费支出 8553 万元，自然灾害救济事业费支出 6189 万元，离退费经费 406 万元，其他民政事业费（含退伍、退职费）支出 7204 万元。

二、社会保障补助支出

1998 年，灌云县财政增设社会保障补助支出科目。1998～2000 年的支出计 110 万元，主要是社会保障管理机构人员和业务费支出，以及城镇就业补助费、国有企业下岗职工基本生活保障补助费、养老保险基金补贴等支出。2001 年，支出 252 万元，其中用于国有企业下岗职工基本生活保障补助 213 万元。2002 年社会保障补助支出 703 万元，其中 299 万元用于对养老保险基金的补贴支出。此后逐年增多，至 2006 年已达 3594 万元。2010 年，增加住房保障支出 1742 万元。1998～2010 年灌云县社会保障补助支出累计 52936 万元。

三、卫生事业费支出

卫生事业费指卫生部门主管的经费，原在科教文卫事业费类，2002 年灌云财政局增设社保股后，将卫生事业费划归社会保障支出类。灌云县卫生事业费包括县医院、中医院、乡镇卫生院的差补经费、防治防疫经费、药品检验经费、妇幼保健经费、干部培训费、合作医疗补助费及其他卫生事业费等。1951～2010 年，灌云县卫生事业费累计支出 66248 万元。

（一）医疗机构差额补助支出

1. 县医院补助支出

1953 年起，卫生事业费支出中有 5.7 万元补助县医院建设，县医院经费实行差额补助，并逐年增多，推进县医院建设有了长足发展。1980 年，县投资 73.32 万元建老干部病房 2554 平方米。1982 年投资 26 万元建成 583 平米的食堂。1990 年，投资 58 万元建成 1000 平方米的制剂楼（供应室）。1991 年，投资 680 万元（其中县财政 10 万元）建成 7613 平方米的门诊楼。1998 年，投资 1060 万元，建成 1766 平方米的门面房。2003 年，投资 4207 万元建成 14951 平方米的病房楼。1999～2010年，县医院先后投资1781万元购置医疗设备，如投资165万购置DR、152万元建成彩色B超工作站、275万元购置螺旋CT扫描仪、158万元购置数字胃肠机等。

2008年，灌云县在新城区建设新的县医院，占地105亩，总建筑面积10万平方米，总投资3.5亿元。根据苏财建〔2009〕119号和〔2010〕164号、320号文件精神，省财政共补助经费1495万元，其余资金为自筹。

1953～2010年，灌云县对县医院差额补助经费3839万元，占医疗卫生事业费支出的5.52%。

2. 中医院补助支出

1979年，灌云县成立中医院，当年支持中医院建设拨款3万元。1988年，投资150万元，其中财政拨给19.3万元建成2500平方米的门诊楼，后又投资100万元建起800平方米的急诊楼。2000年，投资970万元，其中财政拨给46万元建成5560平方米病房楼。又先后投资876万元购置各种医疗设备，如118万元购置彩色多普勒西门子B超等。至2010年，共投资2426万元，其中自筹2096万元，财政及上级拨款330万元。另用于人才培训220万元。1979～2010年，灌云县对中医中药补助支出累计4830万元（含自筹资金）。

3. 乡镇卫生院补助支出

新中国成立后，为了卫生事业的发展，县财政对区乡卫生所进行了补助。1953年，区乡卫生所补助2.6万元，以后逐年增多。

1958年，灌云县卫生支出15.5万元，建成人民公社医院20个。1972年，县财政加大对公社卫生院的投入，当年补助公社卫生院16.6万元。1978年，杨集、四队、陡沟、板浦等四个公社医院更名为中心卫生院。其他更名为公社卫生院。当时，卫生院条件比较简陋，房屋大多破旧不堪。1984年起，对全县乡镇卫生院房屋进行集中改造，县乡两级政府和财政部门千方百计调度资金，增加投入。1984～1988年，县财政投入300万元，较好地完成了集中改造任务。1992年，根据连云港市政府关于农村三项建设要求，灌云县除拨专项经费与省配套外，并由县乡卫生部门多渠道筹措资金，新建乡镇卫生院门诊楼5224平方米、病房1600平方米，新增了病床、X光机、B超仪、救护车等一大批医疗设备。

1953～2010年，灌云县对乡镇卫生院补助累计支出2971.7万元。

1953~2010年灌云县医疗机构补助经费统计表

表3-5 单位:万元

年份	医院经费	县医院	中医院	乡镇卫生院	小计
1953	5.7			2.6	8.3
1954					
1955	3.1				3.1
1956		4		2.7	6.7
1957	5.5				5.5
1958	0.9				0.9
1959	6				6
1960	9.6			2	11.6
1961	9			2	11
1962	6.2				6.2
1963	6.6				6.6
1964	6.5				6.5
1965	6.9				6.9
1966	6.7				6.7
1967		6.5			6.5
1968		3.7		3	6.7
1969					
1970					
1971	11				11
1972		6.5		16.6	23.1
1973		6.8		24.2	31
1974	7.6			29.3	36.9
1975		6.9		37	43.9
1976		8.3		39.6	47.9
1977					
1978		10.3		51.7	62
1979		12.6		51.4	64
1980		14	10	57	81
1981		22.1	11.1	64.7	97.9
1982		26.7	5	66.6	98.3
1983		48	9.4	65.2	122.6
1984		24.5	5	71	100.5
1985		31.9	15.5	76.8	124.2
1986		32.9	16.1	61	110
1987		32.7	20.8	86.5	140
1988	16.3		20.5	85	121.8
1989		18.5	6.5	12.6	148.6
1990		46.2	4.5	98.8	149.5

续表 3-5

年份	医院经费	县医院	中医院	乡镇卫生院	小计
1991			4.5		4.5
1992	93		18		111
1993			6		6
1994			6		6
1995			20		20
1996			22		22
1997			28		28
1998			32		32
1999		1	46	24	71
2000		21	27	50	98
2001		5	50	99	154
2002		9	16	75	100
2003		41		17	58
2004		24	5	36	65
2005		3	16	15	34
2006		4	36	11	51
2007		114	26	11	159
2008		39	6	404	449
2009		604	1	669	1274
2010		944	1	445	1390
合计	200.3	2140.1	490.9	2971.7	5865.9

（二）全额拨款卫生事业单位经费支出

1. 防治防疫事业费支出。1953 年，灌云县卫生局设防疫股，当年财政安排支出防疫事业费 0.5 万元。1956 年，县卫生防疫站成立，当年安排经费 1.7 万元。1953 ~ 2002 年，灌云县防疫防治经费共支出 633 万元。2003 年，县卫生防疫站撤销，与县预防所合并成立县疾病预防控制中心，随着全县疾病预防控制工作的加强，其经费支出的规模亦越来越大。2010 年，达到 318 万元。2004 年 ~ 2010 年，灌云县疾控中心经费增长较快，累计支出 1335 万元，其中人员经费 986 万元、结核病防治经费 136 万元、艾滋病防治经费 30 万元、地方病防治经费 13 万元、免疫规划经费 78 万元、寄生虫病防治经费 16 万元、传染病防治经费 30 万元、慢性病防治经费 9 万元、麻风病防治经费 12 万元、传染病与公共卫生监测经费 25 万元。

1953 ~ 2010 年，灌云县防治防疫经费累计支出 1830 万元。

2. 妇幼保健经费支出。1953 年，灌云县成立了妇幼保健站，当年财政安排支出 0.5 万元。1968 年，妇幼保健经费增至 8.1 万元。1974 ~ 1990 年，妇幼保健支出为 84.6 万元。1997 年，投资 90 万元建成妇幼保健所业务综合楼，其中县财政拨款 30 万元，市计委投资 37 万元。2009 ~ 2010 年，省财政增拨给灌云孕产妇补助经费 371 万元、叶酸补助经费 23.3 万元，按时下拨到各乡镇卫生院。1953 ~ 2010 年，灌云县妇幼保健经费累计支出 1410.2 万元。

3. 药品检验及卫生监督事业费支出。1979 年，灌云县成立药品检验所，当年安排经费 1.3 万元。

1999 年，药品检验机构经费改为药品监督管理事业费。2003 年，药品监督管理事业费因其机构独立，单独列支。2004 年该机构上划，经费改由垂直供给。

2004 年，灌云县成立县卫生监督所。2004 年 ~ 2010 年，县卫生监督经费支出共 377 万元。

1979 ~ 2010 年，灌云县药品检验及卫生监督经费累计支出 475.2 万元。

4. 卫校及干训经费支出。1959 年，灌云县成立县卫生学校，为全额拨款事业单位中专学校。1959 ~ 1962 年共支出 7.8 万元。1962 年后，改为全县医疗卫生人员的培训机构，担负培训工作，至 1985 年共支出干训费 42 万元。2002 ~ 2006 年，又更名为卫生进修学校，共支出 165 万元（包括干训费）。

1953 ~ 2006 年，灌云县卫校及干训经费累计支出 214.8 万元。

1953~2010 年灌云县全额拨款卫生事业单位经费支出统计表

表 3–6 单位:万元

年份	妇幼保健	防疫防治	卫生监督及药品检验	卫校及干训费
1953	0.5	0		0.5
1954	0.5	0.3		1.5
1955	0.3	0.5		3
1956	1.2	4.4		1.7
1957	0.8	1.1		1.6
1958	0.9	5.3		0.6
1959	0.4	6		0.4
1960	0.5	14.5		0.5
1961	0.6	5.8		0.7
1962	4.3	3.5		0.4
1963	4.3	7.8		1
1964	6.6	5.6		

续表 3-6

年份	妇幼保健	防疫防治	卫生监督及药品检验	卫校及干训费
1965	3.5	6.6		
1966	8.8	7.1		
1967	6.5	10.5		
1968	8.1	7.4		
1969	32.3			
1970	51			
1971		13		
1972		9		
1973		7.7		
1974	3.3	11.7		
1975	2.7	12.8		
1976		11.4		
1977	11			
1978		23		
1979	3.9	13.2	1.3	6.2
1980	3.7	12.3	0.8	1.5
1981	7.4	17	1.9	3.8
1982	5.6	14.9	0.9	4.2
1983	7.4	13.2	1.3	
1984	3.5	12.3	3.3	7.7
1985	5.1	19.4	3.7	1.3
1986	4.9	28.4	2.6	4.2
1987	6.5	25.3	2.2	
1988	5.9	17.4	4	7.7
1989	7.7	17.2	3.1	1.3
1990	6	28.2	3.9	
1991	278.5		2.2	
1992			4	
1993			3.1	
1994	319		3.9	
1995				
1996				
1997				
1998				
1999	25	47	26	
2000	30	55	5	
2001	18	60	25	
2002	40	77		28
2003	30	105		28
2004	32	77	31	30
2005	39	111	47	43
2006	40	125	1	36
2007	103	151	61	
2008	70	162	62	
2009	93	330	81	
2010	77	136	94	
合计	1410.2	1830	475.2	214.8

（三）公费医疗经费支出

公费医疗经费是用于对国家机关工作人员实行免费治疗和疾病预防服务的经费。1952 年，国家开始实施公费医疗。1953 年，灌云县财政支出公费医疗经费 6.3 万元。1954 年，享受公费医疗人数年初 3022 人，年末 2965 人，人均开支 17.87 元，当年支出 5.4 万元。1972 年前，每年的公费医疗支出在 10 万元以内。1973 年增至 13 万元，1978 年达 17.8 万元。截至 1978 年，公费医疗经费一直在卫生事业费类列支。1979 年，财政收支科目调整，公费医疗经费从卫生事业费中分出单列，当年支出 22.7 万元。20 世纪 80 年代后，公费医疗经费迅速增长，1984 年支出 62 万元，1987 年达 128 万元，1990 年支出增至 233 万元。1991～1999 年，公费医疗支出共计 3028 万元。2006 年，财政收支科目改革，公费医疗改列在行政事业单位医疗经费科目内。实施公费医疗改革后，行政事业单位原享受公费医疗的人员全部改为参加医疗保险，公费医疗经费也就演变为医疗保险中的一个项目。2007 年至 2010 年，行政事业人员的医疗保险经费支出列在医疗保障支出项目内。1953～2006 年，灌云县公费医疗经费支出累计 9166 万元。

1953~2006 年灌云县公费医疗支出统计表

表 3-7 单位:万元

年份	支出数	年份	支出数	年份	支出数	年份	支出数
1953	6	1967	8	1981	30	1995	364
1954	5	1968	7	1982	46	1996	361
1955	5	1969		1983	52	1997	389
1956	6	1970		1984	62	1998	442
1957	8	1971	8	1985	75	1999	363
1958	6	1972	10	1986	89	2000	53
1959	8	1973	12	1987	128	2001	428
1960	8	1974	8	1988	113	2002	266
1961	8	1975	15	1989	185	2003	771
1962	10	1976	11	1990	233	2004	853
1963	10	1977		1991	226	2005	1238
1964	9	1978	18	1992	246	2006	1266
1965	7	1979	23	1993	328	合计	9166
1966	7	1980	27	1994	309		

（四）医疗保障支出

2007 年，为适应社会保障体制改革，卫生事业费支出中增加了“医疗保障”科目，其支出包括行政事业单位医疗的支出、优抚对象医疗补助、新型农村合作医疗、城镇居民基本医疗保险等。当年支出 4820 万元。随着医疗保障覆盖面的扩大，医疗保障经费也迅速增加，到 2010 年已达到 12641 万元。2007 ~ 2010 年，灌云医疗保障支出累计 36128 万元。

2008 ~ 2010 年灌云县医疗保障支出统计表

表 3–8　　单位：万元

年份	行政单位医疗	事业单位医疗	优抚对象医疗补助	新型农村合作医疗	城镇居民基本医疗保险	其他	小计
2007	1501	760		2545		14	4820
2008	725	1644	82	2665	580	360	9056
2009	406	2271	33	6001	475	425	9611
2010	816	1900	222	8501	671	531	12641
合计	3448	6575	337	19712	1726	1330	36128

（五）农村改水经费支出

根据省委、省政府“把淮北农村改水作为淮北地区脱贫致富的大事来抓”的指示精神，县政府十分重视农村改水工作。在县财政比较困难的情况下，仍安排改水专项资金。1997 年 9 月，连云港市财政局制定下发了《连云港市农村改水资金管理办法》，灌云县按照此办法，安排改水配套资金按改水受益人数每人不少于 10 元。

1992 ~ 1993 年，全县投入改水资金 1850 万元，其中财政投入 520 万元，自筹资金 1330 万元，共打人畜两用井 40 眼，建成各类型水厂 37 座（地面净化水厂 18 座、地下深水井 19 座）。

1994 ~ 1995 年，投入改水资金 693 万元（自筹资金 324 万元），新建水厂 28 座，新增受益人口 10 万人。

1996 年，投入改水资金 1512 万元，其中省补助 82 万元，市补助 33.7 万元，县补助 55 万元，无锡市郊区政府支持 100 万元，群众自筹 1241.3 万元。完成氟区改水 4 个乡，污染区改水 5 个乡镇，新建水厂 28 座，打井 18 口，新增受益人口 13.8 万人。

1997～1998年，全县农村改水投资1961.60万元，其中省市县补助463万元，自筹1398.6万元，无锡市郊区政府支持100万元。两年新建水厂16座，完成降氟改水24个村，受益人口3万人。至1998年，全县累计建水厂119座，改水受益人口58.15万人。

1999～2000年，全县农村改水投资750万元，新建水厂5座，受益人口4万人。

自农村改水工作开始至2010年，全县新建改建水厂192座，受益人口累计89.53万人。全县累计投入7028万元，其中省市县投入2803万元（含无锡市郊区政府对口支持300万元），群众自筹及其他投入4225万元。

第六节 行政管理费支出

行政管理费是指财政用于国家权力机关、行政管理机关和外事机构行使其职能所需要的费用。灌云县行政经费包括县乡人民代表大会、县乡党政机关、县政协及民主党派、人民团体、公检法司机关的人员经费和公用经费。

一、行政经费支出

灌云县行政经费支出主要反映县乡党政、团体、机关的人员经费和公用经费。

1951～1952年，灌云县行政支出主要反映乡镇机关的支出，县级行政支出直接向淮阴专员公署报账。1953年，灌云县建立县级预算制度，当年行政管理费支出56万元，其中包括公安及司法支出2万元。其经费主要用于实行供给制（包括少数实行工资制）的国家工作人员的基本生活支出计30万元、公用经费支出26万元。1955年，工资制度改革，国家工作人员由供给制改为货币工资制，支出有所上升。1962年起，由于精简机构、下放人员，行政经费有所减少，支出比重有所下降。1985年和1993年，国家先后两次改革工资制度，提高工作人员工资。同时随着社会事业的发展和国家机关管理事务的增加，行政机构和人员都有所增加，行政经费开支也不断增加。从1953年的年行政经费支出54万元，到2006年增加到16348万元，增长292倍。工作人员由1953年630人增加到2006年3151人。2007年，预算收支分类改革后，行政管理费支出列入了其他相关科目。

1953～2006年，灌云县行政管理费支出累计92939万元，其中人员经费支出59923万元，公用经费支出33016万元，占同期财政一般预算支出的21.3%。

二、公检法司经费支出

公检法司经费包括公安安全经费、检察经费、法院经费、司法经费等。1953～1980年间，灌云县行政管理费包括公检法司经费。1981年起，公安支出在行政管理费类单列。1983年，行政管理费类除行政支出和公安安全支出外，增加了司法检支出款项。1987年起，公安安全支出和司法检支出合并为行政管理费类中的政法支出。1988年预算科目调整时，又从行政管理费类分出，分别列公安安全支出、检法司支出。从1998年起还增列了武装警察部队支出。

1953～1980年，公检法司支出共计29万元。1981年单列支出后，至1987年共计支出121万元。

1988年，公检法司支出单列一类，至2006年累计支出25984万元。1995年5月始，灌云县根据上级文件精神，先后3次调整公安政法干警特殊岗位津贴，并在县财力十分紧张的情况下，保证政法部门增人增资等正常经费的支出。

一是支持公安部门“三所”建设。1981～1984年投资50万元，建成新的看守所，面积345平方米。1995年，投资30万元，扩建治安拘留所，占地400平方米。2010年，利用政法转移支付专项资金200万元，为刑警大队新建法医解剖室并购置了相关的设备，配齐了县级技术标准所必须的刑侦技术装备，提高了刑事侦查能力。利用政法转移支付专项资金600万元，对道路交通监控网及交通信号设施进行改造。1997年，县财政投资30万元，建设110指挥中心，又投资146.8万元对指挥中心系统设备接处警系统进行升级改造，投资数万元，购置警用车辆，增强了公安执法的机动能力。

二是支持法院的法庭建设。2006年，县投资131.8万元，建成了杨集法庭审判综合楼，占地面积3200平方米，建筑面积1200平方米。灌云县法院审判综合楼14990.4平方米，总投资3000万元，2008年建成使用。

三是支持检察院新建检察机关办案技术侦查综合楼工程。总计投资1050万元，建筑面积为6000平方米，2005年建成使用。

1953～2010年，灌云县公检法司累计支出57096万元。其中公安局支出38355万元；检察院支出5875万元；司法局支出2643万元；法院支出9713万元；检察院和司法支出304万元；检法司支出207万元。

1953～2010年灌云县公检法司经费支出统计表

表3-9 单位:万元

年份	公安	检察院	司法	法院	检察、司法	检法司经费	小计
1953	1.6						1.6
1954	2.3		0.3				2.6
1955	2.2						2.2
1956	4.6	1.3	2.1				8
1957	3.1	1.5	2				6.6
1958	4.9	1.2	2.1				8.2
1959		0.3	0.4				0.7
1961			1.7				1.7
1965	0.3	0.1	0.1				0.5
1966	0.5		0.1				0.6
1967	0.4		0.1				0.5
1981	30.5						30.5
1982	36.4						36.4
1983	56.9				25.7		82.6
1984	58.9				39.6		98.5
1985	52.6				40.9		93.5
1986	50.7				51.6		102.3
1987	52.9				47.2		100.1
1988	101.8				98.7		200.5
1989	97.4					116.7	214.1
1990	113.3					90.7	204
1991	116.5	26.4	20.9	51.8			215.6
1992	136	35	26	43			240
1993	148	49	30	73			300
1994	221	70	47	110			448
1995	247	79	48	115			489
1996	320	73	48	107			548
1997	664	101	59	136			960
1998	738	119	62	144			1063
1999	602	131.8	96.1	184.7			1014.6
2000	1757	162	134	189			2242
2001	1812	168	91	231			2302
2002	1854	290	97	412			2653
2003	1700	282	116	353			2451
2004	2199	327	95	408			3029

续表 3-9

年份	公安	检察院	司法	法院	检察、司法	检法司经费	合计
2005	3104	442	107	519			4172
2006	2476	343	130	673			3622
2007	3418	687	242	1037			5384
2008	3903	542	226	1180			5851
2009	5440	974	485	1976			8875
2010	6828	969	474	1770			10041
合计	38354.8	5874.6	2642.9	9712.5	303.7	207.4	57095.9

说明:表中只是大部分年份支出的统计数,因为 1962 ~ 1964 年和 1968 ~ 1980 年期间,公检法司经费支出列入了行政管理费中。

三、其他行政管理费支出

其他行政管理费支出包括退赔公社平调支出、下放给人民公社的支出、税务财政审计等部门事业费、下放干部经费、五七干校经费、城镇人口下乡安置支出等。1969 ~ 1970 年支出五七干校经费 22 万元；1970 ~ 1975 年支出干部下放经费 183 万元；1965 ~ 1981 年支出城市人口下乡安置经费 598 万元；财政、税务、审计等部门事业费 2389 万元；退赔公社平调支出 135 万元；下放给人民公社的支出 72 万元；民主党派和人民团体补助支出 40 万元。1951 ~ 2010 年，灌云县其他行政管理费累计支出 3439 万元。

1953 ~ 2006 年灌云县行政管理费支出明细表

表 3-10　　单位:万元

年份	人员经费					公用经费				
	工资	补助工资	职工福利费	离退休费用	合计	公务费	设备购置费	修缮费	其他	合计
1953	35.6		1.7		37.3	12.5	0.6	2.2	1.7	17
1954	39	0.3	3		42.3	13.9	0.2		3.4	17.5
1955	45.4	0.6	1.3		47.3	11.4	0.1	2.7	8.8	23
1956	59.4	0.2	2.2		61.8	10.2	0.5	1.1	8.8	20.6
1957	46.9	0.4	8.4		55.7	10.8	0.5	2	2.1	15.4
1958	40.3	0.1	2.2		42.6	9.1	2.2	0.4	0.9	12.6
1959	53.5	0.3	2.5		56.3	22	1.5	5.1	1.8	30.4
1960	55.1	0.6	1		56.7	23.5	2.1	0.1		25.7
1961	57.7	0.1	2.8		60.6	21.4	0.1		1.8	23.3
1962	45.4	0.1	7.3		52.8	18.4				18.4

续表 3-10

年份	人员经费					公用经费				
	工资	补助工资	职工福利费	离退休费用	合计	公务费	设备购置费	修缮费	其他	合计
1963	44.7	0.1	4.2		49	14.5			0.1	14.6
1964	48.9	0.1	2.1		51.1	13.7		6.5	0.1	20.3
1965	49.4	0.8	2		52.2	15	0.6			15.6
1966	47.8	0.5	0.3		48.6	15.4	1.2	7.9	0.5	25
1967	47.6	0.6	2		50.2	13.3	4	0.5	0.1	17.9
1968	51.2				51.2	10.5		2.5	0.9	13.9
1972	57.8				57.8	49.1			3.9	53
1973	62.8	1.6	1.9		66.3	28.4	1.1	13.8	1.2	44.5
1974	71.6	0.5	3.7		75.8	11.8	28.9	0.6		41.3
1975	73.8	1	3.7		78.5	25.8	3.2	40	0.6	69.6
1976	78.3	0.7	4.6		83.6	31.1			0.5	31.6
1978	85.6	7.2	5.6		98.4	37.5	0.5	27.4	6.1	71.5
1979	87.6	2.2	5.7		95.5	30.2	0.8	37.9		68.9
1980	93.4	18.4	5.4		117.2	37	10.6	52	18.2	117.8
1981	93.2	13.4	6.4		113	54.8	0.9	39.9	24.4	120
1982	98.7	13.6	6.1		118.4	58.3	6	32.1	3.4	99.8
1983	107.7	19.5	6.9	35.8	169.9	62.9	12.2	57.2	5.4	137.7
1984	106	26	13.5	36.8	182.3	89.8	38.4	95.3	22.2	245.7
1985	145.8	42.6	13.8	46.8	249	96.6	14.9	46.9	10.4	168.8
1986	177.9	36.2	17.3	58.4	289.8	136.1	18.5	45.6	9.4	209.6
1987	200.3	42.6	19.5	61.5	323.9	108.9	21.9	57.9	10.6	199.3
1988	158.9	48.7	16.9	68.9	293.4	112.9	5.5	84.7	12.9	216
1989	163.8	57.5	17.5	76.5	315.3	139.3	11.1	72.7	28.3	251.4
1990	206.3	57.2	23.1	85.8	372.4	154.2	28.9	74.1	35.1	292.3
1992	240	131	32	114	517	211	30	96	38	375
1993	247	192	35	142	616	305	22	95	84	506
1994	453	173	37	228	891	413	44	96	80	633
1995	635	161	43	325	1164	482	54	167	159	862
1996	852	247	44	459	1602	682	68	26	28	804
1997	744	447	53		1244	855	86	384	436	1761
1998	885	707	64		1656	933	116	243	707	1999
1999	951	870	83		1904	847	170	352	1169	2538
2000	1008	648	200	2634	4490	635	60	514	477	1686
2001	1109	634	93	3094	4930	1427	89	248	946	2710
2002	2004	105	95	4039	6243	3045				3045
2003	2053	488	11	4444	6996	1885	132		323	2340
2004	1759	360	13	5161	7293	2090	154	254	121	2619
2005	1793	879	11	6099	8782	3677	155		329	4161
2006	1717	1251	33	6582	9583	5388	228	551	598	6765
合计	19287.4	7686.7	1061.6	33791.5	61827.2	24375.3	1625	3835.1	5718.6	35554

说明：表中缺 1969~1971 年和 1977 年、1991 年的支出。

第七节　收支分类改革后的支出

2007年1月1日起，灌云县执行财政部制定下发的《政府收支分类改革方案》。改革后的政府收支分类体系把财政支出分为支出功能分类科目和支出经济分类科目。县财政的支出功能分类科目有：一般公共服务、国防、公共安全、教育、科学技术、文化体育与传媒、社会保障和就业、医疗卫生、城乡社区事务、环境保护、农林水事务、交通运输、资源勘探电力信息等事务、商业服务业等事务、地震灾后恢复重建支出、国土资源气象等事务、住房保障支出、粮油物资储备管理事务和其他支出等。

一、一般公共服务

一般公共服务是反映政府提供基本公共管理与服务的支出。主要包括人大、政协、政府办公室及相关机构的行政管理事务等。2007~2010年，灌云县一般公共服务支出累计96355万元，占同期财政一般预算支出的13.24%。

二、国防

反映县政府用于国防方面的支出。灌云县主要用于民兵预备役、兵役征集等方面的事务支出。2007~2010年，灌云县用于国防的累计支出438万元，占同期财政一般预算支出的0.06%。

三、公共安全

反映政府维护社会公共安全方面的支出。它包括县武警、公安、国家安全、检察、法院、司法行政、监狱、劳教、国家保密等相关事务的支出。2007~2010年，灌云县公共安全支出累计32523万元，占同期财政一般预算支出的4.47%。

四、教育

反映政府教育管理方面的事务支出。它包括学前教育、小学教育、初中教育、高中教育、职业及中专教育，成人教育和特殊教育及教育机关服务等。2007~2010年，灌云县教育支出累计138529万元，占同期财政一般预算支出的19.04%。

五、科学技术

科学技术支出主要包括科技管理事务、科技应用研究、技术研究与开发、科技条件与服务、科技普及等方面的经费使用。2007～2010年，灌云县科学技术支出累计11065万元，占同期财政一般预算支出的1.52%。

六、文化体育与传媒

反映政府在文化、文物、体育、广播影视、新闻出版等方面的支出。文化方面主要用于文化运行、图书馆、艺术表演场所、群众文化等方面的支出；文物主要用于灌云博物馆的支出；体育主要用于体育竞赛、体育场馆的支出等；广播影视主要用于行政运行、新闻通讯、新闻出版管理及其他支出等。2007～2010年，灌云县文化体育与传媒累计支出10622万元，占同期财政一般预算支出的1.46%。

七、社会保障和就业

这类支出主要包括社会保障和就业管理事务、民政管理事务、财政对社会保险基金的补助、行政事业单位离退休、企业改革补助、就业补助、抚恤、退役安置、社会福利、残疾人事业、城市居民最低生活保障、其他城镇社会救济、农村社会救济、自然灾害生活救助、红十字事务等方面。2007～2010年，灌云县社会保障和就业支出累计54280万元，占同期财政一般预算支出的7.46%。

八、医疗卫生

医疗卫生主要包括医疗卫生管理事务、医疗服务、医疗保障、中医药、疾病预防控制、妇幼保健、公共卫生、农村卫生等方面的支出。2007～2010年，灌云县医疗卫生支出累计47365万元，占同期财政一般预算支出的6.51%。

九、环境保护

环境保护支出包括环境保护管理事务、环境监测与监察、污染防治及减排、能源节约利用、可再生能源和资源结合利用等方面。2007～2010年，灌云县环境保护累计支出13339万元，占同期财政一般预算支出的1.83%。

十、城乡社区事务

城乡社区事务支出包括城乡社区管理事务、城管执法、城乡社区规划与管理、城乡社区公共设施（含小城镇建设和县两大园区建设）、城乡环境卫生等方面。2007～2010 年，灌云县城乡社区事务累计支出 139200 万元，占同期财政一般预算支出的 19.13%。

十一、农林水事务

农林水事务支出包括农业、林业、水利、扶贫、农业综合开发等方面。2007～2010 年，灌云县农林水事务支出累计 120201 万元，占同期财政一般预算支出的 18.52%。

十二、交通运输

交通运输支出主要反映公路、水路运输事务支出，石油价格改革对交通运输的补贴等。2007～2010 年，灌云县交通运输累计支出 13263 万元，占同期财政一般预算支出的 1.82%。

十三、资源勘探电力信息等事务

灌云县从 2009 年增加了采掘、电力信息事务支出，至 2010 年累计支出 15347 万元，占同期财政一般预算支出的 2.11%。

十四、商业服务业等事务

商业服务业等事务支出包括商业流通事务、旅游管理与服务、涉外发展服务等方面。2007～2010 年，灌云县商业服务业等事务累计支出 16279 万元，占同期财政一般预算支出的 2.24%。

十五、地震灾后恢复重建支出

反映在车辆购置税、彩票公益金及其他政府型基金之外安排的灾后恢复重建支出。2008~2009 年，增加了灾后恢复重建支出 2182 万元；2010 年，增加了国土资源气象等事务支出 2294 万元、住房保障支出 1742 万元、粮油物资储备管理事务支出 204 万元。

十六、其他支出

其他支出是指不能划分到上述功能科目的政府其他支出。2007～2010 年，灌云县其他支出累计 12368 万元，占同期财政一般预算支出的 1.70%。

第八节　一般预算类其他支出

其他支出包括其他部门事业费支出、专款支出类、其他杂项支出以及不宜划分类别的支出。1951～2010 年灌云县其他支出累计 58744 万元，占同期财政支出的 3.6%。

一、其他部门事业费支出

其他部门事业费包括统计事业费、财政事业、农业税征收经费、工商管理费、税务事业费、审计事业费、城镇青年就业经费、国防支出、地震事业费等。1956～2010 年，累计支出 10579 万元。

二、其他杂项支出

其他杂项支出项目繁杂，项目不固定。

2009 年 2 月起，灌云县按上级要求，分别增加对家电下乡、摩托车下乡、汽车下乡等补贴。8 月 20 日起，又开展了家电以旧换新的补贴。

1956～2010 年灌云县其他杂项支出累计 48169 万元。

第九节　基金预算支出

1997 年，灌云县开始安排基金预算支出，当年支出 201 万元；至 2010 年，基金预算支出达 201730 万元，是 1997 年的 1003 倍。1997～2010 年，基金预算累计支出 469834 万元，占财政累计总支出的 28.74%。

一、收支分类改革前的基金支出

文教部门基金支出。主要从乡统筹中提取的农村教育附加及城镇按规定提取的教育附加用于支付民办教师工资和改善办学条件，以及用文化事业建设基金投入的文化事业建设项目。1997 年，从城市教育附加收入中安排 133 万元用于弥补教育事业的经费不足。2000 年，用征收的农村教育附加 4435 万元补充中小学校的经费。1997～2010年，全县文教部门基金支出累计支出4670万元，占同期财政基金预算支出的17.78%。

其他部门基金支出类。包括矿产资源补偿费支出、矿产资源勘查支出、城市水资源费支出等。1997～2006年，其他部门基金支出累计147万元，占同期财政基金预算支出的0.56%。

农业部门基金支出。2000年，上级补助地方水利建设基金收入50万元，用于农业部门基金支出。1997～2006年，全县农业部门基金支出累计1215万元，占同期财政基金预算支出的4.63%。

地方财政税费附加支出。1997～2010年，灌云县地方财政税费附加支出累计411万元，占同期财政基金预算支出的0.09%。

社保基金支出。2002年，灌云县社保基金中的基本养老保险基金纳入财政管理，当年安排基本养老保险基金支出669万元，此后逐年扩大。2002～2006年，全县社保基金支出累计14611万元，占同期财政基金预算支出的55.62%。

土地有偿使用支出。2004年，灌云县土地有偿使用收入纳入预算管理，当年安排土地有偿使用支出1208万元。1997～2006年，土地有偿使用支出累计5120万元，占同期财政基金预算支出的19.83%。

工业、交通部门基金支出。2003年起纳入预算管理，至2006年累计支出93万元，占同期财政基金预算支出的0.35%。

二、收支分类改革后的基金支出

2007～2010年，财政收支科目分类改革后的基金预算支出包括：社保基金支出53284万元，养路费支出20万元，散装水泥专项资金支出35万元，新型墙体材料专项基金支出94万元，地方教育附加支出4043万元，地方教育基金支出278万元，育林基金支出88万元，森林植被恢复费支出347万元，地方水利建设基金支出600万元，残疾人就业保障金支出391万元，城市公用事业附加支出774万元，国有土地使用权出让金支出360217万元，新增建设用地有偿使用费支出1800万元，农业土地开发资金支出6197万元，公路客货运附加费支出990万元，中央对外贸易发展基金支出37万元，文化事业建设支出6万元，国有土地收益基金支出6525万元，彩票事务977万元，城市基础设施配套费6834万元，其他政府性基金支出30万元。全县累计支出443567万元。

1997~2010年灌云县基金预算支出统计表

表 3-11

单位:万元

年份	文教部门基金支出类	其他部门基金支出类	地方财政税费附加支出	农业部门基金支出	农业部门及社保支出	社保基金支出	土地有偿使用支出	交通	养路费支出	散装水泥专项资金支出	新型墙体材料专项基金支出	地方教育附加支出	地方教育基金支出	育林基金支出	森林植被恢复费支出	地方水利建设基金支出	残疾人就业保障金支出	城市公用事业附加支出	国有土地使用权出让金支出	新增艰涩用地有偿使用费支出	农业土地开发资金支出	公路客货运附加费支出	中央对外贸易发展基金支出	文化事业建设费支出	国有土地收益基金支出	彩票事务	城市基础设施配套费	其他政府性基金支出	小计
1997	133	68																											201
1998	2		100																										102
1999			60																										60
2000	4471		60	50			42																						4623
2001			50	30																									80
2002					669																								669
2003		4	141	1		1706		2																					1854
2004	18	5		351		2817	1208	3																					4402
2005	26	20		153		4043	1076	22																					5340
2006	20	50		630		5376	2794	66																					8936
2007						10634			20	15	46	774	278	44	8	221	34	88	19918	881	845								33806
2008						13626				8	16	181		5	64	144	84	255	62382	496	1934	990	37	6	2521	273			83022
2009						10382				12	30	314		24	139	109	92	201	105173	261	2080				4004	306	1882		125009
2010						18642					2	2774		15	136	126	181	230	172744	162	1338					38	4952	30	201730
合计	4670	147	411	1215	669	67226	5120	93	20	35	94	4043	278	88	347	600	391	774	360217	1800	6197	990	37	6	6525	977	6834	30	469834

第十节　预算外资金支出

灌云县财政部门管理的预算外资金，主要用于发展地方生产及各项社会事业，改善人民生活，按其收入来源实行专款专用。

1959年，灌云县建立了预算外财政资金收支决算制度，当年预算外财政支出主要是：交通企业支出9.5万元、行政支出1.6万元。企业主管部门掌握使用的预算外资金及企业留成自行安排使用的部分共计33.1万元。

1960年，预算外财政支出包括企业基金支出71.5万元，其中主管部门掌握的支出18.9万元、企业掌握的支出52.6万元；集体所有制企业支出5万元；经济建设类支出10.2万元；社会文教科学费类支出34.2万元；其他支出24.4万元。全年总计支出145.3万元。

1961年，灌云县预算外资金支出中，财政部门掌握部分的支出为：工业支出38.6万元，主要用于基本建设；农林水支出12万元；交通及城市公用事业支出7.8万元；文化教育支出5万元；行政及其他支出34.6万元。合计支出98万元。企业部门掌握的预算外资金支出为：四项费用支出12.3万元；职工福利及工资附加支出29.3万元；大修理及其他支出34.4万元。合计支出76万元。事业行政机关管理部分的支出为14.7万元。

1962年，预算外资金支出是工业、市政建设、农村道路桥梁、小型农田水利等方面，另有部分用于农村广播、农田灌溉等补助和大队干部补贴等。当年支出15.5万元。

1978年，灌云县财政预算外资金支出：工业支出29.1万元，支农支出0.25万元，交通支出15.1万元，城市维护支出6.6万元，其他支出6.6万元，通讯广播支出7.8万元，农业学大寨工作队支出7.6万元，其他支出2.7万元。全年合计支出75.4万元。

1959~2010年，灌云县财政预算外资金累计支出114243.6万元。其中农林水利支出17152.6万元，占15.01%；交通支出3620.9万元，占3.17%；文化教育支出60815.6万元，占53.23%；行政支出17.6万元，占0.02%；广播电视支出3880.6万元，占3.4%；工业支出281.3万元，占0.25%；商业支出16万元，占0.01%；城市公用事业支出9843.2万元，占8.62%；上解支出120.9万元，占0.11%；其他支出18494.9万元，占16.19%。

1959～2010年灌云县预算外支出统计表

表3-12　　单位:万元

年份	农林水利支出	交通支出	文化教育支出	行政支出	广播电视支出	工业支出	商业支出	城市公用事业支出	上解支出	其他支出	合计
1959		9.5		1.6			16			23.2	50.3
1960	8	5	34.2							98.1	145.3
1961	12	5.8	5	4.3		38.6		2		30.3	98
1962	0.8				0.4					14.3	15.5
1963	2				0.3			1	15.6	8.9	27.8
1964	2.6	2.3						1.3	12.9	5.7	24.8
1965	6.4				1.1			1.6	11	5.7	25.8
1966	2.5				1.1			0.8	15.6	7.7	27.7
1967	2.6				0.8			0.7	11.7	12.8	28.6
1968	3.2				1.6			1.2	12.3	17.3	35.6
1969	0.1				2	16.9		1.2	15.7	6.2	42.1
1970	5.2	2.4	12.5			9		10.7	4.1	10.2	54.1
1971	25				3.1					8.6	36.7
1972			2.5		2	23		2		12	41.5
1973	5.5	5				5.2		2.1			17.8
1974	15.3		14.1			8.2		2.7		2.5	42.8
1975	6		8.6		8.5	5.3		2.4			30.8
1976	15	2.3	6		6	5		2.4			36.7
1977	7.1	8.1	8.2		7.7	6.1		1.3	9	9.9	57.4
1978		15			7.8	29.1		6.6		16.9	75.4
1979	1.3	7.1	6		16.1	13.9		24.3		8.4	77.1
1980					9	31.9		13.3		24.8	79
1981					0.2	9.7		15		15.6	40.5
1982					6.1	24.5		38		28.6	97.2
1983								17.9		14.5	32.4
1984				11.7	11.7	42		94.3		31.8	191.5
1985					13.8			14.7		14.3	42.8
1986		9.4			37.3					10	56.7
1987					24.8	3		15.4		22.9	66.1
1988		10			28.2			15.2		169.1	222.5
1989		10			32.4					8.8	51.2
1990		11			33.6	9.9		8.6		0.8	63.9

续表 3-12

年份	农林水利支出	交通支出	文化教育支出	行政支出	广播电视支出	工业支出	商业支出	城市公用事业支出	上解支出	其他支出	合计
1991		13			43			6		4	66
1992					53			8		20	81
1993					35					13	48
1994		11			57					5	73
1995		11			75					25	111
1996		5			98			11			114
1997									2	125	127
1998	758	197	2346		50					614	3965
1999	398	287	5061.5		60			1260.5		681	7748
2000	661	308	2679		76			13		1061	4798
2001	955	332	5519		162			300		2550	9818
2002	893	360	5802		167			1753		1836	10811
2003	966	398	5744		178			1301	3	2057	10647
2004	812	322	5295		191			126		1007	7753
2005	904	311	5310		195			206	8	1022	7956
2006	926	223	5217		203			152		506	7227
2007	1957	183	4624		363			722		1217	9066
2008	2355	227	6281		307			1653		1919	12742
2009	2278	99	3741		219			1348		1996	9681
2010	3169	231	3099		1093			687		1197	9476
总计	17152.6	3620.9	60815.6	17.6	3880.6	281.3	16	9843.2	120.9	18494.9	114243.6

第四章　预算管理

预算管理是财政管理的重要方面和中心环节，它是通过预算、决算的编制和预算执行过程中组织、指挥、调节、监督等活动来实现的。预算管理包含总预算管理、财政决算、财政收支平衡、国库管理等。

第一节　财政总预算管理

灌云县财政总预算是由县本级预算和汇总的乡镇预算组成，担负着管理全县的财政收支活动。它具体包括预算编制、预算执行、预算调整等活动。

一、预算编制

按照《中华人民共和国预算法》的规定，县政府及各部门、各单位都要按照国家规定的时间编制预算草案，由县财政部门汇总后报县人民代表大会审查通过。长期以来，灌云县预算编制沿用“基数预算法”，县级预算收入一般以上年的正常收入作为编制预算收入的依据，即剔除上年的非正常或偶然特殊的预算收入，加上与国民生产总值的增长率相适应的增长收入。预算支出编制坚持贯彻厉行节约、勤俭建国的方针，按上年基数，考虑人数和定额按比例递增，加上必要的公务费及其他专项业务费、修缮费等编制而成。这种编制方法延续到1990年，其后逐渐变为“零基预算法”。“零基预算法”就是取消所有支出基数，每年按照各单位、各部门的编制人数，核定人员经费；按照各部门的业务性质、预算内外收支情况，确定公用经费和专项经费。统筹预算内外财力，有预算外收入的单位，优先用预算外收入安排公用和专项经费，无预算外收入的单位由公共财政安排，有效地加强了预算编制的管理。

1951年，灌云县按照政务院颁布的《预决算暂行条例》，编制了县政府及所属机关事业单位一切岁入、岁出的事前预算和事后决算。当时实行统收统支的高度集中财政体制，县内一切收支计划都统一纳入国家预算。县财政为保证预算收支平衡，着重抓收入、控支出，抓增收节支，促增产节约，抓好预算会计、国家金库、财政报表等基础性管理工作。

1953 年，灌云建立县一级财政总预算，划定了相应的预算收支范围。县财政预算的编制遵循中央关于“收入打足，支出打紧”的原则，坚决贯彻执行厉行节约的号召，加强对机关事业单位定员定额的制定工作，提出各部门各单位预算支出基数的初步意见，与各主管部门联系协商，并按照领导的要求进行修正，确定各部门的初步预算指标，召开有关部门负责人会议讨论确定，据此编制预算草案报县人代会审批。

1958 年，省财政厅确定编制当年预算的方针是：在优先发展重工业的基础上，工农业生产发展同时并举，贯彻勤俭建国和多快好省的方针，从人民利益出发统筹兼顾。灌云县积极从各个方面发掘潜力，把收入预算打得积极可靠。在预算资金的分配上，大力节约事业费，减少非生产支出，以增产节约来保证县预算的完成。按照新的财政体制规定，凡属省的收入或分成收入，由省控制确定；凡属地方的收入，省不分成，全部由县安排，省规定的地方收入县多安排可多支出，少安排就要少支出。支出的安排尽量从行政和事业经费中挤出一部分用于生产建设方面。1958 年，灌云县按照新财政体制的规定，以 1957 年决算收支为基础编制当年的收支预算：一是 1958 年中央和省下放的企业单位，加入 1957 年的基数中；二是其他收入以 1957 年的决算数，剔除公用事业附加计算，再加上中小学杂费收入；三是流动资金以 1957 年决算的流动资金支出数的 30%作为基数；四是经费一律以 1957 年初实有人数的经费算作基数。

1959 年，县预算编制工作坚决执行财政为生产服务和勤俭办一切事业的方针，将收入定额落实到单位，责任到人；支出按淮阴专区核定的各单位人数编制确定人员经费；公务费按人均定额 362.50 元落实到单位，统一使用。

1961 年，灌云县预算编制贯彻中央关于“调整、巩固、充实、提高”的八字方针，为克服经济困难，尽量压缩社会集团购买力、差旅费、会议费，不准用公款请客送礼，节约用电、用水、用车、电报及电话费等公用开支。

1966 ~ 1977 年，灌云县预算编制贯彻中央关于“进一步实行节约闹革命，坚持节约开支”的通知精神，按统收统支的体制，由上级分配指标进行预算编制，严格控制职工总人数和工资总额，做到收支平衡。

1978 ~ 1983 年，按照财政部关于“增收、节支、堵口”的有关指示，灌云县预算编制坚持广辟财源，大力抓好生产，努力完成或超额完成财政收入任务。坚持量力而行、量入为出，大力节减行政和事业支出。全年行政事业单位的公用经费按上年分配的预算指标节减15%，并大力压缩社会集团购买力。

1984～1987年，灌云县在财税改革的基础上，坚持收支平衡、略有结余的原则编制年度预算。1984年各乡镇成立了一级财政，开始试行编制乡镇财政预算，经县财政统一汇编后，报县人代会审查批准。

1988～1997年，由于受宏观经济的影响，以及行政事业单位调资、人员经费增长过快等原因，财政出现了连续的赤字，给预算编制带来了难度。1989年实行紧缩的财政政策，继续开展“双增双节”运动，积极组织收入，严格控制支出，把赤字控制在预算范围之内，

1991年10月，国务院颁发了《国家预算管理条例》，明确规定了预算管理的职权、预算的编制、执行与监督及其法律责任，促进了县财政加强预算管理。1994年3月，八届全国人大二次会议通过了《中华人民共和国预算法》，明确了财政部门加强预算管理的职责，确定了预算的组成体系、管理原则和体制，以及预算收支范围。从此，财政预算编制、管理工作纳入了国家法制轨道。

按照《中华人民共和国预算法》的规定，灌云县从1996年始编制预算支出时，按本级政府预算支出额的1%至3%设置预备费，用于当年预算执行中的自然灾害救灾开支及其他难以预见的特殊开支，并按国务院的规定设置预算周转金。预算周转金是指本级政府为调剂预算年度内季节性收支差额，保证及时用款而设置的周转资金，其额度将逐步达到本级政府预算支出总额的4%。

2000年，县预算编制坚持以下原则：一是妥善安排财政收支计划，保证财政收入与经济增长相适应；二是优化支出结构，集中资金保人员工资支出，保党政机关运转；三是进一步加大预算资金管理和统筹力度，继续落实好收支两条线规定；四是坚持量入为出，量财办事，不打赤字，确保当年收支平衡。由于当年收入任务偏低，财力非常紧张，加之上年调资因素的影响，仅人员经费就比上年预算增加1069万元，财政收支矛盾十分突出。为此，经县政府研究同意，将预算内部分专项支出共计362万元（其中支农配套131万元，科三费35万元，改水配套40万元，扶持陇县15万元），改用预算外资金安排，以保证预算内收支预算的编制。

2001年起，县乡两级财政部门根据自身财政收支范围以及上下级往来结算政策，分别编制县乡两级财政收支预算，并由县、乡人民代表大会分别审查批

准。县本级收入预算编制遵循科学、客观原则，合理确定财政收入目标；县本级支出预算编制全面推行“零基预算、综合预算”，按照“一要吃饭、二要建设”和“有所为、有所不为”的方针，测算的可用财力首先用于安排人员经费，其次是按在编在职人数统一标准编制公用经费，最后再根据预算单位工作需要，编制部分专项业务费。有预算外收入的单位，公用经费和专项业务费首先用其预算外收入安排，不足部分由预算内财力给予补充。

为切实保障机关事业单位职工工资按时足额发放，根据省政府有关规定，自2003年起至2005年，省财政每年对享受省财政体制转移支付的灌云县的预算编制进行审核，制定了统一的可用财力测算方法，重点审查收入预算是否合理，支出预算是否足额安排公教人员工资，确保预算安排不留硬缺口。2006年后，随着地方财政收入持续稳定增长，加之上级转移支付力度加大，地方财政保障水平不断提高，基本杜绝了工资拖欠现象，省财政也不再对灌云县县级预算安排进行审核。

2005年，按照上级财政部门文件精神，灌云县首批选择法院、公安局、农机监理所、卫生防疫站、房产管理处等5个预算单位试编部门预算。

2007年，根据省财政厅统一部署，按照进一步改革和完善政府预算管理制度、建立和完善公共财政体制的要求，在预算编制中全面采用新的政府收支分类，采用省财政厅统一推广的部门预算软件。截至2010年，灌云县本级部门预算编制全部实现由单机版向网络版过渡，部门预算数据的编制、报送、接收、下达实现全过程网络化、无纸化操作。灌云县编制预算中对部门预算实施了改革：一是取消预算单位所有收支基数，统筹预算内外财力，实现一本预算反映预算单位全部收支；二是科学、客观地制定税收收入目标和预算单位非税收入计划，将非税收入与预算单位支出彻底脱钩，与税收收入一起形成县本级综合可用财力；三是按照“保工资、保运转、保民生”的支出顺序和原则，将全县综合可用的财力首先足额安排人员经费，其次是按照全县统一制定的各项支出定额编制公用经费，再将剩余财力按轻重缓急安排；四是采取切实措施保障预算的可行性。合理下达收入计划。以前三年本单位非税收入平均数为基数，综合考虑收入政策调整等因素，客观、合理确定预算单位非税收入计划；加强非税收入考核。顺利完成部门预算非税计划收入的预算单位给予基础性补助，超收部分给予奖励性补助，未能完成计划的预算单位相应扣减其下一年度支出预算。

二、预算执行

按照《中华人民共和国预算法》的规定，县级预算由本级政府组织执行，具体工作由本级财政部门负责，做好预算收入和预算支出的管理。

（一）预算收入管理。县人代会审查批准县级预算后，县财政部门负责预算收入管理。

在收入预算管理中，灌云县财政局注重抓征收机关的管理，使财政收入及时征缴入库；监督各征收单位按规定征缴预算收入，任何单位和个人不得擅自减征、免征或缓征，不得截留、占用或挪用预算收入；加强对国库的管理，及时做好预算收入的收纳、划分、留解和预算支出的拨付。

1951 年，灌云县农税科根据苏北第二届农税会议精神，按照县政府关于土改工作要求，将 1951 年常年产量每亩平均提高 15%左右。当年收入概算为大米 1508779 斤，实收大米 1750594 斤，超额完成 241815 斤。

1953 年，灌云县中晚秋作物受灾、三麦欠收，加之市场肉价较低，屠宰税和车船使用牌照税短收。在契税及其他税收征收中，采用循环设点办法便于群众缴税；同时，当年清理变价资产入库 0.1 万元，柴草滩收入提前入库，兽医站的防疫收入由省划给县收入。从而基本完成当年收入预算。

1956 年，农业合作化运动的发展，改变了农村的生产关系，农业税由农业合作社征缴，当年完成农业税征收任务 99.71%（其中已扣除灾减）。

1958 年，全县建成 21 个农村人民公社，实现了人民公社化。农业税由各农户个体纳税改为大队集体上交，当年农业税完成 27613060 斤，占应征收的 99.7%。

1959 年，全县县属国营企业全面推行“三自办税”，实行有税自核。同时，在全县普遍建立了稽征管理制度，建立了 287 个代征单位，在集镇和交通要道建立护税组织，发展了 1384 名协税、护税员。全年护税约 2000 件，增收税款 4000 余元。当年盐税也由省下放给县征管，灌云县于 9 月建立了专门机构，确定专人管理，制定相关制度，狠抓新增盐税的征管工作。当年各盐场生产虽基本上超额完成计划，但由于运输能力不足，轮船缺乏，致使销盐任务未能完成。省核定的盐税任务 3925 万元，只完成 2785 万元，实现盐利 278.7 万元，仅为预算的 78%。

1963 年，全县采取切实措施帮助企业降低成本扭亏增盈。委派专人负责县重点企业灌西盐场，帮助其削减费用30.7万元，使计划成本降低60%。帮助县印刷厂、砖瓦厂、农机厂等企业改造生产设备，提高生产能力，扭转亏损局面，实现利润1.8万元。12月份，税务局抽派6人分赴扬州、上海、湖南等地催征盐税，保证150万元盐税及时入库。

1965年，为确保预算收入任务的完成，在第四季度原盐运销工作中，县财政局报经县委、县政府同意，临时抽调干部，狠抓原盐销售和税款回笼，实现超销原盐1.4万吨，盐税款全部入库，超额完成了财政收入任务。

1971年，县财政局针对各公社之间农业生产发展不平衡、农业税负出现畸轻畸重的现象，根据上级指示精神，在全县不增加负担的原则下，合理调整了各单位计征农业税常年产量和农业税额，确保了农业税征收任务的完成。

1978年，为确保预算收入计划的执行，县财政局于5月组织力量抽查了103个国营、大集体和社、镇企业税收政策执行情况，发现偷漏税的企业占90%以上，共查漏报应纳税营业额42.22万元，应补缴工商税1.97万元；被挤掉利润58万元，应补缴所得税款21.18万元。通过财税部门和县乡政府共同努力，当年剔除盐税，完成各项收入1042万元，比上年收入基数增加31万元。

1983年，全县继续贯彻“调整、改革、整顿、提高”的方针，农村继续落实联产承包责任制，工农业生产有了新的发展。当年财政收入实现2371.8万元，完成年度预算的134%。7月1日起，按照省财政厅要求，将“水资源费”纳入预算管理，留归地方作为城市建设的专项资金。

1984年，全年完成财政总收入2534万元，完成预算的124.34%，比上年增长6.84%，其中工商税收（剔除盐税）增长33.15%。

1985年，为保证预算收入计划的实施，县政府成立了销盐领导小组，制订了销盐奖惩合同，调动了销盐积极性，当年盐税比上年增长46.25%。全年完成财政总收入3564.6万元，比上年增长40.67%。

1988年，县财政积极参与企业的深化改革，帮助完善各种形式的承包责任制，在资金上全力支持企业，使企业的经济效益有了较大提高。当年工商税收（剔除盐税）比上年增长11%。

1994年，全县开始实行“分税制”财政体制，调动了县乡政府狠抓预算收入的积极性。当年，仅农业税和耕地占用税就完成1318万元，比年初预算950万元增长38.7%。

1995年，预算收入显著增长，全县年初预算4167万元，年终完成7009万元，比预算增长68.2%。其中工商税收完成3844万元，比预算增长41%；农业税和耕地占用税完成1488万元，比预算增长42%。

1999年，全县财政收入完成20290万元，完成调整后预算的100.46%；县本级预算8400万元，因灾调减1502万元，实际完成收入6013万元，完成年初预算收入的71.6%，比上年下降17.6%。其中，工商税收入1997万元，完成预算的82.8%；企业所得收入166万元，完成预算的81.4%；全年基金收入60万元，完成预算的50%。

2002年，全年预算总收入15430万元，比年初预算超收729万元，完成全年度调整后预算收入的105%。预算收入增长的主要原因：一是政策因素和部门行为的影响。其中养老保险基金和文教基金纳入预算内管理后，同口径比净增746万元。出口企业出口退税改为"免、抵、退"税收管理办法，其中有上年度免抵税款85万于当年调库；二是招商引资力度加大，生产规模扩大，企业入库税收增加746万元；三是坚持依法治税，开展财税征管"百日行动"，层层签订目标管理责任状，定岗定责，明确奖惩。强化税收稽查力度，不断加强税源的分析监控，及时掌握财税收入进度，始终把握组织预算收入的主动权。

2003年，财政部门抓住县城房地产开发趋热的机遇，狠抓契税收入不放松，促进了收入总量的增长；适时调整农业税征收方式，对农业税实行定时定点集中征收；按照中央和省的要求，将公安、法院、工商、环保、计划生育等五部门行政性收费和政府性基金纳入预算管理，规范了收入征缴行为。全县完成一般预算收入13284万元，比上年增长21.6%。

2004年，为完成预算收入，灌云县采取了一些具体措施：一是围绕"财政增长"目标，层层分解目标任务，逐级签订增收责任状，定期召开收入形势分析会、收入进度讲评会，强化收入责任；二是通过打击各种偷逃骗税行为，清缴欠税，清理不规范的税收优惠政策等措施，进一步规范税收秩序，减少税收流失；三是加强财税管理信息化建设，改进税收征管方式，积极推行税控加油机、有奖发票等措施，提高税收征管质量；四是建立收入分析评估制度，努力掌握税源的增减变化趋势，加大对重点行业、重点税源的监控，确保各项税收足额、均衡入库。当年全县一般预算收入在农业税调减和出口退税政策调整减收2880万元、个税起征点提高减收1000余万元的情况下，预算收入仍实现稳定增长。当年，全县完成一般预算收入14384万元，比上年增长8.3%。

2005年，全县完成一般预算收入15432万元，完成全年预算的120%。

其中完成契税收入531万元，比上年增长65%；完成行政性收费和罚没收入4645万元，比上年增长45.7%。

2006年，是实施“十一五”计划开局之年，灌云财税部门全面落实县委提出的“洼地崛起，跨越发展”奋斗目标，实现财政总收入40141万元，比上年增长54.1%。其中一般预算收入完成23308万元，比上年增长51%，完成年初预算的101.3%。其中增值税、营业税和企业所得税三大主体税种完成13795万元，占一般预算收入的59%，比上年增长70%。新增企业13家，入库税款3914万元；房地产企业9家，入库税款2237万元。46家重点企业中，纳税100万元以上的32家，较上年增加14家；纳税500万元以上的6家，较去年增加3家；纳税超1000万元的2家，较上年增加1家。

2007年，全县完成财政总收入90134万元，比上年增长124.5%，完成年初预算的106%，其中一般预算收入42133万元，比上年增长80.8%，完成年初预算的100.3%。全县经济快速协调增长，财政增收形成了多轮驱动局面：一是纳税大户猛增。纳税超10万元的企业216家，比上年增加102家，累计入库税款24486万元，同比增长108%；超100万元的重点企业40家，比上年增8家，累计入库税收19313万元，同比增长123.4%。二是园区发展成为财政收入新的增长点。县经济开发区和临港产业区完成财政收入16585万元，比上年增长2.4倍。其中一般预算收入完成12083万元，同比增长2.9倍。·三是房地产市场助推财政收入增长。当年完成房地产业相关税收7110万元，比上年增长85%。四是非税收入管理力度加大，促进财政增收。当年一般预算收入中非税收入完成9226万元，比上年增长69.3%。

2008年，全县完成财政总收入170098万元，比上年增长88.7%；一般预算收入完成70086万元，比上年增长66.3%。随着“一城一港四区”建设速度加快，城镇建设、房地产开发、疏港航道、新沂河特大桥等重点基础设施工程投入不断加大，相关税收大幅增长，一般预算收入的增幅仍居全省第二位。两大园区的财政收入达5亿元，比上年增收2.8亿元。城镇土地使用税完成7503万元，同比增长2倍；房地产业相关税收（含契税）累计达14265万元，同比增长7156万元，增长101%；建筑性相关税收完成1.24亿元，同比增长24%。

2009年，全县完成财政总收入25亿元，比上年增长48.2%，完成年度预算104.2%，其中一般预算收入完成10.5亿元，同比增长51.4%。全县财政总收入和一般预算收入创历史新高。一般预算收入增幅居全省第五位。两大园区新涌现了一批纳税大户，两大园区收入总量占全县的三分之一。

2010年，灌云县完成财政总收入40.5亿元，比上年增长61.9%，其中一般预算收入完成16.47亿元，同比增长56.8%。财政对经济发展的支持力度进一步加大，公共财政全年对两大园区投入建设资金2亿多元，帮助临港产业区融资1.5亿元，城市建设投入5亿多元。扶持企业发展的力度加大。全年安排扶持企业资金7500万元，并安排企业周转基金4000万元，涌现了华宝、海盛等一批年纳税额近亿元的企业，年纳税超百万元的企业145家，较上年增加62家。泰和担保公司为50家企业担保贷款2.56亿元，有效地解决一大批企业生产资金需求。全县个体定额工商户净增4.6倍，入库税收净增3.2倍，全年增收近2000万元。组织对房地产企业和工业企业进行税收大检查，分别查补入库税收1950万元和1500万元。

（二）预算支出管理。预算年度开始后，县政府预算草案未经县人代会批准前，县政府先按照上年同期预算支出数额安排支出，经县人代会批准后，按照批准的预算执行。执行支出预算中，县财政根据支出预算和月度用款计划，合理拨付预算资金，并监督检查各单位管好用好预算资金。

1950～1951年，财政实行统收统支，全县预算支出实行统一经费开支标准，一切支出经费由上级拨入，坚持量入为出的原则从紧开支。1951年计支出大米2592300斤，人民币1706510306元（旧币），占原支出预算99.5%。

1953年，执行新的财政体制，由于缺乏经验，加之年度预算核定较迟，对单位年度预算未能认真细致审核，因而执行中上半年拨款较乱，出现少数单位资金积压、少数单位资金不足现象。下半年，建立了审核预算的正常制度，事业单位编造按季分月预算，县直属的公安局等行政单位及区公所采用申请用款计划代替预算的办法，有效地控制了拨款，减少了资金积压，节约了资金支出。全年完成支出预算的96.86%，支出结余55946万元（旧币）。

1958年，预算支出管理对县级主管单位实行总额控制办法。年初核定单位预算支出总额，由各单位在单位预算范围内自行掌握，节余不上交，透支不补助，增强单位节俭的观念。

1959年，预算支出总的执行较好，未突破年度预算，但有的类目出现超支。一是水利经费超支。其原因是淮阴专区对新下放的善后河闸坝所经费没有下划到位；二是文化经费超支。淮阴专区未给灌云新成立的艺校人员指标，人员经费支出造成缺口；三是行政管理费超支。由于召开万人大会，会议费多支近2万元，庆祝国庆十周年额外支出1万元。

1961年，在预算支出管理中，采取清理资产、压缩社会集团购买力等措施节约支出，保证全县工农业生产资金需要。一是大力压缩社会集团购买力，全年公务费下降10%。二是节约支出。7月5日，全县突遇暴雨，降雨量平均达300毫米，全县倒塌房屋6764间（机关房屋213间）。部分农村学校、机关房屋建造质量差，需要拆除、翻盖和修复2486间。本着节约的精神，全县共用修建费16万元。如果剔除这个因素，全县公用经费比上年下降29%。

1962年，为贯彻中央厉行节约的指示，县政府和县财政部门先后八次召开县直各单位领导人、财务负责人和会计人员会议，制定落实各项节支制度，如出差不许乘坐二轮车、开会必须经政府办批准、购买公用物品必须事先申报计划等，有效地控制了预算支出。

1963年，因预算收入完成情况不好，对预算支出作了相应的压缩与控制：一是压缩社会集团购买力。将行政事业单位业务费中的购置费及行政单位的房屋修缮费集中到财政部门管理审批；二是开展预算支出重点检查。对各单位的预算支出按季组织会计会审，先后对税务、银行、卫生部门违反制度擅自购置自行车、收音机及未经批准大额开支修缮费等进行通报处理；三是加强对公费医疗经费的管理。年终公费医疗经费透支0.39万元，是1962年透支数的24%。四是加强行政事业单位公务费的管理。当年公务费支出25.4万元，比1962年减少13.2万元。

1964～1965年，灌云县在预算支出管理中，根据“四保四减”原则，贯彻中央“以农业为基础，工业为主导”的国民经济发展总方针，大力支持农业生产，坚决压缩非生产性开支。1964年，为帮助洋桥农场解决培育良种而发生的亏损，重点调度预算内资金4000元及预算外资金500元予以支持。1965年，上年结余的23万元机动财力安排在农业生产项目上达21万元。

1966～1970年，因“文化大革命”造成的内乱影响，财政预算管理工作秩序遭到了破坏。

1974年，灌云县为缓解财政开支紧张局面，县革委会除加强税收征管外，在全县开展清理企业拖欠的税款、各单位的闲散资金和行政事业单位职工欠款，严格执行财经纪律，紧缩财政开支，逐步扭转了财政工作的被动局面。

1978年，经过拨乱反正，全县财政工作的重点转移到现代化建设上来，财政部门统筹安排各项资金使用，保证资金使用效果。

1979 年，县财政局针对经费支出中出现的少数单位或企业滥发奖金和加班工资的行为，对县磷肥厂、水利机械厂进行了调查剖析，并将调查情况向县委汇报，县委进行了通报，有效地刹住了这股歪风，制止了乱支乱用。

1983 年，县财政局组织人力对行政事业单位预算支出管理工作进行了一次大检查，并对查出问题作了认真处理。

1985 年，财政支出 3040.2 万元，比 1984 年增长 13.68%。在预算支出管理中，切实加强宏观控制，严格按预算拨款，做到收支同步增长。加强预算监督检查，于 4 月和 6 月分别组织行政事业单位财务会审，10 月又开展了财务大检查，有力地纠正乱支乱用、滥发奖金等不正之风。在当年工改增资的情况下，行政支出比上年压缩了 3.5%。

1989 年，全县完成财政支出 5411.5 万元，占年度预算的 88.1%。1990 年，财政支出为 6201.9 万元，完成预算的 89%，财政赤字有所减少。1991 年，灌云县财政累计赤字达 1093.4 万元。当年完成财政支出 6610.2 万元，占调整后预算的 89.2%。

1993 年，在执行预算支出过程中，坚持定期检查，扎实抓好财务会审，会审中及时纠正处理了县医院擅自提高冷饮费、福利费开支标准等问题。

1999 年，年初支出预算为 7720 万元，上级追加专项及补助支出 1739 万元，上年结转支出 1779 万元，调整预算支出为 11238 万元，实际支出 8755 万元，完成调整后预算的 77.9%。由于财政未完成收入任务，可用财力十分紧张，仅能保证人员经费的支出。同时，调整工资增加刚性支出 101 万元，教育增加 112 人增支 110 万元，公检法岗位津贴增加 40 万元，手机补助费 36 万元。为此，压缩各部门公务费 10%，压缩业务费 15.5%，以保证预算收支平衡。

2002 年，年初财政支出预算 19070 万元，上级追加专项及补助支出 7735 万元，上年结转本年使用 3168 万元，调入资金安排 1180 万元，年终预算支出调整为 31153 万元，实际完成支出 26595 万元，占调整后支出预算的 85.4%。在预算执行中，规范财政支出行为，实行县直机关及全额事业单位由财政部门集中核算，按“统一开户、集中管理、分户核算”的资金管理模式，加强对预算支出的管理，对人、车、会等重点支出项目实行定额包干，跟踪监管。

2003 年，预算支出管理将优化支出结构、提高支出质量作为财政工作的重点。根据县政府《关于调整县乡财政体制完善农村义务教育管理体制的通知》精神，设立“财政工资专户”，实现了县乡机关事业单位职工工资的统一发放，建立了工资正常发放的保障机制，确保县乡公教人员国标工资当年无欠薪。优先发展教育事业，全年安排教育经费13500万元，占县一般预算支出的40%，并争取上级财政对农村中小学布局调整、危房改造等补助资金610万元。

2004年，一般预算总支出38257万元，比上年增长25.4%。一是全力保证公教人员国标工资的按时发放。积极筹措资金3000多万元，兑现2003年7月份以来国标普调和晋档调资1675万元，发放乡镇离退休人员省补贴900万元，发放民办教师工资120万元；二是发挥财政公共支出职能。拨付资金130万元用于创建平安县；三是落实再就业税费优惠政策。拨付下岗再就业培训经费20万元，促进就业与再就业；四是全力支持社会保障工作。安排养老保险兜底资金900多万元，拨付“低保”资金92万元，确保企业离退人员养老金、下岗人员失业保险金按时足额发放。另外拨付资金2300万元，用于草危房改造、农村改水、合作医疗及农村基础设施建设等。

2005年预算支出中，县财政由于各项借款到期没有归还，被上级财政扣款累计达1亿多元，其中2003年以前1.05亿元，还有个别乡镇占用县财政资金近2000万元，致使资金调度十分困难，大量专项资金未能拨付到位。全年完成一般预算支出54872万元，仅完成调整后预算支出的90%。当年预算支出中充分体现“保稳定、保运转、保重点”的原则，教育支出13650万元，占财政支出的25%；行政管理支出完成7020万元，占财政支出的13%，拨付村级三项资金达2016万元，保证了县乡及村各级部门的正常运转；抚恤和社会福利救济费、社保补助、医疗卫生、农林水利等重点支出同比有大幅增长。

2006年，全县完成一般预算支出67910万元，比上年增24%。继续坚持确保重点兼顾一般的原则，坚持过紧日子思想，严格控制会议费、招待费、培训费、考察费等非生产性支出。

2007年，全县完成一般预算支出101374万元，比上年增长49.3%。当年预算支出体现了两个特点：一是新农村建设支持力度加大。全县三农支出10370万元，比上年增长41.3%，其中发放各项涉农补贴900万元，村级组织、支出补助2614万元，林业支出595万元，水利支出1764万元；二是社会保障方面支出增加。社会保障和就业支出达8366万元，比上年增长36.4%；社保基金支出10634万元，比上年增长97.8%；医疗卫生支出5270万元，增长25.5%；拨付城镇低保、农村低保、残疾人康复、医疗保障等资金6076.76万元，较好地解决了农村及城镇低保人员的生活保障、就医等问题。

2008年，全县一般预算支出140634万元，比上年增长40.7%，完成年度预算数的82.4%。预算支出中将更多的财力投向三农、社保、教育和医疗卫生等公共服务领域。全年向三农投入资金1.9亿，同比增长93%，其中安排设施栽培和高效农业专项资金2000万元；能繁母猪、石油价格改革和水稻直补等惠农补贴资金通过“一折通”直接发到农户手中；拨付3600万元用于改造中低产田，修建排灌站、农桥等基础设施建设；全年兑付扶助资金1454万元。

2009年，全县一般预算支出197007万元，比上年增长40%。财政支出中首先坚持向“三农”倾斜：（1）为农民增收提供资金保障。为各类农民科技培训拨付资金537万元，拨付各项农业专项资金2365万元。（2）为农业生产发展提供资金保障。为高效农业和农村基础设施建设提供项目资金1430万元；农业产业化专项资金1980万元；支持粮食安全体系建设，拨付农资综合补贴19068万元；实施农村饮用水安全工程，拨付资金6192万元；县乡河道和村庄河塘整治资金1132万元；农村闸、桥改建，及农村能源建设资金919万元；农村农机购置补贴1280万元。（3）为农村稳定提供资金保障。加强村级三项资金管理，足额发放村干部报酬1645.4万元、安排村级办公经费1072万元，保证村级组织工作的正常运转。其次，努力扩大公共财政覆盖范围。一是保障各项民生支出。当年征收企业养老保险金10366.4万元，并争取省厅对灌云县企业养老补助3293万元，保证全县企业离退休人员的养老金按时足额发放。拨付城镇及农村低保金3430万元，争取省新型农村合作医疗补助及县对城乡医疗保险配套资金7397万元，实现了医疗保险全覆盖；二是保证公教人员工资发放。筹措资金5000万元，补发了工教人员以前增资部分工资，增补教师绩效工资7000万元；三是支持社会事业发展。拨付中小学公用经费5705万元、解决农村留守儿童食宿条件改善工程资金1683万元、发放中等职业学校国家助学金732万元、拨付农家书屋建设资金120万元。支持“平安灌云”建设，全县公共安全支出8946万元，同比增长29.6%；支持敬老院“关爱工程”及农村改厕资金292万元。

2010年，全县财政支出完成49亿元，同比增长52.3%，其中一般预算支出完成28.9亿元，同比增长46.5%。全县财政部门按照县委、县政府关于“保吃饭、保稳定、促发展”的要求，大力支持“三农”、民生工程、教育、卫生等项事业的发展。一是确保民生保障资金的需要。落实农村养老保险配套资金2000万元；拨付城乡低保金3615万元；落实城乡居民医保配套资金2350万元；省补助医疗保险补助金6133万元。二是积极支持新农村建设。通过“一折通”发放各类涉农补贴2亿元；拨付省级高效设施农业和现代农业生产项目补助资金1960万元；村级公益事业建设一事一议奖补工作投入2000多万元；拨付农桥建设及农村饮用水安全项目资金6664万元。三是优先支持教育发展。调度资金2000多万元解决中小学教师绩效工资的提标、拨付中小学公用经费7000多万元、困难学生寄宿生活补助430万元、发放高中和职教政府助学金990万元。四是支持公共卫生事业发展。拨付1636万元解决农村改厕和改善农村公共卫生条件。五是加大丰富人民群众业余文化生活的投入。拨付送戏、送电影、建农家书屋、农村有线电视进村入户等专项补助经费250万元。

1951～2010年灌云县财政收支预算完成情况表

表4-1　　单位:万元

年份	财政预算收入				财政预算支出			
	预算数	预算调整数	实际完成数	占预算（%）	预算数	预算调整数	实际完成数	占预算（%）
1951	302	302	373	123.5		356	306	86.0
1952	15	15	15	100.0		58	56	96.6
1953	15	15	15	100.0		171	165	96.5
1954	130	130	130	100.0		195	179	91.8
1955	139	139	135	97.2	167	176	164	93.2
1956	104	107	110	102.8	384	351	344	98.0
1957	178	177	180	101.7	362	361	357	98.9
1958	303	443	394	88.9	432	557	515	92.5
1959	4508	3846	3687	95.9	400	456	450	98.7
1960	4087	4465	4606	103.2	543	691	591	85.5
1961	3593	3723	3843	103.2	423	587	617	105.1
1962	2760	3102	3405	109.8	356	405	407	100.5
1963	3301	3301	1689	51.2	377	405	389	96.0
1964	1896	1896	2016	106.3	467	488	467	95.7
1965	1849	2051	2094	102.1	397	480	411	85.6
1966	2340	2340	2272	97.1	452	582	553	95.0
1967	508	508	482	94.9	415	463	420	90.7
1968	445	445	445	100.0	412	458	426	93.0
1969	521	521	539	103.5	547	583	575	98.6
1970	670	670	551	82.2	749	786	772	98.2
1971	2350	2350	2270	96.6	579	593	599	101.0

续表 4-1

年份	财政预算收入				财政预算支出			
	预算数	预算调整数	实际完成数	占预算（%）	预算数	预算调整数	实际完成数	占预算（%）
1972	2079	2079	2627	126.4	1101	1095	1275	116.4
1973	1764	1764	1813	102.8	873	981	991	101.0
1974	2276	2276	4014	176.4	902	938	1014	108.1
1975	2644	2644	2873	108.6	924	1277	1219	95.5
1976	2321	2321	2344	101.0	921	1081	1064	98.4
1977	2414	2414	2718	112.6	957	1144	1111	97.1
1978	2889	2889	2976	103.0	1672	1824	1765	96.8
1979	2746	2746	2574	93.7	1368	1527	1437	94.1
1980	2628	2628	2194	83.5	1600	1842	1687	91.6
1981	2107	2107	2181	103.5	1472	1764	1606	91.0
1982	1872	1872	2301	122.9	1652	1891	1676	88.6
1983	1767	1767	2372	134.2	1690	2096	2012	96.0
1984	2530	2530	2534	100.2	1705	2720	2674	98.3
1985	3550	3550	3565	100.4	1726	3102	3040	98.0
1986	3133	3133	3515	112.2	1788	4054	3788	93.4
1987	3737	3655	4215	115.3	1915	4241	4108	96.9
1988	3322	3440	3608	104.9	2855	5237	4629	88.4
1989	3789	3346	3925	117.3	3535	6144	5412	88.1
1990	3947	3931	4321	109.9	4610	6963	6206	89.1
1991	4059	3342	3590	107.4	4824	7410	6610	89.2
1992	3921	3963	4391	100.8	4515	7439	6454	86.8
1993	4331	4383	4754	108.5	4956	8959	7808	87.2
1994	2443	3118	3406	109.2	7374	12003	9658	80.5
1995	4136	4167	7009	168.2	7620	14337	12482	87.1
1996	8153	8473	10386	122.6	11084	17521	16702	95.3
1997	11787	11749	13610	107.3	15139	19981	18923	94.7
1998	13988	13942	14690	105.4	17884	22778	20948	92.0
1999	14685	13953	15100	108.2	18964	24359	21799	89.5
2000	16907	9362	9361	100.0	20536	22256	19255	86.5
2001	15157	10374	10517	101.4	22067	27061	24038	88.8
2002	11087	10792	10926	101.2	15426	30164	25926	86.0
2003	12073	12090	13284	109.9	20405	36015	30511	84.7
2004	14779	12175	14384	118.1	25431	44880	38257	85.5
2005	12909	12390	15432	124.6	28381	60783	54872	90.3
2006	19000	19000	23308	122.7	41259	78109	67910	86.9
2007	29600	29600	42133	142.3	58853	116280	101374	87.2
2008	59000	59000	70086	118.8	90425	171858	140634	81.8
2009	83400	83400	105029	125.9	117121	242384	197007	81.3
2010	150000	150000	164685	109.8	184276	332084	288577	86.9
合计	572944	556911	642002		757268	1355784	1165222	

说明：1951 年决算数为大米，单位为“万斤”，未汇总在合计中。

三、预算调整

根据《中华人民共和国预算法》规定，预算调整是指年初经人代会批准的预算在执行过程中由于收入、支出政策发生较大的变化，以及收入支出规模和结构发生较大变化，造成实际收入、支出与原来批准的预算发生较大差异时，需对原预算安排进行调整，并报人大常委会批准。按照有关规定，每年上半年和年末需定期向人大常委会报告上半年和全年财政收入预算完成情况和预算调整草案，其他临时性预算调整需及时提请人大常委会审议批准。

（一）收入预算的调整

1999 年，县十二届人大常委会第十一次会议批准财政预算收入为 21830 万元。但由于灌云遭受夏季雨涝灾害，县财政局于 11 月份根据市政府和省、市国税局的意见，报经县十二届人大常委会第十七次会议审议通过调减全县增值税任务 1200 万元，其他税费任务 390 万元，合计调减全县收入预算 1590 万元。12 月底，市财政局又因灾调减灌云农业税任务 42 万元，调整后的财政收入预算为 20198 万元。

2000 年下半年，灌云县遭受百年未遇的特大洪涝，工农业生产造成重大损失，部分税源萎缩严重。根据省、市政府意见，经县十二届人大常委会第二十五次会议审议批准，全县财政收入预算由 22725 万元调整为 17400 万元，调减 5325 万元。

2001 年，由于连续两年遭受洪涝灾害，全县经济恢复性增长缓慢，加上国家税收政策调整减收、重点税源下滑等因素影响，致使财政收入与年初预算出现较大缺口，经县十二届人大常委会第三十四次会议审议批准，调减全年财政收入任务 4884 万元，其中工商各税调减 1394 万元、非税收入调减 2651 万元、其他调减839 万元；省财政因灾害减免调减灌云县农业税任务 500 万元。调整后灌云财政收入预算为 13500 万元。

2002 年，因灾害省财政调减灌云县农业税任务 295 万元，灌云县相应将全县财政收入预算由 14996 万元调整为 14701 万元。

2003 年，由于国家出台农业税调减和改变出口退税政策，根据市政府要求，经县十三届人大常委会第十七次会议批准，全县财政收入预算由年初的 17280 万元调整为 19715 万元。

（二）支出预算的调整

1984 年，经县人代会批准，灌云县支出预算为 1734.3 万元，当年上级追加指标 686.5 万元，动用上年财政结余 182.8 万元，上年结转 84.1 万元，动用上级补助款 32 万元。调整后的支出预算为 2719.7 万元。

1994 年，灌云县支出预算为 7374 万元，由于 1993 年税制改革后，灌云县实行“分税制”财政体制，收入增长较快，支出预算的变化也较大。当年财政超收安排 1899 万元，市追加指标 1579 万元，上年结转 1075 万元，上年能交基金结余及专项款超收安排 76 万元，调整后的支出预算为 12003 万元。

2002 年，全县支出预算为 15426 万元。预算执行中，上级专项拨款 6487 万元，增拨国债补助款 320 万元，转移支付补助款 3344 万元，调入资金 1180 万元，动用上年结转及结余 3381 万元，本年超收安排 26 万元，调整后的支出预算为 30164 万元。

2010 年，全县支出预算为 184276 万元。预算执行中，增加专项转移支付 80684 万元，一般性转移支付 2285 万元，本年财政超收安排 14555 万元，债券转贷收入及调入资金 4907 万元，上年结转使用数 45377 万元，调整后的支出预算为 332084 万元。财政增加的财力主要用于补充人员经费，教育、社会保障、医疗卫生等重点支出缺口。

（三）其他调整。

对于调入资金、动用预备费、科目调剂、动用上级补助资金等，也必须由财政部门作出年终预算调整方案，并向县人大常委会报告。

第二节　财政决算管理

一、财政决算

财政决算指财政总预算会计编制的年报，全面反映年度预算收支执行结果的书面报告，是各级财政总预算和国家经济活动在财政上的集中反映，也是各单位财务状况的综合反映。因此，年终总决算的编制，一般要由财政部门组织内部各职能单位、执行国家预算的行政事业单位的主管部门、国家银行和国库共同做好年度决算编制工作，自下而上的逐级汇审编制。

年终决算年报，是在年终清理、年终结算和年终结账的基础上编制的。县财政每年除了做好县本级的决算编制外，还要组织、指导、汇总各乡镇财政决算。县财政总决算编制的内容主要体现为：财政决算收支总表、财政收入决算明细表、财政支出决算明细表、财政收支决算分级表、县级财政收支平衡表、预算结余结转下年情况表、年终资产负债表、城市维护和建设资金收支决算表等，反映本县行政事业单位的机构、人员、开支标准、定员定额、事业成果等基础数字；差额管理的行政事业单位，以收抵支或自收自支的事业单位分别编制差额单位收支决算表和预算外收支决算表；企业财务决算分别由实行独立核算的企业编制，属企业主管部门掌握的各项资金由企业主管部门汇总编制各项资金收支决算表。

财政总决算草案编制后，报经县政府审定和上级财政部门批准，并提请县人民代表大会审议通过。

二、财政决算的编制

1951年灌云县开始编制财政决算。1951～1952年，灌云县还不是一级预算单位，当时编制的财政总决算只是反映乡镇的财政收支执行情况。其财政收入有农业税附加、工商税附加、房地产税附加、公产收入、契税收入、行政事业收入及规费收入、上级补助等，收入数量有限。财政支出主要是农业水利支出、乡镇行政支出、乡镇文化教育支出、卫生支出、优属民兵支出等。当时灌云县本级财政收支均由县财粮科按上级规定的报表表式汇总报送当时的淮阴专区财政局，县级没有财政总决算报表。

1953年，灌云建立县一级预算，开始办理财政收支总决算。当年的财政固定收入有税收，如屠宰税、契税、车船牌照税等。其他收入，如事业费收入、上级补助收入等。财政支出主要是由过去向上级财政报销的行政事业、经济建设等各项支出改为县级预算支出。

1954年，财政收支总决算包括收入决算表和支出决算表，预算中除有核定数外，还增加预算执行数，反映预算收支的调整情况。当年收入决算数194万元，为年初预算190万元的102%。9月份，预算调整后为189万元，为预算核定数的102%。当年支出决算数178.6万元为预算核定数190万元的93.87%，为预算执行数195万元的91.67%。1954年的总决算中，有特种资金收支决算表。当年的特种资金来源主要是小学的学费收入和公房收入。

1955年决算编制中，灌云县第一次有了本县地方工业上交的利润和基本折旧资金的企业收入0.7万元，完成预算的100%。当年的决算中，还将上年的“预算执行数”改为“调整预算数”，以反映当年预算收支调整情况。决算总表中增加基本建设支出报表，反映了当年国营农场和灌云县伊山中学基建投资情况。编制当年财政决算中，发现行政公务费与修缮费超过定额 0.3 万元，并未经领导批准，报请领导给予了严厉批评和处理。

1956 年的决算编制中，增加了灌云县差额预算单位业务收支汇总表，主要反映了农牧业中农具试验推广经费和卫生部门的县医院和各乡镇卫生院以及县妇幼保健所的业务收支，还有民政部门的社会福利企、事业收支等。当年灌云财政收入决算为 110 万，完成调整后预算数的 100.73%，财政支出决算为 344 万元，完成调整后预算数的 97.89%。

1957 年的财政决算中，增加了自筹资金收入支出决算表，当年收入 7 万元，主要用于水利 2.2 万元、交通 1.2 万元、通讯广播 1 万元、乡镇行政基建 2.6 万元。

1958 年，财政管理体制上发生了变革，全县范围内建立了乡镇财政，实行财权下放，扩大管理财政的权限，把财政收入和支出包干给人民公社，实行差额包干上缴，调动了乡镇理财的积极性。当年财政收入决算 395 万元，完成县预算调整数的 93%，完成省核定数的 120.5%，比上年增长 119.4%。财政支出决算 512 万元，比上年增长 43%。各行政事业单位按主管部门实行总额包干，各单位包干使用，节余不上交，透支不补助，保证了年终决算的收支平衡。年终决算时，将原来各单位按实际支出数进行结报的办法改为以银行支出数为结报的方法。决算报表中还增加了预算外资金收支总表。

1959 年，由于盐税下放地方预算管理，省财政厅核定灌云县财政收入为 4543 万元，其中包括盐税 3500 万元，盐企利润 424.64 万元。当年省轻工厅盐业运销办事处核定灌云原盐运销计划为 28.8 万吨，实际完成 212627 吨（不含国家购买的储备盐 2 万吨），只完成计划的 73.83%，主要原因是缺乏运输原盐的轮船，县无轮船运输调配权，运力不足。财政年终决算时，当年财政收支相抵后赤字 8.6 万元，这也是灌云财政决算首次出现赤字，赤字由省财政以补助形式解决。

1960 年，上级财政核定灌云年度财政收入预算 4096 万元，调整后的预算收入为 4087 万元，年终决算收入为 4606.9 万元，完成预算的 112.7%，超收 519.6 万元，按当年财政正常收入 6%、超收 40%的分成比例，灌云县获得超收分成补助 176.6 万元，财政总决算支出 590.7 万元，上解省支出 4331 万元，本年结余 183.3 万元。

1961年，国家遭受严重的自然灾害，经济十分困难，灌云县财政决算编制贯彻中央“调整、巩固、充实、提高”的八字方针，全年财政收入完成3843万元，完成预算的103.22%。财政支出617万元，完成预算的105.11%。当年从财政决算中划出145万元用于对农村社员因“平调”而退赔的兑现款，对调动社员农业生产积极性产生了重要影响。

1963年，由于受自然灾害的影响，盐税收入只完成任务的43.2%。全年完成财政收入1689万元，完成预算的51.2%；支出为389万元，完成支出预算的96.2%。当年决算结余为–6.3万元。

1964年，全县原盐运销状况良好，完成了销盐计划，盐税超额完成，占全县财政收入的85%，成了县财政收入的支柱。当年县财政收入完成2012.6万元，完成预算的106.7%，财政支出471.5万元，决算后结余38万元。

1965年，国民经济在调整中发展，形势大好。当年县财政收入完成2094万元，比省下达的指标超收245万元，完成预算的113.25%。其中盐税比预算计划1409万元超收226.9万元，完成预算的115.39%。财政支出411.4万元，完成预算的103.51%。实现收支平衡。

1966年，由于“文化大革命”的影响，灌云未能完成财政收入任务，盐税只完成省下达指标的93.73%，短收119万元。全县财政收入完成2271.5万元，占预算的97.08%；支出553.4万元，完成预算的95.01%。收支平衡，略有结余。

1971年，编制财政决算时，灌云的企业收入除商业企业上缴利润99.9万元外，其他工业、农林、电信、粮食等企业收入皆为负数。特别是粮食企业由省下放给县管后，当年出现增亏12万元，全部商业企业收入为负数172万元。财政支出管理失控，文教卫事业费超支6.3万元，行政管理费超支17万元，干部下放劳动锻炼经费超支6万元。年终决算赤字30万元。

1975年，灌云县财政局编制财政决算时，按照省、地财政部门的统一要求，财政总决算表格较上年略有变动：增加了支出预算结余结转下年使用数计算表、差额预算单位收支决算汇总表、企业主管部门掌握的各项资金收支决算表、国家预算以外的企业情况表等；有的表格作了修改补充，如财政支出决算明细表中增加“城镇人口下乡经费类”“城镇知识青年下乡补助费款”及“插队补助”项级科目，其他支出类中增加“农业税征收费”项级科目。

1978年，按照苏财预（1978）287号文件规定，当年财政决算编制不设清理期，财政的收支除有专项规定外，一律以当年12月31日银行营业终了为截止期。当年全县企业收入及工商税等皆出现短收、未完成预算任务。但由于盐税完成1934万元，超收184万元，较上年收入增加31.1万元，增收分成收入11.2万元，固定分成21万元，原盐运销提成76.4万元，财政总决算收入为2976万元，完成地区下达任务的102.99%，比上年增长12.3%。财政支出调整为1824万元，其中有上年专项结转指标33万元，财政结余26.4万元，动用当年机动财力92.4万元。当年财政结余10.2万元。

1982年，根据省财政厅规定，年终决算工作设15天清理期。按规定在决算清理期内，财政基本上实行只收不退，只有几项允许在决算清理期内退1982年收入：即12月份粮油、棉花、市场用煤价差补贴应补未补差额；农业税减免及农业税附加等。县财政结余归县部份可结转下年。各行政事业单位的年终“预算包干结余”，仍采取预算结转法，不得作为决算支出报销。凡年终前来不及审定、应补未补的工资款项，采取由县财政统一预留的办法，当年灌云预留调资应补未补款11.5万元。根据省财政厅和省农行《关于认真办好年度决算签证工作的通知》要求，年终决算必须银行办理决算签证。县财政局和农行督促各单位年终决算时核对好存款、对其他存款户进行清理、处理各种往来款项、核实银行存款和银行支出数。农行及时对各单位所送决算进行审查签证。

1983年，灌云县根据省财政厅要求，在年终决算清理期内，认真清理1983年各项收支，严格区分预算年度，分清资金界限，落实收支数字。对不符合国家规定的支出或不应当在当年财政列支的，一律不得核销；对弥补企业亏损的粮油价差补贴，严格审查，凡超过国家计划和违反收入退库制度的，一律不准擅自冲退国库收入。当年决算的财政收入中，有代省结算的粮食新老价差补贴252万元、出口棉补贴14.1万元的退库数字，还有因行政区划变动，剔除南城、云台两乡镇的收入78万元。灌云财政收入为2223.5万元，比1982年增长18.2%。

1988~1989年，灌云县财政连续两年出现赤字。在决算清理期间，把“三清”工作作为决算工作的重点。在清理往来款项方面，将暂存款转收入48万元，暂付款收回263万元，列支出的138万元。在清理结转方面，把结账项目严格控制在市财政部门要求的范围内，并把结转数压缩在最低限度。在耕地占用税的结算上，按市财政要求将原来中央与地方五五分成改为三七分成，计算上缴时将市集中的10%部分一并结算上解。在清理收支方面，凡属1989年应收的收入全部催缴入库，并全数编入本年决算。严格控制财政支出，除工资、价格补贴，救灾等必保支出外，其他支出项目尽量压缩，严格审查各单位年度决算，确保各单位按从银行支取数列“银行支出数”，以单位实际报销数列报“实际支出数”，防止和纠正以领代报、以拨作支的现象。全年实现财政支出 5411.5 万元，占年度预算的 88.1%。

1995 年，根据省市财政部门的要求，当年编制决算前仍设置决算清理期 10 天。为保证当年财政收支平衡，逐步消除历年赤字：一是狠抓收入清理。督促税务部门抓好清交企业拖欠的税收；二是加强对税收的征管，做好先征后退的审批管理；三是严格控制支出，在年终一个月内，不再追加新的预算外支出；四是加强对“小金库”的清理检查，对清查出的资金如数转入单位财务账内，除调账补税、上交财政或抵财政拨款外，对查出“小金库”的应补缴税款的罚款，一律上交财政金库。当年财政决算消除赤字 831 万元。

2001～2002 年，灌云县根据财政部和江苏省财政厅的要求，决算编制中扎实做好几项工作：首先抓好增收节支。积极组织财政收入，全面实施政府非税收入国库集中收缴，取消执收单位过渡性账户，统一纳入国库单一账户体系管理。其次，做好年终财政收支清理。清理应收应支往来账款、清理取消不合法不合理的收费基金项目、清理核实拨借款项、清理减免税项，确保决算数据真实可靠。第三，从严控制一般性支出。大力压缩公务性费用支出，严格控制党政机关经费支出。第四，完善新的决算报表体系。运用现代化信息技术，实现决算的自动化管理。第五，加强编制总决算前的审核工作。

2003 年，按照《国务院关于所得税分享改革方案的通知》，灌云县编制决算时，将所得的分享比例调整为中央分享 60%，地方分享 40%。

2006 年，根据省财政厅的要求，灌云县将上级政府对本县税收返还及补助 52437 万元（税收返还 3642 万元、专项补助 20645 万元、转移支付补助 26432 万元、其他补助 1718 万元）全部列入县本级决算，确保决算内容完整，数据准确。

2010 年，编制财政决算中认真做好收交清理工作，做好与国家金库、收入征收机关及有关单位的收支数字核对一致，保证数据真实可靠。严格控制“三公”经费支出，降低行政管理费用。抓好国库集中支付，加强预算资金管理。

2005年灌云县县本级部分行政事业单位支出预算汇总表

表4-2　　单位:万元

项目 单位	财政供养人数			本级总财力	支出总计	预算内支出预算						本级预算内财政结余	预算外支出预算		
	合计	在职	离退休			合计	人员经费		医保	遗属补助	专项经费		合计	其中	
							小计	其中:新增省津贴						人员经费	公用及专项经费
蚕桑站	6	6			9.0	9.0	9.0	1.9		–					
开发局	31	16	15		54.5	54.5	53.6	10.2		0.9					
林果站	20	10	10		31.3	31.3	30.8	6.3		0.5					
林业局	13	8	5		25.9	25.9	24.7	4.3	1.2	–					
农办	38	19	19		77.4	77.4	71.8	9.9	2.6	3.0					
农机管理公司	10	3	7		18.7	18.7	18.4	3.1		0.3					
农机监理所	14	10	4		26.3	21.2	21.2	4.5		–			5.05	1.05	4
农机局	12	11	1		22.5	22.5	22.5	3.9		–					
农机推广站	25	14	11		41.2	41.2	40.4	7.8		0.8					
农机推广中心	70	45	25		125.0	125.0	123.7	24.1		1.3					
农校	22	11	11		36.4	36.4	36.4	6.9		–					
农业局	34	18	16		75.4	75.4	70.1	20.7	3.1	2.2					
兽医站	37	23	14		60.2	60.2	59.6	11.6		0.6					
水利局	36	21	15		69.2	69.2	67.3	10.4		1.9					
畜牧局	18	9	9		55.1	55.1	31.0	5.5	1.4	1.7	21.0				
畜禽改良站	16	13	3		17.8	17.8	17.8	2.8		–					
渔政站	14	11	3		49.7	20.6	20.6	4.8		–			29.09	3.87	25.22
气象局					8.0	8.0	8.0								
农业股					60.0	60.0	–				60.0				
小计	416	248	168		863.5	829.4	726.9	138.4	8.3	13.2	81.0		34.14	4.92	29.22
城管局(行政)	5	5			10.3	10.3	10.3	2.5		–					
城管局(事业)	460	374	86		195.8	195.8	195.8								
环保局	60	50	10		263.2	263.2	93.2	21.1		–	170.0				

续表 4-2

项目 单位	财政供养人数			本级总财力	支出总计	预算内支出预算						本级预算内财政结余	预算外支出预算		
	合计	在职	离退休			合计	人员经费		医保	遗属补助	专项经费		合计	其中	
							小计	其中:新增省津贴						人员经费	公用及专项经费
物价局	24	17	7		42.9	42.9	40.5	8.4	2.1	0.3					
发展计划局	28	18	10		53.5	53.5	50.4	9.1	2.5	0.6					
国土局	27	19	8		48.5	48.5	48.5	9.4		–					
建设局(行政)	44	27	17		84.2	84.2	83.6	14.0		0.6					
建设局(事业)	162	147	15		104.2	104.2	97.2				7.0				
交通局	25	16	9		49.0	49.0	48.7	7.3		0.3					
经贸局	84	37	47		164.0	164.0	159.7	24.4		4.3					
粮食局	38	17	21		79.9	79.9	73.5	10.6	3.0	3.4					
旅游局	5	5			8.5	8.5	8.1	1.7	0.4	–					
总工会	47	27	20		27.5	27.5	7.5			–	20.0				
县供销联社					20.0	20.0	20.0								
房管处	19	16	3		53.5	53.5	28.0	5.9		0.3			25.2		25.2
科三费					35.0	35.0	–				35.0				
小计	1028	775	253		1240.0	1214.8	965.0	114.4	8.0	9.8	232.0		25.2		25.2
保健所	33	22	11		79.4	79.4	54.4	10.5		–			25	7	18
残联	5	5			10.4	10.4	10.4	2.2		–					
疾控中心	53	38	15		86.6	86.6	85.4	17.3		1.2					
福利院	5	5			7.9	7.9	7.9	1.7		–					
干休所	11	2	9		34.8	34.8	32.5	0.7	0.6	1.7					
机保处	4	4			31.2	31.2	5.9	1.3	0.3	–	25.0				
劳保处	18	14	4		26.5	26.5	25.3	6.7	1.2	–					
劳动监察大队	4	4			5.4	5.4	5.1	1.2	0.3	–					
劳保局	34	19	15		122.8	122.8	62.7	9.7	2.6	1.5	56.0				
离保处	5	4	1		459.3	459.3	8.7	1.3	0.3	0.3	450.0				
疗养院	44	27	17		95.8	95.8	71.5	13.2		0.3			24		24
烈士陵园	12	7	5		18.2	18.2	17.8	3.3		0.4					
民政局	39	17	22		75.7	75.7	75.4	10.6		0.3					
民政招待所	8	4	4		12.4	12.4	12.4	2.6		–					

续表 4-2

项目 单位	财政供养人数			本级总财力	支出总计	预算内支出预算						本级预算内财政结余	预算外支出预算		
	合计	在职	离退休			合计	人员经费		医保	遗属补助	专项经费		合计	其中	
							小计	其中:新增省津贴						人员经费	公用及专项经费
卫生监督所	20	20			32.4	32.4	32.4	7.2		–					
救助站	2	2			3.0	3.0	3.0	0.6		–					
卫生局	46	20	26		84.5	84.5	82.9	13.8		1.6					
卫校	30	21	9		56.0	56.0	55.6	9.8		0.4					
医保处	9	9			107.1	107.1	12.5	2.8	0.6		94.0				
社保股					2882.0	2882.0	–				2882.0				
小计	382	244	138		4231.4	4231.4	661.8	116.5	5.9	7.7	3507.0		49	7	42
县委办	42	36	6		242.9	242.9	68.7	9.4	3.7	–	170.5				
人大	46	25	21		148.3	148.3	92.6	15.6	4.4	0.3	51.0				
政府办	63	57	6		445.5	445.5	114.8	22.3	5.5	0.2	325.0				
政协	41	22	19		133.0	133.0	85.0	13.9	4.0	–	44.0				
纪委	49	40	9		97.0	97.0	91.5	16.4	4.3	1.2					
组织部	29	28	1		56.4	56.4	46.3	9.7	2.1	–	8.0				
宣传部	17	12	5		69.3	69.3	31.0	4.8	1.3	–	37.0				
统战部	12	5	7		29.4	29.4	25.9	3.2	0.8	0.7	2.0				
党校	51	32	19		85.9	85.9	84.9	16.0		1.0					
机关工委	13	7	6		28.6	28.6	26.6	3.6	1.0	–	1.0				
党史办	9	5	4		18.9	18.9	17.0	3.4	0.9	–	1.0				
县妇联	8	5	3		15.6	15.6	13.9	2.8	0.7	–	1.0				
团县委	4	4			7.7	7.7	6.4	1.4	0.3	–	1.0				
工商联	8	4	4		16.7	16.7	14.9	2.8	0.8	–	1.0				
人事局	30	24	6		67.8	53.7	51.3	9.5	2.4	–			14.1	7.1	7
统计局	20	17	3		39.0	39.0	30.5	6.4	1.5	–	7.0				
老干局	18	13	5		54.9	54.9	46.2	5.3	1.6	1.1	6.0				
财政局	47	33	14		97.8	97.8	82.4	14.1	3.8	1.6	10.0				
会计中心	18	18			35.2	35.2	26.9	6.0	1.3	–	7.0				
小计	4257	3547	710		9270.6	8981.5	6832.0	1460.3	75.8	36.7	2037.0		289.1	179.7	109.4
合计	6083	4814	1269	17825	21026.5	20629.1	9220.7	1829.6	98.0	67.4	11243.0	−2804.1	397.44	191.62	205.82

第三节 财政收支平衡管理

实现财政收支平衡是县级财政部门的基本职责，是国家财政平衡的基础。财政收支平衡中的收入包括：一般预算收入、基金收入（含缴库社保基金）、上划中央收入、上级补助收入和调入资金等；财政支出包括一般预算支出、基金预算支出和上解支出等。在财政收支中，财政体制规定有一部分收入由县上解给省，省对县又给予一定的补助，总的上解大于补助；2001 年后，上级补助有所扩大；取消农业税、农林特产税后，上级补助则大于上解。

新中国成立后，灌云县绝大多数年份实现了财政收支平衡。1959 年、1963 年、1971 年出现过赤字；1988 ~ 1996 年，连续 9 年出现赤字。其中 1988 年赤字 282.2 万元、1994 年赤字 3268 万元。

一、1951 ~ 1958年财政收支平衡情况

新中国成立初期，国民经济基础十分薄弱，财政工作贯彻“发展经济，保障供给”的方针，财政收支由中央统管，统一经费开支标准，虽然收支紧张，但每年仍略有结余。1951 年，灌云县开展土整工作（指整理地籍评定常年应产量工作），提高农业税征收标准，保证了农税收入。同时开展清理资财，共清理出救灾物资、公产代管等额外资财计粮 349449 斤、人民币 11 亿元（旧币）。另外，加强对国营和私营企业的税收查补和农业税征收，尽管 1954 年洪涝灾害较重，但也保证了财政收入的完成。财政支出中，贯彻“增产节约，勤俭建国”的方针，从严安排支出。1951 ~ 1958年，基本上实现财政收支平衡，略有结余。

二、1959 年财政赤字情况

1959 年，灌云地区的盐税由省下放给县管，当年省核定灌云县收入为 4543 万元，其中包括盐税 3925 万元。当年由于运输问题造成盐的运销任务未能完成。全县财政收入 3688.2 万元，其中盐税完成 2785 万元、短收 861 万元；盐利 278.7 万元。总预算收支相抵后赤字 8.6 万元。

三、1960 ~ 1962 年财政收支平衡情况

为防止财政赤字，灌云县加强了对盐税的征管和盐的运销工作，保证盐税

收入的完成。同时，开展财政大检查，清理出欠缴税利款达 1 万元、虚列成本应补交财政收入款 2.95 万元、小金库及其他积余上缴款 15 万元、清理出物资折价款 24.7 万元。加大支出管理力度，压缩社会集团购买力，节约支出。并将社有资金 29 万元全部上解县支行，由财政部门监督使用。

在遭受自然灾害的情况下仍实现了收支平衡。1962 年还实现了净结余 56.2 万元。

四、1963 年财政赤字情况

1963 年，灌云县继续贯彻“当年平衡，略有回笼”的财政方针，开展以增产节约为中心的评比竞赛，大抓企业扭亏增盈，挖掘潜力增加收入，厉行节约，控制支出。但盐业受 6 月份生产旺季长期多雨的影响，严重减产，而且销售不畅，形成了短产滞销局面。全年完成财政收入 1688.9 万元，占全年预算的 50.85%，加上上级补助，调入资金 7.4 万元等，总收入为 1898 万元，而总支出为 1961.2 万元，其中因调整工资增支 3.8 万元，农林支出超预算 5.8 万元。全年收支相抵，滚存结余 –63.2 万元，净结余为赤字 84.2 万元。

五、1964～1970 年财政收支平衡情况

1964 年，全县财政坚持“发展经济，保障供给，当年平衡，略有回笼”的方针，狠抓财政收入。特别是 1965 年县委县政府组织干部外出销盐、抓盐税款回笼，当年超销盐 1400 吨，超额完成了当年财政收入任务。支出中，狠抓清理职工欠款、清理“小钱柜和小金库”、改进公费医疗管理三项工作，共收回职工借款 3.03 万元、占年初借款总额的 67.7%，清理入库小钱柜资金 1.75 万元。“文化大革命”开始初期，财政工作受到严重影响，但全县紧抓税收征管，极力控制支出，保持了财政收支平衡并略有结余。

六、1971 年财政赤字情况

1971 年，全县财政收入 2270.2 万元，减去地区补助收入 1260 万元，加上上年结余 14.3 万元，财政决算收入为 1024.6 万元，当年支出 599.5 万元，上解支出 431.3 万元。由于企业增亏、预算调整后增支等因素，当年财政收支相抵后，出现赤字 30.7 万元。

七、1972～1987年财政收支平衡情况

1971年财政赤字后，县委、县政府采取切实措施，加大财税征管力度。一是加大农业税征收力度，保证历年农业税任务完成。1972年农业税收入为181.2万元，1987年已达324.1万元，增长78.9%。二是抓好工商税收的入库。1972年工商税收入319.7万元，1987年已达1725.5万元，增长439.7%。特别是企业于1983年和1984年两次利改税后，税收收入增长显著加快。三是加大盐税征收力度。1971年盐税再次由省下放给县管理，县政府积极推进盐业部门销盐，1985年成立了销盐领导小组，专抓盐业税收工作，与相关单位签订奖罚合同，促进了盐业产、供、销一条龙发展，盐税收入稳中有升。1984年完成盐税收入2140.8万元，创历史新高。四是财政部门积极参与深化企业改革。坚持“改革、开放、搞活”的方针，推进各种形式的企业承包经营责任制，帮助企业落实内部经营责任制，开展扭亏增盈工作。

1979年，为实现年终财政收支平衡，县财政部门认真落实国家增收节支堵口子的十项措施，坚决贯彻国务院《关于严禁年终突击花钱，制止滥发奖金的通知》和省革委会相关文件精神，开展增产节约运动，严格控制支出。

1983年，继续贯彻中央“调整、改革、整顿、提高”的方针，落实生产责任制和岗位责任制，促进生产的发展；组织开展财务大检查，有效地防止铺张浪费、乱支乱用。1987年，全县财政收入6462.7万元，支出6120.1万元，实现滚存结余342.6万元，净结余168.3万元。

八、1988～1997年财政赤字及消除赤字情况

1988年起，灌云连续 9 个年头出现财政赤字，不仅赤字延续时间长，而且赤字数额大。1988年，赤字为282.2万元。当年，由于能源及原材料紧缺、价格上涨、资金不足等原因，致使企业陷入困境。工商税收比上年下降18%；盐税收入比上年下降75.3%。另外，因财政供养人员增加、工资等刚性支出增长、补贴项目的增多等，使财政收支矛盾相当突出，年初预算安排赤字300万元，年终实际赤字282.2万。

1989～1990年，国家实行紧缩的财政政策，但受市场疲软和经济结构不合理因素的影响，尽管全县在培植财源、开辟财源上想方设法帮助企业筹措资金，发展生产，但仍未能改变企业经济效益下滑的状况，财政收入增长不能满足财

政支出增长的需要。1989 年财政赤字 618.7 万元，1990 年财政赤字 1093.4 万元。

1991 年，灌云县又遭受严重洪涝灾害，市场疲软仍未根本好转，财政减收。加之支农经费中增加安排了黄淮海开发配套资金，增发粮油补贴和提高洗理费、书报费等开支标准，增加了财政支出。为把赤字控制在年度预算内：年终该结转资金 180 万元没有结转，计划在 1992 年安排；省给一次性补助 600 万元，全部用于弥补赤字；粮食工业利润 46.8 万元和粮补基金，未办理退库手续，用以平衡预算。全年财政仍赤字 1149 万元。

1992～1994 年，全县财政收入虽有增长，但增幅不大，而政策性支出越来越大，国家提高工龄津贴、岗位津贴和增加补贴、1994 年公务员增资等，使财政赤字突破了年初预算。如 1994 年财政收入 8875 万元，财政支出 9798 万元，累计赤字达 3268 万元。

1995 年 9 月，省政府召开全省财政平衡工作会议，要求全省认真实施《中华人民共和国预算法》，县级财政在三年内消灭赤字，并出台了奖励消化赤字的措施。全县积极培植财源，强化财政监督，加大征收力度，壮大财力；积极压缩支出，提高财政自给能力。当年消赤 831 万元，累计赤字下降到 2437 万元。

1996 年，全县实现财政收入 16810 万元，财政支出 17218 万元，消化赤字 1210 万元，累计赤字 1227 万元。1997 年，全县财政收入完成 17319 万元，完成年度预算的 103.8%，比 1996 年增长 20.9%，财政支出 18430 万元，完成年度预算的 97.3%，收支相抵，除结转到 1998 年继续使用的专项资金外，实现当年收支平衡，并消化老赤字 1227 万元，还结余 323 万元，提前一年实现了省政府确定的保平消赤的目标任务。

九、1998～2000 年财政收支平衡情况

1998 年，财政工作全面贯彻国务院和省政府关于增收节支、实施收支两条线的措施，确保收支任务的完成。1998 年，全年地方收入 14690 万元，加上税收返还收入 2549 万元、省（市）补助收入 2137 万元、定额补助收入 316 万以及省市追加的支出指标收入 1617 万元、调入资金 876 万元。全年地方支出 20948 万元，加上上解支出 373 万元。当年财政结余 564 万元。

1999 年，财政收入面临诸多困难，主要是受税源总量和结构的影响，重点税源呈萎缩状态。工商税收下降 16.2%、企业所得税下降 17.4%。而人员经费

的刚性支出增长过快。经过多方努力，预算内外结合，合理调度资金，确保当年收支平衡。

2000年，灌云实现财政一般预算收入9361万元，加上上级税收返还收入2393万元、上级追加支出指标收入2602万元、转移支付补助收入1676万元、补贴县定额补助316万元、其他补助544万元、调入资金1733万元、上年结余收入3122万元，合计收入23440万元。当年一般预算支出19255万，专项上解支出615万元，收支相抵，滚存结余3570万元，净结余569万元。

十、2001~2010年财政收支平衡情况。

2001年，全县完成一般预算收入10517万元，加上税收返还补助2269万元、原体制补助316万元、专项补助2805万元、过渡期转移支付1471万元、农村税费改革补助1805万元、结算补助2670万元、调整农业税收入任务增减补助830万元、其他补助15万元、上年结余收入3570万元、调入其他资金1706万元，总计收入27974万元。当年支出24038万元，专项上解571万元，支出总计24609万元，当年滚存结余3365万元，其中净结余342万元。

2002年，全县地方财政收入为11712万元，省市补助15426万元，因自然灾害省财政调减灌云县农业税295万元，上年结转收入3510万元，调入资金1180万元；财政支出26595万元，上解支出669万元，累计滚存结余4564万元，减去结转下年继续使用4558万元，累计净结余6万元。

2005年，全县完成一般预算收入15432万元，加上上年结余6614万元，调入资金1198万元，上级追加专项及补助40259万元，收入合计63503万元。当年一般预算收入超年初预算任务20%，其中增值税比上年增长9%、营业税增长39%、企业所得税增长157%、城建税增长24%。全年财政支出54872万元，上解支出2720万元，结转下年指标5911万元，支出合计63503万元。基金预算收入完成4717万元，加上上年结余823万元，上级追加专项及补助1080万元，基金收入合计为6620万元。当年基金支出5340万元，上解支出52万元，结转下年指标1228万元，基金支出合计为6620万元。财政实现收支平衡。

2006年，全县完成财政总收入40141万元（不含上级补助等），同比增长61.8%。一般预算收入23308万元，同比增长55.8%，其中各种税收收入为17857万元，同比增长82%。三大主体税（增值税、营业税、企业所得税）同比增长 70%。增长的主要因素是工业企业的发展和城乡房地产开发。当年财政总支出完成 76846 万元，同比增长 27.7%。其中一般预算支出 67910 万元，同比增长 24%；农村水利、医疗卫生、教育事业等社会事业性支出也有较快增长，但总体实现了财政收支平衡。

2007 年，全县财政总收入 90134 万元，完成预算 106%，比上年增长 124.5%，其中一般预算收入 42133 万元，完成预算的 100.3%，同比增长 80.8%。当年财政总支出 135180 万元，同比增长 75.9%。其中一般预算支出完成 101374 万元，同比增长 49.3%。各项支出任务完成后并结转 15500 万元下年度使用。

2008 年，全县财政收支同步增长。财政总收入和一般预算收入分别增长 88.7%和 66.3%，财政总支出和一般预算支出分别增长 87.4%和 40.7%。

2009 年，全县财政总收入 392474 万元，财政总支出 343693 万元，滚存结余 48781 万元。一般预算收入 10.5 亿元，加上上年结转、上级追加专项指标和转移支付、超收财力安排等 16.04 亿元，收入合计 26.54 亿元；一般预算支出完成 19.83 亿元，上解支出 2.47 亿元，结转下年支出 4.24 亿元，支出合计 26.54 亿元。全县财政一般预算收支相抵，实现收支平衡。

2010 年，全县一般预算收入 164685 万元，另有上级各项补助及转移支付收入 150683 万元、转贷财政部代理发行地方政府债券收入 4000 万元、上年结余45377 万元、调入资金 907 万元，收入总计 365652 万元。一般预算支出 288577 万元，另加上解上级支出 28565 万元、安排预算稳定调节基金 5000 万元，支出总计 322142 万元。收支相抵结余 43507 万元。当年财政总收入 575515 万元，总支出 518927 万元，滚存结余 56588 万元。

1951～2010年灌云县财政收支平衡表

表4-3　　单位:万元

年份	预算内				预算外		
	收入	支出	滚存结余	净结余	收入	支出	滚存结余
1951	50.10	43.4	6.7	6.7			
1952	74.3	68.4	5.9	5.9			
1953	170.9	165.4	5.5	5.5			
1954	194.1	184.5	9.6	9.6			
1955	178.9	172.1	6.8	6.8			
1956	353.8	343.8	10	10			
1957	364	357.5	6.5	6.5			
1958	535.6	515.2	20.4	20.4			
1959	3989.5	3998.1	–8.6	–8.6	53.3	50.3	3
1960	5082.2	4943.9	138.3	138.3	182.5	145.3	37.2
1961	4221.8	4206.5	15.3	15.3	99.3	98	1.3
1962	3606.3	3550.1	56.2	56.2	17.5	15.5	2
1963	1898	1961.2	–63.2	–84.2	30.3	27.8	2.5
1964	2235.6	2195.3	40.3	23.5	30	24.8	5.2
1965	2210.4	2132.1	78.3	77.3	31.2	25.8	5.4
1966	2574.1	2532.8	41.3	28.7	39	27.7	11.3
1967	619.7	593.2	26.5	7.6	40.6	28.6	12
1968	617.7	585.9	31.8	31.8	42.2	35.6	6.6
1969	787.7	778.4	9.3	1.4	58.4	42.1	16.3
1970	929.6	915.4	14.2	0.1	68.6	54.1	14.5
1971	1024.6	1030.8	–6.2	–30.7	28.8	28.7	0.1
1972	1914.7	1806.7	108	96	74.3	41.5	32.8
1973	2169.6	2133.6	36	17.6	33.1	17.8	15.3
1974	4077.8	3725.7	352.1	303.7	49.5	42.8	6.7
1975	3225.5	3064.9	160.6	22	41.1	30.8	10.3
1976	2507.6	2432.5	75.1	25	44.6	36.6	8
1977	2793.2	2733.7	59.5	26.4	63.4	57.4	6
1978	3061.1	2991.7	69.4	10.2	87.3	75.4	11.9
1979	2643.5	2552.6	90.9	19	94	77.1	16.9
1980	2337.2	2179.2	158	3	91.4	79	12.4
1981	2374.9	2208.5	166.4	8.3	77.7	40.5	37.2
1982	2513.6	2172.2	341.4	126.7	125.5	97.2	28.3
1983	3497.4	3230.5	266.9	174.5	36.5	32.4	4.1
1984	3110.9	3040.8	70.1	24.7	200.5	191.5	9
1985	3996.1	3710.2	285.9	180.1	103	42.8	60.2
1986	4637.6	4250	387.6	122.4	68.5	56.7	11.8
1987	6462.7	6120.1	342.6	168.3	207.8	66.1	141.7
1988	6165.2	5807.8	357.4	–282.2	242.5	222.5	20

续表 4–3

年份	预算内				预算外		
	收入	支出	滚存结余	净结余	收入	支出	滚存结余
1989	7015.6	6867.1	148.5	–618.7	148.5	51.2	97.3
1990	7579.3	7896.6	–317.3	–1093.4	202.4	63.9	138.5
1991	7083	7381	–298	–1149	265	66	199
1992	7274	7796	–522	–1526	322	307	15
1993	7966	8834	–968	–2019	160	48	112
1994	8875	9798	–923	–3268	239	73	166
1995	12417	13019	–602	–2437	396	391	5
1996	16810	17218	–408	–1227	245	214	31
1997	23942	22561	1381	323	237	127	110
1998	23818	21424	2394	564	11692	10545	1147
1999	27085	23941	3144	574	14236	14280	–44
2000	28225	24062	3582	581	11994	12040	–46
2001	28199	24689	3510	342	13385	12442	943
2002	31828	27264	4564	6	13079	13708	–629
2003	39834	33370	6464	14	12059	13259	–1200
2004	51972	44526	7446	2	13303	13219	84
2005	70223	63084	7139		11768	12798	–1030
2006	91849	80620	11229		6208	7402	–1194
2007	158738	143238	15500		7829	9066	–1237
2008	269174	235225	33949		11505	12742	–1237
2009	392474	343693	48781		8357	9681	–1324
2010	575515	518927	56588		8152	9476	–1324
合计	1709806	1514636			105645	113793	

说明：表中收入包括补助收入、一般预算收入、基金收入（含缴库社保基金）、调入资金等；支出包括上解支出等。

第四节　国库管理

国库亦称金库，是国家财政资金和物资收支的保管出纳机构。各级政府都设有各自的国库，代理各级财政资金业务。

民国 3 年（1914 年）12 月，中国银行在板浦设立收税处。中央银行未在板浦设立机构前，板浦的中国银行机构一直为中国银行南京分行兼理国库业务。民国 18 年 5 月 20 日，灌云县财政科“征起民国 17 年 3、4 两月漕粮省附税银六百三十四元九角四分……如数措齐，送交板浦中国银行查收”，并“相应函送南京中国银行”。民国 24 年 1 月，中央银行因中国银行板浦办事处代理国库报解辗转延时费事，故设立中央银行分支机构于板浦，专司盐税及漕粮国库收入报解等事。民国27 年 6 月，国民政府《公库法》正式确认公库出纳事务由银行代理；8 月，江苏银行灌云办事处为其总行代理灌云公库保管业务。

民国 34 年 10 月，华中银行灌云支行成立，除负责华中币发行兑换和农贷账目等业务外，还为解放区民主政府代管赋税、保管通货。其后设立的县财经局银行课，实际上是解放区地方金库。民国 37 年华中银行灌云办事处金库往来金额为 8573.52 万元（华中币）。

1950 年 3 月，根据政务院颁布的《中央金库条例》和财政部制发的《中央金库条例施行细则》，灌云县设立支金库，并由中国人民银行大伊山办事处设立经收处，开始代理金库业务。按照文件精神，灌云县规定所有财政收入均由征收机关按规定期限缴纳县金库经收处，并接受县政府监督。金库所收库款，随即存入代库银行，银行在财政存款数额内，必须保证如数支付。金库根据财政局填发的“付款通知”和领款机关（单位）的领款证明支付。根据上述规定，大伊山办事处代收全县 14 个区城乡征收机关上解税款和地方税收。

1951 年底，灌云县根据修订的《中央金库条例施行细则》及中国人民银行苏北分行的指示，于县人民银行建立中央金库，兼理地方金库的入库、退款、对账、收解与报告制度。

1953 年 1 月，灌云县设立一级财政后，县财政对地方财政在金库的存款有支拨权。根据江苏省关于市、县地方财政金库处理手续具体规定，县财政部门对金库业务实行检查监督，并随时查阅或检查有关账表凭证。县金库账务在“地方金库款”科目内设补助簿处理，其收支明细记录均以报表代替。

1956 年，根据省财政厅和省人民银行制发的《中国人民银行执行国家预算出纳业务办法的补充规定》，灌云县支行办事处、分理处均为国库代理机构，办理本县预算所属经费支配人的开户，根据分成比例，办理分成收入的计算和分割，分别记入各级预算款账户。财政部门拨给预算单位的预算存款，由人民银行在划拨的存款数额内办理支付。

1958 年，灌云县执行第四次修订的《中央金库施行细则》和江苏省的补充规定，县金库按照财政体制及财政收入划分，将收纳的各级预算收入及时报解、集中到县财政金库的存款户，然后按照分成比例，直接办理本级预算的固定收入的留解手续和分成收入的划分手续。金库办理收入返还，在县级预算当日收入数内退付。在同级预算收入范围内，各收入系统之间和各科目之间，可以互相抵付。县及其以下收入机关，可以在上级批准退还的限额范围内，在自收汇交税款内办理退还手续。金库凭拨款凭证在各县财政存款余额内办理支付。当年年底，为适应人民公社化的需求，规定可以支票提付库金。而此之前，在办理库款现金支拨时，须在支付命令上加盖“提付现金”的印记。

1962 年 2 月，江苏省作出补充规定，对财政部门在人民银行开设的预算内存款户为“地方金库款”，下设“地方预算存款户”“地方预算上年结余存款户”“地方预算周转金存款户”“专案拨款户”。预算外存款，在当地人民银行“地方财政预算外存款”科目下设预算外自筹资金存款户、预算外自筹资金上年结余存款户、预算外其他存款户三个账户。单位的预算内、外存款各开一个账户，在当地人民银行开设“地方机关团体预算存款”和“地方机关团体预算外存款”两个科目。

1963 年，第六次修订的《中央金库条例施行细则》规定：不经上级财政部门通知擅自变更财政收入划分方法和分成比例的；不依照开户办法开立金库存款账户的；财政部门擅自要求调整金库各存款账户之间余额的；财政部门签发的库款支付凭证，超过该级财政金库存款余额等情况的，金库有权拒绝执行、拒绝支付并报告上级金库和上级财政机关。

1978 年，灌云县根据财政部《关于整顿和加强预算收入退库管理的通知》精神，对收入退库规定凡是不属于财政部门明文规定退库项目的收入退库，财政部门和监交机关不得办理审批手续，金库不得办理退库。对亏损企业的弥补亏损计划等文件，必须及时抄送同级金库，财政部门要协助金库把好退库口子。财政部门需要自退国库收入时，必须报上级财政部门批准，方能退库。自己批准的退库一律无效，金库有权拒绝退付。凡是不属于国家规定的退库项目的退库，不符合审批程序和不符合规定手续的退库，金库一律拒绝办理。

1984 年 12 月，灌云县工商银行受托代理县金库业务。

1985 年 7 月，中国人民银行由代理国库转为经理国库，金库业务由人民银行垂直领导。但灌云县金库业务仍由工商银行兼理。财政部门在金库开立“国库存款”和预算外存款两个账户，不得在金库和银行外另立账户，自存自取。

1987 年，灌云县按照江苏省贯彻《国家金库条例实施细则（试行）》的补充意见，县支库将中央级和省级预算收入的缴款书及收入退还书随同收入日报表上报省分库。县支库收入日报表按截止当月 28 日入库数字填报，12 月份按截至12月31日的入库数字填报，旬报按上旬8日止、上中旬18日止入库数填报。

1988年11月，县人民银行重新组建，接管了县工商行的国库业务。1989年12月，根据《金库条例实施细则》的有关规定，县人民银行设立支库，国库股不仅经理中央金库库款收缴、支拨及收支监督等业务，同时经理地方金库业务，与地方税务、财政等机关密切配合，适度地完成各级预算收入款的收纳、留解和支拨任务，保证国家资金的灵活调度和及时供给。

1990年，灌云县根据连云港市人行、农行、工行及财税两局，关于"一级财政设立一级国库"的要求，于1990年11月在全县乡镇建立起金库，各乡镇为"国库代办处"。办理乡镇国库业务，原则上只办理本乡镇级财政固定收入和县乡两级分成收入的缴纳、划分留解。对于农村集贸市场、个体商贩及农民缴纳的小额税款，由税务机关自收汇缴。

1998年11月，灌云县执行中国人民银行、财政部、税务总局联合下发的《关于进一步加强国库监管工作的通知》精神，中国人民银行依法经理国库，各级国库依法对预算资金的收纳、报解、入库、支拨、退付等事项实施监督管理；财政机关加强对本级预算收入收纳、报解、入库的监督检查；财政、税务等征收部门依法征收的预算收入按规定及时缴入中央或地方国库。

2004年，灌云县为防范国库资金风险，县财政、税务、县支库联席会议决定，从当年11月1日起，全县乡镇国库由县支库进行集中管理，全县所有收入一律上解县支库，由县支库统一办理核算业务，支库、国税、地税三部门协调负责对收入进行分乡镇制表。国、地税所征税款在各分局所在地金融机构报解，数据录入由县支库负责，按日、按月向各征收部门提供报表。县支库、财政、国税、地税每月进行一次对账。

2007年，灌云县根据省市关于县级财政国库集中支付制改革的意见，制定了《灌云县县级国库管理制度改革实施方案（试行）》，规定县财政局国库股在人民银行灌云县支行开设国库单一账户，建立国库单一账户体系。财政一般预算资金、基金预算资金和财政专户管理的预算外资金等，均通过国库单一账户体系统一存储，实行财政集中支付。在人民银行灌云县支行、代理银行开设"财政特设专户"，用于记录、核算和反映财政特殊专项资金的收入和支出活动，并用于"财政零余额账户（预算内）""单位零余额账户"进行清算。

第五章　经济建设类财务管理

财政与经济建设密切相关，经济建设类财务管理主要包括财政对地方国有企业、粮食、基本建设投资及农业等方面的财务管理工作。

第一节　地方国有企业财务管理

国有企业财务管理是指财政部门对县属国有企业的财务制度、资金运用进行有组织、有计划的监督、考核，主要包括固定资产管理、流动资金管理、成本费用管理、利润分配管理等。

一、县属国有企业概况

灌云县国有工业企业始于1952年成立的东辛农场农机修理厂，主要从事拖拉机、收割机等农机具的修理。1955年，灌云县印刷厂、灌云县酿造食品厂和灌云县糖果食品厂先后建立。灌云县印刷厂建厂初期，职工只有40人，年产值约10万元；灌云县酿造食品厂的前身是灌云县地方国营副食品联合加工厂；灌云县糖果食品厂原是灌云县副食品联合加工厂的一个生产车间，利润0.5万元，1965年从联合加工厂中分离出来。1953年，县供销合作联合社动员新浦一家私人联营的裕泰行油坊搬迁至伊山镇，办起私营公助的小油厂，1956年，小油坊吸收伊山镇3家私人油坊，建成灌云县植物油厂。油厂原为公私合营，规模较小，1958年扩大生产，改为地方国营企业，工人由20人增至70人，实现利润4万元。在1958年工业大跃进中，又建立了灌云县面粉厂、灌云农机修造厂、灌云采石一厂、灌云县轧花厂等国有工业企业，同时，一些中央和省属企业下放给县管理，如邮电、银行、供电、灌西盐场、东辛农场、云台农场等先后下放，致使县内企业收入大幅度上升。1960年底，全县共有国有企业35家。1961~1965年，国民经济进行调整，原中央和省属企业再次上划，全县国有工业企业剩有 24 家，其中省属 14 家，县属 10 家，总产值 780 万元，国有工业占整个工业总产值的 71.4%。1965 年，国家财政投资 200 万元筹建县化肥厂，于 1967 年建成投产，时有职工 180 人。1970 年，灌云县建立东龙盐场，固定资产 7.8 万元，建场时有职工 36 人，产值 1.47 万元。1971 年建成灌云县湖里煤矿(徐州市铜山县境内)，有职工 250 人。1972 年，灌云县水产冷冻加工厂建成投产。到 1978 年，全县国有工业企业共 50 家，其中省属 21 家，产值 584 万元，县属 29 家，产值 2945 万元。1978 年后，又陆续建立了灌云县发酵厂、灌云县肉禽加工厂等国有企业，到 1985 年底，全县国有工业企业共有 57 家，其中省属 27 家，产值 1542 万元，县属 30 家，产值 6502 万元。1986 年，建成灌云县醋厂。至 1990 年底，全县国有工业企业 60 家，职工 8858 人，完成工业总产值 23584 万元，固定资产总值年末数 8224 万元，全部资金 11310 万元，盈亏相抵后的利润总额为 982 万元，上缴税金 452 万元。

灌云最早的国营商业，为两淮贸易公司大伊山办事处，建立于民国 37 年(1948 年)。1950 年后，又陆续建立了百货、糖业烟酒、食品、医药、饮食服务、五交化、蔬菜等国营公司，百货、食品、医药等公司还在乡（社）镇设立了分支机构。中华人民共和国建立初期，这些国营商业对发展生产、保障供给、稳定市场物价起到了积极作用。1953 年起，国营商业逐步占据了批发市场，主要生产和生活资料由国营商业经营，部分日用品实行凭票供应。中共十一届三中全会后，国营、集体、私营、个体等多种经济成份齐头并进，共同发展，平等竞争。1985 年，国营商业推行经理负责制；1988 年，国营商业中的首家股份制企业天池商场开业；1989 年，推行经营承包；1990 年，一些单位实行国有民营，微利或亏损企业实行租赁门市、租赁柜台或招商等灵活多样的经营方式。1990 年底，全县属国有商业性质的企业 260 家，基层批发和零售门市部（店、站）109 个，职工 4196 人，经营额 6863 万元，占商业经营总额的 16%。另外，灌云县供销合作社两度经历了与国营商业的分离与合并，1983 年由全民所有制改为集体所有制之前曾属于国营商业企业的一部分。

1992 年，中共十四大明确提出建立社会主义市场经济体制后，灌云县国有企业以产权制度改革为核心的改组、改制逐步推开，大部分国企通过出售、破产等形式限期退出竞争性领域。到 2000 年底，灌云县 55 家国有工业企业改制 47 家；206 家商业企业改制 185 家，分别占应改制企业的 85.5%和 90%。截至 2010 年底，全县共有国有企业（含县供销社系统）120 家，总资产 48.25 亿元；

负债 24.11 亿元；净资产 24.14 亿元。

二、企业固定资产管理

固定资产是指可长期在生产经营中发挥作用，且在使用过程中保持原有实物形态的资产。固定资产管理主要是规范固定资产标准的确定，固定资产的记录与保管责任，固定资产使用与折旧提取，固定资产调拨与报废的手续，以保证国家固定资产的完整与保值、增值。

1950 年 3~9 月，灌云县公有企业与机关事业单位开展了清资工作，以摸清建国后新政权的家底。10 月，华东财经委员会颁布《国营企业财务管理办法(草案)》，规定各国营企业在编制年度财务收支计划时，大修理费和折旧基金合并提取，以计提的折旧额 80%作基本折旧基金，按月缴库；20%作为大修理基金，按月提取，在人民银行专户存储，按核定的大修理计划动用。1951 年 3 月，规定固定资产除备用、停用部分、租用及土地不计折旧外，其余均预提折旧，并提存同额折旧准备金。代管的私营企业的财产、机关或公立学校所属实验或示范工厂、农场和机关生产的可不提折旧准备金,已提的可不上缴。1951 年 9 月和 1952 年 1 月，淮阴专署财粮处和国家财政部先后规定，国营企业固定资产的标准为单价在 100 元（新人民币，下同）以上，使用年限在一年以上。不同时具备这两个条件的为低值易耗品。年底，开展了全区首次清产核资工作。

1953 年 11 月，灌云县根据淮阴专署财政科规定，把固定资产划分标准由 100 元提高到 200 元，使用年限仍为一年以上。同月，财政部对地方国营企业固定资产折旧的提取作出规定，已进行清产核资的企业，按照清产核资中确定的平均折旧率提取，未进行清产核资的企业，其折旧率由主管部门确定后计算。1955 年 12 月，省财政厅又对固定资产折旧提取作出补充规定，企业固定资产基本折旧和大修理折旧可按直线法就个别固定资产分别计算，或就全部固定资产综合计算（淮阴专署规定全区年综合折旧率为 3.7%）。固定资产使用年限届满仍可继续使用时，依照原折旧率继续提取折旧。季节性停用或大修理停用的固定资产，停工期间照提折旧。租入固定资产改良工程的折旧，依照租赁年限计算，如使用年限低于租用年限的依旧以使用年限计算。租出固定资产照提折旧，至于大修理折旧是由出租单位提取还是由租入单位提取，则在租约内加以规定。

1956 年 1 月，灌云县根据省财政厅通知精神，将地方国营企业的呆滞、积压物资交给手工业生产合作社利用。固定资产部分的作价原则：全新完整不需修理即可使用的机器设备，一般按同类产品市场牌价七折至五折作价；如无作价依据的，可根据其主要部分（如动力部分）作价，其他部分估计重量，原则上按不低于国家废金属收购价格计算。破旧的或规格特殊的机器设备一律以重量不低于废金属收购价格计价。物资交接后，接收方出具收据，并报省工业厅和省手工业联社核对后，汇总报省财政厅转账作财政投资。

1958 年 5 月，灌云县取消固定资产大修理基金专户存储的规定，企业在保证进行固定资产大修理时资金能及时供应的前提下，允许企业把大修理基金作周转性占用；7 月，取消过去大修理基金不得用于固定资产增值和变形的规定。对有些企业一次大修理费开支较多的，可不预提大修理基金，按实际大修理支出列入成本。固定资产调拨权限、报废权限，改由主管部门或主管部门授权企业核定。固定资产的标准，可以由 200 元提高到 500 元。

1959 年 10 月，针对“大跃进”时期平调企业资产和固定资产大量流失的情况，江苏省财政厅颁发《关于工业企业财务管理若干具体问题的规定》，强调固定资产调拨必须经过批准，在同一系统内调拨，由主管部门批准；同一地区不同系统之间调拨由当地计委批准；不同地区之间调拨由省有关主管部门批准。

1961 年 11 月，省财政厅重新确定固定资产和低值品耗品的划分标准，冶金、电业、煤炭、机械、化工、农机各行业固定资产标准为 500 元，建筑（包括建材）、地质、交通、纺织、轻工、文教卫生、劳改等行业仍为 200 元。考虑到各行业中均有规模大小不同的企业，因此，凡上述确定 200 元标准的行业中的大型企业也可执行 500 元的标准，反之，上述确定执行 500 元标准的行业中的中小型企业，也可执行 200 元的标准。灌云县财政部门与各主管部门根据上述划分原则，结合企业具体条件和历史情况，本着一般不动、个别调整的原则，逐厂确定具体划分标准，并督促企业编制固定资产目录，报经批准后执行。

1962 年 3 月，省财政厅规定盐场的土方建筑，如沟、壕、堤、埝、河道、公路等，因使用年限是无限期的，故不提基本折旧基金，只提大修理基金；另外，规定除结晶地、蒸发地、卤井等盐田生产建设的修理费用直接记入当年生产成本外，其他建筑物经常维修，定期轮修或彻底大修，一律视作大修理列入修理计划，所需费用列大修理基金中开支。

1963 年 3 月，灌云县贯彻落实江苏省人民委员会关于加强国营企业固定资产管理的文件精神，对固定资产保管、维修、损坏赔偿、入账、调拨等规定予以进一步明确。

1964 年，淮阴专署财政局作出规定，国营企业固定资产调拨给集体企业的，需作价收款，实行有偿调拨。同年 12 月，省财政厅规定企业固定资产大修理基金和中小修理合并为一个科目，称“修理费用”，按月从成本中预提，按计划开支，结余结转下期继续使用。

1967 年 3 月，江苏省对固定资产基本折旧基金的分配使用作了改革，合并资金渠道，把“三项费用”、固定资产更新和基本建设中简单再生产性质的投资合并，统称“固定资产更新和技术改造资金”。并且将基本折旧基金绝大部分留给企业和地、市安排，省只集中部分作为全省调剂安排，苏北等市留成比例为 80%，缴省为 20%。1968 年 7 月，江苏省革命委员会将缴省比例又重新调整到 50%，作为省级机动财力。1971 年，对基本折旧基金的分配比例又作调整，留给企业支配的基本折旧基金不得低于 70%，省主管部门和各市（县）上调的基本折旧基金不得超出 30%。1972 年 4 月，规定商业、供销社、粮食企业提成的折旧基金，由县市商业、粮食部门集中 70%，统一掌握使用，省和地、市商业、粮食主管部门各集中 15%，分别掌握使用。外贸企业提取的基本折旧基金，由地市外贸公司集中 70%，按经济区划使用。省外贸主管部门的集中 30%调剂使用。

1973 年 7 月，灌云执行淮阴地区革委会财政局规定，大中小国营企业固定资产的标准单价分别为 800 元以上、500 元以上、200 元以上，使用年限均为 1 年以上。1974 年初，淮阴地区财政局按行业重新核定折旧基金、大修理基金的提取标准：冶金、纺织等 7 个行业综合折旧率为 3.9%~6%，大修理基金提取率为 3.7%~6%。

1975 年 7 月，江苏省规定国营商业、供销社所属工业、储运企业、冷库、油库、大型商店提取固定资产大修理基金；其他企业原则上不提取大修理基金。企业进行大修理工程前必须编制大修理计划按企业隶属关系报主管局批准。5000 元以下工程由县商业局批准，超过 5000 元的由县财政局审查后报县革命委员会批准。

1977 年 2 月，江苏省规定从 1977 年 1 月份起，所有国营工业、交通企业（不包括矿山企业）的固定资产折旧基金，企业留用 50%，省集中 25%，地、市集中 25%。1978 年 3 月，省革委会通知停止执行此规定，改按财政部 3 月 13 日作出的规定办理。按此通知精神，全县除县办工业、农牧企业外，所有国营企业提取的固定资产基本折旧基金，按50%留给企业使用，50%上缴国家财政统一安排使用。采掘采伐企业按产量计提的更新改造资金全部留给企业使用，附属工厂提取的基本折旧基金按50%给企业留用、50%上缴国家。新建企业和新建分厂（或独立车间）三年内基本折旧基金全部上缴国家，三年后按老企业办理。6月，根据省财政厅规定，进一步明确了企业固定资产大修理和技术改造结合进行的项目财务处理：固定资产大修理结合小型技术改造，所需技术改造不超过大修理费10%，在大修理基金中开支；技术改造费用较多的，从更新改造资金中划出，同大修理工程结合使用。利用固定资产大修理的时机，进行技术改造为主的工程，可将该项固定资产的一次大修理费用从大修理基金中划出，用更新改造资金结合使用。

1981年初，灌云县按照淮阴地区财政局的规定，以清产核资所核定的国拨固定资金作为计征基数，向国营企业征收固定资产占用费，计征率分不同行业按月率分别为2‰、5‰、8‰，变原来国营企业对固定资产无偿使用为有偿使用。4月，按省规定的地方小煤矿恢复大修理预先提取、按计划开支的办法，企业根据应计折旧固定资产总值，按年折旧率2.5%提取大修理基金。大修理费用在大修理基金中开支，不直接列入成本。按省财政厅的规定，从7月1日起，对全县停产、半停产企业不提或少提基本折旧基金。凡生产任务严重不足，基本上处于停产状态的企业，除房屋外停止提取基本折旧基金；生产任务不足50%，处于半停产状态的企业，除房屋外减半提取，大修理折旧基金照提。1982年9月，规定医药商业系统企业从1982年起实行提取固定资产大修理基金办法，大修理基金提成率按5%提取。

根据江苏省财政厅规定，从1984年1月1日起，全县商办、粮办食品工业中的酱油、醋、豆制品、糖果、糕点、粮油、食品及废旧物资加工等16个行业的固定资产折旧率，按国家计委、财政部颁发的《国营企业固定资产分类折旧年限表（草案)》执行。1985年，折旧基金留用比例重新调整，其中企业留用70%，其余30%由有关部门和省掌握。1985年7月15日，灌云县政府转发国务院发布的《国营企业固定资产折旧试行条例》，规定从7月1日起，所有国营企业均实行固定资产分类折旧法。实行固定资产分类折旧法后的企业，如有的企业提取的折旧额低于原来综合折旧率提取额的，仍执行综合折旧率，但企业名单要报省备案，但随后省财政厅补充规定仍按在部分企业试行的原则。1986年8月，省财政厅规定城市公用企业从1986年1月1日起执行固定资产分类折旧法，为简化计算，固定资产报废时残值一律按4%计算固定资产折旧率。

1987年4月，灌云县为深化企业改革，增强企业活力，按省政府相关规定，从1987年起企业提取的固定资产折旧基金全部留给企业支配，县财政及其主管部门不再集中。从1月1日起，国营商业、供销社系统企业的固定资产折旧率以5.5%提高到6%。县属交通企业自7月1日起全面实行固定资产分类折旧法。

1988年5月，根据财政厅关于纠正主管部门集中商业、粮食、外贸企业折旧基金的通知精神，全县商业、粮食、外贸企业主管部门立即停止集中所属企业的折旧基金，并对1986年12月5日国务院《关于深化企业改革增强企业活力的若干规定》发布以来主管部门集中的企业折旧基金进行清理，结余部分原则上一律返还给企业。10月，根据财政部规定精神，县国营商业、粮食、外贸企业从1989年1月1日起停止实行综合折旧率办法，改按国务院发布的《固定资产折旧试行条例》规定的分类折旧法，对原有固定资产中低于固定资产新标准的一律不作调整。

1989年11月，根据财政部有关规定，灌云县对江苏省制定的《国营企业固定资产折旧试行条例》公布以前已经提足折旧的逾龄在用固定资产，1990年仍继续提取折旧，从1991年1月1日起停止执行。国营商贸、金融企业已提足折旧的逾龄在用固定资产，在1993年之前仍可提取折旧和大修，从1994年1月1日起停止执行。

1992年，灌云县财政局执行连云港市财政局《关于提高国营企业固定资产单位价值标准的通知》精神，从7月1日起，将原定的国营企业（不含商贸企业）固定资产单位价值标准200元、500元、800元的，分别提高到1000元、1500元和2000元；文教企业固定资产单位价值标准分别提高到600元、1000元和1500元。提高固定资产单位价值标准后，国营企业原有固定资产低于新标准的调整为低值易耗品，其原有净值按低值易耗品摊销办法摊入成本。

1993年，财政部先后颁布的《企业财务通则》《企业会计准则》《企业财务制度》《企业会计制度》实施，为做好新旧折旧政策的衔接问题，灌云县根据连云港市财政局有关规定，明确企业在执行新的固定资产折旧年限后，过去没有提足折旧但按新制度规定折旧年限已到期的固定资产，按新财务制度规定的折旧年限计算的折旧率继续提取折旧，直到提足应提折旧为止。企业执行新制度调账前，对于1993年6月30日前以成本、费用列支购建的固定资产未作固定资产入账的，固定资产改变划分标准后，原固定资产需转为低值易耗品或原低值易耗品需转为固定资产的，暂不调整，待企业清产核资后再作处理。

1995 年，灌云县执行市政府《关于认真落实推进企业技术进步有关政策措施的通知》，规定符合国家产业政策的重点企业，按国家规定的最低折旧年限提取折旧基金；符合有关条件的，经批准可加速折旧，增提折旧部分全部用于企业的更新改造，并视同实现利润进行考核。

三、企业流动资金管理

流动资金管理主要是对流动资产，包括存款、现金、有价证券及各项原材料、物料等的使用核算，以加速资金周转，正确使用资金。财政部门的主要措施是正确核定流动资金定额、编制流动资金使用计划、清产核资、清仓查库、防止物资积压等。

1951 年，中央财政经济委员会发布《关于国营企业清理资产核定资金的决定》，要求在 1951 年内各国营企业必须核定资金。其时规定，凡单项物品价值在 100 元以下，或使用年限在一年以下的均作流动资金。

1953 年，灌云县执行《国营企业年度清查财务办法》，组织开展流动资产清查：一、原材料、产成品、在产品及其他机物料；二、基建未完工程及大修理未完工程；三、库存现金、支票、运输支票及有价证券等；四、在途材料及商品、委托他人保管的原材料及商品等；五、银行存款、国家预算往来、内部往来、客户往来、预付款项、工人及职员往来、基建部门及其他部门债权债务往来、应收应付账款等。并规定年度清查财产于下年 1 月 1 日起办理，对个别资产负债项目需提前办理的亦可提前办理，但不得早于当年 10 月 1 日。对商品、产成品、原材料除年度清查外，每年另组织清查一次，其中流动大、容易缺损的至少组织清查两次。在产品每月清查一次。

1954 年，县财政部门和各企业主管部门设置“流动资金调拨专户”，企业流动资金的多余上缴或不足的拨补，均通过流动资金调拨专户处理，不直接通过财政预算缴拨。

1956 年 4 月，灌云县按照省财政厅的要求，对 1956 年 1 月 1 日工业品降价后国营企业库存物资重估价作出规定：重估的依据是国家计委和主管部门颁发的主要产品出厂价格目录，重估的范围包括外购物资、自制和委托加工的物资，1955 年 12 月 31 日前已入账的在途物资及被购货单位拒付的发出商品。

1958 年 1 月，灌云县执行省政府关于调整固定资产与低值易耗品划分标准，县属企业中的机械制造、电力、造纸等三个行业，流动资产标准从原来单价 200 元以下提高到 500 元以下（使用年限在一年以内），其他行业仍执行 200 元的标准。

1958 年前，灌云县的国营企业定额流动资金由财政部门核定并直接划拨，超定额流动资金由企业向银行申请贷款解决。1958 年 3 月，省对地方国营、公私合营工交企业流动资金管理作重大改变，工交企业新增加的流动资金，70%由银行贷款解决，30%由财政拨款补充。由银行贷款部分支付的利息列入企业生产成本，不能作营业外支出开支。1959 年 1 月，省人民委员会规定，国营企业和已实行定息的公私合营企业所需的流动资金，一律改由中国人民银行按信贷方式统一供应、统一管理，企业需要贷款时一律按人民银行借款手续办理。企业拥有的自有流动资金全部转给人民银行，作为人民银行的贷款统一计息，即所谓“全额信贷”。灌云县按照中央及省政府有关指示精神，采取切实措施加强流动资金管理，开展“两查一定”（查流动资金、查库存物资、核定流动资金）和清理积压赊销预付等活动，保证了资金的合理使用，处理了价值近 100 万元的积压物资。

按照国务院的决定，从 1961 年 7 月起，国营企业定额流动资金恢复由财政、银行分别供应的办法，其中 80%由财政部门通过企业主管部门拨款，20%由银行放款供应，超定额部分仍由银行贷款。11 月，江苏省对企业低值易耗品划分标准又作了调整，确定冶金、电业、煤炭、机械、化工、农机行业执行 500 元以下标准；建筑、建材、地质、交通、纺织、轻工、文教卫生及劳改企业执行 200 元以下标准。

根据财政部、人民银行总行通知，1962 年 1 月起，地方国营企业流动资金供应办法又作改变，定额流动资金全部由财政拨款，不再由银行付 20%的定额贷款。4 月～10 月，灌云县开展了清仓核资工作，改变企业“虚胖子”状况，核实流动资产“三差”损失 616735 元。

1964 年，灌云县从停产下马企业的物资变价收入中安排支援工业生产资金 5000 多元，用于县酒厂购置粉碎机 1 台、印刷厂购置圆盘机 2 台，另增核砖瓦厂流动资金 2 万元，添置瓦板 3 万只，解决了生产上最迫切的问题。11 月，县农机厂因火灾生产中断，财政暂借款 8160 元帮助该厂迅速恢复生产。

1965 年 2 月，江苏省财政厅规定原来在“三项经费”（新产品试制费、中间试验费、重要科学研究补助费）中作固定资产处理的4.5千瓦以下电动机、1吨以下矿车、利用废旧料建造的每项不超过500元、总面积不超过20平方米的小型建筑等均改作低值易耗品。5月，省商业厅、财政厅决定，对零售企业调整资金定额以及对三级批发企业核定流动资金，实行定额管理试点。9月，进一步改革工交企业财务制度，对原规定在“三项费用”中开支的生产用遮盖油布、车间装置的30英寸以下的排风扇、7千瓦以下的电动机以及同一规格的低值易耗品，因采购地点不同而超过500元标准的，经主管部门批准，均可作低值易耗品处理。各种技术图书、期刊、资料均作企业管理费处理。灌云县财政对农机厂调剂流动资金3.5万元，用于上马“节制阀”项目，当年就增加财政收入3万余元。

1966～1971年，再次恢复定额流动资金由财政与银行共同供应解决的办法。

1967年后，“文化大革命”运动进入高潮，企业财务管理制度遭受严重破坏，核定企业流动资金工作基本停顿。

1979年，灌云县按照省财政厅通知精神，成立了“清产核资，扭亏增盈”机构，主要任务是清查和处理文化大革命运动以来企业历年形成的有账无物、有物无账或账物不符的问题，同时对大量亏损企业限期扭亏为盈，对扭亏不力或扭亏无望的企业责令其摘牌停产。

1980年，灌云开始恢复核定国营工交企业流动资金定额，企业自有流动资金不足部分由银行从企业原有超定额贷款中划转给企业作为定额贷款，按月息2.1‰计收利息。从1981年起，所有国营企业的国拨流动资金一律实行有偿占用，月占用费率为2.1‰。流动资金占用费向本级财政部门缴纳，在销售收入中支付。

1983年6月，国务院批转中国人民银行《关于国营企业流动资金改为人民银行统一管理的通知》，决定从当年7月1日起，国营企业增加的流动资金，全部由银行贷款供应，国家财政不再增拨流动资金。企业的国拨流动资金仍留给企业，作为自有流动资金，并由银行统一进行管理。即所谓“拨改贷”。

1985年3月，省财政厅、省建设银行根据中央规定精神发出通知，从1985年起，国营施工企业及为建筑施工服务的加工生产企业和物资供销企业，所有流动资金一律转作建设银行的流动资金贷款，并按建设银行《关于建筑业流动资金贷款办法》办理。1985年7月起，江苏省执行财政部、中国人民银行规定，对国营工业生产、物资供销、交通运输等企业流动资金损失进行核销，10月底结束，逾期不再补办。

1988年，省财政厅规定从1月1日起，国营商业企业执行预提商品削价准备金办法，提取比例控制在销售总额的0.2%～0.3%之内。10月，根据财政部规定，对13种名烟、名酒价格放开后，商业企业按提价前一日库存商品计算价差，升值部分作为增加国家流动资金处理。

1990年，根据《江苏省企业增补流动资金的若干规定》的要求，灌云县属企业建立了补充自有流动资金制度，按年（季）从税后留利中提取一定比例的资金增补企业的自有流动资金。补充比例为：国营生产施工企业为税后留利中企业生产发展基金的20%~30%，国营商业、粮食、物资等流通企业为税后留利的15%~20%；城镇集体企业不低于企业公积金的50%。该年还建立了企业提取流动资金占用费制度，国营企业按照国家流动资金的3‰~6.6‰的比例提取流动资金占用费（国家流动资金占企业定额流动资金比例越高的提取比例越低），用于补充国家流动资金，提取的流动资金占用费在“营业外支出”中列支。

1993年7月，全县企业实施“两则两制”，企业会计科目中不再设置“流动资金”项目。

四、企业成本（费用）管理

财政部门对国营企业成本、费用的管理，主要是制订成本费用开支范围，监督企业正确进行核算；组织企业编制和实现成本费用计划；分析企业成本费用升降原因，指导企业采取措施，不断降低成本费用，增加企业盈利。

1953年1月，财政部发布《国营工业企业统一成本计算规程》，把地方国营工业企业成本分为“生产费用”和“成本项目”两部分同时核算。“生产费用”按要素分为8项：原料及主要材料、辅助材料、外购燃料、外购动力、工资、附加工资、固定资产折旧、其他支出。产品“成本项目”分为11项：原料及主要材料、辅助材料、工艺技术过程用燃料、工艺技术过程用动力、生产工人工资、生产工人附加工资、新产品试制费、废品损失、停工损失、车间经费、企业管理费。商业成本还包括销售费用。生产费用是计算和考核企业流动资金的重要依据，成本项目主要考核比较各产品成本升降的原因。9月，省财政厅规定凡单价在200元以下，使用年限在一年以下的低值易耗品列入产品成本。

1956年7月，灌云县按照省人民委员会有关规定，对国营企业夏季防暑降温经费作出规定，凡采购清凉饮料、防暑药品所需资金，分别在福利基金及医药卫生补助金项下开支；如不足，可在企业奖励基金项下开支；再不足，可以一部分或全部在企业营业外损益项下开支。1957年5月，根据省人民委员会发出的《关于整顿现行附加工资提取办法的通知》，灌云县将企业医药卫生补助费提取标准由原来按工资总额的5.7%降低到4.5%~5.5%。使用范围严格按规定用于职工负伤和疾病医疗费以及因公负伤就医路费和职工供养直系亲属疾病医疗的补助、企业医务人员的工资和附加工资及医疗经费等。其他不属医药卫生补助使用范围的均不得开支。6月，按照省人民委员会《关于工业、建筑企业停工津贴支付办法的规定》，工矿企业停工津贴，由原来按照本人计时工资标准的100%发给的企业,现改按本人同等级计时工资80%左右发给，最高不超过85%；原停工津贴按本人计时工资标准80%~85%发给的企业，改按本人同等级计时工资标准75%发给；原停工津贴按本人计时工资标准75%以下发给的企业，一般保持不动。对原来没有规定停工津贴的企业，可根据企业经济条件，适当建立停工津贴制度，其标准最高不超过计时工资的50%。7月，省人民委员会对上述规定作出补充修改，停工津贴原来超过计时工资75%以上的，一律改为75%，原来停工津贴在计时工资75%以下的一般保持不动。生产企业季节性停工原来不发给停工津贴的仍不发给。

1958年7月，省财政厅在“企业财务管理制度几项改革”中规定，企业可以选择执行500元或是200元的固定资产与低值易耗品划分标准，由各企业确定、报企业主管部门批准后执行，凡确定为低值易耗品的均可列入生产成本开支。1959年9月，省人民委员会针对“大跃进”中乱挤成本的状况，颁发《关于工业企业成本开支范围的规定》，重申成本开支范围，各项支出和成本的划分以及盘亏、损失、特殊性开支可经批准后列入成本。其中要求，严格基本建设与成本的划分，企业利润分成开支与成本的划分，附加工资开支与成本的划分，大修理基金开支与成本的划分，企业文化教育开支与成本的划分，固定资产清理费开支与成本的划分等。9月28日，省计委、财政厅针对“大跃进”中成本核算的混乱状况，颁发《关于工业企业成本核算中若干具体问题的规定》，重新规范成本核算的原则和方法。其中生产费用按8个要素进行分类，成本项目规定9个项目，县属小型企业可以对此适当合并。成本核算原则，本着既便于加强专业核算，又便于群众管理核算，结合企业特点，正确反映生产过程中节约或浪费情况。按月核算成本，及时反映计划执行情况。其他如原材料核算、工资核算、费用核算等均有明确的规定。1959 年，灌云县国营企业全面推行班组核算和定额管理，掀起学赶超先进的跃进高潮，使产品成本有了显著下降。

1960 年初，灌云县在企业中普遍开展了群众性的经济核算运动，采取召开誓师会、现场会、电话会和评比、通报等形式，于 3 月中旬基本上实现了核算群众化，113 个工业小组实现了班组核算，25 个国营商业巩固与提高了定额管理，108 个公私合营和合作企业也实现了定额管理化。下半年，开展了“三点联一线”和“十大标准、一大二高”为中心的核算运动，使核算工作向活、细方向发展，取得明显成效。如工业系统中的副食品加工厂总产值增长 55.7%，利润增长 1.7 倍，资金周转率加速 16%；商业系统上半年仅节约费用一项就达 9.9 万元，全年商品流通费用比去年节约达 44 万元。

1961 年，灌云县针对“三反”运动中暴露出来的问题，修订和贯彻财务工作十项制度，全面进行整账建制。在此基础上采取先易后难、由点到面的办法，推行定额管理、超额奖励工作，有力促进了生产。县采石公司推行此项工作后，石料单位成本同比下降 9.4%。12 月，按照省计委、财政厅关于国营企业必须强化成本、费用的计划管理的要求，县地方工业、交通运输、农业企业和建筑安装企业都编制生产成本计划，商业企业编制商品流转计划。

1962 年 2 月，灌云县根据国家有关部委颁发的《国营企业若干费用划分的规定》精神，确定了基本建设开支“四项费用”（新产品试制费、技术组织措施费、劳动安全保护费、零星固定资产购置费）、固定资产大修理基金提取、生产发明、技术改进合理化建议所支付的试验费和奖金等开支规定。并在全县企业中采取有效措施扭亏增盈，使亏损企业从 5 家减少到 3 家。灌西盐场发动群众用“代、找、献、拾”等办法减少劳动工具的消耗以降低成本。全年仅是泥龙绳代替盐千，就节省盐千 79250 支，并献盐筐 339 副、扁担 225 条、大木锨 170 把、小木锨 157 把。

1963 年，灌云县继续大抓降低成本工作，除盐业因严重自然灾害影响外，其余行业如白酒、石料、砖瓦等主要工业品都不同程度地降低了成本，相应增加了财政收入。县印刷厂、农机厂等 7 家工业企业搞好群众思想发动，发扬“一厘钱”精神，通过挖潜力、反浪费、搞竞赛和调整布局、实行班组核算等，实现了季季不亏。灌西盐场严格节约，减少用工 251 人，节约工资及附加费 15 万元,工具实行票券定额管理，建卡登记，节约奖励，节约费用 4 万元，全年总成本比计划压缩了30余万元。1964年，灌云县在工业企业中推行以“两个水平、三个消灭”为中心的定额核算管理工作，努力降低成本增加盈利，取得了良好成效。

1965年1月，江苏省规定对国营企业简化工资附加费的计提方法，工资附加费统一按职工工资总额和原定提取比例提取，不再按各类人员不同口径计算。2月，在改革地方国营工业、交通企业财务制度时，对企业成本开支范围作了适当放宽，包括原来作固定资产处理，在“三项费用”专款开支的4.5千瓦以下的小电机等改为低值易耗品，在成本中开支；调入固定资产安装费，不属基建项目的单台安装费不超过500元的（包括工、料、费），可列入生产成本，超过500元的由“三项费用”开支；改进企业自搞技术措施、固定资产大修理费用分摊办法；改变清凉饮料和浴费开支办法；部分固定资产如玻璃熔炉等可以预提或待摊的办法分期摊入成本。5月，江苏省财政厅调整高温季节企业清凉饮料开支标准。9月，进一步改变地方国营工业、交通企业财务制度，就一部分固定资产列入成本开支等放宽成本限制作出新的规定。

1966~1972年，因“文化大革命”造成的动乱，使得国营工业企业成本管理混乱，一些行业有效的成本管理制度与方法被废除。1973年7月，灌云县贯彻财政部《关于加强国营工业企业成本管理工作的若干规定》和《国营工业企业若干费用开支办法》，对搞乱了的成本核算重新整顿，统一规定产品成本项目为原材料、燃料和动力、工资及附加费、废品损失、车间经费、企业管理费六项，凡不符合上述项目划分的从1974年1月进行纠正。国营工交企业成本开支范围统一为10项：制造产品而耗用的各种原材料和外购半成品；制造产品而耗用的燃料和动力；生产工人、管理人员的工资和按工资总额提取的职工福利基金；按规定提取的基本折旧基金、大修理基金和中小修理费用；按规定列入成本的低值易耗品购置费；按规定列入产品成本的停工费用；废品损失；产品包装和销售费用；每平方米不超过20元的简易仓棚修建费；其他生产费用（如管理费、运输费、材料及产品盘盈盘亏、利息支出等）。国营企业固定资产低值易耗品划分标准调整为800元、500元、200元。恢复企业固定资产大修理提成制度，停止过去按实际支出数列入成本的做法。按工资总额提取11%的职工福利基金，其中2.5%为福利补助，5%~5.5%为医药卫生补助。职工文体宣传经费按每人每月3角钱提取，结余留用。企业营业外支出范围，统一规定为12项：企业搬迁费、劳动保险费、编外人员生活费、职工安置回乡落户补助费、停工损失、积压物资削价损失及加工改制费、职工子弟学校经费、新产品试制失败损失、非常损失、呆账损失、展览费用、调整调拨价格损失。12月，又规定商业系统的工业企业冷库、油库，仓储企业和大型商店固定资产实行提取大修理基金办法，其他企业原则上不提大修理基金。

1974年7月，灌云县按照省政府有关要求，对商贸企业（包括供销社）简易建筑费开支范围作出规定：一、每平方米造价在20元以内的各种简易货棚、果菜窑洞、畜禽圈棚、烘房，以及每平方米造价10元以下的各种简易晒场、水泥地面、货场等。二、基本利用旧料修建每项面积不超过20平方米的警卫用房、茶水炉房、配电房、厕所等。三、建筑简易围墙、木栅栏、竹篱笆、排水小沟等。四、每项在1000元以内的各种营业、生产、消防用地。以上内容编制计划报主管部门和财政部门批准后列入商品流通费开支。并规定从1978年1月1日起，商贸企业简易建筑费列入预算管理，由财政拨给专款解决，不再从商品流通费开支。

1979年起，部分大中型国营工业企业、县办“五小”企业和国营商业粮食企业先后实行利润留成。凡实行利润留成的工业企业原按工资总额提取11%的职工福利基金和企业基金不再列入成本费用，改由企业利润留成开支。1980年，规定实行扩权试点采取利润留成的企业，固定资产和国拨流动资金实行有偿占用，固定资产及流动资金占用费、滞纳金均在企业销售收入中开支。1983年，国营企业实行利改税，凡实行利改税的企业，按工资总额提取11%福利基金仍恢复在企业产品成本中开支，但在计算基期利润及基期留利时作相应调整。企业奖金，除合理化建议奖、原材料等节约奖、煤炭企业吨煤奖仍在成本中开支外，其余奖金均在税后利润中列支。

1984年，灌云县财政局贯彻国务院颁发的《国营企业成本管理条例》及财政部颁发的《国营工业、交通运输企业成本管理实施细则》《国营商业、外贸企业成本管理实施细则》，按照市财政局的要求，重新划定了列入成本开支范围的10项内容和不得列入生产、销售成本的6项内容；规定企业的成本核算必须根据计算期内完工产品的产量、实际消耗和实际价格、按照权责发生制的原则进行；计算成本必须划清本期与下期成本、在产品与产成品成本、可比产品与不可比产品成本的界限；企业必须编制成本、费用计划，政府重点考核企业全部产品的计划成本和可比产品的成本费用。明确了成本管理工作、监督责任制度和违反成本规定处罚办法。1985年6月，江苏省国营工业企业财务制度作了若干改革，其中规定部分仪器设备可从生产成本开支，电子行业部分新引进固定资产可试行“五年使用期折旧法”；原材料节约奖范围扩大；等等。规定租赁设备发生的租赁费应首先用折旧基金和企业自有资金支付，不足的部分可分期摊入成本。1986年，县财政局规定全县企业计算产品生产成本，改按设备原材料、燃料和动力、工资及福利费、车间经费、企业管理费5个成本项目核算。

1987年，灌云县在国有工业企业中开展“双增双节”（增产节约、增收节支）运动，努力降低成本，增加利润，增加对财政收入的贡献。

1988年8月，灌云县财政局转发连云港市财政局《关于预算内工业企业推行“厂内银行”试行意见的通知》，在全县各国营工业企业包括其他国营企业和集体单位试行“厂内银行”制度，将企业各生产经营环节之间经济往来，由无偿结转的供给关系变更为等价交换的买卖关系，以加强经济核算。灌云县农机厂、精密铸造厂、磷肥厂以及县百货公司等实行了“内部银行结算制度”：一种是实行工效挂钩(7个企业)，将企业职工工资总额与企业经济效益挂钩；另一种是实行计件工资、定额工资，加快企业内部运营机制的改革。10月起，国营工业、交通、物资、城市公用、工业供销等企业的年度财务决算报告均经主管部门审核批复，财政部门委托会计师事务所对企业决算报告进行检查验证，提出查账报告，作为审批年度决算报告的依据。

1989年1月1日起，灌云县开始执行《连云港市企业业务招待费等开支暂行规定》，企业在正常生产经营过程中发生的必要的招待交际费用限额，由企业主管部门逐个确定，报财政部门备案；工业、交通、施工等生产企业业务招待费限额标准为产品销售收入的2‰~3‰，物资、商业、供销等商品流通企业为商品纯销售定额的1‰~2‰；少数企业确因生产需要突破核定限额的，须经主管部门审核，报送财政部门批准后执行；企业的招待费用在企业管理费中专设“业务招待费”子目单独反映。同年，在国营工业企业中全面推行“工效挂钩”制度。1991年又对“工效挂钩”办法进行改进和完善。企业挂钩形式原则上选择工资总额与上缴税利或实现税利挂钩的办法，部分企业可采用工资总额与实物销售量、外销收购值或创汇额浮动挂钩以及减亏包干的办法。实行工资总额与上级税利挂钩企业上缴税利基数的核定，一般以1990年企业应上缴税利加上视同上缴利润部门计算；企业工资总额基数的核定，以1990年核定的工资总额基数加减应提的增长工资并扣减工资调节税，再加上国家、省规定的增资项目计算取得；挂钩浮动比例根据企业的劳动生产率、人均税利率、工资税利率和资金税利率等经济指标，结合企业全年的经济效益实际情况分别核定，一般掌握在1∶0.3至1∶0.7的范围内。这一年，灌云县还在物资企业和县电子机械厂率先实行削价准备金制度，预提一部分费用，以防止今后发生亏损。

1992年，灌云县又规定将提高国营企业职工福利基金的提取比例列入企业成本的职工福利费，由原来按职工工资总额扣除副食品价格补贴和各种奖金后的11%提取提高到按14%提取，计提福利基金的工资总额不扣除副食品价格补贴，增提的3%职工福利基金全部用于增加职工的医药费支出。自1985年以来按国家和省政府规定发给国营企业职工的各种副食品价格补贴，其中由企业福利基金负担的部分均改为从企业成本中列支；列入成本的职工教育经费比照福利基金的工资口径1.5%提取。

1993年7月，县财政部门全面实施“两则两制”，全县国营企业认真贯彻落实新的财务制度，并按市、县财政局关于新旧财政制度衔接的各项规定和具体补充解释抓好工作：对少数企业在衔接转换时，资本金可能出现的负数，其中属于固定基金、流动基金、更新改造基金等资金的，在“资本公积”科目挂账处理，属于生产发展基金、新产品试制基金、后备基金以及从企业留利中提取的承包风险金等资金的，在“盈余公积”挂账处理；企业于1993年6月末“账结”利润时，利润结转在“利润分配”科目，但不进行分配；企业工资基金、职工奖励基金赤字，在结转新账前可计入成本、费用，没有承受能力的可分期摊入成本、费用；增加更新改造基金作企业职工福利基金赤字的抵冲项目，如仍有赤字，经主管财政机关批准后可冲减固定基金、流动基金；1992年度前发生的大修理基金赤字可用更新改造基金抵冲；1993年上半年提取的技术开发费、流动资金占用费，凡执行新制度后影响1993年承包收入任务的，企业可将提取数冲回；凡购建项目已经完工的长期负债利息和汇总损益，在执行新制度时可以冲减企业专用基金结余，尚未冲减部分转入递延资产分期处理。

1994年，灌云县执行市财政局《关于税制改革、外汇管理体制改革后有关企业财务处理问题的通知》精神，具体明确了财务处理政策，主要包括关于增值税实行价外税后有关财务问题的处理；关于企业交纳营业税、消费税、资源税的财务处理；关于各项建设基金的财务处理；关于实行统一所得税税率有关问题的财务处理；关于其他有经营收入的单位和组织交纳所得税的问题；关于联营企业缴纳所得税的问题；关于企业集团的纳税方式问题；关于对外投资分回股息、红利的纳税问题；关于照顾性所得税税率问题；关于少数企业执行先征后返还办法的财务处理；关于企业财务制度与所得税暂行条例及其细则的衔接；关于外汇管理体制改革后有关财务问题的处理等内容。

1995 年 7 月，灌云县贯彻市财政局等部门下发的完善企业工资总额与经济效益挂钩办法，企业经济效益指标以 1990 年的企业实绩为依据进行核定；工资总额基数以企业 1990 年核定的工资总额基数加减提取的效益工资和合理的增加工资部分予以核定；上一年度城镇居民生活费用价格指数上升超过 8%时，市财政、劳动部门核定职工年生活费补助额由企业在成本中单列，不列入工资总额基数。其中，经省财政厅和劳动厅同意，1995 年度全市企业职工年生活费补助额为 711 元 / 人，1996 年度补助额为 380 元 / 人，均可在成本中单列。

12 月，县财政局按照市财政局会同市地税局就国有企业资产损失的处理和坏账损失的处理问题作出的专项规定，要求全县国有企业发生的固定资产、流动资产的盘亏、报废和毁损，其净损失的处理，由企业提出书面申请，经企业主管部门审核，报县财政机关会同地税机关联合审批；审批时，财政机关根据财务、会计制度的规定，审查企业的损失能否进入当期损益。国有企业发生的经有权部门确认的坏账损失需要进行处理的，由企业提出书面申请，经企业主管部门审核，报县财政机关会同地税机关联合审批。

1996 年 4 月，灌云县执行市财政局下发的《关于进一步推动国有工交企业建立健全内部财务管理办法的通知》，明确企业内部财务管理办法必须报经主管财政机关审核备案，达到规定要求的由财政部门确认并颁发《企业内部财务管理合格证书》。

1997 年 7 月，企业“工效挂钩”办法又进行较大调整。工挂企业范围扩大，国有企业、国有独资有限责任公司、国有控股企业以及县以上城镇集体企业，都要实行工资总额同经济效益挂钩，暂不具备条件的实行工资计划控制办法；挂钩形式、经济指标及挂钩比例适当变化，实行复合指标挂钩的企业挂钩比例中实现利润占80%，国有资产保值增值率占 20%；实行挂钩的企业，增加实现利润、国有资产保值增值率 2 项经济指标，各项指标所占比重分别为 50%、30%、20%；企业经济指标基数以 1996 年实绩或以 1994~1996 年的平均数核定；经济效益增长过快的企业继续采取增长封顶的办法，在计提效益工资时以不超过核定工资总额基数的 30%予以封顶；经济效益下降幅度较大的企业在扣减工资总额基数时以不超过核定工资总额基数的 20%为最大额度。同年 8 月，灌云县财政局贯彻《江苏省国有工交企业年度会计报表注册会计师审计暂行办法》，开展对全县预算内国有工交企业（含国有独资公司）和国有控股股份制企业年度会计报表批复工作。

1999年1月，县财政局按照市财政局的要求，对企业接受财政拨款的财务处理进行规范，明确企业在收到国家各级财政拨付的专项费用、基金、贴息、返还、补贴后，区分拨款的使用情况进行处理。其中用于新建项目和举办第三产业的，直接转作国家资本金；用于项目改扩建和进行技术改造的，在资本公积金中单独反映；用于科技三项费用的，项目完成后属于按规定准予核销的部分，报经财政机关批准后予以冲销，其余部分在资本公积金中单独反映；直接用于归还企业长期借款的，在资本公积金中单独反映，待企业增加股本时全部转作国家资本金；用于亏损补贴的，计入企业年度利润总额。

同年，灌云县还建立了总机构管理费税前扣除审批制度，明确凡具备条件的企业主管部门、企业集团（控股）公司经营管理与控制中心等总机构，可以向下属单位提取或分摊管理费；管理费采用按销售收入的一定比例提取、按确定的合理数额分摊到企业等形式；国有企业、事业单位、社会团体向总机构交纳管理费的提取，须经过税务、财政机关联合审核批准；总机构当年收取管理费收支有结余的，经县财税机关核准可结转下年度使用，但相应核减下年度的收取总额。

五、企业利润分配管理

利润是企业在一定时期的经营成果。利润分配管理主要是正确处理好国家、企业、职工个人这三者关系，明确三者之间利润分配的政策和比例，既保证国家利益，又照顾到企业发展和职工个人收入的适当增长。新中国成立后，灌云县国营工业、交通、商业企业的利润分配体制经过以下几个阶段：

（一）实行企业奖励基金制度时期（1952～1957年）

1953年，灌云县执行省政府转发的中财委关于《国营企业提用企业奖励基金的临时规定》，对国营企业提取奖励基金作了统一规定，其中已实行经济核算制的单位，在完成规定指标项目计划的情况下，可根据计划完成情况从利润中按一定比例提取计划利润奖励基金和超计划利润奖励基金，计划完成好的多奖，完成差的少奖。而未实行经济核算制的企业，只要有利润和利润解缴的，也可按工资总额2%范围内，报主管部门和财政部门批准，提取一定比例的企业奖励基金，企业奖励基金提取不和利润挂钩，也不作计划考核。实行经济核算制企业奖励基金提奖比例：建筑安装企业、机器制造业，从计划利润中提取3%，从超计划利润中提取18%；林木加工业、交通运输业、纺织工业、轻化工业、橡胶工业、造纸工业、水产业、砖瓦业、石料厂等，从计划利润中提取2.5%，从超计划利润中提取15%；农业企业、食品工业、印刷、自来水企业及其他轻工业，从计划利润中提取2%，从超计划利润中提取12%；商业企业完成计划的按工资总额5%提取奖励基金，在所属上缴利润中扣提；未完成计划的按工资总额2%范围内提取，由流通费开支。各行业按比例提取的企业奖励基金总额，最高不得超过工资总额的10%，也不得低于4%。企业奖励基金主要是用以改善职工物质生活和文化生活的各项福利设施及集体福利事业，以及发给先进工作者、劳动模范的奖金和改进生产设备及职工救济。

1954年，又明确规定了国营企业超计划利润分配比例：40%提成归主管部门，60%缴国家金库。1956年10月起，超计划利润扣除计划利润应提的企业奖励基金和社会主义劳动竞赛奖金后，以40%留给主管部门、60%缴库。其中主管部门留成部分分一部分给基层企业使用，以发挥企业的积极性。

（二）实行利润留成制度时期（1958～1961年）

1958年4月，江苏省人民委员会颁发《关于国家和企业实行利润分成的规定》，首先在工业、纺织（包括丝绸）、交通航运、城市公用、建筑安装企业系统所属的地方国营、公私合营企业实行利润分成，非工业系统所属企业有条件的也可比照执行，以收抵支和非经济核算单位暂不实行。企业实现的利润（不包括基本折旧基金、固定资产变价收入、多余流动资金等收入）由国家和企业实行总额分成。分成比例：全省按系统计算，工业企业为8%，纺织丝绸工业为7%，建筑安装企业为10%，交通航运企业为6.5%，城市公用企业为5.5%。各级主管部门可以在企业提成范围集中一部分，作为社会主义劳动竞赛奖金、生产发明奖、技术改进奖、合理化建议奖及研究试验费等。分成比例原则上一定三年不变。企业利润分成主要用于四项费用、职工生活福利和奖金以及弥补企业因超额完成生产任务等原因而发生的流动资金不足和企业安排的建设项目。实行利润留成办法后，企业不再提取企业奖励基金、社会主义劳动竞赛奖金，国家也不另拨四项费用的款项，也不列入成本。企业的集体福利和奖金、补贴、补助等开支，除在附加工资开支外，其余均由利润中解决。1959年，地方国营企业利润留成的比例，在1958年基础上增加1%。商业企业平均利润提成比例从3.24%调增为4.5%。9月，对市县邮电企业实行利润提成，比例为12%，其中50%由专署邮电局集中用于零星基建、劳动竞赛、集体福利设施等开支。1960年1月1日起，地方国营工业、商业企业的利润留成比例，在1959年的基础上再增加2%；另外，交通、邮电、建筑、公用、药政、粮食供销等企业利润提成比例也同时提高2%。增加的利润提成部分除商业系统外，由市、县人民委员会集中使用，以调节系统之间的不平衡。文教企业也于是年起开始实行利润提成，提成比例为13%。同年10月，江苏省人民委员会规定，工业企业利润提成，必须要完成主要产品产量、产值、品种、质量、成本、安全生产等六项指标，商业企业必须完成商品流转额、降低商品消耗、降低商品流通费等三项指标，交通企业必须完成周转量、实载率、成本、安全等四项指标。否则，只能按利润总额的30%~70%提取留成。1961年5月，因为国家财政困难，企业利润提成比例也适当紧缩，江苏省人民委员会根据财政部核定的江苏平均利润留成率7.2%，确定由省集中1.2%，企业留4.2%，其余的1.8%由主管部门掌握，作为企业超产奖金和企业之间必要的调剂。

（三）企业奖励基金与利润留成并行时期（1962~1966年）

1962年，灌云县按照国务院的决定，全县在国营工业、交通企业废止执行利润留成制度，恢复实行企业奖励基金制度，商业企业（包括商办工业）、物资供应、新华书店等仍继续执行利润留成制度。工交企业在完成了国家批准的主要产品产量和质量计划、新产品计划、精简职工人数后的工资总额计划、产品成本计划、流动资金周转计划、上缴利润计划（亏损单位为减亏计划）等六项指标后，按职工工资总额提取3.5%的企业奖励基金。每少完成一项指标扣提奖励基金1/6。企业超额完成利润计划和实际亏损小于计划亏损的企业，年终后在超计划利润中提取10%，或在实际减亏额中提取20%的超计划奖金。国营建筑安装企业、建设单位从1965年1月起执行企业奖励基金制度。商业系统执行利润留成制度的留成比例从1962年1月1日起由5%降到4%。1964年1月起，饮食服务企业利润分配改为企业留成30%，上缴财政70%，至1965年7月，再改为企业和财政五五分成。供销社系统从1962年6月起，改缴纳所得税为上缴利润。

（四）停止执行企业奖励基金制度时期（1966~1977年）

1966年5月，“文化大革命”开始，受“左”倾思想的影响，各种奖励形式都受到冲击。年底，省财政厅通知停止执行企业提取职工奖励基金制度，对职工的奖金发放也原则上取消。1969年，省财政厅正式规定将企业奖励基金、职工福利基金和医药卫生补助金合并，按工资总额11%提取，统称“职工福利基金”，直接计入生产成本。此规定执行到1977年。

（五）恢复实行企业基金和利润留成制度时期（1978～1982年）

1978年，根据国务院公布的《关于国营企业试行企业基金的规定》，国营工业、商业企业先后恢复企业基金制度。工业企业（包括商业、粮食、供销社系统的工业企业）完成国家下达的产量、品种、质量、原材料和动力消耗、劳动生产率、成本、利润、流动资金占用等八项指标后，按职工全年工资总额的5%提取企业基金；没有全面完成八项指标，但完成产量、品种、质量、利润四项指标和供货合同的前提下，按3%提取企业基金，其他指标每多完成一项按工资总额提0.5%的企业基金；没有完成产量、品种、质量、利润和供货合同的企业不能提取企业基金。商业批发、零售企业以及外贸进出口企业完成五项指标和饮食服务企业、储运企业完成三项指标的，亦按5%提取企业基金。只完成利润计划而未完成其他计划的相应少提；未完成利润计划的，一律不提企业基金。企业主管部门根据直属企业盈亏相抵后利润超年度指标部分，按行业不同分别提取10%或15%的超计划利润企业基金。

1979年1月起，县办工业再次实行利润留成办法。县办工业企业1980年利润留成办法是：上缴省财政60%，其余40%留县财政作为预算外资金。县从这40%留利中提取20%奖励盈利企业作为利润留成资金，企业将利润留成资金70%用于发展生产，30%用于职工福利。对于亏损企业实行“二八分担制”，即省财政弥补80%，县财政弥补20%。1982年，对政策性亏损企业实行亏损包干办法，财政定额补助，超亏不补，减亏分成或全留。1979年5月起，商业系统试行利润留成办法。利润留成比例分商办工业20%、纯商业企业14.5%、饮食服务行业80%不等。1980年，商业企业另可提10%利润增长留成。县供销社按35%利润留成。

（六）推行第一步利改税时期（1983年）

1983年4月，财政部部署全国推行第一步利改税。对国营企业改上缴利润为征收所得税（即“利改税”）。其中，盈利的国营大中型企业均对所实现的利润按55%的税率缴纳所得税，企业的税后利润除核定必要的企业留利外，再有多余，以递增包干、固定比例上交、缴纳调节税、定额包干上交等方式上交国家。对盈利的国营小型企业（包括县以上供销社）按八级超额累进税率缴纳所得税。国营小型企业的评定标准为：小型工业企业（含商办工业）指1982年末固定资产原值不超过150万元，年利润额不超过20万元的企业；小型商业企业指部门职工人数不超过30人，年利润额不超过3万元或5万元的企业。实现利润不足合理留利的微利企业不征所得税，如不足核定留利的企业可减征销售税金；而亏损企业暂不实行利改税，仍实行亏损包干办法。

灌云县根据连云港市财政局部署，进行了第一步利改税测算，最后确定13户企业参加这次改革。核定的所得税税率为：工业、交通、商业的大中型企业为55%；小型企业以及县以上供销社适用8级超额累进税率；饮食服务行业、营业性宾馆、饭店、招待所为15%；工业供销企业、物资企业，不分大中小型企业全部为55%；城市公用企业仍按55%的税率计算，同时减免所得税额52万元；影剧公司、剧院为50%；建筑安装企业减为40%。工业、交通、商业大中型企业的税后利润选用调节税上交办法；小型工业、商业企业税后利润较多的，采用定额上交即上交承包费的办法；物资企业采用固定比例上交办法；县供销社使用定额上交办法；其余行业税后利润全部留给企业不再上交。

（七）推行第二步利改税时期（1984～1986年）

1984年10月1日起，灌云县开始推行第二步利改税。改革的基本内容是：国营企业将应当上交国家的收入分别按11个税种向国家缴纳税收，税后利润全部自留使用，财政收入从原来的税利并存的双轨制改为全部以税代利的单轨制。具体包括：国家将工商税按性质划分为产品税、增值税、营业税、盐税等四种税；对某些采掘企业开征资源税；恢复和开征房产税、土地使用税、车船使用税和城市维护建设税等四种地方税；对盈利的国营企业征收所得税，其中国营大中型企业按55%比例缴纳，国营小型企业按新的八级超额累进税率缴纳。方案同时规定，盈利的国营大中型企业在缴纳所得税后，再按照核定的调节税税率计征调节税。调节税税率的核定：以企业1983年实现的利润为基数，在调整由于变动产品税、增值税、营业税税率以及开征资源税而增减的利润之后，作为核定的基期利润。基期利润扣除按55%计算的所得税和1983年合理留利后的部分占基期利润的比例即为核定的调节税税率。国营小型企业在按照新八级税率缴纳所得税后，税后利润额（减去工业企业人均400元，商业零售企业人均600元以上部分）定额上交承包费。

（八）企业第一轮承包时期（1987～1991年）

1987年，按照国务院的部署，全民所有制企业试行承包经营责任制，即企业第一轮承包。承包经营责任制是以企业所有权和经营权“两权分离”为出发点，以挖掘企业潜力、增强企业后劲、发展生产力、提高经济效益为前提，确保财政收入稳定增长，确保企业自我积累、自我发展，确保职工随经济效益提高而收入有所增加。承包主要内容是：承包上缴税利（指所得税、调节税）；承包技术改造任务和固定资产增值；承包经营目标（如安全、质量、物耗、新产品开发、出口创汇等）。大中型盈利企业承包的主要形式有："两保一挂"（即保上缴税利、保技术进步，工资与上缴税利挂钩）、"上缴利润递增包干"、"定额包干"等办法；小型企业实行"定额包干"和"租赁"办法；微利企业实行"定额包干"办法；亏损企业实行"亏损包干"办法。各种承包形式的基本原则是"包死基数，确保上缴，超收分成，欠收自补"。首轮承包期为4年，以企业1986年决算数或1984～1986年3年平均数为调整基数。上缴包干后的超额利润部分作为企业留成，其中60%用于企业发展生产，20%作为职工奖励，20%用于企业福利。1987年，灌云县面粉厂、百货公司、精密铸造厂等41家国营企业实行了承包经营责任制。1988年，国务院发布《全民所有制工业企业承包经营责任制条例》，统一规定承包内容为包上缴国家利润，包完成技术改造任务，实行工资总额与经济效益挂钩。1月，县财政部门规定，企业承包后多得的留利，用于发展生产部分不得低于75%，用于奖励和福利的部分不能超过25%。

（九）企业第二轮承包时期（1992～1993年）

1992年，企业第一轮承包到期后，财政部门配合审计部门严格开展对承包人的承包期责任审计，并测算第二轮承包方案，完善第二轮承包办法。为降低承包给国家带来的风险，第二轮承包规定从企业留利中提取建立承包"风险基金"，未经财政部门同意不得动用。同时建立承包者风险抵押金制度，并发动职工建立岗位责任风险抵押金，与企业留利、自有资金一起，用于抵补企业未完成承包上交任务和超承包亏损，风险抵押金不得参与企业利润分成或分红，逐步解决承包者只负盈、不负亏的问题。此外，还进一步加强对企业的外部考核监督和内部监督，如健全承包指标考核体系，完善对经营者的奖惩办法，实行对企业的定期审计制度，强化职工的民主管理。当年度实现利润低于承包指标70%、或50%以上职工对经营者投民主测评不信任票时，职代会或上级主管部门可变更或解除承包合同。

随着1994年新税制的实施，县财政部门对1993年已承包到期的企业，按承包合同规定进行承包期结算工作，对承包尚未到期的企业，按截至1993年底应完成的利润上交指标进行结算，超过应上缴的利润退还给企业，不足部分由企业用盈余公积补交。对实现利润少于上交承包数的，经主管财政部门批准，不足部分可以免交。

（十）执行企业所得税时期（1994 年始）

1994 年 1 月 1 日起，税制改革全面实施，所有实行独立经济核算的企业和组织按照《中华人民共和国企业所得税暂行条例》和《中华人民共和国企业所得税暂行条例实施细则》的规定（2008 年 1 月 1 日起执行《中华人民共和国企业所得税法》和《中华人民共和国企业所得税法实施条例》）缴纳企业所得税，企业原执行的承包所得税（利润）办法一律停止执行。同时，国有企业税后利润免交能源交通重点建设基金和预算调节基金。企业的固定资产借款取消税前还贷，改用企业自有资金归还；企业因技术改造任务较重，用自有资金归还老贷款确有困难的，在完成财政上交任务并有所增加、地方财力许可的范围内，可由主管财政部门返还部分所得税给企业，或通过安排财政支出的方式拨付给企业。

六、实施《企业财务通则》后的企业财务管理

1992 年 11 月，财政部颁布了《企业财务通则》（简称《通则》），又相继制定了工业、运输、商品流通、邮电通信、金融保险、旅游饮食服务、农业、对外经济合作、施工房地产、电影新闻出版等 10 个行业的财务制度，于 1993 年 7 月 1 日起施行。新的企业财务制度在建立资本金制度、固定资产管理和折旧制度及成本核算和成本费用开支范围、利润分配、财务报告体系等方面作出了重大改革。

（一）建立资本金制度。《通则》规定，设立企业必须有法定的资本金，即企业在工商行政管理部门登记的注册资金。企业筹集的资本金，企业依法享有经营权，在企业经营期内，投资者除依法转让外，不得以任何方式抽回。资本金按照投资主体分为国家资本金、法人资本金、个人资本金及外商资本金等。企业根据国家法律、法规的规定，可以采取国家投资、各方集资或者发行股票等方式筹集资本金。

按照资本金制度的要求，对原有的财务规定进行了六个方面的配套改革。一是企业提取的固定资产折旧直接计入成本、费用，不得冲减资本金。同时，根据资本保全的原则，企业计提的折旧在新的企业财务制度实施以后，也不再上缴能源交通重点建设基金和预算调节基金；二是企业固定资产报废、毁损、

盘盈、盘亏、转让等其净收益或者净损失不得增减资本金，直接体现企业损益，即为净收益计入营业外收入，净损失计入营业外支出；三是企业库存材料物资因国家统一调价不再调整企业库存，也不按价差调整资金，而应按其实际购进成本和企业选用的存货领用和发出的计价方法，计入成本、费用；四是企业收回的对外投资与其投资账面价值的差额以及债券利息收入等，不得增减有关资金，计入投资收益或者投资损失；五是企业法定资产重估价值与账面净值的差额不再调整资金，作为资本公积金处理；六是企业筹集的资本金不再按其来源划分为固定基金、流动基金和专用基金，并取消专户存储办法，允许企业统筹运用资金，提高资金使用效益。

（二）固定资产和流动资产管理。按照《通则》要求，全县企业全面执行新的固定资产管理和核算方法，重新对现有固定资产进行分类，按新的固定资产标准确定固定资产目录，按新的固定资产折旧年限和方法计提折旧。将固定资产划分为生产经营用和非经营用两大类。使用期限在一年以上的房屋、建筑物、机器、机械、运输工具以及其他与生产经营有关的设备、器具、工具等，列作固定资产；不属于生产经营主要设备的物品，单位价值在2000元以上，并且使用期限超过两年的，也作为固定资产。企业固定资产折旧方法采用平均年限法，某些企业实行工作量法、双倍余额递减法、年数总和法，但企业只选用一种方法。确定的折旧方法和折旧年限需要变更的，企业在变更年度前提出申请，报财政机关批准。

流动资产包括现金、各种存款、应收及预付款项、存货等。企业建立健全现金及各种存款的内部控制制度。企业于年终按年末应收账款余额的一定比例计提坏账准备金，计入管理费用，企业发生的坏账损失，冲减坏账准备金。收回已经核销的坏账，冲减管理费用。

（三）成本费用与利润分配管理。成本费用是指为生产经营商品和提供劳务等发生的各项直接支出，包括直接工资、直接材料、商品进价以及其他直接支出，直接计入生产经营成本。企业为生产经营商品和提供劳务而发生的各项间接费用，分配计入生产经营成本；发生的销售（货）费用、管理费用和财务费用，直接计入当期损益；销售（货）费用包括销售产（商）品或者提供劳务过程中发生的应当由企业负担的运输费、装卸费、包装费、保险费、展览费、差旅费、广告费，以及专设销售机构的人员工资和其他经费等；管理费用包括由企业统一负担的公司经费、工会经费、职工教育经费、劳动保险费、行业保险费、董事会会费、咨询费、诉讼费、税金、土地使用费、土地损失补偿费、技术转让费、技术开发费、无形资产摊销、开办费摊销、业务招待费、坏账损失、上缴上级管理费以及其他管理费；财务费用包括企业经营期间发生的利息净支出、汇兑净损失、银行手续费等；企业的下列支出不得列入成本、费用：为购置和建造固定资产、购入无形资产和其他资产的支出；对外投资的支出；被没收的财物；各项罚款、赞助、捐赠支出；以及国家规定不得列入成本、费用的其他支出。

企业缴纳所得税后的利润，除国家另有规定外，按照下列顺序分配：一是支付被没收财物损失和违反税法规定支付的滞纳金和罚款；二是弥补企业以前年度亏损；三是提取法定公积金；四是提取公益金；五是向投资者分配利润。企业的前年度未分配的利润，可以并入本年度向投资者分配。

（四）建立企业内部管理制度。1994 年，财政部下发《关于工交企业制定内部财务管理办法的指导意见》（简称《意见》），明确提出企业制定内部财务管理办法的主要内容。灌云县依据此《意见》，督促个磁企业先后建立了资金筹集管理制度、货币资金及往来户结算管理制度、资金收支信息反馈制度、存货管理制度、固定资产管理制度、在建工程管理制度、对外投资管理制度、销售收入管理制度、企业利润及其分配管理制度等，较好地建立和完善了企业财务管理体系。

（五）实施财务监督。1997 年，财政部颁发《关于加强国有企业财务监督若干问题的规定》，县财政部门积极会同有关部门开展企业财务监督工作，建立健全企业外部财务监督机制，把企业各项财务活动纳入法制化轨道；督促企业全面执行国家的财政财务政策，引导企业正确运用国家赋予的各项理财自主权，利用企业提供的月报、季报、年报等财务报表信息，跟踪企业资金运动和资产使用过程，全面加强企业日常财务活动的监督和检查；依据《国有企业财产监督管理条例》，向企业派出驻厂员，会同监事会中的其他驻厂员开展监督工作，严格履行驻厂员职责。对尚未派出驻厂员的企业，切实加强外部财务监督；认真分析考核企业的财务状况、经营成果以及资金变动情况，发现问题，及时提出解决办法，切实提高企业财务监督的有效性。根据企业对国家有关财经法规的执行情况，向政府及有关部门提出企业负责人的解聘和奖惩建议，建立重要财务事项的备案和审批制度。企业自觉接受县财政部门依法实施的监督检查，如实提供完整的财务账目、凭证、报表和相关资料。企业需备案或审批的重要财务事项，严格履行手续，及时向财政部门备案或报批。对企业改制、兼并、破产等过程中的财产清查、债权债务清理、利润分配等重要财务事项，县财政部门提出审批意见；对企业财务管理中违反国家规定的，严格按照国务院《关于违反财政法规处罚的暂行规定》处理。

2007 年 1 月 1 日起，全国实施财政部颁发的新修订的《企业财务通则》。灌云县按照上级财政部门的要求，围绕建立具有开放性的企业财务制度体系、建立权责分明的企业财务管理规范、建立健全企业财务运行机制三大目标进行改革。财政管理企业财务的主要内容是制定财务规章制度，建立健全支持企业发展的财政资金管理制度，检查企业会计报表质量，实施财务评价，监测财务运行状况；对企业财务实行指导、管理、监督、服务的管理方式。同时，对企业财务管理制度进行修订和完善，既约束企业、经营者和相关责任人员，也约束财政执法人员，维护国家财务管理法规的权威性和严肃性。

第二节　粮食企业财务管理

新中国成立至 1982 年，灌云县国有粮食企业的财务一直由中央和省两级财政管理。1983 年起，改为中央、省、地方（市、县）三级管理，并逐步扩大县级管理权限。1983 年，下放给县财政管理的为省统一拨付的专项用粮和计划内油脂销售的新老差价中下达给县的部分，列入县财政包干指标；1985 年起，国有粮办工业、饲料工业和粮油运输企业财务管理权限由省下放地方；1989 年起，粮食商业企业财务管理权限由省下放给地方，下放的内容包括：由财政退库拨补的粮食企业亏损补给，由财政列支的平价粮油销售价差补贴，粮油议价企业收入。其中，亏损补贴和价差支出列入县财政预算，多购、压销减少的亏损和价差支出归财政，少购、多销增加的价差支出和亏损由财政负担。

一、粮食政策性补贴管理

财政对县国有粮食企业的政策性补贴分为粮食价格补贴、粮食经营费用补贴和扶持补贴等三项。1984～2010 年，灌云财政共支出粮食企业政策性补贴 31832 万元。

（一）粮食价格补贴

1. 粮食结算提价补贴。1953 年起，国家长期实行粮油统购统销政策。1979

年后，向农民的粮油统购价格逐步调高（统购价提高20%，超购加价由30%提高到50%），但为了不增加城镇居民的生活负担，计划内粮油统销价格一直维持低价水平，因统购价提价形成的购销差价部分，则由财政予以补贴。1984年至2002年，灌云县财政用于粮食结算提价补贴为2613万元。其中，县财政结算提价补贴到1992年结束，共补贴2056万元。从 1991年5月开始，国家开始实施以彻底理顺粮食购销价格为核心的粮食流通体制改革，同时提高粮食收购和销售价格，放开粮食市场，1992年粮食经营基本上实现了购销同价，取消了对城镇居民实行了40年的粮油计划供应，对国有粮食企业的价格补贴亦相应取消。1993年后只保留军供粮的价格补贴，2003年起，军供粮由县管理改为市管理，县级的此项价格补贴结束。1993～2002年军供粮累计共补贴308万元。

2. 粮食“倒挂”补贴。1985年起，国家对粮食流通体制实行合同定购与市场收购“双轨制”改革，从传统的实行了32年的统购统销体制改为粮食合同定购，合同定购以外的粮食由农民自主定价、自由上市。合同定购的办法是由粮食部门与农民签订定购合同，国家按“倒三七”比例计价，即定购粮食量的三成按原统购价收购，七成按超购价收购。粮食收购价虽有所提高，但销售价仍基本不变，故出现粮食价格“倒挂”，“倒挂”部分由国家财政予以补贴。1985～1992年，灌云县粮食“倒挂”补贴为749万元。1993年后因购销同价，“倒挂”补贴停止。

3. 处理陈化粮补贴。2002年，灌云县经江苏省政府批准，两次在南京公开拍卖1998年及以前入库的周转粮食共计22158吨，价差补贴合计1142万元；2004年处理陈化粮价差补贴为387万元。两年合计支付粮食部门陈化粮处理价差补贴1529万元。

（二）粮食经营补贴

国有粮食企业在购销经营中的政策性亏损，无论是统购统销年代，还是粮食购销逐渐走向市场化经营后，财政部门都对其予以补贴。1992年，取消城镇居民粮食供应制度，放开粮食市场后，粮食价格补贴即被取消，但财政继续对经营费用予以补贴。1984～2005年，灌云县粮食企业经营费用及利息补贴达22778万元。其中1991年开始放开粮食市场、提高粮食收购和销售价格后，还扩大了粮食流通企业的经营费用；1998年，中央要求各级粮食部门按保护价敞开收购农民余粮，粮食经营费用又一次大幅攀升；粮食企业改制后，2002～2004年为处理陈化粮及新增粮食的财务挂账、利息等补贴仍有较大增加。2005

年起，财政对粮食企业不再发放经营补贴。

（三）扶持补贴

扶持补贴主要用于国有粮食企业营业外其他政策性补贴；离退休人员的离退休金及其他经费补贴；在职人员的经费及企业改制后解除劳动关系等补贴；仓库维修补贴；粮食销售奖励等。特别是2002年企业改制过程中，用于粮食企业职工转岗及解除劳动关系的费用补贴就达1122万元。1984～2010年灌云县财政用于国有粮食企业的扶持补贴为4163万元。

二、粮食风险基金管理

1984～2005年灌云县粮食企业价格补贴情况表

表5-1 单位:万元

年份	县财政结算提价补贴	县财政结算老倒挂补贴	省财政结算提价补贴	省财政结算老倒挂补贴	省稻谷提价补贴	省棉油、花生油提价补贴	省煤矿家属农转非	专转平价差补贴	军供粮油价差补贴	粮食拍卖价差补贴	陈化粮食拍卖价差补贴	价格补贴合计
1984	160	87	29	7								283
1985	158	86	50	16								310
1986	144	88	33	11								276
1987	143	80	28	8	24	3						286
1988	208	79	40	8								335
1989	363	89										452
1990	405	107					15					527
1991	462	83					10					555
1992	13							4				17
1993									3			3
1994									22			22
1995									38			38
1996									52			52
1997									22			22
1998									32			32
1999									53			53
2000									48			48
2001								13	31			44
2002									7	1142		1149
2003												0
2004											387	387
2005												0
合计	2056	699	180	50	24	3	25	17	308	1142	387	4891

1984～2010年灌云县粮食企业扶持补贴情况表

表5-2 单位:万元

年份	营业外其他政策性补贴	离退休人员工资、经费补贴	在职人员工资、经费补贴	仓库维修补贴	解除职工劳动关系	粮食销售奖励	合计
1984	28						28
1985	30						30
1986	25						25
1987	31						31
1988	37						37
1989	70						70
1990	103						103
1991	73						73
1992	105						105
1993		64	140				204
1994		57	124				181
1995		39	62				101
1996		42	39				81
1997		61		25			86
1998		40		23			63
1999	140	20		9		187	356
2000		40		25		551	616
2001		62		30		51	143
2002		62		30	1122	59	1273
2003		62		30			92
2004		62		40			102
2005				40			0
2006				88			
2007				55			
2008				60			
2009				60			
2010				60			
合计	642	611	365	575	1122	848	4163

1984～2010年灌云县粮食企业政策性补贴情况表

表5-3　　　　单位:万元

年份	价格补贴	费用、利息补贴	扶持补贴	合计
1984	283	514	28	825
1985	310	464	30	804
1986	276	663	25	964
1987	286	707	31	1024
1988	335	752	37	1124
1989	452	923	70	1445
1990	527	1076	103	1706
1991	555	1520	73	2148
1992	17	1759	105	1881
1993	3	807	204	1014
1994	22	582	181	785
1995	38	559	101	698
1996	52	320	81	453
1997	22	946	86	1054
1998	32	2069	63	2164
1999	53	1683	356	2092
2000	48	1654	616	2318
2001	44	1273	143	1460
2002	1149	933	1273	3355
2003		1225	92	1317
2004	387	1067	102	1556
2005		1282	40	1282
2006			88	88
2007			55	55
2008			60	60
2009			60	60
2010			60	60
合计	4891	22778	4163	31832

粮食风险基金是政府平抑粮食市场价格，促进粮食生产稳定增长，维护粮食正常流通秩序，实施经济调控的专项资金。为了防止市场粮食价格大幅度波动，保护生产者和消费者利益，有效调控粮食市场价格，根据连云港市人民政府《关于印发连云港市粮食风险基金征收和管理暂行办法的通知》精神，1995年起，灌云县对县境内一切有销售收入的各类企业、个体工商户、自收自支的

事业单位、银行、保险及各类信托投资公司，以及上述各类企业转制为中外合资、中外合作的企业，均按规定征收粮食风险基金。其征收的标准为：（1）商、粮、供、外贸、物资等企业按上年销售收入1‰征收，主要从事商品批发的企业按上年销售收入的0.5‰征收；（2）餐饮、旅游、娱乐等服务企业按营业收入的1.5‰征收；（3）工交企业按上年销售收入的1‰、建筑企业按工程结算收入的1‰征收；（4）银行按上年利息收入0.5%、保险按上年财保收入的0.5%、信托投资企业按上年业务收入的0.5%征收；（5）个体工商户按注册资本的1%征收；（6）其他企业和自收自支事业单位按销售收入（或业务收入）的1‰征收。1996年，按江苏省人民政府通知精神，银行、保险、各类信托投资企业均从原征收标准调整为1.5‰征收。

灌云县粮食风险基金的使用范围：储备县级储备粮食而支付的费用和利息补贴；市县储备粮轮换所发生的费用和价差支出；平抑粮食市场价格以低于成本价抛售粮食发生的价差等。1997年，按财政部等四部委局行下发的通知精神，灌云县规定国有粮食企业按保护价收购的议购粮也执行同一销售价格，不得降价销售。除农村返销粮等价差补贴外，一律不得从粮食风险基金中列支粮食企业正常经营的价差支出。从1998年1月1日起，农村返销粮的价差补贴一律不再从粮食风险基金中列支，而由县财政预算中安排。

粮食风险基金除私营企业和个体工商户由工商管理部门负责征收外，大部分主要由地方税务机关征收。1995年起，灌云县为落实粮食风险基金征收管理，县财政局逐年与地税局签订征收合同，并通过征收机关统一使用财政部门印制的凭证，对征收机关加强对基金收缴情况的监督检查；建立了征收报告制度；定期向县政府和上级财政部门报送粮食风险基金征收进度及使用情况报告；年终报送全年收支决算；实行财政部门专户存储、专款专用，按政策规定将费用补贴资金如数划拨到需要补贴的国有粮食企业。粮食年度结束后，财政、粮食部门对按政策规定需要补贴的国有粮食企业按实际销售量进行结算，多退少补，年终结余结转下年使用，确保征收和使用好粮食风险基金。

2008年，根据省政府发出的《关于取消和停止征收部分行政事业性收费和政府性基金项目的通知》，灌云县停止征收粮食风险基金。

三、粮食直补资金发放管理

2004年，根据中共中央《关于促进农民增加收入若干政策的意见》和国务院关于抓好粮食生产保障市场供应的通知要求，江苏省在全省开始实施对农民粮食生产直接补贴政策。即全省按水稻种植面积每亩补贴20元的统一标准，向种地农民通过银行卡直接发放到户。按省规定，灌云县水稻计划种植面积内所需直补资金由省财政统一负担，超计划面积由县财政负担。县财政部门与农业部门配合做好逐村逐户的直补面积清册登记工作，监督乡镇财政所将直补资金落实兑现到户，严格做到直补资金专户管理，专款专用，防止截留和挪用，把党和政府的惠农政策落实到千家万户。2004~2010年，灌云财政共拨付兑现粮食直补资金37658万元。

四、粮食企业财务管理

2004～2010年灌云县粮食直补资金发放情况表

表5-4 单位:万元

年份	发放数额	年份	发放数额
2004	920	2008	7984
2005	1145	2009	7984
2006	3450	2010	7614
2007	8561	合计	37658

1985年，全县粮油工业企业实行“利改税”，废除了利润留成制度，执行新八级超额累进税率缴纳企业所得税。税后留利中30%作为生产发展资金，25%作为职工奖励基金，15%作为职工福利基金，上缴省、市、县三级主管部门各10%。

1986年11月起，粮食工商企业恢复借贷记账法。

1987年起，粮办工业试行承包责任制，按合同承包基数缴纳，在年度执行中，无论是否完成任务，均包财政上缴指标。

1988年，为了增加企业应付意外风险的能力，将企业留利中原生产发展资金的分配比例由30%改为25%，余下5%作为企业后备资金。

1989~1991年，粮办工业企业按55%缴纳企业所得税，承包期间用实现的利润或自有资金按承包数上交财政部门；粮油运输和饲料企业实行利润留成办法，其中粮油运输企业留成30%，上交财政70%；饲料企业留成100%。

1992年起，对粮食平价商业试行费用定额补贴管理办法，企业盈亏统算后的超定额亏损部分由企业自行弥补，并从当年开始实行新老挂账划断，1989～1991年亏损挂账单独反映。1993年，省对粮食商业企业实行扭亏增盈奖励办法，县财政、粮食部门分别与省签订扭亏增盈责任书，保证原平价粮食商业企业财政补贴后不发生新的亏损；县财政部门用退库指标拨补的补贴和省拨专款补贴年内全部到位。对年终完成任务的县（市），省财政专项奖励300万元用于弥补“老挂账”。

1994年1月1日起，粮食商业企业实行所得税制度，实现利润按33%上缴所得税，对列入粮食商业管理的各类单位及其他企业上交的所得税，财政实行“列收列支”办法，全额用于弥补粮食商业1991年底前亏损挂账。

1995年，县财政、粮食部门同时与省财政签订1995～1999年5年内消化粮食挂账责任书，保证粮食企业不发生新的亏损、财政各项补贴资金及时足额到位、粮食企业财务核算实行“二线运行”。

1999粮食年度起，江苏省对粮食企业超储费用、利息补贴以1998粮食年度补贴为基数，实行总额包干、一定三年不变。灌云县当年实现粮食销售收入11377万元，同比增长79.56%，获省给予的粮食销售奖励182万元，大大减轻了仓储的压力，年度没有突破省定亏损指标。

2000年起，灌云县粮食企业全面进行改制。截至2010年底，国有粮食购销企业原有28家，划出、改制出售6家，其余22家总资产13836万元，负债12894万元。粮食工业企业原有10家，全部破产、出售、重组或负资产；其他流通企业原有15家，破产、出售、重组或零资产14家，停业1家。

第三节　基本建设财务管理

基本建设投资财务管理，是财政部门根据国家的基本建设计划，对国家基本建设资金的筹集分配、及时供应、监督使用、降低成本、提高效益等项管理活动的总称。基本建设投资，也可称为固定资产投资，它包括新建、扩建、改建、恢复工程的投资和设备更新、企业技术改造的投资。其财务管理的具体内容包括：制定基本建设投资计划，审批各项基本建设投资项目财务收支计划；广泛筹措和合理分配基本建设投资资金；制定和颁布各项基本建设规章制度及建设施工单位财务管理制度；统一调拨资金，保证资金及时供应；进行基本建设投资的宏观管理，控制基本建设的投资规模；加强基本建设的预算管理和经济核算，监督资金的合理使用，提高资金的使用效益。

一、基本建设投资管理体制

新中国成立后，基本建设投资管理体制先后经历了由财政部门管理到与交通银行共同管理、与建设银行或人民银行共同管理、又由财政部门管理的变化过程。新中国成立初期，在国家尚未颁布有关基本建设投资管理办法的情况下，地方基本建设拨款由县财政部门管理。县财政部门根据各单位和部门的基本建设用款计划，按量入为出的原则，向申请单位和部门拨款。当时财政资金十分紧缺，用于基本建设的投资也十分有限，管理工作亦较为简单。

1952年8月，中央财经委员会颁发了《基本建设拨款暂行办法》，明确规定国家各级财政预算安排的基本建设拨款统一由交通银行拨付，同时颁布了《交通银行办理基本建设拨款暂行处理手续》，并实行基本建设拨款调拨制度和拨款限额制度。根据这些办法和制度，灌云县确立了新的基本建设投资管理体制，即基本建设投资管理由财政部门和交通银行共同办理，财政部门主要管理基本建设拨款预算，交通银行则负责资金调拨。

1954年7月，政务院发布了《关于设立中国人民建设银行的决定》（简称《决定》），在中央人民政府财政部系统内设立中国人民建设银行。《决定》明确，凡国家用于基本建设的预算拨款以及企业、机关等用于基本建设的自筹资金，均集中由中国人民建设银行根据国家的计划和预算监督拨付；中国人民建设银行应根据国家批准的信贷计划，对国营企业办理短期放款；负责办理基本建设拨款的结算业务；监督基本建设资金专款专用，并对建设单位的资金运用、财务管理、成本核算以及投资计划完成情况等进行检查监督。根据上述精神，各地交通银行一律就原有机构成立中国人民建设银行，接管原交通银行的基建投资管理业务，原交通银行名称仍然保留，主要负责公私合营企业财务。在基本建设投资管理方面，财政部门和建设银行的职能是：财政部门负责基本建设拨资预算、基建资金的分配和基建财务决算；建设银行负责基建投资的拨款、使用和结算。这就是通称的财政部门管两头、建设银行管中间。1958年8月，江苏省人民委员会转发国务院《关于改进基本建设财务管理制度的几项规定》，基建管理权限下放，建设银行办理的结算、贷款业务，一律划归人民银行办理。

同年 9 月，建行与财政合并。

1962 年，建设银行在经历四年与财政部门的合并之后得以恢复，业务上实行垂直领导。财政部于当年制定了《基本建设财务拨款管理暂行办法》，规定一切列入国民经济计划的基本建设项目（包括用预算资金和预算外资金的），都由建设银行进行拨款监督，并赋予建设银行管理建设单位预算和决算的职权。1963 年 12 月，中共中央、国务院发出《关于基本建设拨款监督工作的指示》，明确提出基本建设拨款的四项原则。1965 年，国务院批转财政部《关于改革基本建设财务拨款管理制度的报告》，对预付备料款、工程拨款程序等方面进行改进。

1968 年后，建设银行再次被撤销，基建拨款和监督等部分职能再度由人民银行行使。1972 年 4 月，国务院再次批准恢复建设银行行使基建拨款和监督职能。中国人民建设银行淮阴地区支行灌云县办事处于 1976 年 5 月 1 日成立。1989 年起，灌云县根据《财政部关于委托中国人民建设银行代行部分财政职能的通知》规定，对涉及基本建设的财务管理工作委托建设银行代理，由建设银行会同有关部门根据国家有关规定，参与工程预算定额管理、制定工程收费标准、审定招投标底、审批财务收支计划和财务决算，对建设单位、建筑业财务活动实施监督。

1994 年 9 月 1 日起，财政部收回原委托中国人民建设银行代行的财政职能。1995 年 12 月，连云港市财政局、建设银行连云港分行联合发布《关于连云港市财政局收回原委托中国人民建设银行连云港分行代行的财政职能的通知》，明确从 1995 年 12 月 1 日起，市财政局收回原委托建设银行连云港分行代行的财政职能，主要有：①基本建设项目及支出财务管理工作，市财政局负责对市级各部门、各县、区下达基本建设支出预算；审批市级基本建设财务决算；划转、调整指标，办理拨款及其他基本建设项目管理工作和相关财务规定、制度建设；②施工、房地产开发企业财务管理工作，市财政局根据国家相关法规，结合本市实施情况制定施工、房地产开发企业的财务制度实施细则；负责审批施工、房地产开发企业年度财务决算。灌云县财政局亦随之收回并行使上述职能。

1999 年，灌云县财政局内设基建股，挂靠预算股，履行基本建设财务管理职能。后来，此项工作职能又划归经建股。

二、基本建设投资管理办法

新中国成立之初，基本建设投资主要实行的是限额管理办法。即财政和银行对基本建设单位确定支用国家预算拨款的最高额度，主管部门和建设单位必须在拨款限额内进行分配和支用预算拨款，不能超过。1953 年 6 月，江苏省财政厅下发通知，财经机关应根据基本建设拨款季度分月计划内的预算拨款数字，分次将资金拨交同级交通银行转拨经办行，备建设单位支用。

1958 年 7 月，国务院颁发了《关于改进基本建设财务管理制度的几项规定》，对基本建设实行投资包干办法，明确“年度国民经济计划和国家预算确定的基本建设，在保证不降低生产能力、不推迟交工时期、不突破投资总额、不增加非生产性建设比重的条件下，交由各有关部门和单位统一掌握，自行安排包干使用。”原定的建筑工程竣工之后，投资如有结余，仍然留给建设部门和单位另行使用。如果到年度终了，工程未完，投资有余，可以结转到下年度继续使用，不再采取年终收回的办法。同时，为了加强基本建设财务管理，规定建设银行既管拨款，又管预算，使之具有财政和银行的双重职能，把基本建设资金从确立预算、拨款直到工程决算，统一由建设银行管起来。基本建设包干制度对基本建设起到了加快建设速度、扩大建设规模和节约投资的效果。1959 年，灌云县实行基本建设包干制度后，各公社和学校在劳动力、建筑材料等方面努力挖掘潜力，仅学生参与勤工俭学一项就节约了大量经费。9 月，根据淮阴专署颁发的《淮阴专区基本建设拨款实施办法》，灌云县财政局与计委等部门研究制定了《灌云县基本建设管理办法》，明确了基建预算制度与审批程序、拨款办法和决算制度；各单位使用自筹资金办理基建的，必须通过县人民委员会批准，拨款必须通过财政监督拨付。当年，全县累计完成投资 280 万元，同比节省资金 200 余万元。1960 年 3 月，江苏省人民委员会印发《江苏省推行基本建设投资包干的暂行规定》，要求实行基本建设投资包干的建设部门和单位，必须按照国民经济计划的要求，自行安排包干使用基建资金。

1961 年，国家财政为了执行“调整、巩固、充实、提高”的八字方针，大力压缩预算内基本建设拨款。为了加强基本建设投资管理，提高投资效益，国务院于 1963 年 12 月 16 日发出《关于基本建设拨款的几项规定的通知》，其主要内容是：基本建设必须严格执行国家的统一计划，执行基本建设程序；必须按照批准的设计文件施工，在国家批准的投资总额内，正确地编制预算和财务计划，作为拨款监督的依据；储备设备、材料所需的资金，实行定额管理；认真执行经济合同，计划外订购的设备，建行不得拨款；基本建设资金同其他资金必须划清界限，分别管理，专款专用。

1973 年，灌云县执行淮阴地区革命委员会生产指挥组下发的《关于加强自筹基本建设投资计划管理的通知》精神：（1）建设单位在提出自筹基本建设计划时，县计划部门审查，基本同意成立项目后会同基建拨款员深入单位核实资金来源情况，其资金除地方财政自筹外，如系单位的折旧基金、利润留成等款项，如数交县财政局统一专户存储。建设单位在资金交存后，财政部门在其基本建设计划上签署“资金已交存”等字样。投资在 1 万元以上由计划部门据以汇总上报，自筹项目投资在 1 万元以下、2500 元以上的零星基建报地区财政部门批准。不交存资金的不予受理。（2）自筹基本建设计划经批准下达后，县基建拨款员根据基本建设拨款的有关规定，按照“做多少工程给多少钱”的原则，进行拨款监督。财政部门将交存的资金或财政自筹拨款，分期分次拨入建设单位在人行开立的基建专户，以便日常支用。

1978 年 10 月，江苏省革委会计划委员会、基本建设委员会、财政厅联合转发国家计委等三部门关于试行《加强基本建设概、预、决算管理工作的几项规定》，要求在基本建设工作中加强设计概算、施工图预算和竣工决算管理工作，积极推行基本建设大包干，多快好省地完成基本建设任务。未经批准不得突破初步设计总概算拨款。

1980 年 11 月，国务院批转国家计委、国家建委、财政部和中国人民建设银行《关于实行基本建设拨款改贷款的报告》，决定从 1981 年起，凡是实行独立核算，有还款能力的企业，全面推行基本建设投资拨款改贷款的制度。1982 年 5 月，国家计委、建委、财政部和中国人民建设银行又发布了《关于进一步实行基本建设拨款改贷款的通知》，扩大基本建设投资贷款范围。1984 年 12 月 14 日，国家计委、财政部、中国人民建设银行联合发布《关于国家预算内基本建设投资全部由投资改为贷款的暂行规定》，江苏从 1985 年 1 月 1 日起贯彻执行，凡是由国家预算安排的基本建设投资全部从财政拨款改为由建设银行贷款(以下简称“拨改贷”)。“拨改贷”的资金由财政预算拨给，建设项目由计划部门安排，建设银行负责此项投资的发放和回收。“拨改贷”实行差别利率，根据行业的不同，年利率从 2.4%至 12%不等。1985 年 12 月 14 日，国家计委、财政部、建设银行总行发出通知，从1986 年起对科学研究、学校、行政单位等没有还款能力的建设项目，不再采取“拨改贷”方式进行管理，恢复拨款办法。

随着基本建设实行“拨改贷”改革的进行，投资包干责任制又被重新强调。1983年，国家计委等部门联合发布了《基本建设项目包干经济责任制试行办法》，确定建设单位对国家实行“包投资、包工期、包质量、包主要材料用量和包形成综合生产能力”的“五包”内容，同时也明确国家对包干单位的“保建设资金、保设备材料、保外部配套条件、保生产定员配套、保工业项目投料试用所需的原料和燃料供应”的“五保”责任。1984年，国务院颁布《国务院关于改革建筑业和基本建设管理体制若干问题的暂行规定》，全面推行建设项目投资包干责任制，大力推行建设项目工程招标投标承包制。

1987年，根据国务院有关严格控制基建规模和加强预算外资金管理的通知精神，以及省计委、财政等部门关于加强全民基本建设自筹资金管理的通知精神，灌云县对各行政和企事业单位将预算外资金用于基本建设的，严格审查其是否符合有关规定、资金来源是否正当。项目经审批后，建设单位的自筹资金存入财政在建设银行开设的自筹基建账户后方可开工。1989年3月，灌云县财政局、计经委等七个单位转发市财政局等七个单位关于“自筹基本建设资金管理补充规定”，进一步严格控制固定资产投资规模。

1995年12月，财政部门收回原委托建设银行代行的部分基本建设财务管理职能后，灌云县财政局克服政策性强、业务不熟、人员不熟、关系不顺等各种实际困难，认真做好年度基本建设单位财务决算报表的编审工作，取得了较好成绩。1997年被评为全市一等奖。

1998年1月1日起，全县自筹基本建设项目实行资本金管理制度，自筹基建资金纳入财政专户管理。基本建设项目的资本金占总投资比例按国家规定区分项目类型分别为20%、25%、30%及以上；建设单位在安排基本建设项目时，一次性交纳项目资本金，存入县财政局基本建设资金专户；项目资本金由财政部门根据工程预算，按工程进度拨入建设单位的基建专户，实行专款专用；凡有财政投资的基建项目，财政部门预留相当于财政投资额5%的基建资金；自筹基建资金的建设项目，预留项目资本金10%的基建资金，待工程竣工决算报财政部门审批后再拨付；各建设单位在工程竣工后，大中型建设项目于3个月内，其他建设项目在1个月内编报工程竣工、财务决算，并接受财政部门对财务决算的审查，涉及财政资金安排的项目，由财政部门委托社会中介机构进行审计；财政部门负责审核中介机构对建设单位工程竣工决算的审计意见，确认后出具资产入账通知，建设单位据此作为资产入账的凭证。4月起，全县试行基本建设项目财务季报制度，纳入基本建设规模的建设项目，包括行政机关、事业单位和国有建设单位的建设项目，均报送基本建设资金财务季报。7月，县政府转发并执行《江苏省城市维护建设资金管理办法》，对城市维护建设资金来源与使用范围、预决算管理、收入管理和支出管理等方面作出具体规定，明确了财政部门和建设主管部门在资金管理、财务管理和项目管理等方面的职责和权限。财政部门做好城建资金的筹集使用管理工作，并参与项目管理，参与城建项目竣工验收；城建项目的概预算接受财政部门的审查，城建资金按工程进度拨款；项目竣工验收后，由财政部门委托社会中介机构审查其财务决算。

1999年5月，连云港市财政局发出通知，要求各县、区财政部门认真贯彻财政部《财政基本建设支出预算管理办法》《财政性基本建设资金投资项目工程预、决算审查操作规程》《财政部门委托审价机构审查工程预（结）算、竣工决算管理办法》，并制定下发了《连云港市财政部门委托社会中介机构审查工程概预（结）算、竣工决算管理办法》，明确凡有财政性资金安排的建设项目，均经由财政部门委托审价机构对工程概算、预（结）算、竣工决算进行审查，非财政性资金安排的建设项目，受政府委托后财政部门也可委托审价机构对该项目进行有关内容的专项审查。

2010年3月，县财政局转发省财政厅颁发的《江苏省基本建设财务管理暂行规定》，要求凡经发改部门批复的基建项目必须按规定设置独立的财务管理机构或指定专人负责基本建设财务工作；必须严格按照批准的概预算建设内容，做好账务设置和账务管理，建立健全内部财务管理制度；每个基本建设项目都必须单独建账、单独核算；同一建设项目，不论其建设资金来源性质，原则上必须在同一账户核算和管理。财政部门加强对财政性建设资金和自筹建设资金来源的审核，自筹建设资金不到位的单位将暂缓拨付财政性资金。建设单位必须按批复的概预算进行施工，杜绝超概算；基建项目完工后，由审计部门进行竣工决算。

第四节 农业财务管理

农业财务管理主要包括农林水事业费、财政支农资金、财政扶贫资金、农业综合开发资金以及农业企业财务、乡镇企业财务的管理。中华人民共和国成立至1952年，在统收统支体制下，灌云县农林水事业费由省主管部门拨款，支出向省主管部门报账。1953年后，农业财务分别实行全额预算管理、差额预算管理等形式。1998年起，财政补助支援农业资金由全部无偿拨付改为部分支援农业资金有偿使用，收回后继续支援农业发展。

一、农林水事业费管理

农林水事业费支出包括农垦、农场、畜牧、农机、水利、水产、气象、乡镇企业等事业费以及农业资源调查和区划费、土地管理事业费、其他农林水事业费等。按其用途分为人员经费和公用经费。

(一) 农业事业费。中华人民共和国成立初至1952年，灌云县的农业事业单位很少，事业费支出也很少。1953年起，农业事业费纳入县财政预算，其计划指标由上级事业主管部门和财政部门专款下达，县财政、农业主管部门在上级分配的农业支出预算总额内，根据其业务情况安排使用。

1964年，根据财政部和省有关农业事业费使用范围和财务管理的文件精神，灌云县依据“统一领导、分级管理、以块为主、条块结合”的原则，对全县所有农业事业单位实行定员定额、定任务管理。人员经费一律按批准的编制人数和经费开支标准严格加以控制；业务费除一些必须开支外，重点用于解决发展农业生产的主要问题，不搞平均使用。对农业部门所属单位，根据不同性质，采取不同的管理办法。对农业技术推广站、良种站、植保站等无收入的事业单位，各项经费由国家预算拨款，实行全额预算管理；对有收入的家畜繁育站，采取定额补助的办法，实行差额预算管理。对农业部门所属事业单位的财务收支，纳入县级财政预算管理，统一由农业银行监督拨付，预算缴款由主管部门统一办理缴款手续。

1966年，灌云县对农业资金实行统一管理，范围包括技术推广费、植保费、畜牧兽医费。其事业费管理实行统一拨款、统一管理、统一报销，由县农业主管部门提出分配意见，财政部门下达指标。拨给人民公社的资金，在保质保量完成任务的前提下，如有结余，按规定可以跨年度使用的，财政部门不再收回，留给人民公社下一年度继续使用。

1980年，灌云县对全县事业单位实行经费包干，包干经费的范围有人员经费、公用经费和各项事业收入，实行全额预算管理的单位，由原来年初核定预算，年终结余交回财政的办法，改为“经费包干，超支不补，结余留用”的办法，对盈余较多的生产性事业单位，实行“定额上交”或“比例上交”的办法。对生产性的业务费和专项经费，如支援农村人民公社投资、小型农田水利补助费、抗旱防汛岁修经费、土壤普查经费、牲畜防疫经费等，按规定的用途专款专用，专项结报，不列入包干范围。农业包管部门本身直接使用的农业事业单位经费，按行政经费包干办法进行包干。当年灌云县核定的包干基数为：农场事业费 3.5 万元；农业事业费 41.9 万元；林业事业费 2.1 万元；农机事业费 14.1 万元；畜牧事业费 6.4 万元。

1983 年，灌云县划归连云港市管辖，为压缩农口事业单位人员机构经费，保证事业经费供给，在审批年度预算时，分别按人员机构经费和专项事业经费核定包干数。凡人员机构经费开支超过核定数或没有包干结余的，超过部分财政不予核销，从下一年度预算或包干结余中扣回。

1985 年，县财政局在下达年度行政事业经费预算支出指标时，按照国务院的规定，对农业事业费作出了相应的削减。对乡镇一级的农业事业费的预算指标，实行“定收定支、收支挂钩、超收分成、少收少支、结余留用”，规定乡镇除专项经费外，以县财政下达的预算指标作为基数，实行“统筹安排、节约使用、结余归己、超支不补、结余留用”的预算管理办法。取消了农业事业单位一直实行的全额、差额、自收自支三种预算管理形式；确定了农业事业单位大收入的概念，将农业事业单位在财政拨款以外获得的收入，全部纳入单位预算，统一核算，统一管理；按照资金使用性质将农业事业单位支出划分为事业支出、经营支出、对附属单位补助支出和上缴上级支出，使农业事业单位开展正常业务活动的支出能够单独、准确地反映农业事业单位的收支全貌。

1997 年 1 月 1 日，灌云县根据财政部颁发的《农业事业财务制度》，对农业事业财务实行“核定收支、定额或者定项补助、超支不补、结余留用”的预算管理办法。

1999 年，财政部根据《农业事业单位财务制度》及国家有关方针政策，重新制定了《农业事业费管理办法》，对农业事业费的来源和分类、农业事业费的支出范围、农业事业费的管理等，作出了更为明确和严格的规定。灌云县按照此制度和办法及省、市的要求，县财政主管部门与农业主管部门密切配合，合理划分事权、财权，切实加强农业事业费的使用管理和监督，保证了农业事业费使用和管理的制度化和规范化，使农业事业费的作用得到应有的发挥。

2000 年初，灌云县财政局根据上级财政部门的相关要求作出规定：农业事业费先由农业各事业单位根据本单位的职能、职责、任务和事业发展计划，于每年的10月底前提出下一年度的预算，报农业主管部门审核，农业主管部门在对所属事业单位的预算进行审核、汇总后，于11月底前报县财政局审定，经县人民代表大会审查批准后由县财政、农业主管部门共同监督执行。对农业事业单位超标准、超定额、超范围的支出，财政部门概不核销。2002年，又对企业专项资金财政补助金额达到10万的项目，实行财政报账制。

2005年的县、乡（镇）机构改革中，由于乡镇农技服务体系的上岗人员、退休人员及提前离岗人员的工资等纳入县级财政预算，当年增加农业事业费支出240万元。2010年，灌云安排农业事业费共计8555万元，其中农业事业机构支出1153万元，农业技术推广1595万元，技能培训563万元，病虫害控制190万元，灾害救助190万元，农业生产资料补贴2619万元，农业生产保险补贴2435万元。农业事业费的支出，是1960年的近600倍。

（二）林业事业费。林业事业费由县农林科管理，负责编制上报事业费预、决算方案，由县财政主管部门核定。1953年，全县林业事业费支出分两大项：国营造林建设费、林业保护费。其中国营造林费经县财政主管部门核定的预算数为19726元，当年决算支出18908元；林业保护费经县财政主管部门核定的预算数为2702.05元，当年决算支出2495.65元。1957年，灌云县执行省财政厅、林业厅对林业经费开支范围、开支标准的规定，其经费支出由单位编制预算，经县财政部门批准执行，实报实销。

1964年，林业事业费增加社队造林补助费，用于支持人民公社恢复和发展林业生产。造林补助费纳入县财政预算，县林业部门根据下达的指标和造林育苗计划编制预算，经县财政部门审核同意后按期拨款。灌云县拨付造林补助费1.93万元。1966年，灌云县将社队造林补助费、干部技术人员培训费等交由人民公社统一管理，其管理办法与农业资金、水利资金管理办法相同。1980年，灌云县行政事业单位实行预算包干，林业事业费除防治病虫害事业费、社队造林补助费不实行包干外，其余均实行预算包干。当年灌云县林业事业费包干基数经核定为2.1万元。1983年，灌云县对林业系统经费实行预算包干，一年一定，结余留用，超支不补。对林业部门下属的林场、苗圃、植保及自收自支事业单位实行企业管理，自负盈亏，盈余留用，亏损不补。

1997年，灌云县执行财政部《林业事业费管理办法》，实行定额定编管理，合理核定各项经费支出标准或定额，对超编人员一律不安排经费。对林业事业费实行项目管理，财政部门确定的项目、其立项、评估论证、检查验收由财政部门组织，林业部门确立的项目由林业部门组织。

2003 年，灌云县执行省政府颁发的《生态公益林补助资金管理办法》，规定省级财政对重点防护林、特种用途林保护的管理平均按 8 元 / 亩·年的标准进行补助，补助资金的 70%为管护人员费用，管护面积按人均 1500 亩计算，即按护林人员看护的重点防护林和特种用途林面积每人补助 5.6 元 / 亩·年，补助资金的 30%为资源监督管理费，其中：护林单位使用 60%，省、市、县三级公益林保护管理机构使用 40%。

2007 年，灌云县执行省财政厅、省林业局《绿色江苏生态建设省级专项资金使用管理办法》，对造林绿化的单位和个人给予补助。具体补助标准为：一般造林地按每亩 100 元左右补助，石质山地造林按每亩 200 元左右补助，封山育林按每亩 30 元左右补助，新建农田防护林项目按农田林网折合面积每亩 50 元左右补助。2010 年，灌云县累计拨付林业事业费 1405 万元，其中用于林业事业机构经费57 万元，森林培育 1246 万元，森林生态效益补偿 90 万元，林业有害生物防治 10 万元。

（三）水利事业费。中华人民共和国成立后，灌云县的各项水利事业费列入县级财政预算，由县水利主管部门负责管理。

1959 年，省级防汛经费使用实行国家与地方分级管理、分级负担。主要河道及泄洪工程经费由国家负责，中型水利工程以地方自筹为主，国家给予适当补助，小河道及小型水利工程所需防汛经费与物资，由受益单位负担。1961 年，灌云县执行省财政厅关于农田水利经费使用范围的规定，农田水利经费主要用于公社举办灌溉配套、排灌机械、机井、排涝、水利水电等小型农田水利建设。国家办的各种水利工程和其他基本建设工程，不得挤占农田水利经费。1962 年，灌云县首次将农田水利事业费、勘察设计费纳入县级财政预算。1964 年，灌云县又将小型农田水利补助费纳入县级财政预算，财政部门按照核定的用款计划，将资金拨给农业银行设立的用款单位专户，并监督支付。小型农田水利补助，由用款单位按批准的项目编造预算和财务计划拨付使用，事后编制决算。

1979 年，灌云县执行省、地区财政部门和水利部门的有关规定，小型农田水利补助费（含抗旱经费）专门用于集体经济的补助，其中抗旱经费主要用于补助社、队添置抗旱工具及抗旱油费、电费等。小型农田水利补助费（含抗旱经费）在财政指标确定后，由县水利部门根据批准的水利事业计划和确定的补助项目、限额，以及抗旱的实际情况，进一步落实项目、编制预算，送县财政部门并报县革命委员会批准后，由农业银行监督拨付。

1980年，灌云县水利事业费除防汛和水土保持费中的工程补助费外，其他均按包干办法进行管理。是年，灌云县水利事业费包干基数经上级核定为130万元。1983年，灌云县对水利主管部门的经费实行预算大包干。除防汛经费外，预算包干，一定一年，结余留用，超支不补；对全额拨款事业单位实行经费包干，一定5年，超支不补，结余留用。对水利局所属的自收自支事业单位，一律实行企业化管理，自负盈亏，盈余留用，亏损不补。水利事业费中的部分专项经费，主要用于水利部门的防汛、岁修等。1991～2000年，上级每年向灌云县下达专项经费70万元左右，此后逐年增加，2001～2005年，防汛、岁修经费累计增加至697万元，主要用于闸坝、海堤、新沂河石护坡、新沂河道路维修、配电房更换、特大防汛经费补助等，其中2005年下达灌云县270万元特大防汛资金，主要用于防汛排涝的油电费用及设备维修。灌云县对防汛岁修经费实行合同管理，县水利主管部门进行监督、验收。财政部门实行县级报账制，做到专款专用。

2001年起，灌云县严格执行财政部颁发的《水利事业费管理办法》和省水利厅颁发的《江苏省水利事业费管理办法实施细则》，县财政部门从加强水利事业费预算审核入手，会同县水利主管部门强化对预算执行情况的监督检查、分析和考核，确保水利事业费使用管理达到科学、合理、依法、规范。

2003年，灌云县根据《连云港市县乡河道疏浚项目及资金管理实施细则》，多渠道筹集资金，支持河道疏浚工程。其中省级补助资金按土方工程量进行综合补助，其补助标准：县级河道0.8元/立方米，乡级骨干河道0.4元/立方米，市级补助资金视财力情况按土方工程量进行综合补助，县级河道0.15元/立方米，乡级骨干河道0.1元/立方米。县补助资金按土方工程量进行综合补助，县乡河道补助资金标准不低于省补助标准的15%。

2001～2010年，纳入县财政预、决算的水利事业费支出总额达1.9651亿元，平均年支出约2000万元。在水利事业费支出中，农田水利建设支出约占总支出的60%，抗旱、工程建设、岁修及设备维护等支出约占总支出的30%。2010年灌云县用于农田水利建设资金高达3152万元。

二、财政支农资金管理

新中国成立至1995年，灌云县的支农资金实行直接拨付制，县财政部门根据预算安排和用款单位申请，将款项直接拨付给县主管部门或乡镇财政所，由县主管部门或乡镇财政所再拨付给村（生产大队）或用款单位。1996年起，灌云县按照财政部的规定，在支农资金管理上实行专户储存、专户拨款、专款专用。从2002年开始实行县级报账制，2004年开始实行会计电算化管理。

（一）支援农村生产资金管理。1958年人民公社化后，为扶持穷社发展生产，增加社员收入，改变农村贫困面貌，国家拿出一定数量的资金用于支援农业生产。资金使用范围和用途：扶持经济困难的社队按照党的方针政策和本地资源条件，发展社队企业；扶持穷队因地制宜解决增产增收、改变贫困面貌；帮助开展多种经营、改善生产条件、提高生产能力等所必须添置的小型农具和牲畜等。此项支农资金由国家财政拨款，无偿支援人民公社，国家不再收回，但必须专款专用，不准挪用，如年终有结余可转入下年度继续使用。1959年，国家投资灌云县支援人民公社款75万元，全县18个公社266个大队中有16个公社78个大队接受支援。援款中用于农业基本建设21.81万元；用于社队工业、副业基本建设14.86万元；用于生产周转金31.816万元。1960年，国家投资灌云县支援人民公社款增加至95万元。在国家财政政策的支援下，灌云县集体经济得到了较快的发展。1961年，国家投资灌云县支援人民公社款98万元，加上上年度结余8.73万元，共计106.73万余元，其中用于水利建设近50万元，用于农、林、牧、副、渔基本建设约28万元，用作生产周转金22万余元。为人民公社或大队（生产小队）购置拖拉机7台，安装抽水机110马力，生产队新购耕畜169头，建造大车（牛拉车）47辆，购置大农具104件，修建水渠17条，配备水闸69个，新建桥梁38座，添加交通设备30辆（马车、小平车）。1962年至1964年，国家安排支援人民公社资金数额较小，1962年仅安排灌云县1万元。1963年，淮阴地区财政安排灌云县3.5万元，其中1万元给小伊公社的21个生产队，最多的生产队安排2000元，最少生产队的安排300元。他们共购置耕畜1头，添置车辆（大牛车）1辆，添置中小农具700件，购买油榨设备1部，建小石桥20座。其余的2.5万元中，2万元作救灾专款，5000元作为畜牧防治费，以补助全县的其他穷队。当时安排支援人民公社资金的原则是支援最贫困的生产队，管理十分严格。支援穷队的资金，生产队设专门账户记载，农业、财政、银行部门定期检查支援资金的使用情况，检查结果除向县人民委员会报告外，同时向上级财政、农业、银行部门报告。支援穷队资金的管理，以农业部门为主，财政、银行部门在批准的预算范围内审查分配，下达指标，逐级落实到生产队，以保证专款专用。

1964 年，上级安排灌云县支援人民公社投资款 6 万元，用于支援穷队电力排灌、抗旱、防汛、岁修、病虫害防治等。1964 年至 1972 年间，上级安排灌云支援人民公社的款项一般维持在每年 1 万元 ~ 7 万元之间，其中 1965 年、1966 年、1971 年、1972 年未予安排。1973 年起，上级安排支援农村人民公社款数额逐年增加。1982 年上级安排支援灌云农村人民公社投资款 95.3 万元。1983 年，在财政收支科目归类中，上级安排的支援农村人民公社投资成了支援农村社队生产支出的组成部分。是年，全县总计支援农村社队生产支出 163.6 万元，其中属上级支援的农村人民公社投资款 100.1 万元，作为扶持生产队的补助款。1984 年，灌云县支援农村社队生产支出 318.4 万元，其中上级安排支援农村人民公社投资 183 万元。1985 年始，原“支援农村人民公社资金”改为“支援农村生产资金”。是年，灌云县按照省财政厅转发的财政部《关于改进财政支援农村生产资金分配、使用、管理的意见》，在加强支农资金使用监督的同时，积极发挥农业主管部门的主管能动性和积极性，规范支农资金的分配、使用和管理。1985 年，灌云县支援农村生产支出 270.4 万元，其中支援农村合作生产组织资金 198.5 万元。

1988 年，国务院下发《关于建立农业发展基金增加农业资金投入的通知》，决定从 1989 年起逐步建立农业发展基金。要求各级将农业发展基金纳入预算列收列支、专款专用。1989 年，灌云县安排农业发展资金 69.4 万元，实际支出 61.3 万元。

进入 20 世纪 90 年代，随着国家对“三农”重视程度的提升，上级安排的支农资金大幅增加。如 1991 年，年初预算支农资金 90 万元，调整预算为 1115.2 万元，其中上级追加指标 630.4 万元，上年结转 344 万，当年收入追加安排 50.8 万元。当年实际支出 673.2 万元，加上农林水利气象事业费，全年用于支援农村生产资金达 1028.2 万元。在支援农村生产资金的管理上，灌云县严格按照上级的相关规定，对上级下达的支农专项资金和地方配套资金，按要求建立支农专项资金账户、专户储存、专项核拨、专款专用。严格项目管理制度，凡财政部门确立的项目，其立项、论证、检查验收等，由财政部门负责牵头组织，农业主管部门参与；由财政部门和农业主管部门共同确立的项目，由双方共同组织。1991～2010年，灌云县支农资金累计达15.0854亿元。进入21世纪，灌云县平均每年支农资金超亿元。

（二）农业综合开发资金管理。农业综合开发资金（原称黄淮海综合开发资金）是指纳入国家、省批准的农业综合开发项目总投资计划的各种资金。它包括中央财政投入的资金、地方财政投入的资金、农业综合开发专项借款、农村集体组织和农户自筹的资金、国有企业自筹积累投入的资金以及经过法定手续筹集投入的其他资金，70%以上用于改善农业生产基本条件，30%以下用于发展多种经营和龙头项目带动产品的系列开发，中央财政和地方财政配套的比例为1∶1。根据市政府制发的《连云港市黄淮海农业开发资金管理实施细则》，灌云县切实加强该项资金使用管理，确保专款专用。

1988～2010年，灌云县实施完成了9期农业综合开发项目。县财政局克服财力不足、资金调度困难等各种不利因素，想方设法安排县级财政配套资金。

县财政局建立和完善了农业综合开发项目资金管理体系。早在二期（1991～1993年）农业综合开发项目管理工作中，就率先实施了项目资金由农业局报账结算制，为农业综合开发项目资金管理工作开创了一种新的管理模式，获得省市财政部门的充分肯定，并在全省推广。2001年始，县财政局对项目资金管理实行“五专、五定”责任制：专人负责、专项管理、专账核算、专户拨付、专款专用；定目标任务、定开发措施、定投资额度、定还款时间、定惩罚制度。资金拨付坚持四个原则：工程项目批复计划相衔接原则；根据项目进度与报账进度相结合拨付原则；“前不清，后不付”原则；减少资金拨付中间环节原则。项目资金报账坚持“五不报”原则：不符合项目计划的不予报账；工程施工不实行合同制和招投标制的不予报账；不符合财务管理制度，未提供合法有效票据、手续不齐全、补充资料不全的，不予报账；每次申请的提款报账，没有监理审核签字的，不予报账；未按项目实施方案或建设合同和施工要求的项目，不予报账。

2002年，根据江苏省财政厅、江苏省农业资源开发局转发财政部《关于农业综合开发资金报账实施办法的通知》，灌云县实行由县财政部门负责报账资金的日常核算和管理，编制农业综合开发项目工程总预算和总决算，县农业综合开发机构负责具体的报账工作。

2004年，按连云港市政府规定，实施农业综合开发资金县级报账操作规程，由县财政局负责报账资金的日常核算和管理，县农发办负责报账具体工作。

2005年，按照“鼓励以县为单位通过规划引导、统筹安排、明确职责、项目带动等方式整合投资，切实提高资金使用效率”的精神，灌云县对财政支出专项资金实行优化整合试点，对配套资金实行打包。当年省市县共安排财政农业专项资金1304万元，其中中央投入672万元，省财政补助564.8万元，地方财政配套67.2万元，群众自筹609.8万元。2003~2005年，完成改造中低产田3.5万亩，新增粮食生产能力1.667万吨。

1988~2010年，全县总计投入农业开发资金27690.27万元，其中中央投入6537.45万元、省补助8192.71万元、地方财政配套687.93万元、群众自筹12272.18万元。全县共改造中低产田74.04万亩，新增粮食生产能力13.537万吨。

1988~2010年灌云县农业综合开发土地治理类项目资金投入及效益情况表

表5–5

项目期限	投入资金	完成任务	使用效益
第一期(1988—1990)	1789万元	改造中低产田18万亩	新增粮食生产能力2.7万吨
第二期(1991—1993)	1244.8万元	改造中低产田27万亩	新增粮食生产能力4.12万吨
第三期(1994—1996)	1663.9万元	改造中低产田8.9万亩	新增粮食生产能力1.5万吨
第四期(1997—1998)	1868万元	改造中低产田2.85万亩	新增粮食生产能力0.38万吨
第五期(1999—2002)	1680万元	改造中低产田1.75万亩	新增粮食生产能力0.43万吨
第六期(2003—2005)	2031.8万元	改造中低产田3.5万亩	新增粮食生产能力1.667万吨
第七期(2006—2008)	5654.8万元	改造中低产田6.9万亩	新增粮食生产能力1.92万吨
第八期(2009)	4125万元	改造中低产田2.9万亩	新增粮食生产能力0.42万吨
第九期(2010)	4467.16万元	改造中低产田2.27万亩	新增粮食生产能力0.4万吨
合计	24524.46万元	改造中低产田74.04万亩	新增粮食生产能力13.537万吨

2001～2010年灌云县农业综合开发资金来源情况表

表5–6　　单位：万元

年份	总投入	中央	省	地方配套	群众自筹
2001	948.8	240	201.6	43.2	464
2002	1294.14	342	287.28	70.56	594.3
2003	1606.3	426.95	405.6	21.35	752.4
2004	607.5	225	200	25	157.5
2005	1913.8	672	564.8	67.2	609.8
2006	1827.5	495	776	39.5	517
2007	2924.82	800	857	68	1199.82
2008	3173.1	650	1085.5	86.5	1351.1
2009	6061	1313.5	1802.13	130.37	2815
2010	7333.31	1373	2012.8	136.25	3811.26
合计	27690.27	6537.45	8192.71	687.93	12272.18

（三）其他支农项目资金管理。1996～2000年，县财政局在加强农业综合开发资金管理的同时，切实加大对财政其他支农项目资金的管理力度。其中，灌云县淮北重点地区中低产田改造项目资金管理工作得到上级主管部门的充分肯定，项目资金由主管部门报账结算制的做法，在省财政厅召开的相关工作会议上交流、推广。实施“九五”计划期间，灌云县淮北重点地区中低产田改造项目累计投入2292万元，完成改造中低产田30万亩，项目区新增粮食生产能力3.8万吨；争取国家级财政支持农业成果应用示范试点县项目资金750万元，为改善全县农业生产结构、提高生产水平发挥了积极作用。

三、农牧企业财务管理

灌云县共有农口企业10家：供销流通企业3家，分别为县种子公司、农机公司、水产供销公司；生产销售企业7家，分别为洋桥农场、棉花原种场、大豆原种场、县果园、板浦果园、仲集苗圃、水产养殖场。

1992年前，农口企业实行经费包干体制，先后采取了包干递增上交、定额包干、实行包干亏损基数等3种方式，1993年，实行新的财务制度，各企业独立经营、盈亏自负。财政部门先后在小农水补助、企业生产经营贴息、其他专项资金补助方面给予支持。1996~2000年，全县农口企业先后实施了种子工程项目，每年财政部门投入资金数十万元。

1997年，全县农口企业当年实现净利润78万元，分别受到省财政厅、市财政局通报表彰。

2003~2004年，农牧企业实行改制，10家企业中的县农机公司、水产供销公司、水产养殖场、棉花原种场、大豆原种场等5家企业推向市场，实行自负盈亏，财政部门不再投入资金。

2005年8月，板浦果园划归板浦镇管辖。2007年7月，县种子公司改为县种子管理站，由企业性质改为财政全额拨款事业单位。2008年，县果园、仲集苗圃实行改制后亦被推向市场。

第六章　行政事业财务管理

行政事业财务管理是指文广体卫、教育、科学、民政、行政机关及公检法司等单位的经费预算和使用的管理。灌云县的行政事业财务原由县财政局的预算部门负责管理，1988 年县财政局增设行政事业财务股，具体负责行政事业财务管理工作。2002 年县财政局增设社会保障股，社会保障财务管理职能从行政事业财务股划出，具体包括抚恤和社会福利救济事业、医疗卫生事业及公费医疗、社会保障基金等财务管理。

第一节　单位预算管理

新中国成立初期，灌云县行政机关团体的经费执行《华东地区地方党政军民武装学校机关团体供给标准》，由淮阴专署审核拨付，实行统收统支的办法，对党政机关人员实行个人生活费包干制。

1953 年，灌云县建立县级财政预算后，按国家规定的供给制工作人员津贴标准和部分实行工资制工作人员工资标准及公用经费的标准计算出预算数，纳入财政预算。当年，全县行政管理费的预算为 567992.8 元（已折成新币）。预算采取分级负责的办法，除会议费由县掌握外，修缮费、购置费实行一次分配，分批使用。

1955 年 7 月，灌云县机关事业单位人员工资取消“工资分”制度，一律改为货币工资制，按照新的工资标准及公用经费标准，重新编制各单位的经费预算，并纳入县财政预算。

1956 年，灌云县行政事业单位的经费按照 1956 年《江苏省国家机关行政事业经费开支标准》编制经费预算，其中工资按国家机关工作人员职务等级三类地区标准执行，公用经费按规定的县机关每人每月 3.6 元，区机关 3 元的标准编制预算，并落实到各行政单位。对于人数较少单位的办公费定额，视实际工作给予适当照顾。

1959年，灌云县根据淮阴专署规定，对各机关团体及民主党派的经常性经费实行定额包干，主要包括福利费、取暖费、办公费、自行车修理费等。当年公务费的定额执行标准为每人362.5元。

1980年，灌云县对全县行政事业单位经费实行“预算包干”，对县直主管部门实行“总额包干、结余留用”的办法。对公务费（办公费、邮电费、差旅费等）、机动车辆油料费、业务费、零星设备购置费等，实行定额包干；对大型设备购置和房屋拆建，实行专项管理；对工资、其他个人开支，实行按实报销。对文教、卫生、科学、体育等事业单位的公用开支按上年支出节减20%安排。年终节余经费单位留用，超支不补。对结余的奖励，各单位可从预算包干结余中提取40%以内的经费用于单位的集体福利和个人奖励。各乡镇行政经费实行定额按月包干和专项审批拨款办法，结余留用，超支不补。

1985年，灌云县全面加强经费预算管理，机关公用经费按省政府要求压缩10%，其中公务费由上年人均标准300元压缩为270元。

1986年，县财政对有收入的事业单位分别建立基金制度，并规定各项基金提取的比例，事业单位按收入减去支出后的年终净结余提取三项基金：事业发展基金原则上不低于60%；职工集体福利和职工奖励基金其两项相加原则上不超过40%。

1987年起，灌云县财政先后对行政机关试行了差旅住宿费包干、会议费包干审批等项制度。

1990年，灌云县行政事业单位经费预算改按“零基预算法”编制，按各单位编制人数核定人员经费，按各部门的业务性质、预算内外的收支情况等从零开始确定公用经费和专项经费预算。

1992年，县财政局积极推行行政事业单位经费预算管理方式改革，率先将粮食、物资、商业等行政管理部门的在职职工和离退休人员费用由财政拨款改为经济实体负担，压缩预算支出20万元。另外将县标准计量局及计量所由全额预算单位改为差额预算单位，经费由每年8万元压缩到5万元。

1997年，灌云县对行政经费预算分配办法进行改革：一是按照编制内人数按实计算，实行工资总额包干；二是对公务费、车辆燃修费、会议费等实行预算定额包干。1999年，又对享受手持机的副科级以上人员实行定额补助，对住宅电话实行总额包干。对全额拨款行政事业单位按前三年创收收入平均数确定其当年收入数，纳入预算管理，与预算内资金一起安排使用。

2001年10月起，灌云县将乡镇机关及中小学教师工资上划县财政统一管理，建立了“教师工资资金专户”，乡镇设教师工资分户。

2003年6月，灌云县按照省政府办公厅通知精神，将全县农村中小学教职工工资上划到县集中管理，将农村义务教育经费纳入县级预算。积极推行部门预算试点，讨论修改了支出预算定额标准，为编制部门经费预算打下了良好基础。

2005年，灌云县财政局下发《关于加强县公安机关经费保障工作的意见(试行)》，规定了县公安机关公用经费保障标准，根据各警种工作性质、工作任务，统筹安排各项经费。通过三年努力，从2005年人均2万元调整为2007年人均3.2万元。是年，公安局按照财务归口、财权统一要求，对下属单位的财务收支实行集中管理，统一核算。

2007年，灌云县在对县人民法院、公安局进行部门预算改革试点的基础上，全面实行部门预算改革。一是统筹预算内外财力。将各预算单位的所有非税收入，包括房屋出租、出售等国有资源有偿使用收入全部纳入部门预算；二是统一支出标准。根据全县实际情况，合理制定公用经费等相关定额，不管预算单位有无非税收入，均按统一标准编报公用经费支出；三是项目支出零基数。取消所有预算单位支出基数，一律实行零基预算；四是非税收入优先安排。凡是有非税收入的预算单位，其公用经费和项目经费优先用非税收入安排，不足部分由公共财政给予适当补充。

2008年6月，县财政局将全县应纳入预算管理的收入项目编制成册下发到单位，内容包含28个部门、219个收费项目。凡在财政部门规定的收费项目范围内的收费，必须全部缴入国库后再安排使用。

2000年灌云县县直单位经费预算汇总表

表6-1 单位:万元

单位	人员经费	公务费	专项经费	小计	上年专项经费
农业局事业	97.6	2.7	7	107.3	7
农机局	69.8	2.1	2	73.9	2
农工部事业	2.6	0.1	3	5.7	3
多管局事业	96.7	3	14	113.7	14
开发局	18	0.5		18.5	
蚕丝绸	6.7	0.3		7	
气象局	8			8	
文化局	91.4	2.7	7	101.1	6.1
教育局	1467	8.5	5	1480.5	5
党校	47.7	1.4	1	50.1	1
卫生局	26.5	0.6	8	35.1	
卫生系统	261			261	
公费办	5.4	0.2		5.6	
公费医疗	265			265	
中医院	12.1			12.1	
体育场	14.5	0.5	2	17	2
档案馆	15.6	0.4	0.5	16.5	0.5
地震办	6.8	0.2	1.6	8.6	1.6
广播局	76.3	2.3	8.5	87.1	8.5
计生委	29.4	0.7	20	50.1	20
科委	12.3	0.3	2	14.6	2
科协	8.4	0.2	2	10.6	2
审计局	25.5	0.7		26.2	
统计局	16.4	0.5	11	27.9	11
地税局	68.6		33.5	102.1	33.5
财政局	108.5	1.7	40	150.2	40
公安局	540	16	46	602	43.8
检察院	121.9	3.9	6	131.8	6
法院	172.9	5.8	6	184.7	6
司法局	89.3	2.8	4	96.1	4
行管局	48.7	1.3	22.3	72.3	22.3
其他报账单位	121.3	3.2	16.2	140.7	16.2
县委办	33	1.5	41.5	76	34
政府办	72.8	3.1	121	196.9	65.5
人武部	16.6	0.5	8.5	25.6	8.5
老干局	32.5	0.4	10	42.9	6.8
工会	7.2			7.2	
人大	49	1.8	20	70.8	20

续表 6–1

单位	人员经费	公务费	专项经费	小计	上年专项经费
政协	33.5	1.2	12	46.7	12
纪委	61.9	1.6	9	72.5	6
统战部	17.4	0.4	3	20.8	3
外经委	14.5	0.4	1	15.9	1
计委	29.7	0.8	2	32.5	2
经委	53.2	1.1	2	56.3	2
财办	14.5	0.3	1	15.8	1
人事局	29.1	0.8	2.6	32.5	2.6
劳动局	86.7	2.2		88.9	
信访局	14.5	0.4	3	17.9	3
乡镇企业局	16.2	0.3		16.5	
工商联	5	0.1	0.5	5.6	0.5
农业局	32.7	0.7		33.4	
农工部	34.4	0.7		35.1	
多管局	34.8	0.7		35.5	
水利局	34.8	0.8		35.6	
国土局	29.7	0.8		30.5	
粮食局	36.2	0.8		37	
环保局	15	0.4		15.4	
物价局	11.6	0.3	1	12.9	1
建委	48.3	1.3		49.6	
协作委	7.8	0.2	1	9	1
民政局	273	3		276	
交通局	27.6	0.7	0.5	28.8	0.5
机关保险处	10.7			10.7	
报社	18	0.6		18.6	
劳动保险处	15.7	0.6	5	21.3	5
商业局	1.3			1.3	
物资局	0.6			0.6	
武警系统	6.3		3	9.3	3
采购中心	4.7			4.7	
函授站	2.2			2.2	
建委事业费	281	0.4	10.7	292.1	9
交警队	20			20	
消除队			9	9	7
环保局事业	33.6	1.1	106	140.7	81
物价局事业	11.7	0.4		12.1	
房管处	16.1	0.5		16.6	
协作办事业	7.2	0.2		7.4	
工会补助费	36			36	

续表 6–1

单位	人员经费	公务费	专项经费	小计	上年专项经费
矿管站	4			4	
广播局事业	93.7	2.9	27.5	124.1	27.5
交通局补助			8	8	8
水利局事业			3	3	3
会议购置接待			165	165	160
基建支出			30	30	
99 年奖励			110	110	
稽查费用等			100	100	100
招商引资			24	24	
挖改资金			40	40	70
办案费补助			327	327	240
行管补助支出			400	400	288
再就业基金			40	40	40
教育附加支出			165	165	200
服装费			113.6	113.6	
其他部门			88	88	62
调资经费	100			100	
预备费			120	120	140
合计	5787.9	96.6	2403	8287.5	1871.4

说明：表中的“服装费”为公安局、财政局、检察院、法院、地税局的服装费。

第二节 行政财务管理

新中国成立至 1958 年，灌云县行政机关的经费基本上采取“实报实销”的办法；1959 年起，根据淮阴专署规定，对行政机关经常性经费实行“定额包干”；1980 年起采取“总额包干，结余留用”的预算管理办法；1997 年后，预算经费的分配实行“零基预算”法，继续实行总额包干办法。

一、人员经费管理

人员经费主要指人员工资、补助工资和各种津贴等。

（一）工资

1950 年，灌云县党政机关工作人员的生活待遇实行以粮食和其他实物为主的供给制；1951 年，开始对工作人员的工资级别进行调整、评定，按级别套改

"工资分"，以"工资分"为单位，计算工作人员的工资；1952 年，国家对机关工作人员按级别实行大、中、小灶，其中县级干部享受中灶，其标准为全部供给细粮，菜金按规定的级别"工资分"支付，另发给一定的老年优待费、妇女卫生费、子女教育费、生育、保育、保姆费、家庭招待费、病号补助费和医疗费。其他干部实行大灶待遇。

1953 年末，全县实行供给制的人员共有 496 人，其中 14 级 2 人、15 级 1 人、16 级 3 人、17 级 25 人、18 级以下 465 人。另外，对原国民党政府的留用人员和少数新参加工作的人员则实行薪金制，共有 127 人。

1954 年 6 月，为逐步实现由供给制向工资制的过渡，依照国务院的规定，灌云县对原供给制人员全部改行工资大包干的分配制度，其形式仍以"工资分"计算折发现金（每 1"工资分"折人民币 4 元），对供给制人员的个人生活费有所调整，但不再统一制作服装，一切由本人自理。

1955 年 7 月，灌云县党政机关人员取消了"工资分"制度，全部实行货币工资制，按职务高低，分为若干等级，分别执行不同的工资标准，并按照新工资标准增加了地区物价津贴。当年全县行政人员 584 人，工资标准分别执行从 14 级至 28 级。

1956 年，灌云县全面取消"工资分"和物价津贴制度，实行国家统一工资和供给标准，党政机关人员全部实行货币工资制，并根据国家划定的十一类工资区实行三类工资区，工资级别执行 13~30 级，从而建立了职务等级工资制度。

1956 年国家机关工作人员工资标准表

表 6-2　　单位:元 / 月

级别	工资标准										
	1	2	3	4	5	6	7	8	9	10	11
1	560.0	577.0	593.5	610.5	627.0	644.0	661.0	677.5	694.5	711.0	728.0
2	505.0	520.0	535.5	550.5	565.5	581.0	596.0	611.0	626.0	641.5	656.5
3	450.0	463.5	477.0	490.5	504.0	517.5	531.0	544.5	558.0	571.5	585.5
4	400.0	412.0	424.0	436.5	448.0	460.0	472.0	484.0	496.0	508.0	520.0
5	360.0	371.0	381.5	392.5	403.0	414.0	425.0	435.5	446.5	457.0	468.0
6	320.0	329.5	339.0	349.0	358.5	368.0	377.5	387.0	397.0	406.5	416.0
7	280.0	288.5	297.0	305.0	313.5	322.0	330.5	339.0	347.0	355.5	364.0
8	250.0	257.5	265.0	272.5	280.0	287.5	395.0	302.5	310.0	317.5	325.0
9	220.0	226.5	238.0	240.0	246.5	253.0	259.5	266.0	273.0	279.5	288.0
10	190.0	195.5	201.5	207.0	213.0	218.5	224.0	230.0	235.5	241.5	247.0

续表 6–2

级别	工资标准										
	1	2	3	4	5	6	7	8	9	10	11
11	170.0	175.0	180.0	185.5	190.5	195.5	200.5	205.5	211.0	216.0	221.0
12	150.0	154.5	159.0	163.5	168.0	172.5	177.0	181.5	186.0	190.5	195.0
13	135.0	139.0	143.0	147.0	151.0	155.5	159.5	163.5	167.5	171.5	175.5
14	120.0	123.5	127.0	131.0	134.5	138.0	141.5	145.0	149.0	152.5	156.0
15	108.0	111.0	114.5	117.5	121.0	124.0	127.5	130.5	134.0	137.0	140.5
16	96.0	99.0	102.0	104.5	107.5	110.5	113.5	116.0	119.0	122.0	125.0
17	86.0	88.5	91.0	93.5	96.5	99.0	101.5	104.0	106.5	109.0	112.0
18	76.0	78.5	80.5	83.0	85.0	87.5	89.5	92.0	94.0	96.5	99.0
19	68.0	70.0	72.0	74.0	76.0	78.0	80.0	82.5	84.5	86.5	88.5
20	61.0	63.0	64.5	66.5	68.5	70.0	72.0	74.0	75.5	77.5	79.5
21	54.0	55.5	57.0	59.0	60.5	62	63.5	65.5	67.0	68.5	70.0
22	48.5	50.0	51.5	53.0	54.5	56.0	57.0	58.5	60.0	61.5	63.0
23	43.0	44.5	45.5	47.0	48.0	49.5	50.5	52.0	53.5	54.5	56.0
24	37.5	38.5	40.0	41.0	42.0	43.0	44.5	45.5	46.5	47.5	49.0
25	32.5	33.5	34.5	35.5	36.5	37.5	38.5	39.5	40.5	41.5	42.5
26	28.5	29.5	30.0	31.0	32.0	33.0	33.5	34.5	35.5	36.0	37.0
27	26.0	27.0	27.5	28.5	29.0	30.0	30.5	31.5	32.0	33.0	34.0
28	24.0	24.5	25.5	26.0	27.0	27.5	28.5	29.0	30.0	30.5	31.0
29	22.0	22.5	23.5	24.0	24.0	25.5	26.0	26.5	27.5	28.0	28.5
30	20.0	20.5	21.0	22.00	22.5	23.0	23.5	24.0	25.0	25.5	26.0

1960 年 10 月，为缩小工资差距，按照党中央和国务院指示精神，将全县 14～17 级党员干部工资降低 1%。

1963 年 8 月，灌云县调整了 18 级以下的工资偏低干部职工的工资和提职未增工资的职工工资。国家行政机关人员工资低于 29 级的调整到 29 级。

1971 年，根据上级通知精神，灌云县对部分工作多年、工资偏低的机关工作人员的工资进行了调资。

1977 年 10 月，灌云县对行政机关 17 级以下工作人员中，工作成绩优异、贡献较大和提职后工作表现好而工资低的职工进行一次考核升级，升级面为 40%，升级增加的工资仍按原来级差金额发给，不足 5 元的按 5 元计算。同年，灌云县执行的工资标准由原来的三类地区调整为四类地区。

1979 年 11 月，灌云县按照 1978 年底职工人数的 40%，以职工贡献大小作为主要考核依据，择优升级，升级增加的工资不少于 5 元。经考核，全县有 560 名机关工作人员工资普调一级。

1982年10月，根据上级规定，灌云县对1978年以前参加工作的行政机关工作人员工资进行了一次普调。

1985年，按照中共中央、国务院《关于国家机关和事业单位人员工资制度改革问题的通知》精神和批转的《国家机关和事业单位工作人员工资制度改革方案》的要求，灌云县实施了新的工资制度改革。主要是将机关工作人员原执行的标准工资加副食品价格补贴、行政经费节支奖的工资结构改为基础工资、职务工资、工龄津贴和奖励工资的新结构。基础工资执行每人每月40元的标准；职务工资按职务高低执行省辖市以下分为六个等级的工资标准，上下职务之间的工资适当交叉；工龄津贴按每工作一年每月发给0.5元，计算到本人离退休为止，领取工龄津贴的年限最长不超过40年；奖励工资主要用于奖励在工作中作出显著成绩的工作人员，贡献大的可以多奖，从单位的行政经费节支中列支，奖金的标准严格按国家劳动人事部和财政部33号文件规定执行。

公安干警工资按照“高于地方、低于军人”的精神，采取以民警工资额加副食品价格补贴，行政经费节支奖各5元直接套入新公安干警基础工资和职务工资办法，以保持公安干警同国家机关同级人员的合理工资差距。

1985年县乡国家机关行政人员基础工资、职务工资标准表

表6-3　　单位:元/月

职务	基础工资	职务工资标准						基础工资、职务工资两项合计					
		一	二	三	四	五	六	一	二	三	四	五	六
县长	40	130	120	110	100	91	82	170	160	150	140	131	122
副县长	40	110	100	91	82	73	65	150	140	131	122	112	105
局(科)长区、乡长	40	82	73	65	57	49	42	122	113	105	97	89	82
副局(科)长副区、乡长	40	65	57	49	42	36	30	105	87	89	82	76	70
科员	40	49	42	36	30	24	18	89	82	76	70	64	58
办事员	40	42	36	30	24	18	12	82	78	70	64	58	52

1987年，全县机关事业单位人员普调一级工资，人均增资7.2元。

1989年10月，灌云县根据国务院文件精神，再次较大范围地对行政机关工作人员调整工资，平均每人增资1.8级，月增资14元。

1992 年 1 月起，机关事业单位工作人员的工龄津贴由原来的每月 0.5 元，增加到每月 1 元。

1993 年，灌云县按照省、市的统一部署，全面实施新一轮机关和事业单位工资制度改革。主要是将机关事业单位工作人员原执行的结构工资制改为职级工资制，即将原基础工资、职务工资、工龄津贴、奖励工资的工资结构改由基础工资、级别工资、职务工资和工龄工资四个部分组成，原工龄津贴直接转成职级工资制中的工龄工资，原国家和地方规定发放的物价、福利性补贴和自行建立的津贴 64 元就近就高套入新工资标准，原按国家规定发放的奖金即行取消。基础工资调整为每人每月 90 元。通过工资改革，建立起正常的增资制度。工作人员每两年考核合格晋升一档职务工资，五年合格晋升一个级别工资档次，连续三年考核优秀，其间级别工资未变动的可提前晋档。原经国家批准的机关工作人员津贴补贴，如公检法等单位干警岗位津贴或补贴等予以保留。年度考核为称职以上的人员，年终可发放一次性奖金，其标准为本人当年 12 月份 1 个月的基本工资，基本工资从 1993 年 10 月 1 日起执行，奖金从 1994 年起执行。

1993 年国家机关工作人员职务工资制工资标准表

表 6-4　　单位:元 / 月

档次标准职务	职务工资								级别工资		基础工资	工龄工资
	1	2	3	4	5	6	7	8	级别	工资标准		
处长县长	144	174	204	234	264	294			九	154	90	每工作一年按一元发给
									十	135	90	
副处长副县长	118	143	168	193	218	243			十一	111	90	
科长主任科员	96	116	136	156	176	196	216		十二	92	90	
副科长副主任科员	79	94	109	124	139	154	169		十三	77	90	
科员	63	75	87	99	111	123	135	147	十四	65	90	
办事员	50	60	70	80	90	100	110	120	十五	55	90	

1997 年，灌云县普遍调资，机关工作人员的基础工资调至 110 元。1999 年 7 月，国家机关工作人员平均每人每月增加 120 元，其中基础工资增加 70 元，其余 50 元按工作人员级别晋升。

2001 年 1 月起，灌云县按照国家调资政策，将机关工作人员的基础工资标准由每人每月 180 元上调为 230 元，级别工资标准由 1~15 级每人每月 85~720 元提高到 115~1166 元。

2006 年，按照省政府《关于印发江苏省公务员工资制度改革实施意见的通知》要求，灌云县对机关和事业单位工作人员工资制度进行改革，行政机关实行公务员工资制度。这次改革的实施范围为按照公务员管理和经批准参照公务员法管理的单位及其这些单位中的 2006 年 7 月 1 日在册的正式工作人员。除工勤人员外，全部实行职级工资制，取消原基础工资和工龄工资，保留职务工资和级别工资。按现任职务确定相应的职务工资标准，按现任职务、任职年限和套改年限确定级别工资。每年年终考核合格的工作人员发放一次性奖金。标准为当年 12 月份的基本工资。地区附加津贴、岗位津贴按省政府规定执行。当年，灌云县实行公务员工资制度的单位 73 个 2192 人，基本工资支出 2401 万元。

2006 年公务员职务工资标准表

表 6-5　　单位:元／月

职务	工资标准	
	领导职务	非领导职务
国家级正职	4000	
国家级副职	3200	
省部级正职	2510	
省部级副职	1900	
厅局级正职	1410	1290
厅局级副职	1080	990
县处级正职	830	760
县处级副职	640	590
乡科级正职	510	480
乡科级副职	430	410
科员		380
办事员		340

2006年公务员级别工资标准表

表6-6　　单位:元/月

级别	档次													
	1	2	3	4	5	6	7	8	9	10	11	12	13	14
一	3020	3180	3340	3500	3660	3820								
二	2770	2915	3060	3205	3350	3495	3640							
三	2530	2670	2810	2950	3090	3230	3370	3510						
四	2290	2426	2562	2698	2834	2970	3106	3242	3378					
五	2070	2202	2334	2466	2598	2730	2862	2994	3126	3258				
六	1870	1996	2122	2248	2374	2500	2626	2752	2878	3004	3130			
七	1700	1818	1936	2054	2172	2290	2408	2526	2644	2762	2880			
八	1560	1669	1778	1887	1996	2105	2214	2323	2432	2541	2650			
九	1438	1538	1638	1738	1838	1938	2038	2138	2238	2338	2438			
十	1324	1416	1508	1600	1692	1784	1876	1968	2060	2152	2244			
十一	1217	1302	1387	1472	1557	1642	1727	1812	1897	1982	2067	2152		
十二	1117	1196	1275	1354	1433	1512	1591	1670	1749	1828	1907	1986	2065	
十三	1024	1098	1172	1246	1320	1394	1468	1542	1616	1690	1764	1838	1912	1986
十四	938	1007	1076	1145	1214	1283	1352	1421	1490	1559	1628	1697	1766	1835
十五	859	924	989	1054	1119	1184	1249	1314	1379	1444	1509	1574	1639	1704
十六	786	847	908	969	1030	1091	1152	1213	1274	1335	1396	1457	1518	1579
十七	719	776	833	890	947	1004	1061	1118	1175	1232	1289	1346	1403	
十八	658	711	764	817	870	923	976	1029	1082	1135	1188	1241	1294	
十九	602	651	700	749	798	847	896	945	994	1043	1092	1141		
二十	551	596	641	686	731	776	821	866	911	956	1001			
二十一	504	445	586	627	668	709	750	791	832	875				
二十二	461	498	535	572	609	646	683	720	757					
二十三	422	455	488	521	554	587	620	653						
二十四	386	416	446	476	506	536	566	596						
二十五	252	380	408	436	464	492	520							
二十六	320	347	374	401	422	455								
二十七	290	316	342	368	394	420								

（二）补助工资

补助工资，包括小伙食单位补贴、回族职工伙食补贴、粮价补贴、副食品价格补贴、冬季取暖费补贴、洗理费、书报费、警衔津贴、岗位津贴等。

1. 伙食补贴。1956 年，根据江苏省机关行政经费开支标准规定，对回民职工采取专项补贴，凡在外面买吃的每人每月补助 3.8 元；1979 年此项补贴调整为每人每月 5 元；1993 年实施工资制度改革，此项补贴取消。

1956 年，对人数少不足以配备炊事员的单位，其工作人员在其他单位搭伙的给予伙食补贴，每人每月补贴 1.5 元发放到单位；1961 年后可发给个人、亦可拨给单位统一使用；1993 年取消。

2. 粮价补贴。1966 年，灌云县按照国家规定实行粮价补贴，每人每月补贴 1 元。1979 年 11 月，将调高工资区类别增加工资额的 1/4 冲销粮价补贴，冲销不完的继续补贴。1979 年后参加工作的不再享受此项补贴。1985 年取消粮价补贴。1991 年 5 月，国家对粮油销售价格放开，同时恢复粮价补贴，机关事业单位人员每人每月补贴 6 元，后又陆续增至 13 元，1993 年取消。

3. 副食品价格补贴。1979 年，按省财政厅通知精神，灌云县从 11 月份起发给职工副食品价格补贴，每人每月补贴 5 元，随工资发给本人，列行政管理费支出，但不作为计提职工福利基金、工会经费的基数。1985 年，工资制度改革将副食品价格补贴同职工奖励工资、奖金并入工资发放。1988 年 3 月，对行政事业人员实行猪肉等主要副食品价格补贴，每人每月 10 元，户口在农村的各种聘用干部每人每月补贴 5 元。1992 年 7 月，每人每月增补 8 元。1993 年此项补贴取消。

4. 冬季宿舍取暖补贴。1979 年 12 月起，灌云县按省财政厅规定，对机关工作人员发给冬季宿舍取暖补贴，取暖期为 3 个月，每人每月 3 元，列入“补助工资”目开支。1984 年，提高到每人每月 4 元，1991 年每人每月调整为 8 元，1993 年离休干部烤火费调整为 50 元。

5. 洗理费和书报费。按照连云港市财政局通知精神，灌云县从 1984 年 7 月 1 日起，对行政事业单位工作人员发放洗理费，男同志每人每月 2 元、女同志每人每月 2.5 元，由单位在包干经费中开支。1985 年 9 月，提高到每人每月 4 元，1990 年 6 月起调整为 8 元。1988 年 10 月起，按规定对全县行政事业单位职工发放书报费，每人每月 5 元。1993 年后，两项补贴并入职工福利补贴。

6. 津贴补贴

（1）公检法人员岗位津贴。1983年8月起，灌云县对交通民警试行岗位津贴。1984年7月起，对在看守所、拘留所工作的正式干警给予每人每月9元的岗位津贴。1990年，根据上级规定，公安干警值勤岗位津贴标准由每人每天0.3元提高到0.6元。

1994年起，乡、镇司法助理员岗位津贴标准为每人每天0.6元。

1995年1月起，在职人民警察实行警衔津贴：一、二级警员分别为68元、64元；三至一级警司，分别为72元、76元、80元；三至一级警督分别为85元、90元、95元；三级警监为100元；其他警衔县级没有。对于1993年9月30日前授予警衔的各衔级人员，当年10月至1994年12月，每人每月按54元发给；当年10月至1994年12月授衔的人员，从授衔的下月起发给。

1996年9月起，县政法委工作人员实行岗位津贴的标准为每人每月85元～60元，津贴档差为5元。同年，公安、安全部门干警特殊岗位津贴由每人每月30元提高到150元。

1997年1月起，县法院、检察院的法官、检察官、执行员、书记员以及其他办案辅助人员岗位津贴由原来每人每天0.4元提高到2.20元。

1999年10月起，警衔津贴进行了调整，县三级警监每人每月131元；一至三级警督分别为124元、118元、112元。2000年至2005年先后两次适当调高警衔津贴标准。

2006年7月起，警衔津贴标准又进行调整：三级警监249元；一至三级警督分别为235元、223元、211元；一至三级警司分别为199元、187元、175元；一至二级警员分别为165元、155元。

2010年1月起，乡、镇司法助理员岗位津贴标准调整为：工作年限10年以下的每人每月150元；10年以上的每增加1年，月津贴标准增加10元，最多不超过300元。

（2）信访岗位津贴。1986年10月份起，灌云县按照省委省政府办公厅文件精神，对县直属信访部门的专职工作人员实行岗位津贴，每人每月为6元。

2004年，专职从事信访工作的人员岗位津贴调整为每人每月120元。

（3）现职机要人员岗位津贴。1988年起，灌云县对行政机关现职机要人员发放岗位津贴，每人每月10元。

（4）农业税征收津贴。1994年，灌云县对县、乡财政部门的农四税征收人员实行征收津贴，每人每月 60 元。

（三）职工福利费

职工福利费包括工会经费、工作人员福利费、独生子女保健费、职工探亲差旅费、遗属生活补助等。

1. 工会经费

1956 年，灌云县按照《江苏省国家机关行政经费开支标准》规定，成立基层工会的机关按工资总额 2%拨交工会经费，凭据报销。乡镇工作人员福利费按照工资总额的 1%计算办理。“文化大革命”期间，工会组织瘫痪，工会经费停拨。1979 年 2 月，按江苏省革委会财政局和省总工会的通知，国家机关工会费按工资总额的 2%按月拨交和上解。行政机关拨交的工会经费，基层工会留用 60%，县总工会留用 20%，上缴省总工会 20%。1980 年 1 月起，省总工会规定行政拨交工会经费中，县总工会留用部分由 20%改为 25%，上解省总工会的部分由 20%改为 15%。1994 年，工会会员交纳会费的标准调整为按会员本人每月工资收入的 0.5%计算交纳。会员工资收入合计尾数不足 10 元部分和各项津贴补贴奖金等收入暂不计算缴纳会费。

2. 工作人员福利费

1956 年，灌云县按江苏省财政厅规定，对工作人员的福利费按工作人员工资总额的 3%计算，主要以解决工作人员及其直系亲属的生活困难，有结余的可用于集体福利。

1965 年，机关事业单位工作人员的福利费提取标准调整为每人每月 1.4 元。1981 年 7 月调整为每人每月 1.6 元，其中单位提取 1.2 元、县保留 0.4 元；1992 年，调整为每人每月 3 元。

1999 年，按省厅规定，灌云县对机关事业单位工作人员及离退人员的福利费按每人每月 10 元标准提取。事业单位按工资总额的 2.5%提取。

3. 独生子女保健费

1980 年，灌云县按省财政厅的规定，对行政事业单位职工独生子女的保健费在福利费定额内开支。1982 年，对领取独生子女证者，每年发给儿童保健费 40 元，直至小孩 14 周岁，由夫妇双方单位各负担 50%。2010 年，独生子女保健费标准调整为每年 60 元。

4. 职工探亲路费

1958 年 2 月，灌云县开始执行国务院颁布《国务院关于工人、职员回家探亲的假期和工资待遇的暂行规定》，凡在国营、公私合营的企业、事业单位和国家机关、人民团体中连续工作满一年的正式工人、职员，同父亲、母亲、配偶都不住在一起而又不能够利用公共休假日回家团聚的，每年可以给予为期两个星期至三个星期的探亲假一次。探亲假期间，按照本人的计时工资标准发给工资。探亲所需用的往返车船费，原则上由本人自理，如果本人自理确有困难的，可由所在单位酌予补助。

1981 年 3 月，灌云县按照国务院颁布的《国务院关于职工探亲待遇的规定》以及江苏省政府实施细则，对职工探亲路费作出规定：凡在国家机关、人民团体和全民所有制企事业单位工作满一年的固定职工，与配偶不住在一起，又不能在公休假日团聚的，可以每年给予为期 30 天的探亲假一次；与父亲、母亲都不住在一起，又不能在公休假日团聚的，未婚职工每年给予为期 20 天或每两年 45 天的探亲假一次；已婚职工每四年给予 20 天的探亲假一次。探亲假期内的工资照发。探望配偶和未婚职工探望父母的往返路费，在单位报销；已婚职工探望父母的往返路费在本人月标准工资 30%以内的，由本人自理，超过部分由所在单位负担。凡实行休假制度的职工（如学校的教职工），如果符合享受探亲假条件的，按规定虽不可以享受探亲假，但可以享受同等的探亲路费报销待遇。已婚职工与其配偶、未婚职工与其父母不在同一地点，但可以利用公休假日团聚的，一年也可以报销一次往返回家路费。探亲假途中市内交通费也可凭据报销。不得报销飞机票。

5. 职工丧葬费

1956 年，灌云县按照省政府规定，机关工作人员亡故所需的棺木及殓埋费用，在不超过 300 元的范围内开支按实报销。1979 年，省财政厅规定不分职务级别，按 300 元标准发给死者家属包干使用。1990 年 6 月起，职工亡故丧葬费的标准，由 300 元提高到 600 元，发给死者家属包干使用。

6. 遗属生活补助费

灌云县于 1982 年 6 月起对机关事业单位工作人员死亡后其遗属给予生活补助。补助对象为死者的父、夫年满 60 岁或虽未满 60 岁，但基本丧失劳动能力者；母、妻年满 50 岁，或虽未满 50 岁，但基本丧失劳动能力的；子女、弟妹未满 18 岁，或者虽满 18 岁但尚为在校学生，或者基本丧失劳动能力的。补助标准：遗属户口为农村的每人每月补 10~15 元，户口在城镇的每人每月补助 15~20 元。对因公或对敌斗争中牺牲的，其父母、配偶可提高 10 元；其他遗属可提高 5 元。对第一、二次国内革命战争时期参加革命工作的人员去世后，其父母、配偶提高 10~15 元；抗日战争时期参加革命工作的人员去世后，其父母配偶提高 5~10 元；解放战争时期参加革命工作的人员去世后，其父母配偶提高 3~5 元。对死者遗属为孤独一人的提高 3~5 元。

1988 年起，遗属补助标准调整，遗属户口在农村的，每人每月补助 25~30 元；户口在城镇的，每人每月补助 30~35 元；死者遗属为孤独 1 人的，再增发 10~15 元。

1996 年 1 月，遗属补助标准调整为：户口在农村的，每人每月补助 90~95 元，户口在城镇的每人每月补助 95~100 元，死者遗属为孤独一人的，在上述标准基础上，再增发 15~20 元。

离休干部的遗属补助：户口在城镇的，老红军去世后的遗属每人每月补助 180 元，抗日战争时期参加革命工作的离休干部遗属每人每月补助 160 元，解放战争时期参加革命工作的离休干部遗属每人每月补助 140 元。户口在农村的，按上述标准减发 20 元。

（四）离退休人员费用

离退休费用包括离退休人员离退费、离退休干部护理费、离退休干部活动经费，以及退职人员退职费。

1956 年 1 月 1 日起，灌云县执行国务院颁发的《国家机关工作人员退休、退职处理暂行办法》，实行退休制度。凡男年满 60 岁，女年满 55 岁，符合退休条件可办理退休手续，按工龄长短发给退休金。退休金最低标准为本人原工资的 50%，最高 80%。

1978 年，灌云县执行国务院的规定，党政机关、群众团体、事业单位的工作人员，凡男年满 60 周岁，女满 55 周岁，参加革命工作满 10 年；男年满 50 周岁，女年满 45 周岁，参加革命工作满 10 年，经医院证明完全丧失工作能力的；因公致残，经医院证明完全丧失工作能力的，均可办理退休。退休费的标准：抗日战争时期参加工作的，按本人工资的 90%发给；解放战争时期参加工作的按 80%发给；新中国成立后参加工作的，工作满 20 年，按本人标准工资的 75%发给；工作满 15 年的不满 20 年的，按 70%发给；工作满 10 年不满 15 岁的，按 60%发给。退休费低于 25 元的，按 25 元发给。经过医院证明完全丧失工作能力，又不具备退休条件的干部，应当退职，并按月发给其相当于本人原标准工资的 40%的生活费，低于 20 元的按 20 元发给。退休干部易地安家的，由原单位发给150元安家补助费，由城市到农村安家的，发给300元，退职干部易地安家的发给本人两个月的标准工资，作为安家补助费。县内财政全额供给的单位离退休人员费用由民政部门管理。

1980年，灌云县对已经退休的干部，符合离休条件的，予以改办离休，并从10月份起按其退休时的标准工资计发。对县内离退休人员费用改由原单位管理，分别列单位行政事业费。对因公致残需人扶助的离休干部发给不超过本县普通机械行业二级工标准工资的护理费。

1982年4月起，灌云县按照国务院的相关规定，凡1949年10月1日前脱产参加革命的工作人员，符合离休条件的，实行离职休养制度。离休后，除按原有工资照发外，按其参加革命时期，每年增发1~2月的工资作为生活补贴：1937年7月6日前参加革命工作的老干部，按本人离休前标准工资，每年增发两个月的工资；1937年7月7日~1942年12月31日参加革命工作的，每年增发一个半月工资；1943年1月1日~1945年9月2日参加工作的，每年增发一个月的工资。其他生活福利待遇不变。

1983年，灌云县根据省委、省政府的规定，对离休干部生活长期不能自理的，酌情发给护理费，护理费的标准一般为每月30~35元。有离休老干部的单位每年按每个离休干部150元计算提取，由主管部门作为特需经费列入预算。

同年8月起，退休、退职职工的退休、退职生活费最低保证数提高5元，退休人员的生活费提高到30元，退职的提高到25元。

1984年，灌云县按省委省政府的规定，对有离休老干部的单位，每年按每个离休老干部1500元计算，由离休老干部所在单位或上级主管部门作为特需经费列入预算，专款专用。

1985年5月起，对国家机关和事业单位的离退休人员增发生活补助费，每人每月发给17元，并可纳入本人离休费总数，计发一个月、一个半月、两个月离休费总数的生活补贴。所需经费由财政拨专款解决。

1986年11月起，离退休人员护理费调整为每月50元。

1988年1月起，灌云县按省财政厅规定，对1983年起由各单位或主管部门安排离休干部特需经费列入预算，由县财政拨付，并规定此项经费的其中100元发给离休干部本人，其余的50元由离休干部所在单位或主管部门统一掌握使用。当年未用完的，可以跨年度使用。同年，离退休人员每月发给副食品销价调整后的生活补贴每人每月14元；县处级以下离休干部发放交通补助费每人每月10元。

1990年，按国务院文件规定灌云县对离退休人员，先提高离休、退休待遇，再按普调的有关规定，相应增加离休、退休费。增加的级差数额低于8元的按8元发给。

1991年5月起，对离退休干部增发粮油调价补贴，每人每月6元，纳入本人的离、退休费总额，并依据离退休人员参加工作时间计发一个月、一个半月、两个月的生活补贴。

1992年3月起，机关事业单位离退休人员按本人月基本离退休费的10%增加离退休费，离休人员增加数不足12元的按12元发给，退休人员增加数不足10元的按10元发给。9月，对县级以下的离休干部的交通补助费调整为每人每月20元。

1993年10月，灌云县按照江苏省机关、事业单位工资制度改革文件精神，相应增加离休、退休人员离退休费。离休前有职务的，按同职务在职人员的增资额增发离休费，离休后享受厅局级、县处级政治生活待遇的人员，分别按副厅级、副处级离休人员标准增加离休费。退休人员按照同职务在职人员平均增资额的90%增加退休费。离退休前无职务的离退休人员，按照有关文件规定，参照在职同职务人员的平均增资水平计发离退休费。离休人员增资额不足35元的，按35元计发。退职人员按同职务在职人员平均增资额的60%发给，增资额不足30元的，按每人每月30元发给。

1994年1月起，离休干部护理费标准提高到每人每月70元；1995年4月起，调整为每人每月100元，属红军时期离休干部每人每月150元。

1996年，根据省政府文件规定，从1995年10月起，对全县离退休人员按同职务在职人员晋升一个工资档次的增资额增加离退休费。离休人员增资额低于25元的每月按25元增加，退休人员增资额低于20元的按每月20元增加。是年12月，机关事业单位的离退休人员的基础津贴调整为35元，职务（岗位）津贴调整为50元。

1997年10月起，对全县离退休人员晋升一个职务工资档次的档差，离休人员低于25元、退休人员低于20元的分别按25元、20元增加。解放战争时期参加革命工作的离休干部，凡年满70周岁的都享受护理费，每人每月100元。

1999年7月起，离休人员按照同职务在职人员的增资额增加离休费，每人每月不足120元按120元增加。退休人员按厅级170元、处级140元、科级110元、科员及办事员90元的标准增加。

2001年1月1日起，全县机关事业单位离退休人员增加离退休费，离休人员按同职务在职人员增资额增加。每人每月增加额不足80元的按80元增加。退休人员按厅级185元、处级125元、科级80元、科员及办事员55元的标准增加。退职人员按50元增加退职生活费。

2004年1月起，离休干部交通补助费调整为：享受厅级政治生活待遇的每人每月60元，县处级以下的40元。

2005年10月1日起，对离休干部的护理费标准进行调整：第一、二次国内革命战争时期参加革命工作的，每人每月500元。2006年起调整为每人每月700元。其他离休干部护理费标准调整为每人每月300元。

2009年10月起，根据连云港市委办公室通知要求，对全县离休干部的医疗费用实行统筹，按照“以支定收，合理负担”的原则，行政事业单位按单位上年度在职职工工资总额的2%缴纳离休干部医疗统筹金，此外，离休干部所在单位再按离休干部每人每年6000元标准缴纳统筹金。调整离退休干部护理费标准：1937年7月6日前参加革命工作的，每人每月调整为1000元；1937年7月7日到1945年9月2日参加革命工作的为600元；1945年9月3日到1949年9月30日参加革命工作的为500元，对长期生活不能自理并经鉴定的抗日战争和解放战争时期参加革命工作的每人每月增发200元。

二、公用经费管理

公用经费主要包括公务费、业务费、设备购置费、会议费、修缮费、印刷费、车辆燃油及修理费等。文教行政公用经费支出在全县公用经费支出中占有相当大的比例，且不同时期有着不同的支出标准和管理办法。

（一）公务费。公务费即办公费，1950年前后，灌云县办公费执行省人委规定，其标准为：县级每人每月油光纸15~20张，米5斤，煤10斤；区级每人每月油光纸10~15张，米3斤，煤10斤。县、区两级勤杂人员每人每月油光纸6张，米2斤，煤10斤。1952年4月，公务费改用工资分计算。县级干部7分，区级干部5分，警察、勤杂人员3分，电讯费、电话费每部每月50分。1954年，灌云县县本级办公经费每人每月4.5元，区级每人每月3.7元，勤杂人员每人每月2元。1956年，灌云县县直机关单位办公费标准每人每月3.6元、区级机关每人每月 3 元，公安机关每人每月 2.5 元。1957 年，灌云县贯彻中央和省委增产节约精神，办公经费有所削减。1958 年，灌云县的公务费实行分月包干、结余自用、超支不补，当年办公费支出为 17512 元。1959 年，全县公务费开支超过当年定额 362.5 元。1962 年，全县公务费支出比 1961 年减少 2.2 万元。20 世纪 60 年代中期起，灌云县办公费的标准作了调整，支出额度逐年上升。1967 年办公费实际支出 20.69 万元，为 1958 年的 11.82 倍。其中文教行政办公费支出为 19.64 万元，占全县办公费总支出的 95%。1980 年全县办公费支出为 82.30 万元，其中文教行政办公费支出为 73.90 万元，占全县办公费总支出的 89.8%。2000 年全县办公费支出为 2752 万元，其中文教行政办公费支出 2022 万元，占全县办公费支出的 73.47%。2006 年全县办公费支出为 3830 万元，其中文教行政办公费支出 3373 万元，占全县办公费支出的 88.07%。2007 年，由于支出分类改革，文教行政等所有办公费支出列入有关支出功能分类科目中，不再单独分项。

（二）会议费。1955 年以前，实行供给制和薪金制时，会议按性质分为工作会议和群众代表会议，会议费用按开支内容分为伙食费、公杂费、会餐费以及交通、印刷、租赁等费用。不同性质、不同级别的会议，费用开支标准不一样。会议费用的计量单位，经历了大米到供给分、工资分、人民币的不同阶段。

1956 年，全国实行统一工资制度后，会议分为党代会、人代会、政协会、先代会和群众团体代表会、工作会议，会议伙食费中取消了会餐费。根据江苏省政府规定，县级党代会、人代会、先进工作代表会伙食费为每人每天 0.6 元、公杂费每人每天 0.1 元；其他会议伙食费每人每天 0.45 元，公杂费每人每天 0.05 元。县直属镇人代会伙食费每人每天 0.2 元，公杂费每人每天 0.03 元。参会代表每天自缴伙食费 0.3 元或 0.5 元。大宗印刷费、租赁费等杂支按实开支。工作会议省级召开的专员、市长、县长会议伙食补助费每人每天 0.25 元，公杂费 0.12 元；科（局）长会议伙食补助费每人每天 0.2 元，公杂费 0.12 元；一般干部会议伙食补助费、公杂费每天各 0.1 元。专署级召开的专员、市长、县长会议伙食补助费每人每天 0.25 元，公杂费 0.1 元；科（局）长会议伙食补助费每天 0.2 元，公杂费 0.1 元；一般干部伙食补助费每人每天 0.1 元，公杂费 0.05 元。灌云县严格按照江苏省规定的标准补助、报销参加各类会议人员的相关费用。

1957 年，灌云县执行省财政厅关于召开劳模、先进生产工作者代表会议经费开支的规定，县召开的全面性劳模、先进生产者会议每人每天3元，县召开部门的劳模、先进工作者会议每人每天2元。该项经费列行政机关会议费中报销。1958年起，灌云县为节约行政经费开支，连续两年下调会议费开支标准。1961年，县本级或县级以上召集农村不脱产干部开会，除按会议期间有关费用开支规定执行外，每人每天还另发误工补贴0.3元，来往旅费由召开会议的单位按照一般工作人员差旅费的标准发给。1964年，误工补贴调整为每人每天0.4元。

其后，因物价上涨和经费支出增长等因素，会议费标准又进行了多次调整。到1989年，灌云县财政局根据省、市有关规定，专门制定下发了《灌云县机关事业单位会议费开支管理试行办法》，对会议费实行总额控制和定额包干相结合的办法，超支不补，节余留用。规定会议费定额标准为：党代会、人代会、政协会每人每天24元，工青妇团等社会团体代表会议及烈军属代表会议每人每天18元，部门系统召开的各种会议每人每天15元。伙食补助二类会议每人每天不得高于6元，三类会议每人每天不得高于4元。参会人员自缴伙食费不得少于1元。1992年，灌云县财政局对县级会议费开支有关规定又进行了修订和完善，其中误工补贴调整为每人每天2元。

1996年，按省财政厅要求，对会议工作人员作出明确规定：一般会议工作人员不得超过会议正式代表人数的10%，大型会议工作人员控制在15%以内，超过比例的会议工作人员不核拨会议费。

2002年前，会议费支出一直列入日常公用支出科目。2003年起，会议费作为年度财政决算的单独科目列出。2007年，实施支出分类改革中，会议费支出在县决算表中不再单列，而是被列入公用经费或其他支出项目中。

（三）差旅费。1957年前，出差人员交通费、住宿费的开支，按出差人员级别规定不同的乘坐车船等级、住旅馆房间等级，途中伙食补助费亦按出差人员职级规定不同的补助标准，在途不足一日的伙食补助按餐计算。住勤费按出差到达的地点和有无机关食堂吃饭规定不同的补助标准。夜间通宵乘坐车船并且没有乘坐卧铺的，发给途中伙食补助费二分之一的夜间补助费。

1957年，灌云县执行省财政厅关于差旅费报销新规定，按地区类别标准补助。全国分五类地区：到达一、二类地区每人每日补助1.2元，三类地区每人每日补助1.6元，四类地区每人每日补助2.2元，五类地区每人每日补助2.5元。灌云县执行的是江苏省一类地区标准，每人每日补助1.2元。省内出差到市的，每人每日补助 0.4 元；到县的每人每日补助 0.2 元。县境内出差，途中伙食补助 0.6 元，住勤费补助 0.1 元。1958 年灌云县执行省新规定，乘坐火车的，途中伙食补助费不分地区类别，每人每天均补助 1.2 元，乘坐其他交通工具则按到达地区类别补助。通宵乘坐车船而无卧铺的，每夜补助 1.2 元。途中不足 1 天的，按餐补助，早餐 20%，中、晚餐各 40%。工作人员随渔民下海每天每人补助 0.5 元。

1964 年，灌云县提高差旅费和住勤费开支标准，规定省内出差住勤费改按到达市、县、乡（镇）村分有无机关食堂就餐两种标准补助，不足一天的按餐补助。1966年至1976年文化大革命期间，差旅费开支规定执行不严，管理混乱。

1977 年，灌云县财政局转发省财政局关于重新制定差旅费开支规定文件，规定县内机关企事业单位工作人员出差除限制乘坐火车软卧、轮船二等舱位外，其余交通工具均可按实支报。县委、县政府领导因公出差可乘坐飞机，其他人员乘坐飞机的，需县以上领导批准。旅馆（招待所）只可住普通房间床位。途中伙食补助按每人每天 1.2 元，途中不足 6 小时的，按半天计算，另报半天住勤费；不足 4 小时的不发补助费，只报住勤费。通宵乘坐车船未购卧铺票的，补助 1.2 元。住勤费标准，省境外出差到一类地区的补助 0.6 元，二类地区补助 0.7 元，三类地区补助 0.9 元，四类地区补助 1.2 元；省境外出差每人每天补助 0.6 元，县境内出差每人每天补助 0.3 元，随同渔民下海的每人每天补助 0.6 元。

其后，灌云县按照省、市的相关规定，结合本县实际，多次对出差人员交通费、住宿费支出作出调整，相应提高了补助标准。

1985 年，灌云县依据省财政厅规定，工作人员出差补助不再分途中或住勤，而是按到达地区类别的补助标准发给出差补助：省以外一类地区的，每人每天补助 2.5 元；二类地区的，每人每天补助 3 元；三类地区的，每人每天补助 5 元。省内、县境外出差的每人每天补助 2.5 元；县境内的每人每天补助 1.5 元。出差夜间补助按所乘火车硬座席位票价的比例发给。到基层单位锻炼、实习、支援工作的人员伙食补助费按到达地区类别补助：一类地区每人每天 1.5 元（本县境内的 1.1 元）、二类地区 1.8 元，三类地区 3 元。工作人员随同渔轮下海的每人每天补助 3 元；随帆船下海的每人每天补助 2 元；下江湖的每人每天补助 1.6 元。

1988 年，县财政局根据连云港市财政局《关于调整出差伙食补助和市内出差误餐补助标准的通知》，制定下发了《关于调整出差伙食补助标准的通知》，对出差补助标准进行了调整。

1989年，灌云县财政局专门出台了《灌云县国家机关、事业单位工作人员差旅费开支规定》，对工作人员出差中产生的交通费以及不同人员乘坐车、船、飞机的等级及其补助标准、住宿费开支标准和伙食费补助标准作出了新的规定。

1996年3月起，灌云县执行江苏省机关事业单位工作人员差旅费开支标准。对1993年工资制度改革之前，基础工资和职务工资之和在180元以上（含180元），出差已享受乘坐火车软席待遇的，住宿费限额标准为：在一般地区每人每天100元，现工资等级尚未达到5级的高级工程师及相当职务的仍按原标准执行。正副处长及相当职务的每人每天50元，一般工作人员每人每天40元。出差伙食补助费不分中途和住勤，每人每天补15元，特别指定地区（如广东、海南、北京、上海等）为20元。赴农村、集镇等基层工作期间伙食补助在1个月以内的按上述标准执行,超过一个月的每人每天补助8元。工作人员出差期间，每人每天发市内交通费3元,包干使用,当天往返的可加发一天市内交通费。

（四）车辆修理及燃油费。1950年，灌云县执行省人民委员会统一规定：汽车汽油费大卡车每月20~50加仑，吉普车每月30~40加仑，摩托车每月5~10加仑。车辆修理费县财政科将其按汽油费的十分之一编入预算。车辆修理费还包含自行车修理费，按实有车辆每月统一发大米20斤包干。1952年，县人民委员会根据省规定重新确定车辆燃油费、修理费给付标准：警备大卡车每月每辆30加仑，一般大卡车每月每辆10加仑，吉普车每月每辆20加仑，摩托车每月每辆5加仑。自行车修理费县城每月10分工资分，乡村每月25分工资分。1953年提高支出标准：汽车用油每月每辆大卡车75公升，吉普车每月24公升，摩托车每月19公升，修理费按汽油费费用预算的十分之二编列。自行车修理费县城每辆每月2.3元，乡镇集镇及村每月5.75元。1954年汽车用油费，每辆大卡车每月52公升，吉普车每月78公升，摩托车每月13公升。自行车修理费县城降为每辆每月2元，乡镇每月每辆降为4元。1956年规定每辆每月大卡车52公升；小吉普车、小卧车78公升；摩托车130公升。一般修理与保养费按用油费的2%编列。自行车修理费、机关公用车修理费由县自定，私人自行车因经常公出使用，修理费每辆每月在1.5元的范围内按实报支。1957年，为贯彻落实增产节约精神，灌云县压缩汽车修理费、燃油费开支标准，规定大卡车、大客车燃油每辆每月40公升，吉普车每辆每月30公升，摩托车每辆每月10公升。自行车修理费一律降为每月每辆2元。1977年，灌云县财政局依据省财政厅和淮阴地区财政局的有关规定，机关事业单位工作人员经常因公使用自备自行车的，可补助自行车修理费：县属机关通信员、基层市场管理员、邮递员、公安机关刑侦人员每月给予补助2元，机关事业单位工作人员下乡联系工作的每月补助1.5元。1980年，实行经费预算包干，汽车燃油费修理费在核定的预算包干经费内开支，无法在预算包干经费内解决的，编制临时预算报批。1984年起，灌云县调整包干标准：小汽车每车每年定额5000元，摩托车每辆每年400元。1987年将小汽车修理费定额调整为每车每年4000元，1991年调整为每车每年3000元。1999年实行政府采购后，机关和事业单位使用财政资金支付汽车油费、车辆维修费、保障费的一律由县政府采购中心集中采购。

（五）办公室取暖费。1956年起，灌云县根据省政府规定，每年只在冬季的1～2个月时间内发放办公室取暖费，单位统一掌握使用，行政党团机关办公取暖费标准为每人每年5元左右。

1956年底，灌云县被省确定为取暖费发放第三类定额地区，发放标准为：县直机关工作人员每人每年5.5元，人民警察每人每年3.7元。1980年经费包干，取暖费在包干经费内调剂使用，开支标准为每人每年10元。2006年，灌云县开支取暖费110万元，其中卫生部门支出103万元。

第三节　文教事业财务管理

文教事业财务管理主要包括教育、科学、文化、广播电视、计划生育等几个方面。

一、教育事业财务管理

1949年至1952年，灌云县县直教育经费由淮阴专署财政科核拨和结报。乡镇教育支出由县财政负责结报。一般由教育局先核发到区，再由区核拨到校。学杂费收入列财政事业收入。

1953年，县级财政预决算制度建立，教育经费实行统收统支，由县财政局按全额预算进行管理。学费收入列为财政事业收入上缴财政，由县统筹安排用于教育事业，杂费留在学校，主要用于弥补学校办公费、业务费不足。

1954年，小学学杂费作为财政的特种资金收入9.4万元，其中用于学校修缮5.8万元。

1957年起，全县中小学所收学费一律改为杂费，当年收入19.9万元，主要用于学校的公杂费及房屋修缮等开支。

1959年，年终决算时，专门设立了中小学学杂费收支决算表，当年收支均为21万元，收支平衡。学杂费收入亦由特种资金收入改为预算外收入，并列入预算外收支决算表。

1980年，全县行政事业单位经费实行预算包干，灌云县根据省财政厅的规定，制定了“全县教育行政费标准”，重点中学（灌中、板中）高中每班每月50元，初中40元；县镇中学高中每班每月35元，初中25元；农村中学高中每班每月25元，初中15元。实行包干使用。教育经费每年由县政府将包干指标下达到教育局，再由教育局核拨到乡镇中小学，年底一次向县局结报。同年，全县中小学班主任实行津贴制，中学班主任每月5~7元、小学班主任4~6元。当年，财政安排民办教师补助费95.4万元、农村集体补助9.7万元，全县教育经费增加到376.7万元。

1983年12月，灌云县七届人大第十八次会议通过《灌云县筹集资金改善办学条件实施办法》，全县的集资办学工作走上正常化、制度化的轨道。

1984年，全县恢复执行1966年中学学费征收标准，从当年春季开学起征收，高中生每人每学期6.5元，初中生5元；小学的学杂费仍按原标准和减免比例征收。中学的学杂费减免比例为10~15%。

1985年1月，县政府颁布《灌云县农村教育事业费附加征收实施细则》，规定对农业经营户和从事非农业经营户征收教育附加费，其标准按当年本地农民纯收入的1.5%计征。全县中小学教师实行教龄津贴，从事本职工作满五年不满十五年的，每月发5元；满十五年不满二十年，每月发7元；满二十年以上的每月发10元。

1989年，灌云县按照省政府要求，对全县中小学收费进行清理整顿，并重新规定了中小学校收费标准。中小学收取的杂费和高中收取的学费，按预算外资金管理，收支公开，不得多收。另征收的教育费附加按专项资金管理，在银行开设教育费附加专户，由教育部门统筹安排，用于改善中小学教学设施和办学条件。

1994年，县征收的教育地方附加费由税务部门征收，50%上解省财政教育地方附加费专户。

1995年，根据财政部下发的《关于文教行政财务管理和经费使用效益考核办法（试用）》，灌云县建立了文教行政财务管理和经费使用效益考核制度，县财政局每年都组织开展一次全面的考核。

2004年，灌云县根据《连云港市教育费附加、地方教育附加征收使用管理办法》规定，教育费附加征收标准改为按单位和个人实际缴纳“三税”（增值税、消费税、营业税）总额的3%，与“三税”同时缴纳。地方教育附加改为按单位和个人实际缴纳“三税”总额的1%。教育费附加和地方教育附加按照“纳入预算、明细核算、先收后支、统筹安排、专款专用、结余结转”的原则管理和使用。

2006年7月，按照省政府办公厅通知精神，灌云县从2006年秋季新学期开始，免收农村义务教育阶段学生全部学杂费。

2007年，灌云县根据省财政厅、教育厅的规定，对全县农村中小学的公用经费由县财政在预算内安排，基准定额标准为：小学230元／生·年，初中350元／生·年。

2008年春季起，全县实行新的经济困难寄宿生生活费补助标准：小学生每生每天补助2元、初中生3元，学生每年在校天数按250天计算，即小学生每年500元、初中学生750元。全县平均补助面为寄宿生总数的15%。同时，调整了全县农村中小学公用经费基准定额标准：小学每生每年提高了70元、初中每生每年提高了150元。

2009年，全县再次提高农村义务教育阶段中小学生公用经费基准定额，小学每生每年350元、初中550元。当年全县中小学公用经费达5705万元。

二、科学事业财务管理

新中国成立后，灌云县科学事业财务基本上采取全额预算管理形式，实行统收统支。1978年前，财政每年投入不到2万元，1979年才达到2万元。20世纪80年代，政府对科学事业的投入逐步增加，1980年，科学事业费达3万元，实行由县科学技术委员会经费预算包干、结余留用办法。

1984年前，灌云县科技经费是无偿拨给项目承担单位使用。1985年，根据中央《关于科技体制改革的决定》精神，县科委根据科研项目的课题性质、程序难易、见效快慢、效益高低，改变过去单一无偿补助的办法，县财政采取无偿补助、部分有偿、全部有偿、低息贷款、常息贷款等多种办法拨给项目承担单位使用。

1987年10月，根据省市文件精神，灌云县将县级的科技事业费划归县科委统管，当年完成对县科协、县计量局(所)、县农机推广站的事业费划转工作。根据市财政局《关于科研单位经费管理的有关规定》,在全县科研事业单位建立起事业发展基金、集体福利基金和奖励基金制度,规定的提取比例分别为6∶2∶2。

1988年起，根据省委、省政府的要求，灌云县每年根据前一年地方财政实际支出总额的0.5%~1%划拨给县科委作为科研经费。当年，县科委设立县科技发展基金，并在银行建立了专用账户。

1989年起，全县各科研单位经费实行全额包干使用。

2004年，按照省政府办公厅关于加强保护知识产权专项行动实施的要求，加强了对知识产权的专项整治，建立起了知识产权保护工作的考核评价体系。

2005年，根据省市财政部门的要求，灌云县设立科技富民强县专项资金管理账户，专项资金由县政府具体负责组织实施。专项资金主要用于新技术、新品种的引进费；技术示范应用费；科技服务费；培训费等。专项资金实行财政引导、奖补结合的投入机制，专款专用，单独进行核算和管理。

三、文化事业费管理

文化事业费包括县文化馆、乡镇文化站、演出放映单位、图书馆、博物馆、文艺表演团体等单位的事业经费。

新中国成立初期，文化事业费实行收支两条线管理办法，即收入全部上缴，支出全部由县预算拨款。1980年起实行全额预算包干办法。

1986年12月，根据连云港市财政局下发的《关于核定事业单位1986年“几项基金”比例和奖励基金发放限额的通知》，灌云县规定事业单位纳税后留用的收入，必须建立“四项基金”，其中事业发展基金的比例一般不得低于50%、职工福利基金不得高于20%、职工奖励基金一般不得高于25%、后备基金占5%左右。对于经济上不能自立或不能完全自立的事业单位，所需经费仍由财政核拨。对实行企业化管理和自收自支、差额预算管理的文化事业单位、有预算外收入的全额预算管理的文化事业单位，可在预算外纯收入中分别提取10%作为职工福利基金和奖励基金。

2006年，根据中央关于开展“送科普、送电影、送戏下乡”活动，灌云县争取省“三下乡”专项资金180万元，县配套6万元，并实行专项资金管理列入财政预算专项资金的补助标准为：送科普的每乡镇1万元、送电影下乡放映的每场补助 80 元、送戏下乡的每场补助 2000 元。

对各文化单位的经费管理上，针对其不同性质、不同情况采取不同的管理办法。

县淮海剧团（1955 年成立）实行自收自支的办法，每年由县安排适当的补助费，解决其费用的不足。1971 年改为县文工团，1977 年撤销文工团。1980 年将县淮海剧团分为两队，并实行分队核算，仍然由县给予适当补助经费。1982 年起，实行承包责任制的管理办法。1990 年改制中剧团保留建制，每年适当给予一定的补助经费。

剧场会堂采取企业管理办法。1983 年起，剧场明确为事业单位，实行“全额管理，定收定支，专项补助，结余留用”的办法。1990 年后剧场实行改制，实行自收自支管理方法。

图书馆、博物馆等事业单位，实行全额预算管理办法。1980 年后，实行预算包干办法。

文化站实行定额包干管理办法。公办文化站每站每月 100 元；民办文化站 68 元。实行定额包干、超支不补、结余留用。

四、体育事业费管理

1952 年，灌云县体育经费 5000 元，主要用于群众体育活动和添置小型器材，实行统收统支。

1978 年起，灌云县体育经费每年 1.7 万元，实报实销，超支部分由省追加指标。

1983 年后，实行财务制度改革，体育事业费主要由县财政列预算支出，县财政每年拨给体育主管部门经费 1.7 万元，实行预算包干，超支不补，结余留用。1985 年增加到 2.2 万元。

1985 年，开始争创“全国体育先进县”活动。1987 年，体育经费增至 8 万元。1988 年，体育经费增至 14 万元，全县人均达 0.17 元。

1983～1990 年，县财政增加了体育基建经费，先后投入 60 万建成了标准田径场、游泳馆、门球场等。

1994 年起，灌云县体育经费投入不断增加，体育场馆建设进一步加强，并逐步实现政企分离、自主经营、自负盈亏、自我发展。

2004 年，按照财政部、国家体育总局的要求，设立了老运动员、老教练员的医疗保健专项资金，解决有突出贡献的老运动员、老教练员因运动致伤而治疗的个人负担部分及医保人员的医疗保健补贴。

第四节 抚恤和社会福利救济费管理

抚恤和社会福利救济费的管理是指对国家预算用于革命军人牺牲、病故、伤残的抚恤，复员退伍军人的生活补助，退伍军人的安置，民政部门归口管理的离退休人员，对农村、城镇居民的社会救济，自然灾害救济，以及民政部门管理的优抚社会福利事业单位和其他民政事业等经费的管理。

1955年起，灌云县的抚恤社会救济支出预算由县民政局编造，报县人民委员会批准，列入县财政总预算。

1961年12月，省财政厅、民政厅规定，抚恤救济费由民政部门管理，列同级财政部门监督。

1962年，内务部、财政部颁发《抚恤、救济事业费管理使用办法》，规定了抚恤、救济事业费使用范围、发放和报销手续。1964年10月1日起，民政部门在同级农业银行开设农村社会救济费和自然灾害救济费拨款账户，专款专用，农行监督支付。

“文化大革命”期间，全国出现内乱，社会秩序受到严重破坏。民政经费使用管理混乱，甚至出现挪用、挥霍、贪污现象。1979年1月，江苏省民政厅、财政厅重新印发1962年内务部、财政部颁发的《抚恤、救济事业费管理使用办法》，灌云县按照此办法对民政经费使用管理情况进行了检查，重新健全了财务制度，并将贫苦烈军属及复员军人医药费减免和补助费由卫生部门划给民政部门管理，从抚恤经费中列支。

1980年起，县民政部门按照统一领导、分级管理的原则，在年度预算确定后，会同财政部门下达抚恤、救济费指标，并抄送同级农业银行或用款单位开户行，实行专款专用，各公社根据县下达的经费指标，在当地的银行营业所或信用社单独开户，公社民政助理负责办理审批手续，营业所或信用社监督支付。

1982年1月1日起，新财政体制实施后，民政事业费列入县级财政预算包干基数，省不再下达经费指标。

1984年，灌云县进一步明确县民政部门的事业费属地方财政支出，列县级预算。乡镇政府使用的民政事业费，由县民政部门按期汇拨，实行定期凭据报销，不报销不拨款。

1986 年，连云港市财政局、民政局联合下发《改革救灾救济款发放办法》，灌云县据此对救济款发放进行了改革。一是对救济款发放实行“个人申请，民主评议，村组审查，乡镇批准，营业所发款，定期公布”的办法；二是救灾扶贫款由过去的无偿救济改为无息有偿周转金的办法，建立救灾扶贫周转金，用于灾区生产自救，由县民政局负责回收。

2000 年上半年，灌云县根据市民政局、财政局《关于进一步加强救灾扶贫周转金清理、回收和使用工作的通知》精神，对全县救灾款使用情况进行了检查，并对全县享受抚恤补助的优抚对象进行了普查核实。

2001 年，灌云县根据连云港市出台的《连云港市重点优抚对象医疗保障金管理暂行规定》，对全县享受定期抚恤和定期补助的革命烈士家属、因公牺牲军人家属、病故军人家属、在乡复员军人、带病回乡退伍军人和不享受公费医疗的在乡二等乙级以下伤残革命军人，在患重病、大病时给予重点保障。其资金来源：1. 财政拨款；2. 优抚对象自然减员经费转入；3. 优待金中适当提取；4. 社会各界捐款。

一、抚恤事业费管理

1950 年，政务院批准内务部公布了关于革命烈士等优抚条例，据此条例，灌云县确定有牺牲、病故和残废三种抚恤。1980 年执行国务院颁布的《革命烈士褒扬条例》。1988年8月1日起执行国务院新颁发的《军人抚恤优待条例》，同时废止了五十年代内务部公布的相关条例。灌云县根据新颁布的有关条例，制定了《灌云县军人抚恤优待条例实施细则》，将抚恤分为死亡抚恤和伤残抚恤两种。

（一）牺牲、病故抚恤

牺牲、病故抚恤，是政府为革命烈士和因公牺牲及病故军人的抚恤，由民政部门发给其直系亲属一次性抚恤粮（解放初期）或抚恤金。

1950 年 12 月，国家颁布了《革命军人牺牲、病故抚恤暂行条例》《革命工作人员伤亡抚恤暂行条例》《民兵民工抚恤暂行条例》。1952 年前是发一次性抚恤粮，1953 年后改发抚恤金。

1950～1953年国家内务部发布的抚恤标准

表6–7

职别	类别	1950年(抚恤粮、市斤)	1952年(抚恤粮、市斤)	1953年(抚恤金、万元"旧币")
战士、勤警人员	牺牲病故	600450	1200900	140110
班、排、连长,区长、县科	牺牲病故	800600	18001350	210160
营、团长、县长级	牺牲病故	1000750	30002250	350260
旅、师长,专员以上级	牺牲病故	1200900	48003600	550410
参战民兵、民工	牺牲病故	500	1200	140110

1955年，经国务院批准，调整提高了牺牲、病故抚恤标准，从1955年1月起执行。

1979年1月，根据财政部和民政部及江苏省民政厅、财政厅的通知精神，凡军人、机关工作人员、参战民兵民工在1979年2月1日以后牺牲、病故的，领取一次性抚恤金按新公布的标准执行。

1979年国务院批准的军人、机关工作人员、参战民兵民工牺牲、病故抚恤标准

（1979年2月1日起实行）

表6–8

单位:元

军队	国家机关工作人员	牺牲抚恤	病故抚恤
师职或十二级以上干部	中央机关司(局)长、副局(局)长、省级机关局长、副局长、地区专员、副专员,以及相当上述职务以上的干部,或行政十三级以上的干部	700	600
团职或十四级至十七级干部	中央机关、省级机关处(科)长、副处(科)长、县革委会主任、副主任,以及相当上述职务的其他干部,或行政级十四至十七级干部	650	550
营职或十八级至二十级干部	中央机关、省级机关科员、县革委会局长、副局长、公社革委会主任、副主任,以及相当上述职务的其他干部,或行政十八级至二十级干部	600	500
连排职或二十一级以下干部	中央机关、省级机关办事员、县公社革委会一般干部,或二十一级以下干部	550	450
班长、战士	工勤人员	500	400
	参战民兵民工	470	370

说明:1. 实行义务兵役制的武装、边防、消防民警,他们的牺牲、病故抚恤金按照军队标准执行,其他人民警察的牺牲、病故抚恤金比照军队的标准执行。比照方法由公安部另定。

2. 由国家财政补助的民主党派、人民团体工作人员,他们的牺牲病故抚恤也按照这个标准执行。

1980年，根据国务院批准后调整的革命烈士抚恤标准，灌云县将师职或行政13级以上干部及地方同职级机关工作人员的抚恤标准调整为1000元，其他职级革命烈士的抚恤标准也分别由1979年的650元至370元，调整为950元至800元。同时，对1979年云南边防保卫战中牺牲的现役军人、支前民兵等人员的家属，增发抚恤金300元。

1981年后，国家将原牺牲抚恤标准分为因战牺牲烈士抚恤标准和因公牺牲抚恤标准，并分别在1981年和1985年两次调整因战牺牲烈士抚恤标准。灌云县先后按此两次调整发放因战和因公牺牲烈士抚恤金。

1986年7月1日起，灌云县执行省民政厅有关文件精神：（1）对军人、机关工作人员、参战民兵民工因公牺牲、病故一次抚恤金标准进行调整。军队干部、志愿兵、机关工作人员因公牺牲的一次抚恤金，按其牺牲时的二十个月工资计发；病故的一次抚恤金，按其病故的十个月工资计发，但最高数额不得超过三千元；义务兵、参战民兵民工和工资低于所在部队二十三级正排职干部的军队院校学员、志愿兵因公牺牲的一次抚恤金，均按军队二十三级正排职干部的二十个月工资计发；病故的一次抚恤金，按军队二十三级正排职干部的十个月工资计发。（2）被军委或大军区授予英雄模范称号的军人因公牺牲或病故，增发应领一次抚恤金的三分之一。荣立二等功以上的军人因公牺牲或病故，增发应领一次抚恤金的四分之一。（3）离休、退休的军人、机关工作人员因公牺牲或病故的一次抚恤金标准，也按上述规定执行（退休人员按本人退休时的全额工资计发）。

1988年，《灌云县军人抚恤优待条例实施细则》规定：发给持证军人家属一次性抚恤金标准为：革命烈士40个月工资；因公牺牲军人20个月工资；病故军人10个月工资；义务兵和月工资低于正排职军官工资标准的，按正排职3级计发一次性抚恤金。立功和获得荣誉称号的现役军人死亡，并按规定比例增发一次性抚恤金。

2002年1月，根据省、市规定，灌云县调整一次性抚恤金发放办法，凡国家机关（含民主党派、人民团体）工作人员、人民警察因公牺牲、病故后，一次性抚恤金由死者生前所在单位发放，发放标准和计算办法，仍按民政部、财政部的有关规定执行。革命烈士和因公牺牲、病故军人的一次性抚恤金仍由家属所在地的民政部门发放。

2004年10月，灌云县按照国务院和中央军委新颁发的《军人抚恤优待条例》规定，现役军人死亡，一次性抚恤金的标准是：烈士 80 个月工资，因公牺牲 40 个月工资，病故 20 个月工资。月工资或者津贴低于排职少尉军官工资标准的，按照排职少尉军官工资标准发给。获得荣誉称号或者立功的烈士、因公牺牲军人、病故军人，其遗属在应当享受的一次性抚恤金的基础上，由县人民政府民政部门按规定比例一次性发给抚恤金。获得中央军委授予荣誉称号的增发 35%；获得军队军区级单位授予荣誉称号的增发 30%；立一等功的增发 25%；立二等功的增发 15%；立三等功的增发 5%。享受定期抚恤金的烈士、因公牺牲军人、病故军人等遗属死亡的，增发 6 个月其原享受的定期抚恤金，作为丧葬补助费。领取定期定量生活补助的复员军人、带病回乡退伍军人、参战退役人员病故后，发给 6 个月定期定量生活补助作为丧葬补助费。退出现役的因战、因公致残的残疾军人因旧伤复发死亡的，由县政府民政部门按照因公牺牲军人的抚恤金标准发给其遗属一次性抚恤金，其遗属享受因公牺牲军人家属抚恤待遇。如果是因病死亡的，对其遗属增发 12 个月的残疾抚恤金，作为丧葬补助费；其中，因战、因公致残的一级至四级残疾军人因病死亡的，其遗属享受病故军人遗属抚恤待遇。

（二）伤残抚恤

伤残抚恤是国家和社会对革命伤残人员采取的具有保障性质的抚慰形式。

1950 年国家颁布了《革命残废军人优待抚恤暂行条例》（简称《条例》），对革命残废人员实行终身或长期抚恤。1978 年，五届全国人大修订的新宪法对关怀和保障革命残废军人的生活作出新的规定。1988 年将残废军人称呼改称为伤残军人，后又称残疾军人。

伤残抚恤，按照 1950 年颁布的《条例》规定，确定为特等、一等、二等甲级、二等乙级、三等甲级和三等乙级六种。当年伤残抚恤是发放无恤粮。

1950年残废人员抚恤粮标准

表 6-9　　单位:市斤

项目			特等	一等	二等		三等	
					甲	乙	甲	乙
军人、工作人员	因战	在职残废金	400	300	200	150	100	80
		在乡 残废金	300	200	150	100	40	30
		在乡 抚恤金	1300	1000	900	600	600	400
	因公	在职优待金	300	200	150	100	80	60
		在乡优待金	1500	1100	900	600	600	400
参战民兵民工抚恤金			1000	800	600	500	600	400
供给年限			终身	终身	在乡抚恤粮二年后减半供给		在乡残废粮均限一次发给	

特等、一等、二等每年按标准分一、七月两次发给，在乡三等残废抚恤金均按一次发迄。

1952年1月，灌云县执行新的残废抚恤标准。在职残废军人中，特、一、二等残废全年增发100斤；三等甲级增发100斤、三等乙级增发70斤；在乡残废人员的残废金，特等每年增加200斤、二等增长150斤、三等增加100斤。

1953年，按内务部的通知，革命残废抚恤改按货币发放，由一次性抚恤改为长期抚恤。

1955年，灌云县执行国务院批准的新调整的残废抚恤标准，在职残废优待

1953年残废人员抚恤标准

表 6-10　　单位:万元(旧币)

项目			特等	一等	二等		三等	
					甲	乙	甲	乙
军人、工作人员	因战	在职残废优待金	66	53	40	33	27	20
		在乡残废抚恤金	390	330	168	125	200	150
	因公	在职残废优待金	53	42	33	27	21	16
		在乡残废抚恤金	360	300	150	115	160	130
参战民兵民工抚恤金			350	280	150	100	130	100
供给年限			终身				在乡三等残废抚恤金一次发清	

金发给 20~72 元，在乡残废抚恤金按不同等级发给 140~420 元。

1965 年，灌云县根据上级规定，对在乡三等伤残军人由一次性抚恤改为长期抚恤。

1978 年 1 月起，灌云县开始执行 1977 年颁发的新的残废抚恤标准。

1979 年 11 月份起，灌云县发放在乡残废军人副食品价格补贴。特、一等每人每月 5 元，二等 3 元，三等 2 元。

1982 年，调整在职革命残废军人抚恤标准，在 1978 年的基础上，对不同等级的在职残废军人分别增加 1 ~ 18 元不等。

1985 年 7 月，灌云县对在乡的残废军人发放生活补助费，特、一等每人每月12 元，二等 6 元，三等 4 元。

1986 年 11 月，对在乡特、一等革命残废军人发给护理费，每人每月 51 元。

1988 年 1 月，根据市民政局、财政局通知精神，灌云县开始执行革命伤残军人新的抚恤标准。同时对二等乙级以上因病致残和因公致残的抚恤标准作了调整，各类伤残人员同时增加物价补贴，标准分别为 96 元、48 元。在职伤残人员不增加物价补贴。全县共增拨抚恤经费 9.4 万元。

1988 年革命残废人员抚恤标准表

（1988 年 1 月 1 日起执行）

表 6–11　　单位:元

抚恤类别	残废等级	残废性质	残废人员新抚恤标准		
			新抚恤标准	物价补贴	合计
在乡残废抚恤金	特等	因战	1200	96	1296
		因公	1100	96	1196
	一等	因战	1020	96	1116
		因公	950	96	1046
		因病	860	96	956
	二等甲级	因战	740	48	788
		因公	660	48	708
		因病	600	48	648
	二等乙级	因战	538	48	586
		因公	480	48	528
		因病	450	48	498
	三等甲级	因战	336	48	384
		因公	322	48	370
	三等乙级	因战	272	48	320
		因公	272	48	320

续表 6–11

抚恤类别	残废等级	残废性质	残废人员新抚恤标准		
			新抚恤标准	物价补贴	合计
在职残废金	特等	因战	240		240
		因公	216		216
	一等	因战	204		204
		因公	184		184
	二等甲级	因战	156		156
		因公	140		140
	二等乙级	因战	135		135
		因公	122		122
	三等甲级	因战	108		108
		因公	98		98
	三等乙级	因战	90		90
		因公	82		82

1990 年，灌云县对抗日战争时期入伍的在乡因战三等乙级伤残军人，从 1989 年 1 月起，每人每年增发 60 元补助费，全县年增拨抚恤经费 1.26 万元。

1991 年 1 月 1 日起，灌云县根据省财政厅、民政厅文件精神，提高在乡伤残人员抚恤标准，新标准为 1656 元到 390 元不等。其中特等因战伤残人员提高 360 元、最低等级提高 70 元。按新标准，全县当年共增拨抚恤经费 7.13 万元。

1991 年 5 月起，灌云县对城镇伤残军人每人每年增发粮油补贴 72 元。1992 年 4 月起每人每年又增发 60 元。同年 8 月，又增发煤电补贴 84 元。1993 年 4 月起，再增发粮油补贴每人每年 72 元。至此，城镇的伤残军人，在原伤残补助的基础上，每人每年增发 288 元。在乡伤残军人，自 1992 年 8 月起，每人每年增发煤电补贴 36 元，另对二等甲级伤残军人，每人每年增发抚恤经费 132 元。

1999 年 7 月 1 日起，在职伤残人员或享受离退休待遇的革命伤残军人的抚恤金改为伤残保健金，并提高了保健金的标准。二等甲级提高 75 元，三等乙级提高 35 元。新的保健金标准分别从 455 元到 195 元不等。

2003 年，灌云县再次提高革命伤残人员的抚恤（保健）金标准、从特等到三等乙级伤残人员分别每年增加 1560 元至 180 元不等，在职革命伤残人员的保健金分别每年增加 340 元至 60 元。同时对特、一等革命伤残人员的护理费标准进行调整，特等人员的护理费每人每月由 269 元增加到 418 元，一等由 215 元增加到 335 元。一等因病革命伤残人员护理费由 161 元增加到 251 元。

2004 年，国务院颁发新的《军人抚恤优待条例》，残疾等级由原来的 6 级调整为 10 级。因战残疾军人抚恤金标准分别为 1 级每年 11200 元至 10 级 1120 元；因公残疾军人抚恤金标准分别为每年 10800 元至 960 元；因病残疾军人抚恤金 1～6 级每年抚恤金标准分别为 10440 元至 3600 元。新调整的护理费标准为：1～2 级为每人每月 530 元、3～4 级 427 元；1～4 级因病的为 318 元。

2005 年，在乡残疾人员抚恤金年标准分别增加 107 元至 710 元不等，加上年度优待金 750 元，新标准按因战、因公、因病分别为每人每年 12012 元至 2291 元。

2006 年，为落实优抚对象抚恤标准自然增长机制，确保重点优抚对象的生活水平同步增长，灌云县调整了残疾人员抚恤标准。同时建立健全了重点优抚对象抚恤补助的自然增长机制，保证全县各乡镇能够按时将抚恤定补金发放到优抚对象手中。当年发放优待金 18.8 万元。

2007 年 4 月起，灌云县对重点优抚对象的抚恤定补金实行银行打卡发放。当年，对全县 1954 年 11 月 1 日以后入伍并参战和涉核的在乡和城镇无职业人员进行了统计，对符合条件的 544 名人员办理了每月补助 100 元的手续，2007 年 8 月1 日起享受此抚恤补助待遇。

2008～2009 年，灌云县根据市民政局、财政局通知精神，先后两次调整在乡及在职残疾军人抚恤标准，一次是从 2008 年 8 月 1 日起执行，一次是从 2008 年 10 月 1 日起执行。

2010 年，灌云县民政局、财政局调整在职在乡残疾军人抚恤金标准及一至四级残疾军人护理费标准，按照残疾军人在乡、在职的不同和因战、因公、因病的残疾性质的不同、残疾等级的不同调整不同的标准。其中发放标准最高的为在乡、因战一级残疾军人，由原标准 22680 元调整为每人每年 26596 元，年增加款 3916 元；最低的为因公 10 级残疾军人，由 2160 元调整为 2880 元，年增加款 720 元。对参战、参加核试的退伍军人的生活补助费标准调整为每人每月 200 元。对残疾军人的护理费也作了调整，1~2 级的护理费 846 元提高到每人每月 1051 元，3~4 级的由 667 元调为 840 元；1 ~4 级因病的护理费由 508 元调为 630 元。

（三）烈军属、复员退伍军人生活补助

烈军属、复员退伍军人生活补助是指由民政部门发给在乡的退伍红军老战士、在乡的复员退伍军人和烈军属的定期定量补助费和临时补助费。

2010 年灌云县在职残疾军人抚恤金标准表

表 6–12　　单位:元 / 每人每年

残疾等级	残疾性质	原标准	新标准	年增加款
一级	因战	22680	26080	3400
	因公	21960	25250	3290
	因病	21240	24430	3190
二级	因战	20520	23600	3080
	因公	19440	22360	2920
	因病	18720	21530	2810
三级	因战	18000	20700	2700
	因公	16920	19460	2540
	因病	15840	18220	2380
四级	因战	14760	16970	2210
	因公	13320	15320	2000
	因病	12240	14080	1840
五级	因战	11520	13250	1730
	因公	10080	11590	1510
	因病	9360	10760	1400
六级	因战	9000	10350	1350
	因公	8520	9800	1280
	因病	7200	8280	1080
七级	因战	6840	7870	1030
	因公	6120	7040	920
八级	因战	4320	4970	650
	因公	3960	4550	590
九级	因战	3600	4140	540
	因公	2880	3310	430
十级	因战	2520	2900	380
	因公	2160	2480	320

2010 年灌云县在乡残疾军人抚恤金标准表

表 6–13　　单位:元 / 每人每年

残疾等级	残疾性质	原标准	新标准	年增加款
一级	因战	22680	26596	3916
	因公	21960	25530	3570
	因病	21240	24730	3490
二级	因战	20520	23940	3420
	因公	19440	23400	3960
	因病	18720	23140	4420

续表 6-13

残疾等级	残疾性质	原标准	新标准	年增加款
三级	因战	18000	22610	4610
	因公	16920	21280	4360
	因病	15840	19950	4110
四级	因战	14760	18620	3860
	因公	13320	15960	2640
	因病	12240	15160	2920
五级	因战	11520	14630	3110
	因公	10080	13300	3220
	因病	9360	11970	2610
六级	因战	9000	10640	1640
	因公	8520	9840	1320
	因病	7200	8510	1310
七级	因战	6840	7980	1140
	因公	6120	7040	920
八级	因战	4320	5320	1000
	因公	3960	4550	590
九级	因战	3600	4140	540
	因公	2880	3460	580
十级	因战	2520	2928	408
	因公	2160	2880	720

2010年灌云县残疾军人护理费标准表

表 6-14　　　　单位:元/人·月

残疾级别	一级、二级		三级、四级		一级至四级
残疾性质	因战	因公	因战	因公	因病
原标准	846		677		508
新标准	1051		840		630

1. 定期定量补助。新中国建立初期，灌云县对贫困优抚对象实行定期或临时经济补助。据 1950～1952 年统计，全县年均享受补助人数 4364 人，每人每月补助大米 5～10 公斤，共补助 301420 公斤。1979 年，享受补助的 1067 人，年补助款 54084 元。

1980年，灌云县根据民政部、财政部颁发的《关于改进优抚对象定期定量补助工作的规定》，对补助标准进行了调整：农村每人每月补助6～10元，城镇每人每月补助10～15元。当年补助人数和补助款均有增加。调整后全县每月补助11434元，比调整前增加6927元。补助人数也增加了700人。

1980年后，对老复员军人的补助面不断扩大。至1986年，全县老复员军人百分之百享受定期定量补助。当年享受烈属定补386人，复员军人2173人，全年定补48万元。

1987年，定补标准又有所提高：老红军每月40元，老烈属每月24元，老复员军人每月11元。全年定补2652人，定补金额49万元。

1989年1月，灌云县根据民政部和财政部《关于调整部分优抚对象抚恤补助标准的通知》精神，对全县优抚对象原定补金作了调整。1993年，在原定补金基础上又有增加。

1993年至2005年，灌云县根据上级民政部门和财政部门的文件要求，对革命烈士、因公牺牲和病故军人家属的定补标准进行了多次调整和提高，其中1994～1997年连续四年调整"三属"人员定期定量抚恤标准。

2001年1月1日起，灌云县执行连云港市优抚对象定补标准。

2004年，新的《军人抚恤条例》颁布，灌云县再次调整烈属、因公牺牲军人遗属、病故军人遗属定期抚恤金标准，从10月1日起，居住城镇的"三属"定期抚恤金每人每年分别为4200元、3900元和3600元，居住农村的分别为2640元、2520元和2340元。

2005年，灌云县调整"三属"定期抚恤金的标准及优抚对象定期补助标准，三属抚恤金调整后与优待金合并。烈士遗属抚恤金标准改为城镇和农村平均每人每月增加112.5元，因公牺牲军人遗属抚恤金标准城镇和农村平均每人每月增加53.5元，病故军人遗属抚恤金标准城镇和农村平均每人每月增加46.5元，以上三类人员每月并入优待金63元。

在乡老复员军人的定期定量补助金在原标准基础上调整为：抗战时期入伍的平均每人每月增加12元；解放战争时期入伍的平均每人每月增加10元；新中国成立后入伍的平均每人每月增加8.5元。以上三类人员另平均每月并入优待金63元。同年，又对曾立功的在乡老复员军人每年增加立功荣誉金：三等功120元、二等功240元、一等功360元。

2007年，灌云县民政局、财政局联合下发《关于调整部分优抚对象抚恤补

1980～2005 年灌云县定期定量补助情况表

表 6-15　　单位:万元

类目标准年份	定补人数				全年补助金额（万元）
	烈属	复员军人	病退军人	合计	
1980	445	1296	28	1767	15.9
1981	445	1296	38	1779	13.66
1982	446	1289	38	1773	19.74
1983	446	1789	38	1773	21.14
1984	401	2084		2485	32.64
1985	397	2094		2491	33.64
1986	386	2173		2559	48.148
1987	375	2277		2652	48.8
1988	373	2200	41	2614	48
1989	368	2198	42	2608	47.5
1990	363	2146	44	2553	117
1991	355	2100	52	2507	85.3
1992	351	2115	55	2521	83.8
1993	359	2109	54	2522	91.3
1994	356	2112	55	2523	84.7
1995	352	2084	89	2525	156.9
1996	351	2031	133	2515	189.75
1997	341	2019	144	2504	250.9
1998	336	1982	161	2479	263.8
1999	312	1958	170	2440	275.7
2000	296	1951	206	2453	263.9
2001	286	1930	219	2435	264.5
2002	256	1921	220	2397	306.9
2003	237	1886	222	2345	344.6
2004	214	1661	218	2093	419.8
2005	196	1464	229	1889	475.3

说明:1980 年包含补发 1976 年的部分补助款;1990 年包含补发 1989 年的调增款。

助标准的通知》，对 1954 年 11 月 1 日后入伍并参战，迄今已经从部队退役的人员中，在农村和城镇无工作单位且家属困难者，按每人每月 100 元的标准发放生活补助。对不符合评残和享受带病回乡退伍军人生活补助条件的，但患病或生活困难的农村和城镇无工作单位的原 802 部队及其他核试验的军队退役人员，在核准其身份基础上，按每人每月 100 元的标准发放生活补助。同时对重点优抚对象抚恤补助标准进行了调整

2010 年 1 月，灌云县又对部分优抚对象抚恤补助标准进行了调整。

实施"乡财县管"财政体制改革后，为确保优抚对象抚恤定补金及时足额

灌云县部分优抚对象抚恤补助标准表

（2009 年 7 月 1 日起执行）

表 6-16　　单位:元 / 每人每年

类别		居住地	原标准	新标准	
				一般对象	孤老对象
三属	烈士遗属	城镇	9138	11970	14364
		农村	8122	10640	12768
	因公牺牲军人遗属	城镇	8122	10640	12768
		农村	7107	9310	11172
	病故军人遗属	城镇	7107	9310	11172
		农村	6092	7980	9576
在乡老复员军人	抗日战争时期	城镇	7284	8124	9749
		农村	5304	6144	7373
	解放战争时期	城镇	6144	6984	8381
		农村	4596	5436	6523
	建国以后	城镇	5508	6348	7618
		农村	4380	5220	6164
带病回乡退伍军人			1980	2820	
参战退役军人			1560	2400	
参试退役军人			1560	2400	
复员(残废)军人遗属			2400	2520	

发放，县财政局对全县 19 个乡镇、2 个省市属农盐场的应上解县的定补金进行了测算，并制表下发各乡镇，做到上解款有落实，发放抚恤补助有保障。

2. 临时补助。优抚对象享受定期定量补助后仍有困难的，区别情况，由财政给予生活困难、子女入学、添置生产用具、房屋修建和疾病治疗等方面的临时救济补助。临时救济补助由个人申请、村民委员会审查并出具证明、乡（镇）民政助理审批、开三联单由被救济者持单领款。

1951 年，灌云县拨专款 45112.95 万元（旧币）。对全县困难的烈、军、荣、工属的生活作一次性补助，共补助 2152 户，修房 4200 余间和添置部分生产资料。

1954 年，拨专款 14 万元补助优抚对象添购耕牛、大车、犁等生产工具。

1952 ~ 1957 年，补助优抚对象子女入学费用 21265 元。

1951 ~ 1963 年，政府补助优抚对象修建房屋款 202.6 万元。

1953 ~ 1957 年，县医院对优抚对象减免药费达 37328 元。1950 ~ 1957 年县

民政局支出专用药费救济款3万多元。1961年全县补助复员军人治病621人次。

1959年，灌云县兴建残复军人疗养院，到1994年已收治疗养灌云县残复军人病员87期988人次。

1994年至2003年，国家财政共下拨115万元一次性补助款，用于改善复员军人疗养院住院优抚对象的居住、医疗和生活条件。2000年灌云县遭受特大洪涝灾害时，市民政局、市财政局一次性下拨28万元的补助经费，其中10万元安排给复员军人疗养院，18万元用于解决重点优抚对象的特殊困难。

（四）复员退伍军人安置费

复员退伍军人安置费是指由民政部门发给无住房或严重缺房而自身确有困难无法克服的复员军人和退伍回乡义务兵的一次性建房补助。

新中国成立后，灌云县大批转业复员军人回到地方，需要安置。实行义务兵役制后，回乡退伍军人需要安置。农业合作化时期，对有困难的复员退伍军人，政府发放生产补助费，吸收他们加入农业生产合作社，并拨专款扶持他们走合作化道路。中共十一届三中全会后，重点帮助复员退伍军人脱贫致富，到1987年，全县帮助复员退伍军人1091户，扶持生产资金31万元，脱贫447户。1984~2005年，国家补助共解决退伍军人住房款30多万元。

2005年，灌云县贯彻省政府《关于切实做好城镇退役士兵安置工作的通知》，按规定标准对2003年、2004年安置对象自谋职业者发放补助费。全县2003年自主创业、自谋职业的退役士兵38人，列支补助费60万元；2004年57人，列支补助费82万元；2005年135人，列支补助费215万元。2003~2005年国家财政拨给灌云县自谋职业补助费106万元；省财政下拨143.5万元。

2006年，灌云县将退役士兵安置政策由政府安置调整为货币安置，由省民政厅拨出安置专款，每个城镇户口士兵1.6万元。

2007年，灌云县规定城镇退役士兵参加中高级职业技能培训合格者，补助7500元；参加全日制成人高等学历教育、普通高等学历教育合格的补助9000元；参加短期职业技能培训合格的补助750元。由当地政府列入当年财政预算。

此后，货币安置成了安置退役士兵的重要形式。2008年退役士兵自谋职业经济补助标准为：服役工作2年退役士兵1.6万元，每多服役一年增加标准1800元。

二、社会福利救济费管理

（一）农村困难户救济。

农村困难户救济是指用于农村的鳏寡孤独、残疾或缺少劳动力和遭遇特殊灾害而有特殊困难人群的救助费用。

民国初年，板浦盐商士绅就集资创办“同善堂”和“盐一仓”，为社会救济服务。民国初期连年灾荒，放赈粮 10 万斤。

民国 8 年（1919 年）又逢大灾，一冬春放赈粮 10 多万公斤。

民国 28 年 11 月，灌云县成立救济委员会，先后拨发救济款 2500 元、7000 元、3000 元。

新中国成立后的土地改革和土地复查，农民拥有了自己的土地、房屋、粮食、耕畜和农具，但由于连年战争遗留的创伤和灾荒，政府每年都下拨 10 多万元的救济款。

人民公社化后，社队办起了敬老院，对“五保户”实行集体救济，一度取代了国家救济。

1980 年，农村实行生产责任制，对困难弱势群体继续实行“五保”，同时对一般困难户实行扶贫，国家给予适当救济。

2005 年，灌云县争取省草危房改造资金 3086 万元，帮助农村 1.2 万户贫困农民改造草危房。

2008 年 9 月，灌云县根据连云港市政府下发的城乡困难临时生活救助实施办法，对本县城乡居民家庭人均收入高于当地低保标准但低于标准 2 倍范围的生活困难群体，给予了临时生活救助。

（二）五保户供养

五保户供养是指凡农村中享受有公民权而无依无靠、丧失劳动能力、无生活来源的老年人、残疾者和未成年的孤儿，对这些人实行“五保”（保吃、穿、住、医、葬，孤儿保教）供养，以保障他们的基本生活。

1958 ~ 1979 年，五保户供养资金由大队在公益金中解决。

1981 年，灌云县农村五保户供养由集体提留改为归户计算。1982 年，通过普查，确定五保户的供养标准为：每年口粮不低于 250 公斤、柴草不低于 500 公斤、零用钱每人每年 150 ~ 200 元，疾病和丧葬由大队（村）负责。

1987 年，根据省文件规定，五保户供养经费采取乡（镇）统筹、分级负担、集体供养，即从村组合作经济组织统筹的公益金中提取。对贫困村的五保户，集体供给后仍有困难的，由民政部门从救灾救济款中提取部分给予补助。

2001 年农村税费改革后，五保户的生活费从 20%附加费中列支。2003 年，省财政厅出台了农村五保户生活费转移支付政策，灌云县据此确定了支付标准。分散供养年生活费 600 元，在敬老院供养的年生活费 900 元。当年全县带资入院165 人，带资入院款 82.5 万元，敬老院维修款 42 万元。

2005 年，灌云县争取上级资金 354 万元，新建、扩建养老院 15 所，面积 3800 平方米，农村“五保户”入住率达 35%以上。

（三）社会福利企业财务

新中国成立后，先后在伊山、南城、板浦、杨集 4 个镇办起福利厂（组）9 个，年产值 35880 元。1958 年全县发展到 85 个，资金来源有政府财政支持 1500 元，生产积累 2600 元，群众集资 71456 元，全年生产收入 106790 元。

1959 年上半年，新办各种福利厂、社 17 个，安排困难居民 1491 人，其中盲、聋、哑、残 96 人，年产值 76720 元，获利 44800 元。

1980 年社会福利企业再度恢复和发展。县财政支持伊山、板浦、南城 3 个镇资金 1.6 万元，安排了一批残疾人和困难户。

1993 年，全县城镇福利企业 14 家，县社会福利公司改为总公司，当年销售总额 420 万元，税利 14 万元。

三、自然灾害救济费管理

国家财政拨给的自然灾害救济费列入县财政预算。救济费发放采取民主评议、领导审批、出榜公布、发放到户的办法。并采用非现金结算，由灾民到粮站、供销社等部门领粮、领布，由民政部门统一结算。1950～1994 年，全县由国家拨发的救灾款物：粮食 0.85 亿公斤，布 112.91 万米，棉花 15.21 万公斤，衣被 223803 件，款 2182.807 万元，鞋帽 5.5 万件。

1986 年起，灌云县根据连云港市下发的相关文件精神，对救灾救济款发放办法进行了改革：实行“个人申请、民主评议、村组审查、乡镇批准、营业所发款、定期公布”的办法；将过去无偿救济改为无息有偿周转金的办法，建立救灾扶贫周转金，由县财政负责回收。

1990 年救灾工作中，县财政从减灾款中拨出 20 万元，用于灾民生活安排。县粮食局又拨出返销粮 50 万公斤，按平价供应给受灾农户。省、市财政亦先后拨给救济款113万元。

1993年8月，全县遭受特大暴雨灾害。县政府下拨80万元救灾款，50万公斤救灾粮，安排灾民生活。下拨40万元建房款，帮助灾民建房400多间。

1999年6月，灌云县根据市民政局、财政局《关于进一步加强救灾款使用管理工作的通知》精神，进一步完善了救灾款管理体制，严格掌握救灾款的使用原则和范围，建立健全了救济款使用情况报告制度。

2001年，灌云县执行《江苏省救灾款使用管理暂行办法》，对救灾款实行分级负担，县财政安排相应的自然灾害救济事业费预算，如当年灾情过大，需要增加预算，则视当年财力情况，报请县政府追加。对上级下达的救灾款，财政部门积极调度资金及时拨付。救灾款发放实行政策公开、数额公开、对象公开；坚持民主评议、登记造册、张榜公布、公开发放的程序。

第五节　卫生及公费医疗经费管理

一、医疗卫生财务管理

（一）医疗卫生机构财务

主要是指县医院、中医院、乡镇卫生院等卫生事业财务的管理。

1950年，灌云县人民政府卫生院更名为灌云县卫生院，1956年更名为灌云县人民医院。1953年起，灌云县财政对县医院及区卫生所实行以收抵支差额管理办法，差额补助费及业务收支全部上报财政，财政部门只对差额核销转账。经费补助主要用于基建及人员工资。1955年，对差额补助单位“全额管理、差额补助”，年初确定补助卫生院6000元。

1958年，根据县医院和区乡卫生院的收支，确定县医院补助0.5万元，20个区乡卫生院补助0.3万元。

1960年起，县财政对县、乡医院财务管理实行“全额管理、定项补助、预算包干”办法，定项补助主要是医院工作人员基本工资和30%附加工资（福利费1%、工会费2%）由县财政拨给（简称包工资），其他各项开支由医疗收入解决。

1974年，灌云县根据省财政厅的要求，对国家办的公社卫生院，在财务上实行“全额管理、定项补助、结余留用”的制度；对集体办的公社卫生院，实行“社办公助”。农村卫生院按正常支出的35%或集体人员工资的60%、城区卫生院按集体人员工资的50%由国家补助；集体办的卫生院的国家工作人员工资福利仍由国家开支。

1980年，灌云县对卫生医疗机构实行“定收入、定支出、定补助”包干使用办法。对医疗业务实行五定：定任务、定床位、定编制、定业务技术指数、定经费补助。对医疗单位逐步实行经济承包责任制。医疗单位靠加强内部经济核算、扩大服务项目、提高医疗质量来增加收入，克服了多年来靠国家的依赖思想。

1984年，灌云县对医疗单位实行“独立核算、自负盈亏、按劳分配、民主管理”的管理体制。在卫生系统推行“经费预算包干、节余留用、超支不补”的办法。

1985年，灌云县根据市财政局、卫生局转发的《关于调整公立医疗机构部分收费标准的通知》，规定县医院、县中医院病房收费标准按每天1.00元、1.20元、1.40元执行，乡镇按每天0.60~1.00元的标准执行。按照国务院9号文件精神，灌云县对全县医疗单位的护理人员实行护龄津贴，其标准分别为护龄5~10年每月发3元；10~15年的每月发5元；15~20年的每月发7元；20年以上的每月发10元。

1987年，全县医疗单位实行经济承包责任制，县乡医疗单位的经费补助由过去按人头、床位核定经费的办法，改为向医院建设投资。1983~1987年，医疗单位的差补经费每年为121万元，1988年下降为94万元。

1990~1991年，灌云县根据卫生部、财政部关于加强医疗卫生单位财务管理的规定，县级医疗单位都建立了独立的财会机构，配备了合格的财会人员。

1992年起，根据省财政厅、卫生厅、计经委联合下发的《关于乡镇卫生院、卫生防疫、妇幼卫生设施、建设项目管理试行办法的通知》精神，灌云县除拨专项经费与省配套搞好三项建设外，并要求县乡卫生部门多渠道、多形式集资，采取省市县财政补助一点、乡镇集资一点、卫生院自筹一点的办法，有计划地逐年实施乡镇卫生院的基础设施建设，努力实现其无危房和房屋、设备、人员三配套，及全省2000年人人享有卫生保健的战略目标。

1993年，实行工资改革时，县医院实行津贴等于工资乘4除6的标准。3月，全县调整了部分基本医疗收费标准：（1）普通挂号费。中心卫生院按每人次0.7元，乡镇卫生院按每人次0.6元，急诊或夜诊在普通挂号费基础上增加0.40元；（2）住院费。乡镇医疗单位每日每床不得超过5元。

1999年，新的《医院财务制度》和《医院会计制度》颁布实施。县财政局配合县卫生局做好全县卫生系统的会计学习培训，积极做好医院新旧会计制度的衔接工作。

2000年10月，县卫生局、财政局根据连云港市转发的《江苏省医疗机构药品收支两条线管理实施办法》，要求县乡医院对医疗、药品收支分开核算，分别管理。对药品收支结余实行收支两条线的管理办法，即卫生行政部门核定药品收支结余全额上交，医院根据核定的金额上交同级卫生行政部门，缴存财政社会保障基金专户。用款时，由卫生行政主管部门编制用款计划，报同级财政部门批准后，拨付给卫生部门。

2002年，灌云县开展医药卫生体制改革；一是积极推进医疗机构分类管理；二是改革医疗机构人事分配制度；三是加强药品收支两条线管理。

2005年，灌云县根据连云港市财政局、卫生局、社保局《关于统一全市医疗收费票据式样的通知》精神，全县医疗卫生机构使用财政统一印制的各类医疗收费票据。

（二）全额卫生事业单位财务

1953年，灌云县设防疫股和成立妇幼保健站；1959年建立中专卫校；1979年设药品检验及卫生监督等机构，均为全额事业单位，其经费由财政全额供给。

1981年，全额事业单位经费实行“核定预算，总额包干、结余留用”的预算包干办法，对公用经费实行按人头计算的总额包干，经费不足部分由该单位的业务收入补充。人员经费实行统一的国家工资标准，对有专业职称的按专业职称兑现工资。对从事和直接接触有毒、有害、有传染危险的工作人员发放保健津贴，对长期从事护士工作的发给护龄津贴，其经费由财政全额拨付。

1991年，全额卫生单位开展有偿服务严格按照国务院和卫生部规定的收费项目及标准执行。有偿服务收入留给单位统一使用，扣除必要的费用（设备折旧等）后，主要用于改善职工的工作条件和生活待遇。卫生防疫、妇幼保健机构开展的计划免疫和妇幼保健有偿服务取得的收入，全部入账，专款专用。县直全额拨款的卫生事业单位的经费由县财政拨款到县卫生局结报。

2002年，县直单位实行会计集中核算，全额卫生事业单位全部实行报账制，经费由县财政局直接拨付给县会计核算中心的单位账户，各单位与会计核算中心结报。

二、公费医疗经费管理

公费医疗是指政府通过医疗卫生部门对国家机关行政事业单位工作人员提供免费医疗及预防服务的一项福利性制度。享受公费医疗人员主要是国家机关、民主党派、人民团体、文教科卫事业单位、经济事业单位工作人员以及离退休人员，享受长期抚恤的在乡二等乙级以上革命伤残军人等。

1952年6月，政务院下发《关于全国各级人民政府、党派、团体及所属事业单位的国家工作人员实行公费医疗预防的指示》，灌云县于10月成立了灌云公费医疗预防实施管理委员会，并制定了实施办法。对享受或参加公费医疗人员实行区域负责制，即根据工作单位所在地指定就诊的医疗单位，其医疗费用由医疗单位与县卫生主管部门统一结算。享受公费医疗人员因公出差或经批准到外地就医者，其医疗费凭收费发票到指定医疗单位审核报销。凡需到外地就医者，一律由指定医疗单位出具证明，经县公费医疗办公室批准方可报销。

1953年，全县公费医疗经费支出6.3万元；1954年，全县享受公费医疗人数为3005人，至年末为2965人。当年支出5.4万元，人均每月1.51元。

为保证公费医疗制度的施行，减少医疗经费的非正常支出，县公费医疗管理委员会制定了《公费医疗管理办法》，经常组织人员对医疗单位进行检查，发现问题及时纠正。1957年12月，灌云县人民委员会颁布了《灌云县公费医疗预防管理实施细则》，对公费医疗费用的支出管理作出具体规定。

1962年，9月，根据省人委公费医疗管理细则精神及县内检查整顿中发现的情况，县人民委员会重新修订了《灌云县公费医疗预防管理实施细则》，规定凡享受公费医疗的人员就诊，医务人员要根据病情严格掌握合理用药，该用则用，不该用的坚决不用。管理中严格执行实施细则的规定，并采取贴花控制人数等方式加强管理。卫生部门实行了“五控制”：凭证就诊、贵重药品证、发药限量、住院审批、外地就诊审批，提高了公费医疗管理水平，控制了医疗费用支出。1962年，公费医疗经费支出10.2万元。1963年，全县公费医疗经费支出9.8万元，透支0.4万元，比上年透支1.6万减少75%，全年每人定额25.9元；1965年，公费医疗开支6.7万元，较上年9.3万下降2.6万元，人均18.4元，较人均定额19.5元结余1.1元。

1969年1月，灌云县革命委员会生产指挥组批转县人民医院革命委员会《关于加强公费医疗经费管理的三点意见》，对享受公费医疗人员外出、探亲时看病用药等方面作出了具体规定，违者药费一律不予报销。

1977年，重新修订的《灌云县公费医疗管理办法》规定，公费医疗经费的分配与管理实行“双包干”办法，即按公费医疗经费的标准1.5元，其中一元作为门诊经费，由享受单位自行掌握使用；剩余0.5元作为住院（包括休、疗养和经县同意到外地治疗）经费，由县公费医疗管理委员会统一掌握使用。干部职工因公出差或假期回家患病，应到公社以上医院就诊治疗，所需医疗费用自己垫付，凭据回工作单位报销。装镶假齿、假眼、矫治生理缺陷和殴打、酗酒造成伤害等10项医药费不予报销；人参、鹿茸及各种药酒、滋补膏剂等40多种药品不论单方复方，除用于抢救危重病人外，均按自费处理。

20世纪80年代初期，公费医疗经费的指标由五十年代每人每月1.5元提高到每人每月2.5元。1981年，公费医疗经费从卫生局划出，由公费医疗办公室单独核算管理。

1982年，重新修订的《灌云县公费医疗管理暂行办法》规定：公费医疗人员每年享受医疗经费30元，其中24元供门诊掌握使用（包括转外地门诊），由县公费医疗办公室按月拨给医疗单位。其余6元由县公费医疗办公室统一掌握使用。

1987年，灌云县财政局会同县卫生局、县公费医疗办公室共同制定了灌云县公费医疗管理改革方案，实行“分级管理、分类定额、结余留用、超支分担”的管理办法，对各乡镇实行切块包干的办法。全县除癌症、精神病、离退休干部及在乡二等乙级以上伤残军人仍实行实报实销外，其他人员全部实行“两定”“三挂钩”的管理办法：定点医疗和定额包干；经费超定额后分别由个人、集体（含享受单位和医疗单位）和国家分别按15%、15%、70%分担。

1988年，灌云县公费医疗管理委员会对公费医疗管理办法作出补充规定，即全县公费医疗经费以100万元由县卫生局负责总包干。卫生局再承包给各定点的负责公费医疗的单位。如有结余，县财政不收回；如有超支，由县卫生局自行解决。全县享受公费医疗单位的定额如有超支，享受公费医疗人员到定点医院就医时，个人和所在单位共同支付30%（个人15%、单位15%），其余的由县卫生局和定点医院共同负担。当年公费医疗经费支出113万元，比上年减少支出15万元，下降13.27%，获财政部、卫生部奖励10万元。1992年，灌云县公费医疗管理实施新的改革方案，实行“分类定额、分级管理、现金结算、超支负担、结余奖励”的办法。采取以医疗单位管理为主、以现金看病为中心的“三挂钩”管理方法，同时改进了结算办法。

1994 年 6 月，灌云县印发《关于进一步加强公费医疗管理的意见》，明确公费医疗经费实行分级管理、分类定额、结余留用、超支分担的管理办法，对各乡、镇实行切块包干管理。在职和退休人员实行三挂钩，即超支部分个人负担 20%、享受单位和医疗单位各负担 15%、余下由县乡财政负担。当年公费医疗经费支出 309 万元。

1998 年 6 月，灌云县公费医疗管理委员会下发了《关于加强公费医疗管理的若干规定》，对就诊、处方使用、用药等方面再次作出具体规定。

2000 年 12 月，灌云县开始实施医疗保险制度改革，从 2001 年起，全县行政事业单位的干部职工全部参加城镇职工医疗保险。2002 年，灌云县根据连云港市《关于完善离休干部离休费、医疗保障机制的意见》，离休干部医药费统筹金由财政、医疗保险管理处共同征缴，由县医疗保险处管理。

第六节　社会保险基金财务管理

社会保险基金财务管理包括基本养老保险、失业保险、基本医疗保险、职工工伤和生育保险等基金的管理。1986 年，灌云县开始实施企业养老保险和失业保险；1995 年实施机关事业单位养老保险；2001 年实施医疗保险。1997 年始，县财政部门将社会保险费纳入财政预算外资金管理，实行专款专用。1998 年，根据财政部规定，实行收支两条线，纳入财政专户管理。2000 年始，由劳动、人事部门征缴和管理改由县地税部门征收、财政部门管理、劳动部门发放的管理体制。

2003 年，灌云县按省市要求，实行基本养老保险费、失业保险费和基本医疗保险费统一征收。

2005 年，明确县财政部门负责全县各类社会保险资金的筹集、安排及财政专户基金的管理与监督。

一、企业职工基本养老保险

1987 年始，灌云县对国有企业和部分集体企业职工退休实行养老保险基金的社会统筹。退休统筹基金按“以支定收”的原则，提取的标准按参加统筹企业的全部职工工资总额的 11%比例在缴纳所得税前计提，实行全额结算、全额拨交、全额拨付。1988 年起，灌云县在县以上企业实行职工退休养老费用社会统筹。

1991 年，国务院颁布《关于企业职工养老保险制度改革的决定》，改变了养老保险由国家企业完全承担的做法，采取由国家、企业和个人三方面负担的方式。职工个人缴纳基本养老保险费，在调整工资的基础上逐步实行，缴费标准开始时不超过本人标准工资的 3%，以后随着经济的发展和职工工资的调整再逐步提高。职工个人缴纳的基本养老保险，由企业在发放工资时代为收缴。

1993 年，灌云县根据《连云港市企业职工养老保险暂行办法》，实行统一的养老保险办法、统一的缴费比率（工资总额的 20%）、统一的管理体制。

1995 年，灌云县贯彻国务院进一步深化企业养老保险制度改革精神，对企业职工基本养老保险实行社会统筹与个人账户相结合的管理办法。

1996 年 12 月，灌云县按照市政府印发的《连云港市城镇企业职工养老保险实施细则》，进一步明确了参加基本养老保险的范围和“以收定支、略有结余、留有部分积累”的统筹原则，确定企业职工基本养老保险基金积累率不低于 2%。基本养老保险费按照企业职工工资收入 19%的比例缴纳，职工个人按照本人缴费工资的 4%缴纳。建立职工养老保险个人账户，统一退休人员的基本养老金标准。当年，全县参保职工 30291 人，养老保险基金收入 3188 万元，支出 2743 万元，累计结余 2266 万元。

1998 年 11 月，市政府颁发《关于修改〈连云港市城镇企业职工养老保险实施细则〉的规定》，要求逐步调整企业基本养老保险费的缴费比例。至 2000 年，灌云县的缴费比例调整为 26%，其中单位缴纳 20%、个人缴纳 6%。各项保险基金纳入单独的社会保障资金财政专户管理。

1999 年，灌云县根据江苏省劳动厅规定，城镇个体工商户参加基本养老保险，由职工所在企业按工资总额的 20%上交，职工个人按本人工资的 8%上交。企业改制后，自谋职业的原职工则由个人按在岗职工平均工资的 28%上交。

2005 年底，全县参保职工 22492 人，累计收入 40297 万元。其中国有企业 23408 万元、集体企业 15622 万元、其他企业 294 万元、其他人员 973 万元。累计支出 41435 万元，其中国有企业 24638 万元、集体企业 16764 万元、其他企业 33 万元。累计结余 –1138 万元。其中国有企业 –1230 万元、集体企业 –1142 万元，其他企业 261 万元、其他人员 973 万元。

2006 年，灌云县按照国务院《关于完善企业职工基本养老保险制的决定》，参保职工统一由本人缴费工资的8%记入个人账户，单位缴费不再划入个人账户；城镇个体工商户和灵活就业人员参保按上年在岗职工平均工资的20%缴费，其中8%记入个人账户。全县实行收支两条线管理，每年编制养老保险基金收支的预决算，按时编报财务会计和统计报表。当年，灌云县征收企业职工养老保险金4270万元，争取省市补助资金2510万元，县财政配套650万元。

2007年，灌云县共征收企业养老保险金9425万元，争取省对本县企业养老金补助2710万元，其他2073万元。

1988～2010年灌云县企业职工基本养老保险基金收支情况表

表6-17 单位:万元、人

年份	收入	支出	累计结余	参保人数
1988	171	90	81	
1989	177	102	156	
1990	254	177	233	
1991	660	426	467	25591
1992	1117	954	630	34262
1993	749	520	859	37595
1994	2303	1771	1391	32180
1995	3172	2742	1821	32180
1996	3188	2743	2266	30291
1997	3194	2925	2535	31054
1998	3703	3539	2699	27007
1999	2980	2959	2720	25505
2000	1947	2689	1978	25469
2001	1581	3341	218	23153
2002	3174	3706	–314	21780
2003	4108	4169	–375	21721
2004	4284	4680	–771	21802
2005	5167	5534	–1138	22492
2006	9089	6936	1015	25051
2007	14208	8398	6825	28953
2008	14736	11004	10557	31461
2009	14869	13389	12037	32231
2010	16832	15253	13616	34563
合计	111663	98047	59506	

二、企业职工工伤、生育保险

（一）工伤保险

2001年，灌云县开始实施工伤保险。按照连云港市政府的规定，职工工伤保险按照企业职工工资总额的0.5%提取，由社会保险管理机构委托企业开户银行代为扣缴。2001年，参保人数23153人；2004年，参保人数21766人、工伤保险基金收入30万元、工伤保险基金支出4万元。2006年，全县各类企业，有雇工的个体工商户及其职工或雇工，以及机关、事业、团体的编外人员，均按规定参加工伤保险，县设立工伤保险基金，纳入社会保障基金财政专户，实行收支两条线管理。保险基金的缴纳，按照不同行业类别的行业基准费率和费率浮动办法，确定各用人单位的缴费率。灌云县对工伤保险基金实行储备金制度，按时将已征收的工伤保险费总额的20%转入储备金专门账户，用于重大伤亡事故的工伤保险待遇支付。

2010年，全县工伤参保人数35830人。2004～2010年，工伤保险基金累计收入832万元、累计支出531万元、结余301万元。

2001～2010年灌云县工伤保险收支情况表

表6-18　　单位：人、万元

年份	参保人数	收入	支出	结余	备注
2001	23153			0	
2002	21870			0	
2003	21715			0	
2004	21766	30	4	26	
2005	21869	17	6	11	
2006	25939	35	14	21	
2007	29204	95	16	79	
2008	31789	166	94	72	
2009	34100	192	185	7	
2010	35830	297	212	85	
合计		832	531	301	

（二）职工生育保险

2001年，灌云县开始实施职工生育保险，当年参保23153人。2003年，灌云县按照《连云港市城镇职工生育保险办法》规定，生育保险实行社会统筹，设立生育保险基金，纳入财政专户，实行收支两条线管理。生育保险费按不超过用人单位上年度职工工资总额的1%的比例提取，当年生育保险基金收入30万元；生育保险基金支出5万元。

2008年，按连云港市《关于调整职工生育保险有关待遇标准的通知》精神，灌云县对参加生育保险职工的有关医疗费用支付标准进行了调整，调整的项目有检查费、接生费、手术费、普通病房住院费和医药费等。增加的支付项目有妊娠反应住院治疗、先兆流产住院保胎治疗费用、产后出血需要输血治疗的费用。截至2010年底，生育保险基金累计收入550万元，累计支出143万元，结余407万元。

2001～2010年灌云县生育保险收支情况表

表6-19 单位:人、万元

年份	参保人数	收入	支出	结余
2001	23153			
2002	21870			
2003	21715			0
2004	21766	30	5	25
2005	21869	17	7	10
2006	25939	36	13	23
2007	27506	93	16	77
2008	30582	110	16	94
2009	33210	120	44	76
2010	35440	144	42	102
合计		550	143	407

三、机关事业单位职工养老保险

根据县政府下发的《灌云县机关事业单位工作人员养老保险暂行办法》，全县于1995年12月开始实行机关事业单位养老保险制度改革，进一步明确了养老保险基金筹集范围、实施对象、筹集标准、基金的收缴与拨付等。机关事业单位职工养老保险基金由国家、单位、个人共同负担，按照“以支定收、略有结余、留有部分积累”的原则统一筹集。单位负担部分按单位全体工作人员工资总额与离退休费用之和的20%缴纳，即“双基数”征缴。个人负担部分，改革起步阶段先按本人工资总额的2%缴纳，由单位在发放工资时代为扣缴。离退休人员不缴费。养老保险基金实行专项储存，专款专用。

2002 年，灌云县明确县本级机关事业单位养老保险费由保险处通过银行与县会计核算中心进行委托收款；乡镇机关及全额单位由县财政局在乡镇资金结算时代扣代缴；差额拨款和自收自支事业单位，由单位在月底前到保险处缴纳保险费。

2009 年 9 月，灌云县按照“积极稳妥、逐步实施”的原则，在部分事业单位实行“全额征缴，全额拨付”的养老保险结算方式（简称“差改全”）试点，同时在部分参保事业单位试行养老金社会化发放。

2010 年 9 月，灌云县实施机关事业单位养老保险结算方式全面改革，由原“差额结算”全部改为“全额征缴、全额拨付”。改革后，全县机关和全额拨款事业单位、个人应缴保险费仍由财政部门代扣代缴，差额拨款和自收自支事业单位每月 20 日前依据县社保处核定的应缴养老保险费，全额上缴。凡拖欠缴纳保险费的，从欠缴次日起，按日加收 2‰的滞纳金，对拖欠达三个月的单位，将停止拨付和发放养老金。

1996～2010 年，灌云县机关事业单位参保人数从 12042 人增至 12993 人。养老保险基金累计收入 31712 万元，累计支出 30808 万元，累计结余 904 万元。

1996～2010 年灌云县机关事业单位养老保险收支情况表

表 6-20　　单位:万元、人

年份	收入	支出	结余	参保人数
1996	1513.45	1208.88	304.57	12042
1997	1879.62	1570.23	309.39	12910
1998	2065.52	1850.48	215.04	11800
1999	2662.45	2470	192.45	12520
2000	2974.73	2729.63	245.1	12751
2001	2229.48	2317.63	−88.45	14173
2002	2159.97	2087.51	72.46	14990
2003	1567.53	1186.55	380.98	15279
2004	1482.69	1305.81	176.88	15289
2005	2058.93	2131.9	−72.97	15555
2006	2014.03	1721.38	292.65	15083
2007	2417.62	2338.66	78.96	15014
2008	2356.46	2872.81	−516.35	14944
2009	2287.94	2687.25	−399.31	13406
2010	2041.65	2329.68	−288.03	12993
合计	31712.07	30808.4	903.37	

四、农村养老保险

1992年5月起，灌云县按照国务院有关建立农村社会养老保险制度和民政部下发的《县级农村社会养老保险基本方案》，在全县实施农村社会养老保险。养老保险基金筹集以个人交纳为主、集体补助为辅、国家给予政策扶持。个人交费月标准设为2～20元十个档次，参保人为20～60周岁。养老保险基金在农业银行设保险基金专户，实行专账专管，专款专用。至1994年，全县已参加养老保险5.6万人，积累保险资金150万元。1995年底，全县已形成保费500万元，参保人数达8万人。1998年，养老保险收入为206万元，支出36万元，累计结余1633万元。2007年底，参保人数达138857人，养老保险收入336万元，支出36万元，累计结余2401万元。

2008年5月，灌云县政府下发《灌云县新型农村社会基本养老保险暂行办法》，实行“个人缴费、集体补助、政府补贴”的多元筹资机制，建立以个人账户为主、社会统筹调剂为辅、逐步向统账结合过渡的新型农保制度。农民个人缴费的基数为全县上一年度农民人均纯收入，最低不低于基数的60%，最高不高于基数的300%。新型农保的缴费比例为20%，其中参保农民个人缴费比例为18%，县财政补贴2%。建立社会统筹基金，由县、乡（镇）、村集体经济组织补贴组成。社会统筹基金和个人账户基金分别管理，实行专款专用。并规定每年从新型农保基金超增值部分提取20%作为新农保风险准备金，县财政按上年征缴新型农保基金的1%在年度财政预算中安排风险准备金。县级以上财政补贴全部作为风险准备金。

2010年，灌云县根据《江苏省新型农村社会养老保险制度实施办法》，确定了参加新农保的农村居民缴纳养老保险费标准：从每人每年100元至1600元以上共设15个档次，参保人自主选择档次缴费。有条件的村集体对参保人缴费给予补助，补助标准由村民委员会民主确定。其他经济组织、社会公益组织、个人亦可为参保人缴费提供资助。政府对符合领取条件的参保人全额支付新农保基础养老金，由中央、省和地方财政共同承担，给予补助。地方政府对参保人参保给予补贴，补贴标准为每人每年30～50元，有条件的可提高补助标准，补助标准限低不限高。养老金待遇由基础养老金和个人账户养老金组成，支付终身。

为加强新农保基金的管理，全县建立健全了新农保基金财务会计制度，将新农保基金纳入社会保障基金财政专户，实行收支两条线管理，单独记账、核算，按有关规定实现保值增值。2010 年，灌云县参保 33.5 万人，征缴养老保险金 8040 万元，支出养老保险金 5994 万元。县财政安排配套资金 2000 万元，保证了养老保险金的发放。

1993～2010 年，灌云县累计征缴养老金 28482.30 万元，累计支出养老金 8192.52 万元，结余 20289.78 万元。

1993～2010 年灌云县城乡居民养老保险收支情况表

表 6-21　　单位:万元、人

年份	收入	支出	累计结余	年份	收入	支出	累计结余
1993	98.01		98.01	2002	44.44	10.03	1784.54
1994	241.95		339.96	2003	51.34	19.43	1816.45
1995	372.42	0.44	711.94	2004	58.24	25.86	1848.83
1996	555.26	52.53	1214.67	2005	60.50	19.62	1889.71
1997	529.26	281.32	1462.65	2006	233.86	22.21	2101.36
1998	206.35	36.03	1632.97	2007	336.23	36.40	2401.19
1999	114.21	51.81	1695.38	2008	5607.41	201.58	7807.02
2000	28.89	13.10	1711.17	2009	11844.96	1408.20	18243.78
2001	58.92	19.96	1750.13	2010	8040.05	5994.00	20289.83

五、医疗保险

灌云县医疗保险包括城镇职工基本医疗保险、县城区城镇居民基本医疗保险和农村合作医疗等。

（一）城镇职工医疗保险

2000 年 12 月，灌云县根据《国务院关于建立城镇职工基本医疗保险制度的决定》，制定了《灌云县城镇职工基本医疗保险实施细则》，在全县推行城镇职工基本医疗保险制度。基本医疗保险基金包括统筹基金和个人账户两部分。资金的筹集：参保单位按职工上年度工资及退休（职）人员的养老金总额的 7%缴纳，参保人员按上年度工资收入的 2%缴纳，由参保单位代扣代缴。参保职工个人账户的资金来源：一是个人缴纳部分；二是参保单位缴纳的基本医疗保险费中按不同年龄段划入。其个人账户占本人上年度工资收入的比例（包括个人缴纳和单位缴纳划入部分）分别为：1、35 周岁以下（含 35 周岁）的 3%；2、35 周岁以上至 45 周岁以下（含 45 周岁）的 3.5%；3、45 周岁以上的 4%。退休（职）人员按本人上年度养老金总额的4.5%划入个人账户，个人不缴纳基本医疗保险费。

基本医疗保险基金纳入同级社会保障财政专户，实行收支两条线管理，专款专用。当年，首批参保单位175个，其中机关56个、事业单位105个、企业单位14个，参保人员7516人。基本医疗保险年度最高支付限额2万元，大病医疗救助最高6万元。

2002年，全县参保单位增加到236家，参保人数上升到18108人。医保基金累计收入1483万元，其中统筹基金755.87万元（含启动基金49.3万元、10%风险金75.5万元、退休人员7%部分196.3万元），个人账户基金收入568.9万元，救助基金收入142.1万元，待转保险费收入16万元。医疗保险基金支出共730万元，其中统筹基金支出232.2万元，个人账户支出350.4万元，大病医疗救助基金支出147.3万元，乡镇住院医疗保险单建（无个人账户）统筹基金支出7.1万元。

2003年，全县医疗保险参保单位325家，参保人数3.42万人。其中基本医疗统账结合9278人，单建统筹24924人。当年，基本医疗保险支出710万余元，单建统筹支出164万元，基金收缴率达92%。

2004年，全县医疗保险参保单位283家，参保人数21730人。基本医疗保险基金收入857万元，其中统筹基金498万元，风险金42万元，救助金128万元，个人账户388万元。

2005年，灌云县县政府决定全县县属困难和破产关闭的国有及集体企业退休人员参加基本医疗保险。医疗保险采取“五三二”方式筹集，筹资标准为年人均600元。即：县财政补助50%（每人每年300元）、主管部门和企业自筹30%（每人每年180元）、退休人员个人缴纳20%（每人每年120元）。全县医疗保险参保单位294家，参保人数21200人，其中基本医疗统账结合13946人，单建统筹7254人。医疗保险基金历年累计收入5040万元，其中基本医疗基金收入4057万元，单建统筹基金历年收入983万元。医疗保险基金历年累计支出2981万元，其中基本医疗基金支出2781万元，单建统筹支出200万元。

2007年6月，县政府印发了《灌云县城镇个体经营从业人员和失业职工基本医疗保险管理办法》，凡本县范围内已参加城镇企业职工基本养老保险且未达到法定退休年龄的个体经济从业人员，失业职工或委托劳动、人事部门管理档案的人员，均可参加基本医疗保险或基本医疗住院保险。基本医疗保险缴费按照上年度在岗职工社会平均工资的9%缴纳；医疗救助资金按每人每月8元缴纳。从业人员系雇主的，医疗保险费自付，从业人员系雇工的，应由单位缴纳的医疗保险费由雇主承担，雇工缴纳2%；医疗救助金由雇主、雇工分别按每月4元缴纳。在岗职工以职工社会平均工资为缴费基数，缴费比例是35周岁及其以下为4.5%；35周岁以上至45周岁的为5%；45周岁以上至退休为5.5%。医疗救助基金按每人每月8元缴纳。当年，除征收的医疗保险金外，县财政配套资金369万元，新增参保人数3200人，月新增报销金额40万元。

2010年，县政府印发了《关于县属困难和破产关闭国有、集体企业退休人员参加基本医疗保险补充办法》，其中规定符合参保条件在2009年7月1日以后办理退休的人员可任选一项参加医保：（1）一次性缴足以后10年所需的基本医疗保险费，参加城镇职工基本医保；（2）按县属困难和破产关闭企业基本医保办法规定每人每年600元标准缴纳，可参加并享受困难企业退休人员基本医保待遇；（3）按城镇居民基本医保办法规定每人每年60元的标准缴纳，可参加并享受城镇居民基本医保待遇。2010年，灌云县参加企业职工医疗保险的人数达55053人。

2000～2010年灌云县城镇职工医保收支情况表

表6-22 单位:人·万元

年份	参保人数	收入	支出	结余	备注
2000	6500				
2001	7890				
2002	18108	485	229	256	
2003	19228	1260	725	535	
2004	20038	1572	1036	536	
2005	22185	1870	1396	474	
2006	28320	2694	1644	1050	
2007	32955	4327	2350	1977	
2008	37955	5675	3951	1724	
2009	53008	7270	5765	1505	
2010	55053	8546	8283	263	

（二）城镇居民基本医疗保险

2007年7月，县政府下发的《灌云县城区城镇居民基本医疗保险暂行办法》（简称《办法》）规定，县城区范围内未参加城镇职工医疗保险和新型农村合作医疗保险的城镇居民，都属于参保范围，居住其他乡镇的城镇居民参加新农合医保。县城区城镇居民医疗保险实行以家庭为单位参保，按年缴费。政府补助和个人缴费相结合，采取以收定支、收支平衡、略有结余的管理办法，建立县城区城镇居民基本医疗保险基金，并纳入财政专户存储、收支两条线管理，独立核算，专款专用。筹资标准为每人每年160元：一般居民每人每年政府补助100元，个人缴纳60元；享受最低生活保障和持有特困证的职工及持有残疾人证的重残人员，每人每年政府补助120元，个人缴纳40元。此《办法》从10月1日正式实施。

《办法》还规定，凡2007年9月30日以前一次性缴清2007年第四季度和2008年全年医保费用的，从2007年10月1日起就可享受城镇居民基本医疗保险待遇。当年新增参保人员4万人，县财政投入72.5万元，解决了大部分城镇居民的医保问题。2008年7月1日开始享受城镇居民基本医疗保险待遇的，年度内报销限额为1万元；2009年以后参保的并缴费的人员，年缴费时间不满6个月的不予报销，6个月后享受报销待遇，年度内报销限额为5000元，1年以后可享受正常待遇。

2008年10月，灌云县对城镇居民基本医疗保险有关政策进行调整：一是扩大参保范围，涵盖县城区中小学生及幼托机构的学生，板浦、杨集的高初中；二是未成年人筹资标准调整为每人每年180元，其中中小学生及其他未成年人每人每年补助由100元提高为120元，个人缴60元不变；三是提高年最高支付标准，参保人当年住院医疗总费用由3000元提高到年支付6000元，参保居民连续缴纳保费满2年至不满10年的，年最高支付标准分别为1万元、4万元、5万元、15万元、20万元，满10年以上的，最高支付标准为25万元；四是提高报销比例居民住院治疗的医疗费起付线由300元降为100元，100元至1万元由45%提高到60%，1万元以上报销由65%提高到70%。

2010年，灌云县城区城镇居民参加医疗保险55607人，征收医疗保险金5372万元，县财政拨付医疗保险金7418万元，年最高报销金额从3万元提高到6万元。连续参保人员的年最高报销金额提高到15万元。当年医保收入1123万元，支付医疗费用621万元，结余502万元。

2007～2010年灌云县城镇居民医保收支情况表

表 6-23 单位：万元

年份	参保人数	收入	支出	结余
2007	40000			
2008	42510	1160	226	934
2009	57036	1090	585	505
2010	55607	1123	621	502

（三）新型农村合作医疗

1968 年 12 月，灌云县在新河公社（今属海州区）海河大队进行农村合作医疗制度试点，1969 年 5 月，新河公社 11 个大队全部办起了合作医疗。1970 年，全县 376 个生产大队中 356 个大队实行了合作医疗，每人每年缴 2～3 元，看病个人只需缴挂号费，需转诊由大队合作医疗保健站（原谓大队卫生室）或公社卫生院出具证明，医药费用实报实销。1971 年，县成立合作医疗办公室，各社队都成立合作医疗管理委员会。1976 年，全县合作医疗事业有较大发展，当年县补助合作医疗经费 1 万元。1980 年，县补助农村合作医疗经费 4 万元，后来补助逐渐减少，至 1986 年停止补助。1976～1985 年，灌云县共计补助农村合作医疗经费 12.3 万元。

1990 年下半年，灌云县在同兴镇团荡村开展"大病统筹"的合作医疗试点。

2003 年，灌云县根据国家《关于加强农村卫生工作的意见》及市政府的决定，在沂北乡进行新型农村合作医疗试点工作，并制定了《灌云县新型农村合作医疗实施意见（试行）》，规定农民个人年筹资金额为 10 元，县财政每人补助 3 元，市财政每人补助 2 元，省财政每人补助 15 元，每人每年共 30 元统筹资金。当年全乡参合人数 33345 人，参合率 79.58%，全年到位资金 111.64 万元，全县为农民减免报销医药费 26.50 万元。2004 年，全县有 15 个乡镇 51.3 万人参加新型农村合作医疗，占全县农业人口的 66.52%。筹资标准为个人年缴 10 元，县、乡财政每人年补 10 元，省财政每人年资助 10 元。当年筹集资金 1539.38 万元，为参合农民累计减免报销医药费用 805.41 万元。

2005 年，为加快建立农村居民个人缴费、集体扶持和政府资助相结合的新型农村合作医疗基金筹集机制，灌云县规定合作医疗保险基金筹集标准每人每年不低于30元，其中乡镇财政按参保农村居民每人每年补助12.5元，个人缴费标准每人每年10元，其余的由省财政资助。当年全县实际参合人口为65.9万人，参合率达85.45%，共筹集资金1911.17万元，为农民减免报销医药费用1789.06万元。

同时，对新型农村合作医疗的报销比例、报销范围等进行了调整：在村卫生室就诊的，当即减免医药费20%；在乡镇卫生院就诊的，按20%随看随报；在县内定点医院住院的，医疗费用采取分段报销办法：3000元以下的报销30%、3000元～5000元的部分报销40%、5000以上的部分报销50%。一人住院全年累计报销额由原来的2万元提高到4万元。

2007年，灌云县争取省新型农村合作医疗补助资金1429万元，县财政配套579万元。全县参合人数达72.5万人，参会率96.9%。

2008年，争取省市新型农村合作医疗补助金4895万元。全年基金支出7443万元。参合人数75.52万人，参合率达98%。

2010年，灌云县将新农村合作医疗筹资标准由年人均120元提高到150元。争取省市新农合医疗补助资金6133万元，农民自筹2019万元，县财政部门配套1200万元。实现了城乡居民医疗保险全覆盖。

2003～2010年灌云县新型农村合作医疗收支情况表

表6-24　　单位:万元、人

年 份	农村新型合作医疗			
	收入	支出	结余	参保人数
2003	111.64	26.50	85.14	33345
2004	1539.38	805.41	733.97	513024
2005	1911.17	1789.06	122.11	659020
2006	3403.48	2712.83	690.65	680697
2007	3624.76	4154.66	–529.90	724947
2008	7363.76	7443.37	–79.61	755206
2009	7543.15	7265.66	277.49	736027
2010	10594.96	8972.51	1622.45	669545

六、失业保险

1986年，灌云县根据国务院颁发的《国营企业职工待业保险暂行规定》，对国有企业和企业化管理的事业单位中新招收的劳动合同制工人实行职工待业保险。实行待业保险人员为破产企业职工；濒临被精减的职工；终止、解除劳动合同的工人；辞退的职工。待业保险基金按企业上年职工工资总额的1%缴纳。待业保险金的发放（亦称“待业救济金”）标准为：工龄不满五年的，最多发12个月，每月为本人标准工资的60%～70%；工龄满五年及以上的，最多发24个月，第1～12月每月为本人标准工资的60%～75%，第13～24个月，每月为本人标准工资的50%。1986年，全县待业保险收入1.63万元。

1993年4月，国务院颁布重新修订的《国有企业职工待业保险规定》，新增加了5类保障对象：按规定被撤销企业职工；按规定解散企业的职工；被除名职工；被开除的职工；按规定享受待业保险的其他职工。企业缴纳待业保险费的标准由1%降为0.6%，最多不得超过企业职工工资总额的1%。待业保险金的发放标准改按当地社会救济金的120%～150%发放。

1996年，灌云县根据连云港市劳动局、财政局的相关规定，对失业保险基金的基金预算、基金筹集、支付、基金决算、监督和检查作出了明确规定。并规定企业（含外商投资企业）和企业化管理的事业单位按上年职工工资总额的1%缴纳失业保险费。发放失业保险金标准为不低于当地最低工资的60%，灌云县为每人每月105元，另发医疗费每人每月10元。

1999年1月，国务院颁布《失业保险条例》，规定城镇企业事业单位的职工全部纳入失业保险的保障范围。城镇企事业单位招用的农民合同制工人本人不缴纳失业保险费。失业保险金的缴费标准：企事业单位按工资总额的2%，职工个人按本人工资的1%。失业保险基金必须存入财政部门在国有银行开设的社会保障基金财政专户，实行收支两条线管理，专款专用。当年1月1日起，灌云县将城镇失业保险待遇调整为：失业保险标准按失业人员失业前12个月平均缴费基数的40%确定，最高不超过当地最低工资标准，最低不低于当地城镇居民最低生活保障标准。7月，按照国务院有关文件精神，失业保障标准提高30%，灌云县发放标准为136元，另发医疗费每人每月10元。

2008年8月，灌云县根据市社保局和财政局通知精神，调整了失业保险待遇标准，并建立失业保险待遇水平随城市居民最低生活保障标准和最低工资标准的调整而适时调整的正常调整机制。失业保险待遇下限标准由180元调整为297元；失业保险待遇上限标准由493元调整为520元。

2010年，灌云县失业保险参保人数22591人，失业保险基金收入519.87万元，支出 439.95 万元，滚存结余 1646.88 万元。

1986～2010 年灌云县失业保险收支情况表

表 6-25 单位:万元

年度	收入	支出	参保人数	领取人数
1986	1.63			
1987	7.4	0.81		
1988	7.61	6.57		
1989	10.05	4.35		
1990	18.84	5.81		
1991	16.52	6.59		
1992	14.37	5.86		
1993	30.38	15.07		
1994	42.26	7.55		
1995	35.93	20.08		
1996	62.28	37.75		
1997	37.68	34.75		
1998	78.03	47.98		
1999	116.19	49.27	7286	
2000	139.5	30.26		
2001	96.1	30.46		
2002	111.08	70.29		
2003	96.57	65.02		
2004	92.13	73.69		
2005	112.63	31.04		
2006	153.17	26.81	54921	120
2007	219.3	28.93	54921	178
2008	365.18	18.79	54921	58
2009	377.79	57.93	22591	252
2010	519.87	439.95	22591	76
合计	2762.49	1115.61		

七、城乡居民最低生活保障

（一）城镇居民最低生活保障

1997 年，灌云县实施城镇居民最低生活保障制度。凡是持有本县非农业户口的城镇居民，其共同生活的家庭成员人均收入低于最低生活保障标准的，均有从当地人民政府获得基本生活物质帮助的权利，可以申请最低生活保障待遇。

城镇低保所需资金，由县财政列入预算，纳入社会救济专项资金支出，专项管理，专款专用。1997～2001年，累计839人享受低保，累计支出52.8万元。

2002年，享受最低生活保障人员确定为：（1）无生活来源，无劳动能力和无法定赡养人、抚养人的；（2）领取失业保险金期间或期满仍未能重新就业，家庭人均收入低于当地最低生活保障标准的；（3）在职人员、下岗人员和退休人员其家庭人均收入低于最低生活保障标准的；（4）家庭人均收入低于最低生活保障标准的其他贫困居民及法律法规规定的享受人员。最低生活保障月补助标准为人均补齐130元，70岁以上老人或孤身一人的每月增加20元。

2004年，全县城镇居民享受最低生活保障补助的人数增加到1914人，当年支出90.8万元。

2005年，灌云县根据《江苏省提高城市居民最低生活保障金的通知》精神，将城镇居民最低生活保障标准提高到140元。全县享受低保的城镇居民2299人，发放最低生活保障金91.3万元。

2006年上半年，灌云县将城镇居民最低生活保障标准调整到160元，下半年又调整到180元；2008年下半年调整到200元。2006～2008年，全县发放最低生活保障金分别为126.4万元、212.9万元、307.3万元。

2009年，灌云县政府办公室发出《关于建立城乡居民最低生活保障标准自然增长机制的通知》，决定从2009年起，全县城乡居民最低生活保障标准分别按照上年度城市居民人均可支配收入和农民人均纯收入20%～25%的比例，综合确定当年最低生活保障标准，建立自然增长机制。7月1日起，全县城镇居民最低生活保障标准提高到210元。2010年下半年，又提高到230元。当年享受低保1761人，发放最低生活保障金290.20万元。

1997～2010年，灌云县享受城镇低保的累计19345人，累计发放城镇居民最低生活保障金1674.2万元。

（二）农村居民最低生活保障

1997年，灌云县开始实施农村居民最低生活保障制度，县政府制定的保障标准为年人均收入低于700～800元的列入低保对象，经费来源为3：4：3分级负担，即县财政负担30%、乡镇负担40%、村负担30%。当年全县享受农村低保的1200余人。

2001年税费改革后，乡镇、村无此经费支出，各乡镇基本上只维持县财政拨的30%进行发放。当年发放农村居民最低生活保障34.9万元。

2004 年，县政府下发了《灌云县农村居民最低生活保障制度实施办法》，2005 年建立健全了全县农村社会保障制度。明确低保对象为：（1）农村三无人员，即无生活来源、无劳动能力、无法定赡养人或抚养人的人员；（2）因家庭成员有重病造成生活特困的居民；（3）因自然灾害无力自救的居民。保障金标准确定为每人每月 60 元，由乡镇人民政府按月发放。县、乡（镇）两级建立固定的专项保障基金，其筹集按县、乡镇 7.5：2.5 负担，分别纳入县、乡镇财政预算，由县乡民政按时存入保障基金专户，实行专户储存，专款专用。当年享受农村低保的 19420 人，发放农村最低生活保障金 698.7 万元。

2006 年 7 月，灌云县将农村低保标准由 62 元提高到 70 元，其后又先后调整为 80 元、110 元。2006～2008 年，累计发放农村居民最低生活保障金 4067.2 万元。

2009 年，灌云县将农村最低生活保障金标准调整到 130 元；2010 年下半年调整为 155 元。两年计发放农村最低生活保障金 7047.1 万元。

1997～2010 年灌云县城乡居民最低生活保障情况表

表 6–26

城镇低保			农村低保		
年度	人数	金额(万元)	年度	人数	金额(万元)
1997	160	10	1997		
1998	171	12	1998		
1999	183	14	1999	1327	36.3
2000	325	16.8	2000	1383	35.1
2001	1091	53.1	2001	1383	34.9
2002	1257	80	2002	1224	33.6
2003	1831	79.9	2003	1219	32.4
2004	1914	90.8	2004	856	29
2005	2299	91.3	2005	19420	698.7
2006	2237	126.4	2006	18911	843.3
2007	2225	212.9	2007	18911	1119
2008	2125	307.3	2008	24910	2104.9
2009	1766	289.5	2009	30044	2997
2010	1761	290.2	2010	31729	4050.1
合计		1674.2	合计		12014.3

第七章　农业税收征收管理

农业税收的征收管理是指对农业税、农业特产税、耕地占用税和契税的征收管理。

第一节　农业税管理

一、农业税征管

新中国建立后，人民政府废除了民国政府的苛捐杂税，建立了“轻徭薄赋、休养生息”的农业税制度。

民国 38 年（1949 年）6 月，灌云县执行苏北淮阴行政区专员公署发布的《征收公粮公草暂行条例》（草案），分老区与新区（包括恢复区、新解放区）分别制定公粮、草征收标准。老区征收公粮按照收获量及土质分为 22 个等级，新区按人口田亩分 13 个等级。每征公粮 1 斤随征公草 1 斤。

1950 年 9 月，中央人民政府颁布了《新解放区农业税暂行条例》，灌云县执行苏北行署拟定的实施细则，农业税以户为单位，实行地区差别比例税率，按农业人口平均收入累计征收，起征点为 121 斤，税率共分 40 个级差，最低为 3%，最高为 42%。

1951 年 4 月，灌云县开展土整工作，21 日召开全县农税助理员及乡财委助理等 532 人参加的行政扩大会议，会议听取了相关报告并进行了分组讨论，检查了土整工作中的优缺点，统一了干部思想。根据县委初步意见，将 1951 年产量每亩一般提高 15%左右（不需提者例外），要求在 5 月 5 日前为动员阶段、6 月 15 日前为评产登记阶段、6 月 25 日前为总结阶段。按照苏北行政公署制定的办法，灌云县实行没有免征点的、缓进的、统一的全额累进税制。全年一次计算，分夏秋两季征收实物入库。夏季征收的办法规定，税级和税率共分 24 级：150 斤以下为 1 级，税率为 7%；150 斤以上为 2 级，税率为 8%；每增加

50斤进1级，税率加1%，至400斤为6级，税率12%；再增加100斤进1级，税率加1%，至2100斤为23级，税率29%；2100斤以上为24级，税率30%。秋季农业税征收办法作了适当修改，每人平均每年收入150斤以下者按8%征收，150～2000斤分级按9%～29%计征，2000斤以上按30%计征。

1952年，灌云县按照省委部署普遍开展了“查田定产”运动。查出黑田25532亩，提高了常年应产量，比1951年增加20%以上。当年农业税征收工作贯彻中央人民政府“查田定产、依率计征、依法减免，逐步实现统一累进税率，并取消一切附加”的指示精神，改按缓进累计税率计征。每户全年人均收入不足150斤者和无收益的宅基地免征农业税，151～1950斤以上分为24级，分别按7%～30%的税率征收农业税，全年一次计算，分夏秋两季征收实物入库。此后三年，农业税未作大的调整。

1955年，全县农业互助合作化运动迅速发展，激发了农民交公粮的积极性，全年实征农业税（折合主粮）32860201斤，超过专区下达任务910201斤，超任务的2.85%。

1956年，为适应农业合作化发展的新情况，农业税征收办法作了相应调整。灌云县按照省政府指示精神，对高级社以社为单位，按差额比例税率征收；对少数的个体农户，仍按1955年的累进税率征收，即以上年税率和当年的计税产量计算应纳税额。

1957年，灌云县按照省人委的规定，农业税一律以农业生产合作社为单位计算征收。其中1956年采用以社为单位计算的农业社，仍按1956年确定的税率，按1957年的计税产量计算征收。从1956年的一个农业社分为1957年的几个农业社的，也仍按1956年税率计征。反之，从1956年的几个社合并为1957年一个社的，则应重新计算税率计征。计算税率的办法是：把1956年几个社的农业税按照依率计征数总和除以1956年计税产量总和，其商数即为1957年的税率。社员的自留地和饲料地，按所属社的税率计征。有下列情况可减征或免征农业税：因兴修水利被挖掘了泥土的耕地，长期丧失耕作条件的可剔除其计税产量，免征农业税；暂时丧失耕作条件的，待有收益三年再定产征税；因土质变化而致产量低于计税产量的，可适当降低计税产量；因禾苗遭受践踏而致减产的，可在灾情减免中予以照顾。

1958年，根据江苏省制定的《江苏省农业税征收实施细则》，灌云县对农业税制进行了重大改革，推行“地区差别比例税制”，重新定产、定率，农业税率定为12%。对全县土地重新进行统计，由于免税田转为纳税田，因此土地面积由1957年的1684855亩增加为1752413亩。常年产量也由1957年的17825万斤上升为22640万斤，增长27.01%。税率由原来的13.54%调降为12.2%。农业税额由1957年的2414万斤上升为2764万斤，增长14.5%。并规定以人民公社生产大队为纳税单位。征收办法按省规定全年一次计算，分夏秋两季征收。

1961年，因农业减产，在应征农业税额中，给予20%照顾，实征税率调为10.5%。

1962年，根据省政府规定，灌云县将农业税计算单位按照“谁受益，谁负担”的原则，改按生产队为征收单位。为保证农业税征收任务的完成，全县分期做好农业册籍的整理，整理中划清征免税田的界限，层层落实面积，划分的原则是：不分全民、集体和个人，凡有农业收入的耕田、非耕田，均属征税范围。全县共有计征收单位：公社和县属镇17个，国营农场、果林场、养殖场9个，生产大队269个，生产队2853个，农户99933户，农业人口433107人。整理后，全县共有土地1685046亩，其中社员自留地88117亩，定期和不定期免税田16637.7亩，无收益田63322.9亩，征税田为1519226亩，比上年征税面积下降5%。淮阴专区分配灌云常年产量为24000万斤，实际调整为24047万斤，比调整前增14.8%。农业税除依法减免外，完成正附税17623815斤，其中正税为16265005斤，占依率计征额的67.7%。其原因：一是实行新税率，税率由12.24%调低为10%；二是由于当年春旱秋涝及病虫危害，造成农作物减产。

1964年，灌云县在核实好计税面积和实收产量的基础上，认真抓好夏粮预征工作，贯彻合理负担和先征后购原则，实行全年一次计算、一次减免、分季预征、晚秋结算的征收办法。在全县3026个基层纳税单位中安排夏季预征任务的2881个，占生产队总数的95.2%；并确定当年统一征收单价为九分五厘四，因而顺利完成了全年征收任务。同时抓好政策执行，依法减免、依率计征、应征不减、当减不征。如下车公社有三户单干户，其中孤寡两户，从1958年以来一直未交农业税，也不卖余粮。经说服教育后，三户全部交清了农业税，共计21元。

1965年，灌云县在农业税征收工作中，贯彻依率计征、依法减免、分季预征、年终结算的政策，全年应征正附税26793108斤，除各项减免3019078斤，实征正附税23774030斤，并补征上年尾欠4350斤，顺利完成当年农业税征收任务。征收中，根据实产增减情况及时调增或减少原征收任务，如麦季对原任务较低的云台、白蚬等公社调增任务30万斤。

1971年，灌云县革委会财政科调整计征农业税常年产量，纠正农业税负担上出现的畸轻畸重现象，对各单位的农业税额作了调整，计征的平均单价仍按每公斤0.3元计征。

1971年灌云县各社(镇)计征农业税常年产量统计表

表7–1

单位	税额(斤)	单位	税额(斤)	单位	税额(斤)	单位	税额(斤)
圩丰	12496528	同兴	9077136	小伊	15949664	伊山	12912704
图河	13328880	云台	5061600	穆圩	10055712	东王集	13548216
沂北	10365032	新河	6726304	龙苴	10353784	向阳	4741032
界圩	13542592	东辛	10134448	陡沟	11399848	白蚬	9566424
四队	15651592	伊芦	9712648	南岗	8627216	下车	11113024

1979年8月，灌云县转发并执行省财政局“关于为城市上山下乡知识青年办的知青农场、队及基地免税问题的通知”和“关于农村知青点转为大集体企业后不再享受免税待遇的复函”的有关规定。

1981年，灌云县农村全面推广家庭联产承包经营责任制，农业税的征缴仍由队（组）结算。1983年，农业税纳税人改为承包责任田的农户。农业税的征收由“队(组)交队（组）结”改为“户交户结”和“户交队（组）结”相结合，实行多渠道征收。征收方法为夏粮征收时，由粮食部门代扣；群众到财政部门交纳；财政部门农税员上门征收等。

1984年，灌云县根据省财政厅《关于停止农业税起征点办法的规定》，于当年全部恢复征税，并按规定对恢复征收农业税增加的收入，调整收入包干基数。

1985年，根据《国务院批转关于农业税改按粮食“倒三七”比例价折征代金问题指示的通知》，灌云县将农业税以征粮食为主，改为折征代金，统一按粮食“倒三七”比例收购价计算，即30%按原统购价、70%按超购价的办法计交价款，直接折征代金。灌云县农业税增加的收入，按省政府的规定，除上交中央一半外，其余归省与县对半分成。

1987年5月，灌云县财政局下发《关于调整农业税价格及收入任务的通知》，把灌云县农业税计税价格由原来的0.336元/公斤提高到0.34458元/公斤。全县正附税（指农业税及附加）合计从408.8万元调增为419.2万元。

表 7-2

1987 年灌云县调整农业税计税价格及纳税任务表

单位	计征主粮(公斤)			正附税折金(元)				
	正税	附税	正附税合计	调整前		调整后		调增金额
				单价	金额	单价	金额	
圩丰乡	608527	79106	687633	0.336	231038	0.34458	236944	5906
四队乡	377964	49135	427099	0.336	143505.15	0.34458	147170	3664.85
鲁河乡	377025	49014	426039	0.336	143149.25	0.34458	146804	3654.75
图河乡	620807	80712	701519	0.336	235710	0.34458	241730	6020
沂北乡	498438	64794	563232	0.336	189245	0.34458	194079	4834
界圩乡	634364	82469	716833	0.336	240855.69	0.34458	247006	6150.31
同兴乡	466092	60591	526683	0.336	176965.49	0.34458	181485	4519.51
伊芦乡	477533	62086	539619	0.336	181311.98	0.34458	185942	4630.02
东辛乡	447685	58197	505882	0.336	169977	0.34458	174317	4340
宁海乡	301919	39250	341169	0.336	114633	0.34458	117560	2927
小伊乡	621204	80757	701961	0.336	235858.70	0.34458	241881	6022.30
穆圩乡	488132	63448	551580	0.336	185330.79	0.34458	190064	4733.21
龙苴乡	504170	65542	569712	0.336	191423.23	0.34458	196311	4887.77
陡沟乡	547236	71365	618601	0.336	207850.12	0.34458	213158	5307.88
南岗乡	407902	53090	460992	0.336	154888	0.34458	158849	3961
侍庄乡	489857	63676	553533	0.336	158987.03	0.34458	190736	4748.97
伊山乡	326630	42458	369088	0.336	124013.82	0.34458	127180	3166.18
东王集乡	657702	85496	743198	0.336	249713	0.34458	256091	6378
白蚬乡	462845	60169	523014	0.336	175732.70	0.34458	180220	4487.30
向阳乡	228262	29674	257936	0.336	86668	0.34458	88880	2212
下车乡	551870	71751	623621	0.336	209536.65	0.34458	214887	5350.35
伊山镇	11697	1521	13218	0.336	4441.26	0.34458	4555	113.74
板浦镇	18747	2437	21184	0.336	7117.81	0.34458	7300	182.19
杨集镇	14947	1943	16890	0.336	5675.21	0.34458	5820	144.79
燕尾镇	2319	302	2621	0.336	880	0.34458	903	23
东辛农场	420025		420025	0.336	141128.40	0.34458	144732	3603.60
五图河农	210998		210998	0.336	70895.33	0.34458	72706	1810.67
北舰农场	38300		38300	0.336	12868.80	0.34458	13197	328.20
板浦果园	4266	530	4795	0.336	1611.29	0.34458	1653	41.71
白蚬果园	10614	1380	11994	0.336	4029.81	0.34458	4133	103.19
县渔场	970		970	0.336	325.92	0.34458	334	8.08
洋桥农场	2000		2000	0.336	672	0.34458	689	17
县船厂	900		900	0.336	302.40	0.34458	310	7.60
灌西盐场	12075	1570	13645	0.336	4584.72	0.34458	4703	113.28
合计	10844022	1322463	12166485		4087925.55		4192329	104403.45

1990年，县财政局针对征收农业税中部分乡镇出现的税费合并征收，造成“上清下不结”、税票不到户、已征税款不能及时划解入库等问题。积极配合乡镇政府加大管理力度，协调部门间关系，采取切实措施加以解决。

1992年，灌云县财政局采取接受咨询、办板报、设立宣传牌、向电台投稿等多种形式，积极开展农业税政策宣传。全县主动申报纳税农户2064户，缴纳农四税款15万元。

1992～1993年，经连云港市财政局批准，核减灌云县农业税征税面积3821亩，核减农业税额4.1万公斤（常），折征金额2.1万元。

1994年，根据省财政厅《关于调整1994年农业税收入任务的通知》精神，灌云县的农业税计税价格由原每百公斤50.5991元调增到每百公斤83元，共计调增农业税368万元。

1995年，全县建立健全了协税护税网络，在25个乡镇428个行政村14个居委会中聘请了协税员900余名，并对他们进行了培训，有力地促进了农税征管工作。

1996年8月，根据连云港市财政局制定的《农业税收票证管理暂行办法》，灌云县对票证管理范围、票证印刷、领发保管、使用、缴销、查库、奖励和惩处等都作出明确规定，并对全县农业税票使用情况进行了全面清理检查。

1994～1996年，连云港市财政局核减灌云县农业税计征面积7088亩，核减税额14.7万公斤，折征金额16.7万元。

1998年7月，灌云县贯彻执行市财政局《关于农业税征收管理若干问题的通知》精神，实行全县农业税按季征收；按规定使用农业税税票，严禁使用其他票据；严禁搭车收费，不准在农业税票上列示其他收费项目。

2001年农村税费改革后，各乡镇采取了农业税征收大厅征收和定时定点征收相结合的方式征收农业税收。充分发挥了各乡镇税收征收大厅的作用。

2003年，灌云县根据上级规定停征了农业特产税，除烟叶外，改为征收农业税。县财政局组织人员对乡镇财政所会计核算、票证管理和对农业特产税改征方案的测算并落实到户情况开展了专项检查。当年，连云港市财政局核减灌云县计税面积1710亩（其中车轴河治理减少计税面积1636亩），核减计征税额9.61万公斤，调减当年农业税征收任务10.57万元。

2004年，根据江苏省财政厅的有关规定，全县农业税征收率由7%调减为4%，当年农业税征收额调减2247万元，实收农业税3033万元。

2005年，灌云县按照国务院决定及省政府通知精神，全县从2005年起免征农业税。

二、农业税附加征管

新中国成立初期，灌云县根据国家规定，随同农业税征收了地方附加，以筹集资金，发展地方公益事业。确定的农业税地方附加按正税15%随同农业税分别计算，并串征收。1952年，江苏省人民政府决定停止征收农业税附加。

1955年8月，恢复征收农业税附加，税率调为3%。

1956年，灌云县农业税附加税率调为14%，其中5%解省、9%留县。

1957年，农业税附加税率调为13%，其中3%解省、10%留县。

1958年，农业税附加分两种，一种叫省附加，一律按正税的5%征收，全部解省；另一种叫县附加，按正税的10%征收留县。灌云县总的执行15%，按公社划分分别为14%、15%、16%三种类型征收。1979年后，农业税附加全部留县使用。

1989年，农业税附加率作了新的调整，灌云县调为12.01%；1990年调为11.99%，并以正税方式一并征收。

2001年，按照省财政厅的规定，灌云县征收农业特产税时按其税额的20%一并征收农业特产税附加。

2005年，农业税附加随同农业税被取消。

三、农业税减免管理

新中国成立后，人民政府在制定农业税收政策时，把农业税减免列为重要组成部分，每年都安排一定数量的农业税减免。农业税减免分为优待减免、灾情减免、社会减免等。灌云县根据农业税征收政策，明确对缴纳农业税后的军烈属、鳏寡孤独、无劳力等生活确有困难的农户，可以在所纳农业税额内给予适当的减免照顾，逢灾还安排一定的灾情减免。减免工作在调查了解的基础上，实行政策公开、张榜公布、依实减免。但在1952年组织开展各区乡农业税减免工作检查中，却发现了有违反政策规定的行为。如白皂乡天元庄（今属灌南县）共36户农户，得到减免的就有32户，减免面过宽，经对照政策调查核实，只有16户符合减免规定。

1957年，省、专区分配灌云县社减指标为7.2%，灾减指标为5.99%。为做好灾减工作，事先采取由上而下按社抽块，按社队计灾的方法；由下而上核实灾情，据实确定灾减款。社减款则根据各地情况分配到农业社，原则上有负担能力的少分配或不分配，对重点社进行解决，并控制部分指标在全县范围内调度使用。对确实无法缴纳农业税的个体农户，实行部分或全部减免。

1962年，灌云县社减按省和专区精神，减免指标为7%，其中专区控制1%，县留2%，分配使用4%，做到既解决重点问题，又照顾一般。

1963年，灌云县受自然灾害的影响，除受灾减产按政策减免120万斤、种（幼）畜减免14万斤外，灾减实为331.5万斤，另有价格照顾159万斤，折合现金计减免52万元。

1965年，灌云县在使用社减款中，出现部分社队未按政策要求解决重点困难户，而是层层分派任务现象。如伊山公社孙荡、山东大队的13个生产队，由于口粮低、社减少，完成任务有问题，实际困难未解决；团结大队分配的社减款却用不完，上交84元；季窑大队分配社减款1000多元被纳入年终分配，没有向群众兑现；杨集公社赵巅大队10个生产队的干部违反规定，每人解决减免款10元过春节等，县政府组织检查后，及时给予了纠正。

1974年，灌云县农业税社会减免款使用实行社员民主评议、落实到户、大队审核、公社批准的程序，然后由生产队填列社会减免三联单（附实据），公社凭此拨款，生产队公布。

1976年，灌云县使用农业税社会减免款切实解决纳税困难的生产队，重点解决当年透支急需解决的困难户。县分配指标一次分清、一次落实、一分不留。

1981年，灌云县为切实加强社减款使用的管理，下发了《关于农业税社减使用的通知》，进一步强调了社减款使用的对象及有关要求。社减款使用时，先由财政助理或财务人员负责组织有关人员深入到队、组、户调查了解，拿出意见报公社（镇）管委会研究后，报经财政局审批。县拨款后，由有关队、组开会，经民主评议落实到户，张榜公布后办理转账付款手续。

1984年，灌云县大部分乡镇财政所采取集中力量、约期到村、当场兑现发放社减款的方法，获得了广大人民群众的一致好评。当年全县社减工作经考核评比，共评出先进单位7个、先进个人25名。

1989年，灌云县遭受较严重的自然灾害，灾减款使用坚持轻灾少减、重灾多减、特重灾全免的原则，保证重点受灾户。灾减款的分配方法按照村组受灾程度轻重和完成税额大小分配，杜绝平均摊配。

1990年，按省厅要求，灌云县扎实做好农业税减免指标的专款专用，认真核定各乡镇减免指标，在指标范围内减免多少，退库多少，减免指标结余的，不得退库，对少数已退库又不能落实到户的减免款，一律重新入库。

1994年，灌云县农业税社（灾）减款应发144.35万元，但因财政十分困难，至1995年6月底只发放70万元。在省、市的支持帮助下，至8月2日全部发放完毕。

1996～2001年，灌云县农业税减免严格按照"重灾多减，轻灾少减"的原则进行分配，坚持专款专用，确保减免指标足额发放到受灾农户。

2002年，灌云县全面贯彻执行《江苏省农业税社会减免先减后征暂行办法》。先减后征，就是指对政策规定的农业税社会减免对象，在税款征收前就按照确定的额度实施税收减免。先由乡镇财政所根据减免对象和纳税人的减免申请，在减免额度内提出方案报乡镇政府同意后，再下达各行政村。各行政村通过民主评议，将减免指标核定到户，张榜公布后，将到户减免方案报乡镇财政所审核，最后报乡镇政府审批确定。享受减免的纳税人完税时，持《农业税社会减免先减后征通知书》，按计征税额与减免额的差额交纳税款。

2005年1月1日起，灌云县根据中央1号文件及省政府文件精神，对全县从事农业生产、取得农业收入的单位和个人，不再缴纳农业税及其附加。

1954～2004年灌云县农业税征收及减免情况表

表7-3

年份	农业税（万元）	附加收入（万元）	减免款	
			主粮(万斤)	金额(万元)
1954	83.3	停征	282.5	24.5
1955	80.1	停征	435.9	36.5
1956	64.2	停征	889.2	68.3
1957	129.6	7.8	342	25.7
1958	130.3	11.0	485	36.1
1959	192.9	18.7	223	17.8
1960	193.6	18.7	226	17.4
1961	207.5	3.9	330	34.5
1962	143.9	2.0	856	77.8
1963	168.0	25.2	560	51.9
1964	208.5	25.8	245	43.4
1965	200.7	24.2	280	25.3
1966	234.9	31.8	219.4	24.1

续表 7-3

年份	农业税（万元）	附加收入（万元）	减免款	
			主粮(万斤)	金额(万元)
1967	227.0	27.4	27	3.1
1968	235.4	28.4	213	23.2
1969	234.0	29.1	237.4	25.9
1970	190.4	26.5	200.4	22.1
1971	196.6	26.0	337	36.7
1972	181.2	26.0	119.7	13.7
1973	244.5	30.0	174.7	20
1974	214.8	28.0	165.1	31
1975	214.4	30.0	192.9	21
1976	220	29.8	123.9	13.5
1977	211	29.7	240.4	26.2
1978	198.1	29.6	323.1	25.3
1979	112.5	17.7	422.4	52.5
1980	116.9	17.1	316.6	39.4
1981	118.5	17.8	276.7	34.4
1982	119.4	17.8	365.5	33
1983	211	24	204	71
1984	222.7	32.9	200	50
1985	296.5	44.5	200	68
1986	321.7	42	126	43
1987	324.1	56.7	163	49
1988	326	37.2	138	47
1989	379.7	47.1	166	68
1990	369.6	44.4	190	78
1991	360	68.5	193	79
1992	441	74	117	59
1993	415	82	117	59
1994	728	121	115	97
1995	731	95	117	112
1996	1061	181	117	186
1997	1043	125	124	175
1998	1033	100	157	181
1999	1035	154	151	178
2000	995	117	185	218
2001	4704	987	1107	1218
2002	4786	1016	1051	1157
2003	5340	1016	1169	2057
2004	3033	602	1162	727
合计	33228.5	5647.3	16378.8	7881.3

说明：1967～1973 年的主粮皆为约数。

第二节　农业特产农业税管理

1987 年，灌云县政府下发灌政发[1987]106 号文件，规定全县从 1 月 1 日起开征农林特产农业税（后改为农业特产农业税），纳税对象为本县从事农林特产生产、取得农林特产收入的单位和个人。农林特产税属地方财政收入，税额全部留给地方，不参与总额分成，县乡实行四、六分成。征收的范围包括园艺收入、林木产品收入、水产收入和种植的中草药材收入等。征收税率根据不同特产收入情况规定为 5%～15%不等：茶叶、芦笋、原木、山棍、原竹、柳条、中药材、水生植物等税率为 5%，其中芦苇蒲草为 10%；果品中水果为 6%、干果为 10%；淡水、滩涂养殖产品为6%，其中鳗鱼苗为 15%，珍珠、海参、鲍鱼、对虾为 8%；茶花为 7.5%；苗木、花卉为 5%。

农林特产税的地方附加一律按现行农业税附加 13%征收。

农林特产税的计征依据，一般以常年产量计算收入，依率征收。当年的产量即以 1983 年至 1985 年平均产量为基础评定为常年量，一定三年不变。不能按常年产量计征的，按其实际销售收入征收。计算农林特产税时，将已征农业税扣除，采取差额征收的办法，由乡（镇）财政所负责征收，也可委托收购部门代征代扣，其款项主要用于发展农林特产和弥补农业生产支出。

1988 年，县政府根据省政府有关规定，制定下发了《灌云县农林特产农业税征收管理办法》，并对捕捞鳗苗开征农林特产农业税的个别类目作出补充规定:凡在灌云县沿海的鳗鱼苗捕捞也开征农林特产农业税，税率为 8%；凡从事鳗苗捕捞、取得收入的所有单位和个人，都应按章纳税，按纳税对象捕捞鳗苗的实际销售收入计征；县财政部门委托收购部门代征。

1989 年，灌云县根据省财政厅关于鳗鱼苗征收农林特产税有关问题的通知精神，对鳗鱼苗捕捞征收农林特产税作出更为明确的规定，并由财政部门委托水产收购部门在收购环节代征代缴。6 月，农林特产农业税的征收范围扩大，除已列征收项目外，又将桑梓蚕茧、药材、果用瓜和海水养殖等产品收入列为征收范围，对农林特产收入实行全国和全省统一税率。全国统一税率的：海淡水养殖收入为10%，其中水珍品为 15%；水果收入为 10%，其中柑桔、香蕉、荔枝、苹果收入为15%；果用瓜为 10%；原木为 8%。全省统一税率的：桑梓蚕茧、药材、原竹、苗木、花卉、茶叶、芦笋、水生植物为 5%，茶花为 7.5%，干果为10%，鳗鱼苗及珍珠、海参、鲍鱼为15%，农林特产税地方附加由原来的13%调整为按纳税人应纳税额10%的比例征收。农林特产税收入由县乡五五分成。12月，县政府转发县财政局《关于农林特产税应税产品外运及县内市场实行完税证明单制度的意见》，农林特产税应税产品外运必须持有省统一印制的外运完税证明单。县财政局领取分发到基层，农林特产应税产品在起运前就地照章缴纳农林特产税。

1993年，农林特产税改称农业特产农业税（简称“农业特产税”）。6月25日，省财政厅发出《关于继续做好农业特产税征收工作的通知》，对农业特产税税率作了调整，海淡水养殖产品（包括水产品）收入税率为8%、水果收入为10%、原木收入为7%，其他农业特产收入税率不变。

1994年5月10日，连云港市财政局和税务局联合发出《关于征收农业特产税有关问题的通知》，规定将原由财政部门征收的农林特产税、税务部门征收的农林牧渔产品税及工商统一税统一改为农业特产农业税（简称农业特产税），由财政部门负责统一征收。统一使用印有“连云港市财政局税票监制章”的农业特产税税票。灌云县当年完成农业特产税217.1万元，完成市下达任务的167%，同比增长241%。

1997年，灌云县根据市财政局对水产品（不包括鳗鱼苗）捕捞环节农业特产税征收管理有关问题的补充通知，规定水产品捕捞环节的农业特产税由船只所属地征收机关负责征收，每年一季度，对未纳、少纳税款的捕捞者查验补征，查征的税款市、县三七分成。

1999年11月25日，灌云县执行连云港市财政局转发省财政厅《关于水产品收购环节农业特产税征收问题的通知》，要求在本县境内从事水产品收购的单位和个人，按照水产品的收购金额的5%适用税率，在收购地缴纳收购环节农业特产税。水产品收购环节的农业特产税由收购者负担，直接向收购水产品的单位和个人征收。农业特产税也可按照规范程序，委托生产、捕捞水产品的单位和个人代征代缴。

2001年，农村税费改革后，灌云县根据江苏省财政厅关于农村税费改革后农业特产税征收管理的意见，对农业特产税的征收范围及税率进行了调整：毛茶税率为8%、水果（含干果）10%、花卉8%、蚕茧8%、食用菌8%；海水、淡水、滩涂养殖产品及捕捞产品、水生植物均为8%；原木、原竹（含竹笋）为8%；海参、鲍鱼、干贝、燕窝、鱼唇、鱼翅为10%。农业特产税附加，按农业特产税的20%执行，随同农业特产税一并征收。同时规定了农业特产税的减征或免征范围：农业科研试验期间的产品，在家庭宅基、自留地上取得的产品可免征；老少边穷地区的特困户可免征，在新开发的荒山、荒地、滩涂及水面上取得农业特产品，可免征 1 到 3 年；因自然灾害造成歉收的可减免。按文件规定，灌云县从农业特产税及附加征收额中提取 7%的资金，由乡镇掌握用于帮扶困难农户的农业特产税的减免；提取 5%的农业特产税灾减资金。

2002 年，农业特产税政策再次进行调整，对在农业税计税土地上生产的农业特产品，只征农业税，不再征收农业特产税。

2003 年起，灌云县停征农业特产税。

1987～2002 年灌云县农业特产税征收情况表

表 7–4　　单位:万元

年份	税收	年份	税收	年份	税收	年份	税收
1987	41.8	1991	78.0	1995	369.0	1999	827.0
1988	49.6	1992	84.0	1996	665.0	2000	276.0
1989	63.4	1993	64.0	1997	671.0	2001	91.0
1990	70.2	1994	195.0	1998	820.0	2002	141.0

第三节　耕地占用税管理

耕地占用税是国家向占用耕地建房或从事其他非农业建设的单位和个人征收的税种。根据《江苏省〈耕地占用税暂行条例〉实施办法》规定,灌云县从 1987 年 4 月 1 日开征耕地占用税，采用定额税制，按照纳税人实际占用耕地面积计征。实行先征税、后批地的办法，防止税收流失。

在三年内曾用于种植农作物的耕地，以及鱼塘、菜地、园田、桑园、茶园、果园等其他农业用地转为非农业用地，均应征收耕地占用税。征收标准为每平方米 3.6~6 元，分为 4 个档次：

第一档次为伊山镇，包括县城规划区的向阳、伊山、侍庄、东王集部分地区，每平方米征税 6 元；

第二档次为杨集、板浦、燕尾三个镇，每平方米征税 5 元；

第三档次为圩丰、四队、鲁河、同兴、伊芦、东辛、宁海、小伊、穆圩、龙苴、陡沟、南岗、伊山、白蚬、向阳、下车乡，每平方米征税 4 元；

第四档次为界圩、图河、沂北、东王集、侍庄乡、每平方米征税 3.6 元。

当地户口的农民在规定额度内占用耕地建房减半征收。

征收耕地占用税的分成比例为上交中央 50%、上交省 15%、县留 20%、乡镇留 15%。县乡征收的资金纳入县乡预算内管理，使用范围是发展农业的专项资金，主要用于开垦宜耕土地、荒地、围垦滩涂和开发其他农业土地资源以及农田建设。

灌云县规定耕地占用税减免对象是：部队各类军事设施用地；全日制中、小学校和幼儿园的教学用房、实验室、操场、图书馆、办公室及师生员工食堂宿舍用地；医院、卫生院、医疗站、诊所用地；敬老院、殡仪馆用地；直接为农业生产服务的水利设施用地。农村革命烈士家属、革命残废军人、鳏寡孤独以及少数生活困难的农户，在规定使用耕地标准以内新建住宅纳税确有困难的，由纳税人提出申请，所在地乡镇人民政府审核，报经县人民政府批准后，可给予减税或免税。

1989 年，根据国务院〔1989〕15 号文件规定，从当年 1 月 1 日起，耕地占用税的分成比例由原来的对半分成调整为上交中央财政 30%、省 20%、市 10%、县 20%、乡镇留 20%。并规定凡实际占用了耕地而完不成中央任务的，要用地方财力补足。

1990 年，灌云县按照省财政厅[1990]38 号文件精神，对县境内的国营农垦、劳改农场征收耕地占用税。同时，按规定严肃耕地占用税的票证管理和减免手续，加强对乡镇“三账”的检查，做到格式内容统一。还根据省财政关于建立耕地占用税减免税分级审批的规定，明确凡占用耕地 3 亩以下的减免税由县财政局审批，超过耕地 3 亩以上的分别报连云港市财政局或者省财政厅审批。

1994 年，灌云县征收耕地占用税 362 万元，完成市下达任务的 476%，同比增加 193 万元。

1999 年 9 月 27 日，灌云县根据连云港市财政局、国土局联合转发的省财政厅《关于实行耕地占用税及围垦造地专项资金预收保证金制度的通知》精神，决定从当年 10 月 1 日起，实行耕地占用税及围垦造地专项资金预收保证金制度。对于申报初审时虽属减免的用地项目，为防止其中掺杂应缴税用地，用地单位和个人按耕地占用税及围垦地专项资金的标准缴纳 10%的保证金。对没有预缴保证金的项目，国土部门不予审批或上报，财政部门对未缴纳保证金的项目不得虚开收据。

2004 年，根据省财政厅规定，耕地占用税减免核准权下放给县管辖，并要求不得再下放。

2008 年，灌云县根据国务院颁布的《中华人民共和国耕地占用税暂行条例》，执行全县人均耕地超过 1 亩但不足 2 亩，征收耕地占用税的税额为每平方米 8 元至 40 元。农村居民占用耕地新建住宅按本县适用税额减半征收耕地占用税。

2010 年 4 月，灌云县根据江苏省政府决定，将耕地占用税征管职能和人员从财政部门划归地税部门。

1987～2010 年灌云县耕地占用税征收情况表

表 7–5　　单位:万元

年份	税收	年份	税收	年份	税收	年份	税收
1987	12.2	1993	31.0	1999	98.0	2005	15
1988	54.7	1994	362	2000	80.0	2006	187
1989	64.7	1995	330	2001	6.0	2007	689
1990	35.6	1996	382	2002	10.0	2008	637
1991	36.6	1997	261.0	2003	244	2009	2138
1992	309	1998	224.0	2004	153	2010	900

第四节　契税管理

契税源于东晋时的“价税”，是指人民典买土地、房屋时向官府交纳的税收。契税按规定的税率和典买土地、房屋契上的价值计税征收，逾期、匿报都受处罚。契税至宋代渐趋完备，后历代沿袭，但税率累有变动。

民国初期，契税基本沿袭清制，只是增加了验契费和注册费，税目由原来的 4 个增加为 6 个。清宣统三年（1911 年）11 月，江苏省都督电令各县，田房契税按契价一元征五分，典契不征。

民国 2 年（1913 年），国民政府将契税列为国家税，民国 3 年至 31 年，契税税率多次变动。

民国时期灌云县部分年度契税税率

表 7-6

变更时期	卖契（%）	典契（%）	说明
民国 3 年 1 月	9	6	财政部发布《契税条例》
民国 4 年 1 月	6	3	财政部规定
民国 4 年 4 月	4	2	财政部颁发《验契税契大纲》规定江苏省带征 1%拨充教育经费
民国 6 年 3 月	6	3	财政部规定
民国 17 年	9	6	民国 21 年 12 月 20 日，省财政厅规定至次年 1 月 20 日，按原税减半征收，对附税及中资捐同样减半并免除罚金，民国 22 年 10 月又减半征收 1 个月
民国 23 年 5 月	6	3	省政府决议，自民国 23 年 5 月起试办减轻 3 个月，后一再延期至民国 25 年 6 月，规定为正式税率
民国 30 年 7 月	6	3	日、伪政府公布
民国 31 年 11 月	9	6	日、伪政府立法院规定
民国 31 年 11 月	9	6	日、伪省财政厅对“清乡”地区重新规定税率

民国 3 年，在公布的契税条例和实施细则中，除规定卖契 9%、典契 6%纳税和另加契纸费每张 0.5 元外，还规定旧契纸均需呈验登录，换给新契纸，纸价每张 1 元，注册费 1 角，同时还规定验契必须贴用特别印花，方能确保其权利。

民国元年至 12 年，灌云县契税收入 68751.59 元。民国 13～15 年，灌云县契税收入 250 元。民国 22 年，全县征收契税 6133 元。民国 36 年，灌云县契税预算收入为 9000 万元（法币）。

新中国成立后，政务院于 1950 年 4 月 3 日颁布了《契税暂行条例》，灌云县从 1951 年开征，买契税率为 6%，典当税率为 3%；交换契其价格超过部分，按买契税率执行；同一人先承典后买，以典契税款拨划抵买契税款。1952 年，按苏北行署通知，契税收入划归乡镇地方财政。1952～1958 年共征契税 3.4 万元，1959～1981 年基本停征。

1982 年，灌云县政府发文要求进一步开展征收契税工作，契税的征收工作由县财政局直接办理。

1988 年 6 月 28 日，财政部发出《关于城镇职工购买公有住房契税问题的通知》，规定对实施住房制度改革的城市和县镇，以及城市中已实施住房制度改革的城区和单位，家住城镇有正式城镇户口的职工，第一次购买公有住房的，免交契税。此项免税照顾每户只能享受一次。

1991 年，灌云县征收契税执行 6%的税率，当年征收 1 万元。

1992 年，灌云县执行省财政厅关于全省统一建立契税减免税分级审批制度的规定，凡符合减免税事项，纳税人须事先向县财政征收机关提出申请，按规定程序和审批权限进行核减，并核发契证。

1994 年，灌云县对全县范围内以前年度的契税进行清理征收，当年实征契税 36.1 万元，完成市下达任务的 300%。

1997 年 10 月 1 日起，灌云县按照连云港市政府相关规定，不论土地、房屋，也不论经营性、自用性，统一确定契税税率为 4%。国家机关事业单位、军事单位用于办公、教学、医疗、科研及军事设施等属于减税免税范围。

1999 年 7 月 29 日，财政部、国家税务总局发出《关于调整房地产市场若干税收政策的通知》，规定个人购买自用普通住宅，暂减半征收契税。9 月 16 日，江苏省财政厅、地税局转发该通知时，补充指出，规定减半征收契税是指暂减按 2%的税率征收契税。

2002 年，根据连云港市实施《中华人民共和国契税暂行条件》的规定，确定了灌云县财政机关为全县契税征收机关。

2004 年，灌云县根据省财政厅《关于明确契税征收几个具体政策问题的通知》，规定购房者应在签订房屋买卖合同后，办理房屋所有权变更登记之前缴纳契税。对购房者已按规定缴税，但由于某种原因在变更产权前退房的，由纳税人申请，经征收机关审核后，对其已纳契税税款予以退还。对用拆迁补偿费和安置补助费购房的，可按拆迁安置的有关政策缴纳契税。对于享受政府最低生活保障的居民，因县级以上人民政府的征用（占用）而重新购买自住房屋，其交价格超出其拆迁补偿费和安置补助费的部分，给予免征契税的照顾。对商住楼、车库、独立和双联别墅按4%税率征收契税。灌云县财政部门根据省市的通知精神，实现契税全部自主征收，加大契税征收力度，通过建立联系单位制度，把握税收源头，使契税收入大幅度增长。

2010年4月，灌云县根据江苏省政府决定，将契税征管职能和人员从财政部门划归地税部门。

第八章　国有资产管理

新中国成立后，灌云县国有资产管理以 1992 年为分界线分为两个时期：前一个时期以实物管理为主体内容；1992 年，县财政局设专职国资工作人员，国资管理职能亦从其他科室划出，此后一个时期以资产运营为主体内容。

第一节　管理职能沿革

新中国成立后，全县国有资产管理工作职能由财政部门的有关股室行使；1992 年，县财政局内设国有资产管理办公室，专司国资管理职能；2002 年，县“国有资产管理办公室”单列，仍挂靠县财政局；2010 年，国有资产管理工作由局行政事业资产管理科承担。

早期的国有资产管理主要是管理公产：草滩、柴滩、鱼塘、石山及公房等。1950 年，灌云县成立了公产保管委员会，并研究部署开展了公产初步清理登记工作。

1951 年 1~3 月灌云县部分地区公产收入统计表

表 8–1　单位:元(旧币)、市斤(大米)

类别／单位	1~2 月份				3 月份				小计	
	房租		柴滩鱼塘		房租		柴滩鱼塘		人民币	大米
	人民币	大米	人民币	大米	人民币	大米	人民币	大米		
新安区	313150	129							313150	129
板浦区	48100				97500				145600	
南城区			1053100	350			125000		1178100	350
伊山区	1545534		12600		950000				2621534	
合计	1906784	129	1179100	350	1047500		125000		4258384	479

1951年9月，县政府召开各区区长会议，布置清理额外资财工作，县、区、乡都成立了清资委员会，坚持“有资必清，清则彻底”的原则。区清资对象以治水救灾账为主，乡村以公代产及收物资为主。全县共清出杂粮349449.5斤，人民币68574279元（旧币）。

1951年灌云县人民政府清资委员会清理资财分类明细表

表8-2

类别 户名	粮(斤)					人民币(旧币·元)				
	财政	民政	文教	导沂	合计	财政	民政	文教	导沂	合计
南岗区	849.5	2963.5		22845.5	26658.5	525500				525500
新安区	4639	14236		52496	71371	11000				11000
南城区	8163	2683.5		15431	26277.5	449372				499372
板浦区	1987	768.5		39994	42749.5	1565300				1565300
田楼区				6900	6900					
杨集区	7283		850	26000	34133					
龙苴区	2150	1424.5	758		4332.5					
税务局										
建设科				33218.5	33218.5					
卫生院						8780990				8780990
同兴区	6383			19021	25404					
公安局	32366				32366	7192117				7192117
财政科	10571				10571					
导沂				35468	35468	5000000				5000000
总计					349449.5					68574279
说明：	1. 同兴民工春季导沂运草工资杂粮76000多斤未还，现已决定发还；2. 卫生院防疫药折价8780990元，仍留防疫公用；3. 新安区人民币100000元，龙苴区268900元未向上报，不在统计数内；4. 税务局银洋9.6元未折币，亦未填在表内									

1952年11月中旬，灌云县开展机关财产登记工作，到1953年6月结束。1955年，为适应社会主义改造时期的要求，4月，县政府召开全县各区财粮助理员会议，对如何加强公产工作进行了研讨。会后据4个区汇报统计，公产收入共计3848.35元。但因征收城市公有地基费人手不足、合作社欠柴滩账，石山管理费征收力度不够、牧牛款大量流失等原因。致使公产收入不够理想。至1959年，公有地基本上被划给了人民公社、柴滩草滩划给了农场、公有房屋被

新成立的企事业单位大量占用，公产收入更是大幅下降。

1958 年前，灌云县地方和公私合营的工业企业仅有县印刷厂和植物油厂 2 个。“大跃进”后，仅三年时间，国有工业企业已发展到 20 多个，企业国有资产管理开始成为国资工作的主要内容。1962 年，贯彻国民经济“调整、巩固、充实、提高”的方针，彻底全面清理资产，核定企业资金定额，建立与健全各项资金财产管理制度，成了全年财政工作的中心任务。全县从 4 月开始清产核资工作，12 月底前基本结束。此次清查单位有企业、事业、机关、团体、学校等全民所有制单位共 51 家，先后经历了清理、复查验收、物资处理、制度建设、核定资金等阶段，通过清仓核资，改变了“虚胖子”状态。据统计，清仓清出呆滞积压物资总值达 286.20 万元，其中县属企业为 440834.02 元，至年底已收购 45606.98 元，已调度处理 857 元，企业自行处理 887159.60 元，代销处理 46435.76 元；固定资产盘盈 41.9 万元，盘亏 6.2 万元；流动资金的“三差”损失总额为 616735 元，其中“量差”40382 元，“质差”491883 元，“价差”84469 元。

1964 年，重点进行了公产房屋清理。当时，灌云县公房主要集中在板浦镇，共有 2000 多间，由于前几年管理松懈，存在部分房屋所有制性质不清、房屋出租收入减少等问题，群众多次来信要求处理。县政府组织人力对其进行了细致调查，开展了全面清理，明确专人负责，改进收费等管理方式，同时将 70 多间破朽房屋拆建后出租作商业使用。

“文化大革命”期间，国有资产管理工作基本停顿。进入改革开放以后，随着经济体制改革的不断深化，企业产权制度改革进程加快。1992 年，县政府成立了国有资产管理办公室，县财政局安排专人负责国有资产管理工作，并积极组建国有资产评估机构。1994 年，财政局增设国有资产管理办公室，负责处理国有资产权属变更、资产的保值增值等问题。

第二节　企业国有资产管理

一、产权登记和年检

为理顺国有企业产权关系，掌握全县国有资产状况，加强国有资产基础管理，1991 年 11 月，县工商行政管理局和县财政局联合发出关于实施《国有资产产权登记管理办法（试行）》的通知。1992 年，对县属新开办的 28 家企业进行了注册资金的审查和验证工作，共审批各类实有资金总额 3310.2 万元；对凡占有使用国有资产的县属全民企业和实行企业化管理的全民事业单位开展了产权登记工作。当年有 91 家企业完成了产权登记，国有资产总量达 11547 万元。

1994 年，全县完成了 103 家国有企业的产权登记和年度检查，登记金额共 3.3 亿元；对 39 家新开办的国有企业注册资金进行审查验证，共审批资金 6669 万元。

1996 年，国务院颁布了《企业国有资产产权登记管理办法》，企业产权登记和年检工作步入了正常轨道，逐年产权年检成为日常工作。当年，灌云县开展对 1995 年度国有企业产权年检，年检 103 家，年检率 100%，年检登记的国有企业资产达 10.5 亿元，负债 9.1 亿元，国有净资产 1.4 亿元，资产负债率为 86.67%。

1997～1998 年，根据全国统一部署，灌云县对城镇集体企业和农村集体企业分别进行了产权登记及年检工作。

2005 年，国有企业改制基本结束，剩余的未改制企业大多数属于不良资产。全县参加 2004 年度的国有产权年检及登记工作的企业 62 家，年检率 100%。截至 2008 年 9 月底，未改制的国有企业及企业化管理事业单位共 55 家（个），资产总额为 5 亿元，负债总额为 3.9 亿元，净资产为 1.1 亿元。2010 年底，全县共有国有企业（含县供销社系统）120 家，总资产 48.25 亿元（因土地由划拨性质改为经营用地性质而增加资产额）。其中房屋面积近 27 万平方米，价值 2.95 亿元；土地面积 3780 万平方米，价值 28.01 亿元；其他资产 17.28 亿元；负债 24.11 亿元；净资产 24.14 亿元。

二、资产评估

1991 年 11 月，国务院颁发《国有资产评估管理办法》，规定对资产拍卖转让、企业兼并、股份制改革等行为进行资产评估，防止国有资产流失。1992 年，在县会计师事务所成立了资产评估机构，有专、兼职评估人员 23 人，其中 7 人通过省考核领取了资产评估证书，为开展资产评估工作打下了基础。

1993 年，中共十四届三中全会召开后，国有企业转换经营机制逐步展开，灌云县为在企业改组、改制过程中做好对国有资产的保值增值工作，加强了对国有资产的评估。1995 年，对 26 个单位进行了国有资产评估，评估原值 1.9 亿元，评估增值 0.78 亿元。1996 年，县财政局组织了首次国资评估师考试专题辅导，以培养壮大评估人才队伍。对31项资产评估项目予以立项、确认，评估账面价值累计51956万元，评估确认价值为58454万元，增值6498万元，增值率为11.12%。1997年，评估立项24个，评估资产总值6495万元，评估增值率为32.99%。1998年，资产评估立项24项，评估确认资产5705.4万元。

2000年5月，灌云县出台《关于改制企业资产评估立项、确认工作实施办法》，明确要求所有参加改制的国有企业、城镇集体企业和资产较大的乡镇企业都必须向县财政局国资部门申请资产评估立项，由财政国资部门对评估结果进行确认。县财政局采用事前登记、事中监督、事后检查的办法，严格评估程序和操作规范，对少数企业人为瞒报资产的行为予以坚决抵制和纠正，较好地维护了企业广大职工利益，尽可能减少了国有和集体资产的流失。2004年，开展了县商业大厦、食品总站等13家国企资产评估备案工作，完成了侍庄等乡镇卫生院资产评估工作。

2003年5月，国务院颁布《企业国有资产监督管理暂行条例》，对国有资产监督管理机构设立、企业负责人管理、企业重大事项管理、企业国有资产管理、企业国有资产监督及法律责任问题作出明确规定。

2005年8月，国务院国有资产监督管理委员会下发《企业国有资产评估管理暂行办法》，对企业国有资产评估进一步细化操作程序。全年共备案评估报告30余份，评估资产近亿元，评估增值2000余万元。在县化肥厂改制中，职工因不满资产瞒报而上访，县财政局受权重新进行资产清查盘点，摸清家底，重新界定产权，最终资产与破产申报数相比增值1400余万元，增值率为105%。

三、产权转让及资产保值增值

1995年，灌云县开始建立现代企业制度试点，进行产权制度改革试点的企业15个，并完成了县制面厂由国有企业向股份制企业的转换。在企业改制中，财政部门积极参与，深入调查研究，一方面盘活存量资产，做好“贷改投”工作，增强企业实力和发展后劲，努力探索运营之路，实行与企业签订保值增值责任书，进行国有资产保值增值试点；另一方面，积极支持企业改制，推进国有资产依规处置转让，有效防止国有资产的流失。

1996年，灌云县选择了10家效益较好的企业进行保值增值试点，年初10家企业国有资产总额为3796万元，经核实增值额为37万元，当年国有资产保值增值率仅为101%。选择县印刷厂、双云鞋业有限公司、水利机械厂进行“先股后售”试点，选择县轧花厂、棉麻公司、棉麻基地进行组建企业集团试点，以增强企业活力。

1997年，县印刷厂、水机厂等企业单独进行规范化股份合作制改革试点，县棉花良种场改制组建为金田集团，县燃料公司、木材公司等单位以划小核算单位方法进行分立，盘活了大量存量资产。县糖果厂将闲置资产进行出售，县化工厂进行破产，国企改制深入开展。至年底，财政部门参与完成了全县322家企业的改制工作。同时，还选择16家企业签订保值增值责任书，保值增值率为116.61%。还先后将县洋桥农场、大豆原种场、饲料厂、食品公司等企业100多万元财政贷款改为投资，既增加了国家投资，又减轻了企业负担。

随着国企改革的深入，县财政局严格按照上级有关文件精神，加大国企产权改革监督力度，依法依规处置国有资产，明确国有资产评估、核准与备案的范围，做好出售国有资产核准备案工作，所有产权转让坚持一律进场交易、公开拍卖，严禁暗箱操作、私相授受，保障国企改革的健康开展和国有资产的保值增值。

1999年6月，县国有资产管理办公室下发《关于灌云县国有产权转让管理办法》，规定县国资部门负责审查和批准全县企业事业单位国有产权转让的申请，处理转让争议和违法违纪行为；企业事业单位整体资产转让必须经县政府批准，部分资产转让需经各主管部门同意、审查后报国资部门审批；挂牌价或底价低于评估价90%以下（含90%）的，必须用竞价的方式进行转让。县财政局和县委组织部联合开展了国有资产保值增值考核工作，经各企业自我测定申报、主管部门审核，财政（国资）部门审定，下达33户国有企业1999年度国有资产保值增值考核指标。

2003年，县财政局参与139家企业改制，转让、拍卖各类资产1亿余元，实现职工身份置换6704人，其中仅拍卖一项就增值近1000万元。2004年，安排县电子机械厂、棉纺织厂等46家国有企业不良资产破产终结；2005年，参与县肉兔发展总公司等25家国有企业改制，其中破产企业15家。经国资办办理的改制事项，无一起引发集访事件，维护了社会稳定。

截至2010年6月，全县603家国有和集体企业产权明晰到位，其中职工劳动关系调整到位的582家。

四、清产核资

1993年，中共十四届三中全会决定，为转换国有企业经营机制，促进现代企业制度的建立，要有步骤地在全国开展清产核资，以界定产权，清理债权债务，评估资产，核实企业法人财产占有量。根据全国开展清产核资工作的总体部署，1994年，灌云县在县旋耕机集团进行了清产核资工作试点。

1995年，灌云县国有企业清产核资工作全面展开。清产核资的内容是：清查资产、负债状况，界定资产所有权，重估资产价值，核定国家资本金总额，登记国有资产产权。县成立了清产核资领导小组，3月21日召开了全县动员大会，　1400多人参加了清产核资工作。截至年底，全县共清产核资企业138家，其中流通企业94家、工业企业21家、交通运输业5家、城市公共业11家、企业化管理的事业单位7个，资产总额79858万元，负债总额77756万元，所有者权益2102万元，损亏额12364万元；职工总人数16925人。全县共核销资金3972万元。未核销流动资金损失4591万元，固定资产损失309万元，递延资产2195万元，资金挂账14658万元，总计21753万元。

1996年，国务院又部署在全国范围内开展城镇集体所有制企业、单位的清产核资工作，其内容是资产清查、价值重估、产权界定、资金核实、产权登记、建章建制等。灌云县于当年进行了试点，1997年4月全面展开，至10月完成了125家集体企业的清产核资工作，初步摸清了集体企业的家底。全县城镇集体企业资产总额达10.86亿元，负债总额达10.14亿元，所有者权益为7165万元，资产负债率为93.4%。全部资产损失2593万元，有问题资金7904万元。通过核资，全县集体企业资产净增值2376万元，核销各类损失1222万元。集体企业共有职工13172人，全年实际上交税利2215万元。

1998年，灌云县对部分1997年未进行清产核资的城镇集体企业予以收尾补课，同时对农村集体资产也进行了全面的清产核资。

2003年9月，灌云县贯彻落实国务院国资委颁布的《国有企业清产核资办法》，对国有企业账务清理、资产清查、价值重估、损溢认定、资金核定和完善制度等方面作出进一步规定。

第三节 行政事业单位资产管理

一、产权登记和年检

1995 年 6月，国家国有资产管理局印发了《行政事业单位国有资产管理办法》、《行政事业单位国有资产产权登记实施办法》。1996 年 3 月，灌云县按照上述两个“办法”的规定，开展了新中国成立后首次行政事业单位产权登记，经过两个多月的努力，全县 275 户行政事业单位和社会团体完成了产权登记，并领取了登记证。经登记，全县行政事业单位国有资产总额达 4.21 亿元，负债总额为 1.66 亿元，国有资产为 2.55 亿元，资产负债率为 39.4%。首次产权登记后，每年都对上一年度已登记单位进行产权年检。1997 年，年检户数 255 户，2003 年为 300 多户。截至 2008 年 9 月底，全县独立核算行政事业单位 363 户，行政事业单位资产总额为 36.1 亿元，负债总额为 9.5 亿元，净资产为 26.6 亿元。至 2010 年底，全县共有行政事业单位 362 个，总资产 49.84 亿元，其中固定资产 43.03 亿元。

二、资产清查

1993 年 3 月，全县行政事业单位开展财产清查登记工作，清查时点为 1992 年 12 月 31 日。通过单位自查、主管部门复查和县检查验收，全县 700 余个行政事业单位完成了财产清查登记工作，摸清了家底，并建立健全了财产登记账卡制度。

2004 年，县财政局为进一步摸清全县行政事业单位资产家底，了解其存量分布情况，组织对全县行政事业单位资产进行清查，清查后的资产约 10 亿元。

2007 年 3 月，根据全国统一部署，全县行政事业单位又一次开展资产清查工作，资产清查基准日为 2006 年 12 月 31 日，清查范围为经机构编制管理部门批准成立的各类行政事业单位、社会团体及执行民间非营利组织会计制度、并同财政部门有经费缴拨关系的社会团体等单位。清查工作于 11 月底结束，据统计，清查后的资产约 26 亿元。

2008 年 8 月，根据连云港市财政局《关于做好全市党政机关事业单位公有房屋土地使用情况报表填报工作的通知》要求，灌云县对行政事业单位公有房屋土地使用情况、经营性生产管理情况进行全面梳理，清理工作实行零报告制度、公示制度、签名制度，清理截止时间为2008年6月30日。

三、资产管理

1996年，为适应党政机构改革的需要，县委办公室、县政府办公室、县财政局联合下发了《关于在机构改革中加强行政机关事业单位国有资产管理工作的通知》，对保障机构改革中国有资产的安全与完整提出了明确要求。

2003年，县国资办制订了县行政事业单位国有资产管理制度（草案），对行政事业单位国有资产的购置、登记、建账、转让、报废等管理问题作出明确规定，严格规范国有资产处置行为。并按上级要求，对行政单位的非经营资产转经营资产进行清查，强化管理。

2004年11月，县政府办公室就全县中小学布局调整过程中撤并学校的资产管理工作发出通知，要求各乡镇、各单位切实明确撤并学校的资产性质，加强对撤并学校财务审计、资产摸底清查、造册、归并工作。对撤并学校资产改变用途和拍卖、租赁、转让等问题也作了明确规定。

2006年4月，县政府发出《关于严禁擅自处置国有资产的紧急通知》，严格要求对用行政事业单位资产和企业国有资产进行出租、出借、转让、投资、抵押、质押、分配、调剂等行为，必须经单位申请、主管部门审核、县国资办核准后报县长办公会审批，并由县国资办统一委托有资质的单位进行资产清查和审计、评估、拍卖等，决不允许部门和单位擅自突击处置，并改变资产的现状和使用性质；行政事业单位用资产、资金投资办实体的，要核实其出资及其现有股权、产权、权益；出租、出借资产要进行登记造册，处置资产收入必须全部存入县财政专户，严禁坐收坐支或私设“小金库”。对违反上述规定的擅自处置国有资产的行为，要进行党纪政纪或刑事责任追究。

2008年3月，灌云县财政局转发国家财政部颁发的《行政单位国有资产管理暂行办法》《事业单位国有资产管理暂行办法》，要求全县认真贯彻实施，严格规范行政事业单位国有资产的综合管理行为。

为防止县乡两级政府和县各有关部门因为签订不规范的经济合同而导致国有资产流失，2010年 2 月，县政府办公室就加强经济合同规范管理工作发出通知，要求凡以县政府名义签订或鉴签的经济合同，必须由县政府法制办组织相关人员并邀请法律顾问研究推敲，县主要领导审核把关；各乡镇、部门不得越权签订土地出让、转让及国有资产出让、转让、租赁等经济合同，在权限范围内签订的经济合同也要报县政府法制办审查备案，所有未经审查的经济合同不得实施和签订。

第四节 国有资产经营管理

2008年11月，灌云县委、县政府根据连云港市人民政府《关于成立灌云县资产经营管理有限责任公司并授权为国有资产投资主体的批复》精神，按照《中华人民共和国公司法》等有关法律规定，成立了连云港市灌云县资产经营有限公司（以下简称县资产公司），并发出《关于加强全县国有资产统一经营管理工作的通知》，授权县资产公司代表县政府从事县国有资产经营管理，承担筹融资、资本运作等职能：县资产公司通过对外投资、控股、参股、合资、租赁、承包、转让、兼并等方式进行资本运营；负责盘活现有的存量国有资产和国有资产收益解缴工作；为中小企业及政府重大项目融资提供服务平台；对县资产公司依法取得的国有土地进行前期开发等业务；所有财政投资项目统一由县资产公司进行运作，履行项目管理人职责，并按其投资项目总额的9%收取项目管理费。

为实现县国有资产的统一管理，县政府决定分期分批将条件成熟的资产转入县资产公司或委托县资产公司管理。至2010年底，划转了县盐务局、开发局、审计局、科技局、老干部局、行管局、文化局、物价局及县人民医院、中医院、卫生学校等11个部门的房屋土地等闲置资产，共计44057.2万元。

2010年，县资产公司引进江苏汇鸿集团公司参股改制，改制为江苏筑富实业投资有限公司，其主要职责是：负责保障房开发、农田水利建设等政策性贷款任务，选择和包装融资项目，拓宽融资渠道，发行政府债券，支持政府重大工程建设，实现多元化投资等。从此，国有资产的经营管理开启了新的运营模式。

第九章　会计事务管理

《中华人民共和国会计法》（以下简称《会计法》）规定“县级以上地方各级人民政府财政部门管理本行政区域内的会计工作”。新中国成立后，灌云县会计业务工作由县财政局相关股室管理。1994年，县财政局设立会计事务管理股，担负管理全县会计工作的职能。主要负责对会计法律法规、会计制度的管理；对全县会计人员的管理；对会计基础工作的管理；以及对所分管的其他会计事务的管理。

第一节　会计法规及会计制度建设

一、《会计法》的颁布实施

《会计法》是调整社会经济生活中会计关系的法律总规范，是制定其他会计法规的依据，也是指导会计工作的最高准则。我国是文明古国，会计工作及《会计法》具有悠久的历史。从战国时期的《法经》，之后的秦律、唐代的《唐律疏议》、明代的《大明律》、清代的《大清律》等都对会计问题作出了具体规定。民国元年（1912年）起，北洋政府先后两次拟就《会计法草案》：民国3年3月，公布了《会计法条例》；10月2日重新修订后改称《会计法》，共9章37条，分为总则、预算、收入、支出、决算、期满免除、契约、出纳官吏及附则，这是中国历史上正式颁布的第一部《会计法》。

民国14年8月14日，民国政府重新修订颁布《会计法》，共10章127条。分为通则、会计报告、会计科目、会计簿记、会计凭证、会计人员、会计事务程序、会计报告程序、会计交接及附则。

民国24年8月14日，国民政府公布的《会计法》适用预算单位，共6章127条。

新中国成立后，国家以制定统一的会计制度为起点，逐步建立以规范会计行为为主要内容的会计法规体系。1985年1月21日，第六届全国人民代表大会常务委员会第九次会议通过了新中国第一部《会计法》，包括总则、会计核算、会计监督、会计机构和会计人员、法律责任和附则，共6章31条，这标志着我国的会计工作从此走上了法制轨道。

1987年，县财政局组织开展《会计法》培训，全年培训乡镇以上会计人员5000人次。

1993年12月29日，第八届全国人民代表大会常务委员会第五次会议通过了《关于修改〈中华人民共和国会计法〉的决定》，对1985年公布的《会计法》中的16项条款进行修改，修改后的《会计法》为6章30条。全县组织2600余名会计人员参加《会计法》学习培训。

1999年10月3日，第九届全国人民代表大会常务委员会第十二次会议审议通过了第二次修订的《会计法》，并从2000年7月1日起施行。新修订的《会计法》共7章52条。与修订前的《会计法》相比，修改了21条，增加了30条，删除或合并了8条，未作修改的只有1条，同时增加了第二章“公司、企业会计核算的特别规定”。

为全面实施《会计法》，灌云县财政局根据省、市财政部门的统一部署，采用举办培训班、法律咨询、法律知识竞赛和利用广播、报纸等形式，强化对《会计法》的宣传，重点加强对全县会计人员的《会计法》知识教育，使其真正明确自己的职责、权利和义务以及担负的重要责任，做到依法行使职权。除每年定期组织会计人员培训外，并根据实际工作需要，适时地组织会计人员学习相关法律知识，先后组织全县会计人员参加了第一、二、三届全国会计知识大赛，并获得全市排名第二名、第三名的好成绩。2000年，重新修订的《会计法》颁布后，县财政局针对以往实施《会计法》过程中的实际情况，采取切实措施，加强全县会计工作的管理。一是依法规范会计人员行为，保证会计资料质量，发挥好会计工作在社会主义市场经济中的作用；二是进一步明确单位负责人对本单位会计工作和会计资料真实性、完整性的责任；三是进一步完善了会计记账规则和会计核算制度；四是强化了会计监督制度；五是实行会计从业资格管理制度；六是加大了对违法会计行为的惩治力度。

二、会计行政法规建设

会计行政法规及规章是行政事业、企业单位及会计人员从事财务会计管理和处理会计事务的基本要求和规则。1951 年 10 月，中财委发布的《核定会计师管理规则》规定，县人民政府核准的会计师，得以会计师名义在当地县执行业务，并由会计师个人署名负责。1963 年 1 月 3 日，国务院颁布《会计人员职权试行条例》，这是新中国成立后第一部专门规定会计人员职责、权限、任免和奖惩的行政法规。

1978 年 9 月，国务院颁布了重新修订的《会计人员职权条例》，除对有关章节进行必要的修订外，还补充增加了“总会计师”和“技术职称”两章，对总会计师的设置和职责、权限以及会计人员评定技术职称问题作了原则规定。

1986 年 7 月 3 日，国务院颁布《中华人民共和国注册会计师条例》；1990 年 12 月 31 日，国务院颁布《总会计师条例》；1992 年，财政部颁布了《企业会计准则》《企业财务通则》《企业会计制度》《企业财务制度》（以下简称“两则两制”）。

1996 年至 2000 年，财政部又先后印发了《会计基础工作规范》《会计人员继续教育暂行规定》《会计档案管理办法》《会计从业资格管理办法》等，都对会计工作和会计人员的管理作出了规范要求和具体规定。

县财政局及时下发相关《条例》及《规定》，组织会计人员培训。1993 年，先后举办企业会计“两则两制”培训班 12 期，参训人员共 736 人，保证了全县企业新旧会计制度顺利接轨和“两则两制”的全面实施。并依据国务院颁布的条例和财政部颁发的规定，有效地加强了全县会计管理工作，提升了会计工作水平。

三、会计制度建设

会计制度是指政府管理部门依据相关法律法规，对处理会计事务所制定的规章、规则、办法、程序等规范性文件的总称。根据《会计法》规定：“国家实行统一的会计制度”。它主要包括会计核算制度，会计监督制度，会计机构和会计人员管理制度，会计工作管理制度等。

（一）预算会计制度建设

预算会计制度按预算会计体系分为财政总预算会计制度、行政单位会计制度、事业单位会计制度。

1. 总预算会计制度的执行与变动

新中国成立后，灌云县财政局执行财政部及江苏省财政厅关于财政统一管理制度。统一经费开支标准，一切收入归库，一切支出从库。

1950年，灌云县执行苏北行署印发的《苏北城乡地方财政收支暂行会计制度草案》，它是适用于管理本县地方经费收支与统计国家收支数字的财政总会计单位。采用复式簿记原理记账。收入以征收机关结报数字为记账依据，支出以实际支付数为记账根据。会计科目分为，贷方科目：收入类有公粮附加收入、房地产附加收入、公有事业附加收入、公学产收入、地方事业收入、市镇建设收入、补助收入、其他收入；其他类有库存数、暂收数；代管类有国家财务收入、代管收入。借方科目：支出类有乡镇行政支出、财务支出、文化教育支出、卫生事业支出、农林支出、交通水利支出、社会福利支出、市镇建设支出、军烈（属）优待支出、补助支出等；其他类有预付经费、暂付数、库存数、未解库数；代管类，有解缴国库数、应抵国家收入数、代管库存数。共同科目有本年收入余绌、历年度收入余绌、结报存欠。

1951年，灌云县按照财政部制定的《各级人民政府暂行总预算会计制度》的规定，办理财政收支、资金调拨及资产负债增减的一切会计事项。会计科目分为岁入、岁出、资产、负债和资产负债共同类五类。会计核算采用收付实现制，会计年度采用自1月1日起至12月31日的历年制。

1953年，灌云县按照财政部的要求，成立县级财政总预算，设立总预算会计，并执行财政部颁发的《各级人民政府总预算会计制度》。制度规定县人民政府总预算会计办理预算收入、预算支出、县预算存款、预算拨款和往来款项的会计事务。根据各行政、事业机关报送的会计报表，监督其预算资金使用情况，编制执行总预算的会计报表。

1955年2月，国务院发布《关于发行新的人民币和收回现行的人民币的命令》，新旧币的折合比例为新币1元等于旧币1万元。3月1日起，灌云县各机关、团体、企事单位和个人的一切交易、单据凭证、记账和编制报表均以新的人民币为本位，以元为记账单位，小数列至角、分为止，分以下四舍五入。同年12月9日，财政部颁发《地方财政机关总预算会计制度》，规定了记账方法由原来的现金收付记账法改为借贷记账法。

1956年，根据省财政厅的要求，灌云县财政预算收入的核算以本年度为缴入人民银行的数额为准；预算支出的核算以本年度由向人民银行支出的数额（简称银行支出数）为准。会计报表分为月报，季报和年报，都以累计数编制。

1958年，财政部发出关于简化地方预算总会计报表的通知，灌云县依此取消了原季度会计报表48张；简化月报、取消7个主要“项”、并将6个往来科合并为两个。县财政预算收入核算的基础以交入基层金库的数字为准，乡镇财政以交入营业所、信用社的数字为准。

1960年，按照财政部修订的《地方财政机关总预算会计制度》及江苏省总预算会计制度规定，灌云县总预算会计增设了“地方预算限额结算支出”科目，恢复“地方预算周转金存款”科目。将“建设银行经办地方预算存款”修改为“地方预算建设银行存款”；将“贷给下级预算的短期贷款”和“其他短期垫款”合并修改为“贷出款”；将“由上级预算借入的短期款项”和“其他短期借入款项”合并修改为“借入款”。会计报表按规定编制旬报、月报、年报。

1962年，灌云县按省财政厅的要求，会计科目增设“预算外资金存款”“预算外资金支出”“预算外资金暂付款”“预算外资金收入”“预算外资金暂存款”“预算外资金年终结余”等六个科目。

1966年，财政部发出《关于修改补充〈地方财政和机关预算会计制度〉部分规定的通知》。灌云县财政局于当年按修订的会计科目，总预算会计共设置资金来源、资金运用和资金结存3类17个科目。资金平衡方法由资产负债对应平衡，改为资金来源减资金运用等于资金结存的平衡方法。记账方法由借贷记账法改为以资金活动为主体的收付记账法。经费拨款明细账由按“款”与“户”设置，改为分“户”设账；预算收入明细账，改为日记账按旬记账等。

1976年，灌云县执行江苏省革命委员会财政局制定的《江苏省地方财政总预算会计制度》。按规定办理地方预算收入，地方预算收入的划分、报解和地方预算存款、地方预算外存款收纳和支拨；根据批准的预算及时合理地供应资金，保证社会主义建设事业发展的资金需要；按照规定的格式、内容和期限，及时地编报地方总预算会计报表，分析预算执行情况；组织会计人员对会计工作开展互审、互查、交流经验。1984年，灌云县财政局执行财政部颁发的《财政机关总预算会计制度》。县级财政库存，一律由财政总会计按规定统一在同级国库开立“国库存款”和“财政预算外存款”两个账户。财政局内部的其他职能单位经管的各种专项基金的存取，一律通过财政总会计办理，不得库外自立账户，自存自取。财政总会计人员不得经管现金和上缴的物资。

1989年，在对财政总会计制度科目作适当调整的同时，财政总会计的基本任务增加了两项：负责组织年度财政总决算和行政事业单位决算的编审及上下级财政之间的结算；对总预算和单位预算的执行实行会计监督。

1998 年 1 月 1 日，灌云县开始执行财政部新制定的《财政总预算会计制度》，该制度较原来的相关制度变化较大。在资金的核算和管理上，原由财政部门管理的预算外资金及各项财政性资金和基金纳入预算内核算和管理。对会计核算一般原则明确提出了真实性原则、适应性原则、可比性原则、统一性原则、一贯性原则、及时性原则、清晰性原则、收付实现制原则、和专款专用原则等九项原则。会计要素由原来的三类改为五类。会计平衡公式改为平时月份核算公式：资产 + 支出 = 负债 + 净资产 + 收入；年终核算公式为：资产 = 负债 + 净资产。规定了总预算会计采用借贷记账法。财政对行政事业单位包干经费改为以拨列支的办法。会计报表的种类和内容亦有所变化。

2. 行政事业单位会计制度建设。

行政事业单位会计制度又称单位预算会计制度。根据财政部发布的《关于 1950 年度财政管理及会计事务处理采用收付实现制的几项具体规定》及苏北行政公署财政处的有关规定，灌云县各行政事业单位均采用以大米为结算单位，采用单式簿记记账，实行报账制。当时的会计要素为岁入、岁出、资产、负债和资产负债。

1951 年 7 月，灌云县试行苏北行署财政处印发的《1951 年下半年度苏北各级人民政府暂行单位预算会计制度》，采用收付实现制，用复式记账原理和现金收付记账法登记账目。一切账簿的格式均以付方列左，收方列右。会计科目、会计凭证、会计账簿与“总预算会计制度”基本相同。制度对单位会计报表、会计处理程序、会计决算、会计事项，分录都作出了具体规定和说明。

1953 年 11 月 30 日，财政部颁布《各级人民政府单位预算会计制度》，规定了统一的会计科目、会计凭证和会计报表，将原来的岁入决算表、岁出决算表、预算外支出决算表、资产负债表等年度报表修订为资产负债表、预算支出计算表、预算收入计算表以及差额收支明细表、财产清查表等。灌云县并根据省财政厅颁发《江苏省各级人民政府暂行单位预算简易会计处理办法》，将会计科目设收入类 6 个科目、负债类 5 个科目。会计账簿设现金日记账，总分类账，支出明细分类账，支出预算执行登记簿，固定资产登记簿及库存物资明细分类账。会计报表分日报、月报、年报三类。采用复式付收记账方法登记账目。

1955 年，江苏省财政厅颁发《预算单位会计制度》和《简易会计制度》，根据具体情况，灌云县 19 个单位执行单位会计制度，32 个单位执行简易会计制度。

1956 年 11 月，财政部颁发《各级国家机关单位预算会计制度的补充规定》，修改补充了各级国家机关执行单位预算会计的主要任务，并对会计凭证、账簿、货币资金、支出、往来、材料、固定资产、基金、拨款、收入、会计报表等有关内容作了个别修改和补充。

1959 年，灌云县根据省财政厅下发的《江苏省报销单位会计处理办法》，规定报销单位领到的预算资金在人民银行开设“预算资金存款”户。月底按编制内实有人数、经费开支标准和预算科目的“目”级科目，填具经费领款书，报主管单位或财政部门。财政部门和主管单位拨付此项经费时，均以“预算支出”科目列账，月终根据报销单位支出计算表的实数结算。

1963 年 12 月 10 日，财政部颁发了《单位预算机关会计制度》，江苏省财政厅据此作出了有关补充规定。灌云县财政局要求各机关分级核算银行支出数，凡是从经费限额支取的资金，即是银行支出数。已经支取尚未使用的，应缴回银行，恢复限额或存款，冲减银行支出数。

1966 年，灌云县执行《行政事业单位会计制度》，将借贷记账法改为资金收付记账法，会计等式变动为“资金来源－资金运用＝资金结存”。会计要素也随之变化，分为资金来源，资金运用，资金结存三类。会计报表由原来的 8 种简化为月报和年度决算两种，其中月报包括资金活动情况表和经费支出明细表两种，取消了原有的 3 种季报。会计账簿设有总账、拨出经费明细账、往来款项明细账、经费支出明细账、预算外收入明细账、预算外支出明细账、经费存款（经费限额）明细账、现金出纳账、固定资产和库存材料明细账。

1979 年，灌云县执行《江苏省行政事业单位会计制度》，将会计科目设置为：全额单位的资金来源类设 7 个科目；资金运用类设 7 个科目；资金结存类设 7 个科目。差额单位的资金来源类设 9 个科目；资金运用类设 6 个科目；资金结存类设 4 个科目。

1980 年，灌云县按省财政厅要求，在原制定“拨入经费”科目之后，增设“经费包干结余”科目，下设“事业发展基金”和“集体福利和奖励基金”两个明细科目。

1987 年，灌云按照《江苏省行政事业单位会计制度》规定，所有行政事业单位会计、出纳分设，钱账分管，出纳人员不得兼管稽核、会计档案和收入、费用、债权债务账目的登记工作。较小单位配备专职出纳有困难的，由单位领导指定专人兼管。

1989 年，灌云县按照新更名的《事业行政单位预算会计制度》，将其预算范围分为科教文卫事业单位、农业事业单位和行政单位三大类。记账方法仍沿用资金收付记账法，其会计要素、会计等式、会计报表等未发生变化。

1998 年，国家对行政和事业单位会计制度进行改革。财政部先后制定了《事业单位会计准则（试行）》《事业单位会计制度》《行政单位会计制度》，将事业单位会计从行政事业单位会计制度体系中分离出来，行政单位将原来的资金来源、资金运用和资金结存三要素改为资产、负债、净资产、收入、支出五个会计要素。会计等式也改为“资产 = 负债 + 净资产”并将原使用的资金收付记账法改为借贷记账法。

灌云县按照财政部制定的通用事业单位会计制度和特殊行业的会计制度的规定，统一预算内、外资金的核算，改资金收付记账法为借贷记账法。同时形成了以资产负债表和收入支出表为主，以事业支出明细表和经营支出明细表为附表的报表体系。

（二）企业会计制度建设

新中国成立后的企业会计制度建设，经历了适应经济发展需求而制定、修订充实、健全完善的过程。2001 年前，企业会计制度按企业的行业体系分为：工业企业会计制度、商品流通企业会计制度、交通（运输）企业会计制度、饮食服务企业会计制度、建筑施工企业会计制度、农业企业会计制度、金融保险企业会计制度等。2001 年 1 月 1 日起，按照国家财政部重新制定的《企业会计制度》规定，不再分行业设置。

1.工业企业会计制度

1951 年 11 月，财政部召开了第一次全国企业财务管理及会计会议。会议讨论修订了多种国营企业统一会计制度，包括国营企业统一报表格式、统一会计科目等及说明。

1953 年，灌云县地方国营企业、公私合营企业统一执行财政部公布的《1953 年度国营工业企业统一会计科目表及统一会计报表》《国营企业统一登记簿籍填制会计凭证》，采用复式借贷记账方法，用统一的会计科目编写代替科目名称，记账、制票。填制会计凭证，均以合法的记账单和原始凭证或原始凭证汇总表为依据，记入有关账户。

1954 年，灌云县执行财政部公布的《国营工业企业统一简易会计科目及会计报表格式》，设置 21 类，54 个一级会计科目、7 种统一报表。

1956年1月1日起，灌云县执行财政部颁发的《国营工业企业基本业务标准账户计划》，推行"凭单日记账"核算形式。

1958年，开始执行财政部颁发的《地方国营工业企业基本业务简易会计制度》。对一级账户核算内容进行修改或补充。但执行制度中出现了会计凭证不完整、账簿不健全、数字不实、财产心中无数、"以表代账"、"无账会计"等问题，会计工作出现了混乱现象。为纠正这类问题，财政部于1959年发出了《关于国营企业会计核算工作的若干规定》，从会计凭证、账簿、会计报表、财务会计监督等10个方面作出明确的具体规定。

1961年，灌云县执行国务院财办下发的《关于试行〈国营企业会计核算工作规程（草案）〉的通知》精神，进一步明确企业会计机构的设置、会计人员的职责，建立健全会计核算制度。

1966年起，灌云县执行财政部印发的《工业企业会计科目和会计报表格式（草案）》《工业企业简易会计制度（草案）》。会计科目编写作了较大简化，规定工业企业可采用借贷记账法、亦可采用增减记账法，但均必须采用复式记账。1967年，则统一改为增减记账法。

1974年，灌云县按照财政部发出的《国营企业会计工作规则（试行草案）》《国营工业企业会计科目》《国营工业企业会计报表》和《国营工业企业成本核算办法》，针对会计工作中存在的问题，对会计凭证的填制和审核，会计核算的有关原则，会计账簿的设置和记账要求，会计报表的编制、签署、审核、汇编以及进行财产清查和实行财务监督等作出了具体规定。

1979年2月，灌云县按照财政部《关于实行县办工业企业利润留成有关问题的通知》精神，规定县办国营工业盈利企业的利润留成比例按全国平均水平确定为50%。1980年1月，国务院颁发经过修订的《国营工业企业利润留成试行办法》；9月18日，财政部印发《国营工业企业会计制度—会计科目和会计报表》，按规定设会计科目50个。该制度从1981年1月1日起执行。

1983年，灌云县执行财政部《关于国营工业、供销、施工企业实行利改税会计处理问题的规定》，并根据省财政厅的有关规定，对实行利改税的国营工业、供销、施工企业会计处理和会计报表作了修订。一是调整会计科目。增设"应缴利润"，取消"应缴资金占用费"；"应缴税金"科目增设"应缴所得税"明细科目；"利润分配"科目增设"应缴地方预算所得税""应缴地方预算利润""企业盈利""本年利润""上年利润"等明细科目；"利润"科目增设

“本年利润调整”明细科目。二是调整会计账户。主要是对利改税前已计入产品成本的各种奖金、原来从利润留成中列支的职工福利、原来已经记入“利润”科目的技术转让费等进行账户调整，分别转记有关账户。

1985年1月起，灌云县执行财政部重新修订的《国营工业企业会计制度—会计科目和会计报表》。会计科目设置60个，分两大类；规定会计报表13种。并对报表报送时期作出具体规定，记账方法仍可采用借贷记账法或增减记账法。

1987年，灌云县按照省市财政部门的要求，在工交企业会计科目中，将“国库券”科目改为“有价证券”并增设“应付债券”科目。

1992年，国家对企业会计制度进行重大改革，财政部先后制定下发了“两则两制”，并据此分别制定了体现行业经营特点和管理要求的各行各业新的会计制度。《工业企业会计制度》设置会计科目60个，由原来的两大类改为五大类。新的“资产=负债+所有者权益”平衡模式代替了原来的“资金占用=资金来源”平衡模式。资产分类由原制度的固定资产、流动资产和专项资产等改分为：流动资产、长期投资、固定资产、无形资产、递延资产等。

2001年1月1日起，灌云县执行财政部重新修订的《企业会计制度》，这是一部打破企业行业经营特点和管理模式而制定的统一的企业会计制度。按照新的《企业会计制度》，灌云县将企业会计分为资产、负债、所有者权益、收入、费用和利润等六个要素。设置会计科目5类、85个。其中资产类会计科目43个、负债类会计科目19个、所有者权益类会计科目6个、成本类科目3个、损益类科目14个。会计报表有资产负债表、利润表、现金流量表；附表有资产减值准备明细表、股东权益增减变动表、应缴增值税明细表、利润分配表、分部报表及其他有关附表。企业会计报表按时间分为月报、季报、半年报和年报。

2.商业企业会计制度

1949～1957年，灌云县国营商业企业分属中央和省，由省财政厅直接管理。企业执行1950年制定的《全国国营贸易企业暂行会计制度》，其后又进行了几次重新修订。

1958年，一些中央和省属企业下放给县管理，在商业企业中试行“以单代账”。1961年开始纠正“以单代账”和“以表代账”的做法。

1963年，灌云县执行《商业系统统一会计制度》，按照经济业务相同与不同分别设置通用科目和专用科目。商品科目改设为运入在途商品、库存商品、有问题商品、运出在途商品、购货方拒收商品等五类，国民经济调整时期又增设了库存老产品、商品调价差额、待核销三清财产损失、已核销三清财产损失，三清商品等科目。

1966 年，灌云县按照省财政厅《商业系统统一会计制度》要求，将“借贷记账法”改用“增减记账法”，并对会计科目、报表凭证、账簿等会计业务作了相应的改革。一是将会计科目分为资金来源与收入、资金占用与支出两类。二是记账规则改为两类科目的业务记账同增同减，两类数额相等；同类科目有增必有减，增减必相等。三是对商业企业的会计报表提出明确要求。

1972 年，商业部颁发《商业会计制度》，灌云县根据这个制度，将商业、粮食、供销社三个系统的会计制度进行了合并和改革，会计科目由 69 个改为 54 个。

1973 年后，统一会计制度又几经修订，先后补充增加了“特殊储备商品”“更新改造基金”“简易建筑基金”等科目。至 1982 年，共补充会计科目 30 个，会计科目由原来的 58 个增加到 88 个。

1983 年实行利改税，企业上缴的所得税列入“税金”科目核算，并增设了留利基金、留归企业利润、税前扣减利润、商业自补亏损。年度会计报表方面增设了“企业留成基金分配使用情况表”、利润分配和亏损拨补情况表。

1987 年，商业部重新颁发《国营商业会计制度》，此会计制度共设 90 个一级会计科目，其中资金来源及收入类设 40 个科目；资金占用及支出类设 50 个科目。

1993 年 7 月起，灌云县执行财政部颁发的《商品流通企业会计制度》，将会计记账由增减记账法改为借贷记账法。

1998 年，根据财政部及省财政厅的要求，财务状况变动表改为现金流量表。2001 年起，灌云县执行财政部颁发的《企业会计制度》，原《商品流通企业会计制度》停止执行。

第二节　会计人员管理

新中国成立后，灌云县的会计人员管理由各主管部门负责，会计业务由财政局相关股室管理。《会计法》颁布后，县财政局依法加强了对会计工作和会计人员的管理。

一、会计从业资格管理

从事会计工作人员必须具备一定的会计专业知识和技能，必须持有会计从业资格证书（会计证）。

（一）会计从业资格证书的发放

1990年3月，财政部颁发了《会计证管理办法（试行）》，1991年省财政厅下发了《江苏省会计证管理实施办法细则》，对颁证范围、条件、程序、管理职权等作出了明确规定，实行会计人员持证上岗管理制度。灌云县财政局根据财政部、省财政厅的要求，制定了会计证管理制度，规定会计证实行考核制度，凡具备中专及其以上财经专业学历的，经考核合格，并取得珠算或计电算合格证书的，可发放会计证。对于不具备规定学历的，须参加会计专业知识培训，通过全国统一考试规定科目的考试合格者，可发给会计证。1993年6月26日，灌云县财政局转发连云港市财政局《关于行政事业单位会计人员实施会计证管理的通知》，加强了行政事业单位会计人员会计证的管理。并随之扩展到对企业会计人员会计证的管理。截至1995年，全县会计人员持有会计证的1660人。

1996年7月19日，财政部颁发修订后的《会计证管理办法》，对会计证管理工作提出了更高的要求，明确规定没有获得会计证的人员不得从事会计工作。为让会计人员全都持证上岗，县财政局按照省市财政部门的统一部署，多次组织非财会专业院校毕业或无会计证的会计人员培训并参加会计上岗前专业知识考试，至1998年，有173人获得了会计证。1999年6月，又有162名会计人员领取了会计证。至2000年，全县组织会计人员参加全省会计证统一考试累计1016人次。

2001~2002年，全县有1825名会计人员换发了全国统一制式的会计从业资格证书。同时开展了会计人员信息登记工作，更新了会计人员信息。

2005年3月1日起，会计从业资格证书申领实行“凡进必考”制度。灌云县每年报考领取从业资格证书的人数以20%左右的速度上升，考试合格率一直保持全市前列。

（二）会计从业资格证年检与监管

按照会计证管理办法规定，灌云县财政局对全县会计证管理实行年检制度，原则上每两年进行一次。年检时全面检查，日常管理重点抽查。

年检时，认真查验会计人员的学历证、会计专业资格证、会计专业知识培训考试合格证、会计继续教育培训合格证等有效证件。1995年，全县参加年检会计人员1624人，其中无证上岗人员19人，占会计人员总数的1.2%。98.8%的持证人员中，有会计师73人、助理会计师509人、会计员400人，占年检总数的65%。1997年，全县参检人员2200人，年检合格并续发新证的1625人，占总数的74%。1999年，全县50多个单位1200名会计人员参加年检，合格率100%。

2000～2002年，通过会计从业资格证年检的1400人。2003年后，实行对会计人员信息采集或换证的方式替代了年检。

二、会计专业技术资格管理

会计专业技术资格是一种通过考试确认担任会计专业职务任职资格的制度。20世纪80年代初，称为会计干部职称；1986年，称为会计专业职务；1993年，改称会计专业技术资格。会计专业技术资格的获得历经了会计干部技术职称评定制、会计专业技术职务评聘制和会计专业技术资格考试制三个阶段。

（一）会计干部技术职称评定制

1981年3月21日，国务院批转下发了财政部《会计干部技术职称暂行规定》，根据省市财政部门的要求，灌云县成立了县会计专业职称改革领导小组及会计专业职称评审委员会，负责初级会计职称的评审和中级以上会计职称的推荐工作，并下发了会计干部技术职称评定实施办法，明确规定了评定技术职称的范围、参评条件、程序和方法。按照文件规定将会计技术职称分为高级会计师、会计师、助理会计师、会计员。

截至1983年，全县评定中、初级会计职称130人，其中中级职称4人。1984～1986年，全国职称评定整顿期间暂停了会计职称评定，之后改为会计专业技术职务评聘制度。1986年，灌云县补办“待批待授”会计师5人。

（二）会计专业职务评聘制

1986年4月10日，国家职称改革工作领导小组转发财政部《会计专业职务试行条例》，将会计干部技术职称评定制改为会计专业职务评聘制。1987年，灌云县恢复了会计职务评聘工作，成立了灌云县会计专业职务改革领导小组及会计专业职务评审委员会，通过认真考核评议，当年评审通过会计师83人、助理会计师312人、会计员126人。1988年，全县会计人员达2475人，当年评出会计师23人、助理会计师276人、会计员270人。1989年评出会计师23

人、助理会计师180人、会计员139人。1990年评出会计师30人、助理会计师47人、会计员18人。

1991年，灌云县根据江苏省职称改革领导小组下发的《关于不具备规定学历、资历人员破格评聘专业技术职务的原则意见（试行）的通知》，灌云县推荐并经省市评委会评审通过了骆秉瑞、江希涌、冯荣寿、周克定、曹坚、刘古邗等6人高级会计师任职资格。

（三）会计专业技术资格考试制

1992年3月21日，财政部、人事部联合下发《会计专业技术资格考试暂行规定》，明确会计员、助理会计师、会计师三种专业技术资格必须通过国家统一考试，不再进行相应会计专业职务的评审工作。对于1992年3月以前已首次评聘会计专业技术职务的，经考核合格，可按规定续聘原专业技术职务。晋升专业技术职务时，则必须参加相应的专业技术资格考试。会计专业技术资格考试分甲、乙两种。甲种考试为相应专业技术资格应具备的专业水平和业务能力的考试。参加甲种考试必须具备规定的学历或取得相应的乙种考试合格证书；乙种考试为财会基础理论和专业知识的考试，对不具备相应规定学历的会计人员，必须取得规定档次的乙种考试合格证书，才能参加相应档次的甲种考试。1996年，灌云县组织会计人员参加会计专业技术资格考试的272人，其中参加会计员考试的97人、参加助理会计师考试的96人、参加会计师考试的79人。

1997年，灌云县参加会计专业技术职务资格考试的254人，其中参加会计员考试的97人、参加助理会计师考试的79人、参加会计师考试的78人。

1999年起，国家将会计员和助理会计师考试合并为初级会计资格考试。高级会计师专职技术职务仍实行评审制。

2001年，财政部对中、初级考试科目作了较大调整。其中初级资格考两门，一次性通过；中级资格考四门，成绩两年内滚动有效。

2006年，获取高级会计师资格实行考试与评审相结合的办法，凡中级资格申报评审高级会计师的人员，参加全国统一组织的考试合格后，方可参加评审。灌云县首次通过考试并评审通过的高级会计师资格为郑淮、陈守东；2010年，全县参加考评通过的高级会计师有晏成仿、苏文、马红春3人。

三、会计人员继续教育

会计人员继续教育是会计管理工作的组成部分，是会计队伍建设的重要内容。20 世纪 80 年代起，县财政局针对各单位财会人员变动频繁的实际情况，每年都举办企业财会人员培训班，提高财会人员业务水平和技能。至 1991 年，共举办财会人员培训班 84 期，培训财会人员 6240 人次。1993 年，为很好地实施《会计法》和“两则两制”，先后分期举办各公司、厂矿会计人员培训班 35 期，参训 2620 人次。另外还举办财监员、农税员培训班各一期，受训 70 人。

1998 年 1 月 23 日，财政部颁发了《会计人员继续教育暂行规定》，并又于 2006 年 11 月颁发了修订后的规定。县财政局根据规定及省市财政部门的要求，制定了会计人员继续教育计划。继续教育形式分为培训和自学两种，高级和中级会计人员继续教育时间每年累计不少于 68 小时，其中接受培训和自学分别累计不少于 20 小时和 48 小时；初级会计人员继续教育时间每年累计不少于 72 小时，其中接受培训和自学分别累计不少 24 小时和 48 小时，会计人员继续教育形成了制度化。1998 年，组织《会计基础工作规范化》培训 2100 人。

2001 ~ 2005 年，共办培训班 54 期 5330 人次。2006 年，举办新编预算会计培训班 12 期，参训 1290 人。

2007 ~ 2010 年，先后举办多种内容培训班 52 期 6675 人次。

第三节　会计基础工作管理

会计基础工作包含会计核算工作和会计管理服务工作，是会计工作和财政经济管理工作的基本环节。

一、会计核算规范化管理

1950 年，灌云县开始执行全国财政统一管理制度，统一经费开支标准。当时的会计工作只是进行一般的经费收支核算工作，经费实行向地区实报实销制。1952 年，县政府财粮科下设会计股，配备一名会计干事主抓会计核算工作。1959 年，县财政局设立企业管理股，并根据财政部发出的《关于国营企业会计核算工作的若干规定》，组织对企业会计工作进行检查，纠正企业会计工作中存在的会计凭证不完整、账簿不健全、会计数字失实、“无账会计，以表代账”等问题。督促企业建立健全了会计制度和财会机构，充实了会计人员，完善了以会计凭证、会计账簿、会计报表为主体的会计核算体系。

1963 年，灌云县按照国务院颁布的《会计人员职权条例》，要求全县国家机关团体、各企事业单位根据工作需要，设置专职会计人员，做好会计工作，保证会计资料真实、数据可靠，单位领导人保证会计履行职责。

1966年至1976年文化大革命期间，在极左思潮的影响下，各级党委、政府受到冲击，会计基础工作亦遭受严重干扰和破坏：会计制度被批判、会计人员被削减、会计机构被削弱等。

1978年，国务院重新颁布《会计人员职权条例》（简称《条例》）。灌云县财政局依据《条例》规定和县政府的要求，对全县会计工作进行了整顿，逐步恢复、建立和完善了遭受破坏的会计基础工作。

1984年4月，财政部颁发了《会计人员工作规则》（简称《规则》），县财政局据此规则，督促全县行政企事业单位建立起了会计人员岗位责任制，严格按《规则》规定使用会计科目、填制会计凭证、登记会计账簿、编制会计报表、管理会计档案、办理会计交接等。

1996年6月17日，财政部发布《会计基础工作规范》。内容包括会计机构和会计人员的设置与配备，会计人员的职业道德，会计工作的交接，会计核算的一般要求，填制会计凭证，登记会计账簿，编制财务报告等。灌云县根据省、市财政部门的要求，立即转发，并对全县会计基础工作进行检查，及时整改，推动会计基础工作逐步实现规范化、制度化、科学化。

1997年7月，财政部又颁发《会计基础工作规范化管理办法》，对会计基础工作规范化管理提出了更严格的要求，县财政局先后举办多期会计人员培训班， 2100人参训并考核合格。

1999年，灌云县实行建账监管制度。到2000年底，全县实行了监管账证“进、销、存”管理，共有650个单位实行了依法建账、领取了监管账簿。

2002年起，根据省市财政部门的意见，县财政不再实行建账监管制度，改由会计单位自己选择符合会计制度的账册、凭证和相关的辅助资料。

二、会计工作达标升级

1988年，全国开展会计工作达标升级活动，即抓会计基础工作达标准、上等级。根据省市财政部门的部署，灌云县财政局于1990年10月成立了会计达标升级验收领导小组，并转发了《连云港市国营企业、事业单位、国家机关会计达标升级实施办法（试行）》和《会计工作达标升级验收规则》，推动会计工作达标升级活动全面开展。

1991 年，县财政局根据市政府下发的关于《进一步加强国营企业财务管理工作意见》，规定了全县凡达到三级标准的企业单位，内部实行二级核算制；凡达到二级标准的企业单位，内部实行三级核算制等方面的具体考核标准。当年，通过考核，县医药公司、县精密铸造厂、县烟酒公司、县商业公司、县糖果食品厂、县百货公司、县酿造食品厂、县五交化公司、县饮食服务公司、县印刷厂等单位实现了会计工作达标。

1999 年，县财政局组织对教育系统 70 个单位的会计基础工作进行了达标验收；2000 年，对全县 205 个单位会计基础工作进行了达标验收。到 2000 年底，全县共有 650 个单位通过了会计基础工作规范化达标验收。

三、整顿会计工作秩序

1996 年 4 月 19 日，国务院发出《关于整顿会计工作秩序，进一步提高会计工作质量的通知》，县政府随即召开了全县整顿会计工作秩序及三项大检查会议进行全面部署。根据整顿会计工作秩序的要求，县财政部门会同各有关部门负责组织、协调。全县行政企事业单位和社会团体首先开展了自查，当年自查的 1432 个。在普遍自查的基础上，财政局抽调业务骨干组成检查组，选择部分单位进行重点检查，当年重点检查乡镇企事业单位 45 个、县直行政事业单位 40 个、县属企业 83 家。查出有问题的单位 58 家，主要是账证不符、虚列收支、虚增利润等问题，违纪金额约 8.3 万元。

四、会计电算化管理

会计电算化是应用电子计算机进行会计核算的应用技术，是会计人员上岗的必备条件。1995 年 4 月 27 日，财政部发出关于《会计电算化知识培训管理办法(试行)》，县财政局随即开始了会计电算化培训工作。向市财政局申请，确定了会计电算化初级培训点：灌云电大、科委电子培训班、县委党校、灌云县商校等。8 月，开始举办会计电算化初级培训班，起初每两个月举办一期，后改为一月一期。培训对象是已取得会计员以上专业技术资格或已具备财经中专以上学历的人员，需参加省财政厅统一组织的会计电算化考试；未能取得以上资历人员，需参加会计上岗前专业知识考试的人员。1996 年，全县 250 人参加会计电算化培训，考试合格率达 90%；1997 年，参加会计电算化培训班 310 人，经考试全部取得结业证书；1998 年，参训人数 625 人，考试合格率 92%；

1999 年，参训的 418 人中有 381 人取得合格证书。截至 2000 年，全县有 2200 名会计人员取得了合格证书。1999 年，县工商系统成为了全县首家实现会计电算化的用户；2000 年，县交通局实现了会计电算化。

2002 年，县会计核算中心成立，县直由财政拨款的行政事业单位逐步纳入会计集中核算中心管理，全部使用电子计算机进行核算。县财政下发了《灌云县会计电算化管理制度》，规范了会计电算化工作。

第四节 会计集中核算管理

会计集中核算是指为了规范行政事业单位的会计行为，将纳入统一管理的单位一律取消会计岗位，撤销银行账户，由财政部门统管会计人员、资金结算和会计核算工作。全县县直机关会计管理由“会计核算中心”负责、乡镇实行会计委派制。

一、会计委派制

1993 年，灌云县先后在 18 个乡镇建立会计管理站，对乡镇行政事业单位的会计业务实行集中核算。至 1999 年 11 月，全县 25 个乡镇都建立了会计管理站，实行会计委派制。各乡镇行政事业单位的现有银行账户一律取消，将其存款余额全部转到各财政所在银行开设的财政专户。各会计管理站设总账会计和资金会计，分管各单位的总账；各单位设出纳 1 名，小单位由专人兼管出纳。财政所视各单位情况核定备用金 500 元～1 万元，用于日常零星开支。各单位的出纳或报账员，分期将单位开支单据按照规定审批程序批准后，到会计管理站委派会计处集中核算报销。各单位使用财政部门统一印制的票据，将收入的各项资金及时全部存入财政专户，各会计站的委派会计，按月与站的总账会计报账。会计站总账会计负责向财政所报账，并负责预算指标的分配、调整、财政经费的领拨结算等。至2000 年底，全县 21 个乡镇有 21 个行政单位、215 个事业单位实行了会计委派，到岗会计人员 149 人。

二、会计核算中心

根据灌政发〔2001〕161 号文件精神，2002 年 1 月，县会计核算中心成立，并下发了《灌云县县直行政事业单位会计集中核算暂行办法》等文件，对县直行政事业单位实行“统一开户，集中管理，分户核算”，凡纳入集中核算的行政事业单位实行报账制管理。

会计核算中心对纳入集中核算的单位实行“四个不变”的管理方式：各单位财务自主权、资金使用权不变；内部财务管理、理财机制不变；债权债务关系不变；单位负责人的法律责任主体不变。行政机关及全额事业单位一律取消会计岗位，撤销所有银行存款账户和会计机构。

为切实加强会计核算中心的管理，县财政局下发了《灌云县会计核算中心岗位职责及操作规程》，明确规定了核算中心会计人员岗位职责、工作程序和要求。

会计核算中心对各单位的资金管理是：财政预算拨款；中央、省、市专项拨款；预算外资金。办公方式为大厅式、柜台式作业，且前后台分开操作。

2002 年，全县首批纳入会计集中核算的有 102 个核算单位。为使各单位纳入会计集中核算前后的工作顺利交接，县财政局下发了《关于县直实行会计集中核算单位会计移交办法的通知》，规定所有进入会计核算中心的单位以 2002 年 1 月17 日为结算日期，做好会计资料整理和债权债务清理等项工作。进入会计核算中心单位共撤销银行账户 186 个，归集资金 860 万元，设立会计核算户 21 个。当年，会计核算中心审核、退回各种不合格发票票额计 32 万元，取消各项不合理支出 86 万元，节约财政资金 120 万元。

2003 年起，纳入县会计核算中心集中核算的单位逐年增加，至 2010 年增加到了 169 个单位或专户，当年集中支付资金 18.8 亿元，其中直接支付率为 88%。

在实施县直单位集中核算过程中，县会计核算中心认真执行会计法规和财经纪律，严格操作程序，累计拒付各种违规支出 1800 多万元。同时还集中办理了大量的会计业务，至 2005 年已形成会计档案 2.7 万册。

三、国库集中支付

2007 年 12 月，灌云县按照省、市政府的要求，实行国库集中支付制度改革。县政府制订了改革实施方案，全县于 2008 年 1 月起推行县级国库集中支付。在全面清理财政与各项预算单位银行账户的基础上，建立国库单一账户体系。财政一般预算资金、基金预算资金和财政专户管理的预算外资金等，均通过国库单一账户体系统一存储和实行集中支付。其目的是加强资金透明管理，提高资金运转效率，使财政收入直接缴库，支出直接支付到商品或劳务供应单位或用款单位。国库集中支付的职责由县会计核算中心行使。国库集中支付中心在代理银行开设“财政零余额账户（预算内／外），按财政支出方式分为财政直接支付、财政授权支付、财政转移支付。2008 年，集中支付资金 14.03 亿元。2010 年，国库集中支付改革进一步完善，县本级行政事业单位所有财政性往来资金全部纳入国库集中支付范围，集中支付覆盖面不断扩大，当年共办理国库集中支付 10591 笔，支付资金 18.8 亿元。

第五节 财会教育与财政科研

一、财会教育

财会教育主要是举办短期培训教育和开展学历教育。短期培训是因时因事举办短期培训班，择优选用财会人员，充实财会人员队伍；学历教育则是组织或鼓励在职财会人员采取自学、函授、电教等方式，拓展专业业务知识，考取学历，提升业务水平。

（一）财会短期培训

“文化大革命”的 10 年内乱，给财政工作造成了严重影响，财政体制不健全、财政制度受破坏、财会人员青黄不接。为改变这种状况，1979 年，县财政局按照省、市财政部门的要求，抽调 4 名人员具体抓财会人员的培训，先后举办财会培训班 5 期，每期 3 个多月，共培训 318 人。

1986 年，县财政局举办了两期基层财政干部短期培训班，参加培训 135 人。培训结束后，根据省财政厅的要求，按照“全面考核，择优录用”的原则，从乡镇企事业单位财会人员中，录用了 37 名合同制财政干部，充实了各乡镇财政所的干部队伍。

1987 年，县财政局认真实施《会计法》，结合会计职称评审工作，先后举办乡镇财政所财会人员专题培训班 5 期，参加培训 420 人次。同时，对全县行政企事单位财会人员分别进行了短期培训，培训人数近 5000 人次。1996 年，组织 120 名会计人员参加了为期 2 个月的岗前培训。

（二）学历教育

1987 年，中华会计函授学校连云港分校灌云函授站成立。中华会计函授学校是财政部创办的一所中专学历教育的专业学校，灌云函授站是它的教学延伸机构，执行函校的统一招生、统一教学计划、统一教学大纲、统一教材、统一教学进度、统一考试。它采用自学、函授、面授、电教相结合的方式，培养在职会计人员。

1987 年春，灌云函授站开始招收财会专业中专班，学制三年半。首届招收学员 50 人，至 1990 年，已有 3 个班级，在校学员 140 人，到 1993 年先后共毕业 120 人。1993 ~ 1995 年，招收学员 262 名并毕业。1997 年起，函授班学制改为高中起点春季班两年制。1998 年招收新生 71 人、1999 年招收新生 74 人。截至 2000 年 3 月，共招收学员 402 名并毕业。1987~2010 年，县函授站共培养财会人员 1000 余名。

灌云函授站在招收办班函授学员的同时，还开展了会计培训工作。1995 ~ 1998 年在全县共组织了 332 名会计人员参加岗前培训考试。函授站为灌云培养了一批中专学历层次的会计专业人才，发挥了会计人才培训的主渠道作用。

另外，灌云函授站还与江苏财经专科学校联合办班，1996 年招收大专班学员 83 人，中专班学员 25 人。

二、财政科研与信息

（一）财政理论研讨

为切实加强财会理论研究，根据财政工作的需要及市财政局的相关要求，灌云县财政局于 1988 年底成立了财政科研小组，明确 1 名副局长任组长，主要是围绕财政工作中的热点、难点问题，组织开展调查研究，进行理论研讨。县财政局干部职工积极参加财政理论科研活动，努力探索新时期财政工作新路子。

1992 年，县财政局多次组织科研小组成员或其他财会人员参加省、市组织的财政科研活动，相互交流，共同探讨。县财政系统多名人员先后在国家、省、市级刊物上发表科研文章，并多次获奖。当年在省级刊物上发表文章 2 篇、市级刊物上发表 7 篇、市财政科研会上交流 7 篇。在市农税宣传活动中获奖 6 篇。

1993 年，灌云县财政科研小组获得年度连云港市财政科研先进集体。10 名个人的论文在连云港市第二届《财会杯》暨 93 财务会计改革和加强财政监督研讨会上分别获二等奖、三等奖和优秀论文奖。

1994 年，陈守东、朱洁如撰写的论文在连云港市农村财政研究会上获优秀调研成果三等奖；周克定、王爱民撰写的《文教行政资金供求矛盾的成因及缓解对策》论文，在连云港市“94 首届文教行政财务理论研讨会”上获一等奖，并参加了江苏省第四次文教行政财务理论研讨会研讨；徐宝华撰写的《关于解决教师工资拖欠问题的探讨》在市研讨会上获成果奖。

1995年，灌云财政科研小组撰写科研论文40余篇，在各类刊物上发表20余篇，其中多篇论文在市财政局召开的相关研讨会上分获一等奖、二等奖和优秀论文奖。

1996年，灌云财政科研小组获连云港市财政科研先进集体。

1997年，周克定撰写的《在“两个根本转变”中调整财政支出策略》的论文，在市“97财政支出问题理论研讨会”上获一等奖。

2007年，朱庆平、王其胜撰写的论文《当前贫困家庭学生调查、分析与思考》，在科学发展和谐社会与2007年全国优秀论文研讨暨颁奖大会上荣获一等奖，并选载入《中国经济新丛书》。

1996～2010年灌云县财会人员发表的部分科研论文

表9-1

撰稿人	文题	发表刊物
陈 辉	如何把精神文明建设与做好财政工作相结合	《江苏财会》1996年第12期
曹兴斗	加强中小学教职工队伍建设之我见	《文教行政财务》1996年第8期
周克定	适应“两个转变”,强化会计管理	《江苏财会》1996年第8期
朱洁如	农税之歌	《乡镇财政》1996年第10期
徐宝华 朱洁如	船头高挂光荣旗	《乡镇财政》1996年第1期
陈 辉	耕地占用税征收六法	《江苏财会》1996年第12期
单汝录	适应“两个转变”振兴财政经济	《江苏财政研究》1997年第9期
周克定	在“两个根本转变”中调整财政支出策略	《江苏财政研究》1997年第10期
刘文山	县级粮食企业一体化经营的构想	《江苏财政研究》1997年第1期
朱洁如	财税公仆	《乡镇财政》98年11期
陈 辉	强化财政职能 再塑古镇辉煌	新华丛书编委会《光辉的历程》
陈 辉 光 成	强化财政职能 再塑古镇辉煌	《江苏财会》1996年第10期
陈金绪	如何规范转移支付制度	《江苏财会》1996年第11期

续表 9-1

撰稿人	文题	发表刊物
颜士春	加强村级财务管理的建议	《江苏财会》1999 年第 11 期
任惠刚	村干部不能开税票	《江苏财会》2000 年第 5 期
杨金美	我当财政所长的一点体会	《江苏财会》2000 年第 7 期
杨金美	处理好关系是关键	乡镇财政 2000 年第 7 期
陈　辉	投桃报李	《中国财经报》2000 年 5 月 10 日
董　艳	农税把门“铁将军”	《中国财经报》2000 年 6 月 24 日
陈　辉	解放 50 年灌云社会事业快速发展	《理论的跨越》大型丛书
孙　超	浅谈县(市)级预算外资金管理	《西部大开发—崛起中华与时代共舞》
刘月军	推行村务公开 强化民主管理	《农村财政与财务》2000 年 12 期
朱庆平 王其胜	《当前贫困家庭学生现状调查分析与思考》	《中国经济新丛书》2007 年

灌云县财政局为认真总结全县财政科研工作，推进科研成果发挥经济和社会效益，1990～1992 年先后组织人员编纂出版了《灌云县经济体制改革理论与实践》《行政事业财务管理》两本书，既总结推广财政工作经验，又发挥科研理论指导实践的作用。其中《行政事业财务管理》一书获灌云县 1992 年科技进步奖二等奖。

（二）财政信息报道

财政信息报道县财政宣传工作的主要内容之一，通过信息报道宣传财政政策、财政形势、交流财政工作经验、推进财政工作开展，具有十分重要的意义。1992 年 3～6 月，灌云县财政局重点抓农业税改革信息宣传报道，向县广播、电视台投稿 27 篇，录用 19 篇。1995 年，全年向上级上报财政信息 233 篇，被国家、省、市级宣传媒体及县电视台采用 185 篇，宣传与信息工作列全市第一。1996 年，全县财政系统人员撰写上报信息稿件 569 篇，被各级媒体采用 380 篇，县财政局获全市财政宣传与信息工作先进单位。1997 年，全县财会人员撰写稿件 664 篇，被各级媒体采用 230 篇，其中被省财政厅采用 6 篇、市财政局采用 29 篇，名列全市之首。县财政局荣获省财政厅 1997 年度财政信息工作先进集体。1998 年，全县财政系统人员撰写上报宣传信息 516 篇，县财政局获省、市财政信息工作先进集体。1999 年，灌云县财政系统上报各种宣传信息 378 篇，被各级媒体采用 283 篇。

第十章　综合财务管理

综合财务管理主要包括预算外资金管理、控制社会集团购买力、政府采购管理、财政信用管理和世界银行贷款管理，其中预算外资金和政府采购是综合财务管理工作的重点。

第一节　预算外资金管理

预算外资金是按国家规定由地方、部门和单位依据国家法律、法规和规章的规定，设立、收取、提留的不纳入国家预算的资金，是财政资金的重要组成部分，也是发展国民经济的重要财力之一。1979 年以前，灌云县预算外资金征收项目较少、规模较小，仅作为预算内资金的补充，除由财政集中管理的地方附加外，各部门、各单位的预算外资金一般实行自收自支管理。1979 年后，随着改革开放的逐步深入，国营企业自主权扩大，地方收费项目逐年增加，预算外资金规模不断增大，资金管理办法也由自收自支逐步变为财政代管。1986 年，国务院颁布了《关于加强预算外资金管理的通知》；1996 年国务院又颁发了《关于加强预算外资金管理的决定》。灌云县政府及其财政主管部门紧紧围绕国务院通知精神和省、市政府要求，采取一系列行之有效的举措，切实加强对预算外资金的使用和管理。1998 年，为全面强化预算外资金管理，县财政局成立了县预算外资金管理处，预算外资金管理步入了更加规范有序的轨道。

2006 年起，灌云县执行财政部下发的《关于加强非税收入管理的通知》精神和省、市有关规定，将预算外资金纳入非税收入管理范围，并按政策规定将大部分非税收入纳入预算管理，对未纳入预算管理的非税收入，仍实行财政专户管理，作为生产管理非税收入资金统计。

1959~2010 年，灌云县预算外资金收入累计 115359.2 万元，占同期预算收入的 9.19%；预算外资金支出累计 114243.6 万元，占同期预算支出的 6.99%。

一、行政事业单位预算外资金管理

行政事业单位的预算外资金，是行政事业单位按照国家规定收取而不纳入财政预算管理的资金，主要包括：国家行政机关、司法机关和国家授权行使行政职能的事业单位，依据国家法律法规和政策规定实施的行政性收费，分为管理性收费、证明性收费和资源性收费；事业单位向社会提供有效服务，依照国家政策规定收取的事业性收费，主要包括检测服务性、公共工程性、公益事业性和教育培训性收费。行政事业单位收取的预算外资金管理形式经历了单位自取自支、财政代管、纳入预算或财政专户实行收支两条线管理几个阶段。

（一）自收自支。新中国成立初期，为满足事业发展需要，政府设置少量收费，且大部分由财政主管部门作为特种资金统一管理。留给各部门管理的仅有少量零星分散收入，如公产公房出租收入、园林单位收入、社会福利生产自救收入、机关招待所收入、中小学杂费留成收入以及其他杂项收入等。

1959年，灌云县按照江苏省、淮阴地区财政部门规定，将部门自筹资金列为地方预算附属部分。1961～1965年，灌云县行政事业单位掌控的预算外资金有养路费、学杂费、党团工会费、农村水利事业收入、公房管理收入、自收自支管理的事业单位收入，主要用于工业交通、农林水利、文化教育、公房管理等支出。1963年，淮阴地区根据国务院《关于预算管理的几项规定》，对地区内预算外资金管理作出了原则性规定：1、全民所有制企业必须全部纳入预算，实行统一管理；2、各项地方附加作为国家预算组成部分，专项编制，但仍属地方财力；3、实行预算外资金管理的行政事业单位的附属单位，在编制单位预算时，要编制预算外收支预算；4、育林费、中小学杂费、园林收入、机关特种资金等，仍由各单位单独管理，实行自收自支，不列入预算；5、未经批准，各县不得自行增加预算外资金收入项目。1966～1971年，灌云县将行政事业单位办的宾馆、招待所收入纳入预算外资金管理。1972~1979年，灌云县行政事业单位掌握的预算外资金，主要是交通部门的养路费、教育部门的学杂费和学校生产（校办工厂、农场）收入、文化部门的收入、房产管理部门的收入、县委招待所收入，其支出用于事业发展。

1980年起，根据国家有关政策规定，灌云县允许行政事业单位开展多种经营和有偿服务，鼓励机关事业单位创收，使各部门的收入逐步增加，资金规模逐年扩大。在此基础上，对一些由财政全额供给的事业单位逐步向差额补助或自收自支过渡。随着预算外资金规模的不断增加，灌云县财政局对预算外资金管理的力度也逐步加大。1983年，县财政局按照连云港市计划委员会、财政局、统计局、中国人民银行连云港市支行联合召开的会议精神，部署开展了1982年度财政预算外资金专项调查。是年，灌云县开始执行财政部下发的《预算外资金管理试行办法》，财政局综合股具体负责预算外资金管理工作。

（二）财政代管。1985年，随着经济体制改革的不断深入，企事业单位的自主权逐步扩大，为切实加强预算外资金管理，灌云县财政局专门建立了预算外资金报表制度，报表分季报、年报，对全县各行政事业单位预算外资金收支情况实行动态监管。制度规定：各行政事业单位预算外资金报表的季报必须于每季度终了后的10日内上报，年报必须于每年年终后的15日内上报；报表填报的预算外资金数字必须准确，不重不漏，不得弄虚作假或估算填报，上报时要附上对预算外资金收支增减情况具体分析的文字说明。

1986年起，国务院、财政部以及省、市财政部门多次就加强预算外资金管理作出规定，灌云县政府及其财政主管部门依据其规定，从五个方面强化预算外资金管理。

一是实行专户储存。1986年，县财政局根据国务院颁发的《关于加强预算外资金管理的通知》，对全县行政事业单位预算外资金实行财政专户储存、财政审批、银行监督的管理办法，以保证专款专用。在资金筹集和使用方面，实行“四个不变”：组织收入渠道不变、所有权不变、使用权不变、开户银行不变。各有关单位根据规定的使用范围，年初编制收支计划，经主管部门会同财政部门审核后，按计划拨款，银行监督使用，提高资金使用效益。1986年，专户储存户只有3户（3个单位，下同）；1988年达到24户，储存金额达240万元，比1987年增长20%；1990年发展到26户；1997年，有70个储存户存入财政专户的预算外资金达6227万元；　2000年，财政专户存储资金已达11569.2万元，比1997年增长83.8%。县本级预算外资金管理达到了“两个百分之百”：即纳入管理单位100%，预算外资金收入专户储存率100%。到2005年，全县112个储存户存入财政专户的预算外资金达12210万元，比1997年增长96.1%。为加强预算外资金的管理，提高资金使用效益，1997年，灌云县政府下发了《灌云县预算外资金管理办法》，改变预算外资金“三权不变”的管理模式，实现预算外资金的“三权归还”，即所有权归国家、调控权归政府、管理权归财政。按照“适度集中，统筹安排，保证重点，增强政府宏观调控能力”的原则，对全县的预算外资金实行分类统筹，集中管理，合理使用。1996～2000年，政府调控预算外资金仅用于市政公用设施建设的资金，就达1090.8万元，其中：1996年用于县城向阳路广场、胜利路路灯、西环路工程、西大门绿化等资金达296.4万元；1997年用于胜利西路改造、西环路二期工程50万元；1998年用于伊山改造、路灯维修78.9万元；1999年用于新村南路广场拆迁、向阳路大桥建设等535.2万元；2000年用于向阳路大桥扫尾工程、西苑广场工程13万元。2001～2005年，政府调控预算外资金3600多万元用于市政工程建设。

二是加强票据管理。1988年，灌云县财政局根据《江苏省省级行政事业性非商事收费凭证管理暂行规定》，全县行政、事业性收费单位一律使用财政部门统一印制的收款票据，由县财政局综合股负责印领、使用、核销、缴存的统一管理。购领收款票据的单位，由物价局审核其收费合法、收取标准合规后，发给收费许可证，单位持证到县财政局购领收费票据，逐步完善了“购前审批，限量购领，票款同步”的管理办法，票据购买和核销实行实名认领制，规范了台账制和实名签字制。特殊或临时收费项目先到县物价部门办理临时收费手续，报批后领取票据，有效地避免了乱收费现象的发生。

三是实行收支两条线管理。1996年，国务院颁布《关于加强预算外资金管理的规定》，明确要求预算外资金必须纳入财政管理。财政部门在银行开设统一专户，用于预算外资金收入和支出管理。部门和单位的预算外资金收入必须上缴同级财政专户，支出由同级财政按预算资金收支计划和单位财务收支计划统筹安排，从财政专户中拨付，实行收支两条线管理。1999年6月，县政府出台了《灌云县行政事业性收费、基金和罚没收入实行收支两条线管理实施方法》，明确要求预算外资金落实“收支两条线”管理，撤销收费单位的收入过渡户，只开设一个支出户，使用统一的收费票据，收取的资金及时足额存入财政专户，支出账户只接纳从财政专户拨回的资金。2001年，国务院办公厅转发财政部《关于深化收支两条线管理，进一步加强财政管理的意见》（简称《意见》，对深化预算外资金管理提出了新要求。灌云县财政局按照《意见》精神，认真抓好贯彻落实：一是将各部门的预算外收入全部纳入财政专户管理，有条件的纳入预算管理，杜绝“坐收”、“坐支”；二是部门预算全面反映部门及所属单位预算内外资金收支情况，财政部门合理核定支出标准，并按标准足额供给经费；三是依据相关法规，修订完善规章制度，推进“收支两条线”管理工作法制化、制度化、规范化。

四是加强监督检查。1996 年，县财政局组织对全县预算外资金开展清理检查，重点清理 320 个单位，共查出违纪金额 526 万元，缴存财政专户 416 万元，上缴国库 44 万元。此后，县财政局不定期的组织开展对预算外资金收支管理、专户储存、预算拨款、票据管理等监督检查，并成立了预算外资金管理处。对检查中发现的有关部门违反预算外资金管理规定的行为，及时给以纠正并作出严肃处理。

五是强化非税收入管理。非税收入是由政府及其机关、事业单位、代行政府职能的社会团体及其他组织，依法利用政府权力、政府信誉、国家资源、国有资产或提供特定公共服务、准公共服务取得的国有资产有偿使用收入、国有资本经营收益、彩票公益金、罚没收入、以政府名义接受的捐赠收入、主管部门集中收入以及政府财政资金产生的利息收入等。1995 年后，非税收入的大部分为预算外收入，采用自收自支、财政代管、专户储存和收支分离等管理形式。2008 年，为进一步规范非税收入征缴行为，县财政局根据国家和省、市规定，专门编印了《灌云县纳入预算管理收入项目汇编》，将全县行政事业单位的具体收入项目列表下发，涉及全县行政部门 28 个、事业单位 100 多个，涉及征收项目 219 个。

2005 年起，灌云县将政府非税收入纳入部门预算编制范围，通过编制综合财政预算，实现财政收入的统筹安排。同时建立了政府非税收入年度稽查制度，加大对非税收入的监管。采取切实措施，对各种行政事业性收费实行收缴分离制度，有效杜绝执收环节截留坐支行为的发生。2010 年，县财政局依据财政部和省、市政府关于深化非税收入管理制度改革的文件精神，在认真搞好试点的基础上，县财政局下发了《关于全面实施非税收入收缴管理改革的通知》，在全县行政事业单位全面推行非税收入管理制度改革，明确提出改革的目标、改革的模式、改革的时间节点和工作任务。改革过程中，建立了非税收入收缴电子网络系统，进一步推进非税收入管理规范化。

二、地方财政预算外资金管理

新中国成立初期，灌云县预算外资金主要是农业税附加、工商税附加、公房租金、公产学田收入和机关杂项收入，支出主要用于补充机关经费不足和农村文教、卫生及其他事业的开支。

1950 ~ 1952 年，国家实行高度集中的财政体制，灌云县地方财政预算外资金收入项目很少，收入和资金量也很小，依据淮阴地区规定的各种附加开征项目和附加比例，仅在营业税、所得税和临时商业税上附加，附加率控制在10%～15%，房地产税、农业税的附加率均为20%。1951年，全县农业税附加收入折合大米3296039斤。

1953年，根据国家有关规定，灌云县取消了一切附加，只随同农业税征收13%的地方粮。原由乡镇自筹解决的行政经费、干部生活补助费、公杂费、小学经费、干部教员医疗费和乡镇的修渠、挖塘、学校房屋修缮、购置设备、代耕互助等支出，从乡自筹即地方粮的70%中解决。1954年1月起，恢复工商各税附加，营业税、所得税、交易税、屠宰税、临时商务税、房地产税、文化娱乐税一律按4%征收附加。同时纳入县财政预算外收入的还有养路费、中小学学杂费、公产公房租赁收入和机关变卖废品收入。1956年，取消地方粮恢复农业税附加，按农业税20%征收附加，其中省附加3%、乡自筹经费7%、小学教育经费10%。1957年，农业税附加调减为15%。1958年，灌云县按照国务院和省政府关于改进财政管理体制的要求，把地方工商税附加、农业税附加和城市公用事业附加，明确定名为预算外资金。将工商税附加按商品流通税、货物税、营业税、所得税四税总额附加1%征收。

1959年，预算外资金实行由地方财政、单位和部门分别进行分类管理，当年，灌云县地方财政预算外收入为72万元。

1961年，灌云县执行江苏省人民委员会《关于加强预算外资金管理的规定》，从五个方面加强地方财政预算外资金管理：（1）加强计划管理。单位和部门对预算外资金的收、支先编报计划，经县人民委员会批准，财政和银行部门进行监交、拨付；（2）加强预算外资金单位机构和编制管理。有预算外资金开支的单位，其行政经费按国家机关行政经费标准执行，不得自行提高工资福利标准，不得擅自用预算外资金兴建楼堂馆所等非生产性建设和国家控制发展的事业；（3）加强收支管理。预算外资金除由县财政部门统收统支外，确有困难的单位经批准后可自收自支，亦可采取由县财政部门统收统支与单位自收自支相结合的办法；（4）加强收支两条线管理。一切预算外收入均在人民银行开设专户存储，由人民银行严格控制；（5）执行预算外资金预算、决算制度。

1973年，灌云县将工商统一税、城市房地产税、车船使用牌照税、盐税、屠宰税合并为工商税。原随同工商统一税征收1%的地方附加，改为从新的工商税收入中按月提取1%归地方使用；原随工商所得税征收的地方附加，仍由纳税单位随正税缴纳后留归地方使用，用于城市维护支出。

1983年起，国家开征国家能源交通重点建设基金。灌云县政府下发了《关于认真做好征集能源、交通重点建设基金工作的通知》，规定国营企业、事业单位、机关团体、部队和地方政府的预算外资金以及这些单位所管理的城镇集体企业缴纳所得税后的利润，按各项资金当年收入的10%缴纳能源交通重点建设基金（从1983年7月1日起提高到15%），集体企业和个体工商户按7%征收。1984年，能源交通重点建设基金改由税务部门征收。当年，灌云县地方财政预算外资金收入127.2万元，其中财政集中的企业资金47.9万元。

1985年，灌云县开征车辆购置附加费，单位或个人购置车辆的，都需缴纳附加费。征收范围：国内生产和组装，并在国内销售和使用的以及从国外进口的大小客车、通用型载货汽车、越野车、客货两用车、摩托车（二轮、三轮车）、牵引车、半牵引车以及其他运输车等。征收费率：国内生产或组装车辆按销售价格的10%计算，国外进口车辆按计征增值税计费组合价格的15%计算，车辆购置附加费作为国家公路发展基金由交通部门征收管理。

1986年，灌云县开征城市教育费附加，按预算外资金管理。对城市缴纳产品税、增值税和营业税的单位和个人，均按其缴纳税收的1%征收教育费附加，费用由县教育部门统一安排分配使用。同年，又开征城市公用设施配套费。

1988年，灌云县开征排水设施有偿使用费。11月，按有关规定将教育费附加征收标准由原1%提高到2%。乡镇和村办企业、基层供销社和个体工商户的教育费附加，按产品税、增值税、营业税的2%计征，并改由税务部门征收。乡镇企业和基层供销社教育费附加在税后利润中列支。农村教育费附加由财政部门征收。为加强预算外资金管理，1988年2月，县财政局根据省财政厅关于行政性非商事收费凭证管理的规定，严格规范票据的使用和管理，从2月1日起，全县各行政、事业单位使用由县财政局统一印制的“灌云县行政事业性收费统一票据”，部门或单位在省市领取的票据，到县财政局登记后方可使用。

1989年，依据国家政策规定，灌云县开征国家预算调节基金，规定县内所有企业事业单位、机关团体、部队和地方政府的各项预算外资金、私营企业及个体工商户缴纳所得税后的利润，都必须缴纳国家预算调节基金，标准按各项资金当年收入的10%缴纳，用于补贴行政事业单位经费不足。

1990年后，县财政部门直接管理的预算外收入有：工商税附加、农业税附加、城镇公用事业附加、集中的企业收入、其他收入等。

三、国营企业及主管部门预算外资金管理

国营企业及主管部门管理的预算外资金，主要指按国家规定由企业提取留用和主管部门集中使用而不纳入预算管理的资金，按其性质分为三类：一类属于企业补偿性资金，主要是折旧基金、大修理基金等；另一类属于按照政策规定的企业利润留成，主要是生产发展基金、职工福利基金、职工奖励基金和企业后备基金；再就是企业主管部门按规定集中所属企业的专项资金和提取的管理费。财政部门对国营企业及主管部门管理的预算外资金主要采取政策引导、计划管理方式进行间接管理。

1954 年，国家允许企业建立各项专用基金。1958 年，国家对企业实行全额利润分成和超计划利润分成，分成资金由企业及主管部门管理，用于职工奖励、福利及四项费用。1959 年，灌云县执行财政部规定，将企业及主管部门管理的企业利润留成、大修理基金、劳保基金、固定资产变价收入、工资附加费等列入地方预算外资金计划，作为地方总预算的组成部分。1961 年，根据上级的有关规定，灌云县预算外资金收入范围和项目缩小，降低了企业提留标准，控制用预算外资金搞基本建设投资。经过清理整顿，预算外资金数额明显减少。

1967 年起，将折旧资金留给企业，列入预算外管理。1970 年，县办国营“五小”企业实行利润留成制度，利润 40%留给企业和县主管部门，在此之后，国营饮食服务企业等也实行了利润留成制度，预算外资金、项目有所扩大。

1978 年后，随着经济体制改革的不断深入，国家逐步扩大了企业自主权。1981 年，国营企业实行多种形式的利润留成制度和利润包干办法。1983 年，灌云县按照财政部颁发的《预算外资金管理试行办法》，严格执行企业单位纳入预算外管理的利润留成、专项基金等提取标准和使用途径。企业和主管部门掌握的利润留成中的生产发展基金和折旧资金，主要用于设备更新和技术改造，推广新技术、新工艺。基层供销社及县以上集体企业的折旧资金、税后利润，主要用于补充流动资金，添置设备，发展生产，增加职工福利；对企业单位预算外资金收支计划，按财政隶属关系经主管部门审查汇总后，报县财政部门审批；用预算外资金搞基本建设的，报县计划委员会审查，逐级报批。当年，企业提取留用的专项基金由原在财政总决算中反映改为单独编报预算外资金年度决算。

1987 年起，企业折旧资金全部留给企业使用，财政和企业主管部门不再集中。随着经营承包责任制的全面推行，全县企业留利有了较大增长。

随着企业经营机制的转换和企业财务制度改革，1993 年，按照《企业财务通则》和《企业会计准则》规定，取消折旧基金和大修理基金，企业计提的折旧费、大修理费等直接纳入企业相关成本、费用，也不再建立各项专用基金。至此，国有企业及主管部门管理预算外资金成为历史。

四、社会捐款管理

（一）有奖募捐。1988 年，灌云县社会福利有奖募捐委员会成立，常务副县长兼任主任，委员会下设办公室，负责有奖募捐活动的组织、募捐资金筹集及使用安排等日常工作。当年销售有奖募捐券价款 40 万元，县留存募捐福利金 15 万元；1989 年，销售有奖募捐券价款 43 万元，县留存募捐福利金 12.9 万元；1990 年销售有奖募捐券价款 40 万元，县留存募捐福利金 15 万元；1991 年销售存奖募捐券价款 40 万元，县留存募捐福利金 8.4 万元；1992 年销售有奖募捐券价款 70 万元，县留存募捐福利金 14.7 万元；1993 年，销售有奖募捐券价款 40 万元，县留存募捐福利金 8.4 万元；1994 年销售有奖募券价款 95 万元，县留存募捐福利金 19.05 万元。七年共销售有奖募捐券价款 368 万元，县留存募捐福利金累计 93.45 万元。1989～1995 年，县社会福利有奖募捐委员会办公室先后向敬老院投放建设资金 50 万元，其中为敬老院添置设施 15 万元、资助建县福利综合楼 23 万元，结余部分仍用于县民政福利事业。

（二）社会捐款。每当遇有重大自然灾害，灌云县都会发动全县干部职工开展捐款献爱心活动。1990 年春节前夕，县委、县政府专门组织县直机关干部职工开展“为受灾农户献款、献物、献爱心”活动，捐献款物共计 10 万余元。2008 年，四川发生“5·12”汶川大地震后，灌云县在全县范围内开展了声势浩大的捐款支援灾区活动，共筹集捐赠款 763.31 万元。1989 年至 2009 年，灌云县通过国务院侨办和省、市侨办引荐，以及县侨办的积极争取，国内外和中国港澳台地区的慈善机构和华人、华侨到灌云捐赠，累计捐赠款折合人民币 560 万元。其中，夏浩原捐赠 3.2 万元，用于灌云县陡沟中学贫困学生奖学金；费培捐赠港币 15 万元和价值 15 万元的面包车给灌云县同兴中学；宋汉卿捐赠 120 万元建灌云县白蚬第二中学；美国唐仲英基金会捐赠 80 万元，用于灌云县改善农村小学办学条件；香港九龙东扶轮基金会捐赠港币 11 万元，用于建设灌云县伊山镇城南小学；香港扶轮社李钜能、云大棉捐赠港币 50 万元援建灌云县伊芦乡卫生院；台湾慈心慈善基金会捐赠 40 万元，援建灌云县同兴镇卫生院和灌云县陡沟乡中心卫生院病房楼建设；侨商时锦明在江苏省开展的“百侨助百村活动”中，向灌云县部分贫困家庭、弱势群体捐赠价值 8 万元衣物；四川康利科学仪器设备有限公司无偿捐赠灌云县卫声防疫站价值 45 万元华西聚焦超声治疗系统一套；连云港益海粮油工业公司捐资 150 万元，支持灌云县图河乡七道沟小学的基础设施建设。

第二节 控制社会集团购买力

社会集团购买力即社会集团用公款购买集体消费的非生产性商品的资金能力。控制社会集团购买力是缓和市场供需矛盾、稳定物价、减少货币投放、平衡财政收支的重要行政手段之一。加强对社会集团购买力的控制，对于抑制通货膨胀，缓解国家财政困难，促进国民经济持续稳定健康发展，促进厉行节约，遏制铺张浪费等，都具有十分重要的意义。

一、控购范围

1957 年，国务院提出压缩社会集团购买力（以下简称控购），对国家党政机关、社会团体、部队、学校、全民集体企、事业单位等社会集团用公款购置供集体消费的非生产性商品进行控制。灌云县认真执行厉行节约、压缩社会集团购买力的相关规定，对县内各机关、企事业单位购置非生产性商品进行有效控制和压缩。

1961 年，灌云县按照国家对社会集团购买力实行专项控制管理的要求，规定 13 种商品为专项控制范围：沙发、地毯、桌椅、轿车、摩托车、自行车、电视机、照相机、录音机、计算器、电风扇等，实行计划管理、凭证供应。

1962 年，国家对专控商品进行了小范围调整，增加了钢丝床、汽车、丝绸呢绒，取消了对扩音机、打字机、计算器、电风扇 4 种商品的专控，使原 13 种专控商品减少为 12 种。同时规定，三年内不允许购置专控商品。必须购置的，需报省人民委员会审查批准。灌云县依此加强对专控商品购置的审查审批。

1963 年，国家将扩音器、打字机、电风扇恢复为专控商品，并新增了电影放映机、计算机、电冰箱、点唱机等 4 种专控商品，专控商品增加至 19 种。

1964 年，灌云县对属于国务院规定的三年内不准购买的计算机、打字机、科研学术专用的照相机，如属“三清”商品（商业部门在清理商品、清理资金、清理账目期间的有问题商品)，由申购单位在批准的年度指标内自行购买，不用报批；属于三年内不准购置以外的“三清”商品，不列入社会集团购买力指标的控制范围。

1965年，专控商品减少为：沙发、地毯、钢丝床、小汽车、摩托车、电冰箱、照相机和绸缎呢绒。灌云县对1962年规定的三年内不准购买的非生产性设备和高级物品，除沙发、地毯、钢丝床、小汽车、摩托车、电冰箱、照相机和绸缎呢绒等八种高级消费品仍继续禁止购买外（因特殊情况确需购买的，须报县人委审批)，其余商品凡是经主管部门的批准列入年度预算或季度计划之内的，各单位可自行购买，不需另外办理审批手续。

1971年，国家强化对社会集团购买力的控制，规定严禁购买的商品有：沙发、地毯、钢丝床、摩托车、小汽车、录音机、电冰箱、电视机、电影放映机、收音机、照相机、绸缎呢绒。暂时禁购的商品有：油印机、打字机、家具、自行车、喇叭、扩大器、点唱机、钟表、高级乐器。当年，灌云县社会集团购买力有所回落。

1973年，国家规定的专控商品新增旅行车、交通车、毛毯、放大机、闪光灯和宽银幕镜头等，专控商品由原来的22种扩大为30种。

1974年解除对扩音机、多用机和高低音喇叭的专项控制，国家对控购工作有所放松。

1977年，根据国家规定，灌云县专控商品为28种：沙发、地毯、钢丝床、家具、小汽车、摩托车、电冰箱、电视机、电影放映机、扩大机、收音机、录音机、电唱机、电风扇、照相机、自行车、缝纫机、公用包、大型或高级乐器、大型或高级体育用品、保险箱、呢绒及其制品、绸缎及其制品、化纤布及其制品、毛绒及其制品、毛毯、毛巾被、高级针织棉品等，并规定从1977年10月至1978年3月，停止对上述28种专控商品的审批。

1978年1月起，灌云县执行国家规定的专控商品为30种。5月，省计委、商业局、人行、财政局联合下发通知，决定对科研单位购买科研用品的支出，不再作为社会集团购买力管理。9月，省政府解除对电视机、电影放映机、扩大机的专项控制，单位需要购买时，可按社会集团购买一般商品的办法凭证购买，不再办理专项审批手续。

1984年，专控商品的管理范围由原32种缩减为13种：小汽车、大轿车、摩托车、沙发、地毯、沙发床、空调、录音机和多用机、录像机、照相机和放大机、家具、呢绒及其制品、纯毛毯。灌云县执行连云港市政府规定的控购商品为 14 种，比省规定的多了大型或高级乐器。

1985～1988 年，专控商品先后增加了彩电、电冰箱、洗衣机、电取暖器及电煮水设备、复印机、电子打字机、电传机、羽绒服、风雨衣、吸尘器、丝绸及其制品、50 元以上各种钟表、100 元以上各种灯具、国产 13 种名酒和进口酒。至 1988 年，专控商品达到 29 种。

1989 年，又增加布匹及其制品、针织品、书写印刷纸 3 种商品为专控商品。

1992 年，灌云县根据全国控办和省财政厅规定，取消布匹及其制品、针织品、书写印刷纸、吸尘器、洗衣机 5 种商品的专项控制，将微型计算机、无线寻呼机和无线移动电话、办公用印刷系统以及单价在 100 元以上的皮革及其制品纳入专控管理。将专控商品归为八大类 29 种：交通工具类，家具设备类，电器用品类，现代化办公用品类，文化用品类，高档通讯设备类，呢绒、毛料、丝绸、皮革及其制品类，名烟名酒类。

1993 年，灌云县按照全国控制社会集团购买力领导小组下发的《关于调整专项控制商品品目的通知》，将 29 种专控商品调整为 8 种；1994 年，国家对购买小汽车免办社控报批手续；1995 年，灌云县原则上不再审批行政事业单位和经济效益下降、亏损和欠缴利税的企业购买非生产性专控商品。

1998 年起，国家基本不再规定专控商品，逐步推行政府采购制度。

二、控购管理

控购管理主要包括控购指标的控制与分解、对专控商品购置的审批和监督检查。

1957～1959 年，控购尚处于初始阶段，灌云县按照中央、省、地区关于压缩社会集团购买力的要求，加强对全县行政机关、企事业单位非生产性商品购置的控制和压缩，最大限度的减少全县非生产性支出。

1960 年 8 月，党中央为解决国民经济面临的困难，发出了《关于大力紧缩社会集团购买力的指示》，灌云县委认真执行指示精神，从严控制机关和企事业单位对非生产性商品的购置，压缩经费支出，制止铺张浪费。以贯彻省委关于“财政工作八条措施”为中心，先后组织了两次财政工作大检查。成立了由县财政局牵头的清理工作小组，对全县 23 个重点单位进行了实地检查和重点复查，采取仓库逐个过堂检查清理、资金全面冻结审批使用的措施，检查清理工作取得很好成效。经费清理方面，共清理出虚列成本补缴财政收入款 2.95 万元；物资清理上，共清理出可供淮阴地区调度平衡的物品 124 种，可供县内平衡的物品 75 种，共折计价款 24.7 万元。通过检查处理，严肃了财经纪律，强化了对社会集团购买力的控制，提升了财政经费和控制商品的使用效能，调剂了市场需求。

1961 年，国务院下发了《关于进一步压缩社会集团购买力的规定》，对社会集团购买力实行“限额提存、专户管理、节约预扣、转账上缴”的办法。1962 年，全县实行购物证制度，由财政局核定各单位非生产性支出计划，商业局发给购物证，各单位凭证到指定商店购买办公用品，销售单位凭购物证销售商品；超过支出计划的，销售单位停止供应商品；个别单位因特殊情况必须购置的，一律报县人民委员会批准，并凭购物证和批准的购物计划购买物品，未经批准擅自购买控购商品的，财政部门不予拨款，银行不予付款，商业部门不售给商品。当年，灌云县社会集团购买力支出 6385.25 元，较 1961 年的 10195.00 元下降 37.37%。

1963 年，灌云县控制社会集团购买力采取了事先监管、计划审核、事后检查、集中会审的方法。县财政部门牵头，组织人员对 17 个重点单位进行了检查，对发现的违反规定购买禁购商品的行为，县委责成责任单位负责人作出深刻检讨。

1964 年，根据省和淮阴地区关于控购商品审批手续的规定，灌云县对控购审批手续适当简化，行政机关和企事业单位可根据县分配的社会集团购买力指标自行控制额度，不准超出指标。

1965 年，随着国民经济的全面好转，市场商品日趋充裕，专控商品由原来的 20 余种减少至 9 种。淮阴地区不再向各县下达控购指标。灌云县的控购由县财政部门在核定的经费数额内按制度规定加以把握，同时还取消了凭证购物和凭专用发票报销的管理办法。

1966～1976 年，由于“文化大革命”造成的十年内乱，控购工作受到严重干扰，党中央、国务院虽多次发出通知，重申控制社会集团购买力的政策、法规，要求反对铺张浪费、压缩社会集团购买力，但效果不佳。1977 年 10 月，国务院有关部门制定了《社会集团购买力管理办法》。灌云县依据此办法和省、地区的统一部署，全面采取“计划管理、限额控制、定点供应、专用发票、凭证购买、专项审批”的控制措施，控购工作重新步入规范有序的轨道。

1978年初，灌云县财政局等五个部门联合转发了国家计划委员会、财政部、商业部、中国人民银行、供销合作总社发出的《关于社会集团购买力管理工作中几个方面问题的通知》，采取健全制度等措施，加强对社会集团购买力的控制和管理。对控购商品实行“定点单位供应”。凡是不在指定单位购买控购商品的，一律不予报销。对规定的30种专项控制商品，一律实行专项报批。负责集团购买力供应单位所开的发票，填明购货单位名称、进行购货证登记，无购货单位名称或名称不符的发票一律不予报销。对违反社会集团购买力管理规定和弄虚作假、欺上瞒下的行为，严肃处理，追究责任。

1979年，淮阴地区下达灌云县1979年社会集团购买力指标为233万元。由于当年1～8月份经费支出出现超支情况，所以，全县从9月份起，对社会集团购买力不审批、不转报。

1982年起，灌云县更加严格执行国家控办、经委、商业部联合下发的《关于坚持凭“准购证”供应专控商品的通知》精神。 对全县专控商品采取的管理措施实、审批把关严，控制力度大，社会集团购买力支出逐年下降。1987年，全县社会集团购买力实际支出仅40万元，比1986年下降了60%；1988年又较1987年下降了28%。

1989年，灌云县财政局成立了控制社会集团购买力办公室，负责全县社会集团购买力控制管理工作。当年，按照省财政厅、市财政局的统一部署，结合“三项大检查”，灌云县组织对全县购买专控商品情况进行了专项检查，并及时整改查出的一些问题。同时还配合市控办对县内控购管理单位以私人名义购买小汽车情况进行了检查，查出违规购置小汽车16辆，其中3辆“公车私户”被连云港市政府没收。

1990年，县财政局针对上年检查中发现的问题，重点抓好购车的控制，严格相关程序，申报购车的单位先报计划，同时将购车款交县控办存储，然后按顺序批准控购指标。县控办下发了《关于立即停止自行买卖小汽车的通知》，先后4次组织开展对专控商品购置情况的专项检查，重点检查了38个单位，查出不符合规定购置专控商品金额100.2万元，对责任单位进行了处理。县财政局还聘请了54名控购协管员，构建了强有力的控购协管网络。

1991年，灌云县严格执行连云港市财政局、控办关于“六优先、五暂缓、四不批”的规定，加强监督检查，严肃控购纪律，对查出的县医药公司、燃料公司以及四队镇、陡沟乡、南岗乡等单位因违规购置小汽车或照相机、地毯等控购商品行为给予了严肃处理。当年，灌云县因部分机关单位特别是新成立的单位实际工作需要，至10月份已突破连云港市下达灌云800万元的指标，报请市控办同意追加灌云县社控指标79.3万元。

1993年，灌云县控办配合市控办开展了小汽车“公车私户”专项检查，全县共查出违反控购规定的“公车私户”小汽车6辆，并进行了处理。

1994年，连云港市下达灌云县社会集团购买力支出控制指标1700万元，灌云县实际下达分解指标1048万元，为连云港市下达指标数的62%。

1995年，县财政局下发了《关于贯彻财政部〈控制社会集团购买力工作要点〉有关精神的通知》，对全县贯彻工作和社控工作提出六点要求，从1996年1月1日起，执行国家规定的新的专项控制商品目录和新的社会集团购买力支出核算范围规定。

1997年，县财政局根据连云港市财政局《关于重申控购纪律的通知》精神，对全县控购工作作出三项规定：一、由县控办直接审批的六种专控商品，严格执行省、市有关规定和县纪委、监察局的具体要求，各申报单位及其主管部门认真审核资金来源和配备必要，从严把关，逐级上报；二、凡购买小汽车、摩托车的单位，在提出申请的同时，将购车款（含各种费用）一次性足额缴存县控办专户，由县控办审核资金来源渠道及其他购车条件报县政府常务会议批准，并向上级控办报批；三、有下列情形之一的，县控办不予报批：1. 先买车，后提出申报的；2. 未将购车资金足额缴存县控办的；3. 购车资金来源不符合有关规定的；4. 亏损企业、欠缴税收或拖欠职工工资的企事业单位；5. 拖欠公教人员工资的乡镇政府。随着控购商品控购范围的不断缩小，控购的侧重点主要是对购置小汽车的控制。1997年底，县控办撤销，此项工作划归县财政局行财股负责。

1998年，灌云县全面加强专控商品特别是小汽车、手持机等管控工作，坚持“四宽四严”：生产性用的从宽，非生产性用的从严；企业用的从宽，行政事业单位用的从严；低档的从宽，高档的从严；报废更新的从宽，新增的从严。

1999年，灌云县政府建立了政府采购制度，控制社会集团购买力的工作职能转归县政府采购中心。

第三节 政府采购

政府采购也称政府统一采购或公共采购，是指政府机构或其他直接间接接受政府控制的企事业单位，为实现其职能和公共利益，通过公开招标等方式，使用公共资金获得货物、工程和服务的行为。

一、政府采购制度的建立

1999 年，灌云县建立了政府采购制度，县政府制定下发了《关于做好县本级政府采购工作的意见》，成立了灌云县政府采购中心，并制定了《灌云县政府采购暂行办法》《灌云县政府采购结算操作办法》《政府采购中心工作程序》《政府采购中心招投标程序》等，明确规定了政府采购制度适用范围、采购项目、采购结算办法、采购工作程序等。从 7 月 1 日起实行政府集中采购。凡应实行政府集中采购的项目，各单位不得自行采购，否则采购无效、已支付的货款不得报销。县财政部门为政府采购的主管部门，具体负责政府采购的日常管理，执行政府采购政策，编制政府采购项目草案，审核年度政府采购计划，受理政府采购投诉。县监察、审计、物价等有关部门依其职责配合县财政部门对政府采购进行管理和监督。

二、政府采购工作的开展

1999 年作为灌云县实施政府采购的“元年”，县政府采购中心围绕县政府采购工作实施意见，加强采购活动监管，严格规范采购行为，切实增强政府采购工作透明度。全年完成政府采购 86 批（次），采购总金额 799.13 万元，实际支付 720.21 万元，节约资金 78.92 万元，节约率 9.88%。2000 年和 2001 年，由于政府集中采购尚处于初始阶段，政府采购规模较 1999 年有较大回落。2000 年政府采购金额为310.4 万元，较市场价节约财政资金 34.4 万元；2001 年政府采购金额为 362.48 万元，较市场价节约财政资金 51.66 万元。

2002 年，政府采购范围扩大，建立并实施了车辆定点保险、机关定点文印、电脑、空调等办公用品集中采购的管理制度。政府采购中心全年组织公开招标、邀请投标、询价采购等 96 次，实现政府采购总额 1177 万元，比市场价节约支出 235.12 万元，节约支出率 20%。

2003年，《中华人民共和国政府采购法》颁布实施，县财政局采取多种形式宣传，编印宣传手册500册、印发政府采购调查问卷100余份。政府集中采购范围进一步扩大，公车维修、基础设施工程建设等项目也纳入了政府采购范围，并建立了政府采购数据库。政府采购中心全年组织政府采购86次，完成采购金额1300万元，较2002年增长10.45%，节约采购资金196万元，节支率15.08%。2004年，全年经政府集中采购物品1524.30万元，实际支付1297.20万元，节支率14.90%。

2005年，灌云县又将工程招投标纳入政府采购范围，全年完成政府采购金额2955.37万元，节约资金461.24万元，节支率15.61%。2006年，完成政府采购金额3201万元，较2005年略有增加，年度节支320万元。2007年，完成政府采购金额2476.3万元，节约资金267万元，节支率为10.78%。

2008年，随着县政府对基本建设投入力度加大，政府采购金额大幅增加，全年政府采购金额达到4285.66万元，较2007年增长73%。节约资金609.02万元，节支率14.21%。

2009年，实施政府采购168批（次），完成政府采购金额6605万元，政府采购金额较2008年增长54.11%，节约资金884万元，节约率13.38%；2010年实施政府采购401批（次），完成政府采购金额7845.5万元，较2009年增长18.78%，实际支付6979.1万元，节约资金866.4万元，节约率11.04%。

截至2010年，政府采购涵盖了机关事业单位公务采购的各个方面，采购项目累计达70余项。全县累计完成政府集中采购金额32842.14万元，实际支付28611.28万元，节约财政资金4230.86万元，节支率12.88%。

第四节　财政信用管理

财政信用管理包含三个部分：一是通过发行公债，筹集财政资金，如发行债券、国库券等；二是对部分财政资金实行有偿使用，如发放支农周转金、文教周转金等；三是运用财政信用担保，利用国家开发银行贷款、世界银行贷款等。

一、公债与债券

（一）人民胜利折实公债。1950年1月，灌云县开始推销人民胜利折实公债。该公债是国家为支援人民解放事业，弥补财政赤字，减少货币发行，平抑物价，而发行的以实物为计算标准的公债。公债的募集和还本付息均以实物为计算标准，其单位为“分”，每分所含实物为：大米6斤，面粉1.5斤，白细布4尺，煤炭16斤，实物之价格以上海、天津、汉口、西安、广州、重庆六大城市的批发价，用加权平均法计算，其权重为上海45%、天津20%、汉口10%、广州10%、西安5%、重庆10%。此项平均市价由中国人民银行每10日公布一次，因为购买者需按当时分值计算实物款额交款，故称“折实公债”。公债发行面额分为4种：一分、十分、一百分、五百分。发行总额为二万万分，其中第一期发行一万万分（第二期因国家经济好转而没有发行）。苏北行政公署分配灌云县推销任务为300分。1950年1月，灌云县成立了公债推销委员会，采取宣传鼓励、自报公议的推销办法，主要在城乡工商业者和殷实富户中推销。社会各界争相认购，推销任务很快超额完成。全县实际推销360分，推销金额为4096.77万元（旧人民币）。人民胜利折实公债年息5厘，分5年偿还，自1951年起，每年3月31日抽签还本付息一次，至1956年3月本息全部偿还。公债发行事宜由中国人民银行灌云县支行办理。

（二）国家经济建设公债。1953年，国家决定发行国家经济建设公债，目的是加速国家经济建设，逐步提高人民物质和文化生活水平，促进人民节约储蓄。12月，中央人民政府颁发了1954年《国家经济建设公债条例》，对公债发行对象、票面面额、币种、偿还期等作出了明确规定：发行对象是工人、店员、政府机关、团体、部队干部以及文化教育工作人员、私营工商业主（包括股东及资方代理人）、公私合营企业的私方及其他城市居民。在农村也推销一定数额。公债发行票面额为人民币旧币一万元、二万元、五万元、十万元及五十万元5种，偿还期限为8年，利率定为年息4厘，从当年1月起发行，10月1日起计息，第二年起每年9月30日抽签还本付息一次，分8次还清。1954年，灌云县推销面额为一万元、二万元、五万元的首期经济建设公债2.52亿元（旧人民币）。1955年，公债发行增加旧币一百万元的票面，并从当年起偿还期限改为10年，分10次偿还。当年灌云县推销面额为一万、二万、五万、十万等4种公债22781元（新人民币）。1956年起，公债发行票面改为人民币新币一元、二元、五元、十元、五十元和一百元6种，灌云县当年完成40011元；1957年完成66754元；1958年完成65527元。

1954～1958 年灌云县经济建设公债推销情况表

表 10–1

年份	数额(元)	年息	偿还方式
1954	25230	4 厘	8 年分 8 次偿还
1955	22781	4 厘	10 年分 10 次偿还
1956	40011	4 厘	10 年分 10 次偿还
1957	66754	4 厘	10 年分 10 次偿还
1958	65527	4 厘	10 年分 10 次偿还
合计	220303	——	——

（三）国库券。1981 年 1 月，国务院颁布了《中华人民共和国国库券条例》，从该年起发行中华人民共和国国库券。发行对象为：国营企业、集体所有制企业、企业主管部门、地方政府、机关、团体、部队、事业单位和农村富裕的社队。个人自愿购买。发行票面额为 10 元、50 元、100 元、500 元、1000 元、1 万元、10 万元、100 万元 8 种。发行期限：1981 年起发行的国库券均从 1 月 1 日起发行，到 6 月 30 日结束，发行利率定为年息 4%。偿还期限及还本付息方式：1981 年国库券从 1986 年起五年内分五次偿还，按抽签号码，每年偿还总额的 20%。国库券的发行和兑付均由中国人民银行及其分支机构办理。1981 年，淮阴地区行署下达灌云县国库券发行任务数为 32 万元，期成数为 42 万元。县政府于 3 月 31 日下发分配购买任务，实际分配数为 36 万元，要求各部门、各单位认购国库券，都用 1980 年底实际结余的购买力购买。灌云县最终发行的 36 万元全部为单位认购。

1982 年起，国库券发行对象增加“城乡居民个人”，增加发行 1 元和 5 元票面，取消 1 万、10 万和 100 万的票面。单位购买的发给收据，年息仍为 4% 不变；个人购买的年息为 8%。灌云县于 1982 年成立国库券发行领导小组，下设办公室，由县财政局代管，并设专人办理国库券推销事宜。淮阴地区行政公署分配灌云县 1982 年国库券推销任务 81 万元。

1983 年起，国库券发行面额改为 5 元、10 元、50 元、100 元四种。为了调动购买国库券的积极性，1985 年起发行的国库券，个人购买 1000 元以上的也发给收据，单位购买的年息提高到 5%，个人购买的年息提高到 9%，最长计息期限从原来的 10 年缩短为 5 年，于 1990 年一次性兑付，兑付银行也由一家改为多家。

1986 年起，国库券发行对象增加个体工商户，取消农村富裕社队为发行对象，单位购买年息改为 6%，个人购买年息改为 10%。当年全县认购任务为 143

万元。

1987 年，灌云县财政局配备了国库券推销专职干部。1988 年起，国库券最长计息年限改为 3 年，即 1988 年券于 1992 年一次性兑付。1989 年起国库券的发行对象改为公民个人和个体工商户，年息一律改为 14%，同时发行特种国债，5 年期年息 15%。灌云县当年发行额为 400 万元。

1990 年，灌云县国库券和特种债券任务为 233 万元，其中国库券只对个人发行；国债只对单位发行，为派购任务。国库券增加 20 元票面，年息仍为 14%。国库券发行和兑付改为银行、财政、邮政等多部门多渠道办理。

根据财政部、中国人民银行通知精神，从 1991 年 11 月起，允许 1991 年度国库券上市转让。1991 年国库券年利率为 10%；另外发行特种国债，年利率 9%。1991 年，县财政局设立了国债服务部。

1992 年，国库券发行分为 5 年期和 3 年期两种，年利率分别为 10.5%、9.5%，后随国家银行存款利率上调而分别提高至 13.86%、12.24%。国库券发行采取面向社会发行，由地方政府统一领导，财政部门具体组织，主要采取承购包销方式。1993 年，5 年期国库券利率为 15.86%、3 年期利率为 13.96%。1994 年，国家发行两年期国库券。

1995 年，国债发行体制改革，大部分采取市场化发行，行政派购减少。1999 年后，国库券全部由各商业银行承购包销，完全采取社会化发行，财政部门随之停止了发售国库券。

1981～1999 年灌云县国库券发行情况表

表 10–2　　单位：万元

年度	任务数	完成数	完成比例(%)	年度	任务数	完成数	完成比例(%)
1981	32	36	112.5	1989	626	626	100
1982	81	96.6	119.3	1990	223	253	113.5
1983	88	91	103.4	1991	270	400	148.1
1984	83	99.9	120.4	1992	400	500	125
1985	143	147.4	103.1	1997	345	345	100
1986	143	145.3	101.6	1998	390	390	100
1987	143	147	102.8	1999	75(定向发行)	75	100
1988	216	213.7	98.9				

说明：表中缺 1993~1996 年数据。

（四）其他债券。1988 年，财政部门发行国家重点建设债券，由农行系统代理发行。县财政局将 111 万元发售任务分解到各乡镇供销社、粮管所、食品站等企业和棉麻公司等县属企业。债券期限为 2 年，年利率 9.5%，满 2 年时一次性还本付息。债券面额为 100 元、500 元、1000 元、10000 元四种。

1989 年发行保值公债，期限 3 年，满 3 年后一次性还本付息，年利率按中国人民银行同期储蓄利率（13.14%），加保值贴补率，再加 1 个百分点计息，不计复利。

二、财政周转金

财政周转金是财政部门设立的采用信用方式，供有关单位有偿使用的资金。其主要来源是：本级财政历年积累形成的周转基金、以财政信用向上级财政借入的周转金、以及利用财政间隙资金等。财政周转金主要有财政支农周转金、财政工交商贸周转金、财政文教行政周转金等类型。1996 年起，财政周转金实行统一核算制度，并从 1998 年起基本停止发放。

（一）财政周转金类型

1. 财政支农周转金。财政支农周转金是由早期的支持穷队款、支农资金等发展而来的。1964 年，灌云县全县发放支持穷队款 3 万余元，用于 21 个生产队，买耕牛 21 头计 2.7 万元，建电灌站 1 座 0.3 万元，其余购买了化肥和小型农具等。当年国家拨给的农田水利工程补助 34.2 万元，用于补助公社挖水利土方 2147 万方，建桥 1157 座。为了提高支农资金的使用效率，财政部门于 1972 年对支农资金作了重大改革，将部分支农资金由无偿使用改为有偿使用，以信用形式作为专项周转基金。

1981～1984 年，财政部、江苏省财政厅相继对支农周转金的发放原则、使用范围和项目、偿还期限、借款手续、回收办法等作出更加明确的规定，支农周转金发放坚持贯彻“自力更生为主，国家支持为辅”，“因地制宜，择优扶持”，“自愿申请，有借有还”以及加快周转的原则。突出支农周转金扶持的重点对象和项目及其所要实现的经济效益。强调支农周转金由各级财政部门的农财机构统一管理。

1985 年，灌云县财政局转发并认真执行财政部《关于进一步加强财政支农周转金管理工作若干问题的意见》，针对支农周转金管理和使用方面存在的回收进度较慢、比例较低等问题，进一步明确支农周转金不用于抗灾性、公益性、实验性和不能获得直接经济效益的项目；归还期限一般不超过3年，原则上不超过5年；要求全县财政部门防止和纠正支农周转金使用管理上“支干（部）不支群（众）”“支富不支贫”等偏向，采取切实可行的奖惩办法，调动及时发放、按期回收上级支农周转金的积极性。

1986年6月，灌云县财政局按照省财政厅的要求，建立了支农资金预算执行分析和报表制度，季末编报季报表。并于10月开展了一次支农资金使用管理情况大检查。

1987年6月，连云港市财政局出台《连云港市财政支农周转金管理（试行）办法》规定，支农周转金支持的对象是：乡镇企业和村办、联户办、户办经济组织和国营农、林、牧、副、渔、水利、农业科研等农业系统的企事业单位的一业为主、多种经营、综合利用等项目。在同等条件下优先支持比较困难的单位或户。支农周转金偿还期限一般为1~2年，最长不超过3年。支农周转金每项一般不超过3万元，凡达到或超过5万元的必须报市财政局和主管部门审批。逾期占用费为月息10‰（按日计算）。9月22日，市财政局通知对1982年前借出的“挂账”资金逐户审核清理，凡借款单位还存在的，一律不得作“挂账”处理。

1988年，灌云县作为支农资金管理基础比较好的县，被江苏省确定为13个支农资金联系点之一。联系点的任务是：及时总结支农资金管理的好经验、好做法；及时发现新的情况、问题，提出改进措施、意见；大胆进行支农资金管理的改革探索，有条件的地方要进行支农资金管理的“超前性”理论研究。

1988年3月，灌云县财政局根据省市有关文件，制定下发了《灌云县财政支农周转金管理（试行）办法》，结合灌云县实际对周转金的来源、使用原则、支持对象、发放范围、使用数额、奖罚办法等作出了明确规定。

1992年11月，财政部颁发了《财政支农资金项目管理试行办法》，对包括支农周转金在内的财政支农资金项目管理的程序和方法进行了规范。

1991～1995年，灌云县累计发放财政支农周转金5124万元。

2. 财政工交商贸周转金。1964年4月，国家经委、财政部、人民银行总行发出关于试行《地方国营中小型企业小型技术组织措施贷款办法》的通知（以下简称“小技贷款”），设立应用于国营工业企业中增产国家急需产品、增加花色品种、提高产品质量、提高劳动生产率等内容的临时性小型技术组织措施贷款。贷款由人民银行发放，期限一般不超过12个月，每项最高不超过5万元，月息3‰，在企业成本中开支。

1966年7月，按照上级财政部门的要求，从紧掌握小技贷款，1970年起被停止发放，1973年起又恢复，且一律不计利息，但仍严格控制。1979年1月1日起，小技贷款恢复收取利息（月息4.2‰）。1985年8月起，小技贷款逾期不还的，从到期之日起加息20%计收。

1986年，全县发放小技贷款94万元，支持15家企业、16个项目，创税利109万元。其中为县制面厂向省财政厅争取了30万元小技贷款，增加一条挂面生产线，使该厂新增年生产能力300吨，新增产值216万元，增加利润11万元；为县烟酒公司食品饮料厂争取15万元小技贷款，并向市财政争取10万元贷款，使该厂增添了水果罐头生产线，年产值达130万元，获利13万元。

1989年，配合银行存贷款利息调整，小技贷款利率由月息4.2‰调至6‰。1990年12月起，利息改为按银行技改贷款利息执行，并随银行利率变动而相应调整。1991年，灌云县从国家部委争取资金150万元，从省争取370万元，县财政自身组织47万元，共计567万元，分别用于县化肥厂的“两煤改一煤”项目、县农机厂的旋耕机总装和油漆生产线、县磷肥厂的硫酸亚钠项目、以及县电子机械厂的矿井报警器等项目的技术改造，都取得了较好的经济效益。

1996年4月，小技贷款并入财政周转金，统称为财政工交商贸周转金。

3. 文教行政周转金。1986年，江苏省财政厅发文设立省级科教文卫事业周转金，并要求有条件的市、县可参照设立。灌云县财政局随之设立了文教科学卫生事业周转金（以下简称“文教周转金”），由财政部门的文教行政财务管理机构统一管理，主要用于支持科教文卫部门及其所属事业单位发展生产、扩大服务项目和进行技术改革等临时资金需要，重点支持有利于事业发展，具有投资少、上马快、效益高特点的项目。文教周转资金实行低息有偿使用，需主管部门担保，借用期一般为1年。

1993~1994年，县财政局支持各学校勤工俭学周转金累计达125万元，创产值440万元，实现纯收入60万元，其中用于补充教学经费改善办学条件40万元；1993年，支持县广电局广播电视服务部4.5万元周转金，当年实现销售收入21万元，利税3万元，其中拿出2万元作为广播事业经费；支持文化事业单位周转金8万元，发展第三产业，创收18万元，其中用于“以文补文”的有7万元。1995年，灌云县获连云港市文教行政周转金考核评比信誉优秀奖。

（二）财政周转金的统一核算和回收

1996年前，灌云县财政周转金管理实行“分散管理，分口核算”的办法，即各种财政周转金的核算管理由各职能股分散负责。1996年起，按照中央、省、市相关要求，实行了“统一核算，分口管理”的办法，即资金集中在总预算中统一核算，并按其性质实行分口管理；财政有偿资金坚持“集中使用、重点投放”和“专款专用”的原则。县政府制定了《灌云县财政周转金管理暂行办法》，明确职责、权利和义务，严格放款程序和审批手续。1996~2000年，全县累计投放财政周转金27259万元，主要用于支持企业扩大再生产，增加农民集体经济收入和家庭收入。

1996～2000年灌云县财政周转金情况表

表10-3 单位:万元

年份		1996年	1997年	1998年	1999年	2000年	合计
项目	财政周转金放款	5147	5451	5689	5501	5471	27259
	借给下级周转金	987	1027	997	873	888	4772
	财政周转基金	2308	2308	2697	2678	2695	12868
	借入上级周转金	2870	3415	2739	2246	1570	12840

在财政周转金使用过程中，由于财政周转金受企业经济效益低下等因素影响，回收率一直较低，逾期现象严重。截至1996年底，全县累计回收周转金10361万元，回收率为77.2%。1997年，当年仅回收各种周转金408万元，回收率只有8.7%。逾期周转金4295万元，其中逾期5年以上的周转金达2939万元，直接影响到财政周转金作用的发挥。1998年，县委、县政府以文件形式下达了第二批财政有偿资金回收任务，并建立健全奖惩激励机制，当年第四季度就回收资金1114万元，取得了阶段性成果。

1998年起，按照党中央、国务院关于深化金融体制改革、整顿财政金融秩序的统一部署，灌云县认真做好财政周转金的清理整顿工作，停止了财政周转金的发放，明确除特殊专款外，其他一律只收不贷，进一步加大了财政周转金的回收力度。2000 年 4 月，县财政局组织专门人员深入到县各有关借款单位和主管部门，采取逐户过堂的办法，对各种财政周转金进行了债权保全的确认工作，累计确认单位 74 户，确认金额占放款额的 52%。

1996～2000 年，全县累计回收各种财政周转金 2939 万元。

2001 年起，国家进行宏观经济政策调整，财政周转金基本取消。

三、财政信用担保

财政信用担保是新时期争取地方经济和社会事业发展所需各项信贷资金的一种新形式。

2002 年，灌云县财政部门争取省市科技三项费用 37 万元，争取省财政火炬和星火计划贴息资金 50 万元。

2003 年，县财政局为加快推进企业技术进步，向上争取和安排企业技术改造、新经济增长点等贴息资金 41.86 万元，扶持兴云鹅业、杭连食品、润生集团等民营企业的发展。申报支农项目 46 个，省、市立项批准项目资金 2358 万元，核销农业综合开发呆账 140 万元，支持了全县农业和农村经济的发展。此外还争取国债资金 400 万元，用于城市基础设施建设。

2004 年，县财政信用担保重点支持工业企业和农业项目。一是帮助工业企业申报科技项目 8 个，争取科技项目资金 180 万元、企业挖潜改造资金 65 万元，扶持杭连食品、兴云集团、润生集团等企业扩量增效。争取省财政工业园区建设专项资金 500 万元、国债资金 400 万元，用于县开发区等单位的基础设施建设；争取财政贴息资金 51 万元，为三星冷冻厂、兴云集团、润瑞保健品厂新上项目提供贴息贷款。二是筹措 200 万元资金入股市格斯达担保公司，为海天制药等 8 家企业提供担保资金 820 万元，增加了企业的发展动力。三是申报支农项目 46 个，省市立项批准项目资金 2470 万元，争取农业综合开发资金 592 万元，争取农桥项目资金 217.4 万元。

2005 年，争取省工业区补助资金 500 万元，争取企业挖潜改造资金、龙头企业贴息和科技三项费用 413 万元，争取省开发银行中小企业贷款 1500 万元，支持泰达纺织等重点企业项目发展。扩大与市格斯达担保公司合作，新增 300 万元担保基金，累计为沪云炉料等 20 家企业担保贷款 2900 万元。争取专项资金 2564 万元，用于农业综合开发等。还争取上级财政补助资金 5328 万元，支持农业标准化、农业科技成果推广等。

2006年，累计争取企业挖潜改造资金、龙头企业贴息贷款和科技三项费用479万元、省开发银行中小企业贷款2500万元，支持泰达纺织等重点企业。进一步扩大与市格斯达担保公司合作，担保基金总量达到了700万元，累计为海连包装等企业担保贷款5600万元。

2007年，向上争取企业挖潜改造等资金886.3万元，扶持万运酒业等重点企业发展；继续投入担保基金700万元，与市格斯达担保公司合作，为海连包装等30户企业担保贷款累计达到7500万元。申报涉农项目24个，争取高效农业省级补助资金1158万元、农业综合开发和三期世界银行资金5190万元、农村水利基本建设资金1544万元。

2008年，争取省自主创新和产业升级专项引导资金、省财政重点成长型企业发展专项资金1161万元，用于9家重点企业的产品升级和品牌创建；与市格斯达担保公司合作，努力扩大省开发银行中小企业贷款规模，为全县58家中小企业提供担保贷款9800万元。争取农业综合开发和世行三期项目贷款资金1983万元。

2009年，争取中央和省扩大内需资金12871万元，财政部代发地方债券3500万元，扶持项目23个；进一步完善中小企业贷款风险补偿办法和信用担保体系，出资成立县泰和担保公司，先后争取再担保信用指标1.2亿元，共为60户企业担保贷款2.5亿元；完善农业贷款风险补偿机制，投入“金豆豆”担保基金500万元，担保贷款额度达5000万元，用于扶持农民创业。争取农业综合开发专项资金1983万元，改建中低产田2.9万亩，新增农田林网0.2万亩，新增灌溉面积1.1万亩。

2010年，县财政局按照县政府的要求，设立扶持企业发展基金2000万元，扶持远征化工、明盛化工等骨干企业做大做强。争取省农业产业化发展项目资金658万元，中小企业发展专项资金460万元，省级科技型企业发展专项引导资金279万元。县泰和担保公司进一步完善中小企业贷款风险补偿办法和信用担保体系，被省再担保公司评为A+级主办机构，累计申报中央和省级担保业务财政补贴1100余万元，为耀中铝车轮等50户企业担保贷款2.56亿元，同比增长194%。其中，在全省率先和省再担保公司联手为远征化工担保2000万元贷款。

第五节　世界银行贷款

世界银行贷款（简称世行贷款）是指由世界银行提供给发展中国家的政府和由政府担保公私机构的优惠贷款。灌云县自1991年首期利用世行贷款实施农业灌溉项目（亦称一期农业世行项目）起，至2008年，累计从世界银行贷款10574.35万元，主要用于水利电力设备、动力机械购置和水利设施配套以及中低产田改造等项目建设。

一期农业世行项目（1991～1993年），3年累计投入项目资金1269万元，主要用于水利电力设备及农机具购置，先后购置动力机械168台套，配套机械356台套。

二期农业世行项目（1998～2002年），在项目实施的5个年度中，项目建设总投入5849.46万元。按省市财政部门要求，从2000年开始，对二期项目资金实行县级报账制。

1998～2002年灌云县二期世行贷款项目投资及效益表

表10–4

项目年度	项目投资	完成项目任务	项目效益
1998	447.8万元	改造中低产田2万亩	新增粮食生产能力0.34万吨
1999	2133.85万元	改造中低产田8万亩	新增粮食生产能力1.2万吨
2000	1830.87万元	改造中低产田4.7万亩	新增粮食生产能力0.71万吨
2001	876.66万元	改造中低产田3.2万亩	新增粮食生产能力0.51万吨
2002	560.28万元	改造中低产田2.9万亩	新增粮食生产能力0.43万吨
合计	5849.46万元	改造中低产田20.8万亩	新增粮食生产能力3.19万吨

2005～2008年，灌云县继续实施世行贷款项目，累计完成项目投资3455.89万元、改造中低产田7.05万亩、新增粮食生产能力3.74万吨。

2005～2008年灌云县世行贷款项目投资及效益表

表 10–5

项目年度	项目投资	完成项目任务	项目效益
2005	506.47 万元	改造中低产田 1.2 万亩	新增粮食生产能力 0.64 万吨
2006	1008.45 万元	改造中低产田 2.1 万亩	新增粮食生产能力 1.1 万吨
2007	1506.69 万元	改造中低产田 3.1 万亩	新增粮食生产能力 1.3 万吨
2008	434.28 万元	改造中低产田 0.65 万亩	新增粮食生产能力 0.7 万吨
合计	3455.89 万元	改造中低产田 7.05 万亩	新增粮食生产能力 3.74 万吨

在农业综合开发世行贷款项目管理工作中，县财政局对所有项目资金实行县级财政报账制，逐步建立了程序审核制度、“三章”“六单”制度和支付“直通车”制度。“三章”“六单”制度：所有报账票据必须税务章、供货单位章、开发局章“三章”齐全；报账单位必须提供财政无偿资金报账申报、工程实施方案、工程预决算、竣工验收、施工合同、原始票据等“六单”，确保原始票据的完整性、合法性和规范性。支付“直通车”制度即土建工程完工后，经验收合格，承建单位按规定要求提供完备的报账票据，到县财政局办理报账手续，经县财政局复审后，即可直接拨付工程款到承建单位账户；对于县级集中采购物资，经验收合格交付安装后，即可凭相关票据到财政局办理报账，县财政局审核无误后，将资金直接拨付到供货单位。

灌云县实施的世行贷款项目，有效地加强了农业基础设施建设，提高了农业抗灾减灾能力，降低了农业生产成本，实现了农业节本增收，保障了农民增收。对全县建设特色农产品基地、促进农业区域化布局、提高农业整体效益，起到了很好的推进作用。

第十一章　财政监督

财政监督是指财政在资金的筹集、分配和使用过程中的审核、督促、检查、制裁等活动的总称，它是财政工作基本职能之一。财政监督是为了维护财政法规的正确执行，处罚惩治违法乱纪行为，保证国家资财不受损失。财政监督工作主要包括财政监察、清理检查小金库和冻结存款、税收财务物价“三项大检查”等。

第一节　财政监察

1950 年 11 月，中央人民政府政务院颁布了《中央人民政府财政部设置财政检查机构办法》，各级人民政府随即陆续在财政部门设立了监察机构。1951 年 4 月，灌云县财政科即设立财政检查机构和检查员；1952 年，灌云县根据政务院将财政检查机构统一改为财政监察机构的规定，在县政府财粮科设监察员 1 人，专司财政监督工作；1964 年 10 月在全县设财政监督通讯员，以加强财政监督工作；1965 年，财政局内部设财监员 1 人，在全县企事业单位选聘财监通讯员 14 人，并建立了联系制度。“文化大革命”期间，财政监督专职干部一度被撤销，财政监督工作基本处于瘫痪状态。1978 年，重新设立了财监专职干部；1988 年，县财政局成立了财政监察股，全面履行财政监察职能。1989 年，县财政局在全县财务人员中聘请了 70 名兼职财政监督员和财政监督通讯员，逐步构成了群众性的财政监督网络。在逐步健全财政监督机构的同时，县财政局还制定并不断完善了财政监督制度，基本实现了财政监督工作的规范化、制度化、法制化。

一、县直行政事业单位财政监督

20 世纪 50 年代初期，由于财政监督机构不够健全、制度还不够完善，财会工作中出现了一些单位只管使用财政资金但不管报账、基建预算编造不准、擅自动用超征的部分财政资金等现象，通过财政检查监督，及时处理了这些违纪违规现象，节约了财政资金。

1955 年 1 月，县财政部门根据省年终清理规定办法，分别对县直和各区开展重点清理。全年对事业单位组织财务检查 4 次：检查中学财务管理 2 次、农村税收和乡村民政经费发放各 1 次。检查中处理了群众揭发出的贪污挪用税款、社会救济款等问题。

1956 年 12 月，县财政部门为很好地贯彻省、市关于保证各级总预算平衡的指示精神，对国家行政机关、国有企业和事业拨款单位的基本建设情况进行了全面检查。发现有的单位的基本建设因开工迟，天气寒，思想上怕年终经费冻结，存在赶工、抢工现象，导致工程质量低劣。检查后决定对备料但没有开工的 128 间建房工程（计预算 22998 元）全部停止开工，已经竣工的房屋装修及附属工程暂停施工。

1961 年，灌云县财政局定期或不定期地按系统组织开展全面“会审”财务监督活动，即组织有关单位财会人员互检单位的账、表、据及会计凭证等，发现问题，纠正错误。全年组织“会审” 8 次：农业和卫生系统 3 次、文化系统 2 次、工业系统 2 次、其他行政事业单位 1 次。

1962 年，全年对有关行政事业单位组织 4 次会审，第一次会审发现违纪行为 93 件，金额 1560 元；第二次会审已下降为 26 件，违纪金额 300 元；最后一次会审时违纪现象基本消除。

1963 年，灌云县财政监督工作积极贯彻财政六条规定，围绕增产节约运动，坚持厉行节约、控制支出的勤俭方针。通过会审检查，行政事业单位的修缮费比上年减少支出 2.3 万元、福利费扭转了上年透支现象、公费医疗经费得到控制。1965 年，县财政局按照地区财政局的统一部署，在全县开展清理职工欠款、清理“小钱柜和小金库”等项工作，收回职工欠款 3.03 万元，占年均借款总额的 67.7%，借款人由原来的 1034 人减少到 321 人。同时还配合市场管理机构对投机倒把行为进行打击，至年底处理罚没入库款 4000 余元。

1978 年 4 月，遵照中央、省、地区关于开展财经纪律检查的指示精神，县财政局组织 39 名财税干部，对全县部分机关单位和企事业单位进行了一次财经纪律和税收政策检查，历时近 1 个月时间。其中，查处手工业局违反社控政策购买自行车 4 辆、文件橱 3 个；轮船大队购买自行车 1 辆。对多数商业部门未认真执行控制社会集团购买力政策行为进行了纠正。

1990 年起，县财政局每年都举办财政监督员和财政监督通讯员培训，组织其学习财会法律法规、相关财政制度、专业业务知识，提高他们法制意识和业务水平，不断提升财政监督效率和质量。

1991 年，全县开展了清理“三乱”（乱收费、乱罚款、乱集资）工作，共清理不正当罚款 566.8 万元，其中 1989 年度 317.9 万元，1990 年度 248.9 万元。同时，结合“三项”大检查，开展了清理职工欠款工作，全年累计清理欠款 663 万元。

1992 年，根据上级要求，县财政局配合县有关部门开展对行政事业单位清理着装工作，共收缴各类服装标志 779 副，收缴着装款 12.8 万元，有效遏制了乱着装现象。

1993 年，继续开展清理“三乱”工作，同时对全县行政事业单位的预算外资金进行清查摸底，减少乱收滥支现象，纳入预算外专户管理的单位由上年的 34 家增加到 57 家。

1995 年，对全县 536 个收费单位进行审验，审核收费总额 4600 万元，制止了乱收费现象的发生。

2002 年，县财政局相继组织开展财政扶贫资金、支农资金、罚没收入、行政事业性收费等专项检查，并完善了财政监督检查机制。

2003 年，继续清理行政事业性收费项目和标准，取消 23 项收费项目，减轻企业和社会负担 1200 万元。

2005 年，财政、纪检、监察等部门联合对全县行政机关和事业单位银行账户开户情况进行全面清理，对 26 家单位执行财经纪律和财务规范情况进行检查，同时积极开展契税、社会抚养费征管等专项检查，查出违规违纪金额 206 万元，提出整改意见 86 条，处罚金额 14 万元。

2007 年，财政监督工作的重点是对县城拆迁补偿、绿化、农业综合开发、社会保障和经济建设等专项资金使用管理的规范性、安全性、有效性情况进行督查，共检查 22 个单位，查出违规金额 180 万元，查缴入库 35 万元。

2008 年，全县开展清查“小金库”和违规开设银行账户专项治理活动，在单位自查自纠基础上，对 58 个行政事业单位进行了重点清查，对公款私存、坐收坐支预算外收入等问题按照规定进行了处理和处罚。全年共查出违纪违规资金 1680 万元，为财政挽回经济损失 80 万元。

2010 年，县财政局组织开展部门预算、财政财务收支和会计信息质量的监督检查。对检查中发现的问题严肃处理，督促相关单位进一步完善财务制度，保证财会工作安全有序运行。还参与监管拆迁资金 2.26 亿元；参与监督政府采购招标 12 次，涉及资金 1380 多万元。

二、企业财务监督

企业财务监督重点是督查企业税费缴纳、资金支出等方面，并针对企业工作特点督促其建立和完善财务制度。

1952 年，在对国营企业财政检查中，查出县新华书店经理违反财经纪律，挪用公款 80 多万元（旧币）备办结婚筵席，查出县粮食公司主任未经批准兴建房屋等违纪问题。对私营商业企业的财政检查，促使全县 28 个联营单位、26 个基层合作社、80 多个私商与国营百货商店签订了贸易协议，对稳定市场物价、维护市场经营秩序发挥了重要作用。

1957 年，根据省财政厅、工业厅的指示，按照增产节约、勤俭办企业的方针，抽调县人委财政科、工业科、税务局等部门人员，先后对国营县印刷厂、公私合营县伊山油厂进行各历时 9 天的财务检查。对查出的企业财产管理不严、账物登记不符、个别人贪污公款等问题，督促相关单位及时纠正并给予严肃处理。

1959 年，为加强税收征收管理，全县普遍建立了稽征管理制度，共建立 287 个代征单位，在集镇和交通要道建立护税组织，发展了 1384 个协税护税点。一年全县约护税 2000 件，征收税款 4000 余元。全面规范小商贩经营行为，恢复了来货报告、交保、使用统一发票等制度。

1960 年，县财监部门认真贯彻省、地委关于进一步开展增产节约、反对铺张浪费的指示精神，以“三清”为中心，先后组织人员对全县企业及其单位进行了两次大检查。其中对全县 23 个重点单位进行实地检查和重点复查，实行仓库过堂、资金全面冻结。全县共清理出欠缴税利款 1 万元，虚列成本补交财政收入款 2.95 万元；清理出供专区调拨平衡物资 124 种，县平衡物资 76 种，共计价款 24.7 万元。这些资金和物资的清理，不仅严肃了财政纪律，而且发挥了资金和物资使用效能。如灌云电厂清理出来的锡铁片废边角 900 余公斤，解决了制造小五金企业的原材料；盐务局清理出大锅 145 口，投放市场后缓解了供需矛盾。

1962 年，为加强企业财务监督，全年组织企业会计人员 4 次会审；为防止年终乱花钱，财政局派出财监人员深入盐务局、物资局、灌溉所等单位进行检查，并将发现的重要问题向县委汇报。

1963 年，县财政局配合农业主管部门先后对场、圃、站等企业进行了 4 次会审，促进企业更好地贯彻财务制度。

1974 年 12 月，淮阴地区革委会转发了灌云县《关于灌云冷库工程筹建处用公款请客送礼违反财政纪律的通报》，该冷库从 1973 年 9 月 20 日至 1974 年 4 月，违纪开支招待费 1731.85 元、代垫渔港规划招待费 672.72 元。

1978 年 4 月 10 日起，县财政局组织了历时 22 天的财经纪律和税收政策大检查，检查企业 108 家，查补部分国营、大集体和镇社企业偷漏国家税款 23 万余元，发现和纠正了一些企业违反财政纪律，搞计划外基本建设、白纸条据入账、擅自提高开支标准、扩大开支范围、增加成本费用、吃喝招待挥霍浪费、假盈利真亏损骗取荣誉等问题。据统计，108 家被查企业，1977 年开支招待费 5 万多元，杨集农具厂一年招待费占销售总额的 2%。

1979 年，财政局对企业开展了 3 次财税大检查和财务会审，查补税款 35 万元，清理欠利 6.8 万元。深入县农机修造厂、水利机械厂和砖瓦厂等企业，处理了滥发奖金、加班工资和核实亏损限额等问题。并将检查情况形成书面材料上报县委通报全县。

1979 年，县财政局、建设银行灌云县支行贯彻执行国务院有关文件精神，组织人员对企业基建预决算进行审查。对缺乏资金来源、材料不足的水产公司营业楼实行停建。在全年审查基建预决算过程中，共计剔除承建单位不合理的工资和费用 4.5 万元，柜面审查拒付 24 笔 11.3 万元。

1986 年，县财政局积极介入企业财务监管工作，查处了关停并转企业历史遗留经济问题 9 起，资金额达 35 万元，立经济专案 3 起，资金额达 5 万元。

1989 ~ 1991 年，县财政局连续三年对粮食系统企业财务情况开展检查。1989 年，查处县城关粮管所累计违纪金额 23 万元；1990 年，查处 32 家粮食企业累计违纪金额 42.7 万元，1991 年，查处粮食系统 38 家基层企业以及 19 家商业企业、23 家预算内工交企业累计违纪金额 250 万元。

1995 年，县财政局创新企业财政监督方法。利用社会中介机构对国有企业财务决算进行审验，保证了企业财务报表的真实性，防止了税收流失；开展了财政周转金的专项清理整顿工作，实现了“五个统一”；组织专人对全县所有

“三资”企业进行清查，逐户过堂，进一步规范“三资”企业的税收管理和财务管理。

1998年，灌云县实施市政府批转的《连云港市国有企业财务监督实施意见》，对全县国有企业、国有独资有限公司、国家控股的公司制、股份合作制企业和国有投资主体或授权经营公司，明确其内部财务监督机构、制度和具体内容、职责范围；财政机关对企业重要财务事项建立备案和审批制度；试行财务总监制度；明确社会中介机构的财务监督内容和责任；以及财政机关对违反财经纪律单位和个人进行处理等方面的政策。

2003年，对18家企事业单位进行会计信息质量检查，共查处欠缴税费等金额620万元；对违反财政纪律行为进行查处，查处违纪金额800余万元。

三、乡镇财政财务监督

1955年1月，灌云县根据省政府年终清理规定办法，县年终清理小组以杨集区等为重点清理单位开展清理，查出杨集区1951年河工结余款项2840元、1953年以前零星无名结余税项381元，全县合计清理解库6615元。

1960年7月起，全县在加强公社财务管理、制订与完善各项管理制度的同时，结合“三反”运动开展了整账理财的群众运动。县财政局先后组织两次全面会审，对上半年的所有开支进行严格审查。王集、白蚬、同兴等8个公社组织120个大队会计进行会审，使公社财务管理基本达到了管理民主化、手续制度化、开支有计划，不合理的开支被基本肃清。针对以前各公社随便动用公积金和公益金、大吃大喝和铺张浪费现象较为严重的问题，11月，经县委批准，全县各公社所有的29万余元资金上解县支行，动用时拟定计划后经财政部门批准。通过以上措施，全县非生产性开支较前下降60.4%。

1964年，各公社财政干部积极配合会计辅导员，组织和开展了社办企业的月、季财务会审。同兴公社将各财务单位组成三个小组，按小组开展月度检查，公社按季抓会审评比，对社办企业的销售往来账实行非现金结算，开支按计划报批，严密了财经制度；圩丰公社在年终分配前的互审检查中，党委及时纠正了2个生产队干部买钢笔、日记本分用，以及分配超过批准方案100多元等问题。

1979年，县财政局在财政检查中，发现个别公社挪用支农资金专款行为，该公社3个大队将国家支援的1万元农业机械款用于建桥，弄虚作假引起群众反对，财政局调查核实后将此款项拒付。

1984年，县财政局在检查中发现部分乡镇财政所存在库存现金数额很大、超出国家现金管理制度规定的限额，以及有的白条抵库，有的乱借乱用等问题。如下车乡财政所现金会计未经领导批准擅自借出现金几千元；伊芦乡修建费超支1万余元；图河乡财政资金被财务挪用1.7万元等。县财政局责成其限期予以纠正。

1988年，针对耕地占用税、农林特产税开征仅仅两年，偷税漏税现象比较严重的情况，县财政局在加大宣传力度的同时，也与乡镇有关部门配合，加大对偷漏税的查处力度。

1990年8月，县财政局组织了一次乡财政预算内、预算外及乡镇自有资金的会审；9月，根据市局安排，又开展了一次农业税乡镇自查，查出白条抵库15.8万元，并及时予以纠正。

1993年，县财政局在前两年财政检查的基础上，对其余的14个乡镇开展乡财政财务检查，并对以前检查纠正后又有违纪现象反映的4个乡进行了检查，共查出有违纪问题7个单位，查出违纪金额22.78万元，应入库金额0.67万元全部收缴入库。同时，还检查了11个乡镇的“支持不发达地区资金”使用情况。1991～1992年，共投放支持不发达地区建设资金52.95万元，被查出违纪使用（改变用途）的2.76万元，县财政局按相关规定悉数收回。

1994年，县财政局财监股牵头对全县25个乡镇前三个年度的财务情况进行抽查。共查出违纪金额32.76万元，应缴入库22.57万全部入库。在对财政支农周转金使用情况检查中，重点对12个乡镇进行抽查，抽查面达48%，查出违纪单位1个，违纪金额2.9万元。

1996年9月，针对县人大常委会会议审议提出的少数乡镇财政收入中存在的一些问题，县财政局立即组织全县25个乡镇财政所长和局里部分人员，分五片用时一周，对乡镇财政收支预算执行情况进行了检查，对查出的问题分别作了纠正，进一步规范了乡镇财政收支行为。

2007年，县财政局对全县各乡镇2005年至2007年8月的财政收支情况进行了检查，重点检查财政收入中存在的不规范征收问题，财政支出中存在的挪用“三项资金”、坐收坐支、虚假平衡预算等问题。查出陡沟乡存在记账不规范、使用白纸据作为报销凭证、现金管理不规范、招待费支出过高、引税等问题，财政局限其立即整改。

四、其他监督

1975年，淮阴地区财政局对灌云县违反财政制度问题作出处理。1971～1974年，灌云县共占用国家资金和动用当年财政分成250万元。地区财政局提出了3条处理意见。

1978年12月，灌云县委根据有关部门组织的财政检查情况，通报批评了县财政局严重违反财政纪律问题。财政局擅自动用支贫款11万余元给本局的蹲点大队；随意扩大本局办公大楼土建工程，超支2.6万元；超出拨款范围拨给图河供销社门市基建超支款近0.8万元；动用国家财政资金，乱支局内外个人卖树苗款1.1万元。决定予以通报批评，局主要负责人在机关会议上作深刻检查。

1982年6月，省财政厅会同淮阴地区财政局联合调查了灌云县电影管理站现金出纳会计因揭发该站指导员兼党支部书记利用职权违反财经纪律问题，而受到打击报复的案件。调查组经核实后作出处理决定，肯定出纳会计严格执行财经制度、抵制不正之风的行为，给予该站负责人撤销党内外一切职务的处分。10月16日，《新华日报》对此作了报道。

1986年4月，连云港市审计局对1985度灌云县财政决算进行审计。发现将58.5万元罚没收入从预算内转预算外；虚列预算支出50万元；违规批准县农机修造厂税前还贷20万元；精密铸造厂税前还贷4万元；返还县环保局排污费5.6万元转入建行基建账户用于职工宿舍等问题。灌云县对此进行了立即整改。

2002年，连云港市财政局对灌云县穆圩乡财政所农业税灾歉减免资金未落实到位问题作出处理，要求其作出书面检查，限期整改落实到位；2003年，市财政局对2002年度灌云县侍庄乡、沂北乡的农业税减免资金管理违反财经纪律问题作出通报。

2006年3月至4月，灌云县审计局对2005年度县财政局预算执行情况进行了审计监督，发现存在将实际未支付的款项从预算支出中列支暂存款挂账、部分预算收入款项转暂存款挂账、多头开设银行账户、超支拨付资金、社保基金未存入财政专户等问题，要求予以纠正。县财政局认真落实到位。

第二节 清理“小金库”和冻结存款

一、清理“小金库”

“小金库”最初来源于“小钱柜”“小仓库”。一般是指单位公款私存，有的把现金放在单位的保险柜内、有的以私人名义存在储蓄所里，不在单位财务账上列收列支，没有纳入预算内或预算外资金管理，而放在账外由本单位任意开支的各种违纪资金。

1960年，在贯彻清理职工欠款、清理小钱柜和小金库规定的检查中，全县清理出小金库及其他积余上缴款15万元，仅灌西盐场一家就清出小金库0.5万元。

1963年，财政局组织人力检查清理出“小钱柜”“小仓库”10余万元，其中包括企业作小钱柜处理的部分，年底入库7万余元，上缴省21627元。

1964年下半年，县财政局全面贯彻对“小钱柜”“小仓库”清理的有关规定，组织人力到各单位逐户逐笔过堂，账内账外一起清理，至年底共清理入库87045元。1965年对县印刷厂等单位进行财务检查，共清理小钱柜资金1.75万元。

1985年至1997年，清理小金库工作纳入每年四季度的税收、财务、物价大检查范畴。1990年，县财政局财监股查处了小金库26个，累计金额达6.15万元。对检查中发现的一些单位将罚没收入乱截留、不上交的问题，按有关规定作出处理。

1995年5月，县财政局根据国务院办公厅转发财政部、审计署、中国人民银行《关于清理检查“小金库”的意见》，于5～8月在全县开展了一次清理“小金库”专项检查，重点对有行政性收费和罚没收入的单位执行“收支两条线”情况的清查。2005年9～12月，灌云县纪委、财政局、监察局根据连云港市相关部门《关于清理“小金库”专项检查的通知》，联合组织开展了小金库专项检查。

2009年，县财政局组织开展清查“小金库”专项治理活动，全县356个行政单位开展了自查自纠工作，重点检查41个单位，查出“小金库”4个，涉及金额144万元，按照财经法规给予了相应处罚。

2010年，全县开展了国有企业和社团机构“小金库”专项治理，在自查基础上对12个国有企业和39个社团机构进行重点检查，查出“小金库”单位2个，金额85.17万元。

二、冻结存款

1960年12月，针对当年财政收入情况不好，财政平衡有困难，而机关团体存款却增加很多的情况，灌云县根据国务院和江苏省人民政府的决定，冻结清理1960年12月31日全县机关团体在银行的存款和国营企业专项存款，对合规资金承认其所有权，原则上1961年6月30日前的不动用，不合规的一律缴回，历年滚存结余一部分收回用于弥补地方财政赤字。1961年底，灌云县上缴财政存款额18.8万元。至1962年初，全县累计冻结存款50.6万元，解冻17.2万元，冻结上缴数33.4万元。

1968年4月，灌云县按照财政部军管会、人民银行总行下发的《关于冻结各单位存款的几个具体问题的通知》精神，全县各单位在银行的1967年底存款，一律先由银行暂按存款总额予以冻结，各单位认真清理后报经批准送开户银行解冻。

1978年，灌云县对各单位资金进行清理，共集中冻结存款17.35万元，上缴冻结款8.45万元，留用8.9万元。

1981年1月，江苏省政府发出《认真贯彻执行国务院关于控制各单位上年结余存款的紧急通知》，灌云县按照通知精神，各基层银行对各单位1980年底在银行的存款，一律按银行账面数进行了控制。

第三节 税收财务物价大检查

1985年开始至1997年结束的全国税收、财务、物价大检查（1985年江苏省始称四项大检查，当年含物资大检查，1986年起简称三项大检查），是国家针对改革开放初期，正常的经济秩序还没有完全建立，法制不健全，整个经济管理特别是财政领域监督机制不完善、各类问题突出的现状，为整顿财经秩序，减少税收“跑、冒、滴、漏”，增加财政收入，而开展的对企事业单位、行政单位、社会团体及个体工商户执行国家财政、税收、物价、财务与会计等法规情况的集中性、综合性监督检查。

灌云县政府根据国务院的统一部署，在省、市大检查办公室的具体指导下，连续13年开展了三项大检查工作。每年一般从第三季度开始部署，第四季度正式开展，春节前结束。县政府成立了大检查工作领导小组，分管财税工作副县长任组长，领导小组下设办公室，办公室主任由财政局局长或财办主任担任，办公地点设在县财政局或财办，负责大检查的具体事务工作。

大检查一般分为自查自纠、重点检查和总结整改三个阶段，实行自查和重点检查相结合，以重点检查为主，自查从宽，被查从严。自查结束后，抽调相关部门的骨干力量组成重点检查组，开展重点检查，检查面一般不低于40%。

大检查内容包括税收、财务、物价等多个方面，范围涉及企业、事业、行政单位、个体工商户等各种社会经济细胞，检查环节包括生产、分配、交换、消费等所有领域。如1988年的检查重点对象是中央企业、省属企业和其他大型企业、各类营业性公司及各级经济主管部门和有罚没收入的机关单位；检查重点内容为偷漏税款，挤占成本，钻“双轨制”价格的空子牟取不正当价差收入，乱发奖金、补贴、实物和擅自购买国家专控、禁购商品，挥霍国家资财等。1993年将利税大户、大中型企业、房地产开发企业以及各级政府部门举办政企不分的各类公司等列为重点检查单位。1995年确定了缴纳增值税、消费税和所得税的工交企业及商品流通企业等税源大户、金融保险企业、各类经营性开发公司、外贸公司、经营性亏损严重的行业或企业等10类重点检查对象。

大检查内容每年大体相同，但各有侧重。如1985年主要检查一切国营企业、集体所有制企业和个体经营者的税收；行政机关和事业单位的预算内资金、预算外资金和“小钱柜”；国营企业、集体所有制企业，特别是大中型企业有无违反国家规定乱涨价，倒买倒卖国家重要的工业生产资料和紧俏耐用消费品问题。同时，检查库存物资有无物资大量超储积压以及囤积居奇问题；检查有无非法倒卖外汇问题。1994年，大检查将贯彻落实新税制和治理通货膨胀各项措施作为重点。1995年，确定了11类重点检查内容，并结合大检查抓紧清理催收拖欠税款。

从历年的检查结果看，大检查发现的主要问题有偷税漏税、扩大成本开支范围、白条入账、票据使用管理混乱、乱涨价等，通过查处和整改，对完善社会主义市场经济秩序、增加财政收入起到了积极的作用。1987年，三项大检查从10月中旬开始自查，自查面为100%；10月底开始重点检查，全县抽调235人组成检查组，对300个企事业单位进行了重点抽查，国营、大集体企事业单位抽查面均为45%以上。共查出各种违纪金额83万元，应交入库55万元，当年入库50万元。1988年，大检查共查出各类违纪金额218万元，应入库92万元，当年已全部入库。1989年，三项大检查中有28个单位受到经济处罚，2人受到党纪处分，1人被移送司法机关立案查处。

1991年，结合“三项大检查”开展清理职工欠款工作，累计清欠663万元。

1997年底，国务院作出规定，从1998年起取消一年一度的三项大检查工作，转入常规检查、日常监督。

1985～1997年灌云县税收、财务、物价三项大检查情况表

表11-1

年份	检查户数(个)	查出违纪金额(万元)	入库金额(万元)
1985	104	137	107
1986	98	100	85
1987	132	83	50
1988	103	218.19	92.06
1989	147	282	269.5
1990	275	200	198
1991	274	203	147
1992	213	279	203.5
1993	209	242	136
1994	212	547.7	543
1995	187	601.12	492.81
1996	300	440.9	382.8
1997	346	557	557

第十二章　县财政机构建设

第一节　县财政行政机构

民国元年（1912），灌云县建县后，财政管理沿用清制，在县政府设置财政科（第二科），掌管税收田赋、粮食等。下设账房、串房、庶务，其职位由知事带来的人担当，受知事直接领导。

民国22年，国民党灌云县政府设立四科（民政、财政、建设、教育），财政列第二科，负责县政府的财政收支，并兼管税收、田赋、粮食等。

民国27年，国民党灌云县政府设立财政科，下设田赋征收总处，下设五个分处，负责全县田赋征收。

民国28年3月，日本侵略军占领灌云县城板浦，国民党灌云县政府撤到龙王荡（今四队镇境内），当时只能对汪伪敌占区外围进行游击式征收税款。

民国29~30年，国民党灌云县政府在今灌南县颜马庄一带，仍设财政科，下设“田赋征收处”。

民国29年8月28日，灌云县抗日民主政府在汤圩成立，隶属于淮阴专员公署，县设财政科，主管民主政权的财政收支。

民国33年2月，财政科更名为灌云县政府财粮局，下设税务股、赋捐征收处、粮政股、仓储股、会计股。

民国34年，国民党灌云县政府于抗日战争胜利后搬回县城板浦。县政府仍设民政、财政、建设、教育四科，另设会计主任室。

民国35年，国民党灌云县政府增设军事和社会两科及承审、人事、会计、指导四室。

民国36年2月，中共苏皖边区六专署决定，灌云县民主政府的粮食、财政、税务、银行等部门合署办公。5月，灌云县正式成立财经局，下设财务课、税务课、粮政课、银行课和粮库，有干部职工 16 名。

民国 36 ~ 37 年，国民党灌云县政府在板浦设财政科，下设田赋稽征处。

1948 年 11 月，灌云县全境解放，县财经局重新更名为灌云县财粮局，下设财政、粮政、会计等课和供应站。

1949 年 10 月，灌云县财粮局配局长和副局长各 1 名，设立财政、粮政、会计等课和供应站，下设伊山、板浦、杨集粮草站。

1951 年，灌云县政府财粮局分设为灌云县人民政府财政科、农税科。

1952 年，县政府财政科与农税科合并为灌云县人民政府财粮科、下设农税股、监察员、会计股、统计、册籍室、公产股、契税股，配备人员共 32 人；每区设财粮干事 2 人、会计干事 1 人。1956 年，县财粮科改名为财政科。

1957 年 11 月，县财政科与当时的税务局合并成立财政局，县委核定财政局总人数为 50 人（包括各所），另配公产干部 2 人，交通银行 1 人，共 53 人。

1958 年，财政局按照上级指示，缩减机构和人员编制。在税务方面设税政股和会计股，负责全县税收工作。全局人员编制定为 22 人，年终实有 14 人，加上保险公司 3 人并入后共 17 人。

1959 年 8 月，在县级机构调整中，县财政局将公社财务移交给县委农工部办理，股室调整为税政、基建预算、企业管理、秘书等 4 个股，人员由 17 人增加到 23 人。

1962 年 1 月，税务工作又从财政局分出，重新组建了税务局。

1967 年，因文化大革命的影响，灌云县财政局被取消，财政工作由灌云县文革领导小组生产办公室负责。

1969 年，县革命委员会设立财政科，后又划归县革命委员会生产指挥组财税科，税务工作亦纳入其中。

1975 年 10 月，灌云县财政科改为县财政局，税收工作亦由财政局负责。

1983 年 7 月，根据省政府关于财政、税务分设的通知精神，县税务局单独设立。县财政局内设农财、企财、预算、秘书、公产等 5 个股，行政编制 17 人。

1986 年，县财政局撤销公产股，成立综合股，负责管理国有企业及行政事业单位的自有资金。

1987 年起，灌云县财政局先后增设了行政事业财务管理股、中华会计函授学校灌云县函授站、灌云县国债服务部、会计事务管理股、财监股。

1989 年 5 月，撤销了企财股，成立商贸股、工交股。6 月，成立灌云县控制社会集团购买力办公室。1994 年，县财政局增设国资管理办公室和会计事务管理股。1998 年，成立灌云县预算外资金管理处。

1999 年 5 月，灌云县政府采购中心成立。6 月，局行财股增挂社会保障股牌子、预算股增挂基建财务股牌子。

2001 年 12 月，灌云县会计核算中心成立，为县财政局所属股级事业单位。

2002 年，县财政局增挂灌云县农税局牌子。同年 10 月，增设经济建设股，与企业股合署办公。

2006 年 11 月，县会计核算中心升格为副科级机构。

2010 年 9 月，根据县政府机构改革实施意见，县财政局为县政府工作部门，增挂县政府国有资产监督管理办公室牌子，内设机构 14 个：办公室、预算科（税政法规科）、国库科、综合科（非税收入管理科）、经济建设与工贸发展科、金融科、行政执法与教科文科、社会保障科、农业科、基层财政管理科、绩效评价科、行政事业资产管理科、会计科、财政监督检查科（政府采购管理科），并按有关规定设立纪检监察机构，行政编制 27 名。

第二节　县财政党组织建设

1982 年 4 月，经县直机关党委批准，饶海桥任县财政局党支部书记，杨启宏、邓玉琪为党支部委员。

1985 年 6 月，县财政局党支部增选王爱民为党支部组织委员、江希涌为纪检委员。

1988 年 12 月，冯荣寿任县灌云财政局党支部书记，杨启宏任副书记兼组织委员，江希涌纪检委员，邓玉棋任宣传委员。

1989 年 4 月，县财政局党支部改选，冯荣寿任党支部书记，王怀汉任副书记，王爱民任组织委员，江希涌任纪检委员，徐宝华任宣传委员，杨启宏、周克定任支部委员（分管老年工作和青年工作）。

1993 年 8 月，财政局党支部改选，王爱民任党支部书记，孙超任纪检委员，徐宝华任组织委员，杨启宏任宣传委员，周克定任支部委员（负责青年、老年工作）。

1994 年 9 月，增选李明友为党支部委员。

1997 年 5 月，中共灌云县委批准成立中共灌云县财政局党组，由五人组成。李明友任党组书记，王爱民、孙超、周法林、许相如为党组成员。

1998 年 10 月，财政局党支部改选，许相如任支部书记，陈守东任组织委员，钱诗亚任宣传委员，葛邦仪任支部委员。

1999 年 4 月，县委任命孙超为财政局党组副书记。

2007 年 12 月，根据中共灌云县委组织部《关于同意成立灌云县财政局机关党总支的批复》，灌云县财政局机关党总支成立，下设局直属机关党支部、会计核算中心党支部、老干部党支部。陈守东任党总支书记，顾祥任副书记兼纪检委员，霍永高任组织委员，茆素芹任宣传委员。

2010 年 1 月，灌云县财政局党总支增设华衡会计师事务所党支部。3 月，该党支部转入连云港市注册会计师协会党委。

2010 年 2 月 4 日，财政局党总支进行换届选举。选举顾祥任党总支书记、霍永高任副书记、董燕任组织委员、田同军任纪检委员、郑通任宣传委员。霍永高任机关党支部书记、董燕任副书记、陈良勤任组织委员、房以占任纪检委员、罗晓芳任宣传委员。郑通任会计核算中心党支部书记、王余慧任副书记、马红春任组织委员、王青任纪检委员、孙健任宣传委员。冯荣寿任老干部党支部书记、杨启宏任副书记、茆素芹任组织委员；高春华任华衡会计师事务所党支部书记、杨桂州任副书记兼组织委员、徐清亮任宣传委员。

1940～2010 年灌云县财政局（科）领导人员任职情况表

表 12-1

<table>
<tr><th rowspan="2">机构名称</th><th colspan="2">局（科）长</th><th colspan="2">副局（科）长</th></tr>
<tr><th>姓名</th><th>任职时间</th><th>姓名</th><th>任职时间</th></tr>
<tr><td rowspan="2">灌云县抗日民主政府财政科</td><td>朱南方</td><td>1940.8–1941.1</td><td rowspan="2">张以鉴</td><td rowspan="2">1941.2–1942.6</td></tr>
<tr><td>夏　雨</td><td>1941.5–1942.6</td></tr>
<tr><td rowspan="3">灌云县抗日民主政府财政科</td><td>周伯萍</td><td>1942.6–1943.1</td><td rowspan="3">张以鉴
封培乾
徐肇元</td><td rowspan="3">1942.6–1943.2
1942.7–1943.6
1943.6–1944.1</td></tr>
<tr><td>张以鉴</td><td>1943.2–1943.6</td></tr>
<tr><td>封培乾</td><td>1943.6–1944.1</td></tr>
<tr><td rowspan="4">灌云县民主政府财粮局（财经局）</td><td>徐肇元</td><td>1944.2–1946.9</td><td rowspan="4">魏国辅
钱秀夫
武永佐
徐笑霞
孙希科
魏楚珍
陈士佐</td><td rowspan="4">1944.2–1946.9
1946.9–1946.12
1947.8–1948.10
1947.4–1949.3
1947.8–1949.2
1948.11–1949.9
1948.11–1949.3</td></tr>
<tr><td>魏国辅</td><td>1946.10–1947.3</td></tr>
<tr><td>武永佐</td><td>1947.3–1947.7（代）</td></tr>
<tr><td>徐振东</td><td>1947.8–1949.2</td></tr>
</table>

续表 12-1

<table>
<tr><th rowspan="2">机构名称</th><th colspan="2">局(科)长</th><th colspan="2">副局(科)长</th></tr>
<tr><th>姓名</th><th>任职时间</th><th>姓名</th><th>任职时间</th></tr>
<tr><td rowspan="3">灌云县政府财政局
(财粮局)</td><td>孙希科</td><td>1949.3–1950.1</td><td rowspan="3">苗建新
周克环</td><td rowspan="3">1949.10–1950.1
1950.2–1952.9</td></tr>
<tr><td>赵廷松</td><td>1950.2–1952.9</td></tr>
<tr><td>韩绍愈</td><td>1953.10–1954.10</td></tr>
<tr><td rowspan="3">灌云县人委财政局</td><td>韩绍愈</td><td>1954.10–1958.3</td><td rowspan="3">林安洲
金士英
刘　萱
葛雨吉</td><td rowspan="3">1958.4–1960.6
1960.7–1966.5
1960.7–1966.5
1966.5–1966.10</td></tr>
<tr><td>赵廷松</td><td>1958.4–1960.6</td></tr>
<tr><td>徐秀歧</td><td>1960.7–1966.5</td></tr>
<tr><td rowspan="2">灌云县革命委员会
财政科(财政局)</td><td>李胜祥</td><td>1967.1–1974.12</td><td rowspan="2">何敬亭
柳德仁</td><td rowspan="2">1975.1–1976.10
1975.1–1976.10</td></tr>
<tr><td>饶海桥</td><td>1975.1–1976.10</td></tr>
<tr><td rowspan="7">灌云县财政局</td><td>饶海桥</td><td>1976.10–1981.11</td><td rowspan="6">何敬亭
柳德仁
骆秉瑞
吴学光
王怀汉
冯荣寿
王爱民
徐宝华
孙　超
周法林
许相如(纪检组长)
陈守东(局长助理)
陈守东
张　伟
顾　祥(纪检组长)
陈松才
陈金绪
钱　勇(国资办主任)</td><td rowspan="6">1976.10–1985.3
1976.10–1985.3
1976.10–1981.10
1976.12–1979.11
1985.4–1993.2
1984.6–1993.2
1984.10–2002.1
1993.7–1996.7
1993.7–2001.9
1996.8–2002.12
1997.5–2003.2
2000.1~2002.11
2002.12–2013.1
2003.2–2008.5
2003.4–
2007.3–
2008.11–
2007.11~</td></tr>
<tr><td>骆秉瑞</td><td>1981.11–1985.3</td></tr>
<tr><td>江希涌</td><td>1985.4–1993.2</td></tr>
<tr><td>黎镇鑫</td><td>1993.2–1994.4</td></tr>
<tr><td>李明友</td><td>1994.5–2001.9</td></tr>
<tr><td>孙　超</td><td>2001.9–</td></tr>
<tr><td>徐开军
(党组书记)</td><td>2007.2—</td><td></td><td></td></tr>
</table>

表 12-2

1984～2010 年灌云县财政局内设机构人员一览表

机构名称	科(股)室科长、主任	科(股)室副科长、副主任	工作人员
办公室	赵如殿 陈守东 顾祥 霍永高	孙永才	王树根 陈辉 陈全忠 茆素芹 姚忠柱 王东 薛军 陈金绪 赵天明 徐宝华 朱庆平 张学山 王兆军 邓辉 罗晓芳 王如月 李炳岩
预算科	朱冠霞 杨启宏 刘文山 陈松才 房以占	周克定 钱诗亚 陈金绪	孙宝柱 朱立早 王琪 高健 蒋小宁
国库科	刘文山 陈松才 邓辉 贾永虎	房以占	冯茂永 胥仲志
行财科(文行)	周克定 钱诗亚 曹兴斗 朱庆平		高军 封卫 陈金绪 王其胜
农财科	邓玉琪 曹殿阁 周法林 葛邦仪	陈守东 陈良勤	朱庆平 钱勇 李进 夏正华 孙虹 庄怀忠
农业科	曹兴斗	庄怀忠 贾永虎 吴立高	杨守东
农税科(基层局、农税局、基层科)	朱洁如 孙永才 陈金绪 田同军		魏东 郭守法 金立富 陈洪仁 稽正路 陈莉
国资科	王树根	杨立祥	孙发新 鲁长纲
企业科	戴启元 刘文山 王爱民 钱勇	高飞 孙玲 周法林	马啸 陈金绪 陈良勤 孙发新 刘古邗 封卫
工交科	王树根 高飞		高飞 陈金绪 翁庆英
商贸科	刘文山	孙玲	孙玲 封卫
财监科	曹坚 高军 田同军	李进	陈良勤 单汝录
社保科	陈良勤		常苏昀 钱静
综合科(预算外)	赵如殿 曹殿阁 曹坚 周法林 钱勇 陈金绪 高军 田同军 陈成	宁秀琴 高健	陈静 刘健 牛永权 常苏昀 钱静 邓辉
会计科	周克定 庄怀忠 董燕	孙虹	杨立祥 高军 朱庆平

1984～2010年灌云县乡(镇)财政所工作人员一览表

表12–3

单位	所长	副所长	工作人员	备注
伊山镇	赵长伦　邓兆军　夏正华　成永高	王立标	崔义春　冯茂永　王　红　封铭洪　朱　勤　徐玉莲	2000年伊山乡、向阳乡与伊山镇合并组建新的伊山镇
伊山乡	孙根道　宋廷胜　邵立凤		赵西玉　徐建新　李顺书　孔宪军　王立标　张　颖　黄怀仁　常书昀　牛永权　刘向群　郭守法　孙　平　任礼庄　沈　艳	
向阳乡	孙茂良　邓兆军　包义珍	张　平　李顺书	缪建军　赵西玉　杨化明　王　红　蒲长生　赵庆本　张颖　朱恩旭　周丽媛	
杨集镇	张义林　朱永成　邓兆军	成树楼	洪光平　程皆伦　周春台　胡志兰　朱玉发　张　颖　吴立高	2000年界圩乡与杨集镇合并为新的杨集镇
界圩乡	成永高　金永斌　邓兆军	王明霞　曹　琪	郑朝刚　刘怀富　李庭华　曹　琪　曹　靖　孙作宇　刘正亚　王绪军	
沂北乡	刘长谷　杨　昭　朱永成　曹　琪　武广军	张彦昌	薄留生　李士成　洪光平　张春兰　侍建立　高建山　袁立业　朱东风　刘月军　程皆伦	
四队镇	金同举　孙召华　曹琪	卢长富　孙召华　张　磊	杨金美　徐锦春　朱恩旭　黄怀仁　孙作宇　冯茂永　冯正云　刘广华　金立富　王绪军　王长才	
鲁河乡	徐益民　史幼贵　卢长富　刘月军	黄德锁	王正元　徐占才　顾忠民　董　燕　万树学　陈汝青　付怀成	
下车乡	徐顺和　宋廷胜　曹　琪	任礼庄　任惠刚	陈守东　赵庆本　曹冠军　牛永权　周　婷　霍中书　刘艳玲　赵建平　叶绍宏　荣盘久　刘广华　陈洪仁　赵　毅	
白蚬乡	孙茂良　宋廷胜　成树楼　成永高　金永斌		贾同兴　孙平　曹恩和　王加平　孙作宇　曹德庄　胡维丽　金立富　朱建华	
同兴镇	曹兴其　王恒华　成树楼　何义才	董　燕	薄留生　李福让　邓兆明　刘广华　陈江湖　贾永虎　郑素乐　张　磊　孙召华　徐井华　薄守祥　王　瑞　沈　艳　高　辉	
伊芦乡	卞光成　王加平　黄德锁　孙召华	王桂华	任　维　侍宇红　顾春梅　姚继发　江长华　刘勤古　孙　虹　王桂华　朱从洋　魏　东　左平霞　王　强　郑素乐　孙召华　李　玲	
龙苴镇	霍一然　邓兆明　孙建华　左平霞	邓兆明　潘加化	李德波　曹铁民　孙宪军　曹加双　高　健　陈洪仁　徐晓峰　潘　峰　潘正书　刘　红	

续表 12–3

单位	所长	副所长	工作人员	备注
穆圩乡	穆凤德 刘廷如 潘加化 何义才 王桂华	王加平	颜景扬 李顺书 张冠东 张步林 潘正书 颜士春 李德波 范大伟 高 健 刘 红 陈士谦 卓红连	
南岗乡	曹佩珍 霍一然 范庆如 王立标 潘加化	宋廷胜 王桂华 张彦昌	徐青旺 潘少银 王晓红 潘 峰 薛 奎 常书昀 赵西玉 徐建才 牛永权 张德军 高艳艳 胥 林 马建刚 刘跃东 曹加双	
陡沟乡	赵庆本 潘震 孙建华 孙召华 侍作昶		任惠刚 张 平 曹素云 沈 艳 薄守祥 刘月军 王继能 夏兴雨 曹铁民 周学吉 霍中书	
圩丰镇	谢金华 徐廷志 潘加化 侍作昶 孙召华		卢长富 史幼贵 邵立凤 任 维 金立林 黄德锁 黄怀仁 朱东风 董志国 李 玲 陈 莉 李昕昕	
图河乡	徐华忠 赵庆本 孙建华 颜廷恺	武广军	曹 琪 朱永成 顾健康 孙作宇 高建山 李长锦 李海燕 谷渠华 周永胜 王 强 王加平	
侍庄乡	侍启柏 周其忠 邓兆明		孙平 孙美浩 王桂华 封永军 何海燕 曹曙云 韩中喜 王璐璐 董志国	
小伊乡	杨金美 刘勤古	毛 华 王桂华 郑素乐	卓红连 穆如卫 贾永红 侍作昶 张 军 张德军 卢长富 荣盘久 孙良富 刘 健 霍一然 葛邦仪	
东王集乡	曹佩珍 邓兆军 侍启柏 王桂华 任礼庄 成树楼	贾永虎 陈江湖	孙祥忠 刘月军 孔宪军 刘跃兵 朱建华 郭守法 沈 艳 孙 安 梁友富 董 燕 赵 明 荣盘久	
燕尾港镇	成东伦 刘兰彬 颜廷恺 吴立国	孙良康	谷渠华 陈松才 马兆素 侍作昶 董志国 江舜梅 焦奎林 房以占 孙良康	
宁海乡	顾乐忠	刘廷如 吉保春	宋和东 徐新春 卞正平 唐 玲 单新闻 柳秀芳 徐秀平 卞祖凡 刘光亚 张步玲 刘广清 胡维丽 陈宏宇	2005 年划归新浦区
板浦镇	卞祖贵 葛邦仪 卞光成	陈遐	茆燕禹 张彦昌 徐新春 高杭举 马兆别 刘 健 魏 然 史 杰 张 颖 赵 毅 李海燕	2000 年中正镇与板浦镇合并组建新的板浦镇;2009 年划归海州区
中正镇（东辛乡）	许九鳌 卞光成 孙召华 何义才		刘廷如 茆素芹 唐 玲 魏 东 蔡胜平 卞正平 刘月军 李海燕 霍永高	

第十三章　乡镇财政

乡政财政是国家财政的组成部分和最基层单位，是乡镇政府管理的一级财政，是乡镇政府根据国家赋予的职能，在乡镇范围内参与社会产品和国民收入分配、再分配的主要形式。灌云县自建立乡镇财政预算管理制度以来，乡镇财政依法履行职能，认真组织收入，扎实抓好支出，积极支持乡镇工农业发展，为全县经济建设和社会事业发展作出了很大贡献。

第一节　乡镇财政的建立

1956 年前，灌云县乡镇财政由县财政统收统支，是县财政的预算单位。乡镇设财粮委员或财粮干事，负责农业税的征收和机关事业单位的财政支出。

1956 年，灌云县被省确定为建立乡（镇）财政试点单位。县财政局按照省财政厅的要求，选择部分乡镇，组织人员进行试点。首先组织参加试点人员学习培训，明确建立乡（镇）财政的意义、方法、步骤和要求；其次帮助乡（镇）进行必要的表格登记，搞清试点单位的财产物资；三是协助其整账建账，按照试点要求，进行财政资金的收支运行。经过近 20 天的试点，全县 90%以上的乡镇基本上完成了乡镇财政的建立工作。

1958 年，根据省政府召开的财政工作会议精神及省人委下发的《关于建立乡镇一级财政的通知》，灌云县在 5 月份进行试点的基础上，于 10 月份全面建立了乡镇一级财政。人民公社体制建立后，各社镇成立了财会所，负责农业税征收和公社财务收支。“文化大革命”中，乡镇财政受到干扰，公社财政由县统一管理，县逐月向公社拨付经费，公社作为预算管理单位向县报销。

中共十一届三中全会后，工农业生产迅速发展，全国的经济形势好转，国家拨给公社的支农资金和其他资金逐年增多。1981 年，国家拨付给灌云县各社队的水利资金、支援人民公社投资、优抚救济、农业等达 400 多万元。同时随着人民公社农副工生产的发展，社镇集体经济不断壮大，社镇自有资金日益增长。为管好用好这些资金，1980年，灌云县根据省政府《批转省财政厅关于建立公社财政的请示报告》，县政府批转了财政局《关于建立公社、镇财政管理所的报告》，全县各社镇迅速配备3~4人，建起了财政管理所。各社镇财政管理所，在清理好财务的基础上，迅速建立健全了社镇财政财务各项制度。并从1982年1月1日起建立新账。

1983年，根据省委、省政府办公厅《关于在农村体制改革中保留和加强乡财政所的通知》，将公社、镇财政管理所改为乡镇财政所。

1984年，根据中央关于应当在乡镇建立乡一级财政预算管理制度的精神，灌云县选择图河、小伊、杨集等10个乡镇进行建立乡级财政试点。当年，10个试点乡镇完成财政收入299.7万元，比1983年增长25%，而非试点乡镇实现财政收入比上年仅增长20.5%。

1985年5月，灌云县政府根据省市文件精神，召开全县财政所长、税务所长、银行营业所长、工商所长和粮管所长，以及各主管局分管副局长、财务股长、会计等联席会议，在总结1984年建立乡镇财政试点工作的基础上，对全县全面建立乡镇财政体制工作进行了部署，明确了工作步骤及要求，确定了乡镇财政体制形式及收支范围。9月，全县25个乡镇都完成了乡镇财政所建立工作，各乡镇财政所在所在乡镇的银行营业所开设了总预算会计存款户账户。

2000年6月，因乡镇合并，全县撤销了4个乡镇财政所：撤销中正镇（原东辛乡）财政所，并归板浦镇财政所；撤销伊山乡、向阳乡财政所，并归伊山镇财政所；撤销界圩乡财政所，并归杨集镇财政所。

2005年，宁海乡划归连云港市新浦区；2009年，板浦镇划归连云港市海州区。其财政所也一并划转。

截至2010年底，灌云县共有7个镇和12个乡财政所，分别为：伊山、杨集、燕尾港、四队、同兴、龙苴、圩丰镇和鲁河、图河、沂北、伊芦、小伊、穆圩、陡沟、南岗、侍庄、东王集、白蚬、下车乡。

第二节 乡镇财政收入

灌云县乡镇财政收入主要有：1. 乡镇固定收入：工商税收入（剔除盐税和烤烟税）、农业税（不含附加）、契税、其他收入；2. 县乡共享收入：耕地占用税、烤烟税、农业特产税、车船使用税和屠宰税；3. 向农民和企业征收的教育事业费附加。从 1986 年开始，各乡（镇）财政所单独实行财政收支预决算报告制度。当年乡镇实现财政收入 1026 万元，占全县当年财政收入的 29.5%。1987 年，县政府规定农林特产税县乡全留并实行四、六分成。1994 年，实行分税制后，当年乡（镇）财政收入为 2618 万元，比 1993 年增长 23.1%。1995 年，乡（镇）财政收入 5241 万元，比 1994 年增长一倍，占全县财政收入的 50.3%。此后逐年有所增长。2003～2005 年，先后取消了农业特产税、农业税由税率降低到全面取消，致使乡（镇）财政收入有所下降。2005 年实现财政收入 9198 万元，占全县财政收入的 35.3%。2006 年起，乡镇财政收入中包含了县经济开发区和临港产业区，收入增长幅度较大。当年乡镇财政收入为 16356 万元，比上年增长 77.8%，占当年财政总收入的 40.7%。2006～2010 年，乡镇财政收入累计为 555204 万元，占同期财政总收入 955494 万元的 58.1%，是 1986～2005 年财政总收入 125687 万元的 4.4 倍。其中 2010 年乡财政总收入 287365 万元，占当年全县财政总收入 405017 万元的 71%。

1986～2010 年灌云县乡镇财政收入统计表

表 13-1　　　　单位:万元

年份	财政收入	年份	财政收入	年份	财政收入
1986	1026	1995	5241	2004	10296
1987	1109	1996	7982	2005	9198
1988	1267	1997	11074	2006	16356
1989	1511	1998	12194	2007	39553
1990	1478	1999	14277	2008	75751
1991	1506	2000	12091	2009	136179
1992	1639	2001	8439	2010	287365
1993	2127	2002	9213	合计	680891
1994	2618	2003	11401		

2010年灌云县乡镇一般预算收入统计表

表13-2　　单位:万元

单位	上年收入数合计	本年收入数			本年比上年		上年一般预算收入
		合计	中央级收入	乡镇级收入	增减额	±%	
圩丰镇	2140.94	3645.45	773.34	2872.11	1130.75	64.93	1741.36
四队镇	1690.93	3094.12	490.52	2603.60	1175.48	82.31	1428.12
同兴镇	1599.72	3237.62	605.70	2631.92	1156.67	78.41	1475.25
龙苴镇	3098.67	10210.41	5944.31	4266.10	2448.23	134.68	1817.87
伊山镇	9577.66	20950.68	2392.95	18557.73	10225.49	122.72	8332.24
杨集镇	3975.48	4189.69	316.74	3872.95	1235.10	46.82	2637.85
燕尾港镇	29021.37	44439.77	4088.24	40351.53	14621.49	56.83	25730.04
伊芦乡	2209.73	4177.09	691.29	3485.80	1552.77	80.33	1933.03
小伊乡	2042.49	3422.00	859.90	2562.10	1027.12	66.91	1534.98
穆圩乡	1786.12	3284.26	691.34	2592.92	1173.75	82.71	1419.17
陡沟乡	1592.43	2338.83	250.82	2088.01	744.45	55.41	1343.56
南岗乡	1601.30	3101.59	632.22	2469.37	1267.04	105.38	1202.33
侍庄乡	16650.50	33909.09	9129.22	24779.87	9540.62	62.61	15239.25
东王集乡	3625.40	6084.98	808.07	5276.91	2225.77	72.95	3051.14
白蚬乡	1580.72	3306.04	595.14	2710.90	1379.43	103.60	1331.47
下车乡	1748.51	3109.97	370.54	2739.43	1272.30	86.72	1467.13
鲁河乡	2079.45	3613.13	696.10	2917.03	1233.55	73.27	1683.48
图河乡	2624.41	4242.89		4242.89	1897.24	80.88	2345.65
沂北乡	3238.53	4828.47	878.15	3950.32	1413.91	55.74	2536.41

第三节　乡镇财政支出

灌云县乡（镇）财政支出主要包括：支援农村生产支出、农林水事业费支出、抚恤和社会福利救济支出、行政管理费支出、文教卫事业支出、城市维护费支出、价格补贴支出、其他支出等。1986年，乡（镇）财政支出1263万元，占全县财政支出的33.35%。随着各项事业的发展，乡（镇）财政支出逐年增长。2004年，乡（镇）财政支出16261万元，占当年全县支出的38.2%。2005年，全县乡（镇）教职工工资改由县财政统一发放，乡（镇）财政支出有较多下降，全年乡（镇）财政支出为7999万元，占全县财政总支出的13.3%。

1986～2005年，全县乡（镇）财政总支出158070万元，占全县同期财政总支出的44.3%。

2006年，全县乡镇财政支出10597万元，比上年支出增长75.48%，占当年全县财政总支出的13.79%。2006～2010年乡镇财政总支出合计510584万元，占同期全县财政总支出的40.89%。1986～2010年，灌云县乡镇财政总支出为668654万元，占同期全县总支出的41.66%。

1986～2010年灌云县乡镇财政支出统计表

表13-3　单位:万元

年份	财政收入	年份	财政收入	年份	财政收入
1986	1263	1995	6675	2004	16261
1987	1373	1996	9638	2005	7999
1988	1828	1997	11133	2006	10597
1989	1860	1998	12971	2007	25415
1990	2284	1999	14463	2008	75510
1991	2600	2000	13682	2009	127565
1992	3075	2001	12988	2010	271497
1993	3394	2002	14115	合计	668654
1994	5216	2003	15252		

第四节　乡镇财政财务管理

县财政是乡镇财政业务上的领导，负有对乡镇财政财务指导、协调、监督、检查的职能。1956年，灌云县按照省财政厅的要求建立乡财政的试点工作，90%以上的乡镇建立乡镇财政。1958年，灌云县根据分级管理的原则，确定了乡镇财政职权，明确了收支范围。通过调整基数、财权下放、实行税制改革等，对乡镇财政收入采取分成办法，支出照顾条块利益，实行财政任务包干。乡镇在包干范围内，超收分成的财力可自主用于发展事业，改变了过去乡镇不问财政的状况。

1960年，灌云县加强人民公社财务管理，制定了《人民公社财务管理办法》，实行统一领导、分级管理、分级核算的制度。财务分为公社管委会、生产大队、生产队等三级管理。公社负责对全社企、事业财务收支核算的审查，领导生产大队和生产队的财务收支分配；大队在公社领导下管理全大队财务收支并领导生产队和队属企事业的财务；生产队只管理全队的收支。财务制度管理规定了现金实行“三不见面”的保管制度，即管账不管钱、管钱不用钱、用钱不存钱。规定现金备用限额，公社不超过30元、大队不超过20元、生产队不超过5元；支出实行逐级限额审批，公社开支50元以下、生产大队开支5元以下、生产队开支3元以下由各级负责人批准，超过标准的报上一级领导审批。还规定人民公社的公积金和社办企业的收入，主要部分用于基本建设，适当部分作为扩大再生产的流动资金（即生产资金），不得用于非生产支出。其公益金用于社会福利事业，不得用于增加人员工资和其他行政支出。为克服大吃大喝和铺张浪费现象，从当年11月开始实行计划管理，并经县委批准，将全县公社所有的29万元资金全部上解县，由财政部门监督使用。通过加强管理，非生产性开支大大降低，当年11、12月仅开支8000余元，较以前同比下降60.4%。

1961年，制定了《灌云县农村人民公社财务管理暂行办法》，加强对公社财务的管理。

1962年，财政工作的重要任务是支援农村人民公社和农业生产。灌云县通过各种办法为农业生产筹集必要资金，支持农村兴修水利和开展抗旱工作。组织预算外资金13.5万元，扒界圩河和建闸一座。为抗旱保苗，组织资金7.5万元，解决一些生产队抗旱经费困难。年终将当年超收分成的40万元，分别投资给11个公社的水利建设。

1965年，根据江苏省财政厅《关于人民公社财务管理试行办法（草案）》的精神和有关规定，结合灌云县公社财务的具体情况，重新制定了《灌云县公社财务管理试行办法》。具体规定了公社对所属企业单位实行“统一管理、分级核算”的原则，公社财务和社办企业（生产单位）按会计制度分别设立完整的账簿。所有经济业务严格划清公社和企业之间的经济责任。公社财务工作在公社管委会、社长的领导下工作，业务上要接受县财政局的指导与监督。同时本办法明确规定了公社财务收支的范围和资金管理，规定了凡单位价值在200元以上的房屋、建筑物、设备、工具等，使用年限在一年以上的均为固定资产。

1982年，灌云县按照省财政厅和省农委及省社队企业管理局印发的《关于人民公社（镇）社有资金管理试行办法》，规定社办企业上交公社的利润可以实行“定额上交”或采用“比例上交”，上交比例一般为50%左右，具体比例由公社财政所与公社工业办公室和企业商定；建立社有资金预算管理制度，坚持“量入为出，收支平衡，留有余地”的原则，严禁打赤字预算；用于社员分配的部分，按省政府文件规定，公社一般可按企业上交利润的20%～30%或更多一点返还给生产队，作为以工补农的形式，主要用于鼓励粮棉生产，纳入统一分配；还规定了做好年终社有资金的决算，由公社财政所在执行预算的公社企业事业单位决算的基础上审核汇总编制。

1984年，灌云县建立乡镇一级财政预算制度后，县财政每年都组织和指导、乡镇编制年度预决算、核对、结算等工作。组织和指导乡镇预算会计做好会计收支业务、乡镇农业税会计做好农业税的造串决算工作。定期组织乡镇预算会计对预算执行情况进行监督检查，做好分析上报工作。

1985年，县政府批转县财政局《关于在全县建立乡（镇）一级财政的报告》，全县各乡镇都建立了财政所，并在银行开设总预算会计存款户。乡镇财政所主要职责：一是做好乡财政预决算的编制、执行、管理等工作，在财源培植、收支管理、调控经济、发展各项事业等方面发挥重要作用；二是做好农村税收政策宣传、执行和农业四税的征管工作；三是做好乡（镇）国有资产管理；四是做好乡（镇）预算外资金和收费票据的监管工作。1985年起，乡（镇）级单位的预算外资金、乡有资金全都存放到乡（镇）财政预算外存款户内，实行专户储存，专款专用，同时加强行政事业单位收费票据的监督管理，防止乱收费现象；五是加强财政支出管理，在乡（镇）范围内实行财政资金统管，既保证乡（镇）政府机构的运转，又规范事业单位资金使用，同时担负指导村级财务的管理工作。

灌云县财政局根据财政部关于“乡镇企业财务会计制度仍应由财政部门管理”的规定和省、市的要求，加强了对乡镇农机管理站及所属企业的财务管理。1. 农机站固定资产的年综合折旧率调整为7.2%；2. 福利基金不再分医药基金和福利基金，统一按工资总额的11%提取；3. 利润留成按全年净利润额，上交乡政府10%，提取农机化发展基金20%。企业自留部分按100%计算，其中60%用于补充流动资金和更新改造基金，40%转入企业基金，用于集体福利和职工奖励；4. 企业管理费按销售收入或总收入的0.5%至1%的比例提取。

1987年，全县25个乡镇财政实行目标管理，县财政局每月进行全面系统的考核，以保证全年乡镇财政预算收支的完成。

1988年，根据江苏省财政厅《关于在全省乡镇财政所内部开展财务工作检查的通知》，全县各财政所对所有账、款、物、收支执行情况进行一次彻底清查。对清查中发现的违反财政纪律的问题，及时纠正解决。在清查中进一步清理往来财务和私人欠款，挖掘资金潜力，提高资金使用效益。同时健全和完善各种规章制度。

1990 年，灌云县政府转发县财政局《关于加强乡镇财政工作的意见》，规定乡镇所有的预算外资金由财政所专户储存，单独列账。建立重大支出项目由乡镇集体审定、一般项目乡镇长一支笔审批、零星项目乡镇财政所长审批的分级管理制度，确保资金专款专用。10 月，连云港财政局《关于进行乡镇国库试点工作的通知》要求："原则上一级财政设立一级国库"，中国人民银行灌云县支行、中国农业银行灌云县支行、中国工商银行灌云县支行、灌云县税务局、灌云县财政局联合下发了《关于建立乡镇金库的通知》，决定从 1990 年 11 月起全县设立乡镇金库。

2001 年起，全省实行农村税费改革，农业税、农业特产税和乡统筹等税费相继取消，县乡财政体制亦进行了调整。特别是随着国家支持"三农"力度的加大和惠农政策的不断出台，通过乡镇财政下达的新农村建设资金、各项直接针对农民的补贴逐年增多，乡镇财政承担这些资金的兑付工作，面对面地服务群众、服务乡村经济发展，凸显了乡镇财政由收支管理型向支出管理型和服务发展型的转变。

2005 年，县委下发《灌云县乡镇财政管理方式改革工作实施意见》，确定从 2006 年 1 月起，全县实行"乡财县管"改革。其主要内容：一是预算共同编制。县财政部门按有关政策，结合乡镇财力实际，提出乡镇财政预算安排指导意见，乡镇政府初审后提交乡镇人民代表大会审批；二是账户统一设置。各乡镇除保留"村级三项资金专户"外，取消乡镇财政所、行政事业单位在各金融机构开设的所有账户，由县会计核算中心在金融机构开设"结算专户"，并为每个乡镇开设"结算分户"和"支出专户"两个分账户。"结算分户"用于核算乡镇各种收入的归集和报解，在该账户内不得发生任何支出。"支出专户"核算乡镇各项支出；三是收入全部上划。除税务部门组织的收入直接缴入县金库外，其他所有收入都要先缴入"结算分户"，再由乡镇结算会计根据资金性质分别缴入县金库或预算外资金专户；四是资金统一拨付。县财政综合考虑乡镇年度收支预算、收支进度和往来结算情况，及时将各乡镇预算内往来资金、预算外资金划入县会计核算中心"结算专户"，再由"结算专户"拨付至乡镇"支出专户"，由乡镇按规定开支；五是支出控制。县财政严格按照全年支出预算，在"支出专户"内，按规定办理各项支出；六是票据统管。各乡镇的非税收入票据统一到县财政局综合股领用、核消、缴存。

第五节　乡镇概况

一、伊山镇

伊山镇属县城镇，是中共灌云县委、县人民政府所在地，是全县政治、经济、文化中心。2000 年 6 月，伊山镇与紧邻的伊山乡、向阳乡合并成立新的伊山镇，镇域面积达 80 平方公里，其中城区面积 20 平方公里，辖 21 个村委会、13 个居委会，283 个村民小组，总人口 15.8 万人。2010 年，被江苏省先后授予社会治安安全镇、省文明镇、省体育强镇、新农村建设示范镇，获连云港沿海开发十强镇。2010 年，实现地区生产总值 22.82 亿元；财政收入 2.09 亿元，其中地方财政一般预计收入 1.47 亿元；农民人均纯收入 6960 元。

（一）财源建设

伊山镇虽属县城镇，但工业基础薄弱，2000 年前的财税收入主要依赖于个体工商业和农业。随着改革开放的不断深入，伊山镇依托自身的区位优势，积极实施"工业强镇"战略，大力开展招商引资，把工业经济作为主体税源培植。2005~2010 年，财政投入支持招商引资的资金约 1000 万元。先后引进了金帅化工、奥利特化工、迈佳化工、宏岳钢构、绿宇建材、德正科技等工业企业落户县经济开发区和临港产业区；镇内先后建立了任庄民营经济园、曹庄民营工业园、邓庄民营工业园，以生产旋耕机、铸造机械加工、服装加工、食品加工等为主导产业，初步形成了一条产业集聚企业集群的产业链。截至 2010 年，全镇工业企业达 880 家，注册资金总额达 22.93 亿元。工业企业的发展，为伊山镇财政收入的快速增长打下了坚实的基础。

（二）财政概况

1985 年乡镇财政建立时，乡镇财政实行的是统收统支体制。伊山镇当年财政收入仅为 178.49 万元，因工业经济基础薄弱，1985～1999 年，伊山镇财政收入一直在 180 万元～800 万元之间缓慢增长。随着工业经济的发展，2005～2010 年，财政收入快速增长。2005 年，财政收入为 3367 万元；2010 年财政收入猛增到 2.09 亿元，是 2005 年 6 倍之多，其收入规模一跃居全县领先地位，其中房地产业的快速发展为全镇财政收入快速增长做出了很大贡献。

1985～2010年伊山镇财政收支情况表

表13-4 单位:万元

年份	收入	支出	年份	收入	支出
1985	178.49	177.9	1998	711.05	767.85
1986	218.25	213.4	1999	823.81	875.86
1987	264.18	255.55	2000	2112.75	2133.34
1988	334.66	314.88	2001	2187.65	2199.76
1989	381.43	364.24	2002	2238.70	2200.77
1990	397.21	383.64	2003	2560.81	2503.03
1991	236.33	215.4	2004	2530.72	2529.55
1992	330.49	304.51	2005	3367	3569.70
1993	415.41	318.79	2006	4473.5	4475.2
1994	453.02	495.77	2007	7209.54	7201.54
1995	529.3	566.67	2008	9346.09	9346.09
1996	652.08	714.2	2009	11336.4	11336.4
1997	633.2	693.06	2010	20938.92	20938.92

(三) 农业项目投入

在大力支持发展工业企业的同时，加大镇域现代农业的投入。2007年，投入项目资金100万元，用于建设高效农业钢架大棚、铺设沙石路面；2009年，投入项目资金200万元，新建日光温室大棚154幢，铺设沙石路面4公里，建桥涵8座，建地下管网3200米；2010年，投入项目资金120万元，新建山西村设施园艺项目、建钢架大棚840幢，占地面积760亩。2007年到2010年，财政用于高效农业示范园配套建设资金累计达720万元。2002年，全镇农业支出31.7万元，到2010年，农业支出达692.6万元，比2002年净增660.9万元。

截至2010年底，全镇已建成十大农业产业基地：5200亩高效农业示范园、千亩西瓜基地、10万只彭洼蛋鸭基地、日产5000张的桃垛草帘基地、年产值1200万元的渔网加工基地、千亩紫苏出口基地、3000亩新华梅豆基地、4000亩大葱基地、500亩云雾茶基地、投资1.6亿元的马诗龙食用菌基地。

(四) 惠农政策落实

发挥财政管理与服务的职能作用，认真落实惠农政策，采取切实措施加强涉农补贴资金的发放管理，惠农补贴资金实行“一折通”打卡发放。2005—2010年，全镇发放粮食直补资金558万元；农资补贴资金1220万元；良种补贴资金236万元；家电下乡补贴资金468万元；汽车和摩托车下乡补贴资金108万元。

（五）城镇建设

2005~2010年，伊山镇投资新老城区建设达3300万元。主要用于西城新城区的道路、绿岛、供水建设及老城区基础设施建设。2010年，在完善伊北庄13个行政村改水工程的基础上，又快速启动并完成了伊东庄5个村的通水工程，新增吃上安全放心水人口2万人。村组道路硬化通达工程继续延伸，农村片铺设水泥路38公里；铺设镇西、小园、河东、东门等新区水泥路23公里。修整下水道3.8万米，安装路灯318盏。王圩村通过了省康居示范工程验收。

（六）财政所简况

1985年5月，伊山镇财政所成立，办公地点先后随镇政府进行几次搬迁。2009年11月，搬至县城西城王圩新区伊山镇政府办公大楼。2010年，有6间办公室、1间档案室，拥有300平方米的财政服务大厅，配有电脑、打印机、复印机等现代化办公设备，有职工6人。

二、杨集镇

杨集镇位于县城东18公里处，204国道、324省道和沿海高速公路穿越镇内。杨集镇兴于清道光年间,隶属海州。民国34年（1945）10月至35年11月为灌云县民主政府所在地。1966年成为县属镇。2000年6月，杨集镇与界圩乡合并成立新的杨集镇。2010年，全镇总面积76.73平方公里，其中镇区面积2.38平方公里，耕地面积5579公顷；总人口71087人；辖24个行政村，1个社区居委会，303个村(居）民小组。属全省98个重点中心镇之一，是灌云县东部地区重要的商贸集散地和旅游休闲地。

（一）财源建设

杨集镇工业企业发展起步较早，但规模不大，体量较小，故财政收入主要来自于农业，增长速度缓慢。杨集镇在抓好三星食品、三星彩瓦、华云助剂、企鹅服饰有限公司、华阳钢材等企业良好运行的同时，不断加大招商引资力度，连云港良友粮食收储有限公司、连云港花茂日用品有限公司、连云港美健引进的商贸有限公司等投资5000万元以上的项目先后落户灌云并建成投产。先后有徐美英服装厂、李俊传电子厂、服装加工、连云港金圣食品有限公司等27个镇属工业企业投产达效。至2010年底，全镇年纳税过百万元的企业有7家，超千万元的1家。规模以上工业实现总产值4.12亿元，销售收入3.67亿元。

农业经济按照市场化、特色化、集约化、产业化的要求，加大资金投入，科学规划和调整农业产业结构。全镇形成了以林、牧、棉为主要特色的三大经济带和薹蒜种植、西瓜种植、冬韭菜种植、线椒种植、种草养殖牛羊、优质商品猪养殖、蛋鸡养殖等七大特色经济区。建成了以孙小港村为中心的西部片区1025高效农业示范基地，发展设施栽培、竹柳等高效特色种植业；以镇北村为核心的中部片区蛋鸡养殖基地；以连成村为主体的周边片区发展薹蒜种植基地；沿海高速沿线的封圩、邵庄等村发展水产养殖业。

（二）财政概况

杨集镇与界圩乡未合并前，面积只有2.38平方公里，总人口不足1万人，工业经济不发达，农业土地面积很小。1985年财政体制建立时，财政收入只有48万元，到1999年才达到216万元。2000年，与界圩乡合并后，镇域面积扩大，农业土地面积增加，农业税收增长，财政收入759万元，比上年度增长250%。2005年起，杨集镇加大招商引资力度，工业企业运行良好，当年财政收入达1946万元。至2010年，全镇实现地区生产总值10.27亿元，完成社会固定资产投资7.38亿元，财政收入3873万元，农民人均纯收入7147元。

1985～2010年杨集镇财政收支情况表

表13-5 单位:万元

年份	收入	同比增长	支出	同比增长	年份	收入	同比增长	支出	同比增长
1985	48		41		1994	103	–15%	78	11%
1986	62	29%	57	39%	1995	160	55%	130	67%
1987	65	5%	57	0%	1996	207	29%	233	79%
1988	75	15%	58	2%	1997	266	29%	204	–12%
1989	68	–9%	59	2%	1998	284	7%	205	0%
1990	78	15%	74	25%	1999	216	–24%	307	50%
1991	93	19%	151	104%	2000	759	251%	865	182%
1992	93	0%	58	–62%	2001	902	19%	921	6%
1993	121	30%	70	21%	2002	959	6%	950	3%

续表 13-5

年份	收入	同比增长	支出	同比增长	年份	收入	同比增长	支出	同比增长
2003	1077	12%	1030	8%	2007	1334	25%	1240	17%
2004	1306	21%	1340	30%	2008	1478	11%	1288	4%
2005	1946	49%	1967	47%	2009	2638	78%	2306	79%
2006	1063	-45%	1058	-46%	2010	3873	47%	3116	35%

（三）惠民政策落实

财政工作全面推行财务、政务公开，切实落实各项财政涉农补贴补助政策。会同相关部门认真做好涉农补贴数据信息的收集、整理、核实、公示、变更和建档等基础性工作，建立好台账，资金支付实行“一折通”到位管理。全镇粮食补贴面积 5.67 万亩，受益农户 13813 户，受益人口 4.83 万人。

（四）专项资金管理

根据上级关于专项资金监管的有关规定，镇财政所积极参与专项资金项目的立项、实施、验收等过程，建立健全项目公示制、招投标制、政府采购制、工程监理制、竣工验收制、资金报账制、决算审计制、绩效评价制和责任追究制的项目资金监管体系。把好资金预算关，建立项目预审制度；把好招投标和政府采购监督关，保证程序规范；把好验收关，建立项目竣工决算审计和资金管理制度。建立项目动态监管台账，组织对项目建设定期不定期的巡查抽查。

2005~2010 年，财政投入专项资金 1334 万元，建设防渗渠道 3760 米，改造电站 2 座 74 千瓦，疏浚村庄河塘 16 处，村庄河道 36 条，完成 3132 个农户改厕任务，安装路灯 263 盏，新增有线电视用户 1664 户。2009~2010 年，一事一议财政奖补 201 万元，铺设村内水泥路 12.94 公里，以及建小型水利设施和改善环境等村内公共设施。

2005～2010 年杨集镇惠农补贴资金情况

表 13-6　　单位:万元

项　目	2005 年	2006 年	2007 年	2008 年	2009 年	2010 年	合计
粮食直补	60	60	60	61	62	60	363
农资综合补贴		102	170	390	390	391	1443
良种补贴					121	131	252
家电下乡					21	44	65
汽车摩托车下乡					37	60	97

（五）杨集物流园区建设

2007年，杨集镇紧贴县委、县政府的重点工作任务，结合新农村建设要求，开始了杨集物流园区建设。按照灌云沿海物流园区的总体规划，确立以沿海高速及324省道、242省道、204国道立交为中心，以临港产业区、灌云经济开发区为依托的综合物流区，建成苏北地区乃至全省重要的商贸物流基地，连云港市南翼门户与交通枢纽，灌云县域物流、商贸为主导功能的综合配套中心城镇。至2010年，总投资额达5.3亿元，主要资金投入为镇财政8000万元，上级资金1.3亿元，社会资金3.2亿元。

先后实施完成了一些重点工程：投入各类建设资金6000多万元，拉开了园区“四纵四横”道路框架；完成了农民安置小区一期工程，建成安置房114套；实施了小区供水、污水处理、环卫设施等一批配套工程，提升了群众的生活质量；投资1.2亿元建成110千伏输变电站设施;投资2000万元建成镇机关集中办公区;投资2000万元完成自来水管网工程;投入1000万元新建杨集汽车客运站。

（六）财政所简况

1984年，杨集镇进行了乡级财政试点工作，建立了乡级财政管理体制。办公地点在杨集镇人民政府大院内的独立办公区，1995年，建设了200多平方米的两层办公楼。2000年6月，杨集镇与界圩乡合并成立新的杨集镇,同时成立了新的杨集镇财政所。杨集镇财政所办公地点搬至杨集镇人民政府办公楼内。2010年，有在职人员9人；拥有办公室4间，档案室、会议室各1间；配备办公用电脑4台，打印机3台，空调3台套。

三、燕尾港镇

燕尾港镇位于灌云县城东部，是原燕尾镇改为燕尾港镇。东临黄海，南隔灌河口、新沂河分别与响水、灌南两县相望，北、西两面为灌西盐场，属灌云县沿海城镇。燕尾港港是江苏省唯一的海河联运港口，已经有100多年的历史，素以“享黄金海岸，受渔盐之利”著称。2008年，获批建设国家一级渔港，并通过农业部验收。全镇面积32平方公里，海岸线21公里，下辖3个居委会（燕尾、新建、团港）、2个村委会（三百弓、开山岛），户籍人口1.1万。2010年，实现地区生产总值49.69亿元，地方财政总收入11.76亿元，地方财政一般预算收入4.04亿元，农民人均纯收入8512元。

（一）财源建设

燕尾港镇濒临黄海，土地多为盐碱滩涂，加之下辖行政村较少，农业经济不发达，财政收入一直以工业为主。2005 年后，随着经济结构的调整，工业经济发展排上了主导地位，县委决定在燕尾港镇域内建立县临港产业区，其工业经济随之迅猛发展，财政收入增长持续攀升。截至 2010 年，全镇已形成了工业七大产业板块：以江苏燕尾港港口有限公司为代表的港口物流板块；以江苏明盛化工有限公司、江苏远征化工有限公司等为代表的精细化工板块；以连云港五洲船舶重工有限公司、连云港和利通船舶重工有限公司等为代表的船舶制造板块；以江苏华电灌云风力发电有限公司为代表的新能源板块等。2010 年，全镇工业企业上缴税收 3.07 亿元，成为全县工业经济及财政收入第一大镇。

（二）财政概况

2005 年前，燕尾港镇的财政收入就以工业税收为主，但工业体量较小，财政增长缓慢。2005 年后，随着工业园区开发建设，工业税收占财政收入的比重持续上升。1985 年，财政实现一般预算收入 53.82 万元，其中工商各税 53.73 万元，占99.83%；支出 25.01 万元，其中支援农村生产支出类 6.04 万元，占 24.15%，文教科学卫生事业费类 9.47 万元，占 37.86%，行政管理费类 7.26 万元，占 29.03%。1995 年，财政一般预算收入突破 100 万元，达到 116.97 万元；2006 年突破了千万元，达到 1069.73 万元；2008 年突破了亿元大关，达到 1.65 亿元；2010 年突破 4 亿元，达到 4.04 亿元。2005 ~ 2010 年，财政收入持续处于全县领先地位。

1986~2010 年燕尾港镇财政收支情况表

表 13–7　　单位:万元

年份	收入	同比增长	支出	同比增长	年份	收入	同比增长	支出	同比增长
1986	70.70		30.88		1995	106.37	129%	163.09	23%
1987	94.34	33%	21.44	–31%	1996	167.14	57%	213.82	31%
1988	80.37	–15%	28.03	31%	1997	392.00	135%	259.83	22%
1989	89.37	11%	26.79	–4%	1998	483.88	23%	444.20	71%
1990	92.06	3%	35.23	32%	1999	540.60	12%	519.21	17%
1991	89.96	–2%	41.55	18%	2000	288.00	–47%	340.00	–35%
1992	79.79	–11%	47.73	15%	2001	302.10	5%	341.41	0%
1993	73.73	–8%	48.08	1%	2002	288.31	–5%	300.92	–12%
1994	46.35	–37%	133.03	177%	2003	317.92	10%	337.76	12%

续表 13–7

年份	收入	同比增长	支出	同比增长	年份	收入	同比增长	支出	同比增长
2004	302.76	–5%	346.46	3%	2008	16289.3	110%	15297.6	132%
2005	367.35	21%	383.64	11%	2009	25730.0	58%	22361.5	46%
2006	1069.73	191%	886.91	131%	2010	40351.5	57%	44059.8	97%
2007	7762.03	626%	6585.40	643%					

（三）县临港产业区建设

2005 年，灌云县临港产业区开始建设，规划面积 120 平方公里，至 2010 年末，园区建成区已达 40 平方公里，形成“五纵九横”道路网络，日供水 5 万立方米的自来水厂、日处理 5 万吨的污水处理厂投入使用。受临港产业区的辐射带动，燕尾港镇加快实施“以工兴港、以港带镇”战略，形成了港口开发和园区建设互动并进的良好局面，形成港口及物流区、装备制造区、新能源区、精细化工区、石化园及新材料区、船舶制造区等几大重点板块。园区已签约项目 124 个，其中过亿元项目 75 个，过 10 亿元项目 18 个。

（四）海滨新城区建设

2006 年，燕尾港镇海滨新城区进行规划设计。海滨新城区集行政办公、商住、经贸流通、文化娱乐、观光休闲于一体，总体规划 10 平方公里，10 万人口规模。2007 年 4 月 1 日，新城区开工建设，至 2010 年，完成了 3 纵 6 横总长 30 公里道路铺设，完成了 10 万平方米的安置小区一期工程，2.1 万平方米行政中心办公楼投入使用；投入 3000 万元的宾馆群楼投入使用；大鹏湖工程投入 1000 万元；海滨新城学校占地 160 亩，总投入 5000 万元，2009 年 9 月投入使用；总投资 3000 万元的海滨新城二级医院，于 2010 年 5 月使用；总投资 3000 万元的海滨新城客运站，完成了场地回填、桩基工程；安置小区二期 10 万平方米装修工程正在进行；时代花园 30 万平方米商品房已建成 10 万平方米；88 幢低密度专家楼全部封顶。

（五）旅游资源开发

随着县临港产业区建设的初具规模，燕尾港镇亦随之加大了开山岛旅游资源的开发投入。开山岛景区历来是旅游休闲的好去处，开山岛距镇区 10 公里，四周海水波涛汹涌、一望无际，岛上怪石嶙峋、曲径通幽，以及惊险刺激的军事坑道设施，形成了“游海岛、看日出、观海景、钓海鱼、吃海鲜”的旅游特色。同时，“亚洲第一坝”——橡皮坝、抗日爱国基地——侵华日军登陆处、龙王庙、团港渔村等景点的开发潜力也正逐步发掘。

（六）财政所简况

1985 年，燕尾港镇财政所成立，负责全镇的财政收支及财务核算工作。财政所拥有 500 平米的三层独立办公楼 1 幢，后因临港产业区和镇财政一体化的需要，于 2009 年搬至灌云县临港产业区管委会办公大楼，与县临港产业区财政分局合署办公，实行 2 个工作机构、一套工作班子。2010 年，财政所有职工 3 人，办公室 2 间约 120 平米，档案室一间约 40 平米。配置电脑 10 台、打印机 4 台、复印件 2 台、传真机 1 台、办公桌椅 8 套以及档案柜 30 个。

四、四队镇

四队镇位于灌云县城东北部沿海区域带，距县城 27 公里，北靠徐圩新区，南临界圩河，西接同兴镇，东依圩丰镇，是县东部地区的商贸物流重镇。全镇总面积41.53 平方公里，辖 12 个行政村、2 个社区居委会，总人口 3.56 万人。2010 年，全镇实现财政收入 3080 万元，农民人均纯收入 6648 元。

四队镇水陆交通便利，车轴河自西向东穿越镇区入海，242 省道自北向南穿境而过，北接连云港港，南临沿海高速。四图路、孟陬路及村村通道路形成了四通八达的交通网络。

（一）财源建设

四队镇地处沿海洼地，工业基础薄弱，农业主要以稻麦为主。改革开放以来，四队镇在稳定农业的基础上，加快发展工业企业，加大高效农业投入，积极扶持地方工业。至 2010 年底，镇区千亩连片蔬菜示范园建设初具规模，242 省道沿线 20 公里高效农业示范带初步建成，以肉羊、生猪、三禽饲养为特色的养殖专业合作社发展壮大，实现了镇有基地、村有规模、户有亮点的农业增收新格局。围绕工业发展目标，加大招商引资力度，千方百计培植新财源。至 2010 年底，全镇已有规模以上工业企业 10 家，年工业总产值完成 2.6 亿元。基本形成了以化工制药为主导，农业、商业、服务业为辅助的齐头并进的经济发展新格局，为四队镇财政收入快速增长夯实了基础。

（二）财政概况

1985 年，四队镇财政收入 35.86 万元。随着农业税收的稳定增长，工业企业的逐步发展，财政收入亦逐年增长。2006 年，全镇财政收入 418 万元；2010

年，财政收入突破3000万元，达到3094万元，是2006年的7.4倍。2010年的增值税、所得税、营业税比2002年分别增加了440万元、200万元、770万元。财政支出在保运转保民生的前提下，大力向农业、教育、小城镇建设等倾斜。2006～2010年，先后用于农林水利支出2300多万元，先后投资800多万元用于改善学校办学条件；投资100多万元用于农民集中居住区改造。

1985～2010年四队镇财政收支情况表

表13-8 单位:万元

年份	收入	支出	年份	收入	支出
1985	35.86	36.63	1998	665.71	670.97
1986	36.88	54.20	1999	660.27	699.78
1987	38.97	54.20	2000	496.43	532.86
1988	46.20	40.87	2001	324.00	446.00
1989	52.85	68.93	2002	314.00	452.00
1990	74.92	108.03	2003	419.00	539.00
1991	83.29	115.40	2004	359.00	517.00
1992	98.84	141.82	2005	294.00	292.00
1993	78.99	178.53	2006	418.00	369.00
1994	166.12	273.12	2007	652.00	499.00
1995	217.11	337.02	2008	1291.00	847.00
1996	318.97	424.95	2009	1691.00	1339.00
1997	506.82	562.64	2010	3094.00	2046.00

（三）惠农政策落实及专项资金管理

四队镇财政所认真履行财政管理职能，积极落实惠民政策，管好惠农资金。农村税费改革以来，四队镇发放全镇粮食直补及农资补贴资金共计1205万元，良种补贴146万元，汽摩及家电下乡补贴88万元，受益农户5490户，受益人口近2万人。此外，2009–2010年实施的一事一议财政奖补202万元，主要铺设村内道路15.8公里，修建小型水利设施、桥闸和自来水等村内公共基础设施。

（四）小城镇及新农村建设

2009年，242省道的开工建设给四队镇发展带来了新的契机。在完善老镇区、配套绿化及亮化工程，提升集镇形象的同时，科学规划，严格程序，多方筹措资金，申报200亩农地增减挂钩项目，沿过境242省道规划350亩新区，涵盖工业集中区、商贸物流区、四队新镇区、特色种养区等四大功能片区。至2010年，已投入100余万元完成征地70亩，建成农民安置区10万平方米，入住农户500多户。

（五）财政所简况

四队镇财政所成立于1985年，其职责是负责全镇财政收支核算工作。财政所办公场所设在四队镇政府院内，有办公楼1幢：房屋10间，面积200平方米，其中档案室1间约30平方米。配有电脑、打印机等现代化办公设备。2010年，有职工4人。

五、同兴镇

同兴镇位于灌云县城东北部，辖14个行政村，2个居委会。同兴镇紧邻204国道和盐连、淮连高速公路，界圩河、古泊善后河、车轴河等三条入海河流穿境而过，县级公路孟陬路横贯全境，交通极为便捷。同兴镇是江苏省重点中心镇，江苏省文明乡镇，连云港市经济增长优秀乡镇，连云港市平安乡镇。

（一）财源建设

同兴镇属农业镇。2005年前，财政收入主要靠农业税收和商贸营业税，财政经济增长缓慢。2006年起，同兴镇坚持把发展工业经济作为重中之重，确立打造工业新兴镇为目标。以项目为抓手，全力推进招商引资，成功引进5个项目，其中投入5000万元以上项目2个，亿元项目1个，完成到位资金2.3亿元。新上年纳税超100万元的商贸企业5家，其中纳税超200万的3家。同时，整合工业集中区资源，集聚优质发展要素。壮大三诺化工、汇元化工和仁华工贸规模经济；升级改造万源食品、同乐米业等传统特色产业；发展同吉鞋帽等轻工企业，做大物流业。积极引导扶持民营经济发展，至2010年，新增私营个体经济注册资本6000万元，新注册个体工商户300户，新增纳税500万元以上贸易企业2家。

2010年，实现地区生产总值6.81亿元，较上年增长44.9%；实现固定资产投资6.24亿元，同比增长38.8%；实现财政收入3238万元，同比增长10.2%；农民人均纯收入实现7000元，增长15.4%；实际利用外资400万美元。

（二）财政概况

1985 年，全镇财政收入只有 34 万元；1995 年，财政收入也只达到 140 万元。其主要税源来自于农业税收。2005 年，江苏省取消农业税，镇财政仅此一项就减收近 200 万元，当年财政收入为 223 万元，同比出现了负增长。随着招商引资力度的加大，工业企业的发展，税源培植为财政收入增添了许多新的增长点。2006 ~ 2010 年，全镇财政收入增长迅速。2010 年，全镇财政收入实现 3238 万元，比 2005 年净增 3015 万元。部分工业企业成了财政收入增长的支柱，灌云县永进物流有限公司年纳税 180 万元，连云港泰鑫物流有限公司年纳税 160 万元，连云港鹏铭物流有限公司年纳税 120 万元。财政支出亦出现了同步增长。2010 年，财政支出为 2417 万元，较 2005 年净增 2203 万元，主要是人员工资的增长和“三农”支出的增加。

1985 ~ 2010 年同兴镇财政收支情况表

表 13–9　　单位:万元

年份	收入	同比增长	支出	同比增长	年份	收入	同比增长	支出	同比增长
1985	34		35		1999	472	25%	553	21%
1986	35	3%	45	29%	2000	140	–70%	404	–27%
1987	38	9%	48	7%	2001	282	101%	413	2%
1988	51	34%	78	63%	2002	339	20%	470	14%
1989	69	35%	62	–21%	2003	394	16%	530	13%
1990	58	–16%	92	48%	2004	307	–22%	464	–12%
1991	46	–21%	96	4%	2005	223	–27%	214	–54%
1992	97	111%	116	21%	2006	440	97%	395	85%
1993	60	–38%	128	10%	2007	574	30%	524	33%
1994	73	22%	165	29%	2008	1001	74%	950	81%
1995	140	92%	218	32%	2009	1600	60%	1450	53%
1996	222	59%	307	41%	2010	3238	102%	2417	67%
1997	320	44%	392	28%	合计	10632		11023	
1998	379	18%	457	17%					

（三）惠民政策落实

加强涉农补贴资金的发放管理，全面推行财务、政务公开，补贴资金实行“一折通”打卡发放，确保上级惠农政策落到实处。全镇补贴土地面积 3.97 万亩，受益农户 6944 户，受益人口 2.43 万人。

（四）财政专项资金管理

严格规范财政专项资金申报程序，实行公开、公正、公平原则，按照项目化管理要求，建立完善项目公示制、招投标制、政府采购制、工程监理制、资金报账制等项目资金监管体系，财政所积极参与项目立项、实施、验收等环节的全程监督管理。

2005～2010 年同兴镇惠农补贴资金情况表

表 13-10　　单位:万元

项　目	2005 年	2006 年	2007 年	2008 年	2009 年	2010 年	合计
粮食直补	36	60	60	60	66	65	347
综合补贴		88	124	251	274	273	1010
良种补贴					101	102	203
家电下乡					10	7	17
汽车摩托车下乡					25	39	64

2009～2010 年，一事一议财政奖补 257 万元，使用资金投入严格按立项、实施、验收程序进行，主要用于铺设村内道路 16.5 公里以及建小型水利设施、桥闸和环境整治等村内公共设施建设。

（五）小城镇及新农村建设

同兴镇小城镇及新农村建设始于 1998 年，至 2010 年，总投资达 4.5 亿元。其中 2010 年总投资 8500 万元。资金主要来源于招商引资、社会资金、政府投入等几个方面。主要兴建新型农民住宅小区工程，新建新型农民住宅小区 6 处，面积达 3 万平方米。采取招商引资的方法，扩建了商贸城，新增建筑面积 4.2 万平方米，实现总投资 3000 万元。成功创建市级城镇化示范镇，使同兴真正成为灌云东北部的商贸中心，凸显商贸中心镇的主体地位。2010 年，投入 55 万元用于街道改造：改造街道排水设施 1200 米，扩增镇区花池绿化面积 600 平方米，累计栽植乔灌木 1000 多株，新增路灯 50 盏，实现主街道硬化、绿化、亮化和美化，提高了居民的生活质量。

（六）财政所简况

1984 年，按照县政府的部署，同兴镇进行了乡级财政试点工作，建立了乡级财政管理体制。办公地点在同兴镇人民政府大院内，为独立办公区；1995年，建设了200平方米的两层办公楼，办公桌椅等设施配套齐全；为适应现代化办公条件的要求，配备了电脑、打印机等办公设备，2010年，有工作人员6人。

六、龙苴镇

龙苴镇位于灌云县城西部，距县城25公里，南与陡沟乡接壤，东与小伊乡毗邻，西与宿迁市沭阳县高墟镇相连，北临古泊善后河与穆圩乡隔河相望。全镇总面积64.08平方公里，辖15个行政村、1个居委会、150个村（居）民小组，12663户，50496口人。2010年，全镇实现地区生产总值52630万元，比上年增长45.43%；财政总收入5678万元，比上年增长83.22%；地方一般预算收入3127万元，比上年增长17.53%；农民人均纯收入7040元，比上年增长11.96%。

龙苴镇是苏北五市历史最悠久的名城古镇。“龙苴”，因楚汉战争中韩信攻齐，西楚霸王项羽派遣大将司马龙苴筑城迎敌而得名。历史上东魏武定七年(公元549年)，在龙苴首设海州府，统领6郡19县。汉古城遗址座落在古城村，周长2500米，主要建筑台基1.6万平方米，被省政府定为省级文物保护单位。

龙苴镇是闻名遐迩的体育之乡和蛋鸡之乡。1986年，被江苏省体委命名为“江苏省体育先进乡”；1988年，龙苴鸡蛋被农业部农产品安全中心认定为无公害农产品、龙苴蛋鸡协会被省农林厅授予省级“四有”农民合作经济组织标兵。1989年7月，龙苴镇被省政府批准为首批对外开放工业卫星镇；2003年，被省农林厅授予“江苏省植树造林先进乡镇”；2009年，被省体育局授予“江苏省体育强镇”。

（一）财源建设

龙苴镇坚持工业强镇战略不动摇，积极培植财源。2001年至2010年，引进投产工业项目79个，其中过亿元的重点项目8个。先后有4个过亿元的、10个2000万~5000万元的、10个1000万~2000万元的工业项目落户县经济开发区。4个过亿元的工业项目落户县临港产业区。有8个500万~1000万元的工业项目落户镇工业集中区，另有43个100万元左右镇属工业项目。其中引进落户县经济开发区投资2100万元的江苏惠丰服装有限公司、投资1亿元的连云港市浩林铜业有限公司、连云港宇丰废旧物资回收有限公司、投资1.1亿元的江苏多元化工有限公司，已成为全县重点税源大户。

（二）财政概况

龙苴镇财政收入以农业税收为主，1986年一般预算收入36.22万元，其中农业税类16.94万元，占46.72%。至2010年，累计完成财政收入12733.56万元，年均509.34万元。累计支出13320.34万元，年均532.81万元。其中农、林、水支出2299.37万元，教育支出3675.74万元。获得上级补助8202.63万元。工业企业的发展，促进财政收入持续增长，2002年财政收入1201万元，2010年财政收入3527万元。2010年的增值税比2002年增加了700多万元，所得税增加了310多万元，营业税增加了1200万元，2010年较2002年支出增长2317万元，主要是增加对民生和"三农"的投入。

1986~2010年龙苴镇财政收支情况表

表13-11　　　　单位:万元

年份	收入	同比增长	支出	同比增长	年份	收入	同比增长	支出	同比增长
1986	36.27		54.36		1999	418.54	3%	437.90	–1%
1987	42.81	18%	61.22	13%	2000	289.20	–31%	528.91	21%
1988	47.25	10%	81.80	34%	2001	293.71	2%	510.02	–4%
1989	61.27	30%	77.42	–5%	2002	364.20	24%	584.29	15%
1990	59.31	–3%	104.92	36%	2003	389.06	7%	659.45	13%
1991	50.91	–14%	131.32	25%	2004	274.08	–30%	625.11	–5%
1992	55.41	9%	111.73	–15%	2005	208.59	–24%	238.05	–62%
1993	84.82	53%	124.15	11%	2006	436.99	109%	415.44	75%
1994	74.33	–12%	237.85	92%	2007	1373.79	214%	566.79	36%
1995	145.81	96%	326.44	37%	2008	952.65	–31%	920.00	62%
1996	241.54	66%	423.46	30%	2009	1817.91	91%	1409.81	53%
1997	341.30	41%	431.32	2%	2010	4266.10	135%	3817.31	171%
1998	407.71	19%	441.27	2%					

（三）惠农补贴资金使用管理

水稻直补资金惠及农户9109户，补贴面积4.6万亩，累计补贴资金544万元；农资补贴资金累计1630万元，受益农户9109户；汽摩下乡和家电下乡从2008年开始，累计补贴资金83万元，惠及农户1563户。

2005～2010年龙苴镇惠农专项资金补贴情况

表 13-12 单位:万元

项　目	2005 年	2006 年	2007 年	2008 年	2009 年	2010 年	合计
农资综合补贴	130	130	290	360	360	360	1630
良种直补	29	29	29	64	64	64	279
汽车摩托车下乡	0	0	0	0	34	49	83
家电下乡	0	0	0	0	5	7	12

（四）农业综合开发投入

1986～2010年，龙苴镇农业综合开发投资累计842万元。先后在南李、前埠和后埠等3个村投资530万元，农田开发面积7000亩，整修渠道3条3000多米，建农桥等6座，铺设硬化道路3公里。在石门村先后投资312万元，连片开发岭田2200亩，成功创建以日光温室为主体的省、市级现代农业产业园区。

（五）城镇建设

1986～2010年，龙苴镇逐步加大对小城镇建设的投入力度，先后围绕龙苴乡1984~2000年规划砂盘和龙苴镇2006～2010年集镇总体规划，财政先后投入近200万元，同时采取市场化运作方式吸纳民资5000多万元，按“中”字街、“井”字镇的规划格局，对龙苴主街道实行整体搬迁，并对原8米宽的中大街，一步到位拓宽到34米，完成主次街道门面房改建20万平方米，完成近2万米地下水道的新建目标。2000年，龙苴镇被市规建委授予连云港市首批新型小城镇称号。

（六）财政所简况

1984年，龙苴镇开展了乡镇财政体制试点，并成立了财政所，办公地点设在镇政府大院内。2010年，有办公室6间，服务大厅1处，档案室1间。配置电脑6台、打印机3台，办公桌椅6套以及档案柜10个。职工4人。

七、圩丰镇

新中国成立之初，圩丰属灌云县四队区管辖。1958年，由四队区圩东乡（今圩丰镇河北片6个村）、圩南乡（今西南片6村）、太丰乡（今东南片6个村）合并成立圩丰人民公社。1979年，政府办公地点从原旧址（今圩丰卫生院处）搬迁到圩丰新街，1983年改为圩丰乡，1999年撤乡建镇。

圩丰镇位于灌云县东北部，镇政府驻地距县城45公里，北倚连云港市徐圩新区，南临五图河农场，西接四队镇，东临黄海。全镇总面积76平方公里，辖18个行政村，1个社区，220个村民组，9816户，47320口人。2005年，圩丰镇被江苏省住建厅、环保厅评定为“小城镇建设中心镇”；2008年，获江苏省创建文明村镇先进镇。2010年，实现地区生产总值46210万元，财政收入3665万元，其中一般预算收入2872万元；农民人均纯收入7206元。

（一）财源建设

圩丰镇属农业大镇，2000年前的财政收入主要靠农业税收。2003年起，圩丰镇依托自身区位优势，积极实施“调整结构，工业强镇，三产富民”的经济发展战略，不断加大招商引资力度，民营企业快速发展。先后引进了投资5000万元以上的江苏华南化工、佐仕化工、湘源化工等工业企业，投资2000万元以上的祥和鞋业、同欣窗饰、灌金木业相继投产，镇属工业企业紫菜加工、饲料生产等运营良好，初步形成以化工、建材、加工等为主导，以商业，建筑、物流、餐饮服务业为辅助的经济发展格局，为圩丰镇的工商税收快速增长打下坚实基础。

（二）财政概况

1984年建立财政所时，乡镇级财政实行统收统支。1985年，圩丰镇财政收入为80.79万元，其后虽有所增长，但增速缓慢，1995年才达到208万元。随着改革开放的深入，招商引资力度的加大，工业企业快速发展，财源培植取得了大的突破，财政收入增长迅速。2005年，财政收入实现1235万元；2010年，财政收入达3663.79万元，比1985年增加了44倍。

财政支出，坚持保运转、保民生原则，逐步实现由吃饭型财政向民生服务型财政转化。加大了民生工程、扶持“三农”等方面的支出，不断改善群众生活、生产条件和居住环境，提升生活质量。

1985～2010年圩丰镇财政收支情况表

表 13-13　　单位:万元

收支 年份	收入			支出		
	一般预算收入	补助收入	合计	一般预算支出	上解支出	合计
1985	37.94	42.85	80.79	41.6	39.19	80.79
1986	35.18	53.19	88.37	52.74	35.63	88.37
1987	37.81	53.82	91.63	52.81	38.82	91.63
1988	41.06	64.8	105.86	62.91	42.95	105.86
1989	48.96	61.33	110.29	63.62	46.67	110.29
1990	58.56	97.77	156.33	93.04	63.29	156.33
1991	48.01	40.24	88.25	78.04	11.21	89.25
1992	62.16	83.67	145.83	110.5	35.33	145.83
1993	74.82	79.96	154.78	138.74	16.04	154.78
1994	83.85	66.01	149.86	102.67	47.19	149.86
1995	155.85	52.94	208.79	179.35	29.44	208.79
1996	287.26	107.19	394.45	355.13	39.32	394.45
1997	377.76	85.56	463.32	407.73	55.59	463.32
1998	442.49	114.77	557.26	507.95	49.31	557.26
1999	406.08	92.13	498.21	441.83	56.38	498.21
2000	396.01	207.98	603.99	547.96	56.03	603.99
2001	453.59	162.19	615.78	531.18	84.6	615.78
2002	504.15	153.08	657.23	601.11	56.12	657.23
2003	571.31	111.5	682.81	618.23	64.58	682.81
2004	618.24	343.05	961.29	635.77	325.52	961.29
2005	681.45	553.89	1235.34	661.23	574.11	1235.34
2006	704.33	968.23	1672.56	681.2	791.36	1672.56
2007	1301.15	897.28	2198.43	897.28	1301.15	2198.43
2008	1608.11	681.34	2289.45	1103.55	1185.9	2289.45
2009	1741.09	734.1	2475.19	1645.72	829.47	2475.19
2010	2872.11	791.68	3663.79	2566.53	1097.26	3663.79

（三）惠农政策落实

圩丰镇积极适应机关职能的转变，改进工作作风，服务于民，扎实抓好惠民政策的落实，惠农补贴资金实行“一折通”打卡发放。2005～2010年，累计发放粮食直补资金686万元，农资补贴资金1444万元，良种补贴资金298万元，家电下乡补贴资金78万元，汽车和摩托车下乡补贴资金150万元。补贴土地面积5.68万亩，受益农户10450户，受益人口3.66万人。

（四）专项资金使用管理

按照上级相关规定，认真抓好专项资金的使用管理，建立和完善项目公示、招投标、政府采购、工程监理、资金报账等监督管理体制，最大限度地发挥专项资金使用的效益。2008年，投入专项资金项目50万元，扶持周庄村、海堤村建日光大棚和铺设水泥路。2009年，投入专项资金100万元，支持光明村建日光大棚30个，铺设水泥路5公里，建桥涵5个（座）。2010年，投入项目资金60万元，支持养殖户建设泥鳅养殖池，发展现代农业。2009～2010年，一事一议财政奖补307万元，主要用于铺筑村级道路24.5公里和小型水利、环境改善等公共设施建设。

（五）小城镇及新农村建设

圩丰镇小城镇建设是从1985年开始的，是全县开展小城镇建设最早的乡镇之一，其时的镇政府所在地规划三横三纵基本格局。2005年始，小城镇建设规模逐步扩大，至2010年，由原来的不到0.3平方公里扩大到近3平方公里，居住人口由原来的2000人增加到1.5万人，小城镇现有商铺300多户。新建的德丰、西苑、新村等三个住宅小区居民已全部入住。财政投入了大量资金，用于小城镇水、电、路的公共基础设施建设。2008年始，镇财政每年用于小城镇建设的资金达500余万元。2010年，圩丰镇结合省级土地整理工作，共动员227户拆迁户搬进小城镇定居，全镇共挪出土地254亩。

（六）财政所简况

1984年，圩丰镇财政所成立。1998年，财政所和农经、规划合建农财楼。2010年，有办公用房3间，职工宿舍4间，档案室2间，配备办公电脑3台、打印机3台。有干部职工5人。

八、东王集乡

东王集乡位于县城东南9.5公里处，乡域西部紧与县城接壤。全乡总面积102平方公里，耕地80136亩。辖21个行政村，人口64738人。

东王集乡历史上曾名为王集区、王集乡，1993年10月更名为东王集乡。

东王集乡地势平坦,土质为脱盐性土壤,经济以农业为主,主要特色产业有优质稻米、大棚西瓜、银杏、大棚蔬菜、生猪、肉牛、奶牛、肉鹅等。

2010年，全乡实现地区总产值64000万元，比上年增长8.7%；实现财政收入5452万元，比上年增长59.1%；农民人均纯收入6667元，比上年增长12.3%。

（一）财源建设

2005年始，东王集乡采取区位招商、以商引商、全民创业招商等有效举措，积极推进工业企业发展，努力打造财税收入新的增长点。2005年，落实重点工业项目12个，其中投入1000万元以上的工业项目7个，投资500万元以上的工业项目5个，年实现招商引资额1.5亿元。先后开工建设投资500万元以上的美固新型建筑材料、云港旋耕机二期工业项目；先后建设1000万元~3000万元以上的连云港海天制药二期工程、连云港市东兰机械厂、福安制氧、连云港市大磊桥梁模板厂、光明机械厂、恒隆机械制造厂、泰达公司等工业项目7个；投资3000万元~5000万元的金海岸机械设备公司、连云港市建业化工有限公司等工业项目3个。工业项目的引进并建成投产，加快了工业经济发展速度，为全乡财政收入提供了有力的支撑。

东王集乡是全县优质稻米种植大乡，全乡优质稻米种植面积6万亩。2006年，绿香米、紫血糯米、云台香灿米等五彩米系列被评为连云港市知名品牌。

至2010年，围绕高效农业，建立了6万亩优质稻米基地；围绕生态林业，建立了4万亩农田林网；围绕传统产业，建立了生猪养殖基地和大型苗猪购销市场，生猪饲养量位居全县前列。

（二）财政概况

2005年前，东王集乡财政收入主要依赖于农业和并不发达的工商业。乡镇财政体制建立之初，全乡财政收入不足32万元，2005年才达到240万元。随着招商引进工业企业的建成投产，工业经济迅速发展，财政收入亦大幅增长。至2010年，全乡实现财政收入5277万元。同时，财政支出随之快速增长，其主要是人员工资的增长和扶持“三农”资金投入的增加，至2010年，全乡农、林、水等支出已达到2054万元。

1986~2010 年东王集乡财政收支情况表

表 13–14　　单位:万元

年份	收入	同比增长	支出	同比增长	年份	收入	同比增长	支出	同比增长
1986	30.36		59.51		1999	580.12	26%	626.49	1%
1987	29.01	–4%	68.61	15%	2000	247.22	–57%	603.85	–4%
1988	45.38	56%	81.26	18%	2001	376.03	52%	712.22	18%
1989	55.57	22%	83.64	3%	2002	407.27	8%	793.08	11%
1990	49.94	–10%	108.04	29%	2003	468.44	15%	733.86	–7%
1991	40.75	–18%	118.79	10%	2004	362.99	–23%	695.03	–5%
1992	54.01	33%	143.26	21%	2005	240.17	–34%	286.58	–59%
1993	85.76	59%	145.19	1%	2006	451.84	88%	408.22	42%
1994	98.95	15%	265.50	83%	2007	881.76	95%	471.13	15%
1995	168.46	70%	282.10	6%	2008	1662.22	89%	1536.31	226%
1996	278.39	65%	441.63	57%	2009	3051.14	84%	2582.38	68%
1997	400.16	44%	499.69	13%	2010	5276.91	73%	3705.02	43%
1998	462.07	15%	623.25	25%					

（三）惠农补贴及专项资金使用管理

乡财政所严格执行上级有关政策规定，采取切实措施加强对涉农补贴资金的发放管理，严明工作纪律，严禁截留、挤占、挪用和虚报冒领补贴资金，实行公示制，全部补贴资金实行“一折通”打卡发放，确保上级惠农政策落到实处。全乡补贴面积 6.17 万亩，受益农户 13033 户，受益人口 4.56 万人。严格规范财政专项资金的申报程序。实行公开、公正、公平原则，按照项目化管理要求，建立和完善项目资金监管体系，全程参与监督和管理。2009 年，项目资金使用主要为农村饮水安全项目工程；蒋圩、任圩等村河塘疏浚整治工程；合兴村沂北排河桥、黄杨村青年河桥工程；法科、伊东等村砂石路工程。

2009 ~ 2010 年，一事一议财政奖补 263 万元，主要用于建排灌站 2 座、铺设村内道路 15.5 公里，以及河塘整治等村内公共设施建设。

2005～2010年东王集乡惠农补贴资金情况

表13-15 单位：万元

项　目	2005年	2006年	2007年	2008年	2009年	2010年	合计
粮食直补	110	120	120	110	110	110	680
农资综合补贴		154	154	414	428	425	1575
良种补贴					131	131	262
家电下乡					51	77	128
汽车摩托车下乡					42	77	119

（四）小城镇及新农村建设

2007年起，东王集乡按照县委、县政府的要求，加大了小城镇和新农村建设的投入力度。一是聘请连云港市市政规划设计院对小城镇进行科学规划，合理定位，并将小城镇定位为县城的卫星城镇，与县东城新区对接，形成优势互补、共同发展的格局。二是实施新区带动战略。在乡卫生院西兴建"六里农民住宅区"。一期工程占地面积6600平方米，建筑面积8900平方米，入住86户。投资近1000万元在韩圩村兴建农民集中居住点，可入住农户90户。三是实施旧城改造。改造店面21处，新建、扩建店面1.1万平方米。新铺装水泥路面2400平方米，铺设及维修下水道1200米，架设路灯41盏，累计投入80余万元。

（五）财政所简况

东王集乡财政所成立于1984年，办公地点设在乡政府院内。拥有办公室2间，100平方米；档案室1间，30平方米；配有办公用电脑4台、打印机3台、空调3台套。2010年，有工作人员4人。

九、下车乡

下车乡位于灌云县中部，距县城16公里，南接伊山镇，北连伊芦乡，东达同兴镇，西通小伊乡，乡域四面环河，沿海高速公路、204国道、连云港疏港航道、新规划的连盐（淮）铁路穿越乡境，交通十分便捷。全乡共有17个村民委员会，总人口5.3万，总面积67.55平方公里。下车乡为人文历史名乡，传说乾隆皇帝下江南路经此地，见河流环绕，百姓安居乐业，不禁下车步行数里访民，"下车"之名由是而始，沿用至今。2010年，全乡实现全社会固定资产投资8.1亿元，较上年同比增长10.17%；地区生产总值5.5亿元，同比增长36%；

实现财政收入 3720 万元，同比增长 82.5%；农民人均纯收入 6699 元，同比增长 19.20%。

（一）财源建设

在稳定发展农业，加速推进现代农业建设的同时，加大招商引资工作力度，重点突破工业经济。工作重点向发展工业集中，工业经济增势有力，主体地位日益凸现。截至 2010 年，先后引进投资 5000 万元金端商品混凝土项目、投资 5000 万元的连云港升腾电子有限公司、投资 3000 万元的连云港开元塑编有限公司、投资 1000 万美元的连云港仲圩花卉苗木有限公司、投资 6 亿元的镍铁加工项目落户灌云。这些项目建成投产，对下车财政收入的迅速增长起到重要的支撑作用。在招引进新的工业项目的同时，着力调整、优化、提升产业结构，加快培育具有竞争力的连云港鑫玛鞋业、连云港正邦新型建筑材料等优势产业，推进新产品开发，至 2010 年，共完成技术改造投资 880 万元。

积极培植税源增长点，先后引进注册了前门木业有限公司、丙栋木业有限公司、缪五星纺织品贸易有限公司、连云港骏林国际贸易有限公司等四家贸易企业和连云港润和物流、博扬物流、三元物流、正源物流、德春物流等五家物流企业，2010 年新增税源 500 多万元，为财政收入的持续发展奠定了坚实的基础。

（二）财政概况

下车乡属农业大乡，全乡耕地面积 3658 公顷。2005 年实施取消农业税前，下车乡因工业经济基础差，财政收入主要依靠农业税。1985 年，全乡财政收入只有 67 万元；1995 年达 271 万元。随着招商引资力度的加大，工业经济的发展，财政收入亦随之大幅度增长。2005 年，全乡财政收入达 1357 万元；2010 年，财政收入增长到 3720 万元，比 2005 年净增 2363 万元。

1985～2010 年下车乡财政收支情况表

表 13-16　　单位:万元

年份	收入	同比增长	支出	同比增长	年份	收入	同比增长	支出	同比增长
1985	67		67		1990	74	–42%	120	11%
1986	78	16%	77	15%	1991	59	–21%	147	23%
1987	93	20%	93	21%	1992	72	23%	151	3%
1988	112	21%	109	17%	1993	104	44%	191	27%
1989	128	15%	108	–1%	1994	117	13%	232	21%

续表 13-16

年份	收入	同比增长	支出	同比增长	年份	收入	同比增长	支出	同比增长
1995	271	131%	382	65%	2003	654	35%	221	-71%
1996	629	132%	601	57%	2004	650	-1%	896	305%
1997	710	13%	701	17%	2005	1357	109%	1323	48%
1998	729	3%	716	2%	2006	1606	18%	1473	11%
1999	807	11%	765	7%	2007	1882	17%	2001	36%
2000	780	-3%	671	-12%	2008	1398	-26%	2265	13%
2001	559	-28%	580	-14%	2009	2536	81%	2536	12%
2002	484	-13%	766	32%	2010	3720	47%	3720	47%

（三）惠农政策落实和专项资金管理

按照上级有关政策规定，全面落实强农、惠农政策。切实加强对涉农补贴资金的发放管理，严明工作纪律，全面推行财务、政务公开。全部补贴资金实行“一折通”打卡发放，确保上级惠农政策落实到户。全乡补贴土地面积 5.56 万亩，受益农户 10122 户，受益人口 3.54 万人。

严格规范财政专项资金的申报程序，实行公开、公正、公平原则，建立专项资金项目公示制、招投标制、政府采购制、工程监理制、资金报账制，全程参与监督和管理。2009～2010 年，一事一议财政奖补 230 万元，主要用于铺设村内道路 13.5 公里以及建小型水利设施、桥闸和环境整治等村内公共设施建设。

2005～2010 年下车乡惠农补贴资金情况

表 13-17　　单位:万元

项目	2005 年	2006 年	2007 年	2008 年	2009 年	2010 年	合计
粮食直补	87	98	98	98	98	98	577
农资综合补贴		220	169	383	389	383	1544
良种补贴					134	134	268
家电下乡					9	18	27
汽车摩托下乡					30	60	90

（四）小城镇建设

下车乡的小城镇建设坚持政府财政投入和市场化运作的模式，依托一乡两集的区位优势，完成了两个集镇区的总体规划和详细规划。在扩大小城镇规模、完善小城镇配套设施上做文章。至2010年，新增集镇区建筑面积5.2万平方米，铺设下水道1200米。两个街道新安装路灯36盏，新铺街道4000平方米，建成垃圾中转站一座，新增绿化1000平方米。仲集小城镇建设形成了四纵三横的格局。

（五）民生工程投入

2010年，财政投入300多万元在仲集、林庄、青山、下车四个村实施万亩优质稻麦基地田间配套工程，建设生产桥涵30座，铺设防汛渠1.5万米，新建电站2座；投入35万元新建上车、下车、柴市、长春、青山等村七座农桥；筹集160万元铺设了席岳路和彭渡、席圩、董跳、上车、下车5个村的村庄水泥路9公里、砂石路2公里，建设生产桥4座。投入500余万元的中央财政扶持的农田水利建设工程先后在青山、印庄、前门、上车、下车、刘圩、岳河等村全面竣工。投入45万元完成了柴市、石羊、仲集、林庄、跳口、顾圩等六个村的河塘整治工程。

脱贫攻坚工程深入实施，2010年，全乡共投入资金93.6万元，帮扶283户农民新上养殖种植等项目，实现936人脱贫。新型农村养老保险全面开展，2010年参保18500人，上缴保费350万元，5500人已领取养老金。

（六）财政所简况

1985年，下车乡建立了乡镇财政体制，成立了财政所，办公地点设在乡政府院内。2010年，拥有办公室5间约200平米，档案室一间约30平米。配有电脑、打印机(复印机)、桌椅和档案柜等办公用品。

十、侍庄乡

侍庄乡位于灌云县城南侧，北与县经济开发区、新城区融为一体，南隔新沂河与灌南县相望，西至叮当河与南岗乡接壤，东有盐河与东王集乡毗邻。总面积66.11平方公里，辖16个行政村，总人口5.15万人。乡境有省级灌云经济开发区，宁连高速、236省道、324省道、国家3级航道盐河等水陆交通枢纽贯穿全乡，交通网络高效便捷。侍庄乡是省群众体育先进乡镇，市乡镇工业十强乡镇、社会治安安全乡镇。2010年，区乡实现财政总收入3.39亿元，其中一般性预算收入2.48亿元。农民人均纯收入7500元。

（一）财源建设

2005年，县政府启动了位于侍庄乡境内的县经济开发区建设，为侍庄乡工业经济发展、财源培植、财政增长提供了得天独厚的条件。侍庄乡紧紧围绕县委、县政府的部署，切实加大招商引资力度，强化工业主体地位，突出大项目推进、大客商招引、大企业培育，全面提升工业经济水平。

截至2010年，完成基础设施投入9.98亿元，形成了“七纵五横”的园区道路框架；引进3000万元以上工业项目187个，其中过亿元32个、超10亿元项目1个，投产达效项目146个，新增直接就业岗位2万个，初步形成了以耀中铝车轮、汇九齿轮为代表的机械制造，以鲜禾制鞋、国成服饰为代表的纺织服装和以腾翔金属材料为代表的金属制品等三大主导产业。

农业方面，在稳定粮食生产的基础上，下大力气调整农业结构，积极发展优质高效现代农业。至2010年，侍庄乡农业初步形成了一村一品的格局。陆庄的秋西红柿，沈庄、侍圩的辣椒，朱埝、朱胥、于庄的中小弓棚。先后建成了以沈庄、侍圩、陆庄、瓦房、于庄5村为主的宁连路两侧的2000亩林经间套；灌淮高速路两侧、侍伊路两侧涉及沈庄、乔圩、侍圩、厉荡等村的4000亩辣椒基地；燕宿路两侧季窑、三合、陆庄、于庄、朱胥等村的4000亩秋西红柿生产基地；厉荡、瓦房、于庄等村的5000亩棉花生产基地；吴王、乔圩、朱埝、沈庄4村的沂河淌种草养畜基地。

（二）财政概况

侍庄乡属农业乡、工业基础薄弱，2005年前的财政收入主要靠农业税和工商税，增长缓慢。1986年，全乡财政收入只有29.2万元，1995年达117万元，2005年，全乡财政收入也不足300万元。2005年始，随着乡境县经济开发区的建设并具一定规模，工业经济快速发展，财政收入新的增长点不断显现。至2010年，全区乡实现地区生产总值6.5亿元，比上年增长12%；完成固定资产投资8.9亿元，比上年增长13%；财政一般预算收入实现2.48亿元，是2005年84倍。同时，财政支出亦快速增长，其主要用于人员工资的增加、县经济开发区建设和扶持“三农”发展资金的投入。

表 13-18

1986~2010 年侍庄乡财政收支情况表

单位:万元

年份	收入	同比增长	支出	同比增长	年份	收入	同比增长	支出	同比增长
1986	29.20		65.30		1999	276.60	2%	543.00	-5%
1987	45.00	54%	70.30	8%	2000	267.90	-3%	615.70	13%
1988	52.90	18%	92.20	31%	2001	285.00	6%	711.50	16%
1989	53.40	1%	105.90	15%	2002	268.90	-6%	752.40	6%
1990	49.90	-7%	119.10	12%	2003	288.10	7%	845.23	12%
1991	45.50	-9%	149.30	25%	2004	251.70	-13%	861.90	2%
1992	63.50	40%	151.80	2%	2005	294.24	17%	300.00	-65%
1993	64.90	2%	177.50	17%	2006	555.80	89%	487.20	62%
1994	86.00	33%	264.70	49%	2007	4555.50	720%	4801.20	885%
1995	130.40	52%	391.80	48%	2008	6257.30	37%	5396.00	12%
1996	219.60	68%	453.30	16%	2009	15239.2	144%	13115.5	143%
1997	215.10	-2%	442.50	-2%	2010	24779.9	63%	21288.1	62%
1998	271.10	26%	569.80	29%					

（三）惠农政策落实及专项资金管理

2005 年取消农业税后，国家又开始发放粮食直补等专项惠农资金。乡财政所严格按照上级规定，切实加强对涉农资金的发放管理，严明工作纪律，实行公示制，全部补贴资金实行“一折通”打卡发放，确保国家涉农资金如期足额发放到农户。财政专项资金管理实行公开、公正、公平原则，严格申报程序，建立项目公示制、招投标制、工程监理制等监督体系，全程参与财政专项资金使用的监督管理。

2005～2010 年侍庄乡惠农专项资金情况

表 13-19

单位:万元

项　目	2005 年	2006 年	2007 年	2008 年	2009 年	2010 年	合计
水稻直补	58.74	58.64	53.69	53.69	52.58	49.30	326.64
农资综合补贴		89.75	111.65	111.65	249.23	246.97	809.25
家电下乡补贴						143.80	143.80
汽车摩托车下乡补贴						72.50	72.50
村级三项资金	86.27	128.07	128.07	128.07	160.07	163.07	793.62
一事一议财政奖补					51.00	113.78	164.78

（四）小城镇及新农村建设

2005年起，侍庄乡紧紧抓住县经济开发区建设和新城区开发、部分乡域与之融为一体的大好机遇，依托优势、科学合理地规划小城镇及新农村建设，积极采取招商引资、吸纳社会资金、政府财政投入等方式，加快小城镇及新农村建设。至2010年，县、乡财政累计投入陆庄小区建设资金3500万元，建成住宅面积3.4万平方米；县乡财政投入7000万元的季尧安置区建设，建成住宅面积6万平方米，解决600户住房问题；按照中央及省市提出的建设社会主义新农村的要求，以农地挂钩项目为载体，积极招商引资并充分吸纳社会闲置资金，建设农村公共建筑、道桥广场、集贸市场等配套工程。

本着坚持合理布局、节约用地、因地制宜、量力而行、逐步建设，实现经济效益、社会效益和环境效益相统一的原则，规划建设树云安置区，新建安置房100套，翻建农村住宅1.5万平方米。县、乡财政投入水利和交通建设方面资金约500万元，疏浚沟渠约20公里，铺设水泥路10公里。

（五）财政所简况

1985年，侍庄乡成立了财政所，负责全乡的财政收支核算工作。现办公场所设在江苏灌云经济开发区管委会办公大楼内，有办公室4间约150平米，档案室一间约40平米。配置电脑10台、打印机4台、复印件2台、传真机1台、办公桌椅8套以及档案柜30个。2010年，有工作人员9人。

十一、白蚬乡

白蚬乡位于县城东，乡政府所在地距县城9公里，西接伊山镇，东与杨集镇接壤，南与东王集乡隔东门河相望，北有牛墩河与下车乡毗邻。沿海高速公路、 204国道穿越乡境。全乡总面积56平方公里，下辖15个行政村，,总人口4.2万人。2010年，全乡实现地区生产总值5.3亿元，完成财政收入3616万元，农民人均纯收入达6362元。

（一）财源建设

2005年始，白蚬乡大力实施“招商富乡、项目强乡、工业兴乡”发展战略，重点培植工业纳税大户，扩张工业经济规模，发展壮大现代交通物流业，把扶持资金和政策资源向税源企业、高效农业园区倾斜，推动工业经济快速发展，全力壮大经济规模和总量。招商引进的华中化工实现投资额5.1亿元。金安化工、丹兴化工、长江化工等8家企业先后落户县经济开发区和临港产业区，

2009 年陆续建成投产，运转良好，产生了较大的经济效益，成为乡财政收入的重要支撑，推进了乡财政收入的快速增长。

（二）财政概况

1985 年乡镇财政体制建立时，白蚬乡财政收入只有 34 万元，主要来自于农业税收；1995 年达 390 万元，比 1985 年增长 10 倍；2005 年达到 1073 万元；2010 年实现财政收入 3616 万元，比 2005 年净增 2543 万元。2005 年，取消农业之后，财政收入的大幅度增长，主要是工业企业的引进，工业经济的发展，保障了财政收入稳定持续增长。

1985～2010 年白蚬乡财政收支情况表

表 13-20　　单位:万元

年度	收入	同比增长	支出	同比增长	年度	收入	同比增长	支出	同比增长
1985	34		35		1998	554	2%	551	3%
1986	49	42%	48	39%	1999	573	3%	556	1%
1987	53	9%	52	7%	2000	586	2%	571	3%
1988	66	24%	66	27%	2001	592	1%	586	2%
1989	69	5%	67	2%	2002	635	7%	633	8%
1990	89	29%	83	25%	2003	674	6%	674	6%
1991	89	0%	86	3%	2004	682	1%	682	1%
1992	121	36%	120	40%	2005	1073	57%	1073	57%
1993	135	12%	134	12%	2006	1230	15%	1230	15%
1994	197	45%	195	45%	2007	1443	17%	1443	17%
1995	390	98%	383	96%	2008	1373	–5%	1373	–5%
1996	488	25%	491	28%	2009	2079	51%	2079	51%
1997	545	12%	537	9%	2010	3616	74%	3616	74%

（三）惠农补贴及专项资金使用管理

严格按照上级有关政策规定，切实加强对涉农补贴资金的发放管理，严明工作纪律，全部补贴资金实行“一折通”打卡发放，确保上级惠农政策落到实处。补贴面积 4.62 万亩，受益农户 8956 户，受益人口 3.13 万人。严格规范财政专项资金的申报程序，实行公开、公正、公平原则，按照项目化管理要求，建立项目公示制、招投标制、政府采购制、工程监理制、资金报账制等项目资金监管体系，财政所参与全程监督和管理。

2005～2010年白蚬乡惠农补贴资金情况

表13–21　　单位:万元

项目	2005年	2006年	2007年	2008年	2009年	2010年	合计
粮食直补	77	86	86	86	86	86	506
农资综合补贴		106	139	319	319	319	1202
良种补贴					112	112	224
家电下乡					17	57	74
汽车摩托车下乡					28	44	72

（四）新农村建设

围绕新农村建设要求，财政投入的重点是扶持发展现代农业。巩固提高陈庄村和顺养殖场规模经济效益；扩大沿海高速路沿线规模化养鱼塘口近3000亩；建设青龙村、楼庄村，黄荡村高效农业示范园；324省道、沿海高速公路两侧的德兴、费庄、青龙村新扩设施栽培面积1000亩。实施了全面水泥路村村通工程。2010年，徐圩村、张庄村、德兴村新铺12公里水泥路，全乡15个村全面实现水泥路村村通。投资912万元，由乡政府实施，以茆庄、陈庄、恒春、黄荡、大兴等村为中心，辐射带动张庄、长兴等村建设万亩高产优质稻米生产基地，1年内完成了项目实施工程。

（五）小城镇建设

按照“样式新颖、功能齐全、设施配套、彰显特色”的原则，统一规划建设小城镇。以实施康居工程为重点，至2010年，建设5万平方米的市级康居示范村1个。占地40亩的陈庄新农村农民集中居住小区工程已紧张实施。黄荡村、赵跳村农地挂钩的农民集中居住小区建设，推进迅速。2009年，财政投入30万元，在街道和小区内安装了50座节能路灯等配套设施。提升了小城镇整体外部形象，改善了群众的人居环境。

（六）财政所简况

1984年，白蚬乡按上级要求建立了乡镇财政体制。财政所负责全乡的财政收支核算工作。2010年,财政所有职工3人，办公场所在灌云县白蚬乡政府院内，有办公室8间约300平米，档案室一间约30平米。配有电脑4台、打印机

2台、办公桌椅8套以及档案柜10个。

十二、小伊乡

小伊乡位于灌云县城北部11公里处，乡境有盐河、枯沟河、叮当河及善后河等4条河流环绕。境内有小伊山等自然资源。宁连高速公路贯穿乡境南北，汾灌、连盐高速交汇于乡境。伊董、龙下等2条县级公路穿越乡境，全乡水泥路总长30公里，交通十分便利。2010年，全乡辖19个行政村、一个果林场，总人口5.7万人。全年实现地区生产总值6.20亿元，完成固定资产投资8.40亿元，实现财政一般预算收入3085万元，农民人均纯收入7400元。

（一）财源建设

小伊乡财政体制建立后至2005年，其财政经济主要以农业为主，农作物以稻麦两季为主。2008年始，小伊乡按照“压缩农作物、逐步扩大蔬菜等经济作物”的布局规划，加大建设现代农业的投入，调整农业产业结构，积极推进规模化产业进程，大力推广发展市场前景看好的“大棚经济”，在宁连高速、汾灌高速两旁及花厅村推广大棚面积2000多亩。在洪河村开挖了600亩浅水藕种植基地。还发展泥鳅养殖400亩。

2000年前，小伊乡的工业企业只有1997年建成投产的年产值500万元的小伊造纸厂，年纳税40万元。随着2005年招商引资力度的加大，一批大小工业企业相继建成投产，全乡工业经济迅速发展。

2007年，投资300万元的升吉塑料有限公司建成投产，年产值3000多万元，年纳税60万元；灌云天乐物流有限公司挂牌成立，年纳税50万元。2008年，投资200万元的阜锦实业有限公司投产，年产值2700万元，年纳税50万元；连云港运驰物流有限公司成立，年纳税40多万元；连云港翔宇贸易公司成立，年纳税200余万元。2009年，连云港恒誉包装有限公司成立。投资600万元，年产值7200万元，年纳税90万元。2010年，连云港滕翔金属材料有限公司建成投产，年纳税110万元。

（二）财政概况

1984年，小伊乡财政收入仅为39.05万元，以后10年间一直在百万元内徘徊。1995年才突破200万元，达到274万元，比10年前增长了六倍。2008年，小伊实现了财政收入超千万乡镇。2010年，全乡实现财政收入3085万元。

1986~2010小伊乡财政收支情况表

表13-22 单位:万元

年份	收入	同比增长	支出	同比增长	年份	收入	同比增长	支出	同比增长
1986	39.05		46.94		1999	597.95	-10%	644.75	-8%
1987	38.97	0%	49.40	5%	2000	312.93	-48%	865.75	34%
1988	42.15	8%	57.53	16%	2001	429.92	37%	679.95	-21%
1989	50.27	19%	68.03	18%	2002	631.42	47%	675.10	-1%
1990	53.95	7%	71.36	5%	2003	819.79	30%	801.24	19%
1991	45.36	-16%	132.42	86%	2004	775.95	-5%	967.31	21%
1992	70.64	56%	121.56	-8%	2005	803.85	4%	1120.05	16%
1993	66.84	-5%	136.98	13%	2006	872.70	9%	594.10	-47%
1994	93.01	39%	204.37	49%	2007	897.12	3%	424.39	-29%
1995	274.17	195%	319.80	56%	2008	1071.80	19%	784.06	85%
1996	429.77	57%	554.43	73%	2009	1580.39	47%	1431.58	83%
1997	575.90	34%	601.56	9%	2010	3085.13	95%	2349.03	64%
1998	661.76	15%	699.53	16%					

（三）专项资金管理及重点项目建设

2000～2010年，小伊乡接收的专项及重点项目资金逐年增多，从农桥、农水、疏港航道、蔬菜基地、园艺基地到公路、铁路建设等种类项目资金42个。主要是用于农业项目开发及小城镇建设。至2010年,通过上级项目资金,全乡新建小农桥48个,铺设水泥路42公里,建蔬菜基地1600亩,危房改造178间,建污水处理厂一个,标准厂房18间。

在专项及重点项目资金管理上，小伊乡严格执行管理制度，专款专用，建立台帐。设立专门账户，专项专人管理。一事一议、农桥建设等项目严格按照上级要求与规定，先建立台账，申请项目，小范围招标，全过程实施监管，验收合格后，按合同规定拨付资金。

2005～2010 年小伊乡专项及补助资金情况表

表 13-23　　单位:万元

项　目	2005 年	2006 年	2007 年	2008 年	2009 年	2010 年	合计
小城镇建设		40	40	60			140
农桥建设	34	27	30	26	32	29	178
一事一议			65	58	72	87	292
环境整治		12	16		15	30	73
蔬菜基地					120	260	380
关爱工程	36	30	41	25		34	166
粮食补贴	124	124	132	248	610	610	1848
家电下乡				28	36	58	117
汽车摩托车下乡				19	24	33	76

（四）小城镇及新农村建设

2005 年始，小伊乡按照上级的要求，加快了小城镇及新农村建设。资金主要来源于招商引资、吸纳社会资金、政府财政投入等方面。按照居住和商贸中心建设并重的格局，先后开发出了商品房 1.8 万平方米；建设居民居住 4 个集中安置区，新建安置房 200 套，翻建农村住宅 1.5 万平方米。2010 年，全乡小城镇及新农村建设投资达 400 万元。同时，以“六整治”“六提升”为主要内容，加大农村环境整治力度，改善农村环境，提升农民生产、生活质量。

（五）财政所简况

小伊乡财政所成立于 1984 年，负责全乡的财政收支核算工作。办公场所设在政府大院内，2010 年，有工作人员 5 人。拥有两层共 12 间办公小楼 250 平方米、档案室 2 间 43 平方米。财政所配置电脑 5 台、打印机 3 台、办公桌椅 5 套以及档案柜 20 个。

十三、伊芦乡

伊芦乡位于县城东北 16 公里处，乡境四周分别濒临大新河、盐河、车轴河、善后河。总面积 71.25 平方公里，耕地 3399.53 公顷，山地 400 公顷，下辖 14 个行政村，184 个村民小组，35303 口人，境内伊芦山有钟庵、西峰石刻群和唐代石崖佛教造像、石室、奇泉、云龙潭、六神台等历史古迹，商代宰相伊尹曾在此隐居，是楚将钟离昧的故乡。204 国道贯穿境内南北，县级公路孟陬路贯穿东西，距新浦火车站 25 公里，距连云港码头 55 公里。

（一）财源建设

2005 年以来，伊芦乡在稳定发展农业的同时，强化工业主体地位，突出大项目推进、大客商招引、大企业培育，全面提升工业经济水平。仅 2008 年就引进开工投资 5000 万元的工业项目 1 个、投资过亿元的项目 2 个，新增规模以上工业企业 2 个。实际利用外资 300 万美元，各村新上并形成有税收项目 1 个。2010 年，工业项目考核位居全县第一。

围绕农业产业结构调整，加强农业基础设施建设，农村经济呈现良好增长势头。2008 年，新发展设施栽培农业 433.3 公顷，全乡浅水藕种植达 716.7 公顷，是远近闻名的浅水藕之乡。网箱养殖业较为发达。2005 年，新增网箱 500 只，至 2010 年，全乡网箱养殖累计达 6500 只。工业经济的发展、农业经济的增长，为财政收入的快速增长奠定了良好基础。

（二）财政概况

1985 年，乡镇财政体制建立时，伊芦乡财政收入只有 21.76 万元；1995 年，全乡财政收入达 122.83 万元；2005 年，财政收收入 408 万元。2008 至 2010 年，工业企业运行良好，效益提升，财政收入大幅增长，2008 年，财政收入 1172 万元，2009 年达到 2210 万元，较上年增长近一倍。

2010 年，完成地区生产总值 5.517 亿元，同比增长 46.52%；完成财政总收入 4177.09 万元，占全年任务的 126.2%，同比增长 89%；完成一般预算收入 3485.8 万元，占全年任务的 120.2%，同比增长 80.3%；农民人均纯收入 6667 元，同比增长 20%。

1985～2010 年伊芦乡财政收支情况表

表 13-24　　单位:万元

年份	收入	同比增长	支出	同比增长	年份	收入	同比增长	支出	同比增长
1985	21.76		37.12		1991	35.71	–26%	91.13	4%
1986	26.46	22%	45.04	21%	1992	50.96	43%	114.28	25%
1987	24.99	–6%	53.66	19%	1993	50.76	0%	110.64	–3%
1988	29.07	16%	70.64	32%	1994	66.1	30%	153.46	39%
1989	37.55	29%	65.41	–7%	1995	122.83	86%	201.9	32%
1990	48.12	28%	87.96	34%	1996	239.26	95%	325.62	61%

续表 13-24

年份	收入	同比增长	支出	同比增长	年份	收入	同比增长	支出	同比增长
1997	350.18	46%	450.83	38%	2004	484	-10%	434	-16%
1998	430.41	23%	458.41	2%	2005	408	-16%	395	-9%
1999	483.08	12%	554.47	21%	2006	667	63%	513	30%
2000	153.29	-68%	438.34	-21%	2007	836	25%	695	35%
2001	336.16	119%	468.64	7%	2008	1172	40%	895	29%
2002	343	2%	324	-31%	2009	2210	89%	1760	97%
2003	538	57%	518	60%	2010	4177	89%	3117	77%

（三）惠农政策落实及专项资金管理

伊芦乡财政所严格按照上级有关政策规定，切实加强对涉农补贴资金的发放管理，严格工作程序，严明工作纪律，全部补贴资金实行公示制，采取“一折通”打卡发放，确保上级惠农政策落到实处。全乡补贴土地面积 5.16 万亩，受益农户 8343 户，受益人口 2.92 万人。

财政专项资金使用管理执行严格的申报程序，坚持公开、公正、公平原则，按照项目化管理要求，建立项目公示制、招投标制、政府采购制、工程监理制、资金报账制等项目资金监管体系，财政所参与项目立项、实施、验收等环节的监督管理。

2005～2010 年伊芦乡惠农补贴资金情况

表 13-25　　单位:万元

项　目	2005 年	2006 年	2007 年	2008 年	2009 年	2010 年	合计
粮食直补	70	102	93	93	93	93	544
农资综合补贴		86	155	356	356	356	1309
良种补贴					126	127	253
家电下乡					9	5	14
汽车摩托车下乡					29	38	67

（四）财政扶贫

2009～2010 年，一事一议财政奖补 211 万元，主要用于铺设村级道路 29.6 公里，以及小型水利设施建设和自来水、环境治理等公共设施建设。

2010年，在财力紧张的情况下，加大社会事业发展的投入，并抓住省委对苏北扶贫的契机，积极争取上级项目资金，兴办各类社会事业。先后实施了五里村等6个村15座农桥改造项目；对善南河和孙济中沟进行了机挖清洗2万米，土方23万立方米；实施沟塘整治，完成土方26万立方米；完成轴北村111.2亩的土地整理项目。

（五）新农村建设

2005年以来，全乡按照盘活好土地、经营好城镇、整治好秩序、美化好环境、打造好伊芦山旅游风景区、全面扩张建设“田园牧歌”新区、规划建设好“金三川”工业区的总体要求，着力加强小城镇规范化建设管理和新农村建设，采取招商引资、社会投资、财政投资的方法，加大建设资金的投入。先后多次对沿204国道、孟陬路沿线各村进行环境综合整治，改善生产、生活条件。完成复垦土地120亩、农地挂钩30亩。2010年，伊芦乡小城镇及新农村建设投入累计达1.05亿元。全力做好“金三川”工业区规划。田园牧歌新区建设全面启动,年内完成整体建设50%以上。2010年小城镇建设考核居全县第三名。

（六）财政所简况

1985年，伊芦乡建立了乡级财政管理体制。乡财政所的办公地址在乡人民政府大院内的独立办公区。1995年，新建了200平方米的两层办公楼，办公桌椅及其他办公设施配套齐全。2010年，根据现代化办公的需求，配备了电脑、打印机等现代化办公设备。有工作人员6人。

十四、鲁河乡

鲁河乡位于灌云县东北部，乡境三面环水，风景秀美。北有古泊善后河，南有孟陬路及车轴河，东有242省道及烧香河。全乡总面积46.73平方公里，辖14个行政村。2010年末，总人口3.1万人，农民人均纯收入5561元。鲁河乡是全县重要的淡水鱼养殖基地，上世纪90年代，鲁河乡在全县率先尝试网箱养鱼，至2010年已发展网箱3000口、围网养殖30万平方米，每年产销鲜鱼3000吨。特色农产品玉米晶是县境知名的无公害保健食品。鲁河乡还是苏鲁地区最大的芦柴产地，芦柴远销山东等地。

（一）财源建设

鲁河乡常规农业基础雄厚，农作物面积4128公顷，粮食总产量25610吨，油料总产量370吨。沿242省道——孟陬路——鲁燕路的高效农业带初步建成。

随着招商引资工作力度的加大，工业企业发展很快，添立润化工、凯美克医药以及鑫溢化工先后落户临港产业区工业园。2010 年，新注册了弛天贸易等 11 家公司，其中全年纳税超 100 万元的公司达 5 家。2010 年，全乡实现财政收入 3613 万元，比 2002 年的 269 万元增长 1343%。实现地区生产总值 50200 万元，全年完成固定资产投资 58500 万元，比上年增长 47.38%。

（二）财政概况

1985 年，鲁河乡财政收入只有 19.86 万元；1995 年，全乡财政收入亦不足 200 万元；2005 年始，随着工业企业的发展，财政收入亦迅速增长。2006 年，全乡财政收入 418 万元；2010 年，财政收入突破 3500 万元，是 2006 年的 7.9 倍。财政支出大部分投入高效农业、水利建设等方面。2003 年投入 140 万元，挖土 67 万方，新疏浚鲁河、二干大沟 2 条，中沟 60 条，小沟 395 条，连片治理 2000 亩水利配套，复修渠道 196 条，新建电灌站 4 座，新建大沟桥 4 座、中沟桥 6 座，对全乡 2000 亩中低产田加大改造力度。2003 年，农田水利工作被县政府评为三等奖。2005 年全乡新修建电站 17 座，建生产桥 8 座、渡槽 19 座；新建防渗渠 11 公里，疏通大中小沟挖土方 26 万立方米。2010 年，省投入 500 万元农资综合补贴项目，在南兴、民治、正兴等三个村实施水利设施建设，完成了 1400 米防渗渠、10 座电灌站、9 座渡槽、14 座涵洞、5 座生产桥建设。

1985～2010 年鲁河乡财政收支情况表

表 13-26　　单位:万元

年份	收入	支出	年份	收入	支出
1985	19.86	32.13	1998	475.90	442.30
1986	24.32	39.86	1999	475.96	452.36
1987	22.95	38.65	2000	224.51	351.14
1988	26.54	35.41	2001	267.21	312.47
1989	34.62	45.96	2002	269.00	461.00
1990	48.93	52.32	2003	321.00	564.00
1991	47.63	81.03	2004	358.00	563.00
1992	48.89	81.12	2005	225.00	194.00
1993	48.91	79.56	2006	455.00	445.00
1994	63.23	86.24	2007	876.00	555.00
1995	198.00	195.00	2008	861.00	767.00
1996	312.00	299.00	2009	2079.00	1580.00
1997	400.00	423.57	2010	3613.00	2366.00

（三）惠农政策落实及专项资金管理

鲁河乡财政所认真履行财政管理职能，积极落实惠民政策，管好惠农资金。农村税费改革以来，鲁河乡发放全乡粮食直补及农资补贴资金共计1293万元，良种补贴161万元，汽摩及家电下乡补贴76万元，受益农户6737户，受益人口近2.36万人。2009~2010年实施的一事一议财政奖补96万元，主要铺设村内砂石路、水泥路4.17公里，以及自来水工程等公共基础设施建设。

（四）新农村建设

鲁河乡一直很重视新农村建设工作。围绕建设“两带五区”的工作思路，先后投入千余万元，着力建好善后河坡千亩立体种养殖经济带，孟畈路沿线盖柿生产经济带和蛋鸡、牛羊、生猪、淡水养殖、蔬菜生产等特色经济区，形成特色区域经济。2009年，以242省道建设为契机，投入百余万元，先后建成乡商贸中心及商业步行街，综合整治、街道亮化、环境卫生取得了很好成效。先后被市县授予“网箱养殖之乡”“村民自治示范乡镇”、土地管理执法“模范乡镇”等荣誉称号。

（五）财政所简况

1984年，鲁河乡成立了财政所，办公地址在乡政府院内，拥有平房11间，房屋200平方米，空调2台，电脑4台。2010年，有工作人员6人。

十五、图河乡

图河乡因五图河横穿乡境而得名，位于灌云县城东部30公里处，东接五图河农场，南以新沂河与灌南县交界，西靠杨集镇物流园区，324省道、242省道、沿海高速、新沂河、五图河、界圩河穿乡而过，水陆交通十分便利。2010年，全乡面积96平方公里，辖19个行政村，总人口6.05万人。全年完成地区生产总值84250万元，农民人均纯收入7836万元，实现财政收入4915万元。图河乡先后被评为连云港市新型小城镇、连云港市超常规发展乡镇、江苏省农机安全示范乡等。

（一）财源建设

图河乡的财源建设除了常规项目之外，着力在招引重点企业上下功夫，培植税源财源，夯实财税发展基础。到2010年底，累计成功引进3000万元以上的工业项目15个，其中过亿元项目3个，为财政收入快速增长奠定了扎实基础。营业税、企业所得税分别由1986年的5.7万元、1.2万元，增加到2010年的3010万元和980万元。农业方面，坚持加大特色农业和现代设施农业投入，全乡新建高标准蔬菜大棚1030亩，年生产无公害果蔬2万吨以上；承担各类科技项目和财政支农项目10多项。

（二）财政概况

图河乡是农业大乡，农业生产以棉花、三麦、大豆为主。2005年前的财政收入主要靠农业税收。1985年，全乡财政收入只有34万元；1995年达到286万元；2005年增加到624万元。2005年后，随着工业企业的发展，税源建设的加强，财政收入亦随之迅速增长。2006年至2010年，全乡招商引资15家企业，累计增加财政收入1.2亿元。2010年，全乡实现财政收入4915万元，比2005年净增加4291万元。财政支出的增长，主要是人员工资的增加和扶持“三农”投入的加大。

1986～2010年图河乡财政收支情况表

表13-27　　　　单位:万元

年份	收入	支出	年份	收入	支出
1986	34	34	1999	389	389
1987	56	56	2000	427	427
1988	89	89	2001	446	446
1989	124	124	2002	486	486
1990	156	156	2003	555	555
1991	187	187	2004	529	529
1992	206	206	2005	624	624
1993	228	228	2006	1025	1025
1994	254	254	2007	2142	2142
1995	286	286	2008	3849	3849
1996	314	314	2009	4232	4232
1997	327	327	2010	4915	4915
1998	364	364			

(三) 工农业生产资金投入

200 年前，图河乡由于工业基础差，财政收入增长缓慢，扶持农业生产及推进工业发展的投入相对较少。2002～2010 年，图河乡逐步加大了农业生产投入，主要是用于推进现代化农业建设，实施了扶持安福、图河等村 1030 亩蔬菜大棚建设，全乡 128 公里的乡村公路建设和 23 座农用桥建设等项目。1998～2010 年，财政投入 466 万元，新建高效农业钢架大棚 1310 个，主要从事土豆的生产加工。2002 年，财政投入扶持工业企业发展资金 110 万元，2005 年 388 万元、2008 年 513 万元、2010 年增加到 688 万元。积极支持工业企业发展，提高工业企业运行质量。

(四) 惠农政策落实及专项资金管理

财政所严格按照上级有关政策规定，切实加强对涉农补贴资金的发放管理，实行公示制，补贴资金实行“一折通”打卡发放，确保上级惠农政策落到实处。全乡补贴面积 5.76 万亩，受益农户 12433 户，受益人口 4.35 万人。

专项资金管理严格执行申报程序，坚持公开、公正、公平原则，建立和完善了项目公示制、政府采购制、工程监理制、资金报账制等专项资金监管体系。

2009～2010 年，一事一议财政奖补 295 万元，主要用于铺设村内道路 9.65 公里以及建小型水利设施、桥闸和自来水等村内公共设施建设。

2005～2010 年图河乡惠农补贴资金情况表

表 13-28　　单位:万元

项目	2005 年	2006 年	2007 年	2008 年	2009 年	2010 年	合计
粮食直补	15	41	46	46	46	46	240
农资综合补贴		69	177	408	408	398	1460
良种补贴					144	144	288
家电下乡					12	3	15
汽车摩托车下乡					36	68	104

(五) 新农村建设

截至 2010 年，图河乡新农村建设总投资累计达 8 亿元，资金来源除财政投入外，主要是依靠社会力量，坚持谁开发谁受益、谁投资谁受益的原则，政府重在管理、规划、引导。对重点民生项目财政给予资金配套。1998～2010 年，财政投入配套资金560万元，主要用于水、电、路建设以及乡村道路建设、环境整治、河塘整治等方面资金配套。

小城镇建设坚持高标准规划、大力度建设、全天候管理，全乡共竣工小城镇建筑面积6.1万平方米，其中，康居示范村1.6万平方米。财政统筹安排资金用于街区亮化、绿化、卫生改厕等方面。2010年，财政投入65万元，新建街道下水道1100米，新建324省道五图河农场段新型小集镇1个，新增工商户32户，为图河财税发展增添后劲。

（六）财政所简况

图河乡财政所成立于1984年，办公地点设在乡政府大院内。拥有办公用房4间、职工宿舍4间、档案室1间；办公设备有电脑4台、传真机1台、打印机3台；2010年，有工作人员4人。

十六、沂北乡

沂北乡位于灌云县城东南部19公里处，辖15个行政村，面积75.7平方公里，常用耕地面积6万亩，总人口47716人。沂北乡河流成网：北有东门河、五图河，南临新沂河，西靠官沟河。交通便捷，204国道、324省道贯穿东西，紧邻盐连高速。2010年，全乡完成地区生产总值76209万元，财政收入3950万元，农民人均收入7002元。

（一）财源建设

2005年起，沂北乡在稳定农业发展的同时，加大招商引资力度，积极推进工业经济发展。至2010年，通过招商引资建成了总投资1200万元连云港市中胜印染助剂有限公司、总投资3000万元的连云港兴牧鹅肥肝食品有限公司、总投资1160万元连云港市欣森木业有限公司机制木炭生产线。落户建成临港产业区工业项目3个：投资2100万元的连云港市新鑫隆化工有限公司、投资2100万元的连云港市五洋化工有限公司、投资5000万元的连云港市宝山化工有限公司。3个工业项目年上缴税收800万元，是全乡财政收入的主体税源。民营经济亦蓬勃发展。新发展个体运输户150户，从事个体私营人数达2800人，新增私营企业5家，年收入5万元以上的个体大户65户。

（二）财政概况

1985年，沂北乡建立乡镇财政体制之初，全乡财政收入只有61万元，主要依靠农业及工商业的税收。2005年后，随着招商引进的工业企业落户灌云，全乡工业经济得以快速发展，财政收入亦大幅增长。至2010年，全乡实现财政收入3950万元，比2005年的774万元净增3176万元。

1985～2010年沂北乡财政收支情况表

表13-29　　单位:万元

年份	收入	同比增长	支出	同比增长	年份	收入	同比增长	支出	同比增长
1985	61		62		1999	426	-10%	428	-9%
1986	71	16%	74	19%	2000	606	42%	606	42%
1987	73	3%	72	-3%	2001	601	-0.8%	600	-0.8%
1988	75	3%	72	0	2002	549	-9%	549	-9%
1989	57	-24%	58	-19%	2003	585	7%	595	8%
1990	40	-30%	45	-22%	2004	752	29%	752	26%
1991	79	147%	85	89%	2005	774	3%	774	3%
1992	123	56%	132	55%	2006	459	-41%	299	-61%
1993	119	-3%	141	7%	2007	1124	145%	857	187%
1994	183	54%	176	25%	2008	1649	47%	1590	86%
1995	220	20%	211	20%	2009	2536	54%	2270	43%
1996	295	34%	280	33%	2010	3950	56%	3335	47%
1997	375	27%	391	40%	合计	16253		14924	
1998	471	26%	470	20%					

（三）潮河湾生态园建设

潮河湾位于沂北乡境内，南至新沂河北堤，北与204国道相接，长3公里，河面平均宽约180米，最宽处达200多米。该河道的形成历史悠久，属海潮百年冲刷而成且呈“S”弯状的自然河流。潮河湾生态园建设工程始于1998年，占地面积894亩，其中水体面积324亩，绿岛景区及公共用地370亩，分综合服务区、果园岛、家园岛、农耕岛、花木岛、垂钓岛、水上运动区、观赏区、休闲区、度假区等“四区六岛”。生态园以“自然、生态、野趣”为主题，以亲水为主线，以休闲为目的，以生态为基础，努力突显“住农家屋、吃农家饭、干农家活、享农家乐、生态旅游、乡土风情”的地方特色，构建游客的“心灵港湾、梦中家园”。至2010年底，潮河湾生态园开发已初具规模，并逐步对外开放，其接待中心、四合院、垂钓中心、交通道路等建设共投资4200万元。11

月，通过了市 AA 景区验收。

（四）惠农政策落实及专项资金管理

严格按照上级有关政策规定，采取切实措施加强对涉农补贴资金的发放管理，严明工作纪律，严禁截留、挤占、挪用和虚报冒领补贴资金，实行公示制，全部补贴资金实行“一折通”打卡发放，确保上级惠农政策落到实处。补贴面积 4.37 万亩，爱益农户 9851 户，受益人口 3.45 万人。财政专项资金管理严格执行申报程序，实行公开、公正、公平原则，按照项目化管理要求，建立项目公示制、招投标制、政府采购制、工程监理制、资金报账制等项目资金监管体系，财政所全程参与监督管理。

2005～2010 年沂北乡惠农补贴资金情况表

表 13-30　　单位:万元

项目	2005 年	2006 年	2007 年	2008 年	2009 年	2010 年	合计
粮食直补	45	45	45	46	46	45	272
农资综合补贴		96	131	302	302	302	1133
良种补贴					85	85	170
家电下乡					10	3	13
汽车摩托车下乡					25	59	84

（五）财政所简况

沂北乡财政所成立于 1985 年，办公地点设在沂北乡政府院内，拥有 3 间办公室、1 间档案室，办公面积 200 平方米。配有空调 1 台、电脑 4 台、打印机 2 台及其他办公设备。2010 年，有工作人员 4 人。

十七、穆圩乡

穆圩乡位于灌云县西北角，南隔古泊善后河与小伊乡、龙苴镇相望，西与沭阳县交界，北与东海县的张湾乡、平明镇及海州区的新坝镇为邻。面积 63 平方公里，耕地面积 2980.7 公顷，辖 13 个行政村，91 个村民小组，8829 户，总人口 3.5 万人。穆圩乡交通便捷，南有可停泊千吨位货轮的海河通道古泊善后河，乡内村村通公路，距连云港市区仅 26 公里，距宁连、徐连、汾灌高速公路 10 公里，距连云港市民航机场仅 30 公里。穆圩乡电力电讯发达，依托华东电网，乡内专设35千伏变电所，架设10千伏变压线40公里，配电变压器138台，照明和工农业生产用电供应充沛。

2010年，全乡实现财政收入2532.9万元，农民人均纯收入7149元。穆圩乡先后被市政府授予“连云港市防汛防旱先进单位”“连云港市重大动物疫病防控先进单位”，被省农机局授予“江苏省机插秧整体推进先进单位”。

（一）财源建设

穆圩乡坚持多举措加强财源建设。一是发展工业企业培植税源。2005年4月，沪云冶金炉料有限公司的钒铁项目落户穆圩乡工业园区并建成投产，年销售额4000万元以上，年纳税78万元。5月，投资500万元的利民服装厂投入运行。随之，投资3000万元的兴彩机械项目和投资2000万元的保鲜设备生产项目落户板浦工业园；投资3000万元的氯化钛生产项目和投资3000万元的兽药生产项目落户县城工业园区。至2010年，新增规模以上工业企业6家。2010年比2002年增加扶持工业企业发展资金1700万元。二是拉长现代农业产业链，搞好农产品深加工培植税源增财源。调整优化农业内部结构，发展高效农业。重点投入建设了三大园区基地：朱桥、乔荡、邹庄5000亩连片无公害稻麦基地；孙港、涟北、葛庄1500亩秋西红柿栽植基地；邹庄500亩连片春蔬菜经济园区。利用穆圩双华藤柳基地创办了连云港路尔乐柳编工艺品厂。2002～2010年累计投入农业发展资金1800万元。三是搞活三产发展民营经济挖掘税源。通过发展商业、交通运输业、餐饮服务业、建材建筑业，不断挖掘财政收入新的增长点。

（二）财政概况

穆圩乡财政收入以农业税收为主，1986年一般预算收入只有32.55万元，其中农业税类16.4万元，占50.4%。1995年达到122.8万元，并逐年缓慢增长。2005年江苏省取消农业税，全乡财政收入比2004年减收50%，只有123.56万元。但随着2005年招商引资力度的加大，工业企业的发展，财政收入迅速增长。2010年，全乡实现财政收入2532.9万元，是2005年的20倍。1986～2010年，全县累计完成财政收入9660.46万元，年均386.42万元。累计支出10649.95万元，年均426.00万元。其中农、林、水支出2297.13万元，教育支出2447.5万元，获得上级补助3737.5万元。

1986~2010 年穆圩乡财政收支情况表

表 13-31　　单位:万元

年份	收入	同比增长	支出	同比增长	年份	收入	同比增长	支出	同比增长
1986	32.52		44.09		1999	425.16	15%	518.34	18%
1987	30.23	–7%	52.79	20%	2000	243.89	–43%	368.03	–29%
1988	34.06	13%	63.74	21%	2001	295.54	21%	442.17	20%
1989	38.95	14%	80.08	26%	2002	325.15	10%	472.15	7%
1990	41.10	6%	60.70	–24%	2003	367.03	13%	438.96	–7%
1991	35.82	–13%	82.72	36%	2004	246.76	–33%	459.80	5%
1992	42.40	18%	98.26	19%	2005	123.58	–50%	226.96	–51%
1993	60.47	43%	109.05	11%	2006	221.30	79%	309.32	36%
1994	68.96	14%	174.89	60%	2007	1078.43	387%	786.00	154%
1995	175.49	154%	233.75	34%	2008	839.53	–22%	805.00	2%
1996	239.43	36%	310.06	33%	2009	1419.17	69%	1393.59	73%
1997	313.68	31%	331.99	7%	2010	2592.92	83%	2349.34	69%
1998	368.89	18%	438.17	32%					

（三）财政专项资金使用管理

水稻直补从 2005 年每亩补贴 20 元，到 2010 年惠及农户 7511 户，补贴面积 4.45 万亩，累计补贴资金 604 万元；农资增资补贴从 2005 年开始，累计补贴资金 1276 万元，受益农户 7511 户；汽摩下乡和家电下乡从 2008 年开始，累计补贴资金 80 余万元，惠及农户 1036 户。

2005～2010 年穆圩乡专项及补助资金情况表

表 13-32　　单位:万元

项　目	2005 年	2006 年	2007 年	2008 年	2009 年	2010 年	合计
农资综合补贴	54	54	204	204	380	380	1276
良种直补	34	34	34	85	85	85	357
汽车摩托车下乡	0	0	0	0	29	51	80
家电下乡	0	0	0	0	4	6	10

(四) 小城镇及新农村建设

认真落实中央惠民政策，全力以赴减轻农民负担，提高农民收入，加大小城镇建设的资金投入。先后新建排涝站1座，疏浚中北涟河4500米、南北泓6500米，挖大中沟48条，土方80万立方米，总投资160万元。强力推进道路、改水、医疗等工程建设，新建自来水厂1座，新增饮用水受益人口8200人；新铺乡村水泥路10公里，完成草危房改造269户；农村合作医疗改革工作顺利进行，参合人数2.4万人。进一步加强小城镇建设，铺设街道水泥路2公里，下水道1600米，新装路灯50盏，总投资达60万元。

(五) 财政所简况

穆圩财政所成立于1985年。2010年，有办公室3间、约90平方米，档案室1间、约60平米。另有所长室、副所长室各1间。配备办公电脑6台、打印机3台、空调3台。有干部职工4人。

十八、南岗乡

南岗乡位于县城西南，居两市三县交界处，西与宿迁市沭阳县接壤，南与灌南县隔沂河相望，东至叮当河与侍庄乡为邻。南有省级黄金排污通道新沂河，燕宿公路324省道穿境而过。全乡总面积60.1平方公里，下辖15个行政村，2010年末总人口42446人。南岗乡具有独特的区位优势和资源优势，形成了以农副产品加工、畜禽养殖、化工造纸和矿产开发为主的产业格局。2010年，全乡实现地区生产总值47500万元，比上年增长38.8%。其中，第一产业增加值11875万元，增长28.9%；第二产业增加值26600万元，增长37.4%；第三产业增加值9025万元，增长73.5%。人均生产总值11190元。全年完成固定资产投资27500万元，增长14.5%。实现财政总收入3374.9万元，其中地方财政一般预算收入2569.37万元，增长113.7%；地方财政一般预算支出2322.38万元，增长88.4%。

(一) 财源建设

2005年，南岗乡加大了招商引资工作力度，工业经济有新突破。至2010年，先后引进连云港昆仑物流有限公司、连云港云宇物流有限公司、灌云县小伊造纸厂、灌云正博塑胶有限公司、灌云润和纺织有限公司、灌云县艺苑工艺品有限公司等一批有丰富税源潜力的企业，南岗乡财源建设有了新发展，为财政增收奠定了坚实基础。围绕农业增产、农民增收调整产业结构，加强农业基础设施建设投入，发展新型设施栽培农业。在岗北、龙昌等村建设了万亩花卉苗木基地；在龙昌村建成年产1万只以上的养鸡场等,促进全乡农村经济发展和农民收入提高。

（二）财政概况

1985年，南岗乡财政收入只有45.5万元；1995年，财政收入为255.59万元；2010年财政收入实现3374.9万元,是1985年的74倍、1995年的13.2倍。1995~2010年全乡财政收入年均增收19%。支出方面,坚持首先保运转、保民生原则,1995年以来,用于农、林、水支出达1260万元,用于教育支出达3130万元,用于民政抚恤等社会保障支出达470万元。

1985~2010年南岗乡财政收支情况表

表13-33 单位:万元

年份	收入	支出	年份	收入	支出
1985	45.5	48	1998	601	604.2
1986	89.29	87.82	1999	584	575.3
1987	97.79	94.59	2000	558.4	550.3
1988	124.47	109.7	2001	544.9	544.9
1989	145.4	129.9	2002	622	610
1990	143.5	142.04	2003	628.8	618.98
1991	113.21	110.36	2004	686.76	721.25
1992	117.3	120	2005	924.82	925.23
1993	137.6	134.4	2006	1171.89	1172.2
1994	193	106.5	2007	1096.26	1096.26
1995	255.59	106.9	2008	1245.47	1245.47
1996	377	420	2009	1999.61	1999.61
1997	543	531.7	2010	3374.9	3374.9

（三）惠农政策和专项资金管理情况

2002年农村税费改革后,从2005年起开始发放粮食直补和农资增资补贴,到2010年,南岗乡共对9226户农户发放粮食直补、农资增资补贴达1350万元，家电下乡和汽车摩托车下乡补贴91万元,农村低保、良种补贴等其他资金204万元。专项资金管理使用严格执行申报程序，坚持公开、公平、公正原则，全程参与专项资金使用情况的监督管理。2008年，项目类专项资金125万元,主要建设高效农业大棚30个、花卉苗木基地2000亩、铺设岗北村和梁荡沙石路4公里。2009年，项目类专项资金173万元,主要用于建养鸡场1个、扩建花卉苗木基地3000亩。2010年，财政项目类专项资金补贴141万元，建设3个村部和现代化标准厂房5个，另外农经站一事一议奖补项目252万元，主要铺设水泥路5公里、建农桥6座、疏浚河道8公里。

（四）小城镇和新农村建设

2000年始，南岗乡加大了对小城镇建设的投入，分阶段实施对南岗街道进行整治、改建、扩建，累计投入资金2100万元，铺设东西8米宽主街道1.1公里,建3000平方米农贸市场1个,先后开辟了百货、服装、布匹、农产品、土特产、家用小商品、铝合金加工等多个专业市场。完善了下水道等配套建设。南岗街道建设完成了硬化、绿化、美化、亮化工程。

在搞好小城镇建设的同时，依据新农村发展规划，加大对新农村建设投入。全乡15个村的村民住宅全部纳入规划，统一管理。投入300万元用于农村改水、环境整治等。居民小区建设，统一规划，统一标准，统一安排使用。

（五）财政所简况

1984年，南岗乡财政所成立，负责全乡的财政收支核算工作。办公地点设在乡政府院内，拥有办公室5间约300平方米、档案室一间约30平方米，配置电脑6台、打印机(复印机)4台,办公桌椅9套以及档案柜18个。2010年，有工作人员4人。

十九、陡沟乡

陡沟乡位于灌云县西部岗岭地区，东临伊山镇，南靠南岗乡，西与沭阳县交界，北接龙苴镇，总面积73.1平方公里。2010年，陡沟乡辖18个行政村，210个村民小组，12932户，61486口人。全乡地区生产总值5.83亿元，比上年增长10.5%，财政收入3215.7万元，其中一般预算收入2338万元，增长55.4%；农民人均纯收入6011元，增长12%；人口出生率控制在8‰以内。

（一）财源建设

陡沟乡自然条件较差，工业基础薄弱，长期以农业税为主要收入。2005年后，国家取消农业税，陡沟乡积极抓财源建设，大力开展招商引资、发展工业，先后引进了连云港东青物流有限公司、欧德曼轴承厂等一批有较好税源潜力的企业，使陡沟乡的财源建设有了新的提升。2010 年，企业实现税金 1109.8 万元。

（二）财政概况

1985 年，陡沟乡财政收入为 82.92 万元；1995 年，财政收入为 312 万元；2010 年，财政收入为 3215．7 万元,是 1985 年的 38.7 倍,是 1995 年的 10 倍。1995～2010 年，财政收入年均增长 17%。支出方面坚持首先保运转、保民生原则,1995 年以来,用于保民生的农林水支出达 1310 万元,用于教育支出达 4060 万元,用于民政抚恤等社会保障支出达 450 万元。

1985～2010 年陡沟乡财政收支情况表

表 13-34　　单位:万元

年份	收入	支出	年份	收入	支出
1985	82.92	82.82	1998	857.3	856.7
1986	104.18	100.62	1999	684	675.3
1987	121.29	121.18	2000	758.4	750.3
1988	144.07	141.75	2001	658	657
1989	148.08	141.75	2002	776.5	726.5
1990	164.5	165.5	2003	983.9	943.7
1991	136	134.2	2004	1051.3	1093.9
1992	149.7	149.1	2005	1320	1322
1993	170.6	155.2	2006	1470.8	1475
1994	200.9	235.3	2007	1513.1	1513.1
1995	312	319.2	2008	1698.9	1698.9
1996	596.3	636.2	2009	1347.9	1347.9
1997	108.26	707.57	2010	3215.7	3215.7

（三）惠农政策落实和专项资金管理

2002 年农村税费改革后,从 2005 年起开始发放粮食直补和农资增资补贴,到 2010 年,陡沟乡共对全乡 12500 户发放粮食直补、农资增资补贴达 1890 万元。家电下乡和汽车摩托车下乡补贴 56 万元,农村低保、良种补贴等 236 万元。

按照上级要求，建立了专项资金管理使用管理监督体系，坚持公平、公正、公开原则，严格执行专项资金管理监督程序。2008 年，项目类专项资金 155 万元,主要在董王建高效农业大棚 25 个,全乡建农桥 3 座，建设贺庄等村部 4 个。2009 年，项目类专项资金 200 万元,主要在许相村、孙庄村扩建农业大棚 80 个，建设崔许村等村部 5 个。2010 年，财政项目类专项资金 430 万元，建设孙庄村、高李庄村等村部 4 个，在孙庄村建现代农业大棚 50 个。另外，农经站一事一议奖补项目 220 万元，主要铺设水泥路 12 公里，桥闸涵 7 座，电站 2 座，疏浚河道 3 公里。

（四）小城镇建设

按照科学规划、合理布局、夯实小城镇建设基础的目标，立足当地特色和区位优势，切实搞好小城镇建设。紧紧围绕加强基础设施建设、发展服务经济、改善生态环境三项任务，修编完成了《陡沟乡城镇建设总体规划》，并扎实付诸实施。依据小城镇建设规划，开发建设镇村道路、商住小区、综合市场，改造镇驻地旧街道，修建公共设施等，进一步提高了小城镇建设水平。

以提升小城镇承载能力为目标，强化基础设施建设。2005 年以来，先后投资 120 万元推进龙陡路西步行街建设、投资 200 万元建设农贸市场 1 个、投入 80 万元建设主街道水泥路 1.5 公里、对主要街道边沟实施盖板处理、在两侧花池栽植行道树 200 多株；先后投入 20 余万实施环卫工程基础设施建设，购垃圾桶 20 只、建垃圾池 9 个、购置垃圾清运车 1 辆；投资 16 余万元安装路灯；累计完成花园小区等城镇开发建设面积 15 万平方米。

（五）新农村建设

按照新农村建设要求，加大财政收入，提升农村生产、生活质量。近 10 年来，先后投入 220 万元,新铺乡村水泥路约 30 公里，路面宽 3~4 米、厚 15 厘米，实现了水泥路村村通；实施了 10 个村安全饮用水通达工程，受益人口达 3 万人以上；疏浚沟渠 15 公里,建设垃圾池 15 个；推广使用沼气和太阳能热水器，节能降耗，改善环境；按照村庄规划和道路布局，对村旁、路旁、水旁、宅旁和公共场所进行绿化；各村建有藏书屋、购置文体活动器材，为丰富农民业余文体生活创造了条件。

（六）财政所简况

陡沟乡财政所成立于 1984 年，负责全乡的财政收支核算工作。办公场所设在乡政府院内，拥有办公室 6 间约 300 平米，档案室 1 间约 30 平米。配置电脑 6 台、打印机(复印机)2 台,办公桌椅 6 套以及档案柜 16 个。2010 年，有工作人员 3 人。

第十四章　人　物

第一节　人物传

吴培均（1882—1961）字翔甫，灌云板浦人（今属连云港市海州区），晚清秀才。曾就读于南京优级师范（南京高等师范、东南大学前身），后入北京中国大学读经济学，毕业后获会计师执业资格，曾在北京北洋政府任农工商部佥事多年。时灌云同乡在京从政的还有江问渔、汪鉴秋两人，同乡称三老为江大先生、吴二先生（后又称为“翔老”）、汪三先生，以示尊敬。当时翁文灏亦在农工商部任技监，两人交谊极厚。民国 21 年（1932 年），国民党政府在南京成立国防设计委员会，蒋介石自兼委员长，翁文灏任秘书长，翁邀吴翔老南下，任该委员会秘书。1934 年 4 月，国防设计委员会改组为军事委员会资源委员会，翁氏为主任委员，吴仍任简任秘书，并一度担任过江苏砀山矿务局局长。民国 27 年，国民党政府改组，原实业部改为经济部，吴任经济部总务司司长。民国 34 年 8 月，行政院改组，不久即由王云五任经济部部长，王氏素悉吴翔老之为人，因留其仍为该部总务司长。民国 37 年，王云五调任财政部部长，挽请吴任财政部总务司长。王离任后，吴改任参事。吴翔老一贯关心家乡建设，为开发淮海及家乡建设提过一些具有针对性和可行性的意见，曾被乡人选举为国大代表。1949 年，吴翔老断然与国民党政府脱离关系，留在上海等待解放。上海解放后，翔老不顾年近古稀，仍欣然赴北京就任中央人民政府财政部参事，以了报效祖国的夙愿。1956 年，吴翔老由中央财政部特准，以原职原薪回上海休养，1961 年 7 月逝世，终年 79 岁。

杨必立（1912—），灌云县圩丰镇人。毕业于中央大学经济学系，后赴美国哈佛大学研习经济理论及租税，在斯坦福大学研习企业管理，先后获联合国及福特基金奖学金。1974 年，任台湾政治大学教授兼企业管理研究所所长。1975

年，转任东吴大学经济研究所长，亦曾任台湾当局财政部专门专员、行政院参议；1978年任台考试委员。著作有《行销学》、《中国所有税研究》、《台湾管理个案》、《台湾财税改革论文集》。晚年居台北市。卒年不详。

杨天全（1913—2000），原名杨汝豹，灌云县南城人（今属连云港市区）。小学毕业后，到新浦三五印书馆当学徒，后考入灌云乡村师范，毕业后留校工作。芦沟桥事变后，他去武汉参加“抗日青年同盟”，后考入复旦大学会计系学习，民国31年毕业，到国民政府主计处工作，后任预算专员。民国33年，杨天全赴美国哈佛大学留学，获硕士学位，后在联合国教科文组织预算局工作。同时，考入纽约大学深造，获博士学位。他在联合国教科文组织预算局先后任预算处处长、副局长、局长。杨天全在海外工作几十年，始终保持中国国籍。1971年，联合国恢复了中华人民共和国合法席位，他立即以中华人民共和国公民身份参加联合国工作，多次回国访问。1973年，杨天全陪联合国教科文组织总干事来华访问，受到邓小平等中央领导接见。1985年退休后定居上海。1986年，全国政协六届四次会议增选杨天全为全国政协委员。1996年，他将自己积蓄多年的10万美元作为资助基金存入银行，每年提取利息5万元人民币用于资助家乡品学兼优而家庭贫困的中、小学生和为教育事业做出突出贡献的优秀教师，其善举受到乡亲的高度评价。2000年去世。

徐秀岐（1910—1995），灌云县人，1946年5月参加革命工作，10月加入中国共产党。1960年7月至1966年5月，任灌云县人民委员会财政局局长，1982年8月离休，1995年9月去世。

饶海桥（1925—1989），江苏涟水县人。1945年9月参加革命工作，1946年3月加入中国共产党，历任灌云县税务局局长、灌云县粮食局局长、县粮油棉服务站主任。1975年1月至1976年10月，任灌云县革命委员会财政科科长。1976年10月至1981年11月任灌云县财政局局长、县财办副主任。1985年5月离休，1989年2月去世。

刘古邗（1932—2006），江苏滨海县人。1949年9月在苏北建校参加工作，先后在灌云县供销社、县农机修造厂、电子机械厂、磷肥厂任会计、财务股长等，1985年任县财政局办事员（驻厂员）。连云港市第六届政协委员。1982年12月被评为会计师，1989年7月晋升为高级会计师，1992年1月批准为注册会计师，1992年4月离休。刘古邗同志从事会计工作近四十年，年轻时曾发表《珠算速乘速除法》、《珠算定位法》，被华东供销合作总社以（53）会财字第

55号和（53）会财字第99号通报推广表扬。在珠算教学与推广应用中作出一定的成绩。2006年5月因病去世。

骆秉瑞（1936—1992），灌云县板浦镇人（今属连云港海州区），中共党员，1955年1月毕业于扬州财政学校。历任灌云县政府行政科会计，财政局会计、预算股副股长，县财政局副局长、局长，县人民政府副县长，县人大常委会副主任。县八届、九届人大代表。1983年8月取得会计师职称，1991年晋升为高级会计师。1992年因病去世。

江希涌（1936—1996），灌云县南城镇人（今属连云港市区），中共党员，大专文化。1951年6月参加工作，历任杨集供销社会计、副主任，县供销联社会计、副股长，县计划委员会副主任，县财政局局长、县委委员。县第二届政协委员，县九届、十届人大代表，县六、七届党代会代表，市第八届人大代表。1982年取得会计师职称,1991年9月晋升为高级会计师。1996年10月因病去世。

黎镇鑫（1943—2012），江苏省淮安市人。1964年4月参加工作，历任灌云县农业银行办事员，县城镇供销社物价员，县工商银行办事员、副股长、股长，县人民银行副行长，县政府县长助理、副县长兼财政局局长、副县长，县政协副主席等职务。2003年5月退休。2012年11月因病去世。

第二节　人物简介

冯荣寿（1932—），江苏灌云县人，中共党员。1949年7月毕业于灌云板浦中学。参加工作后历任板浦区经费会计，县财政局会计、预算股副股长、县财政局副局长。1983年8月，获会计师职称，1991年晋升为高级会计师。1993年离休。1985年2月获县政府“记功”奖励，1989年被评为连云港市三项大检查先进个人。1989年参加编辑《灌云县经济体制改革理论与实践》一书，收录了其撰写的《关于财政补贴县发展经济的设想》《灌云县公费医疗改革的基本做法和体会》《树立新的理财观念，尽快走出县级财政困境》等文章。

曹坚（1933.12—），江苏海安县人，中共党员。1958年毕业于扬州财政学校，先后任中学教师，教育局、财政局会计、股长等职。1991年被评为高级会计师，1994年批准为注册会计师，1988年获省三项大检查工作先进个人，1992年获连云港市“农税宣传月”暨论文评比三等奖。1994年被授予省财政系统先进工作者。1995年1月退休。

范庆如（1938.10—），灌云县龙苴镇人，中共党员，会计师职称。1955年8月参加工作，历任龙苴镇砖瓦厂等乡镇企业会计，1987～1993年10月任龙苴财政所所长。任所长期间，积极组织乡财政收入，严格控制财政支出，做出一定成绩，所在财政所连续多年被县财政局评为先进财政所，个人被县局、县政府多次评为先进个人，1986年被评为江苏省先进工作者。

周克定（1940.1—），江苏省海安县人，中共党员。1958年8月毕业于扬州财政学校，历任中学教师，民政局会计，财政局预算股副股长、行财股股长、会计股股长。曾多次受省市财政部门及县政府表彰奖励。1982年获助理会计师职称，1987年晋升会计师，1991年获高级会计师。先后有多篇论文被省市财会杂志刊登，1996～1998年连续三年获连云港市财政科研暨论文评比一等奖。1990年参与编辑《灌云县经济体制改革理论与实践》论文选集，收录其撰写的《灌云县财政赤字成因及对策初探》《对公费医疗深化改革的探讨》论文两篇。1992年参与编写《行政事业财务管理》一书，获灌云县1992年度科学技术进步奖二等奖。

李明友（1949.1—），灌云县板浦镇人（今属连云港市海州区），中共党员。1966年7月毕业于淮阴师范学校，1985年毕业于南京大学哲学系（在职专科）。历任县文化馆馆长，文工团编导、科员，县委宣传部干事、副科长，县委党校教务科副科长，县文化局副局长、局长，县政府办公室副主任，县财政局局长兼地税局局长、党组书记，灌云县食品药品监督局局长、党组书记，连云港市十届人大代表，灌云县委第八届委员会委员。1997年被授予市劳动模范。

徐开军（1957.9—），灌云县人，中共党员。1975年毕业于江苏省淮安师范学校，同年参加工作，在职大专学历。先后任教师、教导主任，县信访局秘书，乡经委副主任、副乡长、乡党委副书记、乡党委书记兼乡人大主席，县财政局党组书记。

薄留生（1957—），灌云县杨集镇人，中共党员。1974年10月参加工作，历任乡镇企业会计，乡镇财政所预算会计、所长，乡政府副乡长、乡党委副书记、乡长，县总工会副主席等职，助理会计师职称。多次被评为县财政系统先进个人、县先进工作者、县优秀共产党员，1989年被评为江苏省财政系统劳动模范。

郑淮（1959.10—），江苏灌南县人，中共党员。南京财经大学财税专业自学考试本科毕业。1976 年 9 月参加工作，历任农场民工、盐工、会计、财务科长、副经理；1988 年 7 月江苏电大财会专业毕业，1992 年晋升为助理会计师，1999 年获会计师职称。1999 年起任灌云县政府采购中心负责人、副主任。2005 年至 2006 年先后被评审为高级会计师、高级经济师。撰写的《浅议现代企业内部审计》论文在“2005 西部经济文化发展研讨会暨科学技术学术成果交流会”评选活动中获一等奖。

沈小南　灌云县人。1974 年 4 月参加工作，1994 年 4 月加入中国共产党。财政部财政科学研究所研究生部会计学专业经济学硕士，研究员，享受国务院特殊津贴。1974 年 4 月北京市顺义县插队，1975 年 12 月北京市显像管厂工人，1978 年 3 月考入天津财经学院工业管理系学习，毕业后进入财政部会计司一处工作，先后任财政部会计司一处副主任科员、主任科员（其间由财政部派往普华国际会计公司美国旧金山所实习）、副处长、四处副处长、一处处长（其间在财政部财政科学研究所研究生进修班会计专业学习并派往法国会计师公会做访问学者）、财政部会计准则委员会副秘书长（处长级），2000 年 12 月起历任任财政部会计司助理巡视员，全国社会保障基金理事会财务会计部副主任、主任、规划研究部主任，全国社会保障基金理事会秘书长兼规划研究部主任，全国社会保障基金理事会党组成员、副理事长。第十二届全国政协委员。

孙超（1960.3—），灌云县人，中共党员，大学本科毕业（在职）。1976 年参军入伍，1980 年转入地方工作，历任灌云县政府办公室秘书、外事科长，县财政局副局长、党组副书记，县财政局局长、党组书记，县财政局局长、党组副书记。2003 年 4 月被授予市劳动模范称号，2006 年 5 月被授予江苏省先进工作者称号。2006 年被评为江苏省先进工作者。2000 年撰写的论文《浅谈县(市)级预算外资金管理》收录于《西部大开发—崛起中华与时代共舞》论文选。

刘兰彬（1963.3—），灌云县燕尾港镇人，中共党员，大专学历，助理会计师职称。1984 年参加工作，历任会计、财政所所长，副镇长、乡镇党委副书记、乡长、党委书记，县发改委党组书记，县人防办主任等职。1998 年被评为省财政系统先进工作者。

陆效虎（1966—），灌云县侍庄乡人，1985～1987 年在连云港财经学校财政专业学习，1987 年 7 月参加工作，历任连云港市财政局综合科、预算外资金管理办公室办事员，人事教育科科员、副科长、科长，人事教育处处长，连云港市财政局党组成员、办公室主任，中共赣榆县委常委、副县长（扶贫），现任连云港市财政局副局长。

马红春（1969.3—），灌云县人。省广播电视大学本科毕业。2007年经过考试取得高级会计师资格。2010年，任县会计核算中心总账会计、副主任。

晏成仿（1969.11—），灌云县人，中共党员。南京财大会计学本科学历（自学考试）。1990年参加工作，历任会计、统计等职务。2003年调县人民检察院反贪局工作，2010年通过考试被省评审为高级会计师。

苏文（1975.7—），灌云县人，中共党员，连云港化工高等专科学校财会审计专业毕业。历任审计员、县医院审计科科长。2008年，通过考试被省人事厅评审为高级会计师、高级经济师。

第三节 人物名录

一、注册会计师名录

表14–1

姓名	考试通过时间	执业时间	单位	备注
高春华	1996年4月	1996年4月	连云港市华衡联合会计师事务所	
杨贵州	1996年4月	1996年4月	连云港市华衡联合会计师事务所	
何庆先	2002年5月	2002年9月	连云港市华衡联合会计师事务所	
阚明	1996年4月	2010年11月	连云港市华衡联合会计师事务所	
吴俊华	1997年1月	2004年9月	连云港市华衡联合会计师事务所	
曹加厅	2005年12月	2009年5月	连云港市华衡联合会计师事务所	
王峰	2007年1月	2009年5月	连云港市华衡联合会计师事务所	
刘翔	2004年3月	2008年7月	连云港市华衡联合会计师事务所	
徐习龙	2007年7月	2007年11月	连云港市华衡联合会计师事务所	
袁晓勤	1996年4月	1996年4月	连云港市华衡联合会计师事务所	
吴锦化	2003年5月	2011年9月	连云港市华衡联合会计师事务所	
魏玉连	1998年9月	未执业	连云港市华衡联合会计师事务所	
朱志贤	2006年1月	未执业	连云港市华衡联合会计师事务所	

续表 14-1

姓　名	考试通过时间	执业时间	单　　位	备　注
孙宏娟		未执业	县审计局	
晏成仿	1998 年 9 月	未执业	县检察院	
郑伟民	2003 年 5 月	未执业		转南京
侍韵平				转北京
董淑斌				转连云港市
许可华				转南京

二、高级会计师名录

表 14-2

姓　名	姓别	获得职称年份	单　　位
骆秉瑞	男	1991	灌云县财政局
江希涌	男	1991	灌云县财政局
刘古邗	男	1991	灌云县财政局
冯荣寿	男	1991	灌云县财政局
周克定	男	1991	灌云县财政局
曹　坚	男	1991	灌云县财政局
张义钧	男	2003	灌云县卫生进修学校
郑　淮	男	2005	灌云县财政局
马红春	女	2007	灌云县会计核算中心
李东芳	女	2008	江苏省电力公司灌云县供电公司
苏　文	男	2008	灌云县人民医院
王　青	女	2009	灌云县会计核算中心
晏成仿	男	2010	灌云县人民检察院

三、会计师名录

表 14-3

姓　名	性　别	获得职称年份	单　　位
刘古邗	男	1982	县磷肥厂
江希勇	男	1982	县供销社
武增琪	男	1983	县粮食局
蒋怀余	男	1988	通用机械厂
董淑斌	男	1988	农机公司
王维公	男	1988	农机推广站
吴海洋	女	1988	农机公司
李玉超	男	1988	伊山镇就业管理站
葛帮仪	男	1988	板浦镇财政所
任礼庄	男	1988	下车乡财政所
韩品新	女	1989	县商业总公司
朱耀男	男	1989	县百货公司
时新卫	女	1989	县百货公司
谢　民	女	1989	县五交化公司
邱德军	男	1989	县供销总社
马士成	男	1989	县供销商场
马鸿雁	女	1989	县轧花厂
许可华	男	1989	县市政建设管理处
武　静	女	1989	影剧院
侍韵平	女	1989	县石油公司
孙桂林	男	1990	县商业总公司
封月琴	女	1992	东辛农场
黄　勇	男	1992	县物价检查所
许可华	男	1992	县市政管理处
董淑斌	男	1992	县农业局
尚庆卫	男	1992	县农业银行
侍東平	男	1992	五图河农场
张庆霞	女	1992	五图河农场
吴　勇	男	1992	经协灌云代理处
邹品华	男	1992	县检察院
魏文华	男	1993	县盐务局
周　红	女	1993	县供销商场

续表 14–3

姓　名	性　别	获得职称年份	单　　位
叶兆芳	女	1993	县轧花厂
吴俊华	男	1993	县燃料公司
张家学	男	1993	五图河农场
陈铁军	男	1993	县粮食局
徐　菊	女	1993	灌云面粉厂
徐开林	男	1993	县燃料公司
成红霞	女	1993	县医药公司
赵希标	男	1993	县水利局预制厂
李　云	女	1993	县盐河北闸管理所
李洪平	男	1993	县龙直粮管所
吴　健	男	1993	县化肥厂
陈广琴	女	1993	县农行
朱端芹	女	1993	县旋耕机集团
陈志勇	男	1993	县生资公司
卜延珍	女	1993	县联运公司
姚　丽	女	1993	县饲料公司
王　宁	男	1993	县木材公司
郭　峰	男	1993	五图河农场
吴　红	女	1993	县乡镇局
张再楼	男	1993	县物价检查所
孙宏娟	女	1993	县百货大楼
陈　遐	女	1993	县板浦财政所
刘　伟	男	1993	县伊芦粮管所
徐晓明	女	1993	县农资开发局
孙　虹	女	1993	县财政局
庄怀忠	男	1993	县财政局
沈中云	女	1993	县检察院
黄　海	女	1993	县人民银行
王爱民	男	1993	县财政局
王　平	女	1995	灌云县苏云商场
王安君	男	1995	县中行
范习东	男	1995	县医药公司
高家力	男	1995	县医药公司
朱立早	男	1995	县税务局

续表 14–3

姓　名	性　别	获得职称年份	单　　位
侍韵平	男	1995	县石油支公司
封　卫	男	1995	县财政局
陈守东	男	1995	县财政局
许燕玲	女	1995	县物资局
王洪占	男	1996	船舶修造厂
孙海荣	女	1996	生产油脂有限公司
朱中华	男	1996	县棉花良种场
李惠明	男	1996	县磷肥厂
宋延朴	男	1996	县轧花厂
王　敏	女	1996	县燃料公司
郑　淮	男	1997	县会计师事务所
顾红玲	女	1997	县农业局
杨士萍	女	1997	县发酵厂
黄德锁	男	1997	鲁河乡财政所
朱卫文	女	1997	五图河农场
高玉进	男	1997	县服装五厂
张茂高	男	1997	五图河农场
徐　莉	女	1997	伊山城市作用合作社
钱红亮	男	1997	县水利局
李　燕	女	1997	县饮食服务公司
骆保华	男	1997	宁海乡财政所
殷书林	男	1997	县卫生局
李长锦	男	1997	图河乡财政所
高　燕	女	1997	县医药总公司
朱怀美	女	1997	五图河农场
谢兆娟	女	1997	县茧丝绸总公司
杨　梅	女	1998	东辛集团自来水公司
王育德	男	1998	东辛集团商业物资总公司
陈其斌	男	1998	东辛集团工会
陈守军	男	1998	东辛集团西陬分场
姜君成	男	1998	东辛集团
毛应龙	男	1998	五图河农场
徐开林	男	1998	县燃料公司
杜红霞	女	1998	县建设银行

续表 14-3

姓 名	性 别	获得职称年份	单 位
高晓莉	女	1998	伊山城市信用社
魏秀梅	女	1998	连云港广播电视大学
苏 文	男	1998	县审计事务所
孙 杰	男	1998	连云港市腾达油脂饲料
吴 蓓	男	1998	县建设银行
李红红	女	1998	县邮电局
曹加厅	男	1998	南岗财政所
周友娣	女	1998	五图河农场
张茂高	男	1998	五图河农场
唐 琴	女	1999	县会计师事务所
任 维	男	1999	四队镇财政所
黄 海	男	1999	县人民银行
徐云斌	男	1999	县电信局
田应昌	男	1999	县国税局稽查局
金 林	男	1999	县邮政局
高 青	男	1999	县压花厂
李广金	男	1999	五图河农场
杨立矿	男	1999	五图河农场
王桂兰	女	1999	县棉纺织厂
霍文如	男	1999	穆圩中学
贺彦兵	男	1999	县棉花良种繁育中心
于小红	女	1999	江苏金田集团
冯茂永	男	1999	伊山镇财政所
王寿禹	男	1999	县畜禽改良站
马红春	女	1999	县经济适用住房发展中心
孙晓红	女	1999	县建设银行
季建兵	男	1999	县百货公司
魏秀梅	女	1999	县教育中心
王洪占	男	1999	县船舶修造厂
焦庆勋	男	1999	县卫生局
刘书勤	男	1999	江苏金田集团
徐鹤忠	男	1999	县中医院
庄小霞	女	1999	县农机推广
陆长青	男	1999	县邮政局

续表 14–3

姓　名	性　别	获得职称年份	单　　位
龚　俭	男	1999	江苏金田集团有限公司
韩秀青	男	1999	江苏金田集团有限公司
徐海慧	女	1999	县机电设备公司
谢春友	男	1999	江苏金田集团有限公司
魏海红	女	1999	南岗乡农经站
姜书芳	女	1999	五图河农场
王天俊	男	1999	五图河农场
赵　娟	女	1999	伊芦乡卫生院
钱文彬	男	1999	县矿产管理站
刘惠兵	男	1999	县轧花厂
周永成	男	2002	县农机修造厂
赵根柱	男	2002	县永政财务会计有限公司
徐学永	男	2002	江苏金田集团有限公司
陈乃松	男	2002	县轧花厂
陆常青	男	2002	县财政局
孙玉芹	女	2002	县煤炭工业公司
孙海荣	女	2002	县粮食局
曹加厅	男	2002	东王集乡会计管理站
范　伟	男	2002	县供电局
冯茂永	男	2002	伊山镇财政所
徐海毁	男	2002	县机电公司
侍书辉	男	2002	县粮食局
陈　岗	男	2002	江苏金田集团
吴畅通	男	2002	县国税局四队分局
杨化明	男	2002	伊山镇财政所
苗　军	男	2002	县建设银行
孙志霞	女	2002	县图河植物油厂
庄　华	男	2002	江苏省金田集团
王洪敏	女	2002	江苏省金田集团
孙爱国	男	2002	连云港市灌云医药有限公司
沈　艳	女	2002	伊山镇财政所
桑靖春	女	2002	县交通局
陶华丽	女	2002	县文化馆
郭加敏	女	2002	县棉花良种场

续表 14-3

姓 名	性 别	获得职称年份	单 位
孙 慧	女	2002	县人民医院
杨善刚	男	2002	县物资开发公司
吴 蓓	女	2003	县建设银行
孙继新	男	2003	县船舶修造厂
林 森	男	2003	江苏省金田集团
王 青	女	2003	县会计核算中心
魏邦杰	男	2003	灌西盐场
汪 星	男	2003	县供电局
焦庆勋	男	2003	县会计核算中心
王 峰	男	2003	县财政局
孙海玲	女	2003	县国土资源局
吴 兵	男	2003	县电信局
朱登婷	女	2003	县淮海机械厂
沙海丽	女	2003	县汽车站
颜井勇	男	2004	江苏金田集团
孙爱国	男	2004	灌云医药有限公司
祝井芹	女	2004	连云港润浦纺织有限公司
沈锡武	男	2004	县农业机械公司
李红霞	女	2004	县公路站
侍学霞	女	2004	连云港旋耕机集团
庄 华	男	2004	江苏金田集团
焦玉艳	女	2004	江苏金田集团
刘 伟	男	2004	县粮食局
杨立矿	男	2004	灌云监狱
胡明忠	男	2004	县建设银行
霍文如	男	2004	县穆圩中学
高 青	女	2004	县轧花厂
孙存军	男	2004	灌东棉业公司
丁艳和	女	2004	伊芦农经站
霍永琼	女	2004	洋桥农场
蒋 敏	女	2004	连云港旋耕机集团
蒋 娟	女	2004	江苏金田集团
孙迎雪	女	2004	县交通工程总公司
陆 蔚	女	2004	县建筑安装工程公司

续表 14–3

姓　名	性　别	获得职称年份	单　　位
王庆芝	女	2004	灌云监狱
晁　红	女	2004	灌云监狱
徐怀娟	女	2004	灌云县鲁河闸管理所
陈　君	女	2004	白蚬乡计生服务站
吴长祥	男	2004	连云港润昌公司
徐祥胜	男	2004	县水利局
陆　晟	男	2004	县水利工程总队
高　云	女	2005	县供电局
卢红霞	女	2005	五图河农场财务科
梁海燕	女	2005	县人民医院
刘春梅	女	2005	县人民医院
王燕莉	女	2005	县人民医院
任　辉	男	2005	南京信息工程大学
郝明花	女	2005	县自来水公司
王维学	男	2005	县畅安公司
孙泽清	男	2005	县交通局
张　虹	女	2005	县农村信用社
李广金	男	2005	五图河农场
董长伯	男	2005	县电信局
俞　慧	女	2005	江苏润生纺织集团有限公司
杨　静	女	2005	县粮食局
黄生柳	男	2005	灌云监狱
柳　玫	女	2005	县农村信用社
郑朝刚	男	2005	杨集财政所
徐祥胜	男	2005	县水利工程总队
陈爱军	男	2005	五图河农场
孙雪茹	女	2005	图河中学
何维伟	男	2005	下车中心小学
汤　红	女	2005	县中医院
张晓云	女	2005	县新华书店
赵晓丽	女	2005	县统计局
胡红艳	女	2005	县园林绿化管理处
陈建华	男	2005	小伊乡农经中心
徐云保	男	2005	同兴供销社

续表 14-3

姓　名	性　别	获得职称年份	单　　位
薛　建	男	2006	县水利局打井工程队
桑靖春	男	2006	县交通局
于小红	女	2006	江苏金田集团
朱建栋	男	2006	连云港市云路交通设施厂
李红红	女	2006	县电信分公司
韩秀青	女	2006	江苏金田集团有限公司
吴田英	女	2006	灌云收费站
于正雷	男	2006	连云港市宁海小学
潘德艳	女	2006	县烟草公司
杨　倩	女	2006	白蚬计生办
任　辉	男	2006	县人民医院
侍从莲	女	2006	兴云毛绒
刘　敬	男	2006	县建设工程交易中心
陈　波	男	2006	县大豆原种场
穆　青	女	2006	县人民医院
柴玲玲	女	2006	县人民医院
杨雪梅	女	2006	医药公司
蔡如美	女	2006	灌西供电所
韩秀芝	女	2006	小伊乡广播站
贾永虑	男	2007	县财政局
杨雪梅	女	2007	
徐鹤忠	男	2007	县中医院
付丽丽	女	2007	
郑　波	男	2007	
孙存军	男	2008	连云港市沪源装饰工程公司
金　林	男	2008	县邮政局
付怀玉	男	2008	下车中心卫生院
胥　林	男	2008	县委党校
刘春梅	女	2008	县人民医院
庄小霞	女	2008	小伊农经推广站
颜井兰	女	2008	小伊乡
钱敏戴	女	2008	连汽运输有限公司灌云分公司
褚红艳	女	2008	连云港松青鹅业有限公司

续表 14–3

姓　名	性　别	获得职称年份	单　　位
掌　军	男	2008	县卫生局
朱亮萍	女	2008	连云港市三星彩瓦有限公司
叶　玲	女	2008	五图河农场二分场
宋学英	女	2008	灌云监狱八监区
郑　芸	女	2008	灌云监狱九监区
孙菊英	女	2008	灌云城关粮行
徐　利	女	2009	陡沟水利服务站
王卫卫	男	2009	连云港市云路交通设施厂
王庆兰	女	2009	连云港市云路交通设施厂
查永红	女	2009	连云港鲜禾制鞋有限公司
唐修丽	女	2009	小伊中学
徐运芳	女	2009	国成功能服饰(连云港)
郭佳兵	男	2009	江苏五图河农场有限公司
史海涛	男	2009	江苏花果山鹅业食品有限公司
宋华军	男	2009	连云港云久混凝土公司
刘　静	女	2009	中国海监灌云县大队
陆　燕	女	2009	连云港振华化工
方春霞	女	2009	连云港通裕天然气有限公司
李红建	男	2009	江苏花果山鹅业食品有限公司
吴云娟	女	2009	连云港市灌云质量技术监督局
王建栋	男	2009	灌云县广盛烟花爆竹有限公司
张　凯	男	2009	县邮政局
左广兆	男	2009	灌西盐场
孟　凯	男	2010	县板浦中学
王海霞	女	2010	县邮政速递局
李　玲	女	2010	苏泰房地产开发有限公司
朱怀美	女	2010	连云港监狱
王来猛	男	2010	江苏永超建设公司
王洪波	男	2010	连云港建标置业有限公司
任腾云	男	2010	县供电公司
周磊磊	男	2010	东方管件公司
高　燕	女	2010	县妇幼保健所
张兴祝	男	2010	灌云农村合作银行

附　录

一、文件辑存

灌云县人民政府各区及县直属单位编制一九五三年岁入岁出预算指标计划草案说明

灌云县人民政府

1953 年

一九五三年度岁入岁出预算，毛主席说：“收入打足，支出打紧，还要有结余”。因之在岁出方面中央掌握较严，预算数额较五二年有所紧缩，根据省财政厅分配本县预算指标，并参照本县五二年各地执行情况，拟定本县预算指标供各单位编制年度预算时参考。

甲、岁入部分

一、农业税收入：不列

二、各项税收类：印花税、个人所得税、屠宰税、牲畜交易税、车辆使用牌照税等系属税务部门代征，同时其中尚有调节分成，省尚未划定，故各地则不编造，故亦不列预算指标。

三、契税收入、公产收入、规费收入、罚没收入、其他杂项收入等，“分配指标附表”。

四、学费收入：初等学校每生每学期一六〇〇〇元，减免率 45%；中等学校每生每学期四万元，减免率 20%。

五、农业林业事业收入：为兽医站已收之检疫、配种站配种收入等（对农业作物生产收入列收支对照表、不列收入）。

乙、岁出部分

1. 农业支出：根据财政厅指标编列，如实有人数及基础数字不符的另列专案预算。

(1) 国营农场投资：县农场全年两千万元，区农场共一亿二千万元。由各区讨论分配。

(2) 农作物改进费（即种子站）：工资制全年每人工资七八〇万元，供给制每人四二〇万元，公用费一百万元，业务费一二二〇万元，小计三二一二万元。

(3) 兽疫防治站：工资制八人全年每人工资六九〇万元，供给制四人每人全年四二〇万元，公用费每人全年一〇〇万元，会议费三〇〇万元，业务费二五五六万元（实验用品资料费二〇〇万元，印刷费三〇〇万元，医疗器械购置八五六万元，医药卫生费七〇〇万元，临时工资二〇〇万元，赔偿费三〇〇万元）。

(4) 病虫害防治费：工资制一人全年工资六六〇万元，公用费一〇〇万元，业务费五〇万元。

(5) 农业宣传费：积子训练四四〇万元，材料费三〇〇万元，畜牧兽医所三三〇万元，种子管理所二一八万元，病虫害防治八三四万元，共一二八八万元。

(6) 集中农场建设费：调统站二人供给制全年每人四二〇万元，公用费各一〇〇万元，乡农情员公杂费七四四万元（即每乡不脱离人员每人每月灯火、纸张、墨水等补助四〇〇〇元），会议费一三九五万元（县召开会议全年三次，每次每乡一人，会期五天，日支六千元，包括差旅、伙食、公杂等，脱离人员出席不补伙食与差旅费）。

2. 林业支出：

(1) 国营造林建设费：工资制二人、供给制五人，连公用费全年补助七二八四万元，另加云台林场补助八六五二万元（行干三人、计干一人、工友十四人共十八人）。

(2) 林业保护费：供给制六人每人全年四二〇万元，公用费一〇〇万元。

3. 市镇建设支出：其他市镇建设费，清道夫四人每人每月七〇工资分、加2%福利费，公用费每人全年一四万元，另两千万元为一般修建。

4. 文化支出：工资按实有人员已评定工资编造，文化站公杂费每站每月六万元，业务费二〇万元，福利费每人两万元，文化馆业务费九〇万元，每人公杂费八万元，福利费两万元，通讯及广播及出版事业收入及支出，省、县统一分由省新闻出版处及省人民广播电台管理，向省财政厅结报，故县不列指标预算。

5. 教育支出：幼儿教育事业费，省尚未分配故暂不列，扫盲经费省亦尚未分配，故亦未列，指标暂缓编；小学教育事业费，按实有公办教师已评定之工资等级计列教学行政费，每生每月一千元（五二年已核定之公办学校学生，民办不及列入计算）。

中等教育事业费：教职员工工资平均一九三分。其编制：初中旧生 12.91 比 1，新生 13.5 比 1，速成班学生 16 比 1，初师学生 11 比 1（其超过教师从分配工资中不够调度，另列专案预算）。人民助学金，速成班与初师 100%，每人每月一二万元（一二月份按一五万元，超过部分另编专案预算），初中按 28%，每生每月八五〇〇〇元。教学行政费，初中学生每月每生一六〇〇〇元，新生每人每月一四四〇〇元，初师每生每月二五〇〇〇元，速成班每生每月一五〇〇〇元（注：速成班按七个月计，另发展初中三级一五七人，从八月份起计算）。另加初中与师范拖年度工程三六一六一，〇〇〇元（基本建设资金）。

6. 卫生支出：社会支出按财政厅原分配表编列预算，如与基础数字不符的另列预算详述原因。

7. 行政管理费支出

（1）行政机关经费

①区以上行政机关经费：人员编制按五二年编制数之五三年实有人数。工资与供给生活费：均按已评等级计算，但标准大、中、小灶按新标准原灶加一分计划，其中补助生活费、保育、保姆、妇卫、生育，按实有人数工资分数编制。小单位伙食补贴已取消故不列。

工资补助费：已成立工会之机关按工资和供给制人员之个人生活费和补助生活费津贴之总数 2%填列。职工福利费、老年金根据实际列入家属招待费，按供给制每人每月二个分，病号补贴按每人每月一八〇〇元、干部家属补助费按干部人数每人每月一点八分、干部家属医药补助费按干部人数每人每月九〇〇元（区机关干部家属补助和医药补助由县统一管理不需列入）。

公用费：办公费：区机关每人每月按三七〇〇〇元，县级机关按四五〇〇〇元。电讯费：区县机关单机和电话员工资在县区办公费中调度，县府县委之长途电话和电报费共一三二四万元，由县委县府秘书研究分列。租赁捐税费：按五二年已批准者根据实际需要列入。差旅费：共计七九，六六四，六〇〇元，会议讨论编列。修缮费：购置费共七四三〇万元（分配数附表，包括乡公所不要修理）。自行车修理费：仍按五二年第一次规定，即每区一辆、县府七辆、税务局二辆、粮食局二辆、公安局二辆共二七辆。

②修养人员经费：根据已经批准之长期修养人数编列，人员供给按已评定之等级，其标准与党政供给同。公用费在新标准未下达前。暂按每人每月三五〇〇元编列，下达后按标准支出。

③乡镇行政费：

乡干补助费：每人每月七〇工资分（供给制乡干按已评定等级列）。

镇干补助费：每人每月八〇工资分（供给制镇干按已评定等级列）。

乡镇办公费：每乡每月七二〇〇〇元、镇八五〇〇〇元，另村街各加报淮海报费一份，每村街每月四〇〇〇元（但刻乡镇戳记费用开支时从上列戳记内调度支出）。

区乡会议费：甲、区会议费：全年每区一四四〇分（即人代会议费，开支须经县批准）；乙、乡镇会议费：每乡镇每月按三万元计划。

乡镇训练费：共九三六〇万元，由县秘书室编列。

④税务费：税务局全年三五〇〇万元，春季可按已用列，余三季根据月份需要使用数分列。

⑤册串室人员经费：标准与区以上机关经费同。

(2) 人民代表会议经费：八八一四万元，由民政科计划分列。

(3) 政治业务费：

①一般政治业务费：五三〇万元（内抗美援朝一三〇万元，政治宣传费三〇〇万元，统战部经费一〇〇万元，由县委秘书室编列）。

②民主民□改革经费：一〇〇〇万元（县委秘书室编列）。

8. 民主党派及人民团体补助支出：

(1) 民主党派及人民团体机关经费补助：人员编制按五二年编制之实有人数列入。工资、供给生活费、公用费标准与行政同，惟自行车修理费除县委列七辆，余因已列行政故不列，修缮购置，已仅列县委秘书室，余即不列。事业补助费：团代会一四五〇万元（春季已支），妇代会一〇八五万元，农代会一七三〇万元，宣代会一〇三〇万元，其他会议费一〇三五万元（春季宣传员会议费已用三八〇余万元)，及青年补助费一五四八万元，农会补助费一一七六万元，宣传补助费四二〇万元（上半年已用完列春季，余待省分配），中苏友协三〇〇万元（五个月）。

(2) 农协人员经费：人员编制以实有人员，经费同区以上行政经费标准(县二十人每区一人即是在实有人员中)。

9. 公安司法支出：司法业务费全年二一六〇万元，检查业务费全年七二〇万元，列县府秘书室。

10. 其他：

(1) 工资分：人员经费每分二二六四〇元，公用费工资分部按中央规定每分二三〇〇元。

(2) 编制预算表格按中央统一表格，已由本府财粮科印制，填列方法另有说明，科目一律遵照中央颁发之统一预算科目列至目，无目列至项，不得简略。

(3) 各编一式五份。

(4) 全年预算按季分月编造，且编制完毕后，并将春季支出经费按实支数编列春季计算。

(5) 本计划系适用编制年度预算，其开支仍依规定标准执行。

五三年修购费县初步分配指标意见：

招待室	400 万元	南岗区	400 万元
县政府	900 万元	龙苴区	400 万元
公安局	300 万元	曙红区	200 万元
县委会	650 万元	新安区	300 万元
粮食局	100 万元	田楼区	200 万元
税务局	500 万元	伊山区	500 万元
板浦区	240 万元	四队区	200 万元
仲集区	240 万元	杨集区	300 万元
南城区	200 万元	大会堂	5000 万元
同兴区	1400 万元	共	12430 万元

灌云县人民公社财务管理办法（试行）

第一章 总 则

为了加强农村人民公社财务管理，加强经济核算，以促进人民公社的进一步巩固和发展，坚决贯彻勤俭办社，民主理财的方针，严格执行财务制度，接受广大社员的监督，杜绝贪污浪费，把有限的资金用到生产最需要的地方去，以最少的人力、物力和财力，获取更大的经济效果，不断地扩大生产，增加收入，提高社员生活水平，特根据省委指示和本县具体情况拟定本办法：

第二章 财务管理体制及职责

根据人民公社生产资料所有制的形式，实行统一领导，分级管理，分级核算的制度，人民公社财务管理体制分为三级管理，各级的职责如下：

（一）公社管理委员会

1. 负责全公社经营和财务管理及国家基层财政的双重任务。

2. 负责领导全社的社属企业（包括社办工业、林业、畜牧业、副业、渔业和交通运输业）的经济核算工作并负责对社属企、事业单位财务收支计划的审查。

3. 负责领导生产大队和生产队的财务管理及收入分配工作。

4. 根据国家规定的政策，确定各生产队的分配比例，审查和批准生产大队的预决分方案。

5. 按照国家的政策法令负责征收各项税款，保证如期完成上交国家财政收入计划。

6. 按照国家规定的开支标准，按期发放公社管委会人员工资及文教等事业经费。

7. 负责管理公社性的基本建设。

8. 负责办理社属企业实现的利润上交和拨付企业基建投资。

9. 负责培训社属企、事业、生产大队、生产队和食堂的财务人员。

（二）生产大队

1. 在公社统一领导下，管理全大队的财务收支，并领导各生产队和队属企、事业单位的财务工作。

2. 生产大队所经营的农、林、牧、副、渔和小型工业等各项收入按照公社批准的分配比例进行分配。

3. 按期拨付各生产队的生产资金、行政管理费和社员劳动报酬以及拨付队属企业的生产资金和基建投资。

4. 保证完成应当上交国家的税收和上交公社的公积金、公益金。

5. 负责管理小型的基本建设。

6. 负责催缴队属企业实现的利润。

7. 根据公社规定的原则，核定各生产队的费用定额。

8. 负责生产队和队属企业财务人员的业务指导，帮助他们提高业务水平。

（三）生产队

1. 在生产大队的统一领导下，管理全队的财务收支。

2. 根据生产大队核定的各项费用定额，应当专款专用，确保三包计划的完成。

3. 由于超额完成“三包”计划而得到的奖金，根据分配政策进行处理。

4. 支出包干结余，可以自行安排使用，但不得发给个人。

5. 在不妨碍大面积农业生产的前提下，积极搞好小型副业，以增加收入。

6. 保证及时完成上交三包任务。

7. 发放本队社员工分和工资生活费。

8. 管好本队的公共财产不受损失。

9. 帮助食堂搞好财务管理，并受上级业务部门的业务指导。

社队属企、事业财务工作受同级行政的直接领导。各企、事业单位如上级业务部门财务制度有专项规定，应按专项财务制度规定执行。

第三章　经济核算

（一）人民公社的经济核算实行三级核算：

1. 人民公社管委会是一级核算单位，主要是核算公社本身的一级财务收支，公社所属的工业、林业、畜牧业、渔业、交通运输业等企业单位，以及实行统一核算，统一分配的社办直属队，都应当进行单独核算、各计盈亏，实现利润及时上交公社，发生亏损由公社拨补，公社对生产大队只是按规定提取公积金和公益金。

2. 生产大队是一级基本核算单位，应对本大队的整个经济活动进行统一核算，大队所属的畜牧场、农具厂等企业单位，也要进行单独核算，单独计算盈亏，收入上交大队，亏损由大队拨补。

3. 生产队也应当进行核算，但不是一级核算单位，因为他是承包单位，不能单独计算盈亏。生产队核算的范围只是核算部分工时和部分生产费用，以及生产队自营生产的财务收支。

（二）对公社和生产大队所办的工业、林、畜牧、副、渔、交通运输业等企业单位，应当实行“五定一奖”的核算形式。五定是：定材料、定质量、定产量、定收入、定工时；一奖是：全面完成生产计划后给予一定的奖励。五定的指标应当经过反复的研究和核算，经群众讨论，制定出既先进，经过努力又能达到的定额。对于规模较大、条件较好的社办工业，可以比照国营工业推行班组核算。

（三）努力降低成本，合理使用劳力，大搞技术革新和技术革命，提高劳动生产率，节约原材料，充分利用本地资源和合理利用代用品，大搞土化肥、土农药，尽量减少外购物资，紧缩一切非生产性开支。

（四）公社及所属生产单位（包括生产大队、生产队、食堂和社队属企业单位）所生产的产品，都要作价计算收入。

（五）一切收入入账，一切支出从账。

（六）所有财务核算单位（包括食堂）必须健全账册，一切款项和实物收支要有必要的手续和凭证。

（七）生产大队要逐步推行成本核算，省委要求在两年左右或稍长的时间内，生产大队普遍推行分品种单项的成本核算和全大队综合性的成本核算。

第四章　人民公社的资金管理

一、公社一级的一切行政费用都是由国家财政开支的，公社必须严格执行国家规定的开支标准，不得超支，更不得占用公社集体所有制的物资和资金。

二、人民公社一律不得建筑礼堂和招待所。公社一级机关的行政用房，应当因陋就简，充分利用原有公房，在 5 年内不准新建行政用房。

三、人民公社不得请客、送礼和开支其他招待费用，如遇特殊情况必须开支时，应当报请县人委批准拨款解决。

四、上级有关部门在人民公社召开各种会议或组织参观，全部费用由召开会议的部门负责。

五、上级有关部门指定在人民公社设立机构增加人员和举办非生产性的事业，所属经费由指定部门负责解决。

六、生产大队和生产队的管理费，不得超过全年总收入的3%，具体标准按县人委规定执行。

七、生产大队和生产队干部到公社开会，一律不得开支伙食补助。

八、人民公社的公积金和社办企业收入，主要应用于扩大再生产，以主要的部分用于扩大生产的基本建设，以适当的部分作为扩大生产的流动资金，不得用于非生产支出。人民公社的公益金应当用于社会福利事业，不得用作增加人员，增加工资和其他行政经费支出。

九、国家对公社的补助款，全部用于生产建设，不得用作非生产支出。

十、人民公社及其所属一切生产单位和事业单位，对生产开支和事业开支，都应当精打细算，厉行节约，充分发挥资金效能，做到少花钱多办事。

第五章 建立财务制度

为了使公社财务纳入轨道和更好地贯彻勤俭办社的方针，必须大搞财务制度建设。根据目前公社财务情况，必须订立以下几项制度：

（一）现金保管制度

现金实行三不见面的保管制度，即管账不管钱，管钱不用钱，用钱不存钱。当天收入的现金必须存入银行或信用部，但应留一部分现金作为零星备用。其备用限额，公社不超过30元，大队不超过20元，生产队不超过5元。

收入现金时，交款人首先到总会计那里交账，然后再到保管员那里交款，交款必须得到总会计收条，否则一概无效。

（二）开支审批制度

一切开支事前必须经过批准，事后在单据上办理审批手续，单据上必须有批准人和经手人盖章，注明年、月、日。在批准计划范围内的各项生产费用，如开支种子、农药、农具修理等由同级负责人批准。在计划范围内非生产性开支，应按以下规定进行审批：

公社开支50元以下，由公社财务负责人批准，50元以上由公社管委会研究批准。

生产大队开支在5元以下，由大队负责人批准，5–50元报公社批准，生产队开支在3元以下，由生产队负责人批准，3–10元由队委会通过后动用，10元以上报大队批准。各级所属企、事业单位的审批权限，由公社自行规定。

以上审批，必须专人审批，切不可任何人都能批钱。

（三）计划开支制度

人民公社根据发展国民经济计划指标，应当制订按年、按季（分月）的财务收支计划，并对生产大队和公社直属企、事业单位下达财务收支计划指标，布置编造按年（分季）、按季（分月）的财务收支计划，人民公社的财务收支计划必须经社员代表大会或公社管理委员会通过，报县批准后执行。

计划成立后，必须严格执行计划开支，计划里没有的不得开支。如遇特殊情况，需要增加新的支出，应当追补计划。

（四）会审制度

为了互相学习、互相监督、交流经验，发现问题及时解决，各公社对所属大队和企、事业单位，生产大队对所属生产队和队属企业的凭证、单据、账册、逐级按月会审，对符合财务制度和在开支标准范围内的单据加盖“核讫”戳记，对于那些不合制度手续和超过标准的单据凭证，不予核销，坚决执行财务制度。公社管委会的单据凭证，也要按月进行审核。

（五）公布制度

公社、生产大队、生产队和社属企业，必须按月公布财务收支情况，并附收支明细表和必要的说明。生产队对社员必须每10天或半月向社员公布一次工分钱，生产队采用流动公布榜公布。

（六）社员预分制度

随着人民公社多种经营的发展，将临时预支改为按期预支，一般生产队可以实行按季预支，有固定奖金收入条件较好的大队，可以实行按月预支。做好预支方案，报公社批准后预支。没有条件的大队，仍采取临时预支的办法。社员临时预支，由生产队或生产大队批准，生产队干部临时预支向大队借支。生产大队干部临时预支向公社财务科借支，预分时扣还。

（七）粮食保管制度

粮食打下来即由大队粮食管理站过秤入库，严格执行出入库手续，未有合法手续任何人不得动支（其具体粮食管理制度，按粮食管理部门制定的制度执行）。

（八）财产保管制度

公社、大队和生产队的财产必须逐项登记编号，实行专人保管、专人使用、管用合一。采用集中保管和分散保管的办法。凡大、中、小型的农具及不便于分散保管的，均由生产队集中，规定专人保管，同时应明确保管人的职责和报酬，如非因公损坏，由使用人负责赔偿。

对牧畜实行七定，三不走，三不收的管理制度。七定：定人、定报酬、定肥料、定膘、定饲料、定繁殖、定奖励。三不走：使用人见牛身不净不走、牛不休息好不走、不喂饱不走。三不收：饲养员见牛淌汗不收、有伤不收、有病不收。

对社办企业的财产保管制度，参照社办企业管理办法办理。

（九）交接制度

财务人员调动工作，必须交清财务手续，编制财务移交表一式三份，由主管人和上一级财务部门进行监交。移交表一份交接收人，一份交移交人，一份交监交人。财务人员没有交清手续以前，不得离原来工作岗位。

第六章　开展红旗竞赛

为了达到相互促进，相互提高，公社、大队和生产队建立定期和不定期的评比制度，公社与公社之间，大队与大队之间，生产队与生产队之间相互开展竞赛，以调动财务人员的积极性，使整个财务工作不断跃进。

第七章　附　则

本办法可能有不符合实际情况和不完整地方，望不断提出意见，以便修改。

1960年10月20日

关于坚决贯彻落实中央六号文件严格节约非生产性开支反对浪费的通知

灌发〔1980〕23号

各公社、镇、场、圃党委和革委会（管委会）；县各部、委、办、局：

中共中央、国务院一九八〇年一月二十四日以中发〔1980〕6号文件发出了《关于节约非生产性开支、反对浪费的通知》，指出“我国国民经济正在迅速发展，情况一步一步向好的方面发展”。“但是目前我们的生产水平和生活水平还很低，在财政经济上还存在不少困难。特别是由于林彪、‘四人帮’的长期干扰，党的作风受到极其严重的破坏，许多地方人力、物力、财力上存在着相当普遍的严重浪费现象。很多组织机构臃肿，人浮于事，工作效率很低。有些地方和单位，无视国家规定的财经纪律，乱支滥用，任意铺张浪费”。这些问题，在我县同样存在，很有针对性，很有现实性。我们一定要采取严格的措施，厉行节约，反对浪费，恢复和发扬艰苦朴素、密切联系群众的优良传统。这既是一个重大的经济问题，也是一个极其尖锐的政策问题，必须引起我们的高度重视。

《通知》对如何控制节约行政、事业单位的公用经费和企业管理费，作了具体规定。现结合我县的实际情况，提出如下贯彻落实的意见：

一、节约公用经费

一九八〇年各单位的行政经费、事业经费，除去应发个人部分的开支（如人员工资、职工福利费、人民助学金等）以外，其它公用开支部分，一律按上一年预算指标节减百分之二十，并由财政部门从各部门、各单位的当年预算指标中扣减下来。企业的管理费用，按上年费用实绩节约百分之二十五，由主管部门会同财政部门下达节约指标，严格执行。

二、精简各种会议

（一）会议一定要精简，开会一要讲实效。可开可不开的会一律不开。必须开的会，代表人数、工作人员数和开会天数，也要压缩到最低限度。召集社镇书记、主任参加的会议，由县委常委会讨论决定；部门业务会议，要经分管的县委负责同志批准，凡需在县招待所食宿的会议，要由县委办公室安排。

（二）今后两、三年内，各行政机关和企业、事业主管部门的会议费，要求以一九七九年的实际开支为基数，节减百分之三十。

（三）各种会议必须节省开支。各单位、各部门开会，尽量减少会议用车和夜餐费，尽量利用本单位的饭堂和会议室，减少会场租用费。会场布置、会议文件力求节俭，讲究实效，控制滥发滥制。任何会议不得擅自提高伙食补助或其它开支标准，不得用公款招待看戏、看电影，不得以任何借口滥发奖品。

（四）除了专业性的订货、配件、物资分配、产品验收、鉴定、评比会议和小型调查研究会以外，其它会议的开支，一律由召集单位支付，不得由参加会议的人员回本单位报销，以堵塞变相增加会议费开支的漏洞。

（五）各级领导单位到基层召开会议，各种开支一律自理，不得挤占基层经费，基层也不要给以补贴。

（六）县召开各种会议，所在地的各单位（包括召开会议的单位）参加会议的人员，原则上应回原单位吃饭、住宿，不开支会议伙食补贴费和旅馆费，如因工作需要，经会议领导批准，可按会议出席人员给予伙食补助费和支报旅馆费。未参加食宿的，一律不开支伙食补助费和旅馆费。

三、控制差旅费

（一）出差要有计划地安排和严格掌握。出差与外出开会的费用，要严格执行国家财政制度。违反规定的，不准报销。凡能用电话、信件去函可解决的问题，一般不派员出差，必要外出的任务要明确，人员、时间要控制。

（二）严格控制外出参观学习。必须组织外出参观学习时，人员要少而精，出县境的须报经县革命委员会批准。未经批准的，财务部门不予借款和报销。

（三）不准借出差和开会之机，用公款游山玩水。如经揭发查实，应予批评教育，并追回已报销的有关费用。

四、压缩购置费开支

（一）各单位、各部门必须严格控制非生产性的购置。可买可不买的坚决不买，必须购买的也要精打细算，尽量少买。

（二）各单位对核定的社会集团购买力指标，要严格控制，不得突破，严格禁止用职工个人的名义代集体套购商品的错误作法。对于国家规定的二十七种专项控制商品，除新建单位或特殊情况外，一九八〇年内暂时停止审批、停止供应。未经批准擅自购买的。一律由财政部门没收，单位领导检讨。

（三）商品供应单位向社会集团销售非生产性商品，必须坚持凭证限额供应的办法。无社会集团供应凭证购买商品的，供货单位不开发票，财务部门不予报销。对此，各单位和部门要严格把关，认真贯彻执行。

五、节约办公费用

（一）各单位、各部门要对文件、简报、报表、刊物，切实认真地进行一次清理。要减少数量，提高质量，反对“四多”。县级机关的清理工作，由县委办公室负责，县各企事业单位和各社镇，不要办简报、战报、刊物等。各种表报、凭证、稿纸、信封等以一年用量为宜，不得滥制。

（二）县级机关各单位职工阅读的书报刊物，除图书馆、资料室和阅报牌等正常需要及必不可少的以外，应自费订购。

（三）各企业、事业和行政单位，应当发动群众，提出措施，大力节约各种办公用品，节约电报费和长途电话费，节约用水、用电、用煤。职工宿舍用水、用电，由个人自理。如果与公家用水、用电分不开的，要按比例合理收费。

（四）发动群众，人人动手，开展修旧利废活动，对节约有显著成绩者，可在节约额中给予适当奖励。

六、控制小汽车使用

（一）企业、事业单位的汽车，要进行清理和整顿。严格划清生产用车和非生产用车。任何人都不得把生产用车作为个人私车使用。因私事用车，必须按规定收费。到外地开会或工作，在有火车等其它交通工具的情况下，严禁长途使用专车。县革会及各行政部门汽车，由县委办公室另作具体规定。

（二）各单位都要订出节约汽车用油的措施。凡超过指标用量的，供油单位不供应，财务部门不报销。严禁用“走后门”等不正当手法套购汽油。

七、严禁用公款请客送礼

召开各种会议，或者接待上级机关和兄弟单位领导人员，一律不得用公款宴请和送礼，不得用公款招待烟、酒、糖、水果、点心，不得用公款请看戏、看电影，更不得组织群众和车队迎接。违反规定的，其费用开支不予报销，谁出“主意”谁付款。各部门、各单位过去自定的招待标准，同本通知精神不符的，应一律废止。

县级机关工作人员下去工作，或到基层作调查、开会应在职工食堂就餐，如数交足钱、粮票，基层不许宴请或贴补。

八、严禁私分产品和国家财物

一切企业、事业单位和部门，不得私分或者变相低价私分商品和国家财物，企业试制的新品，送给上级主管部门审查的样品，审查后应即收回，不得赠送给单位和个人，或者以试听、试用、试看为名，化公为私。对于违反规定的，除给以纪律处分外，应当按商业部门的牌价追回私分商品和物资的全部价值。

九、整顿招待所、旅社

（一）招待所、旅社要挖掘潜力，扩大接待范围，提高房间使用率，努力增加收入。

（二）招待所、旅社的各种设施，要力求简朴实用、整洁卫生，反对贪大求洋、豪华浪费。一律不得购置高级消费品。

（三）严格收费制度。收费标准，统一由县物价科审订，收费标准过高的要降低。要坚持收费制度，不得少收费或不收费，不得用收入请客送礼招待和补贴伙食费。

（四）招待所要精减管理人员，扩大服务项目，加强经济核算。按时编报预算和决算，由主管部门和财政部门对财务收支监督和管理。

（五）各公社、镇已设小招待所的，每天可在八角内收取宿费，作为添置被褥和其他必要的有关开支。

（六）县农干校、财贸干校、农机干校等，参照以上规定执行。

十、劳保福利开支和奖金、津贴

（一）切实执行国家规定的劳保用品领发制度。任何单位和个人都不得自作主张，扩大发放劳保用品的范围，增加劳保用品的项目和数量，或者用高档商品代替一般劳保用品，要实行收旧换新，提倡修旧利废，发扬艰苦奋斗精神。

（二）切实执行国家规定的福利待遇制度。任何单位和个人都无权滥发福利费，更不准私分福利费。违反规定的，应如数追回。

十一、对行政、事业单位实行预算包干

（一）从一九八〇年起，对行政经费预算支出指标下达到单位和部门，实行定额包干、专项管理和按实报销相结合的办法。公务费（办公费、邮电费、自行车修理费、差旅费）、机动车辆油料费、业务费、零星设备购置等，实行定额包干。对大型设备购置和房屋拆建，实行专项管理。对房屋修缮在五百元以上的应附有修理项目（五百元以下的，在包干经费中调剂解决），并根据县财政具体情况研究后确定。对工资、其他个人开支，实行按实报销。

（二）对文教、卫生、科学、体育等事业单位，一九八〇年预算支出指标，公用开支部分，一律按上年决算支出节减百分之二十，扣减当年指标，节余留用，超支不补。

（三）广播站、计量所、体育场、剧团等单位，按上述精神，积极开展活动，增加业务收入，测算当年收支计划，经财政部门审核，给予固定补贴。节余留用，超支不补。

中央《通知》最后强调指出：厉行节约，反对浪费，关键在领导。各部门、各单位的领导干部，要以身作则，带头坚持执行各项开支规定，并加强对这一工作的领导，大力支持财会部门履行职责。各单位行政部门的负责人，要协助本单位的领导同志严格执行国家有关规定，当好后勤，切不可以关心、照顾领导同志为名，搞不正之风。各单位的财会人员要以对党对人民高度负责的精神，坚持岗位，忠于职守，把好口子，发现违反本通知各项规定的，应当迅速报告领导机关，及时纠正。对情节恶劣的，要立即检举揭发，并可越级上告。任何人不能对他们进行打击报复。对打击报复的，要加重处分。要实行经济民主，财务公开，发动和依靠群众揭矛盾，提建议，搞措施，加强监督检查，共同把反对铺张浪费，厉行节约的工作搞好。党的纪律检查委员会要加强督促检查。财政、银行和财务部门要切实做好促进和监督工作。执行中发现的问题，要及时研究，进行处理。

本通知要向机关职工群众宣读，做到人人皆知，以利发动群众，监督执行。

中共灌云县委员会
灌云县革命委员会
一九八〇年四月十五日

灌云县人民政府
批转县财政局《关于在全县建立乡(镇)一级财政的报告》
的通知

灌政发〔1985〕第74号

各乡、镇人民政府、县各有关委、办、局、行、社：

县人民政府同意县财政局《关于在全县建立乡（镇）一级财政的报告》，现转发给你们，希遵照执行。

建立乡（镇）一级财政，是农村形势发展的需要，对调动乡（镇）政府当家理财的积极性，更好地贯彻执行国家在农村的财政税收政策，完成国家下达给乡（镇）的财政任务，推动农村各项经济和社会事业的发展，将发挥积极作用。由于这项工作涉及面广，政策性强，各乡镇人民政府要加强领导，搞好宣传教育和财政所人员选调工作。

一九八五年五月十三日

关于在全县建立乡（镇）一级财政的报告

县政府：

在县委、县政府和市财政局的领导下，一九八四年，根据中共中央中发[1983]35号文件关于“随着乡政府的建立，应当建立乡一级财政和相应的预决算制度，明确收入来源和开支范围”的指示精神，我们在鲁河、图河、龙苴、杨集等十个乡（镇）进行建立乡镇级财政的试点，实践证明效果较好。一是调动了乡（镇）人民政府当家理财的积极性，财政收入有了较大幅度的上升，一九八四年十个试点乡(镇）完成财政收入二百九十九万七千三百元，比八三年二百三十九万五千元超收六十万零二千三百元，上升百分之二十五点二。二是乡(镇）政府有了一定的机动财力，可以统筹安排各项支出，促进了乡镇各项事业的发展。八四年对十个试点乡镇实行了定收定支，收支挂钩，超收分成，节余留用的财政体制，调动了乡（镇）级财政增收节支的积极性。试点乡（镇）从超收中分成机动财力十四万七千四百元。龙苴乡将超收分成收入的二万二千四百元全部用于农田水利，支持农业生产的发展。三是乡（镇）财政的建立，加强了对预算外资金和乡（镇）自有资金的管理，做到年初有预算，年终有决算。在试点的同时，我们还采取多种形式，狠抓乡镇财政所的组织建设，思想建设和业务训练，目前全县的九十六名财政工作人员（每乡镇平均三点八人）均已进行了政治教育和业务训练，政策水平和业务素质有了新的提高。

根据江苏省人民政府苏政发[1985]46号《批转省财政厅关于在全省建立乡(镇）一级财政的报告的通知》精神，以及建立乡（镇）财政所的基础和十个乡镇试点中初步摸索的经验，我们认为，我县全面建立乡（镇）一级财政的条件已经成熟，今年可以在全县范围内普遍展开，为此提出如下意见：

一、建立(镇）一级财政的指导思想

随着经济体制改革的顺利进行，农村商品生产的迅速发展，乡（镇）各项社会主义建设事业必须有一个大的发展。因此，既需要有一定数量的资金，又需要能够统筹管理各项资金，正确处理好国家、集体、个人分配关系的乡（镇）一级财政。建立乡(镇）一级财政，是完善乡（镇）一级财政并使农村财政工作适应新形势的发展的重要步骤，是整个财政体制改革的组成部分。乡（镇）财政建立后，把政权和财权统一起来，可以更好地贯彻国家的财政税收政策，有利于乡（镇）政府加强对财政收入支出的管理，因地制宜地发展各项生产和事业，有利于调动乡（镇）政府增收节支的积极性，完成国家规定的各项任务。同时也是贯彻落实国家财政“统一领导，分级管理”的原则，实行简政放权的重要内容。建立乡（镇）一级财政势在必行，这是形势发展的需要。随着农村形势的发展，乡财政的地位和作用，将日益显示出来。

二、乡（镇）一级财政的性质和主要任务

乡（镇）一级财政是国家财政和乡（镇）政权的一个组成部分，既是乡政府的职能机构，又是国家财政的基层单位，受乡政府和县财政局的双重领导，在业务上以县财政局领导为主。要在党的方针、政策和国家统一计划指导下，充分发挥职能作用，既要完成上级交给的各项财政收支任务，又要支持和促进乡（镇）经济和各项建设事业的发展，具体任务是：

1. 按照政策统一管理乡镇级的预算内、外和乡镇自有资金及自筹的各项资金，组织和完成国家财政税收任务。对应上交的各项收入，要及时足额入库，严禁截留、挪用财政收入。在收支管理上要坚持量入为出，做到收支平衡，略有结余，为国家和乡（镇）建设筹集资金。

2. 统一管理乡（镇）内的各项支出，按照合理，节约的原则，用好用活资金，办好各项事业，提高资金使用效果。

3. 指导和监督乡（镇）企事业单位的财务工作，协助有关部门搞好乡（镇）企事业单位会计人员的业务培训，建立健全财务制度，改善经营管理，提高经济效益，促进企事业单位按期足额上交税利。

4. 按“统一领导、分级管理”的原则，正确处理国家与地方的关系，认真贯彻党的方针政策，严格执行国家的财经法令，模范地遵守财经纪律。

5. 贯彻合理负担政策，配合农村工作部门合理调整农民负担，防止和纠正各部门、各单位对企业和农民滥摊派，减轻农民负担。

6. 认真执行财政收支的会计核算，严格执行预算管理制度和财会制度，加强预算执行的分析，依照规定编制乡（镇）的财政预算，按期向领导机关报送，向乡镇人民代表大会作预决算报告。

三、乡（镇）一级财政的管理体制和收支范围

1. 乡（镇）一级财政的管理体制，是实行“定收定支、收支挂勾、超收分成、减收减支、结余留用、一年一定”的办法。

2. 乡（镇）一级财政的收支范围，收入包括：国家预算内的农业税、工商各税、产品税、营业税、工商所得税、集市交易税、个人所得税、建筑税等，

其它收入、工商罚没收入、政法罚没收入，赃款赃物变价收入，开采收入，乡(镇)有资金收入的乡（镇）企业应缴的税后利润，事业单位上交收入及乡(镇)内各项统筹款。乡（镇）企业的税后利润，除按规定比例留给企业扩大再生产外，其余直接上交乡（镇）财政所，在本乡（镇）范围内合理分配使用，促进本乡经济建设不断发展。

支出包括：国家预算内的农林水事业费，支援农村合作组织支出，文化、教育、卫生事业费，村（镇）规划及维护支出，抚恤和社会救济支出，行政经费和其它部门事业费；地方预算外支出，指按照国家规定拨给属于预算外经费，如农村广播线路维护及人员经费，村镇小型公共设施及住宅、校舍维护支出，奖励福利支出，公共事业支出及其它维护支出，村干部会议费等；乡(镇）自有资金支出，指属乡（镇）范围内的支出，原则上都划规乡（镇）一级财政管理(包括乡级经济组织中定编人员，但不属于国家发给工资的干部个人和公用经费)。

3. 对预算内确定收支挂勾基数的依据是：以各乡（镇）八三、八四两年工商税收入的平均数和八四年农业税收入实绩之和为八五年收入基数。以八四年末的正常经费实际支出数为依据，剔除不正常的因素为支出基数，实行收支挂钩。对收入大于支出部分全部上交县财政，对支出大于收入的部分由县财政补贴。超收分成办法：以八五年下达的工商税收入和八四年农业税实绩为期成指标（包括追加指标)，完成期成指标超过基数的部分分成比例为15%留乡（镇）财政，85%属县财政；超过期成指标外的超收部分，其分成比例为30%留给乡（镇）财政，70%归县财政。屠宰税收入的一半划归乡（镇）财政所，由县财政定期结算，还给乡（镇）财政。预算内的其他收入（包括罚没收入、开采费收入、公产收入和规费收入等)，暂不列为挂钩基数，按实际收入数实行比例分成的办法，其比例是70%留乡（镇）财政，30%交县财政。按照这个财政体制测算，一九八五年乡（镇）级财政的挂钩基数收入为763万元，支出为669万元，二十五个乡（镇）有12个乡（镇）上交县财政158万元，有13个乡（镇）由县财政补贴64万元，收支相抵县净收入94万元。如果全县财政完成收入任务，乡（镇）财政即可分得12.4万元。因县对乡按基数算账，基数小于收入任务数，鉴于目前乡（镇）级财政没有金库，因此资金缴拨办法，仍按现行规定不变，收入足额上交，支出按计划由县拨款，年终办理结算。请各乡（镇）税务所、组在向县税务局报送税收完成情况表的同时，要按时抄送乡（镇）财政所一份，以便乡（镇）财政所全面掌握本乡（镇）财政收入情况，搞好收支综合分析。乡（镇）自有资金收支实行“定收定支，收支平衡，留有后备”的办法，全县乡（镇）自有资金收入为172万元，支出为155万元，结余17万元，乡镇自有资金仍由乡（镇）财政所统一管理。

四、乡（镇）一级财政的人员机构：

要把乡（镇）一级财政真正搞好，必须加强乡（镇）财政的基础建设，目前主要是充实财政所的人员，由县根据乡镇规模和任务大小配备一到三名正式人员，（具体的编制另行下达）一般的乡、镇财政所要设有所长，预算会计，经费会计，出纳会计，农业税和支农资金专管员，较大乡镇的财政所可适当增加人员。配备正式人员，由县财政部门提请组织和人事部门调配。必要时可通过考试考核招聘一些能熟悉财政工作的财会人员。乡镇财政建立后，在乡镇人民政府的领导下，由财政所长负责管理乡镇财政工作。乡镇财政所人员要忠于党的财政事业，认真执行党的路线、方针、政策和各项制度，遵纪守法，廉洁奉公，刻苦学习，努力工作，按时完成各项工作任务。

五、乡镇一级财政的预决算制度：

乡镇一级财政的预决算制度应按照“收支平衡，略有结余”的方针进行安排，收入要按照上级规定任务确保完成和超额完成。支出根据核定的预算基数和乡镇财力的可能情况，按照政策规定和实际需要安排。既要考虑生产、各项建设事业的发展的需要，又要量力而行，留有余地，并注意发挥资金的使用效果。对于包干分成，支出结余乡（镇）办企事业单位上交的收入，主要用于商品性生产和各项建设事业的发展。

(1) 乡镇级财政的预算要经乡镇人民政府审查，乡人民代表大会通过并报财政局认可方能执行。

(2) 乡级财政的预算在执行过程中，要按季分月编制收支计划，实行月查、季分析，以利及时发现存在问题，采取措施，确保年度预算的实现。

(3) 乡镇财政预算的编制，要遵守国家的财政方针、政策和有关规定，严格执行各项财经纪律和财政制度，决算要经乡（镇）人民政府审核，人民代表大会审议通过后，报县财政局。

六、加强对乡（镇）一级财政工作的领导

1. 乡镇财政工作涉及面广，政策性强，必须切实加强领导。乡镇政府要明确一名副乡镇长抓乡镇财政工作，定期组织财政、税务、工商等单位研究工作，及时解决存在问题。

2. 要保持财政所人员相对稳定，财政所人员的调配，必须征得县财政部门的同意。要保证财政所人员必要的业务工作时间。

3. 财政所要建立健全各项管理制度和工作人员岗位责任制，明确职责，提高工作效率。要和有关部门经常联系，紧密配合，通力协作，完成各项任务，并要加强调查研究，积极反映情况，当好领导的参谋。

以上报告如无不当，请批转各地执行。

附：乡财政一九八五年收支方案表

灌云县财政局

一九八五年五月五日

印发《灌云县人民政府关于分税制财政管理体制的实施办法》的通知

灌政发〔1994〕154号

各乡、镇人民政府，县各有关委、办、局，县各有关直属单位：

《灌云县人民政府关于分税制财政管理体制的实施办法》，已经县政府第24次常务会议研究通过，现印发给你们，希遵照执行。

灌云县人民政府

一九九四年十月十七日

灌云县人民政府关于分税制财政管理体制的实施办法

根据国务院《关于实行分税制财政管理体制的决定》和市政府《关于分税制财政管理体制的实施办法》，结合我县实际情况，县政府决定，从1994年1月1日起，对乡镇实行分税制财政管理体制。

一、实行分税制财政管理体制的原则

(一) 根据中央分税制财政体制改革精神和省、市政府关于分税制财政体制的实施办法，县对各乡镇实行分税制财政管理体制。收入的划分和基数的确定以及税收的返还，原则上按市对县的办法执行，以利于建立合理规范的财政管理机制。

（二）正确处理县与乡镇的分配关系，调动两个积极性。既要考虑各乡镇的利益，调动乡镇发展经济、培育税源、增收节支的积极性，又要增强县级的调节能力。

（三）合理调节乡镇间的财力分配，既要使经济发展较快的乡镇继续保持增长，又要通过县级财政的调控，扶持经济发展较慢的乡镇，促进全县经济持续、快速、健康地发展。

二、分税制财政体制的具体内容

（一）支出的划分

县财政负责县本级行政管理费，公检法支出，部分武警经费，民兵事业费，县统筹的基本建设投资，县属企业的技术改造和新产品的试制经费，支农支出，城市维护和建设经费，文教科卫等各项事业费，价格补贴支出以及其他支出。

乡镇财政负担乡镇行政事业单位经费和各项事业费开支。

（二）收入的划分

按 1993 年财政收入和新财政体制，分别确定上划中央收入、地方共享收入、乡镇固定收入和省、市、县、乡镇分成的固定收入。

1. 上划中央收入：消费税全额和增值税 75%部分上划中央。中央对地方上划的消费税和增值税，以 1993 年为基期年核定，基数部分全额返还。1994 年以后返还额在 1993 年基数上逐年递增，按全省消费税和增值税的增长率的 1:0.25 系数确定返还。如果 1994 年以后乡镇上划中央的税收达不到 1993 年基数，则相应扣减税收返还数额。

2. 地方共享收入：增值税地方分成 25%部分为省、市、县与乡镇共享收入。其中 1993 年基数部分由县返还乡镇，比基数增长部分，暂定五年全部返还乡镇。

3. 乡镇固定收入：营业税（不含金融部门缴纳的营业税）；个人所得税；固定资产投资方向调节税；房产税；车船使用税；印花税；屠宰税；农业特产税；契税；遗产和赠与税；地方企业所得税（不含金融企业所得税）。

4. 省、市、县、乡镇分成的固定收入：

（1）农业税 1993 年基数部分全额留乡镇，1994 年新增部分县集中 20%，其中 10%上交省专项用于农业税灾减，10%由县统筹使用。

（2）城镇土地使用税省分成 50%，乡镇分成 50%。

(3) 城市维护建设税由于税率的变动，具体办法待城市维护建设税征收实施细则出台后再与乡镇确定。

(4) 耕地占用税农民建房部分全额留乡镇，集体和国家建设用地部分实行单独结算，即上交中央、省、市后的部分，县与乡镇实行对半分成。

(5) 土地增值税省分成30%，乡镇分成70%。

(三) 原财政体制运行办法

1994年实行分税制后，原体制的格局暂时不变，过渡一段时间再逐步规范化。原体制规定差额补助或定额上解的乡镇，1994年仍按原规定执行。原体制规定差额补助的乡镇，要自力更生，艰苦奋斗，努力发展经济，增收节支，不断增强财政自给能力。县将逐步递减差补数，1995年差补减少30%，1996年差补减少70%，1997年取消差补数。原体制规定定额上解的乡镇，从1995年起按市对县规定的上解数逐年递增，要加大征收力度，县财政对各乡镇采取多收不少补，少收不多补的原则。

三、奖惩办法

各乡镇必须确保财政收入逐年增长，并确保完成县每年下达的财政收入任务。对于完不成任务的乡镇，县将按短收的50%扣减下年差补数或从返还支付中扣除；对于超额完成任务的乡镇，实行分档奖励，即超收5万元以内的，以超收额的10%奖励，超收5至10万元，按超收额的15%作奖励，超收10万元至20万元，按超收额的20%奖励，超收20万元以上，按超收额的30%奖励。上述奖金可以用于奖励在超收节支工作中成绩显著的单位，也可以用于奖励在财税工作中有突出贡献的乡镇领导和财税干部。

四、其他

(一) 实行“分税制”财政管理体制以后，减收增支因素乡镇自行消化，收支基数不作调整。对于当年因增员减员因素而引起的支出变动，县将根据具体情况予以适当解决。

(二) 各乡镇必须设立工资基金专户。除专项资金外，乡镇每月的固定收入以及县财政给予的补助或返还收入必须进入工资基金专户。进入工资基金专户的资金，全部用于工资发放，并且首先用于教师和离退休人员工资的发放，不得挪作他用。

(三) 各乡镇收到县下达的专项指标通知后，应及时调度资金安排使用，年终同县财政进行结算。

五、本办法由县财政局负责解释，并制定实施细则

六、本办法自1994年1月1日起执行，以前县发布的有关文件与本办法有抵触的，以本办法为准。

灌云县县级财政国库管理制度改革实施方案（试行）

灌政发〔2007〕150号

根据《江苏省财政厅、中国人民银行南京分行关于印发〈江苏省县级实施财政国库集中开支制度改革指导意见〉的通知》（苏财库[2005]12号）和《连云港市县（区）级财政国库集中支付制度改革工作指导意见》的要求，结合我县实际情况，制定本实施方案。

一、基本原则

实行国库集中支付制度改革，旨在建立一种新的规范和机制，以加强财政性资金的使用和管理，提高财政性资金的使用效益，并不改变各预算单位资金使用权和管理权，各单位仍是预算执行的主体，财政部门只是改变资金支付的方式，通过国库单一账户体系及时将资金支付到位。

（一）监督管理透明原则。合理界定各部门、各单位的管理职责，增强财政收支活动透明度，使所有财政性收支都按规范的程序在国库单一账户体系内运作，收入缴库和支出拨付的整个过程都处于有效的管理监督之下。

（二）资金运转高效原则。减少资金流转环节，逐步使财政收入直接缴库，支出直接支付到商品、劳务供应者或用款单位，加快资金运行速度，提高资金使用效益。

（三）会计主体不变原则。预算单位资金的使用权、管理权、核算权不变，改革只强化管理。

二、主要内容

在合理编制部门预算的基础上，建立国库单一账户体系管理财政性资金，用预算控制支出，通过实施财政直接支付和财政授权支付的方式实现财政性资金安全高效运行。改革的主要内容为：

（一）建立国库单一账户体系

按照有关规定，在全面清理财政与各预算单位银行账户的基础上，建立国

库单一账户体系，财政一般预算、基金预算资金和财政专户管理的预算外资金等，均通过国库单一账户体系统一存储和实行财政集中支付。

1. 灌云县财政局国库股：在人民银行灌云县支行开设“国库单一账户”，按收入和支出设置分类账，按预算收支科目和单位设置明细账，用于记录、核算和反映纳入预算管理的一般预算资金和基金预算资金的收支活动，并用于与“财政零余额账户（预算内）”、“单位零余额账户”进行清算。在人民银行灌云县支行、代理银行开设“财政特设专户”，用于记录、核算和反映财政特殊专项资金的收入和支出活动，并用于与“财政零余额账户（预算内）”、“单位零余额账户”进行清算。

2. 灌云县财政局综合股：在商业银行开设“预算外资金财政专户”，按收入和拨付设置分类账，用于记录、核算和反映预算外资金的收入缴款、拨付情况。在代理银行开设“预算外资金支付专户”，用于与“财政零余额账户（预算外）”、“单位零余额账户”进行清算。

3. 灌云县财政国库支付中心：按资金性质，在代理银行开设“财政零余额账户(预算内／外)”，用于财政性资金直接支付并与“国库单一账户”、“预算外资金支付专户”、“财政特设专户”分别进行清算；在代理银行为预算单位开设“单位零余额账户”（可参照公务卡管理办法办理小额现金支付业务），用于预算单位财政授权支付业务，并与“国库单一账户”、“预算外资金支付专户”、“财政特设专户”分别进行清算。

（二）划分财政支付方式及范围

按财政支付方式分，财政支出分为财政直接支付、财政授权支付和财政转移支付三部分。

1. 财政直接支付范围：全额拨款预算单位在册在编人员及其离退休人员工资、津贴性支出、遗属补助支出；列入政府采购范围的公用支出和专项支出，以及虽然没有纳入政府采购范围，但有条件直接支付的专项支出。

2. 财政授权支付范围：长期聘用人员和临时人员的支出，零星公用支出及小额现金提取，暂时不能直接支付的专项支出。

3. 财政转移支付范围：企业的补贴支出，非本级预算单位的经费补助，上下级财政结算事项。

（三）规范财政支出拨付程序

在国库单一账户体系下，实行财政直接支付、财政授权支付和财政转移支付三种方式。

1. 财政直接支付：指财政国库支付中心在财政直接支付用款限额内，核批预算单位《灌云县财政直接支付申请书》并开具《灌云县财政直接支付凭证》，从财政零余额账户将财政性资金直接支付到商品、劳务供应者或个人账户。

2. 财政授权支付：指财政国库支付中心在财政授权支付用款限额内，核批预算单位《灌云县财政授权支付申请书》并开具《灌云县财政授权支付凭证》，将资金拨付至用款单位或收款人账户，或提取小额现金。

3. 财政转移支付：企业的补贴支出，非本级预算单位的经费补助，上下级财政结算事项仍按现行办法办理。

（四）改革财政收入收缴方式

取消各单位财政收入过渡户，将财政收入的收缴方式由目前的就地入库、集中缴库和自行汇款改为直接缴库和集中汇款两种方式。

1. 直接缴库是缴款单位和个人按规定将应缴收入直接缴入国库单一账户或预算外资金专户。

2. 集中汇缴是由征收机关和享有征收权的单位按规定将所收取的应缴收入当日汇总缴入国库单一账户或预算外资金专户。

3. 非税收入收缴方式在非税收入改革方案出台后作相应调整。

三、配套措施

（一）建立组织加强领导。成立以县政府常务副县长为组长的国库集中支付改革工作领导小组和领导小组下设办公室，领导小组办公室具体负责国库集中支付的实施工作。

（二）规范实施部门预算

1. 严格编制部门预算。统筹预算内外财力，全面实施部门零基预算，无预算外收入或行政性收费、罚没收入的行政事业单位，预算内除安排人员经费外，在职人员办公经费按县核定定额安排。有预算外收入或行政性收费、罚没收入的行政事业单位，其人员经费由预算内安排，办公经费、专项经费预算严格按核定定额编制，从其预算外收入或行政性收费、罚没收入中安排，政府调控按相关规定执行。

2. 严格预算调整程序。部门预算编制后，正常情况下不再办理预算调整，必须追加追减的事项要按规定及时办理，各单位因特殊原因，需追加支出预算的，单位要提出申请，由财政局初审，报县政府研究，经县人大常委会批准。

3. 严格执行部门预算。以预算控制支出，严格按时间和工程进度拨款，杜绝拨付人情款和超预算拨款。

（三）规范政府采购行为。一是把规范化建设作为政府采购工作的重点，积极实施政府采购阳光操作，大宗政府采购业务，严格按《政府采购法》、《招投标法》等规定的程序和要求，编制标书、刊登公告、成立评标委员会、接收投标、组织开标、评标和定标，采购资金直接支付给提供商品或劳务的供应商。二是加强政府采购廉政建设制度，工作人员必须严格按照岗位职责和工作程序开展工作，遵守廉洁自律规定，主动接受纪检、监察和审计部门的监督，确保采购行为规范。

（四）健全监督控制机制。为加强对财政支出全过程的监督和管理，杜绝不合理支出，提高财政性资金的使用效益，进一步健全资金运行控制监督机制，明确财政部门、人民银行及代理银行、预算单位的工作职责，形成相互制约、相互监督的有机整体。

四、时间安排

2007 年 12 月底前完成各项准备工作；2008 年 1 月起在全县全面推开县级国库集中支付工作。

灌云县人民政府

二 OO 七年十二月十八日

二、工作报告及讲话

关于1980 年财政决算和 1981 年财政工作意见的报告

——1981 年 3 月 15 日在灌云县第七届人民代表大会第一次会议上

饶海桥

各位代表：

我受县革命委员会的委托，向大会作我县 1980 年财政决算和 1981 年财政工作意见的报告，请予审查。

一、1980年财政决算

1980年，我县人民在认真贯彻执行党的十一届三中全会所制定的路线、方针、政策中，坚持党的四项基本原则，坚持国民经济“调整、改革、整顿、提高”的八字方针，坚持各项经济体制的改革，各项生产建设事业有了新的发展。农业生产取得了较好的收成，棉花等经济作物夺得了大丰收，社员分配有了进一步的提高，县社工业和商业销售也有一定的发展和增长。这一年的财政，在贯彻落实中共中央、国务院（1980）6号文件的基础上，努力增产节约，增收节支，促进工农业生产及各项事业的发展，取得了较好的成绩。

1980年财政决算的情况是：财政总收入2194.5万元，为预算指标的83.5%，比上年下降14.7%。其中：工商税收入675.9万元，超过预算指标4.1%，企业收入34.1万元，占预算指标的32.2%，盐税收入1359.2万元，占预算指标的77.6%，农业税收入116.9万元，占预算指标的100%，其他收入8.4万元，超过预算指标的68%。

1980年我县财政收入下降的主要原因是：①根据国民经济调整方针和解放思想，放宽政策，搞活经济的精神，在税收政策上作了适当的放宽，全县减免了1705个生产队的农业税139.6万元，减免110余个工商企业的工商税76万元，合计减免税款215.6万元。②盐税收入是我县财政收入的主要部分，去年虽已完成原盐运销计划，但因不课税的工业用盐增加，课税的食盐销售减少，致使盐税短收304.4万元。③工业企业的化肥厂锅炉改造20万元，磷肥厂熟化库改建10万元，燃料公司包干亏损30万元，均由财政退库，没有削减财政收入指标。④烤烟、薄荷油、麻等经济作物减产和没有完好调拨任务。⑤我县工业结构不够合理，机械行业占县属工业的一半，但无定型产品，全靠找米下锅，有的处于半停产状态。另外，一些企业不重视企业管理，不讲究经济效果，消耗无定额，成本无核算，产品质量差，盲目采购，造成较大的损失浪费。

1980年财政决算总支出1686.5万元，占预算指标的91.4%，比上年上升17%。各项支出的情况是：企业挖潜改造、商业企业简易建筑费、科技三项费用、流动资金四个方面的支出65.1万元，占总支出的3.8%，完成预算的92.8%，比上年增加5%；支持农村人民公社和农、林、水、气象事业费支出337.2万元，占总支出的20%，完成预算的75.3%，比上年增加3.6%；文教、科学、卫生事业费支出686.7万元，占总支出的40.7%，完成预算的99.4%，比上年增加17.2%；抚恤救济费支出

168.8 万元，占总支出的 10%，完成预算的 86.7%，和上年相平；基本建设 36.8 万元，占总支出的 2%，比上年增加 38.8%；行政和其他经费 370 万元，占总支出的 21.9%，完成预算的 120.9%，比上年上升 83.5%。1980 年县机动财力 115.3 万元，其中用于支援农业 24.3 万元，拨补文教经费 7.2 万元，卫生 7.4 万元，补助行政经费超支 37.1 万元，用于地方基本建设，增加职工宿舍 36.8 万元，其他 2.5 万元。

1980 年财政决算总收入和总支出相抵，向国家提供积累 508 万元。

1980 年各项资金的使用，基本上做到保证重点，兼顾一般，发挥了资金使用效果，促进了生产建设和各项事业的发展，主要表现在：

1. 支持了农业生产。用于支援人民公社投资 120.2 万元，抗旱补助 24 万元，农水工程补助 57.1 万元，社队搞大中沟补助 52.6 万元，沂河防汛、岁修 53.6 万元，治淮基建工程 60.6 万元。完成 2043 万土方，新建一批桥梁涵洞，支持增添大中型拖拉机 2 台，手扶拖拉机 103 台，播种机 72 台，其他机械 386 台，及增加多种经营投资，这些，促进了农业生产的发展，改善了排灌条件，提高了抗御自然灾害的能力，增强了机械化程度，提高了社员的积极性，对夺取 1980 年农业丰收起了一定的作用。

2. 促进了文教卫生等事业的发展。发展教育事业，是实现四化的关键，在这方面，适当增加了支出，去年比上年增加投资 78 万元。由于投资增加，1980 年新建校舍 3225 平方米，拆建面积 6387 平方米，一些学校还增添了教学设备。文化、卫生、科学、体育等事业也有了一定的发展。

3. 改善了城镇面貌。在伊山镇铺设繁荣路（原大寨路）和同兴巷的水泥路各一条，在板浦新建自来水站一座。

4. 提高了人民生活。由于农业的丰收和国家对农副产品收购价格的提高，以及对低产队实行免税政策，社员分配水平比上年增加 15.75 元，增长 26.2%，创造了历史最高水平。职工、干部也因增加工资，实行奖励制度等，生活水平也有一定提高。一批插队知青和城镇待业人员得到安排就业。

但是，1980 年财政工作也有缺点，主要是财政管理偏松，财政拨款不够及时，对企业内部的挖潜、改造抓得不够，对违反财经纪律、铺张浪费、吃喝招待等处理不严，对节约支出措施不力，行政经费仍超支过大。对于这些，我们决心在 1980 年的经济调整中，认真改变。

二、1981年财政工作意见

最近,党中央作出在经济上实行进一步的调整,在政治上实现进一步安定的方针,这是发展大好形势,克服当前困难,消除潜在危险,纠正“左”的错误,稳定经济,更加健康、更有把握地实现四个现代化的重大决策,我们必须坚决贯彻,认真执行。

1981年我县财政工作的指导思想和出发点是:以经济调整为中心,认真落实国务院关于平衡财政收支,严格财政管理的八项规定,增加收入,紧缩开支,堵塞漏洞,严格财经纪律,实现1981年的财政收支预算,为稳定经济、政治局势作出努力。

因今年财政收入任务上级尚未下达,我们根据上年的实绩和财政收支变化情况,计划安排为:财政总收入2272万元,比去年实绩增加77.5万元,上升3.4%。其中企业收入100万元,比去年上升193%;工商税收入650万元,比去年下降4%;盐税收入1400万元,比去年上升3%;农业税117万元,和去年相平;其他收入5万元。

今年财政收入预算虽比去年略有增加,但任务是十分艰巨的。在客观上,工业生产的燃料、动力将比去年紧张,机械行业受压缩基建的影响,社队工业也会遇到新的困难,还需安排大批待业人员,这些因素将使财政收入受到不同程度的影响。但是我们也要看到有利条件,党中央重大方针和一系列重大决策贯彻落实以后,政治上安定团结,物价基本稳定下来,必将调动各方面的积极性,上下齐心协力,努力增加生产厉行节约,提高经济效果,财政上增收节支的潜力是很大的,是能完成今年财政收入任务的。

1981年的财政支出,在上级的指标未安排前,根据国民经济的调整方针和上级的指示精神,本着量入为出的原则,采取统筹兼顾,区别对待的办法进行安排,打算是:

全部不安排的:挖潜改造资金,县办“五小”补助,支持社、队企业资金。

重点压缩的:基本拨款,流动资金。

适当压缩的:科技三项费用,简易建筑费,人防经费,小型农田水利,民兵事业费、行政事业公用经费和农、林、水、气象事业费。

保持上年水平的:城市维护费、安置劳动就业经费、支援人民公社经费、防汛岁修、农、林、水、气象的人头经费。

适当增加和新增加的:文教科卫事业费,抚恤救济费和一些特殊必要的开支。并从县机动财力中拿出5-10%增加文教经费,以利培养人才,造就人才。

按照上述打算,今年的财政支出是十分紧的,可能要退到1977年的水平,一下子退下来,必然会带来很多问题,不能满足需要。但是为了承担国家困难,稳定全国(包括我们县)的经济,我们必须经受困难的考验,把道理向各级干部和群众讲清楚,动员起来,珍惜财力、物力,堵塞损失浪费和贪污盗窃的漏洞,恢复和发扬勤俭建国、艰苦奋斗的优良传统,我们的各项事业和各方面的工作是可以办得更踏实,更有成效。

为了做好1981年的财政工作,我们采取的措施是:

1. 大力发展生产,增加财政收入。生产是财政的基础,大力发展生产,促进生产,实现增产增收,是增加财政收入的重要保证。各个工商企业,要努力挖掘潜力,提高产品质量,增产适销对路的产品,增加财政收入。同时要搞好企业管理,加强经济核算,健全责任制度,降低成本费用,减少资金占用,提高经济效果,增加盈利。要坚决改变追求产值的坏习气,杜绝生产积压和无用产品。要求国营工业企业成本比去年降低2%,商业企业费用降低1-1.5%,工商企业的流动资金加速周转10%。要认真清理仓库,对积压商品抓紧处理。今年凡有利于调整,有利于生产,有利于增加财政收入的事,财政将积极支持,大力促进。要压缩基本建设,缩短基建战线,严格基本建设拨款的管理和监督,加强基建审批程序。要坚决克服盲目建设、重复建设,防止以小挤大,以新挤老,以落后挤先进,不顾大局和国家争原料、争燃料的错误倾向,今后兴办社队企业不要一哄而起,失去控制,造成不必要的损失浪费。一切机关、团体、企业、事业单位的上年结余,除了购买国库券外,非经批准,一律不许动用。

2. 大力紧缩开支,做到勤俭节约。在增加生产的同时,必须大力紧缩财政开支。提倡顾全大局,体谅国家困难,树立“艰苦奋斗光荣,铺张浪费可耻”的风气。做到可花可不花的钱,坚决不花,必须花的,也要精打细算,厉行节约,反对浪费,把所花的钱压缩到最低限度。要继续贯彻落实中共中央、国务院(1980)6号文件,大力压缩非生产性开支,控制社会集团购买力。行政、事业单位的公用经费(不包括人员工资、物价补贴、福利费),要比去年指标节减20%。要减少会议开支,控制好小汽车的燃料费和差旅费。今年我县实行的行政、事业单位经费包干制度,一定要坚持下去,贯彻始终,指标不准突破,节约可拿出部分奖励。要严格控制行政编制,不准随便增加人员,超编的,财政将不予开支。企业单位也要压缩企业管理费,商品流通费，把一切能够节省的开支都节省下来。根据国务院的要求，企业的公用经费指标，也要在去年实际支出的基础上，压缩20%，并列入企业季度和年度会计报表单独反映，据以检查和考核企业的经营成果。

3. 严格财政管理，保持财政的集中统一。国家应征的各项税收和利润，必须及时地、足额地交入国库，任何单位和个人不得截留、挪用和拖欠，企业收回的货款，必须首先交纳税款。偷税漏税和抗税不交的，要依法惩处。要严格执行国家预算管理制度和财政制度，凡涉及财政减收增支的，要事先商得财政部门同意，然后专门报经审批，不得在其他文件上夹述一笔。在现行的财经制度未作修改之前，必须贯彻执行，不得擅自扩大开支范围，提高开支标准，增加劳保福利。

4. 加强政治思想工作和法纪教育，严格财经纪律，加强财政监督。对中央和国务院制定的有关财经纪律的各项禁条，不得违犯。不许挪用应上交的税款和利润，不许把生产成本以外的任何开支挤入生产成本，不许任意提价和变相涨价，不许挪用流动资金搞基本建设，不许滥发奖金，不许用公款吃喝招待，游山玩水。对违反财经纪律的要坚决斗争，给予必要的处理。要支持财税和财会人员工作，关心他们的业务学习，做好技术职称的评定工作，不准对他们刁难和打击报复，发挥义务财政监察员的作用。

各位代表，我们相信，在县委、县人大常委会、县人民政府的领导下，经过全县人民的共同努力，一定会实现我县1981年财政收支任务。

关于灌云县1982年财政决算和1983年财政预算草案的报告

——1983年3月11日在灌云县第七届人民代表大会第三次会议上

骆秉瑞

各位代表：

我受县人民政府的委托，现向大会提出1982年财政决算和1983年财政预算草案的报告，请予审查。

一、1982年财政决算

1982年，全县人民在县委和县政府的领导下，认真贯彻国民经济“调整、改革、整顿、提高”的八字方针，努力发展生产，提高经济效益，取得了很大的成绩。在这个基础上，超额完成财政全年预算。

全县财政收入2301.5万元，比预算超收429.5万元，超额22.9%，比上年增收121.2万元，增长5.5%。其中：企业收入83万元，超额661%，比上年增长275.5%；工商税收入739万元，超额1.56%，比上年增长4%；盐税收入1347万元，超额33.4%，比上年增长1.9%；农业税收入119.4万元，百分之百完成预算，比上年增长0.8%；其它收入13.1万元，超额227.5%，比上年增长61.7%。

全县财政支出1676.2万，占预算的89.35%，比上年增加支出69.5万元，上升4.3%。其中几个主要项目的支出情况是：基本建设拨款31.5万元，占预算的54.7%，与上年持平；企业挖潜改造和补助"五小"企业11.6万元，完成了预算，比上年增加2.1倍；支持农业270.5万元，占预算的86.3%，比上年减少27.2%（减少项目是小农水及对虾场补助和周转金减少），城市维护费30.2万元，占预算的67%，比上年增加2.2倍；城镇青年就业经费25万元，占预算的68.5%，比上年下降7.7%；文教、科学、卫生事业费814.6万元，占预算的97%，比上年上升13.7%；抚恤和社会救济费138.1万元，占预算的77.2%，比上年增加4.8%；行政管理费260万元，占预算的96.5%，比上年上升21.8%。1982年总收入（包括上级补助收入）2514.1万元，总支出（包括上解支出）2172.7万元，收支相抵，年终结余341.4万元。其中：专项结转下年支出214.7万元，净结余126.7万元。实现了收支平衡，略有结余。

1982年财政决算情况表明，我县财政状况已开始好转，扭转了近几年连续下降的状况。在财政收入上，出现了项项超收，项项增收的可喜局面。标志着我县工农业生产进一步发展，经济效益有所提高，财政支出在紧缩开支的前提下，适当增加了一些必须的开支，相应发展一些事业，这是我县财政状况好转的又一个标志。去年财政预算的实现，是在争取财政经济状况根本好转过程中取得的一个新的胜利。这是全县人民共同努力的成果。

1982年财政状况的好转，是国民经济在调整中稳步发展的综合反映。这一年的农业生产，由于坚决执行党和政府的各项农村经济政策，认真落实各种形式的联产承包责任制，广大农民的生产积极性进一步提高，再加上国家在资金上给以必要的支持，全县农业总产值比上年增长21%，粮食、棉花、油料等主要作物产量都有较大的增长。工业在调整和整顿中，开始回升。全县工业总产值超额完成了年计划，特别是县属预算工业有较大幅度的增长，产值比上年上升20.3%（不包括小煤矿不可比因素）。随着农业的丰收和工业生产的发展，市场日益活跃，物价基本稳定，这对顺利实现财政预算提供了可靠的物质保证。

1982年财政状况的好转，同我们国家实行正确的财政税收政策，有着密切的关系。这一年，为了促进农业的发展，继续执行了对农副产品的价格补贴政策和农业税稳定负担、增产不增税的政策。这一年用于各种价格补贴52.1万元，减免农业税143.6万元，发放农业税社会减免28.6万元。同时，支持农村人民公社投资95.3万元，水利事业费64.3万，小型农田水利和水土保持费23.9万元，水产事业费27.2万元以及林业、畜牧业、农机等事业费59.6万元，改善了生产条件，促进了农业的发展，提高了农民的生活水平。在工业方面继续对现有工业企业技术改造和适销对路产品生产的支持。以财政拨款和发放小技贷款共24.7万元，报批减免困难企业税款113万元，以税利还贷款19.1万元，增拨企业挖潜改造和流动资金9万元，这些资金有力地促进工业生产的发展。如贷给农机厂10万元小技贷款，兴建了第二条钢模板生产线，增加产值103.2万元，增加税利16.8万元；贷给杨集机械厂5.5万元资金购置龙门刨一台，生产钢模板，增加产值32.8万元，增加税利7.2万元。此外，为了配合经济的调整和改革，体现税收的奖励和限制政策，对少数工业产品的税率，作了有升有降的调整，并对工业企业实行了微利包干、定额包干、亏损包干、自负盈亏等形式的经济责任制，调动了企业的积极性。所有这些措施，效果是好的，对于经济的发展和财政状况的好转，起到了积极的作用。

1982年继续增加了文教科学卫生事业的支出。为了支持教育事业的发展和智力的投资，教育经费比上年有较大的增加，全年支出教育经费580.1万元，比上年上升15.8%，增加支出79万元，卫生经费也增加较多，全年支出184.2万元，比上年上升11%，增加支出18.4万元。文教科学卫生支出的比重，由1981年占总支出的44.6%，上升到48.9%。同时，还适当增加了文化、体育、计划生育经费，促进了各项事业的发展。

1982年还从财力上保证人民物质文化生活的改善和提高。随着农业的全面增产以及多种经营的发展，农民收入在前两年有较大增加的情况下，1982年又有显著提高。每个社员从集体得到的收入148元，家庭副业收入81元，两项合计229元，比上年增加76元。对城镇待业人员，财政拨出25万元资金，安排就业。继1981年提高中、小学教师、部分教育工作者和医务人员的工资之后，于去年第四季度，又调整了行政机关和事业单位人员的工资。由于调整工资和安排就业等，1982年全民所有制职工工资比上年增加80.5元。

在提高职工工资的同时，1982年拨出73万元资金，进行城镇公用事业和职工住宅建设。新铺县政府至中医院和杨集中大街水泥路两条，新建南城自来水厂一个,新建的县影剧院已投入使用。大大地改善和提高了人民物质文化生活。

为了确保财政预算的实现,1982年,我们财政部门在组织财政收入,加强财政管理、开展财政监督等方面,做了大量工作。通过企业财务和税收大检查,查出违反财经纪律金额70.5万元,增加企业收入35万元,查补税款18.5万元;根据量财使用的原则,勤俭节约,合理分配和调度资金,提高资金使用效果;针对行政经费和公费医疗经费超支严重的状况,切实采取措施,加强管理,堵塞漏洞,纠正不正之风。这些工作,对于严肃财经纪律,增收节支,起了积极的作用。

1982年还动员单位和个人认购国库券87.3万元,超额7%完成计划。

总的说来,1982年财政预算执行情况是好的,取得了较显著的成就。但是,我们也要看到,经济和财政工作中存在的问题仍然不少。目前生产、流通、建设中的经济效益还很差,不少企业经营管理还比较乱,损失浪费现象比较普遍,违反财经纪律的现象屡有发生。国营工业虽然在1982年取得了显著的成绩,但全系统仍没有摘掉亏损帽子。商业企业虽有客观因素的影响,但是,由于没有搞经济承包,吃大锅饭思想严重,出现了销售额下降,利润下降,费用上升的不正常现象。上交财政收入只占计划的67.7%,少完成67万元。我们财政部门在管理和监督方面,也存在程度不同的漏洞,这些,有待于今后加以改进和提高。

二、1983年财政预算草案

胡耀邦同志在党的十二大报告中提出:从1981年到本世纪末,在提高经济效益的基础上,力争使全国工农业的年总产值翻两番,使人民的物质文化生活达到小康水平。为了实现这一伟大的战略目标,从1983年到1987年的五年间,要争取实现国家财政经济状况的根本好转。这是一项光荣而艰巨的任务。根据上述要求,1983年我县财政收支预算安排的主要原则是:继续贯彻调整、改革、整顿、提高的方针,从促进、搞好各项经济体制改革入手,支持生产发展,促进经济效益提高,开辟财源,增加财政收入;按照需要和可能,合理安排各项支出,继续支持文教、科学、卫生事业的发展,改善人民生活;要不断改进工作,加强预算管理,保持财政收支平衡。根据以上原则,现提出我县1983年财政预算草案:

1983年财政收入预算根据上级下达计划与我县实际情况,考虑到盐税收入不稳定,以及其他一些因素,在计划时对一些项目作了留有余地的安排。1983年财政收入预算为2029万元,比1982年实绩少272.5万元,减少11.8%。其中几个主要收入的安排是:企业收入71万元,比上年实绩减少14.5%;工商税收入750

万元,比上年实绩上升 1.5%;盐税收入 1080 万元,比上年实绩减少 25%;农业税收入 124 万元,比上年实绩上升 3.85%;其它收入 4 万元。

另外,上级下达国库券认购任务 88 万元,征集国家能源交通重点建设基金32 万元。

今年的财政收入预算,除盐税收入变动较大外,其它各项收入基本上保持在去年的水平上。这种安排是积极的,经过努力是可以实现的。但是,由于煤炭矿价和运费的提高,钢材等原材料价格的调高,化纤布削价,燃料原料紧张不足等因素,将给财政收入带来一些困难,完成今年的收入预算并不轻松。

在这里需做一点说明的是:为了加强经济建设步伐,把全局搞活,国家决定从 1983 年开始在“六五”计划的后三年,筹集能源交通重点建设基金,把过于分散的资金,适当集中一部分,用于国家急需的建设。这次征集的国家能源交通重点建设基金,除少数免征的项目外,按地方、部门和各单位的预算外资金的 10%计算征收。这是一项新的工作,我们必须认真做好。关于国库券问题,由于近几年单位集体认购数额较大,再加上国家征集能源交通重点建设基金,单位的自有资金不多,同时又因职工和农民收入的增加,因此,今年对国库券集体与个人的分配比例作了适当的调整。调整后的指标是:集体认购 20 万元,个人认购 68 万元。所以,我们对这项工作要做好宣传发动工作,动员城乡人民积极认购,保证任务的完成。

财政支出上级已于去年对我县实行包干, 今年对此还要作有升有降的调整,具体计划和办法上级还未下达。根据去年支出以及今年的具体情况,我们初步安排为 1600 万元。安排的出发点是在保证正常经费的前提下, 适当增加教科卫经费,其它经费,基本保持在去年的水平上。这样的安排看起来与去年没有多大变化,但还是比较紧的。这是因为国家财政在目前还有困难,不可能拿出更多的资金解决地方上的问题。最近,省里已向我们打过招呼,今年新增加的一些支出,上级不另外解决。这样,加重地方财政的困难。我们在 安排支出中,必须精打细算,量财办事,使有限的资金发挥较大的经济效果。

各位代表:1983 年财政预算安排,是比较紧的,需要付出极大努力才能实现。我们要看到,我县政治经济形势很好,有利条件很多,只要我们坚定不移地贯彻十二大精神,努力开创新局面,一定会实现财政收支预算的。

(一)坚决而有序地推进财政税收制度和经济管理的改革,开创经济工作的新局面。党的十二大指出,进行机构改革和经济体制改革,是我们坚持社会主义道路,集中力量进行现代化建设的最重要保证之一。不高度重视和积极进行改革,就不会有新局面的出现,就不可能实现四个现代化。随着经济调整工作的深入和经济管理体制的改革,财政税收制度的改革必须加快步伐。最近,财政部召开利改税会议,讨论、研究和部署今年在全国实行利改税工作。对国营企业实行利改税,是一项重大的财政经济改革。通过以利改税形式上交国家财政收入,带有强制性、严肃性,能保证国家财政收入的稳定入库。同时能使企业真正成为相对独立的经济实体,搞好责权利的结合。在国家对企业分配关系确定后,企业可以有权根据宏观经济的要求和市场的需要,安排自己的利润,还可以与内部职工经济利益直接挂钩,促进改善经营管理,提高经济效益。利改税工作,在国家具体规定没下达之前,我们要先做好深入细致的调查研究和测算工作,以便顺利开展工作,但是,我们不能因此而采取观望态度,在改革问题上缩手缩脚,犹豫不前。要大胆地改,做改革的促进派。我们除做好企业的利改税工作外,还要做好其它改革工作。最近国务院决定在一些行业推行增值税,促进专业化协作和经济联合;恢复开征牲畜交易税等,我们必须抓紧贯彻落实。

(二)努力发展生产,提高经济效益,增加财政收入。发展生产,提高经济效益,是增加财政收入最有效的途径和最可靠的物质保证。当前,我县经济效益还比较低,国营工业处于亏损状况;国营商业积累率不高;集体企业实现的利润也不大,去年向国家交纳的所得税比上年有所下降, 这些都影响财政收入的进一步增长。为了实现财政经济状况的根本好转,我们必须进一步发展生产,促进经济效益的提高。第一,要大力支持和促进现有企业的技术改造。发展生产,提高经济效益。一定要从现有企业入手,要根据经济结构的调整,集中财力,挖掘潜力,进行设备更新和技术改造。不乱铺摊子、乱上项目。要积极采用和推广新技术,节约能源和原材料,降低成本,减少费用,提高产品质量,增加花色品种,创造出更多、更好、更廉、更符合社会需要的产品。商业部门要进一步疏通商品流通渠道,减少周转环节,改善服务态度,提高服务质量,开展增产节约,搞好经营管理。第二,要大力整顿企业和财务管理工作。关于企业整顿工作,县委、县政府已于今年一月份作了具体研究和部署,提出以“五项工作”为内容,搞好“三建”、争创“六好”为目标整顿的要求和加强领导、同时起步、抓住重点、分类指导、分批验收的方法,对企业的各项工作进行全面整顿。并确定于明年上半年整顿结束。我们要根据县委和政府的部署,抓紧做好这项工作。国务院要求,在企业整顿中,要把财务整顿放在一个重要的位置上,现在,企业已由生产型转为生产经营型,企业财务已由综合反映、严格监督、促进生产经营的重要手段,发展为干预生产、推动经济、参与决策的重要职能部门。对于财务会计工作的重要性,我们必须提高认识,认真搞好财务整顿工作。要切实加强会计、统计、原始记录、账册凭证、各项定额、计量验收等基础工作和成本、资金、物资管理的制度。抓好资金的收入率,流动资金的周转率和固定资产投资回收率,进行清仓查库,充分发挥各项生产建设资金的效用。要通过财务整顿,改善经营管理,减少损失浪费,提高经济效益。第三,要积极实行经济体制的改革,大力推行经济责任制。财政部门在对国营企业实行全面利改税的同时,帮助各个企业根据本单位的实际情况,在企业内部实行经济责任制,打破铁饭碗,调动干部职工的积极性。要把国家下达给企业的各项经济指标同经营责任制结合起来,落实到职能部门、车间、班组、柜面和个人,保证计划的完成。在进行收入分配时,一定要坚持国家得大头、企业得中头、个人得小头的原则,做到三有利。

(三)坚持量力而行的原则,加强支出管理,提高资金使用效果。当前,在财政支出上,一方面资金紧张,不能满足于事业发展的需要,另一方面在使用上存在着不合理和损失浪费以及资金使用效果不高的现象。这就要求我们必须按照勤俭节约和量财使用的原则,管好用好资金,使有限的资金发挥更大的经济效益。在各项事业经费方面,要加强管理。各主管部门在加强调查研究的基础上,拿出用款计划,报县财政局审查同意后,统一拨给公社、镇财政所管理发放,纠正过去存在的一些支出无计划,管理偏松,专款不专用的现象。在行政经费方面,要继续实行包干制度,在保证人员经费的基础上,压缩其它支出。各单位对包干经费指标,要认真研究,从紧掌握,不能突破,继续实行节余留用,超支不补的制度。在文教卫生经费方面,要研究改进管理办法,把资金使用和事业成果结合起来考核,用多少钱,一定要完成多少事业计划并拿出相应的事业成果。可以搞责任制,实行有奖有罚,要克服在用钱上不负责任的做法。同时,定员定额工作要抓紧恢复。在支农资金方面,目前农村出现了新情况、新问题,联产承包责任制普遍发展,生产队的核算体制起了很大变化,农业发展较快,穷队显著较少,按照过去的使用办法,显然不能适应形势的发展。我们要抓紧调查研究,提出新的办法,把钱用到生产急需要的方面来,促进农林牧副渔全面发展,促进农村经济的进一步繁荣。这里需要说明一点,支援人民公社投资即支贫款,财政部已明确改为支农周转金,实行有放有还的制度。但是,我县在一部分干群中存在着一些不正确的看法,认为这是国家投资,不应该收回。去年放出的支农资金周转金回收很少,这样势必影响我县对农业的支持和支农资金的周转使用效果。财政部门要在支出管理中,严格控制,加强监督,做好资金调度工作。对经费的使用,要抓住重点,每年组织几次检查,反对浪费,堵塞漏洞。支出中漏洞较大的问题是公费医疗经费超支严重。这里有客观因素,但主要是主观因素,一些单位和个人,有章不循,人情关系盛行。去年抓一下,有所好转,但还没有彻底刹住,今年在实现党风根本好转中,要狠抓这个问题不放,坚决把超支压缩下来。

(四)加强财政管理和监督,严格财经纪律。这几年,通过开展企业财务大检查,税收大检查,打击经济领域的犯罪活动,严肃查处违反财经纪律案件和打击报复会计案件案,财经管理和财政监督有所加强,明显违反财政政策和纪律的问题有所减少。但是在处理国家和企业关系上挤占国家利益的问题、在财政收入上的偷漏、拖欠、"跑、冒、滴、漏"问题;在财政支出上的损失浪费,贪污盗窃问题,都屡有发生。因此,要实现财政状况的根本好转,必须加强财政管理,严格财政税收政策。凡是应当上交的收入,都要做到及时、足额入库,不准挤占和拖欠。在执行免税上,一定要按照规定和有利于生产发展,而不能形成落后企业的保护伞和作为这些企业的竞争手段。农业税的减免,三年日期已到,今年要恢复征税,要做好准备和征收工作,同时要注意掌握好政策。对企业利润留成和预算外资金要进行整顿和管理,不能利用职权巧立名目乱收费,乱摊派。每一项预算外收入都应当按照规定的用途使用,不得移作他用。对确属多余的资金,在所有权不变的条件下,要引导用于能源、交通建设项目和老企业技术改造上来。要逐步加强计划管理,建立预算、决算制度,做到年度有计划,执行有检查,年终有决算,资金使用有效果。要加强财政监督,积极开展违纪检查。一要查不执行国家规定,挖走国家收入的问题;二要查严重铺张浪费,或弄虚作假乱花钱,使国家资金发生不应有损失的问题。另外因执行财政财务制度而被打击报复的财务人员,要立场鲜明地支持他们。对那些搞打击报复等违法乱纪的人,一定要报请有关部门严肃处理。不许知法犯法,有法不依;不准违法不究,姑息纵容。要通过加强财政管理,严肃财经纪律,争取实现财政经济状况,社会风气和党风的根本好转。

(五)加强领导,保证财政预算的实现。财政工作是一项综合性的工作,涉及到各个方面。一定要加强这项工作的领导。我们要求各个单位把财政收支工作列入重要议事日程,经常加以讨论和研究,解决收支中的问题。要教育干部职工遵守财经制度和财经纪律,同各种不良倾向作斗争。领导干部要成为遵纪守法的模范。我们要求政府进一步加强对财政工作的领导,帮助和检查财政部门做好工作,保证财政收支预算的实现。

各位代表:全国人民正在响应党中央的号召,努力开创社会主义建设的新局面。我们要在县委和县政府的领导下，依靠全县人民的共同努力，团结一致，振奋精神，积极工作，为实现 1983 年财政预算，为争取实现财政经济状况的根本好转而努力奋斗。

灌云县 1990 年财政预算执行情况和 1991 年财政预算草案的报告

——1991 年 3 月 23 日在灌云县第十届人民代表大会第二次会议上

江希涌

各位代表：

我受县人民政府的委托，向大会作 1990 年财政预算执行情况和 1991 年财政预算草案的报告，请予审议。

一、1990 年财政预算执行情况

1990 年，是经济生活中矛盾很多，困难很大的一年，也是治理整顿取得明显成效，经济出现转机的一年。在县委的正确领导下，继续贯彻执行治理整顿、深化改革的方针，深入开展“双增双节”运动和“企业管理年”活动，经济在不断克服困难中向好的方向发展，各项社会事业也有了新的起色。全县财政预算执行情况比年初预料的要好得多。财政收入超额完成，支出得到了有效的控制。

县第十届人代会第一次会议批准的 1990 年财政收入预算 3947 万元，在预算执行过程中，由于粮食商业企业增加亏损退库，以及农业税灾减等，市财政局相应调减我县收入任务 15.3 万元，调整后收入预算为 3931.7 万元。根据已编成的 1990 年财政决算，全县财政收入 4320.7 万元，完成调整预算的 109.1%，超收 389 万元，按同口径比上年增加 381 万元，增长 9.16%。

各项主要收入的完成情况是：

工商税收 2486.3 万元，完成预算的 101.5%；

盐税 1559.6 万元，完成预算的 120%；

农业税 369.6 万元，完成预算的 100%；

农林特产税 82 万元，完成预算的 120.6%；

耕地占用税 35.6 万元，完成预算的 37.1%，占土地管理部门批准用地的 100%；

企业收入 –534.9 万元，完成预算的 96.3%；

专款收入 53.8 万元，完成预算的 72%；主要是企业效益差，排污费短收 20.9 万元；

征收预算调节基金 81.3 万元，完成预算的 180.7%；

其他收入 187.2 万元，完成预算的 374.4%。

1990 年，全县推销国库券和特种国债 253 万元，完成任务的 113.4%；征集能源交通重点建设基金 200.8 万元，完成任务的 141.4%。

县第十届人代会第一次会议批准的 1990 年财政支出预算 4667 万元，加上上年专项结转支出 765.2 万元，合计 5432.2 万元，在预算执行过程中，省、市财政追加各项专款支出 1201.6 万元，县财政用当年超收安排一些急需支出 329.2 万元(主要是上级新开的支出口子)，因此，1990 年支出预算调整为 6963 万元，根据已编成的财政决算，实际支出 6201.9 万元，完成预算 86.5%，比上年增加 790.4 万元，增长 14.6%。

各项主要支出的完成情况是：

基本建设支出 14.8 万元，完成预算的 74.7%；

企业挖潜改造资金 90 万元，完成预算的 100%；

简易建筑费 85 万元，完成预算的 100%；

科技三项费 22.8 万元，完成预算的 100%；

支援农业生产支出和各项农业事业费 670.7 万元，完成预算的 63.2%，比 89 年增加 280 万元。主要是黄淮海开发项目配套资金增加很多，但这项支出用款进度较慢，主要是重点水利项目尚未协调好，以及部分专款收入按规定到年终才分配，未及时用出的款，将结转到 91 年继续使用。

工交商部门事业费 9.6 万元，完成预算的 65.8%；

城市维护费 124.4 万元，完成预算的 72.6%；

城镇青年就业经费 2.6 万，完成预算的 100%；

文教卫生事业费 2241.1 万元，完成预算的 96%，比上年增长 13%。其中：教育事业费 1581.2 万元，比上年增长 12.3%，超过财政收入增长幅度；公费医疗 232.8 万元，比上年增长 25.8%；

科学事业费18.6万元，完成预算的100%；

其他部门事业费401.4万元，完成预算的93%；

抚恤和社会福利救济447.3万元，完成预算的94.7%；

行政管理费724万元，完成预算的96.9%；

公检法支出204万元，完成预算的100%；

价格补贴支出909.6万元，完成预算的97.2%；

支援不发达地区支出11万元，完成预算的100%；

其他支出186.1万元，完成预算的70.6%；

专款支出38.9万元，完成预算的51.1%；

1990年全县财政收支相抵，除结转到1991年使用的专项资金外，支大于收1085.3万元（三年累计赤字），属于1990年当年赤字468.6万元。

1990年财政预算执行情况比预料的要好，财政收入超额完成，财政支出在行政事业单位调整工资、提高补贴标准、中央集中财力等新增支因素的情况下，得到了应有的控制，财政赤字比年初大大减少。这个成绩是来之不易的，这是全国人民认真贯彻落实治理整顿深化改革方针的结果，也是全县各行各业的广大职工群众共同努力和全体财政税务干部辛勤工作的结果。为实现1990年财政预算，我们主要做了以下几个方面的工作：

（一）千方百计筹措资金支持工农业生产。1990年，在自然灾害较为严重，原材料和能源短缺，资金紧张的情况下，财政部门能积极筹集组织资金，支持工农业生产的发展。县财政年初预算安排和当年收入追加的支农资金1061.5万元（含上级专项拨款），比上年增长40.7%，是历史上最多的一年。为了拓宽农业投入的渠道，我们积极抓好建立、筹集农发基金工作。全年共筹集农发基金200多万元，按照“取之于农，用之于农”的原则，全部用在发展农业生产上，对我县农业基础设施建设和扩大10万亩水稻确保粮食稳定增产均起到很大的作用。1990年累计发放支农周转金865.8万元，有力的支持了粮、棉、油生产、多种经营和乡镇企业的发展。在工业生产方面，除继续安排使用好小技贷款外，还向省、市财政部门拆借资金，并且用好用活各项间隙资金，帮助企业解决流动资金临时短缺和一些“短、平、快”项目的资金周转问题。全年累计发放小技贷款及各项周转资金707万元。在流通领域，为进一步启动市场，扩大销售，全年共投放流动资金930万元。同时，为扩大出口创汇，还调剂解决外贸收购资金230万元。这些资金的使用，对于促进产业结构和产品结构的调整，支持企业实现技术进步，提高经济效益，培养财源，增加财政收入，增加有效供给起到了积极地作用。

（二）切实加强增收管理，确保收入稳定增长。全县财政税务干部发扬国家主人翁精神，认真贯彻国务院《关于整顿税收秩序加强税收征收管理的决定》等文件，按政策严格控制减免税，严肃查处偷税漏税，严厉打击暴力抗税。同时采取各种措施，加强税收的稽征管理，各项税收均完成和超额完成了任务。

（三）搞好分配结构的调整，从严控制财政支出。1990 年，我县财政供需矛盾十分突出，在资金严重不足的情况下，我们始终坚持“量入为出，量力而行，统筹兼顾，保证重点”的原则，合理调度资金，重点保证职工工资和必不可少的正常的办公经费，适当增加了农业、教育和科技的投入。既维护了安定团结，又较好地支持了我县的经济改革建设和社会主义事业的发展。在预算执行过程中，做到了强化预算管理，严格控制拨款，从严控制支出。去年除上级开口子增加新的支出外，县内没有新开一分钱支出的项目。由于措施比较实在，所以，1990 年的财政支出和赤字都能控制在预算之内。

（四）贯彻治理整顿方针，控制消费需求过猛增长。一是认真开展了税收、财务、物价大检查。全县共查出违纪金额 200.38 万元，应入库 197.28 万元，已入库 166.36 万元。二是严格控制社会集团购买力，狠抓基础工作，实行指标管理，坚持审批程序，加强工作检查监督，对一些单位违反控购规定擅自购买的汽车进行了调查处理。全年专控商品购买量控制在计划之内，有效地控制了消费基金的过猛增长。三是整顿收费。我们配合县物价等部门，对行政事业单位的收费和罚没收入进行了专项检查，对罚没收入检查中发现的问题，分别按政策规定作出了处理。对确定保留的收费项目和新开的收费项目，坚持一律使用财政部门的统一收费凭证，对于控制乱收费起到了一定的作用。此外，我们还积极配合有关单位，继续对全县的各类公司进行了清理整顿。

1990 年，在财政预算执行过程中还存在一些不容忽视的问题：第一，在财政收入稳定增长的同时，新出台的增支因素较多，使财政支出增长幅度超过财政收入的增长幅度，加剧了财政供需矛盾；第二，我县部分企业效益不理想，使财政收入的增长受到很大的制约；第三，有些单位没有真正树立过紧日子的思想，用钱无计划，支出中仍然有铺张浪费现象；第四，财经纪律松弛，有的违纪现象仍屡查不止；第五，公费医疗经费管理中，漏洞很大，增长速度很快，已成为县财政的沉重包袱。这些问题如不妥善解决，势必使财政走入更加困难的境地。因此，我们必须认真对待，在今后的工作中努力加以改进。

二、1991年财政预算草案

1991年，是“八五”计划的第一年，也是继续治理整顿和深化改革的重要一年。预计我县国民经济发展会有好转，但一些深层次的问题仍然不能从根本上得到解决。因此，做好1991年的财政工作，缓解财政困难，使“八五”有个良好的开端，促进国民经济保持稳定发展，有着重要的意义。我县1991年财政工作的指导思想是：认真贯彻党的十三届七中全会精神，继续贯彻治理整顿和深化改革的方针，努力完成财政收入任务，在保持稳定的前提下，继续实行紧缩政策，千方百计调度、筹集好各类资金，缓解财政资金的供需矛盾，努力改变我县财政困难的局面。把财政赤字压缩到最低限度。

根据市分配我县财政收入任务，1991年我县财政预算草案安排如下：

（一）财政收入预算

市分配我县财政收入任务4105万元，剔除盐税比上年实绩增长1.6%。主要收入项目为：

工商税2630万元；

盐税1300万元；

农业税400万元；

农林特产税82万元；

耕地占用税96万元；

企业收入-589万元；

专款收入50万元；

其他收入90万元；

预算调节基金46万元；

市分配我县1991年国库券和特种国债270万元，比90年长47万元，上升21%；国家能源交通重点建设基金任务142元，与上年持平。

（二）财政支出预算

根据市分配的收入任务和现行财政体制计算，全年我县可用财力为4125万元（已扣除向中央多贡献46万元），比90年预算增加106万元，增长2.6%。按照紧缩财政的政策要求，今年预算安排的原则是优先安排人头经费，适当增加农业、教育等方面的投入，其他开支，能压则压，力争预算少打赤字。1991

年安排的支出预算4785万元，比90年预算增长2.5%（以下不包括上年专项结转，上年累计赤字也未弥补）。收支相抵，支大于收660万元，各项支出的安排情况如下：

基本建设支出60万元；

企业挖改支出60万元，比上年预算增加10万元；

科技三项费用15万元，与上年预算持平；

支农支出90万元，比上年预算增加25万元，上升36.1%，主要是农发基金；

农林水利事业费182万元，比上年预算增加9万元，上升5.3%；

工业交通等部门事业费15万元；

城市维护费69万元；

支教卫生事业费2189万元，比上年预算上升5%。其中教育业费1548.4万元，比上年预算上升4.8%；

科学事业费14.5万元；

其他部门事业费200.8万元；

抚恤和社会福利救济267.3万元；

行政管理费670.4万元；

公检法支出198.6万元；

价格补贴支出626万元；

其他支出79.8万元；

专款支出47.5万元；

1991年我县财政情况仍很困难，特别是资金供需矛盾将更加尖锐。因此，支出预算只是按照保证基本、必须的要求安排的，在预算执行过程中，还会出现新的增支因素，增加新的缺口。现在已经安排预算赤字660万元，加上上年结转赤字1085万元，累计赤字达1745万元，增加财政压力，影响资金调度。财政面临的形势是相当严峻的。必须引起各方面的高度重视，千方百计保证收入任务的完成，各项支出一定要控制在预算盘子之内，不能随意开减收增支的口子。同时还必须把当前财政的严峻形势向全县广大干部群众讲清楚，以求得大家的谅解与支持，动员全县广大干群发扬艰苦奋斗的优良传统，努力增产节约，开源节流，群策群力，战胜困难，共流难关。

三、振奋精神，增强信心，为完成1991年财政任务而努力奋斗今年财政工作的任务十分艰巨。虽然经济形势会有好转，反映在财政上还有一个“滞后期”的问题，因而今年财政收入不回很快有较大的增加，但经济建设和各项社会事业等方面，要求增加支出的数额却很大，因此，我们一定要振奋精神，扎扎实实地做艰苦细致的工作，千方百计确保 1991 年财政工作任务的完成。

（一）以提高经济效益为中心，继续支持生产发展。

解决财政困境的根本出路在于发展生产，提高经济效益，工农业经济效益差是我县经济生活中的主要症结所在，也是制约财政收入增长，造成财政困难的重要原因。财政部门要进一步牢固树立发展经济，提高效益，开辟财源，增加收入的观念，充分发挥财政部门的职能作用，按照产业政策，大力支持工农业生产发展，搞好商品流通，帮助生产、经营单位提高经济效益，实现增产增收。在农业方面的预算安排上，继续增加农业投入，抓好农发基金的征集、使用和管理，进一步拓宽农发基金征集渠道，运用好黄淮海农业开发资金。同时，积极引导集体和农民增加投入，改善生产条件，增强农业发展后劲；用好用活支农周转金，继续支持乡村多种经营和乡镇企业的发展。在工业生产方面，财政部门将想方设法在资金、政策上为企业发展生产服务。一是充分调度运用好资金，发挥财政小贷的“短、平、快”作用。重点扶持企业以生产适销对路产品为主的技术改造，缓解工商企业资金不足，努力搞活流通，启动市场。还要督促企业用好用足政策，提足和用好技术开发费、折旧、大修理基金，及时补充流动资金，增强企业发展后劲。二是在“质量、品种、效益年”活动中，我们将与有关部门密切配合帮助切实加强定额管理、质量管理、物资管理、劳动管理和经济核算基础工作。三是继续深入开展“双增双节”运动，把增收节支的各项指标落实到企业、车间、班组和个人。要求预算内国营企业做到：物耗争取比去年降低 2–3%；企业流动资金周转加速 10%；工、交、商企业的车间经费、企业管理费和商品流通费扣除工资、利息、折旧开支外，比上年节约 5%；工商企业的经营性亏损要限期扭亏；对政策性的亏损实行定额补贴，超亏不补；对搞虚盈实亏的，要严肃处理，争取实现利税逐步回升到历史最好水平，并将成果反映到财政上来。四是进一步完善国营企业承包办法。正确处理好国家与企业的分配关系，以保证国家财政收入的稳定增长。五是与有关部门加强配合，抓好治理“三乱”工作，以减轻企业负担，努力为企业发展生产，提高效益创造一个良好的外部环境。

（二）加强征收管理，积极组织收入

今年组织财政收入的难度较大，我们将克服一切困难，主动与税务部门密切配合，积极加强征收管理，把该收的钱都收起来。同时，根据全国财政会议的精神，对现有减免税照顾的单位进行认真的清理。凡是与税法抵触的，照顾不当和失之过宽的，要加以纠正，继续抓紧清理企业拖欠税利的工作，争取在新的一年里，不发生新的拖欠。还要加强对能交基金和预算调节基金征收管理，坚决堵塞各种“跑、冒、滴、漏”现象，力争超额完成财政收入任务。

（三）坚持紧缩财政政策，严格控制财政支出。

当前实现财政收入较多增长的难度很大，要克服财政暂时困难只能继续坚持紧缩财政政策、严格控制财政支出。在预算执行过程中，要进一步强化约束机制，保证预算的顺利实施。各乡镇、各部门和各单位都要精打细算，量财办事，自求平衡。今年我们压缩财政支出的重点，放在控制机构、人员编制和各类工资补贴的增长上。对事先未落实经费来源而增加的编制一律不拨经费，已超编的部门和单位，不得再增加人员。继续严格控制社会集团购买力，进一步加强专控商品的审批制度，对违反控购规定的，严肃查处。行政事业单位，一律不准购置新车（更新除外），要严格控制会议费的开支，压缩文件、报表、简报等费用。对有预算外收入的单位，要提高以收抵支额，减少财政开支，千方百计缓解我县财政紧张的状况，压缩赤字。

（四）加强财政监督，严肃财经纪律。

前一阶段虽然进行了治理整顿，但财政秩序较乱的状况并没有大的改观，各种违反财经法纪现象仍然存在。因此，整顿财政秩序十分重要，必须坚持下去。1991 年首先要做好日常的财政监督工作，做到常检查、常监督，及时纠正发生的违反财经纪律的行为。其次，是继续抓好税收、财务、物价大检查工作，同时进行一系列的专项检查，以严肃财经纪律。第三是加强对预算外资金的管理，强化“专户储存”和“自筹基建资金来源审查”工作。当前，我们要在县治理“三乱”领导小组的领导下，积极组织人力对“三乱”进行认真清理，真正减少单位和群众的负担，以保证治理整顿和深化改革的健康发展。

（五）进一步加强财政干部的思想建设。

1991 年，按照县委的统一部署，加强理论学习，认真开展社会主义教育和形势教育，进一步提高全体财政工作人员的政治素质。继续抓好廉政建设和行风建设，带头过好紧日子。坚持“两公开”、“一监督”制度，接受民主监督，做到管好财，用好财。此外，还要加强勤政教育，抓好业务学习，努力提高财政工作的管理水平。

各位代表，1991年财政工作任务十分繁重，困难很大，但克服困难的有利条件也很多，我们要在党的十三届七中全会精神指引下，在县委的领导下，振奋精神，知难而进，勤奋工作，为完成全年财政工作任务而努力奋斗。

灌云县1995年财政预算执行情况和1996年财政预算草案的报告

——1996年3月7日在灌云县第十一届人民代表大会第四次会议上

李明友

各位代表：

我受县人民政府的委托，向大会作我县1995年财政预算执行情况和1996年财政预算草案报告，请予审议。

一、1995年财政预算执行情况

1995年，全县上下按照县七届九次全委（扩大）会议确定的经济发展思路，振奋精神，真抓实干，顽强拼搏，全县经济快速发展，经济运行质量明显提高，在此基础上，财政收入连续第二年快速增长，首次突破亿元大关，提前两年实现了省政府确定的实现亿元县目标。财政支出在资金调度非常困难的情况下，保证了公教人员工资的发放和机关工作的正常运转。自1988年以来第一次实现当年收支平衡，并消化了一部分老赤字，财政各项工作都取得了显著的成绩。

县第十一届人代会第三次会议批准的1995年全县财政收入预算为7170元，其中县本级3223万元。全年财政收入实际完成1.0422亿元，完成年度预算的145.4%，超收3252万元，比上年实绩增收4488万元，增长75.6%，创历史最好水平，增幅居全市三县四区之首。其中县本级完成5181万元，完成年度预算的160.8%，超收1958万元，比上年实绩增收1865万元，增长56.2%。

各类收入完成情况如下：

（一）工商税收完成3844万元，完成年度预算的104.2%，比上年增长77.6%。

（二）企业所得税完成364万元，完成年度预算的280%，比上年增长195.9%。

（三）农业税收完成731万元，完成年度预算的100%。

（四）农业特产税完成369万元，完成年度预算的213.3%，比上年增长89.2%。

（五）耕地占用税完成330万元，完成年度预算的253.8%，比上年下降8.8%，下降的原因是94年度含连宁一级公路用地征税132万元。

（六）契税完成58万元，完成年度预算的483.3%，比上年增长75.8%。

（七）其他收入完成580万元，完成年度预算的1289%，比上年增长1189%。

（八）专项收入完成197万元，完成年度预算的130.7%，比上年增长76.6%，其中：排污费收入完成72万元，完成年度预算的144%，比上年增长14.3%；教育费附加完成125万元，完成年度预算的125%，比上年增长160.4%。

（九）罚没收入及行政性收费完成529万元，完成年度预算的801.5%，比上年增长218.7%。

（十）国家预算调节基金收入7万元，比上年增长75%。

（十一）上交中央“两税”收入3413万元，比上年增长35%。

县第十一届人代会第三次会议批准的1995年财政支出预算为7620万元，由于省市财政陆续追加专项支出及补助支出1720万元，加上上年结转支出2345万元，以及因民师调资、民选公等政策性增支追加支出2652万元，支出预算最后调整为14337万元。根据已汇总的资料，1995年全县财政实际支出为12482万元，同口径比上年实际增支2824万元，增长29.2%，完成年度预算的87.1%。其中县本级支出预算最后调整为6518万元，实际支出5807万元，同口径比上年实际增支1365万元，增长30.7%，完成年度预算的89.1%。

主要支出项目完成情况如下：

（一）基本建设支出和企业挖革改资金支出94万元，完成年度调整预算的100%，其中县本级支出74万元，同比减少74万元，下降50%，完成年度调整预算的100%；

（二）科技三项费用支出20万元，比上年同期（下同）增加8万元，增长66.7%，完成年度调整预算的100%，其中县本级支出18万元，增加6万元，增长50%，完成年度调整预算的100%；

（三）支农支出1555万元，比上年略有增长，完成年度调整预算的94.5%，其中县本级支出805万元，与上年持平，完成年度调整预算的93.1%；

（四）城市维护费支出225万元，增加40万元，增长21.6%，完成年度调整预算的69.2%，其中县本级支出151万元，增加56万元，增长58.9%，完成年度调整预算的68.3%；

（五）工交事业费支出24万元，增加4万元。增长20%，完成年度调整预算的80%，此项支出全部为县本级支出；

（六）文教卫事业费支出5273万元，增加1359万元，增长34.7%，完成年度调整预算的85%，其中县本级支出1496万元，增加328万元，增长28.1%，完成年度调整预算的89.1%；

（七）科学事业费支出24万元，增加9万元。增长60%，完成年度调整预算的85.7%，此项支出全部为县本级支出；

（八）其他部门事业费支出552万元，增加149万元。增长37%，完成年度调整预算的82.1%，其中县本级支出391万元，增加79万元，增长25.3%，完成年度调整预算的81.1%；

（九）抚恤和社会救济费支出839万元，增加224万元，增长36.4%，完成年度调整预算的90.9%，其中县本级支出279万元，增加104万元，增长59.4%，完成年度调整预算的88.3%；

（十）行政性管理费支出2086万元，增加525万元，增长33.6%，完成年度调整预算的86.4%，其中县本级支出1187万元，增加258万元，增长27.8%，完成年度调整预算的94.8%；

（十一）公检法支出500万元，增加141万元，增长39.3%，完成年度调整预算的97.8%，其中县本级支出522万元，增加364万元，增长230.4%，完成年度调整预算的95.3%；

（十二）其他支出875万元，增加677万元，增长341.9%，完成年度调整预算的84.2%，此项支出全部为县本级支出；

（十三）环保补助资金支出61万元，增加7万元，增长13%，完成年度调整预算的48.8%，此项支出全部为县本级支出；

（十四）教育附加支出 125 万元，增加 77 万元，增长 160.4%，完成年度调整预算得 100%，其中县本级支出为 124 万元，增加 76 万元，增长 158.3%，完成年度调整预算的 100%；

（十五）支援不发达地区发展资金支出 229 万元，增加 18 万元，增长 8.5%，完成年度调整预算的 94.5%，其中本级支出 151 万元，增加 1 万元，增长 0.7%，完成年度调整预算的 93.2%；

95 年财政支出预算执行情况总的来说是比较好的，分析支出项目的支出没有足额到位的主要原因：一是行政事业单位 9 个月应补发的工改工资结转到 96 年度安排支出；二是 95 年底省、市财政陆续追加一部分专项支出指标，时间紧当年无法拨付使用，因此结转到 96 年继续安排支出；三是部分跨年度完成的项目按规定必须分批拨款，一部分资金要到 96 年安排拨付。

1995 年全县财政收支相抵，除结转到 1996 年继续使用的专项资金外，当年财政收支平衡，并消化老赤字 831 万元，其中：县本级消化赤字 439 万元，乡镇消化赤字 392 万元。全县尚有累计赤字 2437 万元，其中县本级 1352 万元，乡镇 1085 万元。

过去的一年里，财税部门按照县委确立的经济发展思路，紧紧围绕“财政收入保八争九和财政当年收支平衡”的工作目标，自加压力，团结拼搏，负重奋进，扎实苦干，在深化财税改革，积极培植和壮大财源，努力增收节支，强化财税管理方面做了大量艰苦细致的工作。

（一）严格依法治税，努力增加财政收入

财政收入是保证政府行使管理职能的重要物质基础，是振兴地方财政、实税收支平衡的根本保证，也是财税部门的中心工作。在组织收入工作中，县乡两级党委和政府进一步加强了对财税工作的领导，着力完善目标管理制度，从头抓紧，严格目标责任。财税部门认真执行《税收征管法》，坚持依法治税，加大征管力度，做到应收尽收，在加强目标管理工作的同时，认真开展税法宣传和税源调查工作。通过开展多种形式的税法宣传月和农业税收宣传工作，大大地增强了全体公民的纳税意识；通过广泛开展税源调查摸底工作，掌握了大量的第一手征管资料，并建立了规范性的全县税源分布情况档案。国税系统定期分析税源情况，加强对税收大户的跟踪管理；地税系统开展了投资方向调节税的专项检查，加强对企业所得税的汇算清缴，使这两个税种的收入大幅度增长；财政系统在加大农业“四税”征收力度的同时，多次组织人员到省属企业进行税源调查，并组织专人对有执收执罚任务和行政性收费的单位进行专项检查，保证了财政资金和税收及时、足额的上缴入库。为了征好盐业“两税”，县政府还抽调专人成立了县盐办，帮助销盐和抓资金回笼，使全年盐资源税入库 651 万元，盐增值税入库 700 万元，分别比上年增长 21.7%和 50.5%。

（二）发挥财政职能，促进全县经济和社会事业发展

按照县委“扩大总量、增加投入、提高效益”的要求，各级财税部门充分发挥财政职能作用，进一步在政策上加大支持力度，在资金上加大投入力度，在工作上加大帮扶力度，为全县经济的快速发展提供优质服务，营造相对宽松的环境，一是稳定增加对农业的投入，支持和促进农业和农村经济的发展，培植和巩固基础财源。95 年，在农业投入上除了预算内安排支农资金 1000 万元以外，财政部门还筹集农发基金、防洪保安资金 600 余万元；农业综合开发投入 300 余万元，争取不发达地区发展资金 245 万元，累计投放各类周转金 1100 万元，有力地支持了农村经济和多种经营生产的发展，促进了农业综合开发项目的顺利实施。二是帮助企业苦练内功，狠抓内部管理，支持企业增加有效投入，壮大骨干支柱型财源。95 年累计筹集并投放财政流动资金贷款和企业生产启动资金 2100 万元，帮助一批工商企业和重点项目解决资金不足的困难。通过全面开展清查核资工作，实事求是地核销了一些企业的部分历史包袱和遗留问题，减轻了企业负担。积极开展内部财务管理改革试点，促进了企业公平竞争和强化内部管理。三是抓住省、市扶贫的机遇，积极向省市争取资金我，促进全县各项社会事业的发展。仅财政部门全年就协助有关部门争取无偿资金 700 余万元，用于农村改水、修路、行政建设、卫生院和学校校舍改造等社会公益事业。

（三）积极调度资金，确保预算支出

加强预算资金的调度和管理，确保公教人员工资按月足额发放和党政机关工作正常运行，是财政部门工作的重中之重。95 年，全县财政收入虽然比上年增长幅度较大，但是由于我县财政累计赤字较大，历史“欠账”太多，财政资金调度仍然极为困难。对此，我们组织专人多渠道、多方位筹措资金，多次跑省、市财政部门争取财政调度资金，同时充分利用财政预算外间隙资金，确保了县直机关工作人员、教师和离退休人员工资的按月发放，保证了党政机关工作秩序的正常运转。此外，还千方百计调度资金保证按月拨付各乡镇的税收返还和定额补助，并多次借款帮助乡镇解决教师工资发放的困难，促进了乡镇工

作的正常开展。

（四）坚持依法理财，确保当年财政平衡

去年是执行《预算法》的第一年。从年初起，县乡两级政府在组织学习宣传《预算法》的基础上，以《预算法》为准绳，自觉接受人大监督，按照“量入为出，量财办事”和“保证重点、兼顾一般”的原则，编制了平衡预算，并落实了相应的保证措施。财政部门坚持依法理财，财政监督职能进一步提高。一是进一步加强了预算外资金的专户储存和罚没收入及行政性收费收入的专项管理。95 年全县预算外资金管理面达 100%，转储率在 95%以上，全年专户储存累计额达 2000 余万元。行政性收费纳入预算管理，成绩显著，第一年就入库资金 181 万元，通过预算内外统筹结合，增强了地方财政调控能力。二是加强对“三资”企业的财务管理，财政、国税两局联合对外资企业的财务负责人实行例会制度，提高其政策观念和纳税意识。三是利用社会中介机构对国有企业九四年度财务决算审验，保证了企业财务报表的真实性，防止了税收流失。四是开展九五年度税收、财务、物价大检查，共查出违纪金额 601.12 万元，入库资金 492.81 万元，维护了财经纪律，提高了税款入库率。五是加强对信用资金的管理。开展了财政周转金的专项清理整顿工作，实现了“五个统一”，促进了我县财政周转金工作健康发展。八月份省政府召开全省财政平衡工作会议，提出了在三至四年内实现全省财政收支平衡的工作目标后，县委、县政府高度重视，召开专门会议予以部署。县乡两级政府以及财税部门在努力增加财政收入的同时，千方百计控制和压缩财政支出，完善了追加经费审批管理办法，并决定从第四季起停止审批行政事业单位购买小汽车和新建办公楼，进一步增强了财政预算调控能力，提高了财政资金的使用效益。在 95 年财政政策性增支较多的情况下，仍圆满完成了当年全县财政平衡并消化一部分老赤字的目标。

总体来看，1995 年财政预算执行情况是我县历史上很好的一年，财政各项工作都取得了显著成绩。但我们也应该清醒的看到，由于我县经济总量很小，财政累计赤字数额较大，财政收支的矛盾仍然十分突出。继续完善县乡分税制、财政体制的任务还很繁重，财政管理水平和各级领导的财政意识还需要进一步加强提高。这些问题必须引起高度重视，并要在新的一年里努力加以解决。

二、1996 年财政预算草案

（一）财政收入预算

1996年，全县财政收入计划安排1.2173亿元，同比上年计划增加5003万元，增长69.8%，比上年收入实绩增加1751万元，增长16.8%。分级次看，上划中央收入为4020万元，比上年实绩增长17.6%；地方财政收入8153万元，比上年实绩增长16.3%。

1996年县本级财政收入计划安排6050万元，同口径比上年实绩增加2827万元，增长87.7%。比上年实绩增加869万元，增长16.8%。分级次看，上划中央收入为3101万元，比上年实绩增长22.2%；地方财政收入为2949万元，比上年实绩增长11.6%。

（二）财政支出预算

根据县“九五”规划加快发展的原则性要求，结合省定的消化赤字目标任务，1996年的预算收支要实现当年平衡并且消化817万元的老赤字。因此96年仍然要继续贯彻执行适度从紧的财政政策，将支出的增长幅度压下来，把支出的使用效益提上去。支出安排的基本原则是优先保证工资开支，原则上不留硬缺口，适当增加农业科技教育等投入，并在预算安排中将弥补老赤字的财力留下，坚持保证重点，兼顾一般，量力而行。

根据收入预算，1996年全县可用财力为1.1901亿元，支出预算安排1.1084亿元，同口径比上年年初预算增加3464万元，增长45.5%，县本级支出安排5070万元，比上年年初预算增加1363万元，增长36.8%。全县收支相抵，当年结余817万元，用于弥补老赤字。

县本级各项支出项目的安排情况如下：

1. 科技三项费用支出15万元，与上年持平；

2. 支援农村生产支出和农林水事业费支出338万元，比上年预算增加55万元；

3. 工交事业费支出24万元，比上年预算增加4万元；

4. 城市维护费支出160万元，比上年预算增加45万元；

5. 科教文卫事业费支出1349万元，比上年预算增加85万元；

6. 抚恤及社会福利救济费支出168万元，比上年预算增加13万元；

7. 行政管理费支出896万元，比上年预算增加157万元；

8. 公检法支出548万元，比上年预算增加95万元；

9. 其他部门事业费支出420万元，比上年预算增加199万元；

10. 其他支出848万元，比上年预算增加721万元；

11. 环境保护补助支出54万元，比上年预算增加11万元；

12. 教育附加支出200万元，比上年预算增加100万元；

13. 总预备费50万元。

上述财政预算草案，需要说明的是，尽管这两年我县财政收入增长较快，但是可用财力的增长与支出的增长并不同步，特别是要完成当年收支平衡并消化巨额赤字的硬性任务。因此，支出的安排仍然相当紧张，一些应当安排的支出没有列入或打足。在预算执行过程中，还会出现无法预料的减收增支因素。各部门、各乡镇对此必须予以高度重视，并在预算执行过程中，尽最大努力增加收入，紧缩支出，改进和加强财政管理，严肃财经纪律，确保财政预算任务圆满完成。

三、切实采取措施，认真抓好今年的财政工作，为实现“九五”财税工作“开门红”而努力奋斗

1996年财政工作的指导思想是：以党的十四届五中全会精神为指针，继续贯彻适度从紧的财政政策，深化财税改革，强化税收征管，狠抓增收节支，加强财政调控，全面完成全年各项财政工作任务，实现“九五”财政开门红。

根据上述指导思想和今年的财政收支目标任务，96年要着重做好以下几方面的工作：

（一）深化财税改革，进一步完善乡镇财政管理体制。

要加大财税改革的力度，进一步理顺分配关系，特别是要进一步完善县、乡两级分税制财政管理体制。要本着“两保”、“两控”、“两压缩”的原则，确保预算支出和实现全县财政收支平衡。两保，即保吃饭特别是优先保公教人员工资，保国家机关正常办公经费。两控，即控制人员编制、控社会集团购买力。两压缩，即压缩公用经费，压缩非生产性开支。中央经济工作会议要求，1996年要继续实行适度从紧的财政政策，今年全县的财政收支矛盾以及资金调度的困难仍然突出，各部门、各单位、各乡镇都要继续牢固树立起过日子的思想，自我加压，自求平衡，把该压的支出压下来。保重点不能留硬缺口，要建立一套完整财政收支制约机制，逐步使我县财政收支管理工作步入规范化、法制化轨道。

（二）强化财税法规宣传，提高全民纳税意识

各级财税部门要继续加大对财税法规的宣传力度，开展形式多样的财税法规宣传活动，巩固和完善全县协税护税网络，结合普法教育，在全县各行各业

掀起学税法、用税法、护税法的热潮。通过广泛宣传，使全社会的企业法人、财务人员和全体公民进一步提高纳税意识，大家都来关心财政，理解财政，支持财政工作，争取我县财政状况的根本好转。

（三）大力培植财源、扶持工农业生产发展，促进全县经济总量增加

加大力度，进一步加强企业的财务监督与管理，帮助企业狠抓内部管理，规范企业的财务行为，确保国有资产保值增值，提高经济效益，促进和帮助企业搞好扭亏增盈、增加财政收入，同时继续用好用活财政信用资金，扶持企业扩大生产和农村多种经营项目的发展，努力培植地方新兴后备财源，培植我县地方财政收入新的增长点。在财政周转金投放过程中，县、乡财政部门要认真加强监督管理，积极参与项目选定、考察、评估和论证，确保资金如期回收。

（四）认真做好行政性收费纳入预算管理以及预算外资金管理工作

一是行政性收费纳入预算管理的面要达到100%，今年的管理范围将在去年的基础上再扩大一些。执收单位必须按规定标准将款项及时足额缴入国库；二是预算外资金管理面确保100%，资金财政专户储存率达到95%以上。各乡镇要继续认真落实县政府下发的（1995）150号文件规定，全面推行乡镇预算外资金由乡镇财政统管，严格执行收支两条线管理，促进我县建立规范性综合预算，坚决制止和杜绝财政资金的体外循环。

（五）加大征收力度，确保今年财政预算的圆满完成和全面实现财政收支平衡的目标

1. 财税部门要切实制定征管措施，全面征好各项税收。在加强对工商税、农业“四税”征收的同时，做好零散税收、各项基金、费的征收工作。要改进征管办法，注重实际效果，坚持自觉申报与税管人员督促相结合，调动纳税人的积极性；坚持市场征管与源头控制相结合，调动代征代管部门的积极性。既要坚持常规征管，又要开征专项检查。

2. 加强财税队伍建设，提高部门的整体素质。全县财税干部要围绕财税改革中出现的新情况、新问题，深入基层调查研究，增强其自身工作的主动性与科学性。要坚持两个文明一起抓，大力强化思想政治工作，搞好廉政建设，及时解决行风建设中出现的突出问题，规范财税人员的执法行为。各乡镇要切实转变理财观念，提高财政意识，紧紧围绕财税工作的中心任务，共同做好财政工作。

3. 强化目标责任，加大领导力度。要继续签订财税工作目标管理责任状，

强化目标管理。要把责任状目标尽快分解到基层、落实到人，做到层层有压力，人人有担子。要制定科学合理的考核办法和奖惩措施，积极开展乡镇财政收入上台阶活动，确保完成和超额完成全年财政收入任务。

1996年是“九五”计划实施的第一年，也是财税改革和财政发展关键的一年。全面完成和超额完成今年的财政工作任务，对于顺利实施我县七届十一次全委（扩大）会议制定的“九五”计划开好头、起好步意义十分重大。只要全县上下统一思想，振奋精神，奋发进取，扎实工作，就一定能够圆满完成1996年的财政预算任务。

灌云县2002年财政预算执行情况和2003年财政预算草案的报告

——2003年1月12日在灌云县第十三届人民代表大会第一次会议上

孙 超

各位代表：

我受县人民政府的委托，现在向大会报告全县2002年财政预算执行情况和2003年财政预算草案，请予以审议。并请县政协各位委员和其他列席会议的同志提出意见。

一、2002年财政预算执行情况

2002年，县乡两级财税部门在县委、县政府的正确领导和县人大的监督下，以“三个代表”重要思想为指导，以逐步建立公共财政基本框架为目标，紧紧围绕县委、县政府确定的经济目标和总体要求，与时俱进，开拓创新，不断深化财政改革，加强财政管理，优化和调整财政支出结构，为维护全县改革、发展、稳定的大局作出了积极的贡献。

（一）全县财政预算执行情况

县十二届人民代表大会第五次会议批准的2002年全县财政收入预算为14996万元，省财政因灾害调减我县农业税任务295万元，调整后的财政收入任务为14701万元，实际完成15430万元，完成年度调整后收入预算的105%，超收 729 万元，比 2001 年实绩增长 14.2%。分级次看，上划中央收入完成 3718 万元（含所得税 50%部分），比上年实绩增长 9.8%；地方财政收入完成 11712 万元，比上年实绩增长 15.7%。

县十二届人民代表大会第五次会议批准的 2002 年全县财政支出预算为 19070 万元，在预算执行中，由于省市追加专项支出及补助支出 8706 万元，加上上年指标结转本年使用 3168 万元，全县财政支出最终调整为 30944 万元，据决算统计，2002 全县财政支出为 26595 万元，占调整后支出预算 85.9%，比上年实绩增支 2477 万元，增长 10.3%。

（二）县本级财政预算执行情况

2002 年县财政收入预算安排为 5690 万元，实际完成 6217 万元，完成年度预算的 109.2%。分级次看，上划中央收入完成 2057 万元，完成年度预算的 87.3%，比上年实绩增收 22 万元，增长 1.1%；地方财政收入完成 4160 万元，完成年度预算的 124.8%，比上年实绩增收 1125 万元，增长 37%。

县本级各类地方财政收入项目完成情况如下：

1. 增值税 25%部分完成 616 万元，完成年度预算的 81.9%，比上年实绩减少 32 万元，下降 4.9%；2. 营业税完成 616 万元，完成年度预算的 78.9%，比上年实绩减少 88 万元，下降 12.5%。3. 城建税完成 122 万元，完成年度预算的 102.5%，比上年实绩增收 15 万元，增长 14%；4. 资源税收入 177 万元，比上年实绩增收 232 万元；5. 所得税（50%部分）完成 133 万元，完成年度预算的 146.2%，比上年实绩增收 51 万元，增长 62.2%；6. 其他地方收入完成 71 万元，完成年度预算的 98.6%，比上年实绩减少 49 万元，下降 40.3%；7. 农业四税完成 143 万元，完成年度预算的 83.1%，比上年实绩减少 24 万元，下降 14.4%。8. 专项收入完成 265 万元，完成年度预算的 113.2%，比上年实绩增收 55 万元，增长 26.1%；9. 其他收入、罚没收入和行政事业性收费收入完成 1231 万元，完成年度预算的 110.7%，比上年实绩增收 229 万元，增长 22.9%；10. 基金收入完成 786 万元，比上年实绩增收 736 万元，增长 14.7 倍。

县十二届人民代表大会第五次会议批准的 2002 年县本级财政支出预算为 8520 万元，上年结转 3120 万元，省市追加专项支出及补助支出 5152 万元，之处调整为 16792 万元，据决算统计实际支出 12481 万元，完成调整后年度支出预算的 74.3%，比上年实际增支 1351 万元，增长 12.2%。

县本级财政主要支出项目完成情况如下：

1. 基本建设支出 17 万元，完成预算的 5%；2. 企业挖潜改造支出 31 万元，完成预算的 66%；3. 科技三项费用和科学事业费支出 192 万元，完成预算的 61.9%；4. 支援农业生产、农业综合开发和农林水事业费支出 1043 万元，完成预算的88.7%；5. 工交部门事业费支出 83 万元，完成预算的 91.2%；6. 文教卫事业费支出 2427 万元，完成预算的 82.1%。其中：教育事业费支出 1799 万元，完成预算的 88.4%；7. 城市维护费支出 327 万元，完成预算的 100%；8. 抚恤和社会福利救济事业费支出 400 万元，完成预算的 59%；9. 行政管理费支出 2319 万元，完成预算的 98.3%；10. 公检法司支出 2043 万元，完成预算的 93.9%；11. 其他部门事业费支出 104 万元，完成预算的 43%；12. 其他支出 378 万元，完成预算的 16.6%；13. 专款支出 142 万元，完成预算的 32.3%；14. 行政事业单位离退休人员经费支出 1545 万元，完成预算的 100%；15. 社会保障补助支出 703 万元，完成预算的 88.7%；16. 基金支出 669 万元，完成预算的 68.5%；17. 支援不发达地区发展资金支出 3 万元，完成预算的 100%；18. 国防和武警支出 55 万元，完成预算的 91.7%。

2002 年全县和县本级财政收支相抵，实现收支平衡。

总体来看，2002 年财政预算执行情况基本正常。为了努力完成全年各项财政工作任务，财税部门做了大量积极的工作。

（一）坚持依法治税，大力组织财政收入。2002 年，全县财税部门以组织财税收入为中心，坚持依法理财、依法治税，强化财税征管，努力挖掘增收潜力。一是加强税法宣传，治税环境明显好转。财税部门通过各种宣传媒体，开展多种形式的税法宣传教育活动，努力培养公民良好的纳税意识，增强依法纳税观念，使依法纳税深入人心。二是推进依法治税，努力做到应收尽收。按照县委、县政府统一部署，大力开展财税征管“百日行动”。财税部门层层签订收入目标管理责任状，量化目标，细化任务，定岗定责，明确奖惩，提高收入组织化程度。三是加强税收稽查，切实提高征管水平。不断加强经济税源的分析监控，及时掌握财税收入进度和税源发展变化趋势，查找薄弱环节和漏洞，始终把握组织收入工作的主动权。

（二）发挥财政职能，财源建设发展迅速。灵活运用财税政策，促进税源经济发展。财源结构不断优化，财政收入的增长后劲和发展活力明显增强。一是大力支持农业基础设施建设，提高农业综合生产能力。积极推进农业和农村经济结构调整，加快实施品种、技术、知识更新三项工程，促进规模化生产和产业化经营。2002年，全县财政预算内安排支农资金700万元，筹集农发基金、防洪保安资金120万元，同时配合农业开发、农林、水利等部门向上争取专项资金1955万元，为促进农业增收、农民增收、农村稳定发挥了重要的作用。二是积极推进骨干企业改革改制步伐，支持企业资本重组和资产运营。突出工业经济主体地位，大力支持国有企业深化改革和结构调整。争取省、市科技三项费用37万元，争取省财政火炬和星火计划贴息资金50万元。三是积极培养私营个体、房地产开发等新的财源增长点。认真贯彻落实扶持私营个体经济发展的优惠政策，扶优、扶强、扶大一批私营个体企业。2002年，全县私营个体经济实现税收占全县财政收入的23.3%。同时财政部门把向上争取资金作为缓解财政困难的重要措施，2002年，争取养老保险、公教人员工资补助等专项资金4275万元，配合计划、水利、科技、卫生等部门争取项目资金1530万元。通过积极争取资金，有力地缓解财政收支矛盾，支持了经济和社会事业的发展。

（三）创新管理机制，财政改革步伐加快。坚持用改革的办法解决财政工作中出现的困难和问题，财政各项改革明显深化。一是农村税费改革成果不断巩固。全县征收入库农业税4785万元，完成年度预算的100%。同时，农村税费改革也促进了乡村机构改革、农村教育改革等各项改革和村级债务的化解。二是会计集中核算成效显著。对全县党政机关、社会团体及全额拨款的事业单位一律取消会计岗位，撤销银行账户，由财政部门统管会计人员、资金结算和会计核算工作，实行“统一开户、集中管理、分户核算”的财政资金管理模式。通过实行会计集中核算，管实了收入，管严了支出，管住了财力。自中心成立以来，撤销银行账户186个，归集资金860万元，共退回各种不合格发票32万元，取消各项不合理支出86万元，节约财政资金120万元。三是政府采购规模不断扩大。在县本级实施了车辆定点保险、机关定点文印、电脑、空调等办公用品集中采购的管理制度，共组织公开招标、邀请投标、询价采购等96次，实现政府采购总额1177万元，比市场节支235万元。四是“收支两条线”管理改革稳步推进。按照“收支脱钩、收缴分离”的原则，深化“收支两条线”改革，切实加强预算外资金的收支管理。2002年，县本级预算外资金收入达6100万元，专户储存率达100%。

（四）优化支出结构，重点支出保障有力。财政部门坚持“一要吃饭、二要建设”的原则，大力调整和优化支出结构，较好地保证了与改革、发展、稳定大局密切相关的各项支出需要。把保证工资及时发放作为“第一要务”，转变工资发放模式，优先足额安排工资性经费。2002 年保证了机关事业单位职工，特别是农村中小学教师工资按照中央统一规定项目和标准按时足额发放。积极落实“两个确保”和一个“低保”。为强化社会保障功能，保证社会弱势群体的基本生活，财政、劳动保障部门共向上争取企业下岗再就业、养老保险等专项资金 1423 万元，预算内安排社会保障支出 261 万元，确保了社会保障资金的及时拨付，为维护社会稳定作出了贡献。

（五）强化监督管理，财经秩序不断规范。在认真抓好国有资产管理、行政事业单位财务管理等工作基础上，切实加强财政收支行为的监管。一是规范财政支出行为。对人、车、会等重点支出项目实行定额包干，跟踪监督。二是认真开展各项专项检查。相继开展了财政扶贫资金、支农资金、罚没收入、行政事业性收费等专项检查，对发现的问题，及时加以纠正。三是建立和完善财政监督稽查机制。坚持日常检查与突击检查相结合，保证了财政监督职能的经常化。

（六）加强作风建设，财税队伍素质明显提高。全县财税系统广大党员干部从实践“三个代表”重要思想的高度，深入开展了软环境集中治理、“三好”公民道德教育等主题活动，签订党风廉政建设责任状，建立承诺服务和政务公示制度。以“政务公开、透明理财”为主题，大力开展财政系统政务公开活动，提高群众对财政工作的参与权、知情权和监督权。对社会反映强烈的突出问题，切实搞好纠风整改，全面提高队伍素质，树立了财政部门严谨有序、公正严明、廉洁高效的良好形象。

回顾 2002 年的预算执行情况，我们也清醒地看到存在问题和面临的困难。一是全县经济基础比较薄弱，财政收入占 GDP 比重较低，财政对社会和经济发展的调控能力还比较薄弱。二是财源结构不尽合理，财政增收乏力，财力缺口较大。三是财政刚性支出增长过快，财政收入平衡难度较大。四是县财政承担或担保的世行贷款、农业开发资金等债务已进入还债高峰期，偿债压力凸现，加大了财政压力。这些问题必须引起我们高度重视，并在以后的工作中努力加以解决。

二、2003 年财政预算草案

2003 年是我县经济快速崛起的关键一年，也是我县财政改革的推进之年。全面做好 2003 年财政各项工作，对于保持社会稳定、促进经济的快速崛起，至关重要。今年全县财政形势仍然十分严峻。一方面有效财源总量较小，后续财源尚处于发展期，财政收入快速增长的难度很大；另一方面完善社会保障制度、偿还各类财政债务等，都需要增加财政支出。因此，根据上级要求，结合我县实际，2003 年全县财政预算安排和财政工作总的指导思想是：以“三个代表”重要思想为指导，认真贯彻党的十六大和县九届三次全委扩大会议精神，以财政改革统揽工作全局，以实现财政良性循环作为奋斗目标，坚持开源与节流齐抓，增收与堵漏并重，努力培植和壮大财源，不断提高财政收入占 GDP 的比重。加大财政支出结构调整力度，力保人员经费和和重点支出需要；进一步增加社会保障投入，完善社会保障制度。2003 年全县财政预算安排应遵循以下原则：一是根据国民经济和社会发展计划，保持财政收入的适度增长。二是坚持“一是吃饭、二是建设”的原则，确保与改革、发展、稳定大局密切相关的重要支出需要。三是坚持公共财政的改革方向，规范财政支出行为，理顺财政分配关系。四是继续执行《预算法》的有关规定，县乡两级财政预算编制不打赤字，并确保当年财政收支平衡。

（一）全县财政预算草案

2003 年，全县财政收入预算计划安排为 17280 万元，比 2002 年实绩增加 1850 万元，增长 12%。其中：上划中央收入计划安排为 4515 万元，比 2002 年实绩增加 707 万元，增长 18.6%；地方财政收入计划安排为 12865 万元，比 2002 年实绩增加 1153 万元，增长 9.8%。

根据收入预算和现行财政体制测算，2003 年全县总财力预计为 21148 万元，支出预算计划安排为 21148 万元，比 2002 年支出预算增加 2078 万元，增长 10.9%。全县当年财政实现收支平衡。

（二）县本级财政预算草案

2003 年，县本级财政收入预算计划安排为 6996 万元，比 2002 年实绩增加 782 万元，增长 12.6%。其中：上划中央收入计划安排为 2570 万元，比 2002 年实绩增加 487 万元，增长 23.4%；地方财政收入计划安排为 4426 万元，比 2002 年实绩增加 295 万元，增长 7.1%。

县本级地方各类收入计划安排如下：

1. 增值税 25%部分 774 万元，比上年实绩增长 25.6%；2. 营业税收入 690 万元，比上年实绩增长 12%；3. 城建税收入 136 万元，比上年实绩增长 11.5%；4. 资源税收入 181 万元，比上年实绩增长 2.8%；5. 所得税收入（40%

部分）110 万元，比上年实绩增长 2.8%；6. 其他地方税收 71 万元，与上年实绩持平；7. 农业税收入 147 万元，比上年实绩增长 3%；8. 专项收入 273 万元，比上年实绩增长 3%；9. 其他收入、罚没收入和行政性收费 1234 万元，与上年实绩持平。10. 基金收入 808 万元，比上年实绩增长 2.8%。

根据收入预算和调整后的财政体制预算，2003 年县本级可用财力预计为 9702 万元，县本级财政支出计划安排为 9702 万元，比上年预算增加 1182 万元，增长 13.9%。县本级财政收支相抵，当年预算收支平衡。

县本级各项支出预算安排如下：

1. 科学事业费和科三费支出 35 万元，与上年预算持平；2. 农、林、水等支出 345 万元，比上年增长 3.6%；3. 文教卫事业费支出 2015 万元，比上年预算增长32.4%；4. 城市维护费支出 306 万元，与上年预算持平；5. 工交及财税审事业费支出 261 万元，比上年增长 1.2%；6. 抚恤和救济事业费支出 128 万元，比上年预算增长 3.2%；7. 行政管理费支出 1590 万元，比上年预算增长 2.4%；8. 公检法司支出 1500 万元，比上年预算增长 3.7%；9. 专项支出 260 万元，比上年预算增长 26.2%；10. 其他支出 786 万元，比上年预算下降 35.8%；11. 行政事业离退休费用和社会保障补助支出 1545 万元，比上年预算增长 2.3%；12. 总预备费安排 200 万元，与上年预算持平；基金支出安排比上年净增长 731 万元。

三、以“三个代表”重要思想为指针，坚持依法理财，不断深化改革，努力完成 2003 年的财政预算任务。

根据财政经济工作的形势和任务，按照县委九届三次全委（扩大）会议的总体要求，2003 年财政工作重点抓好以下几个方面：

（一）以支持经济建设为主线，强化发展意识，培植有效财源。目前，财源基础薄弱是制约我县财政增收的主要因素，也是造成县乡财政困难的症结所在。振兴财政首先要发展经济，县乡两级财政部门将紧紧围绕“一条主线、三项目标、五大战略、七大支撑体系”的发展思路，自觉地把支持经济建设作为财政工作的出发点和立足点，积极探索财政资金支持经济发展的新举措，做大、做强财政“蛋糕”。加大农业投入，促进农业结构调整，培植基础财源。强化对工业企业的支持，壮大骨干财源。注重加大对科技、私营个体、基础设施建设投入，着力发展后续财源。积极利用预算、贴息、转移支付等手段，发挥财政政策的组合效应，支持和促进经济结构调整，拓展生财之路，壮大财政总量。

（二）以实现全年预算为核心，强化平衡意识，狠抓增收节支。实现全年预算目标，确保收支平衡，必须从增收和节支两个方面着手。在收入征管上，以贯彻落实《税收征管法》实施细则为契机，切实加强对重点税种，重点行业和重点税源大户的征收管理工作，进一步强化对重点企业的税源监控，落实有效措施，保证税款及时足额入库。加大税收稽查力度，坚决打击各种偷税漏税行为。进一步严格收入目标责任，加强考核监督，充分调动各乡镇、各部门依法组织收入的积极性。在支出安排上，牢固树立过紧日子的思想，坚持"有所为，有所不为"，调整优化财政支出结构，千方百计筹措资金确保全县公教人员工资按国家标准按时发放。进一步加大社会保障投入，增长社会保障资金供给能力，促进全县社会稳定。

（三）以健全财政职能为目标，强化改革意识，提高财政运行质态。改革是发展的动力。2003 年，我们将狠抓改革来促发展、保稳定、保支出。一是进一步深化预算编制改革，积极做好部门预算试点工作。按照公共财政和依法理财的要求，全面实施综合预算。科学界定支出范围和标准，对通过经营和服务取得收入的事业单位，在保证离退休人员经费的前提下，其他人员逐步减少财政拨款。细化预算编制，推进部门预算改革，制定科学合理、符合本地实际的定员、定额标准，提高预算编制的科学性，加强预算约束力。二是巩固完善会计集中核算制度，加大财政支出管理力度。巩固和完善县会计核算中心的运行程序，提高工作效率和服务态度，为符合报账条件的用款单位提供方便、快捷、周到的服务。三是加快推进国库集中收付制度试点改革。在会计集中核算的基础上，逐步试点推行国库集中支付制度改革，尽快在全县建立起以国库单一账户体系为基础、资金缴拨以国库集中收付为主要形式的现代国库管理制度。四是健全政府采购体系，认真贯彻落实《政府采购法》，完善政府采购制度，进一步拓宽政府采购范围。按照采购、使用、资金支付三分开和采购过程市场化的原则，实施与政府采购制度同步的配套改革，实现政府采购管理法制化。

（四）以严格依法理财为重点，强化监督意识，规范财经秩序。加强对财政性资金使用的监督，建立包括财政部门、主管部门、资金使用单位、审计部门在内的相互制约、相互补充的预算执行监督体系。加强对国有土地出让、国有资产转让、出售等收益的管理，规范财政收支行为，使财政管理成效真正体现到财政增收上来。进一步深化"收支两条线"管理。按照国务院规定，将全县公安、法院、环保、计划生育等部门的行政性收费全额纳入预算管理，全额上交国库，其支出由财政部门按其履行职能的需要核定，进一步加强预算外资金管理，加大集中调控力度，不断增加财政的可支配财力，最大限度发挥财政资金的使用效率。

（五）以十六大精神为指引，强化服务意识，提高整体素质。以深入学习党的十六大精神为抓手，进一步加强干部队伍建设、党风廉政建设，努力建设一支政治高、能力强、作风实的财税干部队伍。按照“内强素质，外树形象”的要求，积极开展“讲文明、树形象、严执法、做表率、创新风、争贡献”为主题的“争先创优”活动，强化奉献意识、廉政意识和效率意识；结合行业特点，大力开展职业道德、职业纪律教育，规范行业行为；大力弘扬团结拼搏爱岗敬业精神，使财税干部队伍成为一支作风过硬、纪律严明、能打硬仗的具有坚强战斗力的高素质队伍。

各位代表：今年财政工作任务繁重而艰巨。我们决心按照“三个代表”重要思想的要求，解放思想，与时俱进，抢抓机遇，扎实工作，圆满地完成今年既定的各项财政工作任务，为实现我县经济的快速崛起而努力奋斗！

2010年灌云县财政预算执行情况及2011年预算草案的报告

—2011年2月18日在灌云县第十四届人民代表大会第四次会议上

孙 超

各位代表：

我受县人民政府的委托，现将2010年财政预算执行情况和2011年财政预算草案报告如下，请予以审议，并请县政协委员和其他列席人员提出意见。

一、2010年全县财政预算执行情况

2010年，在县委的正确领导下，在县人大的监督与支持下，全县财税部门认真贯彻落实县委十届十次全体（扩大）会议和县十四届人大三次会议精神，牢固树立“科学发展当先锋，崛起苏北创一流”的坚定信念，坚持以科学发展观为指导，紧紧抓住沿海大开发这一千载难逢的战略机遇，大力培植税源经济，

努力强化税收征管，不断优化支出结构，积极打造发展财政、民生财政、和谐财政、创新财政、阳光财政，有力地推动了全县经济和各项社会事业的快速协调发展。

县十四届人大三次会议批准的2010年全县财政总收入预算为33亿元，其中一般预算收入15亿元，实际完成财政总收入40.5亿元，占收入预算122.7%，同比增收15.5亿元，增长61.9%。其中一般预算收入完成16.47亿元，占收入预算109.8%，同比增收5.97亿元，增长56.8%。

县十四届人大三次会议批准的2010年全县财政支出预算为30.72亿元，加上上年结转、调入资金、上级追加专项支出指标等，全县财政支出预算调整为53.62亿元，实际支出49.04亿元，占调整后预算91.4%，同比增长52.3%。其中：一般预算支出调整为32.67亿元，实际支出28.87亿元，占调整后预算88.4%，同比增支9.17亿元，增长46.5%。

全县财政一般预算平衡情况：2010年全县财政一般预算收入完成16.47亿元，加上上年结转等4.54亿元、上级追加专项及补助、超收财力等安排支出15.29亿元，收入方合计为36.3亿元，当年支出28.87亿元，上解支出等3.63亿元，结转下年指标3.8亿元，支出方合计为36.3亿元，全县财政一般预算收支相抵，实现收支平衡。

二、2010年县本级财政预算执行情况

县十四届人大三次会议批准的2010年县本级财政收入预算为12.65亿元，实际完成15.52亿元，占收入预算122.7%，同比增收4.12亿元，增长36.2%。其中：财政一般预算收入完成3.57亿元，同比增收0.89亿元，增长33.4%。

县十四届人大三次会议批准的2010年县本级财政支出预算为16.72亿元，加上上年结转、调入资金、上级追加专项支出指标等，县本级财政支出预算调整为26.46亿元，实际支出21.88亿元，占调整后预算82.7%，同比增长12.5%。

县本级财政一般预算收支执行情况详见附表一。

县本级财政一般预算平衡情况：2010年县本级财政一般预算收入完成3.57亿元，加上上年结转4.54亿元、上级追加专项及补助、乡镇上解、超收财力等安排支出16.62亿元，收入方合计24.73亿元，当年支出17.3亿元，上解支出等3.63亿元，结转下年指标3.8亿元，支出方合计24.73亿元，县本级财政一

般预算收支相抵，实现收支平衡。

因财政结算还未最终办理，现在报告的预算收支执行情况与最后的决算可能有差距，届时我们再向县人大常委会报告。

三、2010 年财政工作主要措施

（一）力保增长，促进发展，税源培植力度不断加大。坚持将财源建设放在财政工作的重要位置，紧紧围绕“保增长、促发展、调结构”的总体要求，准确把握经济发展形势，充分发挥财政资金“四两拨千斤”作用，不断做大财政蛋糕。一是狠抓重点。突出工业主导地位，加快推进沿海开发，集中财力支持临港产业区和县经济开发区基础设施建设，特别是对临港产业区 3 万吨级码头、海滨新城等重大工程给予财力支持，争取苏北开发区及“南北挂钩”共建园区基础设施建设补助资金 1500 万元，园区承载能力不断提升，集聚效应和带动作用明显增强。设立扶持企业发展基金 2000 万元，对税收贡献大、发展前景好的企业给予重点扶持，积极支持化工、船舶制造等优势产业做特做优，着力推进远征化工、明盛化工等骨干企业做大做强，增强骨干企业的龙头效应和税收贡献。认真研究上级财政对地方财源建设支持政策，积极向上申报财源建设项目。争取省农业产业化发展项目资金 658 万元，中小企业发展专项资金 460 万元，省级科技型企业发展专项引导资金 279 万元。积极落实国家各项税收减免政策，办理再生资源回收企业退税 7758 万元。通过项目和资金支持，有力推进了企业提速增效，全县纳税超 100 万元企业 145 户，比 2009 年增加 62 户，其中，超 1000 万元 13 户，比 2009 年增加 5 户；超5000 万元 3 户，比 2009 年增加 2 户。二是主攻难点。中小企业融资一直是难点问题，也是财政部门工作重点之一。为了调动和促进金融机构对企业的信贷支持力度，县政府加大了对金融机构的考核力度，财政部门适时按考核排名调度财政性资金存款余额，收到了良好成效，全县新增贷款 19 亿元，特别是太仓农村商业银行 2010 年底成立仅一个月，就为五洲造船、明盛化工等企业授信 2.2 亿元。在调动金融机构积极性的同时，充分挖掘自身潜能，2010 年上半年，县泰和担保公司进一步完善中小企业贷款风险补偿办法和信用担保体系，被省再担保公司评为全市最高级别的“A+”级主办机构，已累计申报中央和省级担保业务财政补贴 1100 多万元；共为耀中铝车轮、腾翔金属等 50 户企业担保贷款 2.56 亿元，同比增长 194%，其中，在全省率先和省再担保公司联手为江苏远征化工担保 2000 万元贷款。通过创新举措，有效缓解了中小企业融资难问题，促进了企业的提速增效。三是打造亮点。主动服务支持招商引资，出台了《鼓励引进商贸企业暂行办法》等一系列文件，提高了招商实效。着力增强县域经济外向度，严格执行外贸出口发展扶持政策，共办理出口企业退税1.3亿元，拨付外经外贸发展扶持资金287万元，促进外贸出口稳定增长和结构优化；申报国家能源综合利用补助项目资金1230万元，争取欣森木业机电包装物、万运酒业沼气建设等循环经济项目资金860万元，有力推进了重点耗能企业节能新技术、新工艺和新产品的研究开发和推广应用，促进了经济结构的调整和经济增长方式的转变。

（二）强化征管，壮大实力，财政收入质态稳步提升。正确处理好收入规模与收入结构、收入质量与增长速度的关系，努力把财政收入做大做强。一是强化领导促动。成立了县财税征管推进工作领导小组和税收举报查处中心，每个乡镇明确一名领导协助乡镇长抓财税工作，并专门成立了综合治税办公室，国、地税部门成立了专业化分局，专门负责税收查处工作，对餐饮、矿产资源开采、旋耕机企业等重点领域和税负异常企业进行专项稽查和剖析，对查出的偷漏税典型案件进行公开曝光，杜绝跑冒滴漏现象的发生。组织有关部门对两大园区企业投产达效进行专题会办，帮助企业解决生产运营中的难题，推进企业提速增效。二是开展竞赛联动。积极开展财政收入首季开门红、半年超过半竞赛活动，出台了鼓励财政增收的激励政策，建立了“月过堂，季竞赛”制度，明确乡镇、园区以及财税部门一把手为财税工作第一责任人，及时总结通报，严格奖惩兑现，促进部门联手，多方联动，调动了全县抓收入、争贡献、抢上游的积极性。三是集中整治推动。先后开展了个体工商户、建筑房地产企业、工业企业税收集中征管行动以及查处假发票专项治理行动，取得了明显成效。通过开展个体工商户税收集中月整治行动，全县个体工商纳税户由800户增加到5000多户，增加5.3倍，全年增加税收2000万元。通过对房地产企业开展税收大检查，查补入库税收1950万元。通过开展工业企业税收集中整治行动，查补入库税收1000多万元。

（三）关注民生，谋取民利，和谐构建步伐明显加快。坚持以人为本的理财思路，重点关注人民群众最关心、最直接、最现实的利益问题，努力在解决民生问题、理清发展思路上见成效。一是新农村建设快步推进。突出“三农”工作，支农投入共计5.33亿元，同比增长42%，有力地促进了农业发展、农民增收和农村稳定。深入推进农业发展。申报省级高效设施农业和现代农业生产项目计 15 个，争取财政补助 1960 万元，有力地推进了现代设施农业的发展。强化村级公益事业建设一事一议财政奖补工作，全县实施一事一议财政奖补项目的行政村 117 个，实施项目共173 个,项目总投入 2008.8 万元。继续推进农桥建设工作，财政投入资金 880 万元。项目的实施，改善了农村的生产环境，促进了农业发展。努力增加农民收入。紧紧抓住农民增收这个核心，在推进高效农业发展增加群众收入的同时，争取省脱贫攻坚补助资金 2108 万元，帮扶脱贫农户 9042 户，脱贫攻坚工程深入推进。及时发放水稻及农资综合补贴 7567 万元，惠及群众 61.8 万人。发放良种补贴资金 1253 万元，受益群众 67 万人。加大对农机购置补贴的投入力度，补贴农机具 1690 台套，补贴资金 1622 万元，推进了农作物生产环节农机装备的升级换代。严格落实家电、摩托车、汽车下乡等优惠政策，补贴发放方式由原来销售网点代审改为由销售网点代垫，共补贴家电 24923 台，发放补贴 715.3 万元，汽车摩托车共补贴 7493 辆，发放补贴 907 万元，群众得到实惠。认真做好劳动力转移培训工作，争取上级农业实用技术培训、创业培训、农村劳动力转移培训等各类培训资金 581 万元，培训 6.1 万人，通过加强补贴，推进农民就业，增强造血功能，农民群众收入不断提高。强力推进农村安全稳定。投入农村饮用水安全项目资金 5784 万元，解决了鲁河、龙苴、南岗等 5 个乡镇 1 万余人的饮水难题。制定印发《灌云县关于加强农业保险管理费使用和管理的通知》，及时发放小麦赔付资金 632.8 万元，使受灾农民得到应有的赔偿，提高了农民种粮积极性，也消除了因粮食损失带来的不稳定因素。拨付 534 万元用于经济薄弱村村部建设，改善了村级办公条件。加强村级三项资金管理，足额发放村干部报酬、五保户供养金、误工补及村级办公经费，全年支出 3772 万元。二是民生实事快步推进。在确保公教人员工资津贴及时足额发放的基础上，财政资金向弱势群体等民生实事倾斜，认真落实“八免”惠民政策，投入资金达 2430 万元，群众受益人口达 497.6 万人次。进一步完善城镇居民基本医疗保险制度，全年共征收医疗保险金 5372 万元，拨付医疗保险 7418 万元，年最高报销金额从 3 万元提高到 6 万元。将新农村合作医疗筹资标准由年人均 120 元提高至 150 元，争取省新型农村合作医疗补助资金 6133 万元，农民自筹 2019 万元，县财政配套 1200 万元，实现城乡居民医疗保险全覆盖。关注群众就业，安排再就业补助资金 320 万元，确保就业支持的落实和兑现。建立城乡最低生活保障制度，拨付城镇低保金 243 万元，农村低保金 3372 万元，实现城乡低保动态管理下的“应保尽保”。大力推行新型农村养老保险，新增参保人员33.1万人，安排配套资金2000万元（半年）。全年共征收企业养老保险金11913万元，争取省对我县企业养老金补助2990万元，保证了全县企业离退休人员养老保险拨付到位。三是各项社会事业快步推进。优先支持教育发展，安排教育支出4亿元，同比增支4676万元。全面落实和完善城乡义务教育各项政策措施，拨付中小学公用经费5494.5万元，争取农村义务教育阶段中小学家庭经济困难寄宿生生活补助经费430.1万元，资助贫困学生6121人。发放高中政府助学金327万元，受益学生2422人。加大职业教育投入力度，拨付资金663万元，用于发放中等职业学校国家助学金，资助学生4409人。争取专项资金451万元，用于农村义务教育阶段中小学校舍维修改造。拨付2370万元，支持县大高中、新区小学建设，确保工程顺利进行。加快公共文化服务体系建设，争取省送戏、送电影补助资金、农家书屋建设资金、农村有线电视进村入户专项补助经费248.7万元，有效解决了农民“看书、看戏、看电影”难的问题。拨付县重点工程图书馆(四合一工程)、体育馆、影剧院、博物馆等建设资金3500万元，保证了工程建设的顺利进行和全国女排大奖赛等赛事的圆满举办。加大卫生经费投入，切实改善医疗条件，争取农村公共卫生资金1636万元，推进了基本公共服务项目的顺利开展。争取农村计划生育家庭奖励扶助资金142万元、计划生育免费技术服务专项资金101万元，有力地推进了计生事业的发展。支持“平安灌云”、“法治灌云”建设，投入平安法治建设经费6300万元，其中，争取中央、省级政法专项经费2500万元，支持政法部门开展专项工作，为维护社会稳定、促进经济发展提供有效保障。全县教育、文化、卫生等各项事业加快推进，和谐构建步伐不断加快。

（四）重抓创新，增加绩效，财政支出结构更趋优化。着眼于全县财政资源的优化配置，从完善机制和规范操作入手，努力提高财政资金运行的规范性、安全性和有效性。一是重抓机制体制创新。继续深入推进部门预算、国库集中支付、一折通、政府采购、收支两条线等财政改革，取得了较好的成效。国库集中支付改革进一步完善，将县本级行政事业单位所有财政性往来资金全部纳入国库集中支付范围，不断扩大集中支付覆盖面；进一步简化操作流程，加强账户和资金安全管理，努力降低财政资金安全风险，提高集中支付效率，全年共办理国库集中支付10591笔，支付资金18.8亿元，其中直接支付率为88%，县级统筹能力明显增强。进一步拓展采购范围，扩大采购规模，加强对采购活动的监管，严格规范采购行为，切实增强政府采购的透明度。全年共完成采购

401批（次），采购金额7845.5万元，同比增长18.78%，实际支付6979.1万元，节约资金866.4万元，节约率为11.04%。二是重抓财政监督检查。积极开展部门预算、财政财务收支和会计信息质量的监督检查，对县环保局2009年度部门预算执行情况和财政财务收支情况进行了检查，对县质检站、县建筑质量工程检测中心和畜牧兽医站等单位的2009年度会计信息质量进行了检查，对会计基础工作薄弱，账务处理不规范特别是往来账项混乱的问题作出了严肃处理，确保财政性资金安全有序运行。三是重抓专项资金绩效管理。建立"事前审查建库、事中监督检查、事后验收审计"的全方位项目管理机制，在会计核算中心设立专项账户19个，并对专项资金的使用和落实情况进行跟踪督查，组织对2007–2009年各级财政预算安排用于"三农"资金、一事一议财政奖补等资金使用情况进行全面检查，从严规范项目支出范围、报账流程和报账凭证管理，将监督管理贯穿于项目实施的全过程，严防出现挤占和挪用专项资金的情况，提高了专项资金的使用效益。

2010年，全县财政预算执行情况良好，财政收入快速增长，财政保障能力不断增强，财政反哺经济的能力明显提高，为我县经济和社会事业的快速发展作出了较大贡献，但是我们也清醒地认识到预算执行和财政工作中存在的问题：一是财政增收空间有待进一步拓展，支撑财政快速持续增长的骨干税源还不多，财政收入质量有待于进一步提高；二是政策性增支因素快速增加，财政支出压力持续加大，收支矛盾更加突出；三是乡镇财政运转仍然困难，进一步增加了县本级财政的压力。针对这些问题，我们将采取更加有效的措施，努力加以解决。

四、2011年财政预算草案

2011年是"十二五"规划的开局之年，为了取得首战胜利，为"十二五"的大跨越开好头、起好步，全县财政工作指导思想是：以科学发展观为指导，认真贯彻落实中央十七届五中全会、中央经济工作会议、省财政工作会议以及县委十届十三次全体扩大会议精神，在县委的坚强领导下，紧紧围绕"建成全面小康，力争县域经济走在苏北前列，力争进入全国百强县"的"十二五"总体目标定位，全力落实"秉持强劲增势，全面跨越提升，加快转型升级，确保首战必胜"的总体要求和"六个确保"重点任务，充分发挥财政职能作用，纵深推进沿海开发，加快扩张新兴产业，推进结构调整和创新发展，努力壮大财政收入总量和提高财政收入质量；不断优化支出结构，着力保障和改善民生，维护和谐稳定的良好局面；续继深化财政体制改革，深入推进财政的科学化精细化管理，推动财政工作上台阶、上水平，促进全县经济社会又好又快发展。

根据 2011 年全县国民经济和社会发展计划及上述指导思想，2011 年全县及县本级财政预算草案是：

（一）全县财政预算收支草案

2011 年，财政总收入预算安排 51 亿元，同比增长 26%。其中：一般预算收入21 亿元，同比增长 27.5%。

根据收入预算和现行财政体制测算，2011 年全县当年总财力 48.7 亿元，支出预算安排 48.7 亿元，与 2010 年同比增加 17.98 亿元，增长 58.5%。2011 年财政收支确保平衡。

（二）县本级财政预算收支草案

2011 年，县本级财政总收入预算安排 17 亿元，同比增长 10%，其中，一般预算收入 3.85 亿元，同比增长 8%。

县本级财政预算收支情况详见附表二。

根据收入预算和现行财政体制测算，2011 年县本级财政当年总财力为 20.61 亿元，安排支出 20.61 亿元，与 2010 年同比增加 3.89 亿元，增长 23.3%，县本级财政预算安排确保收支平衡。

（三）2011 年重点工作安排

1. 致力创新发展，重抓税源培植，构筑财政增收有力支撑。始终把保障和促进发展作为第一职责，在强化税收征管，确保应收尽收的同时，努力发展税源经济，确保完成或超额完成全年目标任务。一是全力支持沿海开发，打造税源经济高地。认真落实财政政策，积极服务支持沿海开发和园区建设，坚持一手抓基础设施建设，提高园区项目承载能力，一手抓项目引进，扩大园区集聚效应、规模效应。二是倾力扶持支柱产业，不断培植新的税源增长点。围绕“培育百亿元产业、打造百亿元企业、建设千亿元园区、推进千亿元投入”的双百双千工业扩张工程，引导企业加大技术改造和产品研发投入，支持船舶制造、机械电子、精细化工、轻工纺织等六大特色产业链向上下游延伸，推动产业集约、集聚、集群发展。研究加快在建项目投产达效政策措施，树立“终身服务”理念，不断培植新的税源增长点。设立现代服务业专项资金，积极支持与制造业配套的现代物流、信息服务、市场集群等生产性服务业，使其和先进制造业有机融合、互动发展。三是着力推进创新发展，备足增长发展后劲。充分发挥财政资源的调控引导作用，鼓励企业加大研发投入和人才储备，提高自主创新能力，形成以企业为主体、市场为导向、产学研相结合的技术创新体系。积极支持实施创新创业人才引进培养计划，为打造创新型人才队伍提供有力的财力保障。加快推进楼宇经济、都市型工业经济等创新型经济发展，增强发展后劲。四是努力搭建融资平台，破解企业发展瓶颈。在用好用活现有政府投融资平台的基础上，积极撬动和吸纳信贷资金、企业资金、民间资金搞建设、扩内需，努力形成多元化、多渠道、高效率的投融资体系，切实解决中小企业融资难问题。

2. 狠抓增收节支，强化统筹整合，不断壮大公共财政实力。一是强化征管，确保财力稳定增长。加强税收经济分析，结合财政经济发展新形势，及时采取有针对性的措施，确保新的经济增长点成为收入增长点，努力实现主体税种随经济增长而增收，着力提高税收收入占一般预算收入的比重。坚持依法征税，进一步完善现代税收征管手段，健全税源控缴机制，严厉打击偷骗税等违法行为，确保应收尽收。二是统筹整合，增强政府调控能力。加强对国有资本经营收入、国有资源有偿使用收入等非税收入的研究与管理，扎实推进非税收入改革，进一步深化收缴分离制度，按照“单位开票、银行代收、财政统管”的要求进行规范管理；改革票据管理模式，采用现代信息技术，按收费项目编码收费，统一电脑开票征收，提升非税收入管理水平，加大财政性资金统筹力度，不断增强政府调控能力。三是严控支出，规范预算执行行为。牢固树立过紧日子的思想，严格按照批复的预算、用款计划以及项目进度拨付资金。严肃财经纪律，严把审核关，勤俭办一切事业，把有限的财力用在刀刃上，切实保障各项重点支出需要。

3. 发挥职能作用，着力改善民生，切实提高财政公共服务能力。把改善民生、发展社会事业作为建设幸福新灌云的重点，强力加以推进。一是多渠道惠农利民。突出“三农”基础地位，扎实推进农村实事，全面落实各种涉农补贴政策。紧紧围绕争创全省设施栽培基地县的目标，加快推进农业产业化进程，支持现代农业的示范区、高效农业的实验区建设。扩大农业保险覆盖面，加快建立风险防范机制，促进农村和谐稳定。努力加大农民培训投入力度，推动农村劳动力自主创业或转移就业，促进城乡统筹发展。二是多措施落实民生保障。加快推进社会保障由“扶弱救济型”向“普惠共享型”转变，让广大群众享受到更多的改革发展成果。着力支持完善社会救助体系，努力加大社会保障投入，增强社会保障资金供给能力，重点倾斜企业养老、职工及城乡居民医疗、城乡低保、社会优抚、农村特困、扶贫救灾等社会群体的支出需要，新农合筹资标准由150元提高到200元，新农合和城镇居民医保政策范围内住院费用最高报销比例提高到65%。三是多投入加快事业发展。坚持教育优先发展，统筹安排资金，积极支持现代教育发展，稳步推进实施校舍安全工程，进一步改善中小学办学条件。加快构建覆盖城乡的公共文化服务体系，促进城乡文化事业协调发展。加快医疗卫生事业、文体事业发展，努力实现基本公共服务均等化。

4. 深入推进改革，创新体制机制，努力提升财政科学化精细化管理水平。按照财政预算编制、预算执行、绩效评价、财政监督“四位一体”的要求，大力夯实管理基础，把财政科学化精细化管理贯穿于预算编制、预算执行和监督考核的全过程。一是继续深化部门预算管理改革。健全行政事业资产管理制度和国库集中收付制度，不断提高预算编制和执行的科学性、规范性和有效性。加强政府采购计划管理，切实提高政府采购效益。二是构建完善的财政监督体系。深入贯彻《江苏省财政监督办法》，加大对民生及重点项目资金支出等关键环节的监督检查，落实好财政支出绩效评价监督制度，扩大绩效监督面，逐步完善财政收支监督体系、财政内部监督体系和会计监督体系，全面提高财政管理水平，确保财政资金安全高效运行。三是加强国有资产管理。加强国有资产的优化配置，促进国有资产的保值增值。进一步加强财政投资评审工作，挂牌成立预算审核中心，对政府性资金投资项目及其他专项资金进行全过程核查问效，不断提高投资评审的质量和效率，更好地为财政支出管理服务。四是推进财政信息化建设。积极推进“金财工程”建设，有效整合部门预算、国库集中支付、非税收入收缴等信息资源，进一步推进财政应用支撑平台建设，将财政主体业务纳入一体化管理，逐步做到实时、全程、全面监控，确保财政资金运行安全、规范和高效。

5. 坚持依法行政，强化规范管理，全面打造精干高效财政干部队伍。围绕打造学习型机关，抓好财政干部职工的业务学习培训，不断增强财政干部队伍的业务能力和技能水平；建立健全狠抓落实的工作机制，重点加强对关键环节和重点工作的督查力度，确保政令畅通、令行禁止，提高财政部门的执行力和公信力；始终把党风廉政建设摆上突出位置，时刻绷紧反腐倡廉之弦，扎实推进以财政内部控制为重点的制度建设，造就一支业务过硬、团结协作、风清气正的高素质财政干部队伍，为推动财政工作再上新台阶提供强有力的队伍保障。

各位代表，2011年的财税工作任务重大，面对新的压力和挑战，我们决心在县委的正确领导下，在县人大的强有力监督指导下，以实干、进取、创新的精神，全面完成年度财政收支预算和各项财政工作任务，为推动全县经济又好又快发展作出更大的贡献。

在全县财政工作会议上的讲话

副县长　黎镇鑫

一九九七年五月十三日

同志们：

这次全县财政工作会议，是县政府决定进一步加强财政工作的一次重要会议。这次会议主要目的是：以党的十四届五中、六中全会精神为指导，进一步认真贯彻落实县委八届三次全委（扩大）会议精神和全市财政工作会议精神，动员全县上下紧紧围绕县委扩大会议提出的“五个工作要点”和“十大任务”的目标任务，强化财政意识，狠抓各项措施的落实到位，力争实现时间过半、任务过半，使今年全县财政收入取得更好的成绩。这次会议请各乡镇的乡镇长和有关经济主管部门的主要领导同志参加，其目的就是要求各级领导更加务实，加大力度，高度重视财政工作，努力完成和超额完成全年的财政预算任务。下面，我着重讲三点意见。

一、1—4月份财政收入情况分析

第一，1—4月份财政收入执行情况。

1—4月份，全县实现财政收入2780万元，较上年同期增收324万元，增长13.2%，完成年度预算的16.6%。上划中央收入完成987万元，较上年同期增收5万元，增长0.5%，完成年度预算的21.2%；地方财政收入完成1793万元，较上年同期增收319万元，增长21.6%，完成年度预算的14.8%。

地方主要收入完成情况如下：工商税收完成1094万元，比上年同期（下同）增收242万元，增长28.4%，完成年度预算的18.6%；企业所得税收入200万元，增收69万元，增长52.7%，完成年度预算的23.7%；农业四税收入57

万元，减收 74 万元，下降 56.5%，完成年度预算的 3.1%；其他收入、罚没收入及行政性收费收入完成 427 万元，增收 87 万元，增长 25.6%，完成年度预算的 13.3%；专款收入 15 万元，减收 5 万元，下降 25%，完成年度预算的 5.1%。其中：县本级完成收入 1557 万元，较上年同期增收 166 万元，增长 11.9%，完成年度预算的 21.2%。

第二，财政收入执行主要特点。

1. 财政收入增长缓慢，收入进度严重滞后。1—4 月份全县财政收入较上年同期增长 13.2%，出现了近几年来少有的低增长态势，完成年度预算的 16.6%，落后于序时进度要求 16.7 个百分点，比去年同期完成预算 20.2%还少 3.6 个百分点。剔除季节性征收入库的农业税，绝对数差序时进度要求 2436 万元。

2. 财政收入增长与经济增长不同步，反差较大。今年以来，全县经济继续表现出快速增长的态势。一季度全县乡及乡以上共完成工业总产值（不变价）48758 万元，较上年同期增长 22.5%，社会消费品零售额完成 27035 万元，较上年同期增长 1.5%，而同期财政收入差距明显。据一季度目标考核，全县工商企业实现销售税金 1623 万元，而实际入库税金 1048 万元（包括个体税收）。

3. 从分部门收入情况看，地税收入稳步增长，国税、财政部门的征收收入增幅太小。1—4 月份，全县地税收入完成 972 万元，同比增收 298 万元，增长 44.2%；“两税”收入入库 1316 万元，同比增收 7 万元，增长 0.5%；财政部门征收收入 492 万元，同比增收 19 万元，增长 4%。

4. 地区之间不平衡性十分突出。1—4 月份县本级财政收入较上年同期增长 11.9%。25 个乡镇中有 13 个乡镇呈负增长，同兴、下车、白蚬、伊山乡分别较上年同期下降了 52%、58%、63%和 67%。而沂北、穆圩、燕尾、四队、伊芦、鲁河、东王集、界圩则分别较上年同期增长幅度都超过 60%。

第三，1—4 月份财政收入进度缓慢的原因。

今年财政收入任务是 1.72 亿元，在连续三年高幅增长的基础上较上年增长 20%以上，任务十分繁重。为了确保各项收入任务的完成，县乡两级财税部门从年初开始继续完善了目标管理责任制，将任务层层分解到人。但从 1—4 月份财政收入实绩情况来看，形势不容乐观，财政收入增长与经济增长存在较大反差。出现这种状况，从大的方面分析主要有以下几方面原因：

1. 盲目乐观情绪和畏难思想同时存在。一是认为财政收入经过几年高速增长后，完成今年任务仍有把握，出现思想上松懈，征管力度不到位；二是认为完成任务难度很大，特别是把减轻农民负担和依法履行纳税义务对立起来，征管中缩手缩脚，怕犯错误。

2. 在经济迅速增长的同时，经济运行中一些深层次的问题仍然十分严重，如国有企业亏损继续增加、流动资金非常紧张等严重地制约了财政收入的增长。一季度全县亏损企业亏损额达 794.7 万元，同比上升 7.2%；全县商品流通企业实现销售利润为亏损 169 万元，实现利润总额 129 万元，同比下降 61.6%；企业压库、促销、盘活存量资金力度不到位，措施不扎实，既影响了企业正常的资金运转，也影响了税款的按月足额入库。

3. 部分乡镇和少数经济主管部门领导力度不够，抓收入的措施不到位，一部分企业依法纳税的意识淡化，能拖则拖，能欠则欠，税款流失的问题仍没有得到有效的遏制，导致了收入进度的缓慢。对此，我们切不可掉以轻心，一定要冷静分析，正确对待，要以更大的决心和更有效扎实的努力，尽快解决存在的问题，把全县的财政工作推上新水平。

二、认清形势，扎实工作，努力实现“双过半”，确保完成今年各项财税工作任务

1997 年，将是我国历史上的重要一年，香港回归祖国和召开党的十五大这两件举世瞩目的大事，将为我们提供强大的精神动力和新的历史机遇。做好今年的各项工作，对于保持和发展“九五”开局的良好势头，对于实现我县跨世纪的发展目标和全面达小康目标的实现，都有着十分重要的意义。县委八届三次全委（扩大）会议和县十一届人大五次会议根据中央、省、市经济工作会议精神，对我县今年的工作做了部署。今年全县经济发展的主要奋斗目标是：完成国内生产总值 46.8 亿元，增长 30%；工农业总产值 65 亿元，增长 30%；财政收入 1.72 亿元，增长 20%；农民人均纯收入新增 500 元以上；银行新增贷款 2 亿元以上。今年工作中要特别注意把握好三个方面：一是坚持稳中求进，稳中求活，稳中求快。中央经济工作会议提出的“稳中求进”的原则，不仅是指导今年经济工作的总原则，也是做好其他各项工作的重要指导方针。加快发展，扩大总量，壮大实力，是我县整个经济工作的第一位任务。对此，不能有丝毫动摇。坚持加快发展不动摇，不仅要实现经济发展的较快速度，而且要实现经济增长质量效益提高的较快速度，要把加快发展落实到大力培育和挖掘多种经营扩规模、工业投入增后劲、盘活存量挖潜力、发展三产增效益、个体私营经济上档次、建设“海上灌云”拓新路等一大批新的经济增长点上，不断为加快

发展注入新的活力。在越来越激烈的区域发展竞争中，全县上下要进一步增强紧迫感、责任感和危机感，增强机遇意识、发展意识和争先意识，自加压力，负重奋进，力求发展的快一些、好一些。二是在迅速扩大经济总量的过程中，要高度重视结构的调整和优化。今年国家在继续搞好总量控制的同时，在政策导向上将会更加重视经济结构的调整和经济素质的提高。我们要主动顺应这个导向，面向市场，调整结构，在加速总量扩张的同时，进一步提高经济增长的质量、效益和水平。从我县的实际来看，最重要的是加速工业化进程，尽快实现产业结构由“一二三”向“二一三”的决定性转变；最急迫的是加快产品结构的调整，不断提高企业的市场竞争能力，提高企业的经济效益。三是把物质文明建设和精神文明建设更好地结合起来，努力创造有利于改革和发展的良好社会环境。经济的加速发展，必须有与之相配套的外部条件，必须有与之相适应的健康文明的城乡环境和安定团结的社会局面。在加快经济发展的同时，更加重视社会的全面发展与进步，大力推进社会主义精神文明建设和民主法治建设，推进经济与社会的协调发展，物质文明与精神文明的共同进步。各级财税部门作为政府宏观调控的一个重要部门，在实现两个根本性转变，促进社会主义市场经济发展进程中具有十分重要的作用，新的形势，对我们做好财税各项工作提出了新的更高的要求，任务十分艰巨。因此，全县各级财税部门要紧紧围绕经济工作大局，把握稳中求进的总原则，以推进两个根本性转变为着眼点，以完成或超额完成各项财政工作任务和支持全县经济及社会事业发展为主线，进一步认清形势，振奋精神，不断增强做好财税工作的紧迫感和使命感，继续完善财税管理，深化财税改革，大力开源节流，坚持依法理财，依法治税，依法管产，依法行政，在认真执行国家宏观政策的前提下，促进全县经济既快又好的发展。

第一，大力组织财政收入，努力实现“双过半”，确保收入任务的圆满完成。大力组织财政收入既是振兴地方财政、壮大财政实力、消灭财政赤字的主要途径，也是国家机关正常运转的根本保证和广大干部的切身利益所在。今年要在全县财政收入连续几年高幅增长的基础上增长20%以上，收入确保1.72亿元，任务是十分繁重的。对此，各乡镇党委、政府和各部门一定要有充分的思想准备，既要充分认清组织收入的必要性和艰巨性，又要认真分析组织收入工作中的有利条件，振奋精神做好工作。由于国家进一步完善分税制改革在指导思想上要增强中央财政的宏观调控能力，地方财力的增长将会受到一定的影响。

客观地讲，今年既要消化历史的赤字，又要消化行政事业单位调资增加的支出，财政平衡的压力相当大，今年将是财力比较紧张的一年。但是，我们也要看到，完成今年的收入任务有许多有利条件。从财税角度来看，随着我县经济总量的不断扩大，特别是一些新的经济增长点的逐步形成，为我们组织财政收入，改善地方财政状况奠定了良好的基础，同时还应当看到，经过前几年在困难中求发展的实践，我们已经走出了一条适合县情、顺应经济发展保持财政收入稳定增长的成功路数。财政实力有所增强，使我们能够在新一轮经济发展中保持更为主动的地位；各级党委政府对财税工作的高度重视和社会各界对财税工作的理解和有力支持，更为财税改革和发展提供良好的社会基础。因此，各乡镇和各部门要立即行动起来，广泛动员，反复宣传组织收入工作的重要意义，从头抓紧，一着不让。一是要切实加强对组织收入工作的领导，完善目标管理责任制。二是财税部门要以点带面，强化各种收入征管，做到应收尽收。要把握组织收入中的关键环节，抓好重点地区、重点行业和重点户的收入工作，突出抓好企业欠税的清理和罚没收入等征收管理。三是要坚持依法治税、依率计征，切实维护财税政策的统一性和严肃性。任何地区和部门都不得随意变通政策，乱开口子。对政策明确规定先征后退的，也要从严掌握，不能擅自扩大范围。要坚决纠正摊税、派税和乱收税费的错误做法，杜绝收“过头税”、寅吃卯粮和混级串库现象的发生，既要防止平均摊派导致税负不均，又要防止征管不到位致使税款流失，真正做到有法可依，有法必依，执法必严，违法必究。四是要强化执法检查。通过深化征管改革，加强财税的稽查力度，有的放矢地进行重点检查和专项检查，严肃税纳纪律，确保财政收入依法、及时、足额入库。

第二，紧紧围绕全县经济发展的总目标，做好财税工作。在迅速扩大经济总量的过程中，要着力于调整经济结构和提高经济素质。积极推进两个根本性转变，是今年经济工作的重点。各级财税部门要主动适应这个导向，努力实现财税工作指导思想、工作重点的转变，充分发挥财税职能作用，把发展经济和开辟财源结合起来，进一步提高经济增长质量、效益和水平，夯实收入快速增长的基础。要集中资金，确保重点，支持一批形象、标志工程的建设，为提高全县人民的生活质量办实事、求实效。要做到培植财源与依法征收并举，努力增加县乡财政收入。千方百计向上争取、向内筹集，融通财源建设资金，培育和扩大工业规模经济，建立规模财源体系；积极发展多种经营，巩固和发展基础财源；大力发展第三产业，开发新兴财源；加强个人所得税管理，建设新生财源；加强预算外资金管理，建立替代财源；加快乡镇财源建设，开发梯级财源。

第三，进一步整顿财税秩序，为经济运行创造良好的环境。一是要进一步加大依法治税的力度，深化税收征管改革，努力建立一套内外互相制约、相互监督的税收征管体系。要认真落实中央关于切实减轻农民负担的决定，坚决做到农业特产税、屠宰税必须按实征收，不得向农民下指标，不得按人头、田亩平摊，农业税和农业特产税不得重复征收。各乡镇财税部门要认真组织力量，对财源进行全面调查摸底，建立台账，据实依率征收，同时要加大对农民的履行纳税义务的教育，逐步树立纳税光荣和主动纳税的意识。既要加强协税护税网络，又要教育协税、护税人员增强依法行政的意识，要切实把依法征管防止税款流失和减轻农民负担工作有机结合起来，创造出适合县情的好办法，好经验。二是要认真贯彻执行《〈预算法〉实施细则》，增强预算约束力，规范财政支出秩序。三是要按照国务院和财政部的文件规定，制定我县预算外资金管理暂行办法及其实施细则，确保分类管理、财政统管落到实处，抓出实效，使预算外资金更好地为实现全县奋斗目标服务，为保证重点建设服务；四是要巩固去年整顿会计工作秩序的成果，真正按照“约法三章”抓好整改建制，防止前清后乱，广泛开展以强化基础管理和依法建账为中心任务的会计工作规范化活动，严肃财会纪律。

第四，继续完善和深化财税改革。各级财税部门要始终如一地坚持以改革总揽全局，在认真落实国家各项深化改革政策措施的同时，主动积极的立足本部门的实际，搞好自身改革，并以此来摆脱财政困境，实现财税振兴。一是要认真研究落实全国财税工作会议上出台的新政策。及时掌握改革动向，调查分析实施过程中可能出现的问题，积极向上反映，提出具体的完善和解决办法，供党委政府决策。今年，国税的征管改革进入攻坚阶段，改革的任务是建立以申报纳税和优化服务为基础，以计算机网络为依托，集中征收，重点稽查的新的征管模式。主要内容为：一、纳税人自行申报，主动交纳；二、集中纳税；三、强化税务稽查等等。希望国税部门一要加大宣传力度，二要进一步做好服务工作，三要坚决依法治税。地税也要积极做好改革的准备工作。二是要认真研究财政转移支付办法问题。财政转移支付办法的基本出发点是在考虑一个地区的标准收入和按一般支出标准计算的支出水平的基础上，确定该地区是否享受补助还是转出财力，其标准收入的计算是建立在国内生产总值基础上的，如果国内生产总值计算不实，就可能造成计算收入能力不足。因此，各乡镇必须十分重视这个问题，致力于提高经济运行质量；花大力气把国内生产总值指标搞实。三是要加快国有资产管理、运营和监管体系，切实抓好国有资产保值指标考核，加强深化企业改革中的国有资产管理工作，促进经济结构调整和资产优化配置。同时，要切实做好对城镇集体企业清产核资工作，保质保量地完成任务。四是要认真抓好《事业单位财务规则》及其配套的行业财务管理办法的贯彻执行工作，加快事业单位改革步伐，指导事业单位制定单位内部财务管理具体规定。五是要进一步加强乡镇财政建设。经过几年运行，乡镇财政体制在增收、保平、消赤中发挥了积极作用，同时在依法征管中仍有一定差距，个别甚至出现人为干扰税收征管的现象，对此要做到：各乡镇政府、各主管部门要督促纳税人依法主动申报，自觉纳税，要结合目标考核按月检查所属企业纳税情况，并且做到坚决支持财税部门依法征管；财税部门在搞好服务的同时，强化征管力度，特别是加强稽查力量。从今年起，要建立健全县乡两级稽查网络，做到乡查乡有，县查县有，促进各级增强财政意识，加大依法行政力度。另外，今年对手续费支出，除了政策另有规定外，一律实行谁得财力谁支付手续费的原则。

第五，加强预算管理，严格控制支出，确保财政收支平衡。消灭财政赤字是省政府下达各市、各县的政治任务，也是“九五”期间财税工作的一个主要奋斗目标。经过前两年的努力，我县已经取得消化财政老赤字任务的阶段性胜利，95 年消化了 831 万元，96 年消化了 1219 万元，虽然成绩喜人，但是任务仍然非常艰巨，不能有丝毫麻痹和松懈。根据目前情况来看，全县尚有累计赤字 1227 万元，其中县本级 1113 万元，乡镇 114 万元。因此，县乡两级财政部门一定要及早部署，从头抓紧，立足自力更生，进一步加大工作力度，为从根本上打赢这场财政翻身仗再做新贡献，消化赤字的途径不外乎三条：一是增加收入，二是压缩支出，三是调入预算外资金。财政收入和预算外资金的数量总是有限的，而支出的增长需求却是无限的，所以说，控制和压缩财政支出是完成消化赤字任务的关键所在。各乡镇和财政部门一定要在提高认识的基础上，将压缩财政支出工作牢牢抓在手中，采取得力措施，抓出实效。在安排年度预算时，要牢固树立过紧日子的思想，在自求平衡、不留硬缺口的前提下，尽可能多地预留财力用于消化老赤字。在安排财政支出时，要保持有保有压，突出重点。在预算执行过程中，要始终贯彻执行适度从紧的财政政策，坚持和完善行之有效的控制和压缩支出的具体办法，从严控制人、车、会、公费医疗、社会集团消费等重点支出，切实将财政支出控制在合理的增长幅度之内，为今年全县实现全面的财政收支平衡作出积极的努力。

三、各级党委政府要切实加强对财税工作的领导

财税工作是经济工作的一个重要方面。中央经济工作会议把缓解财政困难，做好财税工作摆到十分重要的位置，省、市、县党委、政府对财税工作也十分重视，希望各乡镇政府和有关经济主管部门领导继续把财税工作摆到突出位置，切实加强领导，务求抓紧抓实。要切实抓好六个方面的结合，做到：文明办税与依法治税相结合，对合理的税收、收费项目，要深入细致地做好思想工作，耐心地向纳税人讲清道理和政策，给予正确的解释；主动申报与严格执法相结合，加强对纳税人爱国主义、集体主义教育，引导其积极主动、自觉地足额上缴政策规定的各种税收，履行公民应尽的义务；按实征收与减轻企业和农民负担相结合，坚持发展与“减负”一起抓，把加快经济发展作为“减负”工作的根本措施；依法纳税与强化征管相结合，对按政策规定依法纳税的集体、个人要给予表彰和表扬，对偷、抗、骗税行为要运用法律武器，给予严厉打击；加强精神文明建设与提高财税征管人员的素质相结合；加强财税部门行风建设与依法办事相结合，把两个文明建设作为统一的奋斗目标，一起部署，一起落实，一起检查。这六个结合，不仅财税部门要做到，各乡镇和经济主管部门也要支持、督促财税部门做好，在实际工作中要切实帮助财税部门解决遇到的困难和矛盾。

各有关部门要一如既往地积极支持配合财税部门的工作。各级公安、司法等部门要进一步配合财税部门做好涉税案件和暴力抗税案件的查处工作，切实维护正常的税收秩序；工商、交通、农业、粮食等部门要做好协税、护税工作；金融机构要采取切实措施，搞好资金调度，确保税收收入及时足额入库，防止占压税款现象发生；新闻宣传部门要积极配合财税部门搞好有关财政、税收法规的宣传，加大宣传力度，使广大群众和社会各界都能关心、理解和支持财税工作，进一步促进全县财税事业的健康发展。形成一个县、乡政府管税，财税部门征税，有关部门协税，广大人民群众护税的新的征管局面。

同志们，1996 年我们在实现跨世纪宏伟目标的征途中迈出了可喜的一步。97 年，我们将面临新的机遇和挑战，新的形势、新的任务催人奋进。希望各乡镇党委和政府的领导，各级财税部门和广大干部职工在邓小平同志建设有中国

特色社会主义理论和党的基本路线指引下，在县委、县政府的正确领导下，进一步认清形势，解放思想，振奋精神，把握大局，开拓进取，同心同德，扎实工作，确保实现“双过半”，全面完成今年的各项财税工作任务，以实际行动迎接党的十五大胜利召开！

三、论文选录

对做好农业发展基金工作的探讨

江希勇　王爱民　陈守东

灌云县农业发展基金工作，在各级领导的高度重视和大力支持下，经过我们自身的积极努力和有关部门的通力协作，在制度建设和筹集管理上取得了一些成绩。1989 年，全县共筹集农业发展基金 249 万元，为发展全县农业生产，增强农业后劲提供了新的资金保障。我们的体会是：

一、统一思想提高认识是基础

1988 年国务院国发（1988）80 号文作出“关于建立农业发展基金，增加农业投入的决定”后，由于当时对建立农业发展基金的认识深度不够，缺乏紧迫感。当年，我县的此项工作基本上没有开展。为此，我们把统一思想，提高认识作为工作的开端。我们主要从三个方面提高认识：一是从国民经济的大局来看，提高农业基础地位的认识。农业是国民经济的基础，不仅向我们提供赖以生存的生活资料，而且为工业提供重要的原料。整个经济的发展取决于农业的生产状况，农业丰收，整个形势就好，我国解放 40 年来的历史证明了这一点。抓好农业，是搞好经济结构调整和整个经济发展的前提。建立农业发展基金，增加农业投入，是贯彻“治理、整顿”，全面深化改革的一项重要内容。二是从农业面临的形势看，增强发展农业的紧迫感。近几年农业生产连续出现徘徊，随着人口增长，粮食供需矛盾日益突出。我县的粮食产量始终在 50 万吨左右徘徊，并且随着人口增长，人均占有粮食有下降的趋势。面对这种形势，发展农业已刻不容缓。三是从农业的现状看，确立增加农业投入的必要性。目前，我县现有耕地 128.7 万亩，有效灌溉面积只达 75%，有三分之二中低产田需要改造。许多水利设施年久失修，不能正常发挥效益。农业生产没有彻底改变“靠天吃饭”的局面。要彻底改变农业面貌，需要大量的资金投入。近年，我县财政连年赤字，增加农业投入只靠国家财政是不可能的。必须扭转农业投入靠国家的思想，应该动员全社会增加农业投入。建立农业发展基金，采取多渠道、多层次筹集资金，是增加农业投入的一个有效措施。

通过学习文件，联系实际，分析形势，提高了思想认识，为顺利地开展农业发展基金工作，打下了扎实的思想基础。

二、领导重视部门支持是关键

领导重视和部门支持是做好农业发展基金工作的可靠保证。我们积极主动给县委和县政府领导当好参谋和助手，取得他们对农业发展基金工作的重视和支持。一年来，我们经常向领导汇报工作开展情况，及时请示工作中出现的问题，使领导掌握全省农业发展基金工作进程和我县工作现状，取得他们的重视和支持。县政府确定由分管农业的副县长抓农业发展基金工作。6月份，副县长亲自主持召开有财政、税务、银行、计经委、农业、水利等二十多个部门负责同志参加的会议，专门讨论部署我县建立农业发展基金工作。县政府领导还在有关会议上宣传建立农业发展基金的目的、意义、任务，并要求各部门支持农业发展基金工作。使各级领导对农业发展基金工作有正确的认识，并能积极参与农业发展基金的各项工作。由于领导的重视和支持，有关部门主动配合我们财政部门工作，积极交纳资金。

三、建立制度落实措施是保证

为了把农业发展基金工作落到实处，使农业发展基金有较为稳定的来源，必须对资金筹集、使用、管理采取科学化、规范化、制度化等强有力措施，保证农业发展工作的贯彻落实。我们财政部门主动为县政府拟写“关于建立农业发展基金的若干规定”的文件草案，由县政府召集有关部门会议，进行讨论、修改，县政府于7月份以灌政发（1989）71号文正式下发“规定”，作为我县农业发展基金工作的基本制度执行。文件对农业发展基金的来源、筹集、管理、使用等方面作了明确的规定，主要包括以下几方面：

1.确立以“取之于农，用之于农”和“利于管理，注重效益”的原则，进行合理筹集、使用和管理农业发展基金。

2.明确农业发展基金的来源渠道。为切实多渠道、多层次筹集资金，增加农业投入，文件除将中央、省已明确规定的耕地占用税、农林特产税等四项预算内项目作来源外，还根据我县的实际情况增加了10多条渠道。如粮食差出款、棉花外销收取的建农资金。这些项目，资金来源比较可靠稳定。这样，我县的农业发展基金形成有10多个来源渠道，基本上把原来由各部门分散掌握用于农业方面的资金统一到农业发展基金中来，便于管理，提高资金的整体使用效益。

3.部门合理分工，明确职责。农业发展基金工作是一项综合性工作，涉及到多个部门，我们根据各部门的职责，分工负责筹集、管理。规定项目计划的编制、项目建设、技术指导、效益考核等由各主管部门负责，资金调度、拨付、监督管理工作由财政部门负责。

4.明确资金的使用范围。规定农业发展基金重点用于土地开发、土壤改良、农业基础设施建设、农业科技推广等十项支出；严禁用于人员机构经费、非生产设施建设等五项支出。

5.明确农业发展基金的核算、管理办法。对资金使用坚持先收后用，实行预决算制度。根据不同的项目，实行有偿使用与无偿使用相结合，对资金的使用、监督、检查也作了明确规定。

由于有了这一套比较完整的制度，使农业发展基金工作有章可循，有据可依。

四、建立机构协同工作是重要条件

加强组织领导，建立机构是开展农业发展基金工作的一个重要保证。为做好这项工作，县政府于9月份发文成立了县农业发展基金领导小组，由分管农业的副县长任组长，财政、税务、银行、农业、水利等17个部门负责人为成员。领导小组下设办公室，承担资金管理、使用方面的具体业务。办公室设在县财政局，由分管农财的局长担任主任。领导小组负责审批全县农发基金项目计划，审查预算、决算，协调各部门的工作。各乡镇也成立了由分管农业乡长挂帅，乡财政所长、农经站长、农科站长等组成的农发基金领导小组。各级组织机构的建立，使农发基金工作有人抓，遇事有人问，便于工作的开展。

五、执行制度狠抓筹集见成效

农业发展基金工作是项新工作，资金来源渠道较多，情况复杂，筹集难度大。我们从实际出发，严格执行政策制度，区别不同的资金渠道，采取不同方式，据实筹集。对预算内几个来源渠道采取年终一次提取，其它渠道采取先易后难，抓重点，促全面的方式筹集，筹集中坚持做到以下两点：一是协调关系，主动筹集。由于一些单位同志对农发基金工作不够了解和认识不足，不能主动交纳资金；同时，有些单位由于资金紧张等因素无力交纳。针对这些情况，我们不等不靠不观望，积极主动上门筹集资金。如生猪发展基金主要是由县食品公司交纳，由于该单位资金紧张无钱交纳，于是我们主动帮助他们出主意想办法，解决资金来源，使公司在年底交纳了生猪发展基金3万多元。二是执行政策，据实筹集。年终，在计提用“农村三税”增长部分安排的农发基金时，有的同志认为我县财政赤字较大，只要象征性安排一点就行。面对这种想法，我们及时向他们宣传增加农业投入的重要意义和农发基金的文件规定精神，必须按政策规定安排，消除他们的错误想法，最终按照规定将“农村三税”增长中的大部分安排为农业发展基金计118.3万元。1989年。经过我们积极努力，全县共筹农业发展基金249万元，其中预算内203.2万元，预算外45.8元。

树立新的理财观念尽快走出县级财政困境

冯荣寿　徐宝华

1987年以前，灌云县财政每年都实现了收支平衡，略有结余，1988年财政赤字额282.2万元。1989年累计赤字616.7万元（其中当年赤字为334.5万元）。1990年，在应当安排的支出还没有打足，上年赤字没有弥补的情况下，预算赤字为648万元，县财政基本上成了“吃饭财政”，无力支持经济建设和其他各项社会事业的发展。这种状况如不根本扭转，若干年后灌云县财政将陷入怎样严重的困境是可以预想的。造成财政收支逆差的原因是复杂的，最主要的是灌云县经济落后，财源贫乏和支出增长过猛，要迅速走出财政困境，就必须在压缩开支，过几年紧日子的同时，树立起新的理财观念，在开辟财源上狠下功夫。

1、树立跳出就财政论财政的圈子，把理财的重心转移到财源的开辟上来的观念。即以商品经济的发展为出发点和目标，以开辟财源为理财重点，并把财政放到整个经济运行中来把握。财政以经济为基础，摆脱财政困境，必须依靠增强经济的“造血功能”。因此，必须十分重视培植和更新财源，建立合理的有后劲的财源结构，这样，灌云县财政收入才能源远流长。

2、树立发展支柱产业，建立骨干财源的观念。财力的增强依靠财源的开辟，而财源的开辟又依靠支柱产业的发展，没有适合县情的商品经济的高度发达，财力的充裕必将落空。为此，必须在提高经济效益基础上，大力发展适合灌云县县情的支柱产业。目前，灌云县的食品、轻纺、化工、金属制品、建材、机械制造业已经初具规模，农机厂的云山牌旋耕机、酒厂的镜花缘大曲、糖果厂的灌云大糕、制面厂的春燕牌特富粉挂面等产品在市场上已经有了一定的知名度。对这些骨干企业、重点产品，在资金、能源、原材料等方面要予以倾斜，切实搞好服务工作，使它们成为灌云县的骨干财源。许多地方的经验证明，先集中力量培养好骨干财源，再以此为基础，利用产前、产后关系，发展系列配套产业，可以有效地迅速扩大财源。

财源是不断发展变化的，要用动态的观点对待骨干财源。为了保证财源常盛不衰，就要特别注意财源的梯级开发，要紧紧围绕市场需要，积极开发新产品，这无论对于整个财源体系，还是骨干财源的更新来说，都是十分必要的。

3、树立发展农村商品经济，充实财源基础的观念。农村商品经济的发展是灌云县财政收入稳定增长的重要条件。因此，必须采取有效措施，增加对企业的资金投入、物资投入和科技投入，建立健全产前、产中、产后服务体系，增强农业发展后劲。坚持走“稳粮扩经”的路子，稳定发展粮食生产，大力增加棉花生产，努力扩大蔬菜生产。同时，狠抓“两条短腿”大力发展多种经营，稳定发展乡镇企业，使灌云县多种经营和乡镇企业跨上新台阶，为县财政提供更多的财源。

在“两个根本转变”中调整财政支出策略

周克定

党的十四届五中全会提出“两个根本转变”，使我国的经济生活进入一个以“提高经济效益”为中心的新时期。实现“两个根本转变”，将使经济总量有较快的增长，必然带来财政收入的增长。增长的财政收入如何在“两个转变”中分配使用好，财政作为经济工作的综合反映，财政支出的计划、原则、规模、结构等方面策略如何适应“两个根本转变”的需要，有必要进行研究。本文谈谈这方面的看法。

一、现行的财政支出策略不适应“两个根本转变”的需要

我国的财政体制是在计划经济体制运行下形成的，它的计划、规模、实施

原则、政策取向、收支分配职能等，无不体现了计划经济的指导思想。在党中央提出“两个根本转变”的新形势下，重新认识财政支出计划、规模、结构等，有利于提高财政资金的使用效益。

（一）财政支出计划是计划经济的产物

过去财政支出计划是在计划经济指导思想下安排的，突出表现在一是建设性资金按高积累，低消费方针进行投资的。二是包揽的部门太多，不是按“社会共同需要”的原则分配，而是按国家需要进行计划分配。三是计划分配以人的主观意志为主导，不是按市场的规律来分配。因而在建设资金支出上，表现为粗放型投资，只求速度不讲效益，只讲规模不讲质量，往往投资重复，盲目上马，资源配置浪费，经济效益低下，而消费性支出形成部门吃国家的“大锅饭”，“等靠要”的思想严重地阻碍了事业的发展。

（二）财政支出原则是在计划经济的原则下确定的

在高度集中统一的计划经济体制下，财政支出是在“统一领导，分级管理”原则指导下“统筹兼顾，保证重点，按比例分配资金”，它集中反映了高度统一的计划性，但忽视了按照市场经济规律“满足社会共同需要”的客观性，财政支出反映主观意志的要求强烈，而反映宏观的“社会共同需要”的要求弱化。财政分配体制的不合理，出现了吃财政“大锅饭”的“刚性”支出增长过快过猛，财政赤字居高不下。在我国国民经济总量不太富裕的情况下，出现的财政赤字，是总需求超过总供给矛盾的反映，结果是造成通货膨胀，物价上涨。

（三）财政支出规模是在粗放型经济增长方式制约下安排的

财政支出规模是由财政收入规模决定的。但在计划经济体制下，我国的财政收入是根据国民经济发展计划的要求安排的，财政收支在政府职能制约下，使其占 GDP 比重太小。财政收入占 GDP 的比重，是衡量财政规模的一个重要的相对指标，而我国财政收入占 GDP 的比重到 1996 年已下降到 10.9%，是世界水平最低的国家之一，表明了财政分配关系不顺，政府宏观调控经济的能力弱化，从而限制了财政支出规模，遏制了国家的经济发展。而在这支出规模不大的有限资金的使用上又受粗放型经济增长方式的影响，走着一条高投入、高消耗、低产出的路子，固定资产投资规模不断扩大，基本建设战线过长，重复投资建设屡见不鲜，资源浪费严重，回报率低，经济结构失调，削弱了财政宏观调控的能力。经济效益不高，严重制约着经济增长。

另一方面，由于计划经济形成的“供给型”财政，使财政支出中的消费性支出不断扩大。而这部分支出中，人员经费、行政经费、集团性消费等支出急剧膨胀，大量挤占“社会共同需要”的支出。虽然科技教育的支出有增长，但大多是用于“吃饭”的刚性增长，而科技教育事业并未得到长足的发展，即科技教育的基础设施无论从数量和质量上都满足不了社会日益发展增长的需要。与之相反的，却是人员经费急剧上升，高消费的思想抬头，铺张浪费现象严重，到处是楼堂馆所，吃的是山珍海味，玩的是歌厅舞场，公费出国旅游，开会发纪念品，购买小汽车、大哥大等现象得不到控制。国家一方面要增加经济建设的投入，另一方面又不得不满足一些不尽合理的需要，而不得已扩大支出规模，造成财政不应有的赤字。

(四) 财政支出结构是按粗放型经济增长方式构筑的

1、财政支出结构的政策取向不合理。财政支出结构是指财政支出在供给范围内的分配比例。在财政资金紧缺的情况下，一般为保吃饭、保重点，都是安排消费性支出多，积累性支出少。在消费性支出中，“刚性”的人员经费支出多，用于满足“社会共同需要”的事业支出少。在积累性支出中，非生产性支出多，积累性的生产支出少。有资料表明，1995 年我国用于基础设施建设的支出只占财政总支出 11.6%，而地方财政支出所占的比例更小。灌云县 1996 年用于积累性的支出占0.42%。这样小的比例，严重制约了我国经济建设的快速发展。

2、部门间支出结构的不合理。主要表现在一是包揽过多，没有按“社会共同需要”的原则，来安排支出，如广播、出版、娱乐等可以推向市场的部门应少安排或不安排，但是仍然安排了财政经费。二是重点不突出，在部门之间，没能突出重点安排社会科教事业支出，而一个部门内部，也要区分重点与非重点，如教育支出应该重点突出在安排基础教育的支出，而在支持基础教育中又要突出《教育法》规定的实施义务教育的那部分投入，而对非义务教育的部分可以由受教育对象负担部分或全部费用，国家财政支出可以少投入或不投入，让其在市场经济中发展。

3、部门内部经费支出结构的不合理。在单位内部往往是人员经费支出安排多，公用经费安排少，在公用经费中消费性的支出安排多，用于发展事业支出安排少。灌云县 1996 年文教行政财务支出中，人员经费占财政总支出的 55%，公用经费占 45%。而公用经费中用于事业发展的经费只占财政支出的 0.42%，这样的结构比例，严重限制了地方科技、教育事业的发展。

二、根据“两个转变”需要，调整财政支出策略

社会主义市场经济体制要求经济的增长要走一条内涵发展的路子，也就是要以重视科技内涵提高生产要素质量的集约型扩大再生产的发展路子，其根本目的是要提高经济效益。长期以来，我国实行粗放型的经济增长方式，经济总量的增长较快，而经济效益不高，综合反映在财政上是财政收入占 GDP 的比重不断下降，到 1996 年已降低到 10.9%。为适应“两个根本转变”的需要，一方面要提高财政收入在 GDP 中的比重，另一方面，要调整财政支出的策略，特别是财政支出结构的调整，以此来提高财政资金使用的效益，促进经济的发展。

（一）按照“两个根本转变”的要求重新规范财政支出范围

研究财政支出，首要的问题是要确定财政支出范围。财政支出是政府为履行其职能把集中起来的社会资金进行分配，用于满足具有社会共同利益的“社会公共需要”。在市场经济体制下，财政支出是市场的补充，它主要用来满足市场不能解决或解决不好的，企业和公民难以解决或者不应解决的，为保证社会稳定，维护社会存在，促进社会发展的基础性的社会共同需要。基于这一认识，财政支出只能界定在以“社会共同需要”为标准的范围内。在提高经济效益为前提的基础上，净化财政支出，改变过去包揽过多的支出模式是十分必要的。

1. “划出去”一块。对于能推向市场的事业单位，如各类社会中介机构、培训中心、报刊杂志社、信息中心，机关事业单位的后勤服务部门、宾馆、招待所等，可以核定收支，自收自支，实行企业化管理，从财政支出中划出去。

2. “挤出去”一块。在市场经济逐步完善的基础上，逐步取消一些与传统计划经济相适应的行政事业管理机构，特别是要逐步撤并那些经济领域内的管理机构，将这部分支出从财政支出中挤出去。

3. “压下去”一块。对符合“社会共同需要”的事业单位由财政供给，但其中还有一些单位虽具有“社会共同需要”的属性，但又具有一定程度上满足“个人需要”的属性，具有一定的正常收入，又不能走向市场的事业单位，如大中专院校，成人教育院校，职业教育院校，广播电视、文艺团体等，可采取定项或定额补助一部分，其余的从财政支出中压下去。

4. “调出去”一块。加快社会保障制度的建立，建立并完善国家、单位和个人三方负担的社会养老、医疗、保险等保障制度，可将部分医疗、养老保险金从财政支出中调出去。

（二）提高“两个比重”，扩大财政支出规模

财政支出规模决定于财政收入，它反映了对国民收入使用和支配的规模。财政收入规模的扩大，从“两个根本转变”的观点来看，光靠扩大财源这条路远远不够，要提高“两个比重”必须开辟新渠道，来扩大收支的规模，提高政府调控资金的能力。

1. 将预算外资金、部门资金和行政事业性收费归并到预算内管理。现行的财政体制下那些预算外资金，部门基金中的住房公积金、养老保险金、人民教育基金，行政事业性收费中如市场管理费、养路费及市政建设的各种收费等，都游离于财政预算外，存在着资金分散，使用效益差；政府职能转移，宏观调控能力弱化；管理不规范，易于造成铺张浪费等问题，是产生腐败的温床。现在要以清理预算外资金为契机，将预算外资金、基金和收费归并到预算收入内，同时也将这部分支出列入预算内反映，这样一方面有利于拓宽收入渠道，提高财政收入占 GDP 的比重，另一方面将收支列入预算管理，有利于提高政府调控资金的能力和扩大国家财力的回旋余地。同时也有利于规范政府行为，缩减一些人员经费的供给，减少挥霍浪费。

2. 以贯彻《事业单位财务规则》为动力，统一事业单位收支管理。随着经济的发展，事业单位资金来源渠道的多元化格局的形成，应及时将各项收入纳入单位预算统一管理，改变过去那种预算内资金管得紧，预算外资金管得松，单位支出随意性强，管理不规范的现象。这样可以压缩部分地方预算内支出的规模，相应扩大中央财政支出的规模，有利于调整转移支付结构，提高中央财政占整个财政支出的比重。

3. 以税制改革为龙头，改革减税让利的做法。实行税制改革，将统一税负，公平合理，让企业在市场中公平竞争。对于有困难的企业，可由政府用专项资金拨款，来帮助企业挖、革、改。这样做，一是将减税让利的资金用在企业内涵发展上，有利于培养企业的经济增长点；二是使减税让利的资金从政府宏观失控状态改变为列入财政收支范围，有利于提高财政收入占 GDP 的比重，同时有利于加强资金管理。

（三）根据“两个根本转变”调整财政支出结构

1. 调整财政支出的政策取向。在市场经济体制下，要求经济增长的方式由粗放型向集约型转轨，也就是要改变过去只讲规模、数量的粗放型投资方式转变为以科技投资为重点的内涵发展的集约型投资方式，其出发点就是要提高财政支出的经济效益，并以此作为调整财政支出结构的目标。

2. 调整财政支出结构，实现三个转变。

(1) 实现生产型财政向公共型财政的转变。在计划经济体制下，财政支出偏于发展生产，生产建设支出、固定资产投资、企业的流动资金等都要财政拨付。按照“两个根本转变”的要求，应重新界定财政支出结构，企业是商品生产的独立经营者，应该在市场竞争中发展壮大，而不能再像过去那样依赖财政扶持。对于企业的生产支出，凡是企业能办的，应该由企业去办，不应再由国家包下来。国家考虑的应该是国家重点的基础性设施和“社会共同需要”的公共设施，如基础教育设施，科技进步投入，特别是企业和个人不能办或不愿办，而又与广大人民群众物质文化生活密切相关的公共事业，以满足人们日益增长的物质文化生活的需要，实现由生产型财政向公共型财政的转变。

(2) 由供给型财政向效益型财政转变。财政支出的实质就是政府活动的费用成本。调整财政支出结构，首先要考虑其成本效益。而与在经济相适应的供给型财政模式下，社会上的各项事都由国家兴办，国家拨款是天经地义的事，国家包揽一切，单位什么都“等靠要”，严重的吃国家财政的大锅饭的思想造成财政支出结构的不合理。调整财政支出结构，必须打破供给型财政模式，着重考虑效益成本和社会的共同需要。

(3) 由吃饭财政向事业财政转变。财政的消费性支出是为维护国家正常运转和社会公共需要的支出，它包括个人消费和社会消费。计划经济形成国家包揽过多，支出覆盖面过宽，造成行政机构庞大臃肿，人员经费急剧上升。从灌云县看，1996 年人员经费支出比 1995 年增长 47.58%，其中公检法人员经费增长 67.09%，在文教事业费中，人员经费支出占 75%，公用经费支出占 25%。不难看出，在财政支出结构中，人员经费占的比重大，增长速度快，是典型的吃饭财政。调整财政支出结构，就是要通过机构改革，分流人员，压缩行政人员经费。对事业单位，按照市场经济，区别情况，压缩不必要开支的人员经费。在公用经费支出中要加强廉政建设，清除腐败，净化支出，严禁用公款吃喝招待、出国旅游、购大哥大、购豪华小汽车等。一方面从吃饭钱中多挤出来用于发展事业，另一方面把有限的公用经费使用好，少花钱，多办事，办好事，促进事业的发展。

(四) 改革财政补贴，完善保障体制，进一步规范财政支出

1. 改革财政补贴方法

在计划经济体制下形成的财政补贴有两种，一种是价格补贴，一种是企业

亏损补贴。根据“两个根本转变”的指导思想，这种补贴一方面增加了财政支出的负担，另一方面不利于市场机制的孕育和形成，对企业转换经营机制也很不利。对于补贴，要按市场经济的观点重新认识，并重新界定补贴对象和范围，以减少补贴支出。

(1) 改“暗补”为明补。对城市居民的价格补贴，如肉补、粮补、副食品补、房补等，是在过去高投入、低收入、低消费的计划经济体制下形成的，现在随着市场经济的发展，国民收入的分配格局有了很大的变化，对这些补贴应进行改革，一是将“暗补”改为“明补”，提高补贴的透明度，防止“暗补”中的不正之风；二是低房租的“暗补”应在加快住房制度的改革中逐渐减少，减轻财政的负担。

(2) 改流通环节补为生产环节补。对农业的补贴，根据市场经济体制也应改革，把过去在流通和消费环节的补贴改变为生产环节的补贴，如通过农业贷款贴息，粮食最低保护价等方式使农民直接受益，更有效地支持农业的发展。

(3) 逐步取消某些补贴。对一些特殊行业的补贴如城市的煤气、水、电、交通等及部分国有企业的政策性亏损补贴，应加以限制并随着经济体制的改革，随着市场经济的发展，逐步减少直至取消补贴。

2. 完善社会保障制度

(1) 共同负担。建立国家、单位和个人三方共同负担的社会保障机制，一是可以减轻企业负担，二是可减轻财政部门压力，三是可缓解社会问题，对社会稳定，加强精神文明建设都有好处。

(2) 集中统管。将养老保险，医疗保险，失业保险等基金集中到财政部门统管，有利于把集中起来的资金临时投资到国家重点大型项目上，这样将比把这些资金由各分管部门分散存到银行的作法，更有利于盘活存量资金，提高资金效率，使社会保障制度得到良性发展。

总之，改革财政补贴办法和完善社会保障机制，是优化财政支出的重要举措。

(五) 按照“两个根本转变”建立新型的财政监管体系，加强财政支出管理

1. 标本兼治，强化预算管理

(1) 严格执行《预算法》，硬化预算约束力，一是在净化财政支出的基础上，将那种完全依赖财政拨款的单位，改为由财政根据单位的事业计划、工作任务和收支状况确定预算额度，预算一经人代会审议通过，一般不予调整。二

是改变过去那种按基数逐年增长的办法，根据各单位的性质、特点和任务，结合可能的财力来安排预算，并完善包干办法，改变那种“包而不干”的做法。三是深入持久的宣传《预算法》，大力整顿财政纪律，增强自我约束意识，规范各单位的财务支出。

(2) 加强行政立法，严格控制人员编制，防止人员经费的恶性膨胀，并可实行人员编制和经费双包干的办法来控制经费的盲目增长。

(3) 强化反腐倡廉，杜绝财政支出浪费失控。首先是各级领导带好头，率先垂范，带动身边的人“节约每一个铜板”，二是削减集团性消费支出，严格控制邮电费、会议费、油车费的支出，把节省下的财力用于发展事业。

2. 双管齐下，加强财政监督。一是加强外部的审计监督，严格加强对财政支出的监督，对检查出的问题，要有个“说法”，不要不了了之，切忌“下不为例”。二是强化财政内部监督，完善并充实财监机构，让财政内部监督机构有权对财政支出进行监督。

3. 上下结合，抓好行政事业经费的管理

推行“下管一级”的行政经费管理制度。行政经费是政府机构的直接活动成本。它受制于政府行为的支配，行政经费的猛增已成普遍现象，它不仅影响了财政支出结构的调整，而且给社会带来不良影响，同时加强行政经费的管理，其难度也特别大。为此推行“下管一级”办法，有利于用行政手段加强对行政经费的控制和压缩，增强管理的力度。

心系财政永不悔

《乡镇财政之歌》歌词

朱洁如

我们是乡镇财政的建设者
肩负着聚财理财的重任
1.宣传税法不厌烦
征税聚财不平凡
风霜雨雪全不顾
国库收入怎能误

2.人民群众要致富
星星伴我支农路
调研论证扶企业
经济发展站前列
3.清正廉洁树形象
一身正气是榜样
领导参谋做的好
算盘为我来骄傲
啊，心系财政永不悔

强化县级预算外资金管理

孙　超　陈　辉

近年来，随着改革开放的逐步深入，市场经济的快速发展，县级预算外资金增长较快，增势较猛，对促进地方经济建设和社会事业发展发挥了重大作用。但是运行中也存在着一些负面效应和不容忽视的问题。如不按规定乱收费，坐收坐支，公款私存，私设“小金库”现象，乱支滥用现象，重收轻支现象等等。如何强化县级预算外资金管理已成为当前县级财政管理的主要内容和迫切任务。

一、加大宣传力度，统一思想认识

政府和财政部门要通过各种形式，大力宣传国务院《关于加强预算外资金管理的决定》和地方政府关于强化预算外资金管理办法等精神，提高全社会对预算外资金管理的认识，争取有关方面对预算外资金管理工作的关心和支持。同时，要认真学习深入领会国家和地方政府关于加强预算外资金管理的有关政策法规的精神实质，站在全局的高度来认识加强预算外资金管理的重要性。统一思想认识，转变“所有权、支配权”两权不变的传统观念，树立所有权归国家、支配权归政府的新观念，各执收单位必须放弃预算外资金是自有资金的观点，自觉接受财政部门管理，有效地管好用好预算外资金。

二、严格加强收费票据管理，力求从源头上加以控制

加强收费票据管理是加强预算外资金管理工作的重要环节。针对目前的收费票据多，不利于预算外资金统一管理的现象，应采取以下措施从“源头”上控

制管理预算外资金。一是各执收单位收取预算外资金要凭物价部门核发的《收费许可证》收取。对无证收费的，基层单位有权拒绝，一律按“三乱”对待，严肃处理。二是各执收单位收取预算外资金必须使用财政部门统一印制或监制的票据。三是财政部门要加强对收费票据的管理，建立健全收费票据领、销、存登记制度。四是各执收单位必须向当地财政部门申领收费票据，不得向上一级财政部门或上级主管部门申领收费票据。收费单位在领用票据时，财政部门要坚持“凭证购买，以旧换新，限量供应”，严格票据领换手续。购买收费票据时必须交验上次所购票据，核对票额与上交专户款是否一致，保证收入百分之百进专户。五是执收单位必须建立票据领用登记制度，实行专人、专柜、专账管理，使用的票据存根必须到当地财政部门办理交验核销手续，方可领用新票据。

三、进一步规范财政专户管理

各执收单位收取预算外资金必须及时全额上缴财政专户，不得拖欠、截留和坐收坐支。支出时由财政部门按单位预算或收支计划从财政专户中拨付，严格执行“收支两条线”管理。财政部门必须严格按预算拨款，严禁超预算拨款。

四、健全管理体制，加强法制建设

要将预算外资金纳入预算内管理，进一步规范财务行为，增强政府调控能力，对预算外资金收入较多的单位，可以适当提高调控比例，集中部分资金，由政府统筹安排，用于经济建设和社会事业发展。要认真编制预算外资金收支计划和综合财务计划，改变以往将扣除调控资金后的余额全部安排单位支出作法，特别要处理好核定收支与调动单位积极性的关系，避免出现单位该收不收或财政部门给其核定多少支出就收多少情况的发生。国家和地方政府要在短期内制定一整套完善的有关预算外资金管理的法律体系，做到有法可依、有法必依、违法必究，从经济上、行政上、法律上给违纪者以严厉制裁。尽早解决乱收、乱支、滥用等无法可依、约束乏力、不尽如人意的情况。

五、加强监督检查力度

要在监督检查上狠下功夫。财政部门作为管理预算外资金职能部门，要认真履行职责，会同有关部门对行政事业单位的收费项目、收费标准、收费票据、资金缴纳和支出使用情况进行定期和不定期的全方位检查监督。要强化社会监督和群众监督，可设立举报信箱和举报电话，依靠群众力量监督违纪行为，随时听取各方面意见，如发现违反规定擅自设立项目，提高收费标准，不使用规定票据收费，不按规定上缴财政专户，隐瞒、挪用、截留预算外资金收入，公款私存、私设“小金库”以及乱支滥用等行为，要按规定对单位给予处罚，对单位负责人和有关责任人给予必要的行政处分，情节严重并构成犯罪的要依法追究刑事责任，以法规作后盾，确保预算外资金管理步入正轨，规范运行。

会计信息失真的原因分析与综合治理

郑　淮

一、会计信息失真的原因分析

（一）屈从领导的压力，被动做假

这主要是受单位负责人的不良道德影响。在目前的经济社会中，会计人员与单位负责人在地位上属从属关系，也就是说单位负责人对他们的工作完全拥有领导权和管理权。有了这种天然的从属关系，会计人员的专业道德在单位会计工作中，能否发挥作用，和发挥作用的大小，也就不可避免地具有了从属性。而这种从属性又与所在单位的文化层次及其单位负责人的道德水准密切相关。单位负责人为了达到某种利益往往会向会计人员施压，致使会计人员违背现有的会计法规，在会计工作中弄虚作假。因为这种从属性往往不以会计人员的主观愿望为转移，所以，要恪守职业道德，不少会计人员是很难做到的。调查显示，当前普遍发生的做假问题，大部分会计人员是没有主观故意的，如果他们没有接到授意、指使、强令，那么自己是不会主动造假的。虽然也有些会计人员因缺欠职业道德而造假，但究其根源还是手握大权的幕后指使人所造成的。如国内闻名的“银广厦”案、“蓝田股份”案等等，都是企业负责人直接指使和策划下造假的。这些曾号称是中国绩优股的企业，竟然统统是造假大王。这些案例从表面上看是会计人员不良职业道德的表现，其实是单位负责人意志的体现，是单位负责人不良道德的直接结果。

（二）政府管理部门观念和管理上存在错位和缺位

一些地方政府为了出政绩，搞花架子盲目地下达经济增长指标，或者国有企业扭亏任务，或其他任务，逼着企业为了完成上级下达的任务而不得不编造虚假的会计报表。

（三）会计人员缺乏职业道德

在建立市场经济体制的过程中，社会不良风气给会计人员职业道德造成了重要的影响。人们在追求物质利益时，个人主义、利己主义、享乐主义等不良思想逐步抬头，私欲不断膨胀，削弱了爱国主义、集体主义、全心全意为人民服务的思想，部分会计人员不顾会计行业实事求是、客观公正的道德规范，在个人利益的驱使下，不顾一切地故意伪造、变造、隐匿、毁损会计资料，他们利用职务之便监守自盗,大肆贪污、挪用公款,最终以身试法,甚至走向断头台。

（四）业务不精，法律意识不强

有的会计人员墨守成规，不求上进，缺乏钻研业务、精益求精的精神，缺乏职业理想和敬业精神。他们业务知识贫乏或知识老化，专业技术水平低，无法按照新规定开展工作，同时，他们不学法，不懂法，对会计准则、会计制度也知之甚少。他们既谈不上遵纪守法，更不能依法办事了。

（五）法律监督机制不完备，会计规范体系不完善

在日常工作中，经常出现有法不依、执法不严、违法不究的现象，造成企业法律意识淡薄，削弱了企业自我约束能力。当企业的财务行为与会计法规制度发生抵触时，往往片面强调搞活经营，而放松了对违纪违规行为的监督。况且目前会计监督、财政监督、审计监督、税务监督等监督标准又不统一，各部门在管理上各自为政，功能上相互交叉，造成各种监督不能有机结合，不能从整体上有效地发挥监督作用。同时，满足国家宏观调控和市场运行需要的会计管理体系还没有形成，会计规范体系也不完善，而企业又是社会各方利益的联结点：即投资者从中获取投资报酬，管理人员从中获取薪金，政府从中获取税金。在许多情况下，各方利益经常发生冲突。投资者、管理者从个人角度出发更多考虑的是企业的微观利益，政府则从全社会角度考虑的是实现本国资源最优配置的宏观利益。微观利益与宏观利益的差异，在很大程度上诱发了会计造假的产生。而我们国家对违反会计职业道德的处罚力度不大，使得违反会计法规的成本低廉且能给违法者带来巨大的利益，一定程度上助长了造假的气焰。由于社会审计监督和会计咨询、服务体系等法律监督机制尚未完备和充分发挥作用，使得会计人员常常是“人在江湖，身不由己”。

二、加强对会计信息失真现象的综合治理

（一）依法治理，规范性防范

1.在会计监督方面，新《会计法》明确规范内部会计监督制度的内容：（1）记账人员与业务、会计事项的审批人员、经办人员、财物保管人员的职责权限应当明确，并相互分离、相互制约；（2）单位事项的决策和执行做到相互

监督、相互制约；（3）明确财产清查的范围、期限和组织程序；（4）明确内部审计的方法和程序。

2.追究造假单位负责人责任。新《会计法》第四条明确规定："单位负责人对本单位的会计工作和会计资料的真实性、完整性负责"。明确了单位负责人为会计信息真实性、完整性的第一责任人，加大了单位负责人的责任。所以明确单位负责人为会计责任主体，也就抓住了问题的关键。只有单位负责人认识到对本单位的会计工作和会计资料的真实性、完整性自己所承担的法律责任，才能促使单位负责人重视会计工作，加强会计管理，并采取有效措施保证会计资料真实、完整，不再授意、指使、强令会计机构、会计人员做假账。

3.承担法律责任方面，新《会计法》在以下方面做了明确规定：首先，明确规定了对单位违法行为的处罚。其次，为了便于量刑处罚，新《会计法》明确规定了对会计核算管理中十项违法行为的处罚。其中对"未按照规定建立并实施单位内部会计监督制度或者拒绝依法实施的监督或者不如实提供有关会计资料及有关情况的"行为单独作为一项，体现了新《会计法》对企业建立内部控制制度的重视。第三，明确规定了具体处罚标准。新《会计法》不仅要求对违反《会计法》的单位领导人和会计人员进行行政处分、承担刑事责任，增加了经济处罚的内容，而且相应规定了违法行为的具体处罚标准，有利于根据违法情节予以量刑，使法律责任落到实处。如郑百文公司原董事长因造假被判刑，就是造假者可耻下场的典型。新《会计法》对单位负责人的违法处罚，将有效地控制造假源头。

（二）抓原始凭证，从源头上防止造假

原始凭证是经济业务事项发生或完成时取得或填制的，用来证明经济业务事项发生或完成情况的书面证明。在经济活动中，非法取得或填制、伪造或变造原始凭证以骗取收入，会计人员依据不真实的原始凭证进行核算，结果导致一系列的会计信息失真。因此，治理造假，应从原始凭证这一源头抓起。按照《会计法》、《会计基础工作规范》的要求填制原始凭证，对发生的经济业务事项，必须填制或取得原始凭证并及时送交会计机构，而会计机构、会计人员按国家统一的会计制度的规定对原始凭证进行审核，其中对于完全符合要求的原始凭证，应及时据以编制记账凭证入账；对于不真实、不合法的原始凭证，会计机构、会计人员有权不予接受，并向单位负责人报告；对于真实、合法、合理但内容不够完整的、填写有错误的原始凭证，应退回给有关经办人员，由其负责有关凭证补充完整、更正错误或重开后，再办理正式会计手续。

（三）建立和完善内部控制体系

内部控制体系是指各级管理部门在内部产生相互制约、相互联系的基础上，采取的一系列具有控制功能的方法、措施和程序，并进行规范化、标准化和制度化，而形成的一整套严密的控制体系。主要通过：(1)组织机构控制；(2)职务分离控制；(3)授权批准控制；(4)人员素质控制；(5)信息质量控制；(6)财产安全控制；(7)业务程序控制；(8)目标控制；(9)执行控制；(10)凭证控制，也称手续控制；(11)纪律控制；(12)内部审计控制对企业的经营管理情况实施有效的控制。它的功能有：(1)及时发现、纠正可能出现的偏差，防范财务造假，避免把潜在的违纪转变为现实的损失；(2)能使凭证有效，记录完整、正确，稽核有力，能有效地堵塞漏洞、防止或减少损失，防止和查处贪污盗窃等违法乱纪行为。

（四）健全和完善会计管理制度

内部会计管理制度是指各单位根据国家会计法律、法规、规章制度，结合本单位经营管理的特点和要求，而制定的旨在规范单位内部会计管理活动的制度、措施和办法。内部会计管理制度主要包括以下内容：

1.内部会计管理体系，即明确单位领导人对会计工作的领导职责；明确总会计师对会计工作的领导职责；明确会计机构以及会计机构负责人的职责；明确会计机构与其他职能机构的分工与关系；确定单位内部的会计核算组织形式。

2.会计人员岗位责任制度。即会计人员工作岗位的设置，各个会计工作岗位的职责和工作标准；各会计工作岗位的人员和具体分工；对会计工作岗位的考核办法等。

3.账务处理程序制度。即对会计凭证、会计账薄、报表等会计核算流程和基本方法的规定。

4.内部牵制制度。即内部牵制制度的原则、职务分离、钱账分离、物账分离等；对出纳等岗位的职责和限制性规定；有关部门或领导对限制性岗位的定期检查办法。

5.稽核制度。即在会计机构内部制定专人对有关会计凭证、会计账簿进行审核、复查的一种制度。

6.原始记录管理制度。即对原始凭证的开具、接收、传递、使用、保管等进行规范管理的制度。

7.定额管理制度。指确定定额制订依据、制订程序、考核方法、奖惩措施等。

8.财产清查制度。指定期对财产物资进行清点、盘查，以保证账实相符。

9.财务收支审批制度。指确认财务收支审批范围、审批人员、审批权限审批程序及其责任的制度。

10.成本核算制度。即制定企业单位的成本计算、归集、分配的规则。

11.财务会计分析制度。指定期检查财务会计指标的完成情况，分析存在的问题和原因，提出相应改进措施，促使领导加强管理，提高效益的制度。

加强内部会计管理制度建设是完善会计管理制度体系的重要举措，它能够有效地维护会计管理制度体系的完整性和协调性，确保会计管理制度的有效性。

（五）加强会计队伍建设，全面提高会计人员素质

1.提高会计人员的法律意识和思想道德品质。会计职业的特性就要求会计人员必须具备很高的道德素质。当前，造假等违法行为多是会计人员在单位负责人的强令、胁迫、指使和授意下实施的。当会计人员受到强令、胁迫、指使和授意下做假账时，将面临来自法律和单位负责人的双重压力，如不服从，可能遭致报复，如果服从，就是实施违法行为。如果会计人员不具备较高的道德素质，那么就会按单位负责人的意愿去做。另一方面，会计人员的工资、福利待遇等都是与企业的经济效益相挂钩，会计人员为了追求个人的经济利益，对造假行为,往往不加抵制,甚至还会帮助出谋划策。所以,如果会计人员的道德素质得不到提高,那么就会上顶不住压力,下挡不住诱惑,从而导致造假的发生。

2.在建立一套系统的职业道德规范的同时，特别要加大对违反职业道德规范的处理力度，以此来约束和管制会计人员的职业行为。新《会计法》对会计人员的职业道德提出了严格的要求，对于那些因提供虚假财务会计报告，做假账，隐匿或者故意销毁会计凭证、账簿、会计报告等违法行为而被追究刑事责任的人员，不得取得或者重新取得会计从业资格证书。除上述人员外，对因违法违纪行为而被吊销会计从业资格证书的人员，5 年内不得重新取得会计从业资格证书。要求之明确，措施之严厉，前所未有。通过法律的约束，促使会计人员具备强烈的责任感，在履行职责中，遵纪守法，廉洁奉公，不论遇到何种情况，不丧失原则，不图谋私利。否则，将受到法律的制裁。

3.完善会计人员从业资格制度，严格确定具备哪些条件才有资格从事财会工作，具备哪些条件才能担任总会计师。

4.健全专业资格确认制度，在坚持目前专业资格“考评”结合制度的基础

上，应该相应提高资格考试的入门条件，重视学历因素在“考评”中的作用。

5.加强会计人员的继续教育制度，提倡会计人员终身教育的观念，切实帮助他们提高素质，积累经验，更新知识。严格履行法定责任，忠于职守，坚持原则，坚决不做假账。

后 记

在县财政局的领导下，经全体编纂人员的辛勤劳动和全县财政工作者的共同努力，《灌云县财政志》即将付梓出版了，这是灌云县有史以来第一部财政专业志书。

灌云县财政局在先后完成第一、二轮修志《灌云县志》财政篇资料编写的基础上，于2012年7月启动了《灌云县财政志》编纂工作。为顺利完成本志书编纂任务，县财政局成立了编纂委员会，财政局长任编委会主任；并组成了编写组，明确了编纂人员。本志书的编纂工作先后经历了收集资料、议定提纲、编写初稿、总纂评审、修改出版等过程。整个编纂工作坚持以马列主义、毛泽东思想、邓小平理论、“三个代表”重要思想和科学发展观为指导，本着对历史负责、对后人负责的实事求是精神，力求志书达到结构合理、史料翔实、数据准确、语言精炼、装帧精美。志书上限尽可能溯及事物发端，下限止于2010年，个别内容延至2013年。客观真实地反映灌云县财政事业的发展历程及其取得的巨大成就。

本志书的编纂出版，是县财政局领导高度重视的结果，是编纂人员集体智慧的结晶。编纂过程中，县财政局主要领导多次主持召开会议，听取编纂工作进展情况汇报，提出明确要求；分管领导认真负责，抓好协调，帮助解决一些实际困难，并与编写人员共同商讨确定相关编写内容；各科、室和乡镇财政所全力配合，积极搜集、整理、提供相关资料。编纂人员不辞辛劳，扎实工作，追求高标准、出精品，采取全面搜集、重点查找、集中整理的方法，对县财政局档案逐柜逐盒翻阅，多次赴市财政局、县委党史办公室和县档案局等有关部门查阅资料，并对搜集的资料进行认真梳理、筛选和整合；同时，还参阅了《江苏省财政志》《连云港市财政志》《淮阴市财政志》《灌云县志》等志书。编写初稿过程中，针对具体问题采取边编写边研讨的形式，及时查找补充相关资料。2013年12月完成了约40万字的《征求意见稿》，印发至市财政局有关领导、县财政局领导班子成员、部分老同志和各科室征求意见；书稿修改后于2014年3月17日召开了《灌云县财政志》评审会，邀请市委党史工办、市地方志办公室副主任陆瑞萍，市财政局办公室主任孟昭友等7名同志组成评审委员会。评审会对志稿的体例、内容、资料、框架结构等方面给予了充分肯定，同时也提出了一些修改、完善的意见。根据评审意见，编纂人员对其进行了分类筛选，逐条斟酌，形成了较为一致的修改意见。对志书的架构进行了适当调整，对各章、节、目内容进行补充完善。经过一年多的努力，志稿体例更趋完备，内容更加充实，语言愈加流畅，体现了时代特点和地方特色。方志出版社对书稿进行了认真细致的审查，给予了高度评价。

本志书编写过程中，我们得到了连云市地方志办公室、市财政局办公室和中共灌云县委办公室、县政府办公室、县委党史办公室、县档案局、县统计局等单位的大力支持，得到了曾在县财政系统工作过的老同志的关心和帮助；县人力资源和社会保障局、国税局、地税局、建设局、统计局、民政局、水利局、教育局等部门和单位为本志书编纂提供了许多有价值的资料，县新闻中心等单位提供了大量珍贵的图片。在此，我们表示衷心感谢！向为本志书出版工作给予大力支持的方志出版社、《连云港日报》印刷厂等单位和同志表示诚挚的谢意！

由于本志书内容跨越时间长，有关史料残缺不全，加之我们编纂志书经验不足、水平有限，志书中难免存在疏漏和不足，敬请广大读者谅解和批评指正！

编者

2015年9月